国家哲学社会科学成果文库

NATIONAL ACHIEVEMENTS LIBRARY
OF PHILOSOPHY AND SOCIAL SCIENCES

中国宗教思想通论

詹石窗　主撰

人民出版社

主撰简介

詹石窗 1954年生，福建省厦门市人。1982年获厦门大学哲学学士学位，1986年获四川大学宗教学研究所哲学硕士学位，1996年获四川大学宗教学研究所哲学博士学位。曾任厦门大学闽江学者特聘教授。现任四川大学老子研究院院长，国家"九八五"工程四川大学哲学宗教与社会研究创新基地领导小组副组长，四川大学道教与宗教文化研究所教授、博士生导师，国家社会科学基金学科评审专家，中国老子道学文化研究会副会长等职。先后主持教育部哲学社会科学重大课题攻关项目"百年道学精华集成"、教育部人文社会科学重点研究基地重大项目"中国道教文学通史"、国家社会科学基金特别委托项目"百年道教研究与创新工程"等十多个课题。主要著作有《道教文学史》、《易学与道教思想关系研究》、《道教与中国养生智慧》、《道教文化十五讲》、《中国道家之精神》等二十余部，组织编纂《国学新知文库》等多系列大型学术丛书，在《中国社会科学》、《哲学研究》等海内外刊物发表学术论文近二百篇。个人著作先后获省部级奖11项，其中一等奖4项，二等奖4项。

《国家哲学社会科学成果文库》
出版说明

　　为充分发挥哲学社会科学研究优秀成果和优秀人才的示范带动作用，促进我国哲学社会科学繁荣发展，全国哲学社会科学规划领导小组决定自 2010 年始，设立《国家哲学社会科学成果文库》，每年评审一次。入选成果经过了同行专家严格评审，代表当前相关领域学术研究的前沿水平，体现我国哲学社会科学界的学术创造力，按照"统一标识、统一封面、统一版式、统一标准"的总体要求组织出版。

全国哲学社会科学规划办公室
2011 年 3 月

本书编委会

主　　撰　詹石窗

本书撰稿人　（以承担章节先后为序，主撰外的撰稿人并列第二）：
詹石窗　杨　燕　李育富　于国庆　吴　洲　傅小凡
江　峰　林俊雄　冯静武　王燕琴　刘晓艳

目　　录

下编　中国宗教思想发展的纵深探索

CONTENTS

Part Ⅱ　The Thorough Research on Development of Chinese Religious Thoughts

绪　　论

当今社会，科学技术迅猛发展，但宗教的氛围依然笼罩着世界。就社会整体状况而言，宗教不单是信仰问题，而且影响着人类文化的发展。事实上，宗教本身也是一种社会历史文化现象，是人类把握世界过程中的一种精神产物。

宗教对中国民众的心理、行为方式、道德规范乃至经济、政治等社会生活的各个方面，产生了深刻影响。由于自然、社会、精神等方面的原因，宗教的存在将是长期久远的。在拥有众多宗教信徒的中国，如何阐述宗教思想的形成、发展和社会作用？这不仅具有深远的历史意义，而且具有重要的现实价值。

一、中国宗教思想的界定

什么是中国宗教思想？如何界定中国宗教思想？这首先关系到什么是宗教以及如何区分宗教与非宗教的问题。从范围来看，中国宗教是世界宗教的一个子系统；从逻辑上看，中国宗教是现存所有宗教中的一种类型，具有宗教的一般性质，也有自身的特征。因此，要阐述中国本土宗教，必须从一般意义上的宗教定义入手，这样才能真正对中国宗教的思想特征、功能作用等内容有准确的把握。

1. 宗教的定义与宗教要素之构成

在中国上古典籍中，"宗"与"教"二字并未联称，但却有密切的关系。许慎《说文解字》谓："宗者，尊祖庙也。从宀从示。"文中的"宀"，即屋；"示"，意即置祭品于祭桌上。至于"教"，许慎《说文解字》也有解释："上所施下所效也。从攴，从孝。"上施，故从文；下效，故从孝，即教化之意。从许慎的解释可以看出，"宗"本有祖先崇拜的意涵，而"教"则是一种文化传统的上下延续。

在西文中，宗教（Religion）有两个词源：一个是拉丁语 religere，另一个是拉丁语 religare，二者就一个字母不同，但彼此所示意思却有所差异。前者指敬仰神灵时所表现出来的"集中"、"重视"和"小心翼翼"的样子；后者指"联结"、"组合"和"固定"，含有人与神、神与灵魂之间联结的意蕴。总而言之，宗教是人对神的敬仰和崇拜以及人与神之间的某种沟通的意思。

然而，在现代意义上，宗教的内涵和外延并非如此简单就能定义。由于人们对事物的认识受到立场、知识构成以及认识对象的复杂性等因素的制约，不同学者从不同的角度对同一事物的认识往往不一致，关于宗教的定义也是如此，学者们对宗教是什么或什么是宗教所做出的回答也不尽相同。

（1）当前学术界比较流行的几种关于宗教的定义

第一，以信仰对象为中心来界定的宗教定义。很多学者称之为实质性定义。这种定义强调宗教是人与信仰对象（比如神）之间交通的一种信仰。不过，即使都以信仰对象为中心来界定宗教的本质，学者对宗教本质的认识也不太一样。这主要体现在对信仰对象的界定上，大致有三种不同观点：

第一种，也是较早出现的，即把信仰对象界定为"神"，与此相类似的，或以"超世的"、"超自然的力量"、"精灵实体"、"无限存在物"这类抽象概念来指代神灵。这类学者有号称西方宗教学之父的英籍德国学者弗里德里赫·麦克斯·缪勒（Friedrich Max Muller）以及弗雷泽（James George Frazer）等人。如麦克斯·缪勒认为：宗教"是一种对无限者的渴望，对上帝的爱"[①]。这种定义遭到许多学者的质疑，因为有些宗教中的神灵是具有无限性的存在，但有些宗教体系中的神灵并不具备无限性。如原始佛教所信

---

① ［英］麦克斯·缪勒：《宗教学导论》，陈观胜等译，上海人民出版社 1989 年版，第 12 页。

奉的对象并非人格化的"神灵"，是所谓无神的教。因此，仅把宗教规定为信仰和崇拜神灵的体系是不够全面和准确的。

第二种，即用"神圣事物"来代替"神"（God）。该派看法中的所谓"神圣事物"，是相对于世俗化的普通事物而言的。他们认为，宗教的本质就在于"神圣性"。这种界定的长处，在于避免了以往在宗教信仰对象上存在的无限的与有限的、超人与非超人、超自然的与非超自然的这样一些纷争，最大限度地涵盖、表征各种不同类型的宗教。

第三种，认为宗教的本质在于信奉某种比人更高的力量。这不仅回避了"神灵"，而且把"神圣事物"也抛掉了，如英国人类学家马林诺夫斯基（Bronislaw Malinowski）就认为宗教即是"对于较高势力的乞求"。

这一类所谓实质性的定义，是从人与信仰对象之间的关系来界定宗教的本质，抓住了宗教的核心问题。因为任何宗教，若没有宗教信仰，便无从为宗教了。宗教信仰对象的存在，这是宗教头等的必要条件，是宗教之所以为宗教而非其他事物的内在规定性。但仅仅从这一层面来规定宗教的本质的话，是不够的，因为此等意见很明显忽略了宗教的社会功能。宗教发展到现在，不仅是人与信仰对象之间交通的一种信仰，它还是一种社会现象，有其一定的社会功能。

第二，以信仰者的经验情感为中心界定的宗教定义。这部分学者主要从宗教心理学的角度来分析宗教的本质问题，强调信仰者的个人情感或感受在宗教生活中的意义，并将信仰者个人的宗教感受和心理体验视为宗教的本质。这类学者典型代表有美国宗教心理学家威廉·詹姆士（William James）、德国精神分析学家弗洛伊德（Sigmund Freud）、德国神学家和宗教学者奥托（Otto，Rudolf）等等。威廉·詹姆士在其著《宗教经验之种种》中认为宗教是"各个人在他孤单的时候由于觉得他与任何种他所认为神圣的对象保持关系所发生的感情、行为和经验"[①]。他把个人的宗教体验作为宗教中最先起的、最根本的因素，宗教是应人在孤单时形成的各种消极的忧虑、恐惧等情绪的需要而产生的。弗洛伊德在《精神分析引论新讲》中把宗教视为"不过是某种类似于个体文明人从童年向成人发展中所必须

---

① ［美］威廉·詹姆士：《宗教经验之种种》上册，唐钺译，商务印书馆2002年版，第28页。

经历的那种神经病的东西"①。奥托在《论神圣观念》中把信仰者个人对神圣物的既敬畏又向往的感性体验当做一切宗教的本质。

此类宗教定义，看到了宗教产生的心理因素，看到个人的情感在宗教生活中确实占据重要地位，并为研究宗教的本质提供了某种视野，但由此断定宗教的本质在于个人的宗教情感，是缺乏说服力的。一是个人的体验因不同的宗教信仰、不同的社会环境及个人状况的差异，而有所不同，甚至有相反的宗教体验，难以找到一种普遍适用的宗教心理作为宗教衡量标准。宗教本质应是相对稳定的。因此，主观随意性大的个人体验是难以作为宗教本质的。二是宗教是集宗教意识、宗教组织、器物等要素为一体的庞大体系，单纯强调宗教情感而忽视宗教的其他要素，未免编狭了。

第三，以宗教的社会建制和社会功能为中心来界定的宗教定义，称之为功能性定义。这主要是一些宗教社会学家对宗教的理解和看法，认为宗教的本质主要是通过它在社会中的地位及其履行的社会功能而得到界定的。典型代表有涂尔干（Émile Durkheim）、贝格尔（Berger, P. L.）等。如贝格尔认为："宗教意味着把人类秩序投进了存在之整体"，是"用神圣的方式来进行秩序化的"人类活动②。这里，贝格尔实际上说，宗教的根本功能就在于建构一种神圣秩序，宗教的本质在于其社会功能。

此类定义，看到了宗教是社会发展的产物，是社会大系统中的子系统。这种子系统反过来又会对社会大系统诸如经济、政治等产生巨大作用，所以从社会功能的角度，确实能揭示宗教的某些特征和属性。但如果以宗教的社会功能来囊括宗教的本质给宗教定义，仍然是带有极大的狭隘性，并且在实践中也难以实行。正如斯皮罗（Melford E. Spiro）一针见血地指出的那样，这种定义"实际上都不可能给宗教规定任何实质性的界限，因而也不能把它同其他社会文化现象区别开来"③。甚至会把宗教社会功能无限夸大乃至泛化，造成将与宗教社会功能起着类似作用的其他社会意识形

---

① ［奥］弗洛伊德：《精神分析导论讲演新篇》，程小平、王希勇译，国际文化出版公司2007年版，第165页。

② ［美］贝格尔：《神圣的帷幕》，高师宁译，何光沪校，上海人民出版社1991年版，第33、36页。

③ ［美］M. E. 斯皮罗：《文化与人性》，徐俊等译，社会科学出版社1999年版，第201页。

式和文化都视为宗教或准宗教。例如，有些学者认为共产主义、爱国主义也是类似宗教的准"宗教"或世俗宗教。在他们看来，这些社会意识和社会文化，起着与宗教类似的作用，都有维护秩序，主导社会伦理价值的功能，并伴有崇敬、执著、自我牺牲等类似宗教情感的心理特征。

第四，从存在与意识的关系来界定的宗教定义。学者的依据，主要是恩格斯（Friedrich Engels）《反杜林论》"社会主义"编中关于宗教本质的概括。"一切宗教都不过是支配着人们日常生活的外部力量在人们头脑中的幻想的反映，在这种反映中，人间的力量采取了超人间的力量的形式"①。这也是国内学术界以往曾经比较认可的关于宗教本质的定义。但如果深究，就可以发现，恩格斯这里主要是阐述宗教信仰对象的本质，从哲学世界观与方法论的角度分析宗教意识产生的认识根源，而不是对宗教本身的概括。宗教意识是宗教的重要组成部分，但不是唯一的因素。宗教还包括宗教实践、组织等构成要素。

第五，综合上述几种意见所做的新的定义尝试。我国宗教学者戴康生认为："宗教是一种对超自然界、超人间的力量或神灵的信仰与崇拜为核心的社会意识，是通过特定的组织制度和行为活动来体现这种意识的社会体系。"② 戴先生是综合了上面第一和第三种定义。另一名宗教学者孙尚扬在其《宗教社会学》中说："宗教是以对超自然的力量或神灵的信仰、或对超验的人生境界的追求为基础的人类制度，是人类赖以面对和处理各种终极性问题、建构神圣的秩序和意义系统的组织与行为系统。"③ 孙尚扬结合了贝格尔等人的观点，也主要综合了上述第一种和第三种定义，即所谓实质性定义和功能性定义，突出了宗教信仰和宗教的社会功能。为了包容"儒教也是宗教"的看法，孙尚扬将"对超验的人生境界的追求"置于宗教定义中，认为"这个定义或许也可以适用于儒教"。吕大吉在《宗教学通论新编》中对宗教定义论断做了新的修改："宗教是关于超人间、超自然力量的一种社会意识，以及因此而对之表示信仰和崇拜的行为，是综合这种意识和行为并

① 《马克思恩格斯选集》第3卷，人民出版社1995年版，第666—667页。
② 戴康生：《宗教社会学》，社会科学文献出版社2000年版，第45页。
③ 孙尚扬：《宗教社会学》，北京大学出版社2001年版，第35—36页。

使之规范化、体制化的社会文化体系。"① 吕大吉这一概括是基于宗教要素的结构性分析上得出的。可以看出，他主要是综合了上述第一种和第四种关于宗教的定义。

至此列举三位国内学者的宗教定义，其实还有很多学者对宗教本质的说明作出了新的尝试。国内学者正试图找一种更全面、更具有普遍适用性的宗教定义。尽管如此，关于宗教定义仍是众说纷纭，未能统一，可见此项工作之困难。早在一百多年前英籍德国学者麦克斯·缪勒在其所著《宗教的起源与发展》一书曾就此问题作了一个经典式的回答："每个宗教定义，从其出现不久，都会激起另一个断然否定它的定义。看来，世界上有多少宗教，就会有多少宗教的定义，而坚持不同宗教定义的人们间的敌意，几乎不亚于信仰不同宗教的人们。"②

何以如此难于给宗教定义呢？原因不外乎：一是宗教本身的多样性和复杂性。世界上宗教种类繁多，而且即使是同一宗教又有不同的派别，其观点也往往有别，甚至有非常大的差异，它们在内在内容和外在形式上往往不一致。这些是导致定义困难的最重要因素。宗教现象又不单纯是宗教本身的现象，它又往往与其他社会文化，乃至政治经济密切联系。宗教的这种复杂性也使学者受其影响因而难以周全概括。二是学者给宗教定义时，往往从本学科的角度来概括宗教定义，这就可能失之偏颇。正是由于这些原因导致定义模糊。而模糊的定义，又往往在于实际中难以区分各种宗教的界限，甚至把宗教与非宗教混淆，像上面第一种和第三种模糊和泛化的定义，导致人们把某些不属于宗教的现象归为宗教现象。

有没有或能不能找到一个支点，比较全面概括宗教的特征并揭示宗教的本质，能够明确宗教与非宗教的区别呢？要给宗教下个完整的定义确实比较难，但我们可以努力去弄清宗教与非宗教的区别。为此，我们认为应该从结构入手，结合宗教的内容作出界定，即对宗教要素进行结构性分析。

（2）宗教要素之分析

对宗教要素的划分方案众多，学术界也未能达成统一说法。一说是三要

---

① 吕大吉：《宗教学通论新编》，中国社会科学出版社 1998 年版，第 79 页。
② ［英］麦克斯·缪勒：《宗教的起源与发展》，金泽译，上海人民出版社 1989 年版，第 13 页。

素：心态要素、行为要素、社会组织要素。一说是四要素：宗教信仰、宗教意识、宗教制度、宗教行为。一说是五要素：教会、仪式、信仰和观念、宗教情感、道德规范。还有一说是六要素，即在五要素上增加寺庙教堂等宗教活动场所。由于不断用新的方法来分析宗教现象，不同学者对宗教要素形成不同见解，这是可以理解的。要素大体一致，只是归类不一，比如宗教仪式，有的学者把它归为宗教意识，也有的学者把它归为宗教行为、活动。现行比较流行的是吕大吉在《宗教学通论新编》中所进行的划分。该书在宗教要素结构性分析上把宗教要素分为四大类：一是宗教的观念，包括灵魂观念、神灵观念、神性观念（天命观念、神迹观念）；二是宗教的体验，包括对神圣物的依赖感、在神圣物面前的敬畏感、对神圣力量之神奇和无限的惊异感、对违反神意而生的罪恶感和羞耻感、想念神的仁慈和宽恕而生的安宁感、自觉与神际遇或与神合一的神秘感；三是宗教的行为，包括巫术、禁忌、献忌、祈祷；四是宗教的体制，包括由宗教信徒的组织化而形成的宗教组织和教阶体制、由宗教观念的信条化而形成的教义系统和信仰体制、由宗教体验的目的化而形成的修道体制、由宗教行为的规范化而形成的宗教礼仪。① 吕大吉在此四要素基础上建构了他关于宗教的定义，认为这四要素之间存在义理上的逻辑关系，宗教观念处于基础层，或核心层，有了宗教观念，然后才可能有宗教体验，继之以宗教行为，最后是宗教组织和实践。

吕大吉关于宗教要素及其相互关系的概括，构成一个体系，在理论上相对严密，故而被许多学者所采纳。但就逻辑上来讲，也还有值得进一步斟酌的地方。宗教体验，按其说是指对圣物的依赖感等。那么从这可以看出，宗教体验是以神圣物——宗教信仰对象的存在为前提，而不是宗教观念。尽管大多数宗教里的信仰对象是一种观念的存在，但也有以非观念作为信仰对象的，例如原始宗教中的诸物崇拜。可见，宗教信仰对象的存在与宗教观念并不能完全划等号。再如其宗教要素的分类上，吕大吉把宗教禁忌归为宗教行为，这只是在实践层面上的理解，但就宗教禁忌本身的内容而言，它又是物化的宗教意识，也可以归为宗教意识一类。

到底应怎样划分宗教要素才更明确、清晰呢？如果要找一个比较普遍适

① 参见吕大吉：《宗教学通论新编》，第100—103页。

用的划分标准，我们认为应把握以下几个原则：一是各种要素都是宗教必不可少的；二是各要素有其特殊的内容和形式，各要素之间应有明确的区分，如宗教意识与宗教组织、器物的不同；三是不同要素在横向和纵向上有比较明显的结构关系。宗教要素可按外延大小分为一级要素、二级要素（即一级要素下的子要素）。

为此，我们尝试对宗教要素进行一种新的划分。我们把它归结为六要素，即宗教神圣、宗教信徒、宗教意识、宗教实践、宗教组织、宗教器物。其中，宗教神圣即宗教信仰对象，包括神灵、神圣事物或人物之类。宗教信徒是宗教里最活跃的成分，宗教的一切关系，归根到底是由宗教信徒来承担和履行的。宗教意识，这是一级要素，下面分为两个子要素：一是宗教观念、宗教情感。宗教观念是对宗教信仰对象发生关系的结果，是宗教产生的核心基础，也是判别宗教与非宗教的标志之一。由宗教观念、宗教情感而产生种种教义、礼仪、经典、禁忌及其他一系列由宗教情感的需要而建立起来的体制和制度，这是宗教意识的"物化"观念部分，即第二个子要素。宗教组织也是宗教的一大要素，这是具有共同信仰的宗教徒为达到某种共同目的彼此协调和联合起来的社会团体，也可以说宗教组织是宗教群体，宗教性质是其特性，同时还是一种社会组织，并与其他社会组织处于十分密切的关系之中。宗教组织的建立又与宗教组织制度紧密联系在一起，宗教组织制度是为确保组织形式的稳定和宗教组织的正常运转而建立的制度，比如西方的基督教教会制度等。这种组织制度，与上述"物化"观念制度并不是一样的，前者是满足组织的正常运转的需要而必须履行的规范，后者是由于宗教观念、宗教情感所直接引发形成的"物化"意识。因此，把宗教组织及其制度独立为一个要素。宗教器物，是宗教尤其是当代宗教必不可少的一个要素，相对于其他要素来看，它似乎是宗教的硬件成分。宗教实体的运作，必须有一些宗教器物，为其提供场所、机会和手段。陈麟书先生在其《宗教学原理》中认为宗教器物包括两大部分：一是宗教器物空间性的宗教活动容纳部分，包括庙宇（寺院、教堂）、神学院、圣地等；二是属于宗教神性象征的部分，如神像、圣物、法器等。① 宗教实践，是指宗教行为和活动，

---

① 参见陈麟书、陈霞：《宗教学原理》，宗教文化出版社 2003 年版，第 101 页。

包括宗教的巫术活动、宗教祈祷、宗教修持、宗教节庆活动等。

对于完整的宗教来说，这六大要素是缺一不可的，否则就不能称之为宗教。我们也可以把六大要素浓缩为三大层次：第一，宗教行为前提，包括宗教神圣、宗教信徒、宗教组织、宗教器物；第二，宗教行为，包括宗教意识活动，也包括宗教实践活动；第三，宗教行为结果，包括宗教物化"意识"和宗教实践结果。

2. 中国宗教的界定与中国宗教思想的范围

简单介绍完宗教的一般定义及其要素，我们再来看看中国宗教。这里需要稍加说明的是，本书所谓"中国宗教"是指在中国本土产生、具有中国本土文化色彩，或者虽然出自国外但却已经完成中国化进程的宗教团体、宗教派别，包括中国原始宗教、道教、中国民间宗教以及来自海外但已完成了中国本土化进程的佛教，还有"儒教"。与之相对应，"中国宗教思想"也主要指此类宗教所具有的思想。

从区域地理的角度看，中国宗教是世界宗教的一类形态。中国宗教跟西方宗教一样，都要具备一般宗教的六要素，体现宗教的本质。然而，中国宗教是在中国的社会历史和文化环境下形成和发展起来的，必然受到中国地域、人文环境等诸多因素的影响。与西方宗教相比较，中国宗教有着自身的特点和传统。

第一，多元化和包容性。

中国是个多民族融合、共存的共同体。中国传统文化就是在多种文化不断撞击和融合中发展。中国文化的多元化和包容性也极大地影响了中国宗教的特点。中国宗教的多元化和包容性，首先体现在中国宗教的种类及相互关系上。我国是多宗教的国家，有本土的儒教、道教等宗教，也有来自海外却已经完成中国化进程的佛教。基督教、伊斯兰教虽然尚未完成中国本土化的进程，但在中国境内传播也已经具有相当长的时间。在长期的历史发展过程中，各教之间虽然也有斗争，但却在特定环境下逐渐协调，各自具有生存的社会文化空间。中国各教之间未曾发生大规模的武力冲突，更没有西方宗教史上的那种以武力摧毁、消灭"异教徒"肉体的残酷的宗教战争。典型的体现就是儒、释、道"三教合一"的趋势。中国并没有拒外来佛教于门外，而是以博大胸怀加以融合、影响和改造它，使之具有中国的特色。尽管出现几次灭佛事件，究其原因，并不是宗教之间冲突的必然结果，乃是佛教的壮大危害了统治者的统治。其次体现在信仰对象上。中国流行的各种宗教都有各自的信仰。在上古时期，中国存在着崇拜天神和祖先的原始宗教。原始宗教的最大特点就是崇拜对象的多元复杂性。这种特点不仅影响了后来的制度宗教，也深刻影响了中国民众的崇拜心理。大多数民众，没有严格的教界之分，并不排斥他教的信仰，他们可能既拜佛教的菩萨，又拜道教的神仙；既拜民间俗神，又拜自己的祖先。

第二，世俗化和功利性。

世界上许多区域的宗教往往是作为世俗政治的对立面出现的，否定现世肯定来世。然而，中国宗教则有所不同。中国宗教讲究的是出世而不离世，出世与入世并重。一般信徒笃信某种宗教信仰，并不是为来世奠定基础，而更多是借助宗教信仰以求现世的解脱，呈现为一种积极的入世姿态。

儒教是最具入世性的，强调个人的修身养性，以齐家、治国、平天下，追求内圣外王的理想人格，其出发点和归宿点都立足于治世。道教追求长生久视，其教义并不限于出世，主张出世而不离世，素有济世利人、服务社会人群的传统，带有明显的个体养生的入世特征。佛教作为外来宗教，在中国强大人文主义精神影响下，不断吸收中国伦理思想，接受忠于君王的世俗政治道德，故而也有助于教化人心，如禅宗主张佛性自有，就事修行，即俗证真，不离人伦日用而修行，在现实生活之中求解脱，形成人间佛教的传统。近代以来，中国佛教界更是高举"人间佛教"的旗帜，强调以佛法净化人心，启迪智慧，服务社会人生。

中国宗教的世俗性又与其功利性联系在一起，中国人对待宗教的态度，是种功利实用型的态度。这在中国古代社会中尤为明显，如古代封建社会的统治者，对某种宗教的推崇，往往都是从其政治利益的考虑出发的。李唐王朝开国之初，为抬高自己的地位，将以老子为教主的道教置于三教之首。而武则天为求得篡权的合法性，明令"释教开革命之阶，升于道教之上"。以一般中国本土宗教徒而言，中国不像西方宗教那样，信教徒要经常去教堂做礼拜，要在神的面前忏悔，而是讲究信神的时间性和针对性。要用的时候就拜神，所谓"平时不烧香，临时抱佛脚"，"用菩萨时请菩萨，不用菩萨时卷菩萨"，体现了"实用主义"的信仰心理特征。

第三，神权服从于君权。

中国历史上长期推行君主专制制度，皇帝的权力至高无上。一切宗教组织都必须依附于皇权，不允许教权高于皇权。此所谓君道至尊，皇权至上，天无二日，国无二君，当统治者需要利用某种宗教时，该宗教即迅速发展。如李唐王朝奉行、推崇道教，道教在唐朝盛极一时，涌现了一大批著名道士，道教地位上升，其宗教领袖甚至得到封官晋爵。然而，即使如此，军国大政的决策权也不在宗教领袖手中。当君权与宗教发生冲突时，处理矛盾的主动权、操纵权是掌握在朝廷手中，这与西方神权高于君权刚好相反。我国历史上"三武一宗"灭佛事件都是由统治者发起并且以统治者的胜利而告终，这便是很好的例证，此正所谓"不依国主，则法事难立"。

中国本土的宗教与世界其他宗教有其共同的特点，即都是宗教。既然都是宗教，就必然与非宗教存在着本质区别。然而，中国本土宗教又有其特有的形式和内容，完全照搬西方宗教的模式和理论来解释中国本土宗教，是不切实际的。只有从中国特定的社会文化背景出发，进行深入解读，才能抓住中国本土宗教的思想内涵、特点以及历史发展进程。

就范围来看，把中国原始宗教、道教、中国民间宗教以及来自海外但已完成中国本土化进程的佛教归入"中国宗教"，这应该是比较能够得到大家认同的。但把"儒教"也看做中国宗教之一，目前尚未有一致的意见。因此，我们有必要着重讨论一下儒教的问题。

儒教是不是宗教？我们认为，只要它大致具备上面所说的宗教"六要素"，便可称为宗教。

首先来看看儒学、儒生、儒教的关系。这三者其实并不矛盾。儒学是从学术角度提出的，主要是儒家的思想学术。作为学术流派，儒学也就是以先秦孔孟之学为核心的儒家文化。这个时期的儒学虽然还不是宗教，但却具有宗教性，无论是《诗》、《书》、《礼》、《易》、《春秋》等儒门经典，还是孔子、孟子的言论，都涉及宗教信仰、宗教礼仪等问题，包含这方面的内容，尤其是《周礼》与《易经》更具有浓厚的宗教色彩。从这个角度看，我们可以说先秦儒学以承袭上古宗教传统的方式奠定了儒教的思想基础。先秦儒学发展到秦汉之际，由于社会的需要，便与国家政治逐步结合，儒学成为国家政治制度的理论支柱。董仲舒利用儒学中的某些成分与政治神学相结合，宣扬君权神授，天人感应，实行"罢黜百家，独尊儒术"的方针。儒学经学的神圣地位得到确立，于是形成儒教。到两宋时期，理学的确立，儒教达到了比较完善的形态。

　　那么，儒教的宗教特质体现在哪里呢？我们认为，有六个方面。第一，存在着儒门的宗教神圣。李申在《儒教·儒学和儒者》中认为，儒的神灵系统有三类："以昊天上帝为首的神灵系统，祖宗神灵系统，以孔子为首的神灵系统。"① 儒教非宗教论者质疑这种神灵系统的真实性，认为孔子并未标榜自己是神等等。但事实上，孔子本人多言"祭祀"，表明他承认有神灵的存在，他这种意识对后代儒生是有深刻影响的。第二，存在着以儒门神圣为崇拜对象的信徒。从信仰角度看，儒生应该是儒教的忠实信徒；不过，儒教非宗教论者，同样质疑儒生的教徒身份，这种质疑实际上是把儒生当做"铁板一块"，而没有进行具体分析。我们讲儒生中存在着宗教徒，并非说所有的儒生都是宗教徒，儒生承担的是多重身份，既可以是学者，又可以是儒教宗教徒。只有笃信儒教信仰，对儒教信仰对象怀有敬仰、崇拜等宗教意识者才是儒教的宗教徒。把所有的儒生乃至全民百姓都看做儒教徒，是不切合实际的。不过，这不等于所有儒生都没有信仰。实际上，有相当不少的儒生是有信仰的，他们不仅神化孔子，而且祭祀孔子以来儒门认可的天神、地祇。从这个角度来看，儒教的信徒是存在的。第三，具备了独特的宗教教义。传统的"五经"在某种程度上已经担当了儒教教义的部分载体功能，对于传播儒教教义产生了巨大作用。到了两宋时期，以"理学"为支柱理论的教育，系统地培养了一大批儒生，乃至"不识字的渔人、樵夫、农民都成为儒教的信奉者，孔子具有半人半神的地位"②。这些对于维护儒教而言具有重要作用。第四，具备了儒门独有的宗教实践。儒教重视的礼，具有宗教礼仪的一般特征，更有中国传统的神圣崇拜的内涵，儒教的礼仪操演在祭祀神明时就是宗教实践。第五，具备了儒门独有的组织特征。儒教并没有

---

① 李申：《儒教·儒学和儒者》，载任继愈主编：《儒教问题争论集》，宗教文化出版社2000年版，第386—387页。
② 任继愈主编：《儒教问题争论集》，第30页。

像西方宗教那种组织机构，但它与国家政权紧密联系，"政权组织同时也就是儒教宗教组织，在这个组织中任职的官员，同时也是一种教职，执行宗教的职能。"① 在理学教义思想指导下，信奉儒教的每个家庭，成为儒教的基层单位，宗法等级制度正是儒教的宗教组织制度。第六，具备特定的宗教活动场所和传播空间。信奉儒教的每个家庭实际上成了儒教的"庙宇"，每个家族有宗祠，这是他们神圣的宗教场所。他们在家庭或者宗祠中进行维护和宣传儒教的圣事，这也具有宗教实践的意义。只是这种宗教实践跟西方不一样，西方教堂的突出地位及其庄严祈祷之类的宗教实践在中国儒教中被普遍化了。

由上可见，"儒教"作为中国本土宗教的一种是可以成立的。因此，当我们使用"中国宗教"这个概念的时候，不仅涵盖了那些具有鲜明宗教特征的上古原始宗教、道教、民间宗教以及完成中国本土化进程的佛教，而且不能把向来以人文教化著称的儒教排除在外。历史上，儒教与道教、佛教、民间宗教信仰一起，成为传统中国人的精神家园。正是有了这些不同的宗教形态，中国宗教思想才显得丰富多彩。

不言而喻，用"丰富多彩"来形容中国本土的宗教思想，即意味着其内容的广博或者说多样化。既然是多样化，力图用三言两语来对中国宗教思想的研究范围作出规定也就相当困难，难免挂一漏万。不过，如果从主题上加以把握，我们大致可以将中国本土宗教思想的线索概括为六大方面：宇宙与生态、人生与伦理、心性与功夫、情感与体验、系统与思维、范畴与规律、联袂与互动、语言与符号。通过这六大方面的追溯、梳理，我们可以总结出中国本土宗教所蕴含的哲学思想、神学思想、仪式思想、伦理思想、养生思想，可以发现在长期历史进程中，中国本土宗教对宇宙生命的认识，对人与自然关系的认识，以及社会政治见解和基本的人生态度，等等。

二、中国宗教及其思想研究的历史回顾

中国宗教思想是以中国宗教的存在为前提的。在中国学术界，关于"中国宗教思想研究"和"中国宗教研究"两者是很难完全分开的。故而，

---

① 李申：《关于儒教的几个问题》，载任继愈主编：《儒教问题争论集》，第 345 页。

我们进行中国宗教思想研究的历史回顾，就必须兼及中国宗教研究的情况。

现代意义上的中国宗教思想研究，大概始于 20 世纪初，这一时期，中国宗教思想的研究开始借鉴学习德、法等西方国家以及东方国家日本的历史学理论、宗教学研究方法，将之与传统文献考据相结合，使中国宗教思想研究逐渐脱离信仰主义的轨道，走上学术研究的道路，开始用冷静、客观的态度从各种视角对中国宗教思想进行审视和评价。

早期的宗教思想研究者在各自的研究领域作出了令人瞩目的成就，为后来者提供了研究的思路和框架，如道教研究领域的许地山、傅勤家、陈垣、陈国符、王明，佛教研究领域的梁启超、胡适、陈寅恪、汤用彤，儒教研究领域的郭沫若、冯友兰、侯外庐、赵纪彬等。但由于这一时期的研究尚处于初创和摸索阶段，大部分研究者处于自发、分散的状态，上面我们提到的这些学者又大多是在自己的研究专业之外从事宗教研究，所以研究的成果并不是很多，专著也寥寥无几。

1949 年以后，随着中华人民共和国的建立，中国在政治上发生了翻天覆地的巨变，在思想领域，马克思主义随之也取得了绝对的胜利和无与伦比的地位，这种政治思想领域的巨大变革，对整个中国产生了难以估量的影响，学术领域也不例外。虽然从 20 世纪二三十年代起就已经有人用马克思的唯物史观来研究中国的哲学史了[①]，但当时这种研究仅是学者个人的一种研究方法而已。1949 年以后，情况发生了巨大的改变，这种研究方法和价值评判成为学者们研究的主流，甚至成为唯一、排他的一种方式，宗教思想研究被纳入了哲学史的框架，将宗教的社会作用从阶级斗争的角度来进行描述，以马克思历史唯物主义为唯一的评价标准。这一时期的宗教思想研究著作都深深地打着政治的烙印。（读者只要将这一时期冯友兰修订后的《中国哲学史》与他当年在宾夕法尼亚大学演讲时做的《中国哲学简史》做一个比较，就会清楚地感觉到这里所说的政治烙印了。）在接下来发生的"文化大革命"，我国的宗教研究几乎完全处于停滞的阶段，直到 20 世纪 70 年代末 80 年代初，宗教研究工作才得以逐渐地恢复，可以和二三十年代那种活

---

① 如赵纪彬《中国哲学史纲要》，作于 1938 年，后收入《赵纪彬文集》，就是一本最早用马克思主义理论来分析研究儒教的著作。

跃的学术研究相呼应的时代才真正地到来了。

1978 年后，首先是大量的宗教研究机构开始建立。如 1978 年成立中国社会科学院世界宗教研究所，1979 年成立新疆社会科学院宗教研究所，1980 年成立四川大学宗教学研究所以及上海社会科学院宗教研究所，1981 年成立中国社会科学院研究生院世界宗教研究系，1987 年成立长安佛教研究中心等。迄今为止，专业宗教研究机构大约已有四五十家，研究领域几乎包括了我国各个地区各个时期的各种宗教。其次，宗教研究课题开始得到国家基金的支持，如"六五"期间由国家社科规划办立项，得到国家社科基金资助的宗教研究重点项目就有《中国佛教史》、《中国新疆地区伊斯兰教史》、《中国回族伊斯兰教宗教制度概论》、《中国道教史》等。此后至今，国家一直如"六五"时期一样继续着对宗教研究的资助。而国家资助对于宗教研究无疑起到了极大的促进作用，这一点我们可以从 20 世纪 80 年代迄今众多的宗教研究成果中窥豹一斑。在此之外，全国各地的许多高校等科研单位也纷纷进入宗教研究的领域，许多高校开始招收宗教学专业的研究生，培养了一大批有志于宗教研究的年轻人，成为宗教学研究中的后备力量。除了这些，全国各地还陆续创办了许多宗教学研究杂志，如 1979 年创办的《世界宗教研究》，1980 年创办的《世界宗教文化》，同年创办的《中国天主教》，1982 年创办的《宗教学研究》，1989 年创办的《当代宗教研究》，1992 年创办的《佛教文化》等等。上面所谈到的这些表明，我国的宗教研究在 1979 年后从机构、人员到资金方面都得到了极大改善，这在客观上推动了我国宗教思想研究，同时也构成了我国当前宗教思想研究的客观外在条件。

我国的儒教研究被纳入宗教研究的领域，在国内是 1978 年以后的事情。1978 年年底，在南京中国无神论学会成立大会上，任继愈发表演说，提出了"儒教是教说"。这是新中国成立后国内学者首次公开提出"儒教是教说"①，

①　有关"儒教是教非教"的争论并不是一个新鲜事，早在辛亥革命后，学者之间就已经进行过一场有关"儒教是教非教"的争论。其时，随着封建帝制的崩溃，儒教失去了政治根基，其自身存在成为问题，于是，康有为率先提出改革儒教的倡议，主张建立孔教会，由孔子配天享受祭祀，试图为儒教的存在找到一个合理的依托。然而由于孔教会在复辟运动中扮演了推波助澜的角色，因而遭到进步人士的反对。而在更早的 1902 年，梁启超就在他的《保教非所以尊孔论》中首次提出"儒教非教论"，虽然梁的说法遭到了其师康有为的批评，但却得到了新文化运动者蔡元培、陈独秀等的支持，他们或发表演

由此引发了近代以来学术界第二次关于儒教定位的争论。过去三十多年，直到今日，仍然聚讼不已。从 20 世纪 80 年代以后至今，我国的儒教研究一直都是以这场"儒教是教非教说"的争论为核心。围绕着对该问题的争论，我国的儒教研究又以 20 世纪 80 年代末 90 年代初为界（或者可以 1988 年何光沪发表《论中国历史上的政教合一》为界），分成两个阶段，前一阶段，"儒教是教非教说"的争论几乎成为这一时期儒教研究的唯一问题，当时学界除任继愈之外，无一人公开支持"儒教是教说"，几乎所有的学者在讨论到该问题时都以各种各样的方式阐述了自己的反对意见。这一时期有关的成果也是泾渭分明，一方是任先生自 1980 年后发表的一系列阐述"儒教是教说"的论文①，一方是反对者发表的阐述异议的论文②。

1988 年，何光沪发表《论中国历史上的政教合一》一文③，论证儒教是教，成为任继愈提出"儒教是教说"后的第一个支持者。自此，儒教研究进入了一个新的阶段，这也构成了目前我国儒教思想研究的现状，虽然"儒教是教非教说"仍然是学界争论的焦点问题，但除此之外又出现了许多新观点，探讨的问题也越来越广泛、深刻，参与讨论的人数和发表的文章著作增多，讨论的激烈程度更是在上世纪末本世纪初达到了高峰，同时随着讨论中支持人数的增多，目前已在学术界形成了"儒教派"，并于 2005 年 6 月 14 日在北京隆重成立了"中国社会科学院世界宗教研究所儒教研究中心"，该中心以开拓论域，整合资源为己任，提供平台以深化对儒教的研究。

目前我国的儒教研究主要从以下三个方面进行：一、继续进行"儒教是教非宗教说"的争论；二、折中"儒教是教非宗教说"争论；三、抛开

讲，或以《新青年》为阵地发表文章，讨论孔教或儒教非教说，当时的新派人物也基本上都支持这种主张，以后随着五四运动，科学与民主运动及马克思主义在中国的传播，"儒教非教说"战胜"儒教是教说"，基本上成为学术界的定论，孔教会也最终于 1937 年被迫取消，改名为孔学会。此后直到 1978 年，再无一人提出异议。

　　① 任继愈：《论儒教的形成》，载《中国社会科学》1980 年第 1 期；《儒家和儒教》，载《中国哲学》1980 年第 3 期；《儒教的再评价》，载《社会科学战线》1982 年第 2 期；《朱熹与宗教》，载《中国社会科学》1982 年第 5 期。

　　② 崔大华：《"儒教"辩》，载《哲学研究》1982 年第 2 期；李锦全：《是吸收宗教的哲理，还是儒学的宗教化？》，载《中国社会科学》1983 年第 3 期。

　　③ 署名"范艾"，载《文化·中国与世界》，生活·读书·新知三联书店 1988 年版。

"儒教是教非宗教说"的讨论，直接以"儒教是宗教说"为前提进行研究著述。

（1）继续进行"儒教是教非宗教说"的争论。目前的争论，除了参加的人数、出版的论文著作增多之外，和上一阶段明显不同的是，支持儒教是宗教说的越来越多，除了任继愈外，还有何光沪、李申、朱春、谢谦、张荣明、杨阳等也加入了支持者的行列。他们发表的论文主要有：任继愈1988年发表于《文史知识》第6期的《具有中国民族形式的宗教——儒教》、1993年发表于《群言》第2期的《从程门立雪看儒教》、2005年发表于《云梦学刊》第2期的《把儒教放在更广阔的视野里来观察——序李申著〈中国儒教论〉》，李申1995年发表于《世界宗教研究》第2期的《关于儒教的几个问题》、1997年发表于《中国社会科学院研究生院学报》第1期的《儒教、儒学和儒者》，谢谦1996年发表于《传统文化与现代化》第5期的《儒教：中国历代王朝的国家宗教》，张荣明2003年发表于《南开学报》（哲学社会科学版）第6期的《秩序宗教与生命宗教——对汉晋儒教、道教产生和基本功能的考察》等。

出版的著作主要有：何光沪《多元化的上帝观》，贵州人民出版社1991年版；张荣明《权力的谎言——中国传统的政治宗教》，浙江人民出版社2000年版；杨阳《王权的图腾化——政教合一与中国社会》，浙江人民出版社2000年版；李申《中国儒教史》，上海人民出版社1999年至2000年版[①]；李申《中国儒教论》，河南人民出版社2005年版；李申《儒学与儒教》，四川大学出版社2005年版；等等。

这里特别值得关注的是李申《中国儒教史》的出版，该书是国内第一部站在"儒教是宗教"立场上完成的学术专著，因此其书一出版就在学术界引起了极大的反响，出现了许多和该书相关的评论，观点激烈，毁誉不一。张荣明在他2000年发表于《孔子研究》第1期的《儒教研究的里程碑——〈中国儒教史〉评价》一文中盛赞该书"为儒教研究树立了一块新的里程碑"。而韩星针对该书评，撰写了《否定中国传统文化的里程碑——〈中国儒教史〉批评之三》一文，发表于《西安航空技术高等专科学校学

---

① 该书由上海人民出版社出版，分上下卷，上卷1999年12月出版，下卷2000年2月出版。

报》2003 年第 4 期，对该书评提出质疑，也对《中国儒教史》在学术史上的地位做了新的评估。2001 年 9 月底，陈咏明和王健在孔子 2000 网站分别刊文批评该书，陈咏明又于同年撰写《学术研究的豆腐渣工程——读〈中国儒教史〉上卷有感》，发表于《学术界》2001 年第 6 期，将《中国儒教史》一书怒斥为"代表的是一种学风的腐败，是一个国家级学术研究的豆腐渣工程"。围绕该书所进行的这场学术争鸣，极大地活跃了儒教研究的学术空气，对于儒教研究的进一步深入展开应该说具有非常重要的作用。

目前继续反对儒教宗教说的主要有：李国权、何克让、崔大华、卢钟峰等，他们认为所谓"儒教"是指儒学的教化而不是宗教。这一方面的论文主要有：卢钟峰 1999 年发表于《中华文化论坛》第 2 期的《世纪之交的儒学泛宗教化问题》等。

（2）折中儒教是教非宗教说。折中者主要提出两种构想调和"儒教是教非宗教说"。当然，我们在此并无意认为折中者是有意要调和这两边的争论，而是认为这些观点的提出客观上折中了这场争论。折中说目前主要有这样两种：其一，认为儒教（或儒学）具有超越性和终极性以及其他宗教性因素，在中国历史上起了宗教的作用，但并没有成为真正意义上的宗教。这种观点首先是由海外的牟宗三、唐君毅、钱穆等人于 20 世纪五六十年代提出，[①] 目前国内学者持这种说法的主要有李泽厚、郭齐勇、黄俊杰、姜广辉等。[②] 其二，提出"宗法性传统宗教"的说法。目前持这种说法的主要是牟钟鉴和张践，牟钟鉴 1990 年发表于《世界宗教研究》第 1 期的《中国宗法

---

① 1958 年元旦，由唐君毅起草、牟宗三、徐复观、张君劢四先生联名发表《为中国文化敬告世界人士宣言》，指出中国文化内在地具有一种"宗教性的超越信仰"。1960 年，牟宗三发表《作为宗教的儒教》一文（原刊于香港《人生》杂志第 5 期，后作为一章收入《中国哲学的特质》一书），阐明了他对儒教的看法，认为儒教虽然不具有宗教的外在形式，但其实质却有高度的宗教性。因此，从某种意义上说，儒教是可称为一种人文教。唐君毅著《宗教信仰与现代中国文化》一文，一方面承认儒教非一般意义上的宗教，但对儒家祭典中所体现出来的宗教性，则予以充分肯定（收于《中国人文精神之发展》一书，学生书局 1979 年版，第 386 页）。钱穆在《孔子与论语》（台北联经 1974 年版）一书中也认为，孔子的教义具有"地道十足不折不扣的宗教精神"。

② 李泽厚：《再谈"实用理性"》，《原道》第 1 辑，贵州人民出版社 1994 年 10 月；郭齐勇：《"儒教是否宗教"笔谈·儒学：入世的人文的又具有宗教性品格的精神形态》，《文史哲》1998 年第 3 期；黄俊杰：《试论儒学的宗教性内涵》，《原道》第 6 辑，贵州人民出版社 2000 年 5 月；姜广辉：《儒学是一种意义的信仰》，《传统文化与现代化》1997 年第 3 期。

性传统宗教试探》一文，认为中国历史上存在一个千年不绝的正统宗教，并将该宗教命名为"中国宗法性传统宗教"，这种宗教与君权、族权、父权紧密结合，与传统礼俗融为一体，与儒家的礼学关系密切。张践随之发表《儒学与宗法性传统宗教》，该文发表于《世界宗教研究》1991 年第 1 期，支持牟钟鉴的观点，后来他们二人又合著了《中国宗教通史》一书，该书于 2000 年由社会科学文献出版社出版，贯彻这种"宗法性传统宗教"的主张。

（3）抛开"儒教是教非宗教说"的讨论，直接以"儒教是宗教说"为前提进行研究著述。如张荣明 2003 年发表于《南开学报》（哲学社会科学版）第 6 期的《秩序宗教与生命宗教——对汉晋儒教、道教产生和基本功能的考察》、何光沪 2003 年发表于《复旦学报》（社会科学版）第 4 期的《在理论与制度之间——基督宗教与儒教关于人性尊严问题的比较研究》，韩星 2005 年发表于《陕西师范大学继续教育学报》第 3 期的《试论吴宓的孔教观》等。这种不直接介入"儒教是教非教说"争论，而以儒教是教说为前提进行的研究，在进入 21 世纪后正在变得越来越多，这也从另一个方面表示，支持"儒教是教说"的人正在增加。

由于真正从宗教的角度对儒教进行研究只不过是最近几十年的事，而且目前对儒教的定位问题学术界也尚未形成统一的认识，这一切都势必影响到儒教思想研究的深入。目前儒教的定位之争，儒教思想的研究都背负了太多的价值评判色彩，这也使得该领域的研究中有了太多的工具意味，而在学术研究中，价值中立也许应该成为首先的一个条件。目前研究的成果虽有了一些，但尚缺少深入、全面的著作，研究的领域也未能全面打开。可以说，虽然经过了几十年的争论和探索，我国的儒教思想研究依然处于起步阶段。

我国的道教思想研究在前期道教经典和道教史研究的基础上，从筚路蓝缕、冷冷清清，发展到目前，已经进入了一个蓬蓬勃勃的兴盛时期。当前我国的道教思想研究主要从两个方面展开：道教思想史（包括通史和断代史）及道教思想专题研究。其中道教思想通史的研究目前基本上从汉代以降做起。断代史研究大多依据政治朝代更替进行断代，研究成果基本集中在明清以前，同时又多结合某一道派或道教人物或某一道教专题进行，如唐代道教主要集中在对"重玄学"的研究上，宋金元道教主要集中在对全真道的研究上，明清道教研究主要是关于正一派，又有相当的论文集中在陈撄宁和他的仙学思想上。道教思想专题研究是道教思想研究中涉及内容最多，范围最广的一个领域，目前主要从道教典籍、道派和地方道教史、道教人物、道教哲学、道教内丹思想、道教与中国传统文化关系等方面展开。

通史方面的著作当首推卿希泰著的于 1980 年、1985 年由四川人民出版社出版的《中国道教思想史纲》及 1999 年由四川人民出版社出版的《中国道教思想史纲》（续）。另外，卿希泰主编的 4 卷本《中国道教史》① 不仅是目前篇幅最大、最详细的道教史著作，也大量涉及道教思想内容。任继愈主编的 1990 年由上海人民出版社出版的《中国道教史》也广泛涉及道教思想领域。由卿希泰主编、詹石窗副主编的《中国道教思想史》4 卷本历时 12 年完成，于 2009 年由人民出版社出版，该书列入"国家社会科学基金成果文库"，也是国家"九八五工程"以及教育部人文社会科学重点研究基地的重大项目成果。

断代史方面的著作主要有：李刚的《汉代道教哲学》，巴蜀书社 1995 年版；郝勤的《鹤鸣仙道》，四川人民出版社 1994 年版；汤一介的《魏晋南北朝时期的道教》，陕西师范大学出版社 1988 年版；小林正美的《六朝道教史研究》，李庆翻译，四川人民出版社 2001 年版；李大华的《道教思想》，广东人民出版社 1996 年版；詹石窗的《南宋金元的道教》，上海古籍出版社 1989 年版；孔令宏的《宋明道教思想研究》，宗教文化出版社 2002 年版；唐大潮的《明清之际道教三教合一思想论》，宗教文化出版社 2000 年版；李养正的《当代道教》，东方出版社 2000 年版；等等。

专题研究方面，对道教典籍的研究主要集中在《周易》、《真诰》、《抱朴子》、《周易叁同契》、《道教义枢》、《太平经》等书籍。这些著作主要有：陈鼓应的《易传与道家思想》，三联书店 1996 年版；詹石窗的《易学与道教思想关系研究》，厦门大学出版社 2001 年版；詹石窗的《易学与道教符号揭秘》，中国书店 2001 年版；徐仪明、冷天吉合著的《人仙之

---

① 该书由四川人民出版社出版，分 4 卷，第 1 卷 1988 年出版，第 2 卷 1992 年出版，第 3 卷 1993 年出版，第 4 卷 1995 年出版。此后，又于 1996 年推出修订版。

间——〈抱朴子〉与中国文化》①，河南大学出版社 1998 年版；萧汉明、郭东升合著的《〈周易叁同契〉研究》，上海文化出版社 2001 年版；周立升的《两汉易学与道家思想》②，上海文化出版社 2001 年版；王宗昱的《〈道教义枢〉研究》，上海文化出版社 2001 年版；等。对道教早期经典《太平经》的研究仍是道教思想研究中的热点，学者们纷纷撰文探讨《太平经》中的易学思想、生态思想、承负报应思想、伦理思想等等。这方面主要是一些论文，如连镇标、詹石窗合写的发表于《福建师范大学学报》（哲学社会科学版）1994 年第 2 期的《〈太平经〉易学思想考》，乐爱国发表于《宗教学研究》2003 年第 2 期的《〈太平经〉的生态思想初探》，陈焜发表于《宗教学研究》2002 年第 4 期的《试论〈太平经〉中之承负说》等。另外，近年来学者们也开始加强了对敦煌本经典的研究，如王承文于 2002 年由中华书局出版的《敦煌古灵宝经与晋唐道教》和王卡于 2004 年由中国社会科学出版社出版的《敦煌道教文献研究综述·目录·索引》就是最近的两部有关敦煌本道经的研究著作。在对道教经典的研究中，对部分典籍的作者、性质、成书年代等仍存在一些分歧和争论，对一些早期经典尚缺乏研究，如敦煌本《老子变化经》等。

道派思想史研究则主要集中在天师道、全真道、楼观道等在历史上比较著名的道派，对一些名气不是很大的道派则鲜有涉猎。这方面代表性的著作主要有：王士伟的《楼观道源流考》，陕西人民出版社 1993 年版；邝国强的《全真北宗思想史》，中山大学出版社 1993 年版；黄小石的《净明道研究》，巴蜀书社 1999 年版；张继禹的《天师道史略》，华文出版社 1990 年版；王志忠的《明清全真教论稿》，巴蜀书社 2000 年版；等等。

目前对地方道教及其思想的研究也很受关注，代表性的著作主要有：王光德、杨立志合著的《武当道教史略》，华文出版社 1993 年版；樊光春的《长安·终南山道教史略》，陕西人民出版社 1998 年版；郭武的《道教与云南文化——道教在云南的传播、演变及影响》，云南大学出版社 2000 年版；黄兆汉、郑炜明合著的《香港与澳门之道教》，香港加略山房有限公司 1993

---

①　该书将对《抱朴子》的研究从内篇扩展到了外篇。
②　该书将《周易参同契》放在两汉易学思想流变的大背景中进行了研究。

年版；赖宗贤的《台湾道教源流》，台湾中华道统出版社 1999 年版；等等。

　　道教人物思想研究方面的著作主要有：王利器的《葛洪论》，台湾五南图书出版公司 1997 年版；唐代剑的《王喆丘处机评传》，南京大学出版社 2000 年版；郭武的《全真道祖王重阳传》，香港蓬莱仙馆 2001 年版；牟钟鉴、白奚、常大群等合著的《全真七子与齐鲁文化》，齐鲁书社 2005 年版；等等。对道教人物思想的研究还有许多论文，葛洪、王重阳、陶弘景、陈抟、司马承祯、吴筠、杜光庭、谭峭、张伯端、陈景元、白玉蟾、张宇初、陆西星、王常月、李西月、黄裳及陈撄宁等道教人物的思想都有涉猎。

　　在道教哲学研究中，非常引人注目的是对道教重玄学的研究，例如人民中国出版社 1993 年出版的卢国龙《中国重玄学》，是第一部系统研究重玄学的著作，该书详细叙述了重玄学的产生与演变，从道体论、道性论、心性论方面揭示了重玄学的思想内容与价值。1997 年卢国龙先生又出版《道教哲学》一书，继续了他对重玄学的研究，该书由华夏出版社出版。还有 2002 年由上海文化出版社出版的强昱著《从魏晋玄学到初唐重玄学》和 2002 年由中国社会科学出版社出版的董恩林著《唐代老学：重玄思辨中的理身理国之道》，也都从不同角度对重玄学进行了探讨。

　　值得注意的是，目前对道教重玄学的研究虽然已经有了相当的积累和进展，但在对如何界定"重玄学"的问题上，学者们却是各持己见。如卢国龙称之为"道教重玄学"，詹石窗在其发表于《世界宗教研究》1984 年第 4 期的《"老学重玄宗"简论》一文中称之为"老学重玄宗"，李刚在其发表于《宗教学研究》1996 年第 1 期的《道教老学重玄派》一文中称之为"道教老学重玄派"，简明在其发表于《世界宗教研究》1996 年第 4 期的《"道家重玄学"刍议》一文中则称之为"道家重玄学"。

　　除了围绕道教重玄学问题进行争论外，学者们还就道教老学、道教生死形神理论、道教之"道"以及道教伦理等方面对道教哲学进行探讨。2001 年，由巴蜀书社出版的刘固盛著《宋元老学研究》考察了宋元老学的发展演变；2003 年由宗教文化出版社出版的车乃亮著《证悟〈道经〉——老子与二十一世纪》探讨了老子在当代的文化意义。2004 年由四川人民出版社出版的李刚著《劝善成仙——道教生命伦理》，1995 年由四川大学出版社出版的姜生著《汉魏两晋南北朝道教伦理论稿》，1999 年由四川人民出版社出版的姜生、郭武合著《明清道教伦理及其历史流变》，则是近十年来有关道教伦理思想研究方面较有代表性的著作。

对道教思想的研究还通过对道教内丹术，道教与中国传统文化关系等方面展开。1996 年由广东人民出版社出版的李大华著《道教思想》一书比较全面地研究了全真道南宗白玉蟾的内丹学思想。2002 年由北京大学出版社出版的杨立华著《匿名的拼接——内丹观念下的道教长生技术的开展》一书以唯名论的方式讨论内丹观念的产生、开展及其在思想史上的具体结果。此外，像福建人民出版社 1990 年出版的卿希泰主编《道教与中国传统文化》、北京燕山出版社 1993 年出版的李养正著《道教与诸子百家》、人民出版社 1996 年出版的张立文主编《玄境——道学与中国文化》，上海交通大学出版社 2000 年出版的程维荣著《道家与中国法文化》，湖南人民出版社 2002 年出版的吕锡琛著《道家、道教与中国古代政治》等，则从道教与中国传统文化关系的角度探讨了道教思想。

在对道教医学，道教与科学技术，道教与文学艺术等多个领域，学者们对道教思想也都有不同程度的涉猎。这方面近期的著作主要有：詹石窗著《南宋金元道教文学研究》，上海文化出版社 2001 年版；盖建民著《道教医学》，巴蜀书社 2001 年版；姜生等主编的《中国道教科学技术史·汉魏两晋卷》，科学出版社 2002 年版；等等。

从上面的粗略勾勒可以看出，道教思想研究的学术成果比较丰硕，但繁华中未免有些浮躁，硕果里不免存在问题，大量的出版数字中有不少是重复课题，也有不少粗制滥造之作。目前在通史研究中，由于大多从汉代以降做起，将道家和道教分开，因此对道教前史的思想未给予充分理会，对道教和道家的关系在道教思想通史中也较少体现，后来的研究者或许可以在这方面有所突破。在断代史研究中，明清以来的道教思想断代史研究则略显薄弱，对汉代道教的研究也相对不足。另外，目前有关道教思想的断代和专题研究著作虽然层出不穷，但和道教驳杂的内容相比较而言，详尽微观的断代、专题研究仍显不足。在对道教思想的流变原因探讨中，学者多从外部，即所谓的社会文化大环境中寻因，而较少从道教自身方面予以探究。外因虽然重要，内因似更必不可少。至于道教研究中的大多数为学术界人士，道门中人尚未能够比较广泛地参与，而对一种宗教的研究来说，信徒从自身的宗教体验进行研究也是必不可少的一个方面。在研究方法上，也许还可以采用更多的角度、途径。在对外的交流融合中，由于国外道教研究早，同时和我们处于不同的文化视域，因此适当选择精品著作进行翻译，以期促进国内道教思想研究，应该也是下一阶段应注意的一个问题。

我国的佛教及其思想研究经过 20 世纪初以"居士佛教"为特征的近代佛教文化复兴运动后，进入了学术化研究阶段。由于佛教研究的基础较好，目前佛教研究已成为中国宗教研究中一个成果最多、影响最大的分支学科，基本形成了佛教界与学术界两大研究系统，创办发行了各类佛教刊物，成立了各类学术团体和组织机构，佛学研究的人才培养也得到了应有的关注；同时，继 1980 年 9 月由刚成立的中国宗教学会、中国南亚学会、陕西省社会科学院及西北大学在西安联合召开了建国以来的第一次全国性的佛教学术会议以后，每年都要举办各种议题的国内或国际佛学研讨会，加强了佛学研究中的交流与合作，并通过交流合作，拓宽了研究者的视域，活跃了研究思路和研究氛围。到今天，佛教及其思想研究在积累了大量成果的基础上，基本上处于全面消化、系统整理的阶段，形成了包括通史、断代史、宗派史、地域史、思想专题、藏传佛教及因明学、佛教与中国文化等在内的系统研究。

佛教通史及其思想类的研究成果中，要首推任继愈主编的《中国佛教史》[①]，该书资料翔实，系统论述了中国佛教在各个时期的发展状况及其与现实社会的互动，代表了当今中国学界佛教研究史的最高水平。而郭朋在一系列佛教断代史的基础上，修订完成并由福建人民出版社 1994 年出版的《中国佛教思想史》，则是近期个人完成的篇幅最大的佛教思想通史。其他还有一些佛教简史类著作，如宗教文化出版社于 2001 年出版的方立天主编的《中国佛教简史》等，则以明晰的笔调透析了佛教思想的发展路向。

在断代史方面，汤用彤先生撰写的由汤一介整理的《隋唐佛教史稿》不失为断代史中的经典，该书于 1982 年由中华书局出版。而人民出版社于 1994 年出版的任继愈著《汉唐佛教思想论集》则是关于早期佛教思想史方面的另一部力作。目前，近现代佛教思想的研究继 90 年代成为断代史研究

---

① 该书由中国社会科学出版社出版，分 3 卷，第 1 卷 1981 年出版，第 2 卷 1985 年出版，第 3 卷 1988 年出版。

中的一个热点后，仍热度不减，不断有著作面世，这方面的代表作有：陈兵、邓子美著《二十世纪中国佛教》，民族出版社 2000 年版①；麻天祥著《20 世纪中国佛学问题》，湖南教育出版社 2001 年版；楼宇烈著《中国佛教与人物精神》，宗教文化出版社 2003 年版；陈永革著《佛教弘化的现代转型：民国浙江佛教研究 1912—1949》，宗教文化出版社 2003 年版；等等。

宗派史研究中，禅宗仍然是一枝独秀，得到了学术界格外的关注，研究成果也特别多，如杨曾文著《唐五代禅宗史》，中国社会科学出版社 1999 年版；吴言生著《禅宗思想渊源》中华书局 2001 年版；吴言生主编《中国禅学》，中华书局 2002 年至 2004 年版②；妙峰主编《曹溪禅研究》，中国社会科学出版社 2002 年版；等等。这些都是近年禅宗思想史研究中比较有代表性的论著。

与禅宗相比，其他宗派的研究虽略显不足，但近年来华严、天台、三论、净土等也是不断有新作面世，使佛教宗派史的研究呈现出了万艳争芳的势头。代表性的著作有杨永泉著《三论宗源流考》，上海古籍出版社 1998 年版；魏道儒著《中国华严宗通史》，江苏古籍出版社 1998 年版；陈扬炯著《中国净土宗通史》，江苏古籍出版社 2000 年版；潘桂明、吴忠伟著《中国天台宗通史》，江苏古籍出版社 2001 年版；惟正、杨曾文主编的《禅宗与中国佛教文化》，中国社会科学出版社 2004 年版；等等。

同时，佛教地域史研究目前也相当地兴盛，这方面的著作主要有：王国荣的《福建佛教史》，厦门大学出版社 1997 年版；何建明的《澳门佛教：澳门与内地佛教文化关系史》，宗教文化出版社 1999 年版；释圣怀的《广东佛教史》，香港东林念佛堂有限公司 2000 年版；严耀中的《江南佛教史》，上海人民出版社 2000 年版；严耀中《中国东南佛教史》，上海人民出版社 2005 年版；陈荣富的《浙江佛教史》，华夏出版社 2001 年版；等等。

在思想专题研究方面，上海人民出版社 1985 年出版的严北溟著《中国佛教哲学简史》，是比较早的一部代表作。该书主要以"空"字来说明佛教哲学的基本特征。上海人民出版社 1988 年出版的赖永海著《中国佛性论》，

---

①　该书为国内外第一部关于 20 世纪中国佛教的专门史论。
②　该书由中华书局出版，分 3 卷，第 1 卷 2002 年出版，第 2 卷 2003 年出版，第 3 卷 2004 年出版。

主要对晋宋以后的佛性问题进行了论述。北京大学出版社 1996 年出版的姚卫群著《佛教般若思想发展源流》，则对佛教的般若思想进行了系统研究。而由宗教文化出版社 2003 年出版的王恩洋的《中国佛教与唯识学》，是最近有关唯识学研究的一部力作。宗教文化出版社 2005 年出版的华方田的《中国佛教与般若中观学说》，对大乘中观学派的逻辑发展，吉藏的中道观、中道佛性说、净土观等问题进行了探讨。

藏传佛教研究方面，以三联书店 1992 年出版的班班多杰的《藏传佛教思想史纲》和青海人民出版社 1996 年出版的班班多杰的《拈花微笑：藏传佛教哲学境界》两部著作为标志，开启了对藏传佛教思想的系统研究，目前也成为佛教研究中的一个热点，出现了一批有分量的成果。目前这方面的成果主要有：索南才让著《西藏密教史》，中国社会科学出版社 1998 年版；赛仓·罗桑华丹著《藏传佛教格鲁派史略》，中国社会科学出版社 1998 年版；措如·次朗著《藏传佛教噶举派史略》，王世镇译注，宗教文化出版社 2002 年版；德吉卓玛著《藏传佛教出家女性研究》，社会科学文献出版社 2003 年版；等等。其中《藏传佛教出家女性研究》一书对神秘的藏族文化中鲜为人知的藏传出家女性文化进行探讨，填补了该领域的一个空白。

因明学研究方面，在继老一代学者吕澂、虞愚等的研究之后，沈剑英推出的《因明学研究》，系统整理了玄奘所传的因明理论框架，该书于 1985 年由东方出版社出版。2001 年，沈剑英又主编了《中国佛教逻辑史》，继续对因明学进行探究，该书于 2001 年由华东师范大学出版社出版。而西藏人民出版社 2002 年出版的杨化群著《藏传因明学》一书详细勾勒了藏传因明的基本情况，成为藏传因明学研究的代表作。近年，姚南强著《因明学说史纲要》，该书由三联书店于 2002 年出版；刚晓著《汉传因明二论》，该书由宗教文化出版社于 2003 年出版；萨班·贡嘎坚赞著《因明学》，该书由民族出版社于 2004 年出版。这些著作都从不同的角度丰富了对因明学的研究。

当前佛教思想研究还从佛教与中国文化、佛教与当今社会、佛教伦理等多个方面展开。华东师范大学出版社 1994 年出版的邓子美著《传统佛教与中国近代化：百年文化冲撞与交流》探讨了佛教与中国近代化的关系；北京大学出版社 1999 年出版的周晋著《道学与佛教》探讨了佛教与道学的关系；南京大学出版社 1999 年出版的王月清著《中国佛教伦理研究》和上海社会科学院出版社 2000 年出版的业露华著《中国佛教伦理思想》则是近年来探讨中国佛教伦理思想传播和发展过程的两部比较有代表性的著作。而中国社会科学出版社 2000 年出版的潘贵明著《中国居士佛教史》则对有两千年历史的中国居士佛教运动进行比较全面、深入、客观的研究，指出居士佛教在儒、释、道三教合一和理学形成过程中的突出地位、重要作用，是海内外第一部系统阐述中国居士佛教的学术专著。

我国的佛教思想研究，基础好，著作丰，是目前我国宗教思想研究中的显学，也是发展最为成熟的一门分支学科，但在研究中依然存在着一些问题，如宗派研究中的不平衡问题。虽然目前这种状况已有了一定的变化，但是这种冷热不均的状况并未得到根本的改观，以后似应继续加强对在民众中有相当影响的宗派的研究力度，努力拓展佛教宗教思想的纵深研究。

最近一个时期，除了上面我们谈到的这些宗教学中的"显学"外，以往在宗教研究中常被有意无意忽视、忽略或冷淡的一些领域，主要是有关民间宗教和其他新兴教派，也开始萌生春意，出现了不少可以称得上是开山之作的成果。在这一领域，我们不得不首先提到马西沙和韩秉方合著的《中国民间宗教史》，该书利用了大量第一手档案资料，记述了从汉末到清末数十种民间教派的起源、特点及发展演化，是我国第一部系统的民间宗教专著，于 1992 年由上海人民出版社出版，一经出版，既在国内国际得到了很高的赞誉。紧随其后，上海古籍出版社 1993 年出版了欧大年的《中国民间宗教教派研究》，四川辞书出版社 1996 年出版了濮文起的《中国民间秘密宗教辞典》，这两部著作进一步丰富了有关中国民间宗教的研究。近十年来，学者们更是不断地开拓这一领域。东方出版社 1999 年出版了戴康生的《当代新兴宗教》一书，对 19 世纪中叶后兴起的宗教组织和运动进行了论述和介绍，开创了这一研究领域的先河。江苏人民出版社 2000 年出版的濮文起《中国民间秘密宗教溯源》，将汉末到民国的几乎所有民间秘密宗教来了个大搜捕。上海人民出版社 2001 年出版的郭淑云的《原始活态文化——萨满教透视》突破我国萨满教研究的传统模式，从文化学的视角审视萨满教，对萨满教中的文化因子予以钩沉，推进了萨满教研究向纵深发展。北京文物出版社 2000 年出版的新疆吐鲁番地区文物局编著、柳洪亮翻译的《吐鲁番新出摩尼教文献研究》，为了解摩尼教东方教区的教团活动及内容，研

究高昌地方宗教史，提供了一批珍贵的第一手资料。上海社会科学院出版社
1999 年出版的龚方震、晏可佳合著的《祆教史》是国内第一部有关祆教的
研究著作，系统介绍了祆教的发展历史，同时比较全面地论述了祆教传入中
国以来的基本概况。这些著述虽然并非是纯粹的关于中国宗教思想研究的成
果，但却较多地论及中国宗教思想内容，对于我们进一步了解和探讨中国宗
教思想的形成、发展以及中国宗教思想的社会作用问题都颇有裨益。

在对中国宗教思想的研究中，除了对各宗教思想相对独立的研究外，目
前对各种宗教思想之间的关系研究已成为当前宗教思想研究中的一个热点问
题，如儒佛关系、儒道关系、佛道关系等。这方面代表性的著作如：吴重庆
著的《儒道互补——中国人的心灵建构》，广东人民出版社 1993 年版；孔
令宏著的《儒道关系视野中的朱熹哲学》，台湾中华大道出版社 2000 年版。

以上论述，我们结合中国宗教研究的一些情况，简单描述了中国宗教思
想历史发展的研究现状，从中可以看到中国宗教思想研究历经百年风云，至
今已成为一门充满希望、潜力无限的学科，研究领域不断扩展，研究方法日
趋多元，研究队伍不断壮大，学术气氛空前活跃，研究成果更是无法确切统
计，所有这些都标志着我国宗教思想研究已具有了相当的规模和实力，但同
时我们更应看到在这一片大好形势下依然存在着各种各样问题。

目前我国宗教思想研究中主要有内外两方面的问题。从外部来讲，宗教
思想研究在整个学术领域仍属较年轻学科，我们在文中所谈的它目前的
"显盛"，都是和自身相比较而言的，而和其他学术领域相比较，宗教思想
研究无疑仍然是一门冷学问，存在研究人员不多，信息不足，资金投入少，
经费欠缺，学术著作出版难等硬问题，项目选题、成果评定等激励管理制度
也存在着不合理的情况。从学科自身来说，一方面存在研究人员人心浮躁，
盲目追求学术成果，产生了为数不少的粗制滥造之作的问题；另一方面，研
究中存在着比较严重的不平衡状况，不同的宗教思想研究之间不平衡，同一
宗教思想研究内部各领域间亦存在不平衡。佛教、道教研究相对比较热，研
究人才较多，成果也比较突出，而其他宗教研究就比较薄弱，特别是民间宗
教这一块。而在佛教研究内部，汉传佛教最热，藏传次之，其他如云南上座
部研究则冷冷清清，少有问津者，和汉、藏两传佛教相比，差距很大。这种
不平衡从长远来看，势必会影响到整个学科研究的深入开展。同时，民间宗

教研究多是简单的材料收集，对其宗教思想的研究略显肤浅，缺乏深入的宗教理论研究著作。总之，当前我国的宗教思想研究虽已取得相当成绩，但仍面临着如何纵向深化求索，横向开拓创新，会通中西的艰巨任务，等待各位学界中人的既是任重而道远的重负，亦是大有作为之机遇。

三、中国宗教思想研究的基本方法与重要意义

如何进一步深入研究中国宗教思想？方法问题是首先应该解决的。有鉴于此，本书的《绪论》在回顾了学术研究的基本情况之后，拟对研究方法与课题研究的价值略作论述。

1. 中国宗教思想研究的基本方法

中国宗教既是一种文化现象，又是社会实体，深刻影响着中国民众的生活习惯、道德规范、民情风俗等社会的各个方面。对中国宗教思想进行研究，不仅可以了解其历史文化价值，而且有极强的现实意义。然而，当前学术界对中国思想的研究不够深入、不够全面，中国宗教思想中有很多问题还等待我们去探究。由于中国宗教思想本身的动态发展，寻找适宜的研究方法是极为重要的。

关于宗教研究方法，很多学者都曾经论述。这对于中国宗教思想研究来说是有一定借鉴意义的。因此，我们准备在前人论述基础上稍作引申和拓展。

对宗教思想的研究，较之其他学科的研究，有其特殊性。它涉及的是宗教信仰等问题，在宗教徒看来，信仰是不加证明的。宗教体系中所存在的非理性思维与科学理性思维是不一样的。因此，站在不同立场抱着不同态度（例如信仰主义或者否定信仰的态度）去研究宗教思想，得出的结果将是不同的，甚至是大相径庭的。完全否定信仰的学术态度，不能深入宗教生活，难免成了门外汉，因而这种研究立场当然是不恰当的。而信仰主义的立场，"只能看到在木雕泥塑的偶像面前五体投地的跪拜"[①]。因此，为全面深入研

---

① 吕大吉：《宗教学通论新编》，第26页。

究宗教，我们既要深入宗教中去把握宗教生活，分析其宗教思想和实质，又要跳出宗教生活而进行理性思考。应该说明的是，这里所谓"深入宗教中"并非是作为一个信仰者去体验宗教，而是作为一个研究者到具体的宗教活动场所与信仰者广泛接触，这是研究中国宗教思想的前提。

学者从不同的角度，比如宗教人类学、宗教社会学、宗教心理学、宗教哲学、宗教文化学、宗教地理学等进行研究，提供了种种新视野，但如果单纯从本学科出发来研究宗教思想，往往会陷入矛盾和困境之中。比如单纯从宗教文化学的角度来分析宗教思想现象，可能就会发生像德国学者韦伯那样的困境——在资本主义经济发展和新教改革二者之间，谁是决定性动力因素问题上难以取舍。

总而言之，我们在研究宗教思想时要体现既客观又深入的原则。客观，就是要实事求是地描述和分析宗教思想，这样才能较真实地而不歪曲宗教的本来面目。要做到客观，又必须深入宗教生活中，充分把握宗教的第一手资料，只有深入地把握宗教资料，才能使我们的分析不限于表面，才能做到分析的客观性。若不够深入，我们的研究难免失之片面，也就谈不上客观了。为此，我们要有实事求是的态度和怀疑精神。一方面，要尊重事实，这是我们进行任何分析和评判的前提。只有在实事求是的基础上，我们对中国宗教的研究才具有可靠性，才能经得起检验。事实胜于雄辩，这种实事求是，不仅在于我们寻找、占有资料时要尊重事实，还体现在分析材料时也要有尊重事实的态度和客观的分析思维，而不是要否定一切。另一方面，要有大胆探索的怀疑精神。怀疑是进步的动力，故步自封是不能有所发展和创新的。当然，这种怀疑应该是基于实事求是的基础上进行的。如果只谈事实，没有怀疑，研究就不能创新；如果只讲怀疑，不重证据和事实，就根本谈不上客观的原则了。因此，要把二者很好地结合起来。

在分析和研究中国宗教思想时，光有尊重事实和怀疑精神是不够的。这只是个大的原则，我们还须借助一些更具体的研究方法，否则就无从下手。需要强调的是，应该把尊重事实和怀疑精神这一大原则贯穿到每个具体的研究方法中，在具体的研究方法中得到体现，这就是宏观与微观研究方法的结合。这样，才能真正做到客观和深入。为此，我们提倡在研究中国宗教思想时注意如下方面：

（1）坚持"语言镜像法"和心理分析法相结合

语言有口头语言，也有文本语言，我们这里讲的是文本语言。中国宗教思想主要体现在众多的典籍文献中，大部分都是以语言为流传工具。语言是中国宗教思想的基本载体。离开语言，中国宗教思想就无法传承。在不同的历史时期，语言具有不同的特色；即使同一时期，又因地域、风俗习惯等因素的影响，语言便呈现出不同的特征，其语言结构、表达模式及其功能都不一样。如同是在唐朝时期，道教与佛教语言就各有其特色，具有相当的不同。语言的变化在横向和纵向上都体现着一定的关系。其连续性的存在，使得今天的我们得通过诸多作品来分析先哲的思想，能够区分和辨别不同语言下所反映的具有某种一致性或相似的思想。"语言镜像法"就是通过考察语言的结构、功能、表达模式及其迁移变化，来折射文字的思想内容的方法。中国宗教各教各宗派在同一或不同时期，他们借以阐述宗教思想的语言往往不一，体现了语言的间断性和连续性的统一。因此，我们可以通过宗教语言来探究宗教思想，如对"梦幻模式"的道教小说语言进行分析，从而探讨其中蕴含的宗教思想。①

心理分析法，即运用心理学的有关方法，探讨人的宗教意识及其特点，考究宗教心理产生的各种因素及宗教经验、心理的变化规律，从而提示宗教思想的发展。崇拜、畏惧等宗教意识的产生，祈祷、节庆等宗教行为和活动等，都从某些方面反映了人的宗教心理。因此，心理分析法也是中国宗教思想研究的重要方法。

先哲通过语言文字把宗教意识记录下来。因此，进行心理分析时要联系"语言镜像法"。同样，如果仅仅着眼于语言的结构、功能、表达模式及其迁移变化，是无法深刻透析语言所反映的"像"的，需要结合心理分析法，使得语言展现出其内在的宗教认知心理与民族心理，发掘其思想底蕴和思维特征。

（2）逻辑与历史相统一的方法论

逻辑的方法，就是通过概念、判断、推理来整合资料、提升认识的方法。中国宗教经历了长期的发展历史，留下了大量的典籍文献资料，加上各

---

① 参见詹石窗：《道教术数与文艺》，台湾文津出版社 1998 年版，第 177—180 页。

种解说性资料，可谓浩如烟海。若没有理性思维，没有逻辑的把握，就会感到头绪烦杂，无从下手，难于找到所需的切入点。因此，我们要利用诸如分类研究方法、归纳统计法等逻辑思维方法进行加工、整理，理清文献资料的线索和思路。如在道教的历史发展过程中，其历史事件难以计数，我们并不是要对每一个历史事件都进行分析，而是要经过逻辑的修剪，把最能反映道教历史发展规律的事件保留下来，去其细枝末节。此外，我们还要善于探索宗教内部各教派各领域各要素之间的逻辑关系，以及宗教与非宗教文化之间的互动关系，揭示宗教思想的本质和发展规律。总之，不仅要利用逻辑方法理清各文献之间的逻辑关系，还要通过研究建立起自己的一套在文献事实基础上的逻辑叙述体系。

对中国宗教典籍资料进行逻辑思考，离不开历史追踪。因为这些资料是历史资料，往往是历史上某个人对某种宗教事物的个人情感的抒发，或者是当时社会历史环境下中国宗教意识状况的记录，反映了一定历史时期人们的某种追求，是历史的产物。故而，解读这些典籍文献时，必须把这些文献资料放到具体的社会历史的宏阔背景下来分析其理论特点及其互动关系，如此才能较真实地把握其历史价值和特定的历史作用。如果抛开当时具体的历史条件，单纯以现在的眼光来分析评判其典籍资料，不仅不能深入而全面地把握其宗教观点，甚至会歪曲其观点，这不是我们所期待的结果。

（3）坚持"论史结合"的方法论

"史"，就是要充分占有史料。由于时间一去不复返性，我们对中国宗教思想的研究，也只能从记录先人论述的史料中去寻找他们的思想轨迹。每一种宗教史料，都从某个方面或大或小地反映当时宗教的状况或实质。充分占有史料，这是我们进行宗教思想研究的重要途径，是进行客观性分析的前提。从某种意义上讲，我们对中国宗教思想的研究，就是对其史料的研究。离开史料，我们的研究就成了无源之水，建立起来的理论就只能是空中楼阁。

对史料的占有，不能限于历史与思想的简单陈述，必须要有"论"。因为史料是极为丰富的，如历代的"道藏"就保留着大量的道教文献史料。由于常常采取"我注六经"或"六经注我"的形式解经注疏，古人对某宗教经籍的解释不一，这就需要我们"论"，对中国宗教思想及其复杂层面的关系以及历史地位、作用进行详尽分疏，史论结合，如此才能展现中国宗教思想发展的真相，才能更好地认识中国宗教思想的历史，从而进行深入的探讨和研究。通过"论"，也是为了解决史中的盲点、疑难点问题。在中国宗教思想中，存在很多有争议性的问题，也有很多有待挖掘的历史事实问题，我们可以根据现有资料，经过一定方式的"论"，比较合理地透析。比如，道教史中关于白玉蟾的籍贯问题，一直存在争论，有的说他是海南人，有的说他是福建人。类似这种争论，就需我们结合史实来论证解决。所以，我们提倡由史发论，以论说史，史论结合，相互印证。若有史无论，有如大海捞针；有论无史，成了无源之水。

（4）坚持中西对比的方法论

过去先哲在长期的中国文化治学中，形成了考据、训诂等颇具实用性的治学方式。这是古人治学的经验总结。这些方法，同样适用于中国宗教思想的研究。中国宗教思想文献资料，大部分都是以古文字进行记录的，所以我们必须通过考据、训诂的方法，认清古文字，才能深入研究古文经籍。若不懂考据、训诂的方法，文字一关过不了，就不能正确解读经籍史料，那就无从研究了，更无法建立起立足于事实的宗教思想研究的理论体系。因此，中国文化传统的研究方法可以很好地借鉴。

西方文明在其发展中也产生了许多重要的有效的研究方法，比如文字人类学、符号学、比较学等方法，我们在研究中国宗教思想时同样也可以借鉴。这类研究方法，为我们提供了新的研究视野，有利于我们多角度多功能地研究中国宗教思想，使我们的分析更具有层次性，从而有利于中国宗教思想价值的挖掘。

因此，要坚持传统方法与外来方法并举。任何完全抵触西方文明、固守传统的考据、训诂之类方法，或是全盘"西化"、抛去传统方法的极端做法，都是不足取的，不利于我们全方位地对中国宗教思想的真正把握，也是不符合中西文化相互交流、相互渗透和融合的发展趋势。当然，也并非说中西方所有的研究方法都要加以继承和借鉴，只有行之有效的研究方法才被借鉴，予以吸收、消化和创新，而不是生搬硬套，依葫芦画瓢。如果那样，不仅不见其利，反得其弊。

（5）坚持古今对比的方法论

古，即是在揭示中国宗教思想的本质和发展规律基础上，充分考察其在社会历史文化中的地位和作用。中国宗教作为一个庞大体系，各个教派之间既相对独立又彼此关联着，注意到这种情况，这是非常重要的。此外，中国宗教又作为一种社会实体，与其他社会文化存在着互动关系。所以，我们要通过研究这种互动关系，来阐明中国宗教思想在整个社会文化中的地位和作用，揭示其对中国民众的心理、行为方式、道德规范乃至经济、政治等各方面的影响。在占有史料的基础上，通过一定的方法对中国宗教各组成部分进行逻辑分析，不仅要呈现其突出的历史价值，还要理清和挖掘那些潜在的或必须通过相关史料的比较分析才能体现的思想和特征。

探讨中国宗教思想的现实意义，就是要在尊重历史事实的前提下，对中国宗教思想作出富有时代精神的考察和思索。我们研究中国宗教思想的目的，不仅在于揭示其历史文化价值，还在于要立足现实，注意考察中国宗教思想的现实性，作出符合时代的理论思考。如果只谈历史价值，不谈现实价值，那就未免使中国宗教思想散失活力，显得贫乏。因此我们研究中国宗教思想时，要将当前我国学术界共同关心的如何吸收文化遗产与建设社会主义新文化问题相衔结，对中国宗教思想在现代社会的价值与意义进行阐释，为探索中国宗教与社会主义社会相适应的理论提供参照系。

2. 中国宗教思想研究的重要意义

首先，研究中国宗教思想，有助于我们全面了解中国宗教的面貌，深入把握中国宗教的历史地位和作用。

当前，仍有很多人不了解中国宗教，认为宗教纯粹是非理性的，与科学是根本对立的，是违背历史潮流的，应该加以排斥，甚至把宗教与封建迷信等同起来，这些都是对中国宗教认识不够深入的表现。从宗教的整个历史及其发展规律来看，中国宗教从原始宗教发展到儒、释、道，形成多种宗教并存的局面，经过了一个长期的过程。由于宗教存在的自然原因、社会原因、精神因素和现实土壤，加上宗教古老的生命力，宗教不仅不会很快消失，甚至在很长时期内将继续存在。从中国宗教思想的内容来看，有许多具有丰富历史价值的思想因素值得发掘。比如儒教的人格教育、道教的养生理论、佛教的心性思想，都很值得我们认真考察。

其次，研究中国宗教思想，有助于全面了解和把握中国文化脉络。

中国宗教思想的流传及其影响，不仅表现在中国宗教内部之中，它还作为一种社会历史现象和文化现象，对中华传统文化的发展产生重大影响。如果我们把中国宗教放在中华文化发展的历史大背景下进行审视，就能清楚地看到，中国宗教包括原始宗教、儒、释、道教、民间宗教及其他宗教，各构成要素之间的互动关系，使得自身成为一个相对独立的文化形态，尤其是儒、释、道三教之间的冲突与融合，一直是两汉以来中国传统文化发展的主旋律。此外，中国宗教又与中国传统文化的其他部分，诸如哲学、文学、社会政治、经济、伦理道德、法律、民族风俗、心理乃至绘画、雕塑、戏剧、建筑、医药养生、古代化学、天文历算、地理等等，都存在着密切的互动关系，有着千丝万缕的联系。如果不认真加以研究，很难写出完整全面的中国哲学史、文学史、政治史、经济社会史、伦理史、民族史、民俗史、艺术史和科学史。

再次，研究中国宗教思想，有助于更好地发挥中国宗教思想的现实作用。

中国是拥有 1 亿以上宗教信徒的国家。在这样的国度，如何充分挖掘宗教中的合理思想，发挥宗教作为一种社会现象对中国社会的发展所具有的积极的社会功能，仍然是个值得探讨和研究的课题。这不仅是一个如何了解宗教历史文化价值的问题，也是一个富有现实意义的问题。下面着重从中国宗教思想与民族问题、当代社会精神文明建设及生态保护等关系方面来阐述其现实意义。

深入研究中国宗教思想，有助于我们更好地处理民族问题。我国是一个多民族和多宗教信仰的国家。56 个民族中，几乎每个民族都有自己的宗教思想信仰。如藏族和蒙古族几乎全民信仰喇嘛教，回族、维吾尔族、哈萨克族等 10 个民族，几乎全民信仰伊斯兰教，傣族几乎全民信仰佛教等等。宗教思想信仰是民族形成的基本要素之一，宗教思想影响着各民族的民心、民情、民风、民俗等。在信仰宗教比较普遍的地方，宗教问题与民族问题往往交织在一起，宗教思想信仰成为整个民族问题中的一个重要组成部分。无论过去还是现在，宗教思想对少数民族具有重大的影响力和号召力。宗教问题具有强烈的民族性。也正是如此，我们深入开展中国宗教思想研究，有利于充分挖掘其合理成分，从而为发挥宗教在开发民族传统文化和调节民族关系中的积极作用，促进民族的和谐和共同发展作出贡献。

中国宗教思想中许多伦理道德思想对当代的精神文明建设不无益处。在当今经济发展的同时，个人的心理问题逐渐暴发出来，人与人之间的关系冷漠化，道德滑坡现象越来越明显，这些都提示着精神文明建设的重要性和紧迫性。中国宗教中各宗教几乎都有自己关于道德规范方面的教义，这些教义是宗教体系中不可缺少的部分，同时也反映了世俗伦理道德中的一些普遍准则，反过来又深刻影响着民众心理和行为方式。如佛教的诸恶莫作、众善奉行，基督教的博爱、忍耐、宽容等，对当代的精神文明建设都有着重要的借鉴作用。当然，我们并不是说要用宗教信仰来规范当今的精神文明建设（这实际上是不可能的，也是不现实的），我们强调的是，在观察和研究中国宗教思想时，要重视和挖掘其对当今精神文明建设仍具有现实价值的部分。

中国宗教思想体系蕴涵着极其丰富而又深刻的生态智慧，对解决现代人类面临的生态危机，促进人与自然的和谐发展，有重要的借鉴意义。长期以来，人们以人是"自然的主人"自居，掠夺破坏自然。生态系统功能下降，生物多样性面临巨大威胁，水土流失，环境污染，矿产资源的不合理开发等等严重破坏了自然与社会的协调平衡状态。在这样的情势下，审视和借鉴中国宗教思想的一些思想主张，应该是有利于人类的整体生存的。比如道教的戒律思想，要求教徒要爱护生命，对众物怀仁慈之心，"常行慈心，愍济一切，放生度厄"[1]。这些都蕴涵着深层的生态意识。道教立足于"道本论"的阴阳和谐观所体现的整体思维，对于解决人类面临的生存危机也有着重要启示。[2] 在其他宗教中，也普遍存在人与自然要和谐完美的思想，研究中国宗教思想，对于维护生态平衡来说也是意味深远的。

---

① 《道藏》第3册，文物出版社、天津古籍出版社、上海书店1988年版，第393页。
② 参见詹石窗：《道教和谐观与人类整体生存》，《中国宗教》2006年第7期，第22页。

上　编

中国宗教思想发展的基础考察

第　一　章

宇宙与生态

儒、道、释三教都有各具特色的宇宙论；同时它们也关注生命活动和大自然的关系，进而在其各自宗教关怀的宗旨下，探讨如何完善这种关系。此三教在历史上对中国的生态环境所产生的综合影响，或许远比人们预想的要复杂得多，而本章主要是研究中国宗教的宇宙生态观中某些积极的内容，另附带提出若干解释原则，来探讨部分内容背后的农业生态背景。

生态一词当指有机体与其栖息地之间的关系，这里特别关注以人为核心的这种关系；再者，生态学（ecology）或者环境生物学（environmental biology）也应视为研究有机体与其栖息地的相互关系的科学。

中国宗教思想中包含典型的宇宙论（cosmology）因素，这是无可争议的。一定的宇宙论看来是一定的生态知识、生态意识或生态学的前提，从而也可以把前者视为后者的一部分。宗教思想与"生态"问题的关联则可能基于下述方式：（1）某些哲学的概念、范畴、命题或论述，正面围绕生态主题或者具有直接的生态意蕴；（2）某些经验层面上的生态知识或生态意识，可能是点滴的经验教训，也可能是系统的知识体系，甚至可能以完整的规划的面貌出现；（3）某些概念、范畴、命题或论述，无论它是否至少符合前述两个条件之一，其背后可能指涉着某些生态环境的因素，或者自身中刻印着某种生态特征，但这些未必是其正面探讨的主题，也未必能从其知识形式中直接推论出来，而需要结合一定的条件予以解释。基于这种关联的解释就是"生态解释"。

探讨中国宗教思想的宇宙生态观，主要是针对前述两个领域，当然也可以将其整合为一。至于生态解释，即使这不是本章论述的重点，仍会在某些部分勾勒此种解释的轮廓。

现代生态学具有各种各样的理论模型，这些模型中的任何一个似乎都不能成为检讨古代思想的类似部分的绝对标准。例如不少生态学理论关注食物链的因素，并考虑了从热力学第二定律所推论的能量流动的限制。但在古代思想中却不可能建立起确切的为当时人们所普遍接受的食物链的概念。因此必须结合其本身的范畴体系来分析。但无论对于什么样的体系，似乎以下论题都是合适的：宇宙的结构；人在宇宙中的地位；人与万物的关系的实然的状况与应然的理念等。围绕生态保护的一些措施，乃是为达到某种应然的目标而配置的手段；而完整的生态规划则除了一些措施以外，当然还有对于什么是和谐的人与环境关系的目标定位。

第一节　道论的生态意蕴和生态解释

在传统农业社会中，人与自然和谐相处的理念深入人心。道论除了论述"道"的内涵外，最基本的展现形式就是"阴阳"、"五行"，此一模式在儒教的祭祀、礼俗，以及古代方术和道教的体系中，均有着异常丰富的运用，堪称是其指导性的原则。道论的核心以及它的派生形式，其实都有着极深厚的生态意识的底蕴。而其中很多重要特征可从传统农业的生态背景上得到一定程度的解释。

一、道论的生态意蕴

在传统的道论中，"道"无疑是最核心的范畴，此外还有很多与之并列或者略次一级的范畴，例如气、元气、理、太极、阴阳、五行等等。由这一系列范畴所构成的完整的体系，为人们展现了一幅生生不息、周流感通、和谐发展的宇宙图景，而且一般都渗透着"天人合一"的生态意蕴。

1. 天人合一的生态哲学意蕴

作为中国本土宗教思想的两支巨流，儒、道二教在其经典中比较集中地探讨人与自然关系的范畴就是"天人"，太史公司马迁所谓"究天人之际、通古今之变"，也可以说是在一定意义上道出了古代思想所关注的焦点。被后世道教奉为"南华真经"的《庄子》曾说：

> 天地有大美而不言，四时有明法而不议，万物有成理而不说。圣人者，原天地之美，而达万物之理。是故至人无为，大圣不作，观于天地之谓也。今彼神明至精，与彼百化。物已死生方圆，莫知其根也。扁然而万物，自古以固存。六合为巨，未离其内；秋豪为小，待之成体；天下莫不沈浮，终身不故；阴阳四时，运行各得其序；惛然若亡而存；油然不形而神；万物畜而不知：此之谓本根，可以观于天矣！[1]

生态环境与人类活动，并非相互隔绝或关联极少而是相互依存的两个领域。自然界中蕴藏着富有与美好的源泉[2]，自然界也展现了沉默的、然而人类却必须正视的和谐的法则与规律。天人关系的内在性，直接体现于"道"或者"本根"之类的"存在"中。透过"本根"可知，所谓"六合为内，未离其内；秋豪为小，待之成体"，亦即一切事物，无论其内外、始终、大小、精粗，都通过"本根"而融为一体。

天人之际的哲理思辨，或许会引申出其他的意蕴，如"天"可能是指"道德定命"、"理性"等，但它首先是立足于"苍苍之天"，进而常常引申为自然界的总体或整体，而且它包涵着"阴阳四时运行"的节律，因此"天人之际"的论域，很大程度上就是关于环境与生存的关系之类的生态主题。此外，某些并未直接带有"天"或"天人"形式的范畴，也可能具有生态思想的意蕴；正如在某些情况下"天"的含义也可能是侧重伦理——政治方面。

在生态式的关注亦即天人之学的背后，有一个更为根本的范畴即"道"，它是一切事物化生、演变的根源，如《道德经》中说：

---

① 王先谦：《庄子集解》卷6《知北游》，《诸子集成》第3册，中华书局1954年版，第138页。
② 汉字的"美"，本来就有丰富的意蕴，如孟子"充实之谓美"等，参见《孟子·尽心下》，朱熹：《四书章句集注》，中华书局1983年版，第370页。

> 有物混成，先天地生。寂兮寥兮，独立不改，周行而不殆，可以为天下母。吾不知其名，字之曰道，强为之名曰大。
>
> 大道泛兮，其可左右。万物恃之而生而不辞，功成不名有。衣养万物而不为主。常无欲，可名于小；万物归焉而不为主，可名为大。以其终不自为大，故能成其大。①

道论具有鲜明的哲学内涵，而且正如其历史所表明的，它起先并未被纳入某种宗教体系。刘歆的《七略》抑或《汉书·艺文志》只是指出了最先对道论加以系统阐发的道家，可能与周官特别是史官的文化，有着深刻的渊源，但并未承认其为宗教的神学，这一点是很明显的。但同样明显的是，《老子》、《庄子》是后世道教所崇奉的经典，构成其宗教思想的基本前提，所以讨论这一门宗教思想的方方面面时便不可能回避他们的思想。

此外还有一个重要理由是，作为一种蕴含着生命体验的理论，道论所带有的某种东方神秘主义的情愫，使它本身也有一定理由被视为具有相当的宗教特征。

道是古代"本根论"的最核心概念。所谓本根论，诚如张岱年先生所说，凡有三义，此即始义、究竟所待义、统摄义。② 即宇宙的起源或万物的起源；万物的全体所对待和依止的根据；包赅会通的统一体。大体满足此三条件的，始可称为道或本根。

围绕"道"这个概念，还有各种异名，如曰天道、本根、太极：

> 天之道，不争而善胜，不言而善应，不召而自来，繟然而善谋。③
>
> 天之道，损有馀而补不足。人之道，则不然，损不足以奉有馀。孰能有馀以奉天下，唯有道者。④
>
> 夫道，有情有信，无为无形，可传而不可受，可得而不可见；自本

---

① 《老子道德经》第二十五、三十四章，王弼注本，《诸子集成》第 3 册，第 14、20 页。以下凡属《道德经》引文均用王弼注本，不再说明。

② 参见张岱年：《中国哲学大纲》，中国社会科学出版社 1982 年版，第 8、9 页。

③ 《道德经》第七十三章，《诸子集成》第 3 册，第 43—44 页。

④ 《道德经》第七十七章，《诸子集成》第 3 册，第 45 页。

自根，未有天地，自古以固存。①

　　易有太极，是生两仪、两仪生四象，四象生八卦。②

先秦人言天道，常常已经含有"道"虽为根本，而人间私心刻意的规则
（或贬称人道）却违反了大道本性的意思，所以把体现"道"的本来面目的
领域称为"天道"，"天"是取其自然之义，实则并非道可以分裂之谓。"本
根"一语，已见于前引《庄子·知北游》，其实为"道"之异名。至于太
极，《文选注》引汉代郑玄注云，"极中之道，淳和未分之气"。若联系到
《周易·系辞上》所云"一阴一阳之谓易"，则其指代"道"，亦极为明显。

　　另一些范畴也与道论有着千丝万缕、剪不断理还乱的联系，如天命、
性、理、元气、阴阳等。比如：

　　　　天命之谓性，率性之谓道，修道之谓教。道也者，不可须臾离也；
　　可离，非道也……喜、怒、哀、乐之未发，谓之中；发而皆中节，谓之
　　和。中也者，天下之大本也。和也者，天下之达道也。致中和，天地位
　　焉，万物育焉。
　　　　唯天下至诚，为能尽其性；能尽其性，则能尽人之性；能尽人之
　　性，则能尽物之性；能尽物之性，则可以赞天地之化育；可以赞天地之
　　化育，则可以与天地参矣。③

《中庸》以及先秦两汉时期的儒家著作中所热衷探讨的"性"、"命"、
"道"、"气"弥补了早期儒家罕言天道性命之说的不足。④ 其中也含有人与
自然界受同样的必然性支配的意思，而这种必然性既是自然界生长的力量，
亦可说是保证道德必然性的力量，两者是直接合一的。所以自然界的和谐与
道德人文的挺立，是交感的、同时促进的，故曰至诚则可以赞天地之化育。

---

① 王先谦：《庄子集解》卷2《大宗师》，《诸子集成》第3册，第40页。
② 《周易·系辞上》，《十三经注疏》上册，中华书局1980年（影印阮刻本）版，第82页。
③ 《中庸》第一章、第二十二章，朱熹：《四书章句集注》，第17、32—33页。
④ 《中庸》属于儒家思孟学派的作品。另外在郭店楚简也有几篇，可能与中庸学派有关，如《性
自命出》。

这就是它的生态意蕴。

无论采取何种范畴，在古代关于宇宙本根论的探讨背后，都蕴藏着对于自然与人的关系的一些特殊的思考，这些思考所包含的倾向，并不总是显而易见的。[①] 如果说天人范畴是从现象层面概括和提出了自然与人的对立、统一问题，那么道论则是从天人二者共同从属的更深层面上提出了有关的问题。在一定意义上，乃是道论的特征定位了传统生态学思考的基本倾向。"天人合一"的主题构成了中国古代宗教思想的主流，通常也是道论所涵摄的一个主题，并且具有很明显的生态意蕴。

2. 万物的同源、全息与感通

道既是化生万物的本根，也是万物同源的基础。《道德经》"道生一，一生二，二生三，三生万物，万物负阴而抱阳，冲气以为和"之说，脍炙人口，其意旨如何，颇不乏异说。[②] 但是大致仍可由此得出结论，万物皆源自道，万物恃之以生，道衣养万物而无遗，无出其外者，万物又都禀赋一阴一阳的本性。严君平《道德真经指归》称："天地人物，皆同元始，共一宗祖。六合之内，宇宙之表，连属一体。"[③] 此共同之宗祖即"道"。虽然万物的形态与性质差异，由未始有封的混融状态的破坏而来，但是万物既经成形以后，仍然禀有道性。此在道门中亦可称共识，如《道教义枢》云："一切含识乃至畜生果木石者，皆有道性也。"[④] 此即为一证。

万物同源而通融一体的根据，也可以由"气"的范畴予以统摄。比如《庄子·知北游》著名的"通天下一气耳"的命题。"元气"之说，起初多被称为"道"的次级衍生物，乃进一步分化为万物的一个过渡阶段，而后则可视为与"道"具有平等地位的范畴。[⑤] 然而道、气二说之间，大多仍是

---

① 关于中国古代哲学最核心的论题，即相当于西方存在论（ontology，一译作本体论）的部分，具有怎样的特性，以及它与存在论的差异的探讨，也许可以引申出一个长长的文献目录；"本根"这个名词是中国固有的，例如在《庄子》的一些段落中。然而将"本根论"视为基本范畴的做法，可以参见张岱年：《中国哲学大纲》。

② 或谓一指太一，二指阴阳，三指阴阳与中和气。

③ 《道藏》第 12 册，第 355 页。

④ 《道藏》第 24 册，第 832 页。

⑤ 气论在道家、道教中的发展轨迹，可从《庄子》、《淮南子》、《太平经》《云笈七签》等书中略窥一斑。

同体而异名，并未根本上演变成道、气二元论。此在儒、道皆然。实则"气"范畴是就通同一体的能量基础立论，又与形质间的关系和变化的思考紧密相联。① 在中国古代思想史上能对诸范畴进行整理，而卓有成效的大家之中，不能忽视张载的说法，所谓"由气化，有道之名"②。此可说是疏理"道"、"气"关系的定论。大体可以适用儒、道诸家之言论。如程朱理学以为核心范畴的"理"，不过是就气化的条理、秩序，特别是所以然的根据而抽象得到的，实未根本上超出这一论断的视域。

道、气是本土宗教的核心范畴，也是万物同源思想的立论根据。但道或元气是混沌同一、恍惚幽微的总体，而万物的分化既有形质上的区别，也体现在阴阳、五行的特征上，然而透过阴阳、五行的周流不息，却可以把握到万物的全息性。换言之，对于古代的具有明显有机论、整体论特色的宇宙生态论而言，万物的全息不是从形质的静态、机械特征，而是从气化的动态、有机特征上立论。此种意义上的，即透过阴阳五行的特征而把握到的万物的全息性，在中国本土宗教中是深入人心的。譬如道教的方术，举凡堪舆、导引、服食、炼气、内丹等，似乎都离不开对阴阳五行特征以及万物全息性的把握。

《易》之为道，可展现于天、地、人三才。而宇宙生态意义上的万物全息，最重要的视角也是围绕此三才展开的。三才的含义如《易传》所云：

> 《易》之为书也，广大悉备，有天道焉，有人道焉，有地道焉。兼三才而两之，故六。六者非它也，三材之道也。道有变动，故曰爻；爻有等，故曰物；物相杂，故曰文；文不当，故吉凶生焉。③
>
> 昔者圣人之作《易》也，将以顺性命之理，是以立天之道曰阴与阳，立地之道曰柔与刚，立人之道曰仁与义。兼三才而两之，故《易》六画而成卦。分阴分阳，迭用柔刚，故《易》六位而成章。④

---

① 如何恰当地解释"气"，是现代哲学的一个难题。
② 张载：《正蒙·太和》，《张载集》，中华书局 1978 年版，第 9 页。
③ 《周易·系辞下》，《十三经注疏》上册，第 90 页。
④ 《周易·说卦》，《十三经注疏》上册，第 93—94 页。

这两段都是结合卦象、卦位的体系来说明三才之道。《太平经》云："天有五行，亦自有阴阳；地有五行，亦自有阴阳；人有五行，亦自有阴阳……万物悉象天地人也。"① 因此便不难找到天、地、人三才之全息。

天、地是古代世界观立足于现象的表述，二者的含义都极为丰富，参照今天的科学世界观，前者可指银河系、太阳系、大气圈、气候规律等，而后者可指地球、地表、地形地貌、土壤、森林、河海、地表生物资源等。这些都堪称人类生存所依赖的母体环境。而人则是其中的灵明，中国宗教通常将此三者的地位都看得很高，如云："天地无人则不立，人无天地则不生。天地无人譬如人腹中无神，形则不立。有神无形，神则无主……故天、地、人三才成德为万物之宗。"②

无论天、地、人三才的全息态，还是其他事物、其他层面或侧度的全息态，都蕴藏着感通之"几"，从而推动事物的发展、变化。对此比较有力的论证，可推汉代董仲舒的《春秋繁露》。此书堪为汉儒扛鼎之作，③ 而于谈同类感通，尤为精萃。如云：

> 今平地注水，去燥就湿，均薪施火，去湿就燥。百物其去所与异，而从其所与同，故气同则会，声比则应，其验皦然也。试调琴瑟而错之，鼓其宫则他宫应之，鼓其商则他商应之。五音比而自鸣，非其神，其数然也。美事召美类；恶事召恶类，类之相应而起也……阴阳之气，因可以类相益损也。天有阴阳，人亦有阴阳。天地之阴气起，而人之阴气应之而起，人之阴气起，而天地之阴气亦互应之而起，其道一也。④

总结起来就是"物故以类相召也"，或曰"此物之以类而动者也"⑤。但这种

---

① 王明：《太平经合校》，中华书局1997年版，第336页。
② 《三天内解经》，《道藏》第28册，第413页。
③ 其中有《阳尊阴卑》、《阴阳位》、《阴阳终始》、《阴阳义》、《阴阳出入》《五行对》、《五行之义》、《治乱五行》、《五行变救》、《五行五事》诸篇，可见其盛言阴阳、五行。
④ 董仲舒：《春秋繁露·同类相动》，苏舆：《春秋繁露义证》，中华书局1992年版，第358—360页。
⑤ 董仲舒：《春秋繁露·同类相动》，苏舆：《春秋繁露义证》，第360页。

思想绝对不能认为是董仲舒个人的发明，应该说这是阴阳、五行模式本身固有的一种思维倾向，而道教宇宙生态论同样不乏这方面的表现。

但从今天的合理性眼光来看，基于同类相感的思维模式中，亦有需要甄辨之处，如像董仲舒那样认为"人副天数"，不无道理，但如果认为人之阴阳五行之气大致也都可以感通进而左右天地的相应运行，便无法令人完全信服。虽然感通论处处具有上古巫术思维痕迹，但其中也蕴藏着丰富的有机整体论的理论成就，对于古代宗教调节人与自然的关系来说，产生了很多积极而有益的推动。

很显然，感通论倾向于认为：基于事物在阴阳五行等方面的全息态特征，自然诸物之间存在着普遍的相互影响的倾向，即由同类的事物诱致同类的事物；或者同类的特征唤起同类的特征。虽然"同类相感"的作用方式，不能解释歧异性的产生，也因"同"、"异"之分际不明，而存在将"感通"绝对化之嫌疑，但其认为万物的存立、演化依赖于全部系统的整体性的观点，有助于提醒人们审慎地、高度负责地对待自己的行为——恰因他的行为有可能产生异常严重的自然界的反应。

宇宙万物在本根上的同源，是全息的基础，全息可以是在天、地、人三层面之间体现，三才无疑为最重要的全息层面，但全息也可以展现于无穷无尽的层次或侧度上，此正由于万物是同源的。而万物的同源、全息则又是其彼此感通的基础，即"同气相感，同类相求"。所以万物的同源、全息与感通，是紧密联系在一起的三个论题，构成中国土生土长的宗教思想中的宇宙生态论的核心特征。①

二、阴阳五行的结构感通论

从阴阳概念产生的背景和后来所起的作用来看，它们是奠立中国古代宇宙生态观的重要基石。阴、阳是相当古老的概念。

1. 阴阳：以《周易》为核心

从此两词在《诗经》中的用例来看，其本义似与受阳光照射的有无、

---

① 参见黄瑞林：《道教的生态整体思想略论》，厦门大学 2003 年硕士学位论文（未刊本）。

向背有关，阴是天阴、覆盖的意思，阳则温暖、明亮等。① 按照《诗经》中的用法，山之南，河之北皆称阳，如曰"殷其靁，在南山之阳"②，"我送舅氏，曰至渭阳"③。或曰天气，如"春日载阳"④。

《周易·系辞上》说，"广大配天地，变通配四时，阴阳之义配日月，易简之善配至德"，即是把阴阳的含义联系到天文和气候的要素。"道生一"乃至"三生万物"的宇宙生成论，据《道德经》本文，颇难索解。然而郭店楚简的《太一生水》篇，所展示的古代"三一说"，或当有助于揣摩其大致，其曰："大一生水，水反辅大一，是以成天。天反辅大一，是以成地，天地〔复相辅〕也，是以成神明，神明复相辅也，是以成阴阳。"⑤

到地的生成为止，每一阶段均是通过反辅太一而生成后一阶段，天地以下是上一对"复相辅"而生成下一对。其中的"神明"当指日月。⑥ 换言之，阴阳在其基本含义方面指涉着像天文、气候这些构成生态环境重要特征的基本参数。这一生成的序列仍可延伸下去：四时—寒热—湿燥，直到"成岁而止"，这里所举的物质与气象的要素均与农业息息相关：如农作物的萌芽、生长离不开水的滋养。

在《左传》中已经相当明确地把它们理解为对立的气态，如云：

> 天有六气，降生五味，发为五色，征为五声，淫生六疾。六气曰：阴、阳、风、雨、晦、明也。分为四时，序为五节，过则为菑。阴淫寒疾，阳淫热疾，风淫末疾，雨淫腹疾，晦淫惑疾，明淫心疾。⑦

故而阴、阳亦可称阴、阳二气，在此的说法，似乎尚未像后世一样将阴阳作

---

① 参见〔日〕今井宇三郎：《易传中的阴阳和刚柔》，〔日〕小野泽精一等编：《气的思想》，上海人民出版社1990年版，第96页。
② 《诗·召南·殷其靁》，《十三经注疏》上册，第289页。
③ 《诗·秦风·渭阳》，《十三经注疏》上册，第374页。
④ 《诗·豳风·七月》，《十三经注疏》上册，第389页。
⑤ 李零：《郭店楚简校读记》，北京大学出版社2002年版，第32页。
⑥ 参见王博：《美国达慕思大学郭店〈老子〉国际学术讨论会纪要》，载于陈鼓应主编：《道家文化研究》第17辑（"郭店楚简"专号），生活·读书·新知三联书店1999年版。
⑦ 《左传·昭公元年》，《十三经注疏》下册，第2025页。

为可以统摄一切的范畴。

《道德经》包含着大量辩证对立的概念，例如有无、动静、刚柔、生死、雌雄、牝牡、虚实、损益、祸福、难易、善恶、高下、大小等等，但同样还没有用"阴阳"来统摄这些对偶的范畴。但是，"阴阳"逐渐变成了其他对偶范畴的算子，即它们可以指代任何其他对偶范畴。这些范畴所对应的事物的性质，通常不能由某一可延展的谱系予以精确标示，也不是指向相应的谱系。这和亚里士多德（Aristotle）在《范畴篇》中所论述的恰成鲜明对照。①

在所有运用"阴阳"的古代论述中，恐怕没有哪家具有《周易》这样完整的体系，以及由此而产生的深远影响。《周易》的体系是以"八卦"或"六十四卦"的组合来代表无穷无尽的事物及其变化。按照通常的理解，《周易》是以"— —"和"——"这两个符号来分别代表阴阳的观念。八卦或六十四卦，即阴阳的叠套至于三位或六位的某种结果。各类征候或各类事物依其所呈现的征候的性质，而归属于八卦或六十四卦的体系中的某一位置。

换句话说，属于某一卦的事物，彼此之间有很多的相似之处，而且配属的方式并不是机械的和孤立的。依《说卦传》所述，即天、君、父、良马、木果等属乾；地、母、有孕之牛、大车等属坤；雷、龙、长子、大路、青竹等属震；风、木、长女为巽；水、月、车轮、沟渠等为坎；火、日、电、中女等为离；山、小石、狗、瓜果等为艮；泽、少女、羊等为兑。②

《周易》卦象之确定的基本方法，一言以蔽之，即所谓"取象比类"。"象"的含义，《系辞传》称"圣人有以见天下之赜，而拟诸其形容，象其物宜，是故谓之'象'"，意即圣人看到天下万物的繁杂，便模拟它们的形态，用来象征事物适宜的状态，这种象征的形式就叫"象"。象不仅具有认识论的意义，亦即它不仅仅是认识的渠道或者认识成果所凝聚的形式，它的根源还在于宇宙大洪炉中的自然过程，"象"是这些过程中所蕴藏的特征的相似性和差异性的反映。如《系辞上》云：

---

① 参见［古希腊］亚里士多德：《范畴篇、解释篇》，商务印书馆1959年版。
② 参见《周易·说卦》，《十三经注疏》上册，第94—95页。

　　　　天尊地卑，乾坤定矣。卑高以陈，贵贱位矣。动静有常，刚柔断矣。方以类聚，物以群分，吉凶生矣。在天成象，在地成形，变化见矣。是故刚柔相摩，八卦相荡。鼓之以雷霆，润之以风雨。日月运行，一寒一暑。乾道成男，坤道成女。①

从天尊地卑中可以透射出乾坤的影子，或者更确切地说是从天地间的态势与特征中概括、提炼出"乾"、"坤"两卦，此为纯阳、纯阴之卦，故亦可谓阳、阴的意义。总是有一些基本的自然物或人事上为人所熟知的事物，成为人们探求阴阳或者进一步组合的卦的含义，可以不断回溯意义的源泉，作为类推的根据。

　　《周易·系辞上》称"一阴一阳之谓道"。其实，《周易》是介乎抽象与具象之间的一种极为灵活的体系。从卦的构成和解释的方法来看，某卦即是一阴一阳的某一组合形式，而六十四卦或八卦实即依照六爻位或三爻位的组合空间而得到的全部组合的牌，在这一点上它是抽象的、纯形式的。但在另一方面，具体得到的某一组合形式代表什么，则是必须通过具象思维的方式，结合生活的经验，甚至部分地依赖于灵感而加以确定。

　　通过占卜方式而确定的卦或之卦，至少从数学概率的眼光来看是完全随机的。但实际上易道的运用极为广泛，如《周易·系辞上》称：

　　　　《易》有圣人之道四焉：以言者尚其辞，以动者尚其变，以制器者尚其象，以卜筮者尚其占。是以君子将有为也，将有行也，问焉而以言，其受命也如响，无有远近幽深，遂知来物。非天下之至精，其孰能与于此？②

这是关于易道之用途的最经典的表述。因此卦象的确定、围绕卦象而产生的灵感，也就不会囿于占卜这种随机的方式，而可以从事物本身的特征上着手，予以归类、比附，以确定其在一系列"时"或"位"上的一阴一阳的

---

　　① 《周易·系辞上》，《十三经注疏》上册，第75—76页。
　　② 《周易·系辞上》，《十三经注疏》上册，第81页。

情况，从而得到所需的结果，即具体的卦象及其运用。

解卦的方式和通过取象比类以确定新的卦的方式（假设不通过占卜），根本上是一致的。当然取象比类可以是对已有的各类特征的归纳，但也可能成为人们作出新的判断的根据（不仅仅指对吉凶福祸的预测），甚至可能成为发明创造的思维源泉。

古者包牺氏之王天下也，仰则观象于天，俯则观法于地，观鸟兽之文，与地之宜，近取诸身，远取诸物，于是始作八卦，以通神明之德，以类万物之情。

作结绳而为网罟，以佃以渔，盖取诸离。

包牺氏没，神农氏作，斲木为耜，揉木为耒，耒耨之利，以教天下，盖取诸益。

日中为市，致天下之货，交易而退，各得其所，盖取诸噬嗑。

神农氏没，黄帝、尧、舜氏作，通其变，使民不倦，神而化之，使民宜之。易穷则变，变则通，通则久，是以自天佑之，吉无不利。黄帝、尧、舜垂衣裳而天下治，盖取诸乾坤。

刳木为舟，剡木为楫，舟楫之利，以济不通，致远以利天下，盖取诸涣。

服牛乘马，引重致远，以利天下，盖取诸随。

重门击柝，以待暴客，盖取诸豫。

断木为杵，掘地为臼，臼杵之利，万民以济，盖取诸小过。

弦木为弧，剡木为矢，弧矢之利，以威天下，盖取诸睽。

上古穴居而野处，后世圣人易之以宫室，上栋下宇，以待风雨，盖取诸大壮。

古之葬者厚衣之以薪，葬之中野，不封不树，丧期无数，后世圣人易之以棺椁，盖取诸大过。

上古结绳而治，后世圣人易之以书契，百官以治，万民以察，盖取诸夬。①

---

① 《周易·系辞下》，《十三经注疏》上册，第86—87页。

此段所说的就是"以卦象为据，以制器为用"的情况。从网罟直到书契的发明，堪称是对早期的文明如何一步步诞生和发展的生动描绘。在此，先对上引诸段的具体含义，结合"象数易"的方法略作训释，期待此举有助于了解《易》的思维的特色（因为这种特色毕竟在象数易中表现更典型、更具体）。而透过《系辞传》作者的这种叙述，看看《易》的思维是如何将改变人类历史的各项发明、创造激发出来的。毫无疑问，这些发明在改变人自身命运的同时，也在改变人所处的环境的命运。

首先，传说中的伏羲时代，渔猎是人民生活中的重要内容。而网罟的发明和使用，离不开离卦的启发。离卦之名，帛书作"罗"①，《尔雅·释器》云"鸟罟谓之罗"②，也就是人们铺张的用来捕鸟的网。此较诸以"离者，丽也"等来解释，当更贴近此处取象的本义。作为网来说，中间是空的，所以卦命名为罗，非常形象。"佃"，亦作田，《释文》引马融注曰："取兽为佃。"③ 这里的网早就不止于捕鸟的工具，而是渔猎生活不可缺少的辅助设备。

其次谈到了耒、耜等农业工具的发明，将此事定位于神农氏的时代，而卦象上是受到了"益"卦的启发。其卦上巽下震。《象》曰："益，损上益下"。《集解》引蜀才说，称"此本否卦"④，亦即否卦干四阳爻与坤初阴爻换位，即损上阳以益下。在从"否"向"益"变化的过程中，土地产生了震动，一如其卦象所显示的，非常生动。所以，对整个卦来说，初九是关键，爻辞曰："利用为大作，元吉无咎。"这里，"大作"的意思或谓耕播，虞翻指出："震，二月卦，'日中星鸟'，'敬授民时'，故以耕播也。"⑤ 亦即处在这样的星象下，当颁行历法，敦促农事，这恰好是最佳时节。

――――――

　　① 参见邓球柏：《帛书周易校释》，湖南人民出版社2002年版，第358页。

　　② 《尔雅》卷5，《十三经注疏》下册，第2599页。

　　③ 陆德明：《经典释文·周易音义》，中华书局1983年版，第32页。

　　④ 李鼎祚：《周易集解》卷8，《文渊阁四库全书》第7册，台湾商务印书馆1986年影印版，第740页。

　　⑤ 参见李鼎祚：《周易集解》引虞翻说，载于李道平：《周易集解纂疏》卷9，中华书局1994年版，第384页。按此条《四库全书》本《集解》卷8引虞翻说作"震，三月卦"（《文渊阁四库全书》第7册，第741页）。然虞氏所引，皆《尚书·尧典》之文，彼曰："历象日月星辰，敬授人时"；又曰："日中星鸟，以殷仲春"（《十三经注疏》上册，第119页）。故当以二月为是。

噬嗑之象，王弼曰："噬，啮也。嗑，合也。凡物之不亲，由有间也。物之不齐，由有过也。有间与过，啮而合之，所以通也。刑克以通，狱之利也。"卦象上可有咀嚼、进食及刑狱等多种解释。套上刑具的囚徒，犹如颐中之食物，[①] 身不由己，会被摧残或消灭。至于日中的交易，虞翻称："否五之初也。离象正上，故称'日中'也。艮为径路，震为足，又为大途，否乾为天，坤为民，故致天下之民象也。"[②] 此用变卦说，意即噬嗑可视做由否卦九五与初六易位而来，离象为日，正处其上，故曰日中。按《系辞下》韩康伯注云："噬嗑，合也，市人之所聚，异方之所合，设法以合物，噬嗑之义也。"[③] 其说亦可从。

而自黄帝、尧、舜以降，天下的治理趋于完备，发明创造，层出不穷。这是政治文化突进的关键时期，阶级分化，国家机器诞生，君臣之义遂判。结合卦象及《象》、《文言》等所述，乾坤天地，天地定位，尊卑即显[④]，乾健坤顺[⑤]，乾知其始，坤作成物，正合君臣之义。

"通其变，使其不倦，神而化之，使民宜之"。李鼎祚《周易集解》引虞翻说，"变而通之以尽利"[⑥]，指后文所述各种发明、制作。《说卦》曰："神也者，妙万物而为言者也。"亦即洞察事物中的神妙之处，化而裁之，使民得利。乾、坤为纯阳、纯阴之卦，故须配合用事。阴穷则变为阳，阳穷则变为阴，"剥"极必"复"，"复"极必"剥"，则天道自然之运。故曰："易穷则变，变则通，通则久"。韩注曰："通变则无穷，故可久也"[⑦]乾坤诸爻，相摩相荡，蕴藏着形成一切其他卦象的可能，故而也是变化和可持续发展的源头。至于"垂衣裳而天下治"，《集解》引《九家易》："黄帝以上，羽衣革木，以御寒暑。至乎黄帝，始制衣裳，垂示天下。"[⑧]

① 参见《周易·噬嗑·象传》，《十三经注疏》上册，第37页。
② 李鼎祚：《周易集解》卷15，《文渊阁四库全书》第7册，第842页。
③ 《周易·系辞下》注，《十三经注疏》上册，第86页。
④ 此正如前引《系辞上》开篇所云，"天尊地卑，乾坤定矣。卑高以陈，贵贱位矣。"
⑤ 如《系辞下》云："夫乾，天下之至健也，德行恒易以知险。夫坤，天下之至顺也，德行恒简以知阻"见《十三经注疏》上册，第90—91页。
⑥ 李鼎祚：《周易集解》卷8，《文渊阁四库全书》第7册，第842页。
⑦ 《周易·系辞下》注，《十三经注疏》上册，第86页。
⑧ 李鼎祚：《周易集解》卷15，《文渊阁四库全书》第7册，第842页。

涣之象，上巽下坎，正所谓"木在水上，流行若风，舟楫之象也"①。巽为风，为木，坎象为水，皆详《说卦》。故曰舟楫之利，征诸"涣"卦。

随之象，上兑下震，虞翻曰"否上之初也，否乾为马、为远，坤为牛、为重"②。意即随卦由否卦上九与初六易位而来。乾马坤牛之说，又见于《说卦》，即乾"为良马，为老马，为瘠马，为驳马"，坤"为子母牛"。《周易集解纂疏》云："制御之法，不过拘之、系之、系之、维之而已。拘系者，控之于前，维者，周之于后"，③ 初六与上九易位，正符其象。

豫之象，上震下坤，韩注于《系辞下》该条称："取其备豫"。《九家易》曰："下有艮象，从外示之，震复为艮。两艮对合，重门之象也。柝者，两木相击以行夜也。艮为手、为小木，为上持。震为足，又为木、为行。坤为夜。即手持柝木夜行击门之象也。坎为盗，暴水暴长无常，故'以待暴客'。"④ 此为易象数家之解释，取互体卦象。其中互体艮，谓二、三、四爻。又外体卦为震，震反为艮，此与互体艮合于九四爻，像两门合，又像击柝巡夜。

小过之象，上震下艮，二阳持中，四阴居外。虞翻曰："晋上之三也。艮为小木，上来之三断艮，故'断木为杵'，坤为地。艮手持木，以掘坤三，故'掘地为臼'，艮止于下，臼之象也。震动而上，杵之象也。"⑤ 即本卦由晋卦（上离下坤）卦变而来。上九与六三易位后，内体卦艮，可为小木，五、四、三爻，呈互体卦"兑"象，以金断艮，犹断木为杵，又"晋"内卦坤本为地，卦变为小过之艮，像持木掘坤土，故曰："掘地为臼"。

睽之象，上离下巽。火势炎上，泽水润下。故《序卦》曰："睽者，乖也。"虞翻曰："无妄五之二也。巽为绳、为木，坎为弧，离为矢，故'弦木为弧'，（乾为金，）艮为小木。五之二，以金剡艮，故'剡木为矢'。"⑥ 意即考察本卦的利用之宜，可视为由"无妄"（上乾下雷）九五与六二易

---

① 李鼎祚：《周易集解》卷15引《九家易》，《文渊阁四库全书》第7册，第843页。
② 李鼎祚：《周易集解》卷15，《文渊阁四库全书》第7册，第843页。
③ 李道平：《周易集解纂疏》卷9，中华书局1994年版，第628页。
④ 李鼎祚：《周易集解》卷15，《文渊阁四库全书》第7册，第843页。
⑤ 李鼎祚：《周易集解》卷15，《文渊阁四库全书》第7册，第843页。
⑥ 李鼎祚：《周易集解》卷15，《文渊阁四库全书》第7册，第843页；而"乾为金"一句，据李道平《周易集解纂疏》卷9补。

位。就无妄而言，三至五互体为巽，像绳、像木，五之二，则三五互体为坎，像弧，外卦离像矢，故称"弦木为弧"，无妄外卦为干，二至四互体为艮，五之二，以干金剡削艮木，故称"剡木为矢"。

大壮之象，上震下乾。虞翻曰："'无妄'两象易也……艮为穴居，乾为野，巽为处，无妄乾人在路，故'穴居野处'……变成大壮，乾人入宫，故'易以宫室'。艮为待，巽为风，兑为雨。乾为高，巽为长木，反在上为栋。震阳动起为'上栋'，谓屋边也。兑泽动下为'下宇'。无妄之大壮，巽风不见，兑雨隔震，与乾绝体，故'上栋下宇，以待风雨，盖取诸大壮。'"① 其解稍繁。大意为本卦由"无妄"之乾震上下易位而得。无妄震阳在下，动起居上，成大壮，故为"上栋"，大壮三五互体为兑，兑泽动而下，故为"下宇"。在此过程中，显示大壮二四互体艮，为止待之象，而无妄互体巽（风）不见，大壮三五互体兑（雨），则为震所隔云云。

大过之象，上兑下巽，四阳持中，二阴居外。何以成为棺椁制度的灵感之源呢？韩康伯注云"取其过厚"②。其意隐晦难明。按大过卦辞曰："栋桡，利有攸往，亨"。桡，曲折之谓。《彖》传曰："大过，大者过也，栋桡，本末弱也。刚过而中，巽而说行。有攸往，乃亨"。即以"过分"、"过度"释"过"。朱熹解释说："大，阳也。四阳居中过盛，故为大过。上下二阴，不胜其重，故有'栋桡'之象。又以四阳虽过，而二五得中，内巽外说，有可行之道，故利有所往而得亨也。"③结合《彖》与朱子之解说，则依自身固有态势而言，初为本，而上为末，皆阴柔而弱。④巽顺兑悦⑤，宜于通过，利于有所往。上引《系辞下》中所言丧葬制度的变革，可由"中孚"变卦之"大过"予以解释。或谓由前者巽兑卦上下易位。前者四阳分居于外，如暴之于野，后者四阳为二阴所包，如封土下葬。⑥ 其人之灵魂

① 李道平：《周易集解纂疏》卷9，第630—631页；另见李鼎祚：《周易集解》卷15，《文渊阁四库全书》第7册，第844页。

② 《周易·系辞下》注，《十三经注疏》上册，第87页。

③ 朱熹：《周易本义》，天津古籍书店1986年影印版，第155页。

④ 可参王弼之说，参见《周易·大过》注，《十三经注疏》上册，第41页；此亦堪称注家之共识。

⑤ 参见《周易·说卦》，《十三经注疏》上册，第95页。

⑥ 李鼎祚《周易集解》引虞翻之说，谓"中孚上下易象也"。

则"大过"而逝。

关于"书契"发明一条，《帛易》作"取诸大有"，与通行本取诸
"夬"卦说迥异。[①] 按夬之象，上兑下乾。《九家易》曰："古者无文字，其
有约誓之事，事大大其绳，事小小其绳。结之多少，随物众寡，各执以相
考，亦足以相治也⋯⋯夬者，决也，取百官以书治职，万民以契明其事。
契，刻也。大壮进而成夬，金决竹木为书契象，故法夬而作书契矣。"[②] 本
卦五阳决一阴，亦刚决柔之象。按大壮上震下乾，震为苍筤竹，为萑苇等乾
为君，为金（详《说卦》），而本卦由大壮阳进而来，故有决竹木为书契象。
又与"剥"旁通，剥内体坤，为文，为众（同上），故"夬"有以书契治百
官、察万民之象。

从网罟到书契，所有这些发明，与其说是对自然界的模仿的结果，不如
说出自对卦象的模仿。在《系辞传》的上述说法中，对技术的本质进行了
思考。表面上，技术的成果、新的工具和手段的开发，是一种从无到有的发
明，但实际上这是一个发现自然力的一些特征并将其移植到更可操控的某个
渠道中来的过程。而能够进行这种移植的基础是：所有各类貌似特殊、难以
比较的特征，均可被纳入某个统一的认知平台上加以分类和比较、联想和引
申。这个认知平台就是——阴阳。通常，由三爻位的八卦作为取象的基准，
因包含更多信息和差异性的刻划而作为实际应用的主流的六十四卦体系，具
有将阴阳组合的态势作为任一事物或者事态的基准特征来看待的倾向。显然
这种基准特征无法确定某个事物的特征的细节，亦即无法从认知上对事物予
以精确描述。但是从阴阳的组合态势这样统一的基准上来理解和把握，对于
比较事物间的相关特征以及观察它们可能在此基础上存在的相互关系，或者
对于观察某一事物的发展态势来说，无疑是提供了更加富有整体性、前瞻性
和灵活性的角度。

卦与卦之间，亦即阴阳组合体系的要素之间，是彼此融贯的、相互映现
的。这在解卦比较常见的如"互体"、"卦变"和"旁通"等象数方法中得
到了充分的体现。互体卦取象，主要是考虑二至四或者三至五间爻位所取八

---

① 参见邓球柏：《帛书周易校释》，第528页。
② 李鼎祚：《周易集解》卷15，《文渊阁四库全书》第7册，第844页。

卦之象，以此嵌套在内、外卦间的卦象来丰富六十四卦之阴阳态势的内涵。如"益"卦常被认为本于否卦，① 亦即否卦上乾四阳爻与下坤初阴爻换位而来，因否卦天地不能交通，故有"穷则变"之象，遂演为益卦，亦属事物发展的大势所趋。宋明之儒常常也并不否定卦变说，可见这种思想虽然被象数派发展到极端，而有烦琐之弊，但其中蕴藏的宇宙间诸事态具有全息性关连的思考方法，仍然得到了普遍的认同。旁通则映证了"相反相成"的原理，如乾与坤、夬与剥、小过与中孚、大过与颐等，皆同一爻位上阴阳相反。

　　易学乃是由《易经》、《易传》以及针对它们的漫长的解释史而组成。其中本身即蕴含并逐渐演化出各种相互关联性的思想。应该说，这种思想是相当内敛的，没有夸夸其谈的思辨的主张，而是浸透在阴阳模式的刻划与解释，甚至在"取象"环节等具象化的运用当中。以阴阳为基准要素的"易"的体系，无疑有一套成熟的宇宙论，宇宙被认为充满全息的特征，也在阴阳两种要素所构建的微妙而复杂的动态关系中，不断地演化，亦即不断地打破平衡，又不断地趋于平衡与重建和谐。也许《易传》没有专门提到多少生态保护的措施，但在"三才之道"等说法中，已蕴含着将人与自然的和谐视为一切计划的前提的思想，即是说，良好的生态状况是创造"富有大业"、"日新盛德"的基础。

　　2. 五行：一种取象比类的体系

　　五行在古代宗教与巫术中，具有和阴阳范畴几乎不相上下的重要地位。通常的看法，传世文献中最早提到五行的当属《尚书·洪范》，其曰：

> 　　惟十有三祀，王访于箕子。王乃言曰："呜呼！箕子。惟天阴骘下民，相协厥居，我不知其彝伦攸叙。"箕子乃言曰："我闻在昔，鲧陻洪水，汩陈其五行。帝乃震怒，不畀'洪范'九畴，彝伦攸斁。鲧则殛死，禹乃嗣兴，天乃锡禹'洪范'九畴，彝伦攸叙。初一曰五行，次二曰敬用五事，次三曰农用八政，次四曰协用五纪，次五曰建用皇极，次六曰乂用三德，次七曰明用稽疑，次八曰念用庶征，次九曰向用

---

① 　参见前述对"取诸益"的解释。

五福，威用六极。①

在儒教的《书经》中，《洪范》此篇虽然编次于《周书》②，但"五行"学说，恐怕并非始于周代。按《史记·周本纪》所述，武王即位十一年十一月，悉师渡盟津，作《太誓》，伐商纣。次年二月即爆发了决定性的牧野之战。《史记》称："武王已克殷，后二年，问箕子殷所以亡。箕子不忍言殷恶，以存亡国宜告，武王亦丑，故问以天道。"《正义》曰："箕子殷人，不忍言殷恶，以周国之所宜言告武王，为洪范九类，武王以类问天道。"③则武王之"丑"，犹取象比类之谓。武王克殷既在十二年初，所谓"后二年"，若首尾通计，当在十三、十四年间。即开篇所称"惟十有三祀，王访于箕子"。照本篇的说法，是在商周交替之际，由德性、学问俱佳的殷人箕子传授于周武王。而五行说的真正产生，恐怕可能还在商代更早的时期，因为一种重要的思想观念，毕竟不是一蹴而就，通常是须经历漫长的酝酿期。

其《洪范》篇论五行之具体含义曰：

> 五行：一曰水，二曰火，三曰木，四曰金，五曰土。水曰润下，火曰炎上，木曰曲直，金曰从革，土爰稼穑。润下作咸，炎上作苦，曲直作酸，从革作辛，稼穑作甘。④

九畴的其他部分，其二曰"五事"：貌、言、视、听、思，后人多将其比类于五行。其三曰"八政"：食、货、祀、司空、司徒、司寇、宾、师。前三为经济与宗教事项，后五为职官名。其四曰"五纪"：岁、月、日、星辰、历数，即五种祭祀的对象，显然是一系列与农业生态关系紧密的自然崇拜。其五曰"皇极"，即建立大中至极、无偏无党的王道政治。其六曰"三德"，即正直、刚克、柔克三种德性。其七曰"稽疑"，即选择卜筮的负责

---

① 《尚书·洪范》，《十三经注疏》上册，第187—188页。
② "洪范"二字在今文中作"鸿范"，参见皮锡瑞：《今文尚书考证》，中华书局1998年版，第242页。清儒阎若璩以后，人们一度对古文《尚书》抱有极大的怀疑，现仍从俗作"洪范"。
③ 司马迁：《史记·周本纪》第1册，中华书局1959年版，第131页。
④ 《尚书·洪范》，《十三经注疏》上册，第188页。

人和建立卜筮体系的方法。其八曰"庶征"：雨、旸、燠、寒、风。即观察五种气象对人事等所预示的征兆情况。其九曰"五福六极"：五福即寿、富、康宁、攸好德、考终命；六极即凶短折、疾、忧、贫、恶、弱。① 此分别为好的结果与坏的结果的极端。

五行思想的直系渊源，或许可以追溯到卜辞中的"五方"观念。如殷墟卜辞中即出现：东方曰"析"、西方曰"彝"、北方曰"伏"、南方曰"因"的说法。② 按"析"即《尚书·尧典》"厥民析"之析③，指春事既起，丁壮分头析处，各就其功。"彝"，在甲骨文中起先是像两手持鸡以祭，鸡在六畜中是最先为人所熟识之物，故通于诸祭器的"彝"字意为鸡所专用。"伏"即万物伏藏之意，导源于殷人的北方和冬季的观念，"因"的意思或曰凤，或曰鹏，甲骨文当假鹏风，借抟扶摇直上的大鹏，表无形之气流。又殷人以其王都所处，号曰"中商"；而在占卜五方受年的卜辞中，又以"商土"与东西南北四土并列，此证明其有明确的五方概念。

《洪范》中箕子的提法是认为，大禹治水之际，"天"赐其洪范九畴，使秩序得以恢复。这大概是假托古事来映衬以五行为基础的九畴的权威性吧。春秋时期晋大夫却缺在与大夫赵宣子的对话中提到所谓九功："六府、三事谓之九功。水、火、金、木、土、谷，谓之六府。正德、利用、厚生，谓之三事。义而行之，谓之德、礼。"④ 郭店楚简中亦有据信是属于思孟学派的《五行篇》问世，是拿仁、义、礼、智、圣为德行之五。⑤ 而至《吕氏春秋·十二纪》，五行学说方始构成一个庞大的体系。诚如庞朴所云，"整个先秦时期，几乎很少有哪个思想家不谈五行；所差别的，只是分量的多寡和方面的不同而已。"⑥

五行体系的运用原则，概括起来亦不外乎取象比类和相生相克两大类。

① 参见《十三经注疏》上册，第188—192页。
② 参见中国社会科学院历史研究所：《甲骨文合集》261版，中华书局1982年版，第64页。
③ 参见《尚书》卷1，《十三经注疏》上册，第119页。
④ 《左传·文公九年》，《十三经注疏》下册，第1846页。
⑤ 参见李零：《郭店楚简校读记》，第78—84页。马王堆帛书中亦有此篇，参见庞朴：《马王堆帛书解开了思孟五行说之谜》，《文物》1977年第10期。
⑥ 庞朴：《沉思集》，上海人民出版社1922年版，第219页。

早在撰著《洪范》的时代，就已有了润下、炎上、曲直、从革、稼穑之类性质的比附，可以说"取象比类，以拟诸其形容"，是五行体系的思维方法的基础，也是它的生命力的源泉。战国时代稷下学派的著作《管子·幼官图》，已经有了更详尽的统一归类。至《吕氏春秋》和《礼记·月令》则粲然备焉。今据《洪范》等篇章中后世较为普遍认可之观念，表列其取象比类之大略：

类别	木	火	土	金	水	典据
禀性	曲直	炎上	稼穑	从革	润下	《尚书·洪范》
五事	视	言	思	听	貌	同上
德性	明	从	睿	聪	恭	同上
德性	哲	乂	圣	谋	肃	同上
天干	甲乙	丙丁	戊己	庚辛	壬癸	《礼记·月令》
季节	春	夏	长夏	秋	冬	《管子》《月令》《吕氏春秋》
五帝	太皞	炎帝	黄帝	少皞	颛顼	《月令》《吕氏春秋》
五神	句芒	祝融	后土	蓐收	玄冥	同上
五虫	鳞	羽	倮	毛	介	同上
五音	角	徵	宫	商	羽	同上
术数	八	七	五	九	六	同上
五味	酸	苦	甘	辛	咸	《管子》《月令》《吕氏春秋》
五臭	膻	焦	香	腥	朽	《月令》《吕氏春秋》
五祀	户	灶	中	门	行	同上
祭先	脾	肺	心	肝	肾	《月令》《吕氏春秋》
气象	风	热	湿	燥	寒	同上
方位	东	南	中央	西	北	《管子》《月令》《吕氏春秋》
体质	筋	血	肉	皮毛	骨	《月令》《吕氏春秋》
孔窍	目	舌	口	鼻	耳	同上
五脏	肝	心	脾	肺	肾	同上
颜色	青	赤	黄	白	黑	《管子·幼官》《月令》《吕氏春秋》
情态	怒	喜	思	忧	恐	《月令》《吕氏春秋》
五声	呼	笑	歌	哭	恐	《月令》《吕氏春秋》
动作	握	忧	哕	咳	栗	同上

类别	木	火	土	金	水	典据
五常	仁	礼	信	义	智	同上
气机	柔	息	充	成	坚	《素问·五运行大论》
政	发散	明曜	安静	劲	流演	《素问·五常政大论》
谷	麻	麦	稷	稻	豆	同上
果	李	杏	枣	桃	栗	同上
实	核	络	肉	壳	濡	同上
畜	犬	马	牛	鸡	彘	同上
职官	司农	司马	司营	司徒	司寇	《春秋繁露》

　　按照取象比类的方法，可以搜罗进而编配于五行的特征系列是无穷无尽的。其实，不同时代，不同作品中，其特征的配制，亦偶有出入。例如"气象"方面，《管子·幼官》即顺位排以"燥、阳、和、湿、阴"五者①，但它们显然不如表列的要素对于实际情况的概括更为妥帖些。

　　以下兹就上表中的难解和重要之点稍作解释。尽管最早明确涉及五行的《洪范》之中，并没有提到四时与五方，但是考虑到卜辞里已经有五方和季风的记录，及战国秦汉以降围绕五行的运用当中，此二者的普遍性和典范性。因此，有理由认为，它们涉及提出五行思想之原始动机。此即对传统农业所依赖的生态环境中极为基本的条件——季风气候的刻划，前举卜辞例亦有相应风名，可资佐证。

　　战国以降，在系统编撰的各种典籍中，常以五帝五神配属于五行，以至出现了《礼记·月令》图式中的五帝、五神或者汉代纬书中的太微五帝等。凡此，推究其观念的原型或许也是渊源于前引卜辞中四方"帝"之观念。今人亦不难注意到，五方神的历史原型虽然早已真伪难辨，但是跟四时五方的物候及农耕的意象息息相关。"句芒"犹勾萌，指春季草木勾芽萌生，如《月令》讲到季春时有云"是月也，生气方盛，勾者毕出，萌者尽达，不可以内"，正用此义。"祝融"即朱明，指夏季淳耀敦大的光明。"蓐收"亦即秋季的收获，"玄冥"是说冬季的晦昧寥冥。而中央"后土"，即大社神也。

―――――――――

　　① 参见戴望：《管子校正》卷3，《诸子集成》第5册，第38—39页。

其他诸多领域内与五行相配属的物候特征，亦各自是与春夏秋冬四季相伴而生的，唯"土"的名目下所系之物候或当长夏或旺于四季。

五虫之属，郑康成曰："虫鳞，谓象物孚甲将解；虫羽，谓象物从风鼓翼；虫倮，谓象物露见不隐；虫毛，谓象物应凉气而备寒；虫介，谓象物闭藏地中。"[①] 五音之属，郑氏曰："属木者，以其清浊中，民象也，春气和，则角声调"[②]；"属火者，以其微清，事之象也。夏气和，则徵声调"[③]。"属土者，以其最浊，君之象也。季夏之气和，则宫声调"[④]；"属金者，以其浊次宫，臣之象也，秋气和则商声调"[⑤]；"属水者，以其最清，物之象也，冬气和，则羽声调。"[⑥]

《月令》图式所说的"祭先"亦即俎豆的陈盛以为先用的祭品。五祀的时令安排及其祭先之属，《白虎通义》云：

> 故春即祭户，户者，人所出入，亦春万物始触户而出也。夏祭灶。灶者，火之主，人所以自养也，夏亦火王，长养万物，秋祭门。门以闭藏自固也。秋亦万物成熟，内备自守也。冬祭井。井者，水之生藏在地中。冬亦水王，万物伏藏。六月祭中溜。中溜者，象土在中央也，六月亦土王也。[⑦]

又云：

> 春祀户，祭所以特先脾者何？脾者，土也。春木王煞土，故以所胜祭之也。是冬肾六月心，非所胜也，以祭何？以为土位在中央，至尊，故祭以心。心者，藏之尊者。水最卑，不得食其所胜。[⑧]

① 孙希旦：《礼记集解》上册，中华书局1989年版，第405页。
② 孙希旦：《礼记集解》上册，第405页。
③ 孙希旦：《礼记集解》上册，第440页。
④ 孙希旦：《礼记集解》上册，第462页。
⑤ 孙希旦：《礼记集解》中册，第466页。
⑥ 孙希旦：《礼记集解》中册，第485页。
⑦ 陈立撰、吴则虞点校：《白虎通疏证》卷2，中华书局1994年版，第79—80页。
⑧ 陈立撰、吴则虞点校：《白虎通疏证》卷2，第80页。

关于五味，《白虎通义》云："所以北方咸者，万物咸与所以坚之也，犹五味得咸乃坚也……东方万物之生也，酸者以达生也，犹五味得酸乃达也；……南方主长养，苦者，所以长养也，犹五味须苦可以养也。……西方煞伤成物，辛所以煞伤之也，犹五味得辛乃委煞也。……中央者，中和也，故甘，五味以甘为主也。"①

关于五臭，《白虎通义》云："北方其臭朽者，北方水，万物所幽藏也。又水者受垢浊，故臭腐朽也。东方木也，万物新出地上，故其臭膻。南方者火也，盛阳承动，故其臭焦。西方者金也，万物成熟始复诺，故其臭腥。中央者土也，土养，故其臭香也。"② 膻，木香臭也。

至于《洪范》中所提到的"五事"，董仲舒则把它们视为王者执事以临天下的气象，其人君奉天承运的功能似乎是特别地突出了。人事的安排须合乎时令的要求，不与之乖忤悖逆，为农业文明所奉行的基本观念。参照或依据五行的思想而对人事的安排产生影响的方面，几乎涵盖了所有重要的领域，包括农事、生产禁忌、政令、祭祀、礼乐、生理的调节等等。

秦汉大帝国诞生前夕所编修的《吕氏春秋》，以及后来收录在《礼记》中的月令模式，虽然是以十二月为编排的单位，但它的思想基础毫无疑问是五行。对时令特点的观察，可以循着不同的时间尺度和物候的模式，但从运用的灵活性和适用于编码的领域的广泛性而言，则莫过于五行。从实际的内容和思维的特征来看，十二纪仍是五行模式的附属和衍生形式。当然，月令图式带有明显的理想化痕迹，在实际中很难百分之百地被执行。但是作为儒教经典《礼记》的一部分，也确实为后世的制度建设提供了参照的范本。

五行学说另一个为后世所熟悉的推演法则亦即"相生"与"相克"。其实，由四时更替的背景，相生义实乃不言而自明。但明确说出"木生火，火生土"之类的话，一直要待到《淮南子》、《春秋繁露》等。至于五行的相胜，《墨辩》就提到"五行毋常胜，说在宜"③，亦即五行的相胜是有条件的。五行生克的法则可以这样表示：

① 陈立撰、吴则虞点校：《白虎通疏证》卷2，第170—171页。
② 陈立撰、吴则虞点校：《白虎通疏证》卷2，第172—173页。
③ 孙诒让：《墨子间诂》卷10《经下》，《诸子集成》第4册，第195页。

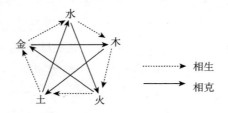

《白虎通义》卷 4 中曾经提到一种在不同的时令和运转状态下五行之间相当严整的连属关系，亦为后世卜算术数家所本，其曰：

木王　火相　土死　金囚　水休

火王　土相　金死　水囚　木休

土王　金相　水死　木囚　火休

金王　水相　木死　火囚　土休

水王　木相　火死　土囚　金休

可以将它视为五行生克关系的一种更为详尽的总结。

五行生克井然有序、相互协调的状态，是即"五行之常"。如《黄帝内经·素问》所说的"平气"，"木曰敷和，火曰升明，土曰备化，金曰审平，水曰静顺"。其不及，则"木曰委和，火曰伏明，土曰卑监，金曰从革，水曰涸流"；其太过，则"木曰发生，火曰赫曦，土曰敦阜，金曰坚成，水曰流衍"①。故而五运之政，"犹权衡也，高者抑之，下者举之，化者应之，变者复之，此生长化成收藏之理，气之常也，失常，则天地四塞矣"②。

《汉书》以下撰修的正史大都有《五行志》③，乃是缕述前代的灾祸瑞异，即是本于五行失常的观念来将自然界的灾害等加以分类叙述。而东汉时将"白虎通"会议的决议给以定稿的班固④，在考虑如何解释自然界灾异的现象时或许会想到董仲舒的见解：

---

① 《黄帝内经素问·五常政大论》，尚志钧等整理：《中医八大经典全注》，华夏出版社 1994 年版，第 55 页。

② 《黄帝内经素问·气交变大论》，尚志钧等整理：《中医八大经典全注》，第 54 页。

③ 参见班固：《汉书》卷 27，第 5 册，中华书局 1962 年版，第 1441—1522 页。

④ 在经学流派上，《白虎通义》属于汉代颇喜以阴阳五行附会人事和经义的今文经派。

火干木，蛰虫蚤出，蚯雷蚤行。土干木，胎夭卵毈，鸟虫多伤。金干木，有兵。水干木，春下霜。土干火，则多雷。金干火，草木夷。水干火，夏雹。木干火，则地动。金干土，则五谷伤，有殃。水干土，夏寒雨霜。木干土，倮虫不动。火干土，则大旱。水干金，则鱼不为。木干金，则草木再生。火干金，则草木秋荣。土干金，五谷不成。木干水，蛰虫不藏。土干水，则蛰虫冬出。火干水，则星坠。金干水，则冬大寒。①

与荀子"天行有常"的观念不同，汉代一般是认为人事的好坏可以影响自然界的运行，更有介乎意志与命运之间的"天"会通过灾异现象向人君发出谴告，使其正心修德以免遭受更严重的后果。而从积极的建设性方面来看，圣人制礼作乐也是要"道五常之行"，即：

是故先王本之情性，稽之度数，制之礼义，合生气之和，道五常之行，使之阳而不散，阴而不密，刚气不怒，柔气不慑，四畅交于中而发作于外，皆安其位而不相夺也。②

五行的编排中应该说是涵盖了天、地、人三才的各个领域，而与季节的匹配虽然只是其中的一个方面，但却是具有核心地位而不可取代的方面。五行之中渗透着一种清晰的宇宙论思想，所谓"发而皆中节"是也。此"中节"最重要即是对气候循环规律的掌握和运用。

五行说堪称是中国古代朴素的系统思维。它对所涉事物或事态的总体的划分，是结合历时与共时两个维度进行的，两者并行不悖，相互呼应。按历时维度即划分为与四季循环相应的五个阶段或者阶段性特征，按共时即在每个层次上划分五个状态的要素，它们与其他层面的相应划分要素是同态的。共时层面上的特征可能在相应的历时阶段上得到最淋漓尽致的发挥，甚至可能因过度旺盛而带来一些负面作用。五行说的纽带作用在于，指涉天文带和

① 董仲舒：《春秋繁露·治乱五行》，苏舆：《春秋繁露义证》，第383—384页。
② 《礼记·乐记》，孙希旦：《礼记集解》下册，第1000页。

大气圈、地表生态圈以及人事系统这三大系统（三才）之间的同态与感通。

三、天道观与阴阳五行的生态解释

五行体系涉及很多物候特征，当然有些是相当笼统的。中国早期的经典中充斥着各种各样的物候记载，例如《诗·豳风·七月》据认为是形成于西周末与东周初的描写农家生活与物候的叙事诗。其他如《管子·幼官图》、《夏小正》、《吕氏春秋》十二纪首，《淮南子·时则训》等处，均有更详尽的依节气而安排的物候历。

1. 农业生态与物候学

物候学所涉及的是有机体适应环境季节性变化而产生的那些可以观察到的反应，或者说："物候学是研究重复出现的生物现象的时间性，和其时间性在生物与非生物因素方面的原因，以及同种或不同种各个阶段中的相互关系。"[①]

那些构成季节特征的周期性循环的气候因素，尤其是对应于春夏秋冬四季划分的因素，不是各个气候带的普遍现象，也并非季节分明的文明区域都极端重视它们。其实，我们的先民将一年划分为四季，进而把一年划分为二十四节气，主要就是为了掌握农时。农业生产要求合理地安排农时。而对于前现代的农业来说，由于基本上无法避免气候要素的周期性波动所带来的诸种有利和不利的影响，因而特别注重用来调整农时的物候学方法，其核心就是要考虑自然界整体上所表现出来的生态效应，将各类天文、气象与物候因素综合起来予以观察、判断。人们所拥有的对应于历法的各类生产、生活经验，当然是基本的参照，由于气候的年际波动，这些经验却不一定跟每年的实际情况相吻合，因而年复一年的实测是必不可少的。

物候学观察通常会诱发整体式的认知倾向。在前现代的农业社会，既没有各项仪器能够精密地测量特定时空坐标内的气象要素，例如温度、气压、降雨量等等；再者对于农作物应何时耕种等情况的判断，也不能由单一要素或者诸要素的机械组合线性地决定。故而，从生态效应的整体上或者从综合

---

① ［美］利思（H. Lieth）：《物候学与季节性模式的建立》，颜邦倜等译，科学出版社1984年版，第2页。

性的表征上进行观察的物候学就有它不可替代的地位。其实，在一个生态系统的各类营养级上都存在着季节性的适应，例如陆地上的植物、昆虫、鸟类、哺乳动物等等。但凡物候现象，都是在一系列生物和物理变量复杂的相互作用下，种群或群落有所应对的变化，以及生物的体内平衡的综合反应。

作为一种基本的获食模式，农业的生态特性就是利用特定地域的土壤条件等等来生产供人类利用的生物能源。物候是生态系统中与农作物培育、生长息息相关的光、热、水配合关系的天然的效应指示器，因此对农时的安排具有相当的指导作用，也就是说，在某个特定的阶段上特定物候与特定的农作物之间具有稳定的同时性效应，物候的指示效果就源于此。一方面是物候与农作物的季节性循环，另一方面是特定物候与特定农作物之间的同时性，构成了效应观察的两个基本维度。

而物候学观察的这两个维度又都是传统的天道观念所着重强调的，孔子曾感叹道："四时行焉，百物生焉，天何言哉。"[①] 这个"天"的观念何尝不是对农业生态特征的概括呢？又如《周易·系辞上》讲以"广大配天地，变通配四时，阴阳之义配日月，易简之善配至德"，《易·系辞上》"一阖一辟谓之变，往来不穷谓之通"对"变"的界定，等等，几乎没有哪个古代思想家在满怀热情地礼赞其心目中的天道时，能够彻底摆脱这种消息盈虚的模式。这是基于农业文明的经验和格局。至于《系辞上》讲"方以类聚，物以群分"，以及整个卦象的配属体系，亦是对于各类效应的比附与分类。[②]

道家与道教的道论同样有明显的循环论色彩，同样参照四时之序与昼夜之间。例如《道德经》说"归根"、"复命"、"反者道之动，弱者道之用"或者"天之道损有余而补不足"等，莫非如此[③]；《庄子·天道》指出万物的变化是遵循四时之序，"春夏先，秋冬后，四时之序也；万物化作，萌区

---

① 《孔子·阳货》，朱熹：《四书章句集注》，第180页。

② 其实，很难想象《周易》的预测方式会没有考虑其生态效应方面的同时性。卡尔·荣格（C. G. lung）在为《易经》的一个译本所写的导言中提到过同时性原则（Synchroicity），它表示两种以上的现象之间"有意味的重合"（meaningful coincidences），它不同于单纯的同步性（Synchronism）。参见［英］安东尼·斯托尔（Storr, Anthony）：《荣格》，陈静、章建刚译，中国社会科学出版社1989年版，第143页。

③ 《老子道德经》第十六、四十、七十七章，《诸子集成》第3册，第9、25、45页。

有状，盛衰之杀，变化之流也"。《太平经》也明确了循环模式的重要性，"天道比若循环，周者复反始"①。五代道士谭峭的《化书》对变化有独特的看法："虚化神，神化气，气化血，血化形，形化婴，婴化童，童化少，少化壮，壮化老，老化死，死复化为虚，虚复化为神，神复化为气，气复化为物。化化不间，由环之无穷。"② 但这仍是一种循环论的模式。

物候学指涉的不是孤立的数据，而是整体效应或者整体效应在某方面的全息性的表征，其参照的范围从生物个体到整个群落的表征不一而足。其实，同样地感应着自然界的盛衰消长的人体也能够成为这样的参照，而且是物候方法运转的轴心。中医的理论和实践，尤其经络脉象学说，便是典型的观察人体及其生态的征候方法。如"春脉如弦"、"夏脉如钩"、"秋脉如浮"、"冬脉如营"就是医生搭脉时要把握的征候。③

物候是旨在确定农时而予以特定参照的各类生物现象，征候则是更具概括性的概念，我们用它来指涉某种象征（symbol）的形式，它包括了那些并非基于确定农时的目的或者引入非生物关系的形式。这样的象征不是人赋予其所指代的对象的那种任意的符号，因为后者不属于自然生成的对象的一部分④，相反这样的象征乃是对象整体上所呈现出来的一种效应。因而这效应既是可以区别的，又往往是浑沌的、多义的。

按照传统的用法，与"征候"大致相当的术语就是"象"。如中医结合五行所讲的"脏象"，便是诊察所倚重的征候，它难道不是生理上的一种整体的效应吗？传统形上学的概念离不开"象"即"征候"的底蕴。张载说，"凡可状，皆有也；凡有，皆象也；凡象，皆气也"⑤。既然实有的都是"象"，则象所涵括的范围便近乎无所不包。《道德经》二十一章讲"道之为物，唯恍唯忽。恍兮忽兮，其中有物；忽兮恍兮，其中有象"。这是比况道体恍惚有象。该书第三十五章又讲"执大象"，河上公注曰："执，守也；

---

① 王明：《太平经合校》，第 224 页。
② 《道藏》第 23 册，第 592 页。
③ 有关脉象之说，参阅《黄帝内经素问·玉机真脏论》等。
④ 例如不是结构主义语言学家索绪尔所称的那种"能指"（signifier）的任意性。
⑤ 张载：《正蒙·乾称》，《张载集》，第 63 页。

象，道也。"①

实际上，物候学仅仅是农业生态所要求的一般的观察方法。一方面它会由于生态圈和气候类型的差异而拥有不同的观察内容，另一方面只有当农业生态在某一文明体系内占据主导地位时，物候学方法所包含的认知倾向，才有可能成为该文明体系的形上学思考的根基。此两点恰是物候学对于希腊文明和华夏文明具有不同意义的根源。在东亚，注重农时就必须联系到季风气候的特点，而对于季风气候条件下生态效应的循环模式的刻划，便是古人所熟悉的"阴阳五行"；希腊、罗马文明还包含着发达的航海与商业，相较而言，唯有华夏文明才会真正贯彻"征候"的思维。

2. 东亚季风性气候与阴阳五行的模式

从黄河中下游华夏族最初建立的国家开始，青藏高原以东，长城以南的地区就一直是中华民族大家庭内农耕文明的核心区域。而长城一线大致与500毫米等降水量线（isohyetline）吻合，从而构成农业与游牧区的分界线。地处我国地势第一、第二级阶梯上的广袤地区毫无例外地处在东亚季风性气候的影响之下，这就使得建立一套完整的物候学观察的季节性模式来表达和适应这样的农业气候资源，变得异常重要。中国气候的两个基本特点——季风性与大陆性，却大体上反映在阴阳五行的模式里面。

季风气候是在大陆与海洋热力不均匀加热下形成和维系的。我国东部地区，冬季的时候，海洋是热源，陆地是冷源，夏季则相反。因此冬季主要受来自大陆气团的影响，盛行偏北风，气候特征是低温、干燥和少雨，夏季主要受来自海洋的气流影响，盛行偏南风，气候特征是高温、湿润和多雨，正如一般的情况，巨大的气温年较差和日较差，也是我国气候大陆性强的主要表现。此外，不同地域之间并不总是同步表现其盈亏节奏的降水量年际波动大的情况，构成我国季风气候的另一个重要特点，由此导致的气候灾害之频繁及进一步所致的防洪治水之必要，是否导致中央集权体制的地理因素，是颇为令人瞩目的问题。

如果说"阴阳"观念是按照辩证思维的对立统一模式来统领各类征候的一个体系，那么"五行"观念的拓展和综合运用，则是对四季循环中的

---

① 王卡点校：《老子道德经河上公章句》，中华书局1993年版，第139页。

各种历法、气候和物候因素予以系统地编配的方法。① 表面上，若是单纯从"数"的推演的立场来看，五行编配体系的结构特征似乎是单调、歧义和随机的。然而这并不影响它的效用。此种效用正是源自它对东亚地区由于四季循环而产生的生态效应的变化的全面刻划，源自"取象比类"的方法，即观察与内省相结合，并且与物候即生态效应相贯通的方法。这是一种简洁、卓越和富有成果的方法。

五行的模式当比一般的物候观察进一步，主要表现在它所编配的内容，并非具体物种的生息繁衍规律，而是若干的征候群。《吕氏春秋》、《黄帝内经》堪称秦汉时代农耕文明的不刊之典，它所反映的当然是黄河流域的生态知识。在勘验前列阴阳五行的表格时尤其得充分考虑这一点。前述五行编配表格中的气象、方位等，比较符合黄河流域的情况，例如土所代表的长夏，正值农历六、七月间，恰好是夏季风到达时的雨季，故其气象为湿。方位的匹配与每个季节的风向吻合，"虫"的特征，也是一系列相近的生物物种的物候规律之总结，音、味、臭亦大致如此，唯数术的匹配，令人稍感困惑。以下帝、神、祀、祭四个项目则是人事方面有意识为之的一种筹划，以满足心灵对于秩序的渴求，及期待以神话或制度结构上的差别来配合与响应自然生态方面的知识。至于体质、孔窍、内脏、颜色、情态、声、变动等，则有古代医学体系临床观察上的根据，而这样的观察同样是从农耕文明的物候学方法中引申其范型的。另外，八卦等也可与季节和方位等要素相匹配，从而与五行即是与东亚季风气候的特征相呼应。

其实，在中纬度地区，依纬向地带性划分得到的同一气候带内部又可以明显区分出西岸、内陆、东岸三种类型。一般来说，在大陆西岸，北纬40度以上的地区，终年处在西风带，深受海洋气团影响，沿岸又有暖流经过，气温年较差和日较差都小，该地域降水系全年较均匀分布，尤以秋冬居多，明显不符合五行模式的若干特点。例如所谓的"秋燥"只不过反映了东亚地区秋季受亚洲大陆气团控制的特点。再者，处在大陆西岸海洋性气候带内的西北欧地区正是近代工业革命的发源地，后者极大地改变全世界"智人"

---

① 例如"月令"的模式就是这样的扩展，可见于《吕氏春秋·十二纪》、《礼记·月令》、《四民月令》等。

群体的生态模式。北纬 40 度—北纬 30 度的大陆西岸，属于亚热带夏干气候，也称地中海式气候，该地区正是古希腊罗马文明的扩散范围。

在大陆东岸，冬夏风向和洋流分布与同纬度西岸恰成鲜明的对照。因而，气温、降水及其季节分配完全不同。而东亚地区由于地处世界上最大陆地和最大海洋之间，季风气候及物候的季节更替最为鲜明，这一点不会不给生活在该地域的人们留下深刻的印象，阴阳五行的观念恰好诞生于亚欧大陆东部北纬 55 度—北纬 35 度的温带季风气候区域，并扩散到北纬 35 度—北纬 25 度的亚热带和北纬 25 度—北纬 10 度的热带季风气候区。

在孕育了全球最重要的几个古代文明的亚欧大陆上，东亚地区所处的地理位置和气候类型，与该地区华夏文明的宗教和哲学的基底层面上的编码模式之间具有深刻的同构性。东亚季风气候类型在中国与西方之间塑造了一种结构性的差别，它为本土宇宙论的想象力提供了迥异西方的基本素材，但这种观念层面所展示的同构性对于文化的总体态势而言并不是决定性的，只有当东亚季风气候为该地区人口、组织与食物获取方式之间的反馈关系造就了特殊的机制，使得农业在该地区的生态模式中占据主导地位时，物候学所基于的认知倾向甚至观念层面上对于气候类型特征的映现，才会在其文明史上具有持久的影响力。

雨、热同季显然有利于充分发挥气候资源的生产效力。它使东亚地区较诸雨水多半集中在草木不生的冬季几个月里的欧洲，具有较长、较集中的耕作期。在汉代，黄河流域的耕作制度就已趋于完善，兆示了此后数千年一贯的精耕化农业的发展方向。① 从《诗经·小雅·白华》等咏稻的诗句来看，稻在当时的北方已经可以种植了。② 成书于东汉的《说文解字》提到稻的品种有 6 个。在中国经济重心逐渐南移之后，稻成了东亚季风区最普遍种植的农作物品种。而据法国年鉴学派泰斗布罗代尔（Braudel）的说法，单位面积内生产的水稻所含热值是小麦所含热值的 5 倍。③

看来，东亚地区农业获食模式的高效率，使得该地区的文明在观察和认

① 参见许倬云：《汉代农业》，江苏人民出版社 1998 年版。
② 种植水稻的情况同样见于《诗·豳风·七月》。
③ ［法］费尔南·布罗代尔：《15 至 18 世纪的物质文明、经济和资本主义》，施康强、顾良译，生活·读书·新知三联书店 1992 年版，第 173 页。

知的方法，乃至社会的组织上，均采取高度适应农业生态的模式。再者，精耕化农业本身就需要单位面积上较多的人力投入，这就使得东亚地区的人口与农业生态之间存在着某种反馈机制。孔子"庶、富、教"的原则①，正好印证了中国此后数千年来一贯的社会策略，例如普遍的早婚和鼓励生育。在其中，儒教充当了重要角色，即某种生态价值的方便载体，但不是它的创造者和原动力。

农业生态在汉地传统中的显著地位，使得物候学观察的一系列方法论预设，在人们的思想观念里潜移默化地发挥着重要的影响。物候与季风气候相联系的循环性，以及对循环周期中的阶段特征的关注，是物候学观察的要素。由农业的物候学可以扩展到一般征候学，它们的精髓与传统"天道"观所涵摄的基本特征是一致的。② 分而言之，就表现在效应性、循环性、同时性和实用性四个侧度：

（1）物候或征候是自然界的一定的生态效应的指示器，离开这种效应的指示作用便不能有完整的意义，而基础在于它本身已经是一定的生态效应，此即"效应性"；

（2）尽管难免有波动，而它连同它所指示的生态效应是周期性出现的，此即"循环性"；

（3）特定的征候与它所指示的生态效应之间存在一定的同步的频率，此即"同时性"；

（4）征候的指示作用可导向某种实践上的后果，且正是从这种实用的目的出发才去关注征候，此即"实用性"。

阴阳五行这套图式所体现的征候学方法及生态原则，具有很大的融通性。至少如果要将其推广到黄河流域以外的季风气候区时，并不存在根本的障碍。其实，传统思想（包括古典医学）的融通性是基于这样的考虑：响应生态效应的人体的平衡，既要避免任何偏颇的情绪状态，也不完全对应于按照季节性循环而建立的某些特殊的模式匹配，当然也不是脱离任何循环论

---

① 参见《论语·子路》，朱熹：《四书章句集注》，第143—144页。
② 有关中国古代的物候—征候对于季风气候圈的生态特征的刻划及其对中国宗教思想的深远影响，参见吴洲：《中国宗教学概论》，中华大道出版社2001年版。

模式。前者如喜、怒、哀、乐、爱、恶、欲等，都是情绪失衡，会波及人体生理的平衡；后者如春生、夏长、秋收、冬藏，是合乎其生态效应的时间性特征的和谐，但如果这一模式或一些其他维度上匹配的细节略有变化，也不妨其融入动态平衡的过程。总之，即是要在无思、无欲、无为当中包容、涵摄、参赞所思、所欲、所为——这就是古典文明反复强调的"中和"的意义。

在中国宗教中，"中和"的方法论是指：一种循环论的生机观念渗透于"阴阳五行"体系里，其"取象比类"方法的运作的关键，并非源自那些在对象的指认和逻辑的推演上充满含糊性的象数的排列，而是由彼此相通的个体身上的某种混沌的生态效应来引导诸"象"之间的分类、比附和推断，这种效应通常还会表现出情绪上的中庸和生态上与时消息的特征——合而言之即中和。① 阴阳五行实际上就是围绕此种和谐效应而展现的征候分类的体系，例如阴阳就是在周期性波动的框架下，比照某一和谐的生态效应而读出的两种方向相悖的失衡状态，而五行生克关系的推演则无非是凸显此种和谐的或一般意义上的生态效应的季节性波动。而古代的宗教则许诺，主体可以通过它的存养、省察等功夫获得这种和谐效应。

以"中和"为底蕴的表述在经典中屡见不鲜。如《道德经》的"挫锐解纷、和光同尘"、"冲气以为和"等。② 在属于思孟学派的《礼记·中庸》中，"中和"两个字不能与该篇所讲的"诚"割裂开来，作为个体在循环模式中所体会到的那种和谐的生态效应，"中和"既是农耕文明内在超越的实践旨趣，又是征候方法的枢纽。

谈到方法，可举荀子所说的"解蔽"为例。"虚壹而静"的原则正是在探讨征候方法的运用，而且很具代表性。荀子精辟地揭示了其中的奥妙，他说"人生而有知，知而有志，志也者，臧也，然而有所谓虚，不以所已臧害所将受，谓之虚"，以及"不以夫一害此一，谓之壹"③。这跟《中庸》的旨趣，跟庄子的"心斋坐忘"，乃至后儒所谓"主一无适"一样，都本于

① "和"有动态的"适时"的意义，此正为《中庸》首章倡导的含义。
② 《老子道德经》第四、四十二章，《诸子集成》第3册，第3、26—27页。
③ 参见《荀子·解蔽》，王先谦：《荀子集解》卷15，《诸子集成》第2册，第264页。

深邃的生态意识，即建立人与环境和谐、贯通的意识。人通过自身的虚静将外界变化感应为各式各样的征候，这些征候有序呈现，不相妨碍。

"中和"作为修养功夫的目的在于导向虚静，而彻底的"虚静"又不可能不在它的当下体现"中和"，这样的观念并非儒家的专利。恬淡、素朴、虚静、守一、诚、中和、解蔽、无念、无住、无相这些概念，在一定程度上彼此是可以互训的，但来源不同，侧重不同，作为征候学方法，它们都旨在教导人们：让虚静的身、心像澄澈宁静的止水那样去映现纷繁芜杂的物象。①

征候学观察要不时作出调整，其依据就是这种自身可以体验的和谐的生态效应，或者我们把它称为玄冥的零度。其实，征候学观察所给出的一切特征上的基本对立，都要围绕着效应的零度来测度。在阴阳五行的流行发用中，其征候把握的方法是一种深邃的哲学。一方面，阴阳就是比照上述玄冥的零度而从物候或内省的效应上读出的两种方向相悖的失衡状态；另一方面，五行生克关系的推衍等，又旨在凸显生态效应的季节性差异，这便使得玄冥的零度持续再生着它的时间记忆。同时玄冥的零度并不是外在把握的对象，它本身即是妙万物而不居的观察者。

作为征候学方法的枢纽，"中和"表现为三重意义：（1）观察中效应的零度，以测度阴阳的失衡，或由于五行生克循环的阻滞而导致的季节性失衡；（2）解蔽的观察者，只有解除了情绪或者其他方面的偏颇性的干扰，才能成为适宜的观察者；（3）个体小环境趋向平衡的目标，此点在实践中又具有生态、道义等多重意义。此三条可谓是"即三而一，即一而三"。

"中和"这一认知倾向，进而也是儒道二教的本根论、修养功夫论和境界论的根据和基础，恰好对应于它作为征候学方法的三重维度。儒教在本根论上是像《中庸》首章那样将它认做天下的大本、达道，抑或是如张载所云："太和所谓道，中涵浮沉、升降、动静相感之性，是生絪缊、相荡、胜负、屈伸之始。"② 又依张横渠之说，谓气之本虚无湛寂，感精微而生成，

---

① 在中国化佛教中，不乏类似的表述。

② 张载：《正蒙·太和》，《张载集》，第7页。

则聚而有象，然而"有象斯有对，对必反其为；有反斯有仇，仇必和而解"①。

道家、道教也有它自己论述"中和"的传统，如云"气者……天气悦喜下生；地气顺喜上养；气之法行于天下地上，阴阳相得，交而为和，与中和气三合，共养凡物，三气相爱相通，无复有害者"②。似言阴阳之外，实有中和气，在思致或表述上虽然稍显滞涩，但却是沿着《道德经》"冲气以为和"思路而进行的一种解释。

传统上，农业生态是中国人的心灵世界的重心，以物候学观察为基准的一系列方法论预设，在人们的思想观念里潜移默化地发挥着基本的影响。从农业物候到广泛的征候，再到阴阳、五行之类系统地编配的征候模式，都是征候方法的发展环节。其中，阴阳、五行诸对立项之间的"中和"，乃是这一方法的枢纽。

第二节　物与我：生态伦理的哲学基础

人在宇宙中的地位，是宇宙生态观无法回避的问题。虽然这方面的立场未必能够直接决定对于生态问题所采取的态度，但至少也有某种模糊定位的效果。与中国本土的相比，佛教的宇宙结构观是相当特殊的，因为它是以报应为基础，而且强调精神因素的影响，再就是与这两点有关，它具有浓厚的神话色彩和宗教劝诫的效果，并且是对"物我一如"观的阐发。"无情有佛性"是一个比较独特的佛教话题，仍然是物我一如观的引申。本节所讨论的内容，大致可称为生态伦理观的哲学基础。

一、唯人为万物之灵

在探讨人与宇宙万物的关系时，其实无法绕过"人类中心主义"的话题。古希腊智者学派的代表人物普罗泰戈拉（Protagoras）所说的"人是万

---

① 张载：《正蒙·太和》，《张载集》，第10页。
② 王明：《太平经合校》，第149页。

物的尺度"就是这方面的具有震撼性的典型。① 但这个论题并非希腊哲学或者西方的特产，它以略有不同的形式存在于许多不同的文明当中。中国古代的宗教传统，似乎也未能完全摆脱它的影响。在生态哲学的领域里，假如"人类中心主义"是指任何一种涉及生态的学说都是通过人类的思考而得到的，带有人类文明的主体性印记，那么这样的人类中心主义总有它一定的道理，哪怕东方神秘主义式的"物我一如"学说，也是人类思考与体验的结果。②

再者，人作为生物种群之一，跟其他任何生物种群一样，都具有个体的自我保护，而特别是倾向于种群延续、繁衍的本能。因此，在生物学意义上，各生物种群普遍地是以自身为中心的。由此而形成生物圈中的食物链或者竞争、敌对关系等，这些关系对于某些生物的个体和种群来说，是不乏残酷的一面，但对于整个生态圈、或者某个生物群落层次的平衡、稳定与和谐来说，又经常是有益的。这种意义上的人类中心主义是普通生物本能的某一特定形态而已。但是当人类通过发展高度的文明而使得满足这种本能的能力变得愈发强大时，人类的过分繁衍反而可能会提升环境恶化的危险程度。对于处在食物链顶端的人类来说，其行为方式对整个生态圈的影响，在很多方面要远远超过其他任何生物种群。

如果说上述第一种亦即认识论意义上的人类中心主义是无法根除的，就像同语反复地说：人的认识是属人的。那么第二种亦即生物学意义上的人类中心主义，则是两面的、需要警惕的，在今天来说更多的是要以恰当的方式抑制其某些自发的倾向，特别是避免由于奢侈性消费而给环境带来过大的压力和造成不可弥补的损害。③

从生物进化和社会发展角度综合来观察，生物学意义上的人类中心主义

---

① 普罗泰戈拉原著无存，此一观点，见亚里士多德著作的征引，即亚里士多德著作标准版之1053a35，参见［古希腊］亚里士多德：《形而上学》，苗力田主编：《亚里士多德全集》第7卷，中国人民大学出版社1993年版，第223页。

② 参见何怀宏：《生态伦理学：精神资源与哲学基础》，河北大学出版社2002年版，第360—361页。

③ 奢侈性消费从简单的生物学角度来看，并不是必需的；但对于言行高度社会化的人类来说何为必需的问题，是否可以依照某种标准一锤定音地敲定呢？朱熹等人的"天理人欲"之辨，就试图将天理中涉及生活方式的方面定位为基本欲求，是否有完全的说服力，另当别论。

更为根深蒂固，而认识论意义上的则不可能回避，在伦理的意义上是中立的，但是还有第三种即价值论意义上的人类中心主义，此种视角或可表述为：

> 人的利益是道德原则的惟一相关因素，道德原则的设计和选择与否要看它能否使人的需要和利益得到满足和实现；其次认为人是惟一有资格获得道德关怀的生物；最后，它认为除人外的其他生物只有工具价值，没有内在价值；大自然的价值只是人的情感投射的产物。①

姑且不管是否还有其他表述，或者这些表述彼此是否可以区别对待。但是我们想指出的极为重要的一点是：这种意义的人类中心主义与反人类中心主义，甚至比前述两种意义更具明显的属人特征。简单地说，超越本能层面的伦理或价值的关怀是特殊的，只属于人类的精神世界的特征。

人类为环境承担起责任，是基于两种相互交织在一起的考虑：即一方面意识到环境问题危害了人的生存和可持续发展，为了保证有一个美好的未来，或者仅仅为了明天可以继续下去，而不得不对自身一些不恰当的行为方式予以调整，也就是从种群生存的技术角度去考虑；另一方面则是情感上把动物、植物等视为人类的伙伴，或者理性地认为它们也是有资格获得道德关怀的生物，即出于伦理或价值论上的考虑。这分别响应着人类中心主义的两个层次。

儒教的思想所认可的"人在宇宙中的图景"，一般都强调"唯人为万物之灵"，强调人是阴阳之精华、五行之秀气，是宇宙中值得骄傲的种群。如云：

> 故人者，其天地之德，阴阳之交，鬼神之会，五行之秀气也。故天秉阳，垂日星；地秉阴，窍于山川。播五行于四时，和而后月生也。是以三五而盈，三五而阙。五行之动，迭相竭也。五行、四时、十二月，还相为本也。五声、六律、十二管，还相为宫也。五味、六和、十二食，还相为质也。五色、六章、十二衣，还相为质也。故人者，天地之

---

① 何怀宏：《生态伦理学：精神资源与哲学基础》，第360页。

心也，五行之端也，食味、别声、被色而生者也。①

辨析人与宇宙万物的差异，从这些差异中进而断言人之优越于万物。这是很
多儒家学派的共同倾向。荀子就说："水火有气而无生，草木有生而无知，
禽兽有知而无义，人有气有生有知，亦且有义，故最为天下贵也。"② 又如
孟子关于人之异于禽兽几希，恰正在仁义即性善等方面，③ 此在价值论上确
保了人的卓越性。

　　道教思想在人类中心主义的话题上，则别有意趣，一方面有些与儒教的
论调相同，如认为"道生天生地，生人生物，而人为最灵，成仙入圣，惟
人是赖，参天赞地，惟人是为"④，这部分很可能是受到儒教影响的产物；
然而，另一方面其中亦颇不乏认为在生命素质和表现形式上，人与宇宙万物
相较并无明显区别的论调。此在道教经典中也不少见，如《无能子》说：
"夫人与鸟兽昆虫，共浮游于天地中，一焉而已"⑤。所以，如果以同情和类
推的方式去看待，又何尝能否认其他生灵其实也是有自己独特的语言和智
虑，以服务于其趋利避害的本能，跟人类又有什么差别呢？⑥ 野兽昆虫等也
有一些群聚性的本能，似乎在表现形式上与人类的德性并无二致，所谓：

　　　　禽兽之于人也，何异？有巢穴之居，有夫妇之配，有父子之性，有
　　死生之情。鸟反哺，仁也；隼悯胎，义也；蜂有君，礼也；羊跪乳，智
　　也；雉不再接，信也。孰究其道？万物之中，五常五行，无所不有也。⑦

此段对生物的观察不可谓不仔细，所掌握的生物学知识亦不可谓不丰富，但结论

---

　　① 《礼记·礼运》，孙希旦：《礼记集解》中册，第 608 页。
　　② 荀况：《荀子·王制》，王先谦：《荀子集解》卷 5，《诸子集成》第 2 册，第 104 页。
　　③ 参见《孟子·离娄下》第十九章，朱熹：《四书章句集注》，第 293—294 页；焦循：《孟子正
义》，《诸子集成》第 1 册，第 334 页。
　　④ 《唱道真言》卷 5，丁福保：《道藏精华录》（下），浙江古籍出版社 1989 年（影印本）版，第
32 页。
　　⑤ 王明：《无能子校释》，中华书局 1981 年版，第 253 页。
　　⑥ 此见《无能子》卷上之"圣过第一"。
　　⑦ 谭峭：《化书》卷 4，《道藏》第 23 册，第 598 页。

下得有些仓促。既然人和万物没有区别,则他也就没有足可沾沾自喜的地方了。

照道家的看法,礼乐文明戕害人性乃至物性。如果摒弃骄傲自大的文明,就可以还返到人与自然界和谐相处的所谓"至德之世":

> 吾意善治天下者不然。彼民有常性,织而衣,耕而食,是谓同德。一而不党,命曰天放。故至德之世,其行填填,其视颠颠。当是时也,山无蹊隧,泽无舟梁;万物群生,连属其乡;禽兽成群,草木遂长。是故禽兽可系羁而游,鸟鹊之巢可攀援而窥。夫至德之世,同与禽兽居,族与万物并。恶乎知君子小人哉!同乎无知,其德不离;同乎无欲,是谓素朴。素朴而民性得矣。①

淳朴的世界不仅是摒弃了礼教束缚的社会,也是一个生态上和谐的社会。对人类中心主义的反省(如果不能完全抛开的话),与对文明的批判在形态上常常是共生的。

但是,对于道教的思想传统来说,却面临着若干亟待解决的问题:(1)如何看待本身内部所存在的这些分歧的倾向;(2)将人类情感和伦理的特征投射到其他生命上,是否足以为其他物类生命赢得真正的尊重,这是否仍然陷入了人类中心主义的思维陷阱中?或许还有其他的不必刻意规避人类中心主义的论题——假如无法绕过的话——而找到论证动物权利的方式呢?不管怎样,道教学说和其信仰一道,提供给人们关于此类话题的另一种语境。

如何理解中国佛教在此论题上所采取的立场呢?这就必须联系到其苦与脱苦的宗旨、三界六道的宇宙模型以及"无情有佛性"的观点综合地加以考虑。按照佛教的看法,在众生没有解脱之前,就视其自身前世所种业因,而在六道中轮回不已。所以就蕴含着这样的观点:人与动物等属于自然界的连续的统一体,往往通过因果报应的链条相互转化,就连佛陀在觉悟前也经历了不断的转世,而曾经化身为各种各样的动物。所以动物并不能被轻视,甚至想象中的那些处在地狱、饿鬼道中的生灵也需要超度,或者将功德回向给他们。也许他们就像某些生活在大气圈中的动物一样,在前世就是我们的

---

① 《庄子·马蹄》,王先谦:《庄子集解》卷3,《诸子集成》第3册,第57页。

兄弟姐妹、父母亲戚等。所以慈悲、同情心、奉献和法的布施也要尽量给予他们，就如同给予人类同胞一样。

在天、人、修罗、畜生、饿鬼、地狱六道中，人的位置不算最好，但也绝对不算差。最重要的是，对于成佛觉悟即脱离生死苦海的宗教目标来说，比起其他五道，只有人道处在最佳的境遇。天道福报甚佳，身处豫悦之中，便少了解脱苦海的痛切愿望。而由于缺少智能等，其他诸道处境也不佳。而无论在动机还是解脱条件方面，人道均最合适。佛法的世界中如果有什么中心的视角，那么在价值述说的层面，与其说是什么人类中心主义，毋宁说是动物中心主义。在有情世间与器世间，或正报与依报相待相辅的视界中，主体是能够体会苦乐的有情——其中最基本的部分相当于今日所说的动物。而在"无尽缘起"的世界中，一切生命，以及它们的环境，构成自然界的连续体，对于大乘佛教来说，成佛是整个世界的成就。

二、三界六道：佛教宇宙论的图式

相比于中国古代本土仅仅满足于星象、气象观察这样有限范围的天学而言，佛教的宇宙图式可以说充斥着富有诗意的想象、极端夸张的数字和规整有序的结构。然而其壮观的景象，仍是以业报的主体与附属环境之间的连带关系为核心的力量而展现的。轮回报应之说是这幅宇宙图景的基础，因而这种想象的体系与其说是真实观察的记录，不如视为劝世警诫的产物。

佛教的宇宙图式在三界、六道、诸天这三组概念的基础上组织起来。这三组互有交叉，既指报应的主体，也指报应的环境，而直接的含义或指前者，如"六道"中的人、阿修罗、饿鬼、畜生，或指后者，如诸天的名义、地狱等。从投胎转世那一刻来看，报应一定是在美恶不同的宇宙环境的某个层次中兑现的。三界众生即欲界、色界、无色界，后二界唯属诸天，欲界则通于天、人以至地狱众生。世界就总体而言是层层叠套的所谓"三千大千世界"，每一个别世界的中心是须弥山，四际有四大洲，而人类主要居住在南阎浮洲。此即佛教宇宙图式的大概。

在由印度传译过来的，如《长阿含经》、《起世经》、《楼炭经》、《婆沙论》、《俱舍论》、《显扬圣教论》、《大智度论》等经论中，对于包括三界诸天在内的"三千大千世界"，已经有了相当丰富的说明。这些经籍所述宇宙的总体结构大体相似，但在细节上颇有出入。中国佛教的一些综述性著作，如梁宝唱《经律异相》、唐道世《法苑珠林》、宋志磐《佛祖统纪》、明仁潮《法界安立图》等，对各种材料中的说法予以综合。现主要依据这些中国佛教的著述，对此予以说明和探讨。不过对于其中歧异的量化概念不必深究，因为这些原本就只是带有喻言的性质。

佛教宇宙论中所运用的数量概念是极为夸张的。在印度古代，有一种表示距离或长度的较大单位，叫做"由旬"，约相当于40里。由于佛经中所呈现的宇宙结构体量极大，故多以"由旬"表示，且动辄万千之数。而天神的身量也非常惊人，如四天王身长半由旬[1]，也就是说，约相当于1000个2米长巨人的身量。但和身长1由旬的帝释，乃至身长16由旬的自在天相比，又只能是小巫见大巫了。

> 夫三界定位，六道区分，粗妙异容，苦乐殊迹。观其源始，不离色心；检其会归，莫非生灭。生灭轮回，是曰无常；色心影幻，斯谓苦本。故涅槃喻之于大河；法花方之于火宅。圣人启悟，息驾反源，超出三有，渐逾十地也。寻世界立体，四大所成，业和缘合，与时而作，数盈灾起，复归于灭。所谓短寿者，谓其长寿，长者见其短矣。夫虚空不有，故厥量无边；世界无穷，故其状不一。于是大千为法王所统，小千为梵王所领，须弥为帝释所居，铁围为藩墙之城，大海为八维之浸，日月为四方之烛，总总群生，于兹是宅。[2]

佛教观念所理解的"宇宙"，就整体而言，具有一种无限扩张的特征，并且基础的结构是彼此相似的，这就是所谓的"三千大千世界"。此如隋天竺三藏阇那崛多所译《起世经》卷1云：

> 佛言：比丘，如一日月所行之处，照四天下。如是等类，四天世

---

① 详见宝唱等：《经律异相》卷1，《大正藏》第53卷，第1页。
② 道世：《法苑珠林》卷2，《大正新修大藏经》（以下简称《大正藏》，台湾财团法人佛陀教育基金会出版部1990年影印版）第53卷，第227页。

界，有千日月所照之处，此则名为一千世界。诸比丘，千世界中，千月、千日、千须弥山王；四千小洲、四千大洲；四千小海、四千大海；四千龙种姓、四千大龙种姓；四千金翅鸟种姓、四千大金翅鸟种姓；四千恶道处种姓、四千大恶道处种姓；四千小王、四千大王；七千种种大树、八千种种大山；十千种种大泥犁；千阎摩王；千阎浮洲、千瞿陀尼、千弗婆提、千郁单越；千四天王天、千三十三天、千夜摩天、千兜率陀天、千化乐天、千他化自在天、千摩罗天、千梵世天。

诸比丘，于梵世中，有一梵王，威力最强，无能降伏，统摄千梵自在王领，云我能作能化能幻，云我如父，于诸事中，自作如是憍大语已，即生我慢。如来不尔，所以者何？一切世间，各随业力，现起成立。

诸比丘，此千世界犹如周罗（周罗者隋言髻），名小千世界。诸比丘，尔所周罗一千世界，是名第二中千世界。诸比丘，如此第二中千世界，以为一数，复满千界，是名三千大千世界。诸比丘，此三千大千世界，同时成立。同时成已而复散坏；同时坏已而复还立；同时立已而得安住。如是世界，周遍烧已，名为散坏；周遍起已，名为成立；周遍住已，名为安住。是为无畏一佛刹土、众生所居。①

按上引文来看，作为基础结构的每个个别的世界，为一组日月所照临，它还包括四大洲（此文译名阎浮、瞿陀尼、弗婆提、郁单越四洲）、四小洲、四小海、四大海等，以及欲界、色界诸天（即文中四天王天至他化自在天属欲界，摩罗天界乎欲、色间，梵世天属色界）等，但是没有特别提到无色界天。

但是这样的世界呈现叠套式扩张的特征。一千个个别的世界并存，如同一个个发髻，构成一小千世界，而一千个这样的小千世界，又聚集起来构成一个中千世界，而一千个这样的中千世界，又构成"三千大千世界"，真是"天外有天"啊！并且，宇宙是随着业力而生起的。即便每一小千世界中统摄一千梵世的梵王，也不能出于自身的意志来主宰它们。

每一个别的世界的中心是须弥山，据明释仁潮折中诸经给出的描述是：须弥山之外有七重香水海，此一海中各有一重金山，合为七重金山，它们次

---

①　阇那崛多：《起世经》卷1，《大正藏》第1卷，第310页中—下。

第围绕着须弥山这个核心。其外则是咸水海，有四大洲、八中洲及数万小洲，遍布安住咸水海中，其外更有小轮围山周匝围绕。① 仁潮所说与《起世经》稍有不同，实则须注意的只是其中模式的一致性，而非具体的细节和诸经论间细节的差异。哪怕同一部书的很多细节，如果深究下去，也常会漏洞百出，其实这就是神话世界观的特点。

四大洲为四块独立的大陆，分处须弥山外咸水海中的四个方位，即东胜神洲、南瞻部洲（一译阎浮）、西牛货洲、北俱卢洲等。而我们所居住的现实世界就在瞻部洲。或谓"三千大千世界以无量因缘乃成。且如大地依水轮，水轮依风轮，风轮依空轮，空轮无所依。然众生业感，世界安住"②。此说出自《华严经》，然为《法苑珠林》与《佛祖统纪》等所引用和肯定。似谓虚空之上，次第为风轮、水轮、地轮，逐层支撑，成为大地的依托。

根据前引《起世经》的说法，三千大千世界，乃同时"成"、"住"、"坏"。故而一世界众生的业感缘起之情形，可同样适用于其他一切的世界，或许它们是彼此感应，通同共生的。由诸道众生的业力所导致的依报，还包括藏匿于阎浮洲大地深处的地狱，如最深的无间地狱在地下四万由旬处，或在一世界外围，日月所不及照临的八寒地狱等。大地稍浅、距地表五百由旬处，又有阎罗王城，为饿鬼之常规居处。而在地表诸处，随其业力，散居阿修罗、部分饿鬼、部分畜生等。

大地、海水之上是诸天。"天"或指某一善趣众生，或指其相应依报的层次。当然，诸天中尚有作为其眷属之若干畜生，但畜生居止最为不定，遍布于其余诸趣的依报中。诸天的划分，一般依照欲界、色界、无色界三种。其后二界唯诸天始有，欲界则不仅有天界，而且通于六趣众生。

按有情众生的居所，凡有三界，即欲界、色界、无色界。《法苑珠林》卷2云：

> 初欲界者，欲有四种：一是情欲、二是色欲、三是食欲、四是淫欲；二色界有二：一是情欲、二是色欲；无色界有一情欲。初具四，欲

---

① 参见《法界安立图》卷2，《续藏经》一辑二编乙23套4册，第452页等。
② 道世：《法苑珠林》卷2，《大正藏》第53卷，第278页上。

强色微，故云欲界。第二色界，色强欲微，故号色界。第三无色界，色绝欲劣，故名无色界。①

此乃就众生广义之"欲"，论其相应的界别。若就生存环境而言，则欲界即指含有食欲与淫欲之有情众生之居所，上自六欲天，中及四大洲，下至无间地狱等。

三界诸天之名数，《经律异相》和《法苑珠林》所述颇有异说，今谨列表如次：

欲界诸天		色界诸天		无色界
《经律》	《法苑》	《经律》	《法苑》	《经律》（《法苑》）
四天王天 忉利天（三十三天） 炎摩天 兜率天 化乐天 他化天 魔天（界乎欲、色界之间） 凡六天	干手天 持华鬘天 常放逸天 日月星宿天 四天王天 三十三天（忉利天） 炎摩天 兜率陀天 化乐天 他化自在天 凡十天	梵身天 梵辅天 梵众天 大梵天 光天 少光天 无量光天 光音天 净天 少净天 无量净天 遍净天 严饰天 少严饰天 无量严饰天 严饰果实天 无想天 不烦天 无热天 善见天 大善见天 色究竟天 摩醯首罗天 凡二十三天	梵众天 梵辅天 大梵天（以上初禅） 少光天 无量光天 光音天（以上二禅） 少净天 无量净天 遍净天（以上三禅） 福生天 福爱天 广果天 无想天 无烦天 无热天 善现天 善见天 色究竟天（阿迦腻咤天；以上四禅） 凡十八天	空处天 识处天 无所有处天 非想非非想处天 （略同）

---

① 道世：《法苑珠林》卷2，《大正藏》第53卷，第278页上。

诸书中关于欲界诸天，一般都包括自四天王天以至自在天的内容。其中四天王天，居须弥山四埵，皆高四万两千由旬。四天王即东方持国天王，名提头赖咤；南方增长天王，名毗娄勒；西方广目天王，名毗娄博叉；北方多闻天王，名毗沙门。四天王是佛教的护法神。今日寺院天王殿两侧所供奉，就是这四位。

忉利天居须弥山顶。有三十三天宫。其首脑名叫释提桓因，即帝释天。四方各有八天，由三十二大臣分领，合即三十三天。①

炎摩天，炎摩意译作"时"，王名善时；兜率天，意译"知足"，王名善喜。化乐天，王名善化。能自化五尘，以自娱乐。他化自在天，王名自在，能转集他者所化，以自娱乐。炎摩以上四欲界天，皆由风轮所托，亦即"风大"是它们的物质基础。其上又有魔天，在欲、色二界中间。"魔者譬如石磨，磨坏功德也。"②

以须弥山为中心，包括四周的四大洲，其上的诸天，其下的地底层的整体空间中，居住着命运不同的众生。它们因为承受过去的业力而降生到现在的境遇，由于今生的所为又将重新有所投胎。而六道众生各自居住的环境，以及它们因何得到这样的果报，在佛经中也有很多的说法。

修罗众生所居，据《法苑》所引《正法念经》，谓有五等。一在地上众相山中，其力最劣，二在须弥山北，入海二万一千由旬，或再过二万一千由旬，或复二万一千由旬，或复过二万一千由旬，皆有修罗王领其众住。又《起世经》云："须弥山王东面去山过千由旬，大海之下有鞞摩质多罗阿修罗王国土住处。纵广八万由旬。七重栏楯，普遍庄严，乃至七重金银铃网"③ 等，极其庄严华丽。

关于饿鬼众生，《法苑》引《婆沙论》说，住处有二类：或正或边。其正住，如《善生优婆塞经》等阎浮洲五百由旬之下有阎罗鬼王城，王领鬼众住于其中，其边住处者，如《婆沙论》说，也有两种情况，有威德的，住在山谷、空中或海边，皆有宫殿；无威德的，或依不净粪秽，或依草木冢

①　参见《经律异相》卷1《天地部》，《大正藏》第53卷，第1—2页。

②　参见《经律异相》卷1《天地部》，《大正藏》第53卷，第2页下。

③　《起世经》卷5《阿修罗品第六之一》，《大正藏》第1卷，第336页上。按，此条亦为《法苑珠林》所引。

墓，或依屏厕故区而居止。

畜生住处，亦有二类，第一正住，或说在铁围两界之间、冥闇之中，或在大海之内，或在洲渚之上。第二边住，谓散住在地狱、饿鬼、修罗、天等诸趣之中。

地狱众生由极恶造业而受生，受无尽残酷之苦，其所居环境最属恶劣。关于地狱的类别、名称与形态，根据不同的经典，有不同的称述。明释仁潮《法界安立图》，据诸佛典，以为南瞻部洲下有大地狱，洲上又有边地狱及独地狱，或在谷中、山上，或在旷野、空中。自余三洲唯有边、独地狱，无大地狱，有说北俱卢洲无地狱。大地狱即八热地狱、八寒地狱。① 但最著名的地狱就是瞻部洲下的八大地狱（或曰八地狱），即等活地狱、黑绳地狱、众合地狱、叫唤地狱、大叫唤地狱、烧炙地狱、大烧炙地狱、无间（阿鼻）地狱。据新《婆沙论》称其各有十六小地狱围绕。

依《业报差别经》，具说十业得阿修罗报：一身行微恶、二口行微恶、三意行微恶、四起于憍慢、五起于我慢、六起于增上慢、七起于大慢、八起于邪慢、九起于慢慢、十回诸善根向阿修罗趣。或曰此道众生，多由嗔慢及疑三种因业得受生。

堕入饿鬼道的业因，据《法苑》引《正法念经》，谓"若起贪嫉邪佞谄曲欺诳于他，或复悭贪积财不施，皆生鬼道。"② 亦即多由贪业而受生。

佛经中或曰，众生具修十善得欲界天报，修有漏十善与定相应得色界天报，复有修四空定得无色界天报，由此有诸善业所得天报之三界差别。③

佛教宇宙论还有三大劫之说，似可看做对人类破坏环境所带来的灾难性后果的警示性预言。④ 人类的业报须依自作自受的法则，也就是自己的所作所为，概由自己负责。但人类也有自他共同作用的所谓共业，环境的破坏应该说就是人类的共业所致，而不是一个人的能量所能够左右。从今天的立场

---

① 按大、边、独之地狱三分法之说，又见于东晋庐山释慧远共僧伽提婆所译《三法度论》卷下（《大正藏》第 25 卷），《法苑珠林》亦尝引其说，唯《法苑》所引诸说颇多，彼此未见得协调一致。

② 道世：《法苑珠林》卷 6，《大正藏》第 53 卷，第 313 页。

③ 参见《佛祖统纪》卷 31，《大正藏》第 49 卷，第 303—311 页。

④ 参见《经律异相》卷 1，《大正藏》第 53 卷，第 1—10 页；《法苑珠林》卷 1《劫量篇》，《大正藏》第 53 卷，第 269—277 页等。

来看，环境的问题仍在相当程度上与人的心灵有关。而明显地注重这一点，再结合共业说，可以为人们寻求治理环境问题的方略提供有益的启示。

三、无情有性和民胞物与

以"人"与"物"的关系为主轴而形成的生态智慧必然涉及"性情"的概念，因为此等关系的构成要件之中的"人"乃是有思想、有情感的，所以面对自然之物就会引发思考和认知。有鉴于此，我们的探讨也就应该涉及这方面的内容。

1. 无情有性

大道蕴涵于一切之中，这本是道论固有的内涵。但把这一点的本然意义和极端的一面展现给大家的则是《庄子》中的"道在屎溺"之说：

> 东郭子问于庄子曰："所谓道，恶乎在？"庄子曰："无所不在。"东郭子曰："期而后可。"庄子曰："在蝼蚁。"曰："何其下邪？"曰："在稊稗。"曰："何其愈下邪？"曰："在瓦甓。"曰："何其愈甚邪？"曰："在屎溺。"①

在佛教中与此相似的论题就是"无情有性"。《大乘玄论·佛性义》云："若欲明有佛性者，不但众生有佛性，草木亦有佛性"，又云："若一切诸法无非是菩提，何容不得无非是佛性？"② 须知佛教的世界观是围绕着有情众生的生命轮转而展开的，而此处则明确肯定了草木等无情物也有佛性。

牛头宗法融的《绝观论》，甚至从"道无所不遍"的立场，肯定了草木也能成佛。《南阳和尚问答杂征义》记载牛头山袁禅师，曾问慧能嫡系弟子神会"佛性遍一切处否"，后者答："佛性遍一切有情，不遍一切无情"。这位可能属于牛头宗的禅师接下来便质疑道："先辈大德皆言道，'青青翠竹尽是法身；郁郁黄花无非般若'。"所谓先辈说法很可能是牛头宗内部传承的观点。但神会认为这是外道的说法，并强调《涅槃经》中明确讲过，无

---

① 《庄子·知北游》，王先谦：《庄子集解》卷6，《诸子集成》第3册，第141页。
② 《大正藏》第45卷，第40页。

佛性者，所谓无情物是也。①

无情有无佛性的争论，在禅宗内部各派之间，看来分歧较为严重。按照流行的看法认定由禅宗四祖道信旁出的牛头一系，对此问题显然持肯定的态度。慧能南宗门下南阳慧忠禅师与石头系似予以支持，而荷泽、马祖两系则一般持否定的态度。

马祖道一门下的大珠慧海，据说曾和一位讲《华严经》的座主探讨过"黄花般若、翠竹法身"的话题，立场和神会基本一致。《景德传灯录》卷28 诸方广语慧海和尚语载：

> 华严志座主问："禅师何故不许'青青翠竹尽是法身；郁郁黄华无非般若'？"师曰："法身无象，应翠竹以成形；般若无知对黄华而显相。非彼黄华翠竹，而有般若法身。故经云：'佛真法身，犹若虚空；应物现形，如水中月。'黄华若是般若，般若即同无情；翠竹若是法身，翠竹还能应用？座主会么？"曰："不了此意。"师曰："若见性人，道是亦得，道不是亦得；随用而说，不滞是非。若不见性人，说翠竹着翠竹，说黄华着黄华，说法身滞法身，说般若不识般若，所以皆成争论。"志礼谢而去。②

唐代的越州是当时佛教活跃的区域之一，聚集了很多义学沙门。也可能受到主要在江浙一带传播的牛头宗的影响。慧海的观点是认为般若指觉悟的智慧，法身有应化的运用，如二者同于无情木石，则觉悟、运用便无从谈起。但是对于真正见性的人而言，又可随用而说，不滞是非。因而慧海的立场更为圆融。

同属马祖门下的百丈怀海禅师，对此曾有评论，表面看似肯定"无情有佛性"，实则不然：

> 问："如何是有情无佛性，无情有佛性？"

---

① 参见杨曾文编校：《神会和尚禅话录》，中华书局1996年版，第87页。
② 《大正藏》第51卷，第441页；另见《祖堂集》卷14。

师云："从人至佛，是圣情执；从人至地狱，是凡情执。只如今但于凡圣二境有染爱心，是名有情无佛性；只如今但于凡圣二境，及一切有无诸法，都无取舍心，亦无无取舍知解，是名无情有佛性。只是无其情系，故名无情。不同木石太虚、黄华翠竹之无情将为有佛性。若言有者，何故经中不见受记而得成佛者？只如今鉴觉，但不被有情改变，喻如翠竹；无不应机，无不知时，喻如黄华。"又云："若踏佛阶梯，无情有佛性；若未踏佛阶梯，有情无佛性。"①

意即若于凡圣二境有执著、染爱，是即有情无佛性；若于凡圣二境及诸法，都无取舍、知解，是即无情有佛性。但并非指木石之类的无情物质，本身具有成佛的可能性。所以也要从应机随缘的角度，来理解翠竹黄华的诗偈。

中唐时期与洪州宗并峙的湖南石头系的立场如何呢？石头希迁曾和弟子有这样一段问答，"问：'如何是禅？'师曰：'碌砖。'又问：'如何是道？'师曰：'木头。'"②此段对接表面具有禅门答非所问的风格，抑或是对上述无情有性话头的另一种形式的肯定。

而上述怀海对"无情有佛性"的理解，似乎是受到了慧忠国师"无情说法"话头的启示。此话头在宗门内，堪称脍炙人口。《景德传灯录》卷5载：

南阳张濆行者问："伏承和尚说'无情说法'。某甲未体其事，乞和尚垂示。"师曰："汝若问'无情说法'。解他无情，方得闻我说法。汝但闻取无情说法去。"濆曰："只约如今有情方便之中，如何是无情因缘？"师曰："如今一切动用之中，但凡圣两流都无少分起灭，便是出识，不属有无，炽然见觉，只闻无其情识系执。所以六祖云：'六根对境，分别非识。'"③

---

① 赜藏主持编辑：《古尊宿语录》卷1，上海古籍出版社1991年影印明万历四十五年《径山藏》本，第12—13页。
② 道原：《景德传灯录》卷14，《大正藏》第51卷，第309页。
③ 《大正藏》第51卷，第244页；又见静、筠二禅师编撰的《祖堂集》卷3，岳麓书社1996年版，第73页。《祖堂集》所记提问者为"南阳张诹"，余略同，但文意较晦昧，或所记有讹误。

无情说法有些不可思议。慧忠似以"无起灭"、"无其情识系执"来解释"无情"的含义，特别是落实在根、境、识三和合上而为言。但慧忠的话头，究竟如何看待，仍然颇费踌躇。如是否暗示了"境"的重要性，以及对过分强调觉悟（犹属生灭）的微词呢？未可遽断。

石头下三传而至良价（后住高安洞山）禅师，就曾对此话头数度参详。

　　　　次参沩山问曰："顷闻忠国师有'无情说法'，良价未究其微。"沩山曰："我这里亦有，只是难得其人。"曰："便请师道。"沩山曰："父母所生口，终不敢道。"曰："还有与师同时慕道者否？"沩山曰："此去石室相连，有云岩道人。若能拨草瞻风，必为子之所重。"既到云岩，问："无情说法，什么人得闻？"云岩曰："无情说法，无情得闻。"师曰："和尚闻否？"云岩曰："我若闻，汝即不得闻吾说法也。"曰："若恁么，即良价不闻和尚说法也。"云岩曰："我说法汝尚不闻，何况无情说法也。"师乃述偈呈云岩曰："也大奇！也大奇！无情解说不思议。若将耳听声不现，眼处闻声方可知。"①

这是洞山参学经历中的重要一段。沩山是怀海的弟子，马祖的再传，他对"无情说法"未置可否。无情的说法，只有去其情识系执，才可听闻，亦即契应。看来强调了与木石无情的真如之境的契应。可以说是洞山"睹影得悟"的前奏。

至于上述分歧的佛性论基础，则诚如有学者所指出的，"木石无性说是以心识、觉性解佛性，而无情有性说则是以真如释佛性"。② 这个评论是非常中肯的。例如，根据《祖堂》、《景录》等禅宗史书的记载，慧忠国师曾对当时南方即心即佛，及强调扬眉瞬目皆佛性运用的宗旨（实即指洪州宗），表示了严重的异议，这种倾向和其"无情说法"的话头是一致的。宗密《禅源诸诠集都序》的评论，将牛头与石头两系，皆视为"泯绝无寄宗"，看来颇有见地，它们在很多观点方面，例如无情有性的问题上，持论

---

① 道原：《景德传灯录》卷15，《大正藏》第51卷，第321页。
② 赖永海：《中国佛性论》，中国青年出版社1998年版，第229页。

颇为相似。而另一方面，无论荷泽宗，还是洪州宗，在强调灵知、觉性的同时，则否定了"无情有性"的观点。

但在中国佛教史上，最有力地论证这一点的，当属天台宗湛然法师的《金刚錍》一书。但其理论基础仍在于天台的学说，其实，"一念三千"说，已经有强烈的认为事物彼此间有不可割裂的联系，而报应与成佛都不只是作用于孤立主体之上的想法。正是这种想法支撑着"无情有性"说。

天台的知礼，在《四明十义书》中提出既可以讲理具三千，又可以一一事法，如一色一香，如一念心为总相而讲事造之三千，事造三千乃是随缘地、特定地展现理具三千。如云：

> 此之二造，各论三千。理则本具三千，性善性恶也；事则变造三千，修善修恶也。论事造，乃取无明识阴为能造，十界依正为所造。若论理造，造即是具。既能造所造一一即理，乃一一当体皆具性德三千，故十二入各具千如也。[①]

所谓三千法即三千世间，由十如是、十法界、三种世间配合而成。"十如是"说源于罗什译的《法华经》，即"如是相、如是性、如是体、如是力、如是作、如是因、如是缘、如是果、如是报、如是本末究竟"[②]。十界即六凡之地狱、饿鬼、畜生、修罗、人、天，及四圣之声闻、缘觉、菩萨、佛。十界互具则有百法界。百界众生皆具十如是范畴，由此有千如是。乘以五阴、众生、国土三种世间，便是"三千"之数。

为何有十界众生及其如是性、相、体、力等特殊的事实性规定，并不能由圆融三谛之抽象内核，推衍令其内在规定成立之相递的环节和关涉的方方面面而逻辑地开出，因为对于理论的规定而言，十界众生之数是或然的经验事实。而上述方法对于十如是或许是成立的，因为它们是对缘起关系的一种先验描述方式。"十如是"立足于诸法当体的特殊规定性，具论其现象与本质、体质与功用、因性与果报等范畴，一方面是法法差别相据以自分自立的

---

① 《四明十义书》，《大正藏》第 46 卷，第 841 页。

② 《法华经方便品》，《大正藏》第 9 卷，第 5—12 页。

内涵，对其遍计所执性之现象的描述方式；另一方面则是依缘起的此有彼有，即于时间和内在关系的观察方式。前者系相、性、力、作；后者则是力、作、因、缘、果、报；本末究竟统摄前九个范畴。《法华玄义》这样解释其含义：

> 相以据外，览而可别，名为相；性以据内，自分不改，名为性；主质名为体；功能为力；构造为作，习因为因；助因为缘；习果为果；报果为报；初相为本，后报为末，所归趣处为究竟等云云。①

荆溪湛然有一篇《十不二门》，为了进一步阐发圆顿止观所体认的"一念三千"的义理曲折，而特地标出"十不二门"。由色心不二而次第为内外、修性、因果、染净、依正、自他、三业、权实，乃至受润十门"不二"。为实施止观的权宜方便，而提出色心乃至受润等二，开决显实则二而不二。其中所涉及的色心、内外、依正不二，可有助于我们理解其"无情有性"观点的立论根基。如其论"依正"云：

> 依正不二门者，已证遮那一体不二，良由无始一念三千。以三千中生阴二千为正，国土一千属依。依正既居一心，一心岂分能所？虽无能所，依正宛然。是则理性名字观行，已有不二依正之相。故使自他因果相摄，但众生在理，果虽未办，一切莫非遮那妙境。然应复了诸佛法体非遍而遍，众生理性非局而局。始终不改，大小无妨，因果理同，依正何别？故净秽之土，胜劣之身，尘身与法身量同，尘国与寂光无异。是则一一尘刹一切刹，一一尘身一切身，广狭胜劣难思议，净秽方所无穷尽。若非三千空假中，安能成兹自在用。如是方知生佛等，彼此事理互相收，此以染净不二门成。②

在天台的圆顿止观所体会的"一念三千"的总体性状态中，众生世间、

---

① 《大正藏》第 33 卷，第 694 页。
② 《大正藏》第 46 卷，第 703—704 页。

五蕴世间可视为生命的主体和主体所具有的广义的心理活动，而国土（器）世间则是指相应的物质环境，前者为正报，后者为依报。此三种世间分别具有一千法，即"以三千中，生阴二千为正，国土一千属依"。生命与环境，分别随四圣六凡等十界相乘的百法界而产生差异，每一法界的生命都具有"十如是"的质的规定性。但这三世间，同样一心中一时俱现，又哪里有依正、能所的绝对差别呢？也就是说，它们是相互依存和相互渗透的。

　　然而此所谓"依正不二门"，还要说明众生的生态环境与佛的生态环境具有从"理性"角度来观照的一致性。不难看到"一一尘刹即一切刹，一一尘身一切身"。众生与佛不仅从正报即主体性的角度看，是彼此融通、互相摄入的，就连它们生存的环境也是如此，这是否意味着，人们要想尊重佛身净土一样地尊重凡夫众生的身心、国土。从生态哲学的角度来看，由这样的观点可作出的引申是：成佛并非单纯只是心灵的改造，而是具有环境上的相应后果，生命的状态与环境必然是相互伴随着发生改变的。

　　湛然的《金刚錍》说："一尘一心，即一切生佛之心性"，即从相即相摄的角度来看，一尘、一心即涵摄或融入一切众生与佛的心性。自心并非局限于某种绝对特殊的精神活动，而在与其相互依存的环境中，体现自己的存在和地位。一个独特的环境，是一个独特的生命的认知和实践的对象，[①] 但也是一切其他生命和觉悟者即佛陀的心性的内涵的一部分。"以共造故，以共变故，同化境故，同化事故。"[②]

　　而在《金刚錍》中，湛然在论证无情有性时，还借用了"真如"，及"不变随缘"、"随缘不变"的理论模式，其曰：

　　　　万法是真如，由不变故；真如是万法，由随缘故。子信无情无佛性者，岂非万法无真如耶？故万法之称，宁隔于纤尘；真如之体，何专于彼我？是则无有无波之水，未有不湿之波，在湿讵间于混澄，为波自分于清浊。虽有清有浊，而一性无殊，纵造正造依，依理终无异辙。若许

---

① 此处所言生命仍依佛教知识的传统，指有情众生即动物性以上层次的生命。
② 湛然:《金刚錍》,《大正藏》第 46 卷，第 782 页。

随缘不变，复云无情有无，岂非自语相违耶？①

真如理体并非局限于我与有情众生，正报和依报都渗透着真如。再进一步，也可从"色心一如"来论证：

> 色何以遍，色即心故。何者？依报共造，正报别造，岂信共遍不信别遍耶？能造、所造既是唯心，心体不可局方所故。所以十方佛土皆有众生理性心种。②

此段明确提出，依报是共业所成就，正报是别业所成就。似乎心灵是有局限的，但其实不然，能造之心与所造之色都是心的作用。既然如此，无情的环境何许不能有佛性呢？

无情有性的话头，最晚在宋代已经深入人心。所以才会有东坡居士《赠东林揔长老》的诗句，"溪声便是广长舌，山色岂非清净身？夜来八万四千偈，他日如何举似人？"③

2. 儒道的爱物思想

儒道皆有爱物的思想，体现对大自然的热爱与护惜之态度。所谓爱物，不只是对有血气灵知的动物生命，还包括对一般认为的花草树木、河流山川等无情物的爱护。爱物是生态伦理思想的基本内容之一。对自然的尊重，也就是对人类赖以为生的整个环境的一种爱护的态度。

儒家在这方面的观点，更完整地理解的话，应该置于亲亲、仁民、爱物这样一个不断扩展的伦理态度的等级圈中来看待。此即孟子所说："君子之于物也，爱之而弗仁。于民也，仁之而弗亲。亲亲而仁民，仁民而爱物。"④意即对待亲、民、物这样与其亲疏关系不等的对象，应采取情感表现与伦理行为上略有不同的亲近、仁爱与爱护三种做法，既体现态度上的差异，又体现爱护的一贯性，而爱物所涉及的对象最为广泛。

---

① 湛然：《金刚錍》，《大正藏》第 46 卷，第 782 页。
② 湛然：《金刚錍》，《大正藏》第 46 卷，第 783 页。
③ 《苏东坡全集·前集》卷 13，中国书店 1986 年版，第 193 页。
④ 《孟子·尽心上》，朱熹：《四书章句集注》，第 363 页。

孟子在与梁惠王对话时指出："君子之于禽兽也，见其生，不忍见其死；闻其声，不忍食其肉。是以君子远庖厨也。"① 此犹以儒家仁恕的精神，推己及人，可以将君子的恻隐之心推广到有痛苦感觉的动物身上，感同身受，予以深切的同情。但"君子远庖厨"的做法，仍然不够彻底。

《礼记·祭义》又从"孝"的概念的拓展角度，来论证对自然界的利用要遵循时节规律：

> 曾子曰："夫孝，置之而塞乎天地，溥之而横乎四海，施诸后世而无朝夕，推而放诸东海而准，推而放诸西海而准，推而放诸南海而准，推而放诸北海而准。《诗》云：'自西自东，自南自北，无思不服。'此之谓也。"
>
> 曾子曰："树木以时伐焉，禽兽以时杀焉。夫子曰：'断一树，杀一兽，不以其时，非孝也。'孝有三：小孝用力，中孝用劳，大孝不匮。思慈爱忘劳，可谓用力矣。尊仁安义，可谓用劳矣。博施备物，可谓不匮矣……"②

这是从儒教最为推重的德性之一"孝"的本根上来立论爱物的思想。可以说，孝之德本乎天地，协乎人心，无古今之殊，无远近之异，由爱亲之心推而广之，即令一物之微，亦有不可不爱的道理。小孝的表现就是"慈爱忘劳"，这是直接对亲人而言；中孝的表现就是"尊仁安义"，这是对他人而言；大孝的表现就是"博施备物"，这是对万物而言。显然《祭义》的思想已经把孝置于更广泛的立场来看待了。

然则对儒家"爱物"思想发挥得最为淋漓尽致的当推张载的《正蒙》。其中的《乾称》篇提出令人鼓舞的"民吾同胞，物吾与也"的思想，所谓：

> 乾称父，坤称母。予兹藐焉，乃浑然中处。故天地之塞，吾其体；天地之帅，吾其性。民吾同胞，物吾与也。

---

① 《孟子·梁惠王上》，朱熹：《四书章句集注》，第208页。
② 孙希旦：《礼记集解》下册，第1227—1228页。

此段文字或曰出自《西铭》（一曰《订顽》），实即《乾称》之节选。此段意即乾坤指称阳阴两种宇宙的基本势力，或者基本能量形态，是万物生成之源，故而犹如父母，我处于大化的洪炉之中，其实非常藐小。但推扩来看，充塞天地的气，就是我的身体，而主宰天地的气化之道，就是我的本性，所以人与人、人与万物之间，并无隔膜，乃至可谓"人民都是我的同胞；万物都是我的朋友"。另外，《正蒙》还提到推扩心量而体天下之物，正是上述爱物思想的另一个注脚：

> 大其心则能体天下之物。物有未体，则心为有外。世人之心，止于闻见之狭；圣人尽性，不以见闻梏其心，其视天下无一物非我。①

张载视"天下无一物非我"的思想，在理学的同道中，绝非孤立的绝唱。如程颢云：

> 若夫至仁，则天地为一身，而天地之间，品物万形，为四肢百体。夫人岂有视四肢百体而不爱者哉？圣人之仁至也，独能体是心而已。②

虽则讲的是圣人博施济众的大度，但既然每个人都可成为尧舜，故而将天地万物融为一身的方面，也正是每个人努力要去体会和实践的。

与"爱物"联系比较密切的一种思想，就是儒教视宇宙"生生不息"之力量实即"仁爱"之根源。而这一点的背景则在于中国自古以来就是一个农业国度。以儒教为代表的传统的道德形上学，认为天道的循环中蕴藏着生长的力量，人伦与亲情中的"仁爱"，实际上就是这种生长力量的表现，二者的浑然一体即"至善"。从《周易·系辞上》"天地之大德曰生"、"生生之谓易"，到宋儒张载、程颢、程颐、朱熹、王船山等全都认可"天地以生物为心"。③ 从生态背景来看，这种形上学的概括似是源于农业生产对作

---

① 张载：《正蒙·大心》，《张载集》，第24页。
② 程颢、程颐：《二程集·语录》卷4，第1册，中华书局1981年版，第74页。
③ 参见朱熹《周易本义》对《复》卦之解释等。

物生长的关注。

作为本土化宗教的另一支巨流，道教派别一般也都主张：从万物皆禀有道性的基础出发，人类应以平等心对待，即"以道观之，物无贵贱"。又如《太上老君虚无自然本起经》云：

> 平等其心，无所贪着，无亲无疏，一心等之，如天如地，不得杀生，所以者何？夫蜎飞蠕动之类，道皆形之。

虫豸之类或振翅而飞，或缓缓蠕动，这些看似微贱的生命形态，其实在生态系统的整体之美中也具有自己不可替代的价值，所以无论贵贱均应以平等心对待它们。①

但在道教的话语系统中，值得重视，并且可能引发争议。此即老子所谓"天地不仁"的观点，其曰：

> 天地不仁，以万物为刍狗；圣人不仁，以百姓为刍狗。

"刍狗"系古代祭祀之物。盖古代祭祀，多束刍为狗，为求福之用，乃始用而终弃之物。② 对此段河上公注云：

> 天施地化，不以仁恩，任自然也。天地生万物，人最为贵，天地视之如刍草狗畜，不责望其报也。圣人爱养万民，不以仁恩，法天地任自然。

此段意见只是表示天地衣养万物、圣人对待百姓，不责报施，不以仁恩，纯任自然。但仍然强调天地有施化之实，圣人有爱养之情。质言之，手段是放任无情，而本意是爱物。

---

① 有关道教生态伦理，参见蒋朝君：《道教生态伦理结构初探》（未刊本），厦门大学硕士学位论文。

② 参见《庄子·天运》、《淮南子·齐俗训》、《说山训》高诱注及朱谦之：《老子校释》等。

但魏晋玄学贵无论的代表王弼的注释则另有深意：

> 天地任自然，无为无造，万物自相治理，故不仁也。仁者必造立施
> 化，有恩有为。造立施化，则物失其真，有恩有为，则物不具存。物不
> 具存，则不足以备载矣。地不为兽生刍，而兽食刍；不为人生狗，而人
> 食狗。无为于万物而万物各适其所用，则莫不赡矣。若慧由己树，未足
> 任也。①

王弼的注释在训诂上未必正确。显然他并未以刍狗为旋用旋弃之草制祭物，
而当做实物的刍草、狗畜，以其在生态系统中的实际作用来解释此段。尽管
如此，但王弼的注释构成了另一种不无一定合理性的独立意见。很可能老子
的本意是说，天地无施，万物自长；圣人无施，而百姓自养。但在强调生态
系统本身具有达到平衡和自我调节的能力，而无须人为干预，甚至这种干预
会产生不良后果这一点上，王弼的注释或许更富意蕴。

在西方的伦理学中有一种所谓的大地伦理学，它常常被指责为可以以维
护生态系统整体平衡的目标而牺牲个体生命的价值。这种伦理学在阿尔多·
李奥帕德（Aldo Leopold，或译作利奥波德）的名著《沙郡年鉴》中得到了
充分的阐述。② 不管其结论的阐述是否有某些夸张的地方，但是从生态伦理
的很多方面，它都提出了不少富有启发的观点，值得我们认真地对待。

其实，大自然的能量循环通过食物链而耦合在一起。大自然的生存法则
不乏其残酷的一面，这是任何人都无法否认，也无法完全改变的基本事实，
对于个体和种群来说面对这些都意味着必须承受某种程度的痛苦。结合老子
的思想，"爱物"的做法需要加上一定的限制。当然这丝毫不代表要否定
它。包括一定的残酷性在内的生态系统的自然的运行，很多时候都远远超出
了人类理智私意的测度。

假如人类在一定范围内有爱物的义务，那么这种义务恰恰意味着人有义

---

① 王弼：《老子注》，《诸子集成》第 3 册，第 3 页。
② 参见［美］阿尔多·李奥帕德：《沙郡年记：李奥帕德的自然沉思》，吴美真译，生活·读书·
新知三联书店 1999 年版。

务去维护自然意义上的平衡和生态系统本身的稳定，而不是对某一些物种或某一些层面的偏爱与溺爱，以致为了减轻某些物种的痛苦而去人为干预自然的过程，如果有时候干预是必需的，也得非常审慎地对待这项工作。此如英国生态伦理学家罗尔斯顿（H. Rolston）所说：

> 文化不应加剧已存在于大自然中的残酷；如果不是为了追求更大的善，就更不应该这样。判断某个干预行为是否会带来必要的痛苦的一个方法就是去确定，这种痛苦是否与常规地存在于生态系统中的具有某种功能的基本痛苦相类似。因此，这是某种不增加痛苦（nonaddition）的道德，而不是某种减少痛苦（subtraction）的道德。"必要的痛苦"指的是准生态的和生态的趋势，这些趋势所蕴含的不是"权利"（rights），而是"正确"（right）。①

为了满足某些人穿貂皮大衣等奢侈需要而捕杀某些珍贵的兽类，以及发生在某些农业用或工业用动物身上的痛苦都是毫无价值的。这是应该去避免的那种无谓的、人为增加的痛苦。但是另一些痛苦，例如 1983—1984 年美国南怀俄明州的严冬里发生在约 8400 只羚羊身上的痛苦，则并非一定要如人们所想象的那样去减少。当时很多人捐款来喂养，但生物学家认为这种喂养会降低这个物种的活力，未必符合这个种群的长远利益。"当人与野生动物接触时，动物并不拥有免除自然选择过程所造成的痛苦的权利或幸福权益"。②

爱物并不意味着人应该基于自己的喜好而干预自然的进程。爱物也必须和务实的态度结合在一起，否则就是没必要的滥情和矫情，甚至是某种自欺欺人。人确实生活在一个"自然"的生态系统中。在其中，一个物种必须攫取其他物种的生物价值才能存活，哪怕这会导致它的痛苦，但这是生态系统的生物学规律的一部分。大部分宗教，包括儒教和道教的很多派别，并不把这一点视为根本上的不道德。在这样的前提下，像前引《礼记·祭义》

---

① ［英］霍尔姆斯·罗尔斯顿：《环境伦理学》，杨通进译，中国社会科学出版社 2000 年版，第 80 页。

② ［英］霍尔姆斯·罗尔斯顿：《环境伦理学》，第 75 页。

所说"树木以时伐焉，禽兽以时杀焉"，并以之为孝，则堪称是一种务实的爱物态度。像佛教那样的素食主义者，极端地反对猎杀动物，这是一种值得尊重的立场。正如人们可以有前面提及的"不增加痛苦的道德"的选择，人们也可以有素食主义的选择，假如他认为这样可以让他获得身心的安宁的话。但是对于这两种态度来说，老子"天地不仁"的命题背后所蕴藏的不干预自然的主张，都必须认真对待。

第三节 中国宗教的生态实践观

中国古代的生态实践，在很多方面都和儒、道、释三教的生态观相联系。对于中国这样一个农业国度来说，天道循环的规律，光照、气温、湿度等生态圈的气候要素，以及在季节循环的尺度上，包括农事的安排在内的人类活动如何与之协调等，本来就是非常敏感的方面，也是实践中关注的焦点。当然，具有生态意义和后果的行为，并不仅限于农耕文化的范围，而是包括一切人类适应自然、改变自然的方式。在漫长的历史中，中国宗教的生态观念在实际上具有怎样的影响，是一个极其微妙的问题，远比在思想命题的正面陈述中反映出来的要复杂得多，因为这些陈述所展现的，通常只是理念、规划或者道义上的应然，而没有或者很少能够全面地考虑到相关的实施条件、环节以及所受到的体制上的限制等等。然而无论如何，生态实践的方式，在最直接的意义上肯定是由相应的"生态实践观"所驱动的。这样的实践观在整体上应包括三个环节：（1）如何做；（2）为何做；（3）如何做得更好。最后一个环节在反思第二个环节的基础上展开。本节就是要依次讨论生态实践观中的这三个环节。

一、从生态保护到生态规划

中国古代较早已经从生产实践中朦胧地意识生态保护的重要性，并摸索和总结了一些生态保护的措施。有限制地开发和利用自然资源，以维护可再生资源，不使之枯竭，以利于人类社会的可持续发展——这样的意识在先秦儒教的典籍中已经露出端倪。

1. 有限制的利用与开发

《论语》中记载:"子钓而不纲,弋不射宿。"① 这是由一个似乎"四体不勤、五谷不分"的人给自己提出的生态禁令。② 孔子虽因少时贫贱而多能鄙事③,但根本上仍属于不躬事生产劳动的士阶层,故而这条禁令就显得很有意思。孔安国注此句曰:"钓者,一竿钓;纲者,为大纲,以横绝流,以缴系钓罗属着纲。弋,缴射也,宿,宿鸟。"④ 陆德明《经典释文》谓"纲音刚"。皇侃疏云:"作大纲横遮于广水,而罗列多钩着之以取鱼也。"⑤ 又《说文解字》谓缴生丝缕。皆是也。此句意即孔子取鱼仅用钓竿钓,而不用系上很多钩的大纲,横遮大河中以捕获;也不以生丝系矢而射栖巢中之鸟。对于此条,后儒多盛言夫子仁者爱物之义,大体是可取的。然而纲鱼、射宿,颇有"涸泽而渔"的意思。古人可能已经意识到此类做法的生态弊端,所以像孔子那样的士阶层的知识分子,便率先作则,力图唤醒人们必须有限度地利用动物资源。

反对对自然资源"涸泽而渔"式的开发,此在先秦、两汉的典籍中并非罕见的观点,如《礼记·王制》有云:

> 天子诸侯无事,则岁三田。一为干豆,二为宾客,三为充君之庖。无事而不田曰不敬;田不以礼曰暴天物。天子不合围,诸侯不掩群。天子杀则下大绥,诸侯杀则下小绥,大夫杀则止佐车。佐车止,则百姓田猎。獭祭鱼,然后虞人入泽梁。豺祭兽,然后田猎,鸠化为鹰,然后设罻罗。草木零落,然后入山林,昆虫未蛰,不以火田。不麛,不卵,不杀胎,不殀夭,不覆巢。⑥

① 《论语·述而》,朱熹:《四书章句集注》,第99页。
② "四体不勤、五谷不分"语出《论语·微子》,朱熹:《四书章句集注》,第184—185页。
③ 参见《论语·子罕》一段夫子自述。
④ 刘宝楠:《论语正义》,《诸子集成》第1册,第148页;郑玄注论"纲"之义与孔安国注略同。然郑注久佚,此条注节文可见《太平御览》卷834;《论语正义》驳王引之《经义述闻》"纲"为"网"讹之说,其说可从。按此句朱熹注实未能曲尽其妙。
⑤ 刘宝楠:《论语正义》,《诸子集成》第1册,第148页。
⑥ 孙希旦:《礼记集解》上册,第333—335页。

此条是说，天子诸侯没有大事的年份，应行三次田猎。分别充礼器"豆"中的干肉、飨宾客之用以及主君厨房之用。但如果田猎不遵循礼制，就叫做"暴天物"，倘要避免这种情况就得做到以下的要求：天子诸侯的田猎，不应将猎物悉数捕获。[①] 天子杀猎止则放倒其大旌，诸侯杀猎止则放倒其小旌。[②] 大夫杀猎止则停下驱逆之车，其车止则百姓始得田猎。以獭祭鱼，然后"虞人"方可进入沼泽湿地绝水取鱼，以豺祭兽，方可田猎。此即表示虽捕杀之，而仍旧承认其生命的尊严。鸠长成化为鹰以后，才能设小纲、鸟罟，只有等草木零落芟折之后，官民始得取其材木。虽然这些措施令一期所获稍有损失，却可以持之久远。对于动物，不取麛卵，不杀胚胎和未成年者，不倾覆其巢。自"獭祭鱼"以后数点，都有明显的生态意义。应该说，儒家对于掠夺式开发而资源耗竭的生态危害是有充分认识的，如云"川渊枯则龙鱼去之，山林险则鸟兽去之"[③]，此即明证。

孔子还有"节用而爱人，使民以时"[④] 的思想，这或许是从不妨夺农时、不增加人民徭役负担的角度立论的。但是将遵循时节规律的思想加以推广，便有了非同一般的生态意义。孟子、荀子对此论之尤详：

> 不违农时，谷不可胜食也；数罟不入洿池，鱼鳖不可胜食也；斧斤以时入山林，材木不可胜用也。谷与鱼鳖不可胜食，材木不可胜用，是使民养生丧死无憾也。养生丧死无憾，王道之始也。[⑤]
>
> 故养长时则六畜育，杀生时则草木殖，政令时则百姓一、贤良服，圣王之制也。草木荣华滋硕之时，则斧斤不入山林，不夭其生，不绝其长也，鼋鼍鱼鳖鳅鳣孕别之时，罔罟毒药不入泽，不夭其生，不绝其长也。春耕、夏耘、秋收、冬藏，四者不失时，故五谷不绝，而百姓有余食也。污池渊沼川泽，谨其时禁，故鱼鳖优多，而百姓有余用也。斩伐养长不失其时，故山林不童，而百姓有余材也。圣王之用也：上察于

---

① 孙希旦认为"不合围"即围基三面而不合，参见《礼记集解》上册，第334—335页。

② 大旌即大麾，即《周礼·巾车》"建大麾，以田"云云。

③ 《荀子·致士》，王先谦：《荀子集解》卷9，《诸子集成》第2册，第172页。

④ 《论语·学而》，朱熹：《四书章句集注》，第49页。

⑤ 《孟子·梁惠王上》，朱熹：《四书章句集注》，第203页。

天，下错于地，塞备天地之间，加施万物之上，微而明，短而长，狭而广，神明博大以至约。故曰：一与一是为人者，谓之圣人。①

在林木生长或者动物繁殖的关键期进行砍伐和捕猎，从生态角度乃至从长远的利益来看，显然得不偿失。所以，如果能够在注意维护生态系统的平衡，维护生物资源的可再生性的前提下，有计划、有节制地遵循客观生态规律加以开发，才能使自然界成为取之不尽、用之不竭的源泉。其中最重要的规律就是动植物繁育的时节规律。《礼记·王制》所谓"林、麓、川、泽以时入而不禁"②，也是这个意思，即对生物资源的利用要充分考虑时节规律。而荀子则更进一步从维护生态稳定和可持续发展之道实乃王道政治的基础这样的高度来论述。

2. 儒教的生态规划

在先秦、两汉之际，虽然可能从实践的价值出发，对于生物多样化的重要性，以及对肆意捕猎等行为所引起的生态上的后果，有了一些直观的认识，但对于整体的生态圈的规律，还处在一种相当朦胧的认识阶段。不过，这一点似乎并没有妨碍华夏族围绕黄河流域的农业生态，建立起系统的规划方案的努力。而此后整个的科学范式并没有任何显著的变化，包括生态规划的领域里也没有涌现可与此期相提并论的崭新特征。因而讨论古代的生态规划，立足点仍然是先秦、两汉，即儒教文明的奠基时期。

其实，农业的特点在先秦两汉的生态规划的产生中起了关键的作用。农业关注一切与作物的生长相关的自然因素。在耕作方式固定的情况下，农业收成的好坏与土壤、气候和灌溉等因素有着紧密的联系。其中，土壤的沃瘠在短期内是稳定的，而灌溉则取决于人力工程对相应区域内水文、地貌的利用程度。而在短期内波动比较大的非人为因素就是气候条件。一定的热量、降雨等因素，始终是一定的种植作物所依赖的，正如对相应的土壤条件的依赖一样。气候条件的变化，不论是稳定的，抑或反常的，在前科学的认识阶段，很容易被联系到"天象"的因素，在就此而建立起来的一系列因果解

---

① 《荀子·王制》，王先谦：《荀子集解》卷5，《诸子集成》第2册，第105页。
② 孙希旦：《礼记集解》上册，第355页。

释当中，有些是确实的，另一些则是伪科学的，例如关于君主的不正当行为可以引起旱涝的看法等。但是由此唤起的对天道循环规律的极度关注，以及人们如何去适应天道规律，以取得最佳的生态或者社会效应的措施导向，则构成中国古代生态规划的最重要的基础。但是这样的规划，由于受到认知水平等各方面的制约，与其说是科学的，不如说是诗意的。

《礼记·月令》等书记载了一个古代思想史上极引人注目的生态规划的模式①，而此模式的时间框架是比较粗线的、规整的，即一年分四季，每季又有孟、仲、季三月，合十二月。每个月实际上都有详尽的规划。今引孟春之月为例，看看这样的规划是如何编定的，究竟包含哪些方面的内容：

> 孟春之月，日在营室，昏参中，旦尾中。其日甲乙，其帝大皞，其神句芒，其虫鳞，其音角，律中大蔟，其数八。其味酸，其臭膻，其祀户，祭先脾。东风解冻，蛰虫始振，鱼上冰，獭祭鱼，鸿雁来。
>
> 天子居青阳左个。乘鸾路，驾仓龙，载青旗，衣青衣，服仓玉；食麦与羊，其器疏以达。是月也，以立春。先立春三日，大史谒之天子曰："某日立春，盛德在木。"天子乃齐。立春之日，天子亲帅三公、九卿、诸侯、大夫以迎春于东郊。还反，赏公、卿、诸侯、大夫于朝。命相布德和令，行庆施惠，下及兆民。庆赐遂行，毋有不当。乃命大史守典奉法，司天日月星辰之行，宿离不贷，毋失经纪，以初为常。是月也，天子乃以元日祈谷于上帝。乃择元辰，天子亲载耒耜，措之于参保介之御间，帅三公、九卿、诸侯、大夫躬耕帝藉。天子三推，三公五推，卿、诸侯九推。反，执爵于大寝，三公、九卿、诸侯、大夫皆御，命曰劳酒。
>
> 是月也，天气下降，地气上腾，天地和同，草木萌动。王命布农事：命田舍东郊，皆修封疆，审端径、术。善相丘陵、阪险、原隰土地所宜，五谷所殖，以教道民，必躬亲之。田事既饬，先定准直，农乃不惑。是月也，命乐正入学习舞。乃修祭典，命祀山林川泽，牺牲毋用

---

① 《吕氏春秋》十二纪纪首亦有此"月令"内容，文字略同，参见《诸子集成》第6册，第1—123页等。

牝。禁止伐木。毋覆巢，毋杀孩虫、胎、夭、飞鸟，毋麛、毋卵。毋聚大众，毋置城郭。掩骼埋胔。是月也，不可以称兵，称兵必天殃。兵戎不起，不可从我始。毋变天之道，毋绝地之理，毋乱人之纪。①

这个月的主要工作是农事的准备，故而要修筑封疆，审端径术，善于观察和确定丘陵阪险原隰等不同地貌的土地所适宜种植的谷物等，而在这些方面政府负有不可推卸的责任。与春气暄柔发散的特点相应，祭祀的活动也开始活跃起来，除了迎春于东郊之外，还要祈谷于上帝、祀诸山川林泽等。其余每月也都有与各自时令的特点相协的人事安排。另外，各个季节，特别是在春季、夏季，还有一些针对时令的特点而规定的生产禁忌等，目的是为了保护自然生态。

孟春之月的规划和其后的仲春，乃至季冬，在叙述结构亦即涉及的规划项目方面，是完全一致的，只是这些需注意项目的具体内容有差异，即在每一项目上，孟春有孟春的内容，乃至季冬有季冬的内容。从大的方面来说，这些规划项目包括：（1）物候；（2）针对王庭的政令；（3）针对一般民众的政令。其具体的所含事项大致可分析如下：②

物候	星象、天干、帝、神、虫、音、律、数、味、臭、五祀、祭先、气象
王庭	居、乘、驾、载、衣、服、食、器、祠祀（迎时令）、行政安排
民众	农耕、渔猎、林业、工商等方面之宜忌

有些是每月不同的特征，而另一些则属于季节的特征，后者主要由五行的情况所决定，并且同一季的每个月所叙述是一样的。那些涉及天子车服等的礼仪性安排，甚至包括天子每个季节的衣食住行等，也许本身并不会直接影响到自然界的过程，但是具有某种象征价值，可唤醒人们注意当月或当季生态圈的特征。另外，需要指出的一点是，每月的礼仪中均包括一定宗教祭

① 孙希旦：《礼记集解》上册，第400—419页。
② 其表是根据《礼记·月令》篇整理而得到，其中有些项目是极为固定的，每个月都有具体安排，另一些连其叙述之有无，也是随时而宜的；而且针对王庭的政令与针对民众的政令，在叙述中常常会交织在一起。

祀与模仿巫术的内容。①

从生态规划的角度来看，最重要的无疑是第三个环节，即由国家政令以督促或禁止的方式予以调节的生产劳动方面的安排。

是月（仲春）也，耕者少舍，乃修阖、扇，寝庙毕备。毋作大事，以妨农之事。是月也，毋竭川泽，毋漉陂池，毋焚山林。

是月（季春）也，命司空曰："时雨将降，下水上腾，循行国邑，周视原野，修利堤防，道达沟渎，开通道路，毋有障塞。田猎、罝罘、罗网、毕翳、馁兽之药毋出九门。"是月也，命野虞毋伐桑柘。鸣鸠拂其羽，戴胜降于桑。具曲、植、籧、筐，后妃齐戒，亲东乡躬桑。禁妇女毋观，省妇使，以劝蚕事。蚕事既登，分茧称丝效功……是月也，乃合累牛、腾马，游牝于牧。牺牲、驹、犊，举书其数。

是月（孟夏）也，继长增高，毋有坏堕，毋起土功，毋发大众，毋伐大树。是月也，天子始絺。命野虞出行田原，为天子劳农劝民，毋或失时。命司徒循行县、鄙，命农勉作，毋休于都。是月也，驱兽毋害五谷，毋大田猎。农乃登麦，天子乃以彘尝麦，先荐寝、庙。是月也，聚畜百药。靡草死，麦秋至。断薄刑，决小罪，出轻系。蚕事毕，后妃献茧。乃收茧税，以桑为均，贵贱长幼如一，以给郊庙之服。

（仲夏）令民毋艾蓝以染，毋烧灰，毋暴布……游牝别群，则絷腾驹，班马政。

是月（季夏）也，树木方盛，乃命虞人入山行木，毋有斩伐。不可以兴土功，不可以合诸侯，不可以起兵动众，毋举大事以摇养气，毋发令而待，以妨神农之事也。水潦盛昌，神农将持功，举大事则有天殃。是月也，土润溽暑，大雨时行，烧薙行水，利以杀草，如以热汤，可以粪田畴，可以美土强。

是月（孟秋）也，农乃登谷。天子尝新，先荐寝庙……完堤防，谨壅塞，以备水潦。修宫室，坏墙垣，补城郭。

---

① "模仿巫术"一语，出自［英］弗雷泽（J. G. Frazer）：《金枝：巫术与宗教之研究》，徐新育、汪培基、张泽石译，中国民间文艺出版社1987年版。

是月（仲秋）也，可以筑城郭，建都邑，穿窦窖，修囷仓。乃命有司趣民收敛，务畜菜，多积聚。乃劝种麦，毋或失时；其有失时，行罪无疑……凡举大事，毋逆大数，必顺其时，慎因其类。

（季秋）乃命冢宰农事备收。举五谷之要，藏帝藉之收于神仓，祗敬必饬……是月也，天子乃教于田猎，以习五戎，班马政……是月也，草木黄落，乃伐薪为炭。蛰虫咸俯在内，皆墐其户。乃趣狱刑，毋留有罪。收禄秩之不当，供养之不宜者。是月也，天子乃以犬尝稻，先荐寝庙。

是月（孟冬）也，天子始裘。命有司曰："天气上腾，地气下降，天地不通，闭塞而成冬。"命百官谨盖藏。命司徒循行积聚，无有不敛……是月也，命工师效功，陈祭器，按度程。毋或作为淫巧以荡上心，必功致为上。物勒工名，以考其诚，功有不当，必行其罪，以穷其情……是月也，乃命水虞、渔师收水泉池泽之赋。

（仲冬）饬死事。命有司曰："土事毋作，慎毋发盖，毋发室屋及起大众，以固而闭。地气沮泄，是谓发天地之房，诸蛰则死，民必疾疫，又随以丧，命之曰畅月。"……是月也，农有不收藏积聚者，马牛畜兽有放佚者，取之不诘。山林薮泽，有能取蔬食，田猎禽兽者，野虞教道之。其有相侵夺者，罪之不赦。

是月（季冬）也，命渔师始渔……令告民出五种，命农计耦耕事，修耒耜，具田器……天子乃与公、卿、大夫，共饬国典，论时令，以待来岁之宜。①

以上是从仲春到季冬的十一个月的政令、制度中摘出的直接具有生态后果的部分，也就是人类行为的效应可以嵌入自然因果的链条来加以分析的部分，而不是象征性地要去契合或表现某些生态特征。尽管后者在《月令》中也占有相当的篇幅。这十一个月的完整内容，加上前述孟春月令中的相应内容，便构成月令模式中完整的生态规划蓝图。

————————

① 孙希旦：《礼记集解》上册—中册，第421—505页。上引诸条在文本中散见于每月之末，今引文乃缀合之。

　　在这个规划中，几乎每个月都有一些针对农事的安排。在仲春之月强调
"毋作大事"，以免徭役之妨碍农事，孟夏、季夏也都有"毋起土功，毋发
大众"之类的警示，目的是一致的。只有仲冬毋做土事、毋征发大众的要
求，或许不是针对农事本身，而是为了臻于天人相应的目标。而补筑城郭、
建设宫室、都邑等大型活动，比较合适的时间是孟秋和仲秋，当然应该避开
收割的时候。除了消极的方面需要注意以外，官方还必须正面引导农民在每
个月适当的时候去从事与农业相关的活动，这是贯穿于整个规划的最基本内
容。此在上引文中述之尤详，此乃不赘。

　　山林川泽所蕴藏的丰富生物资源，则必须有限度地开发，以及通过一年
中的合理安排而须适当地予以保护。总的原则是在林木生长或动物繁育的关
键时期，要避免砍伐和捕猎。孟春禁止砍伐，而仲春则禁止焚烧森林，季春
唯毋伐桑柘，孟春则毋伐大树，皆有所宽限，而秋冬伴随着营造季节和植物
生长期的结束，便没有这样的禁令。捕鱼只在季冬才被提倡。而保护动物的
关键时期则在春季。如孟春"毋覆巢，毋杀孩虫、胎、夭、飞鸟、毋麛、
毋卵"。郑玄注曰："为伤萌幼之类。"[1]

　　在这个月令的模式中体现出一个非常清晰的总体性思路，那就是：人类
的行为和制度的设计必须遵循天道循环的规律，并随着季节和月份而编制一
份详尽的时间表，行为方式和制度上的差异实际就是一个社会体系中的人们
适应自然界的周期性波动而产生的差异。换言之，在一个时段内人们的行为
方式必须和该时段内的生态圈特征表现出一定的同质性。

　　为什么要这样的一个充分理由就是：如果人们的行为不具有某种同质
性，那就会让他们遭受自然界的无情惩罚。对此，在叙述每个月的规划方案
而即将结束的时候，《礼记·月令》还特地断言了违反季节、时令特征可能
带来的后果，如以孟春为例：

　　　　孟春行夏令，则雨水不时，草木蚤落，国时有恐。行秋令，则其民
　　大疫，猋风暴雨总至，藜、莠、蓬、蒿并兴。行冬令，则水潦为败，雪

---

　　①　孙希旦：《礼记集解》上册，第419页。

霜大挚，首种不久。①

《礼记·月令》是包括农林牧渔工商等各种生产形态在内的一部完整的规划，而不仅限于生态保护的专项内容。"月令"模式在汉代颇受关注。此外还有东汉时期著名的《四民月令》等，四民即仕农工商之谓。② 此类"月令"模式，乃是对迄至汉代的农业生产与物候、生态知识的总结。《四民月令》一书的问世，标志着"官方月令"向"民间月令"的过渡。但从生态规划的角度来看，则或许意味着以政令体系为基础的相关兴趣的沉寂。

此书作者崔寔，《后汉书》卷 52 有传。其祖骃，骃祖篆，皆通易学。如崔篆曾"著《周易林》六十四篇，用决吉凶，多所占验"③。崔骃年十三能通《诗》、《易》、《春秋》。寔曾有出仕边郡的经历，政绩卓著，堪称循吏。寔至性纯孝，史载当其"父卒，剽卖田宅，起冢茔，立碑颂。葬讫，资产竭尽，因穷困，以酤酿贩鬻为业。时人多以此讥之，寔终不改。亦取足而已，不致盈余。及仕官，历位边郡，而愈贫薄。建宁中（公元 168—172 年）病卒。家徒四壁立，无以殡敛"④。因为置办父亲的丧事而耗尽家资，遂以酿酒制酱所得出售，贴补家用，实属不得已。但此种做法为儒家主流观念所不齿，故而连本人也有些难堪，没有刻意去发展这种农产品的深加工与营利方面。⑤

崔寔曾与诸儒博士共杂定《五经》，可见其家学渊源。而在《四民月令》一书中，确实可以看到《周易》阴阳模式的影响。阴阳五行的影响可说是贯穿于"月令"一类的农业规划当中。因为此书没有完整地保存下来，

---

① 孙希旦：《礼记集解》上册，第 421 页。

② 《四民月令》所记载的农事活动较诸《礼记·月令》要丰富和具体得多。此书堪称"农家月令"的第一部代表作。虽然尊重宗教祭祀的民俗并有所记述，但是没有像《礼记·月令》那样盛谈"天人感应"，也摒弃了运用"五行"模式时常见的规整然而略有些不切实际的弊端，而是基本以节令和物候为参照系，体现了更加务实的风格。

③ 范晔：《后汉书》卷 52，第 6 册，中华书局 1965 年版，第 1705 页。

④ 范晔：《后汉书》卷 52，第 6 册，第 1731 页。

⑤ 《四民月令》中关于制作各类酱醋类食品，有详细的记载。有关崔寔与《四民月令》的研究，又参见《汉代农业》。

而靠《齐民要术》等引述，兼后人辑佚，得以略窥其内容，所以其生态规划的完整方面不得而知。单单就今天所见到的部分而言，有关生态保护措施的内容寥寥无几，根本无法和具有官方意识形态背景的《礼记·月令》相提并论。此或许提示，生态保护不是任何特殊集团、个体或阶层的直接（短期）利益所系。虽然他们可能并不反对或排斥，甚至可能会关心这一点，但由于并不掌控山林川泽等资源，所以对于民间规划而言，关注这些，几近奢谈。民间的月令一定会包含或许以物候等形式出现的生态知识，但却不一定建构起系统的生态规划，因为这些规划远远超出其作者与读者的职责权限和能力范围。

其实，在传统体制下，生态保护属于"王制"的范畴，由国家的各种表现"天人合一"的象征性活动、历法与节令的颁布、劝勉农事的活动、围绕山林川泽之利的各种时节性禁令、官吏体系中的相应职责划分等等共同组成。这正是我们阅读《荀子·王制》、《礼记·月令》以及《周礼》相关部分时所得到的印象。换言之，只有从儒教的意识形态出发讨论生态保护的规划，才有实际意义。

儒教的生态规划，不仅包括生态保护措施，也包含一系列以"自然崇拜"为内涵的祭祀活动的安排。现谨列表以示。其五祀、祭先之别，虽与宗教有关，已于"五行"表中出示，此则不赘。再者，一些祭祀的准备工作，如果未尝与祭祀直接联系起来，亦皆省略。[1]

《礼记·月令》	《四民月令》
孟春之月，先立春三日，大史谒之天子曰："某日立春，盛德在木。"天子乃齐。立春之日天子亲帅三公九卿诸侯大夫以迎春于东郊……是月也，天子乃以元日祈谷于上帝。乃择元辰，天子亲载耒耜，措之于参保介之御间，帅三公九卿诸侯大夫，躬耕帝藉……乃修祭典。命祀山林川泽，牺牲毋用牝。	一、正月之旦，是谓正日，躬率妻孥，洁祀祖祢。乃以上丁，祀祖于门，道阳出滞，祈福祥焉。以上亥祠先穑及祖祢，以祈丰年。

---

[1] 表中摘自《四民月令》之内容，参见石声汉：《四民月令校注》，中华书局 1965 年版，第 89 页等。

续表

《礼记·月令》	《四民月令》
仲春之月，择元日，命民社……玄鸟至。至之日，以大牢祠于高禖。天子亲往，后妃帅九嫔御。乃礼天子所御，带以弓韣，授以弓矢，于高禖之前……天子乃鲜羔开冰，先荐寝庙。上丁，命乐正习舞，释菜……是月也，祀不用牺牲，用圭璧，更皮币。	二、祠太社之日，荐韭、卵于祖祢。
季春之月，命国难，九门磔攘，以毕春气。	三、阙。
孟夏之月，先立夏三日，大史谒之天子曰："某日立夏，盛德在火。"天子乃齐。立夏之日，天子亲师三公九卿大夫以迎夏于南郊。	四、阙。
仲夏之月，命有司为民祈祀山川百源，大雩帝，用盛乐。乃命百县，雩祀百辟卿士有益于民者，以祈谷实。农乃登黍。是月也，天子乃雏尝黍，羞以含桃，先荐寝、庙。	五、夏至之日，荐麦鱼于祖祢，厥明，祠。
季夏之月，命四监大合百县之秩刍，以养牺牲。令民无不咸出其力，以共皇天上帝名山大川四方之神，以祠宗庙社稷之灵，以为民祈福。	六、初伏，荐麦、瓜于祖祢。
孟秋之月，先立秋三日，大史谒之天子曰："某日立秋，盛德在金。"天子乃齐。立秋之日，天子亲帅三公九卿诸侯大夫，以迎秋于西郊……是月也，农乃登谷。天子尝新。先荐寝庙。	七、阙。
仲秋之月，乃命宰祝，循行牺牲，视全具，案刍豢，瞻肥瘠，察物色。必比类，量小大，视长短，皆中度。五者备当，上帝其飨。天子乃难，以达秋气。以犬尝麻，先荐寝、庙。	八、筮择月节后良日，祠岁时所奉尊神。以祠太社之日，荐黍、豚于祖祢。
季秋之月，大飨帝，尝，牺牲告备于天子……天子乃厉饰，执弓挟矢以猎，命主祠祭禽于四方……是月也，天子乃以犬尝稻，先荐寝、庙。	九、阙。
孟冬之月，先立冬三日，大史谒之天子曰："某日立冬，盛德在水"。天子乃齐。立冬之日，天子亲帅三公九卿大夫以迎冬于北郊……是月也，命大史衅龟、筮，占兆、审卦、吉凶是察……是月也，大饮烝。天子乃祈来年于天宗，大割祠于公社及门闾，腊先祖五祀。	十、酿冬酒……以供冬至、腊、正、祖荐韭卵之祠。

续表

《礼记·月令》	《四民月令》
仲冬之月，天子命有司祈四海大川名源渊泽井泉。	十一、冬至之日，荐黍羔，先荐玄冥于井，以及祖祢。买白犬养之，以供祖祢。
季冬之月，命有司大难，旁磔，出土牛，以送寒气。征鸟厉疾。乃毕山川之祀，及帝之大臣，天之神祇。是月也，命渔师始渔。天子亲往，乃尝鱼，先荐寝、庙。	十二、腊日荐稻雁……腊先祖、五祀。其明日，是谓小新岁，进酒降神……其明日，又祀，是谓烝祭。后三日，祀冢。是月也，群神频行，大蜡礼兴……去猪盍车骨及腊时祠祀炙簨、东门磔白鸡头。……大蜡礼兴，乃总祠君、师、九族、友朋，以崇慎终不背之义。

　　正是由于传统农业对天人之际的关注，更确切地说，由于传统农业的生产特点对于周期性的气候因素、进而是在认知的层面上对于辨认这些气候因素之波动的物候学的依赖，一系列必须遵循农时规律的周期性安排便应运而生地成为整个儒教帝国的社会基石。很多这样的安排，之所以被称为生态规划，正是因为它在满足农业生态的需求背景的情况下，也试图去协调人与自然的关系，包含一系列生态保护的措施，以保障整个农业社会的可持续发展的机遇。如第一节所提到的，阴阳五行是古代物候学所运用的一种体系化的方法，但它们无疑是指涉着四季循环的大气圈的环境特征，而"天地"就是古人在现象的意义上所指认的这种环境。然而正是这种环境特征及其征候体系进而成为这种规划的结构性特征，当然这种规划也体现了它的全面、无所不包的特点，正如《礼记·礼运》所说：

　　　　故圣人作则，必以天地为本，以阴阳为端，以四时为柄，以日星为纪，月以为量，鬼神以为徒，五行以为质，礼义以为器，人情以为田，四灵以为畜。以天地为本，故物可举也。以阴阳为端，故情可睹也。以四时为柄，故事可劝也。以日星为纪，故事可列也。月以为量，故功有艺也。鬼神以为徒，故事有守也。五行以为质，故事可复也。礼义以为器，故事行有考也。人情以为田，故人以为奥也。四灵以为畜，故饮食有由也。[①]

---

① 孙希旦：《礼记集解》中册，第612—613页。

这样的规划在很大程度是实用的。也许特别是官方的规划具有过于严整而略带形式化的特点，但是就连这种严整也是规划结构的一部分，而实际的运用显然可以在这样的框架下进行灵活的调整。规划必然是严整的，因为与农耕文化关系最密切的气候波动本来就很频繁、很剧烈，也很难预判与掌控的，在这样的情况不如以严整的方式去指涉周期性当中一些可能出现的时间点，然后以对实际的情况的判断去进行调适。

二、工具价值、内在价值与系统价值

假如一种生态观念仅仅是考虑物种与环境如何能被可持续地利用，以及生态危险、资源衰竭如何可以被避免，后代的利益如何能够被保证等问题，那么这样的生态观仍然是一种使环境从属于人的人类中心主义立场，即主要考虑如何满足人的利益的生态观，也就是说，是以技术的态度来看待环境，注重的是它的工具价值，而不是它的内在价值。前者是基于将环境看做实现人类的生存、发展的手段，后者则是基于能在自身中发现价值而无须借助其他参照物的事物的角度。

> 在生态系统层面，我们面对的不再是工具价值，尽管作为生命之源，生态系统具有工具价值的属性；我们面临的也不是内在价值，尽管生态系统为了它自身的缘故而护卫某些完整的生命形式。我们已接触到了某种需要用第三个术语——系统价值（systemic value）——来描述的事物。这个重要的价值，像历史一样，并没有浓缩在个体身上；它弥漫在整个生态系统中……系统价值是某种充满创造性的过程，这个过程的产物就是那被编织进了工具利用关系网中的内在价值。[①]

此系统价值即在于创生万物的大自然（projective nature）。在此，生态圈、物种所具有的工具价值并非全然不顾，而是同时强调对环境因素和物种负有某种义务。这就将我们从技术的态度引申到伦理的态度。但是其中仍有很多含混的地方。

---

① ［英］霍尔姆斯·罗尔斯顿：《环境伦理学》，第255页。

如果从社会系统工程的高度来认识生态规划，必须意识到传统生态观的一个基本弱点：缺乏对技术后果的预见性。这一点在伴随着人口不断增长而不断开垦拓殖的过程中愈益体现出来。直到今天人们才有可能去避免和扭转有关的趋势。但是另一方面，单纯从古典哲学的浪漫主义立场，不遗余力、不分青红皂白地抨击技术的态度，以及对工业文明抱有天生的敌意，则都是略显幼稚和过于理想化的做法，并不值得提倡。更为务实的态度应该考虑如何把功利（技术）和伦理（情感）的立场统一起来。

生态伦理或称环境伦理，它是围绕人类与环境间的道德关系而展现的伦理规范，以及一些驱动这些规范的情感和态度的因素。一种环境伦理必须对人类针对自然的行为进行评估，并设定其中一些行为方式在道德上并非中性的，善的或者恶的行为会对环境造成不良的影响，乃至威胁到人类社会本身的可持续发展。但是，环境的评估难道不是要依赖科学技术才能达到可以期待的效果吗？

传统的生态规划的目标，可能是出于如《易传》所说"富有之谓大业，日新之谓盛德，生生之谓易"之类的理念，而在环境的意义上追求的是"天"、"地"、"人"三才的和谐，也就是说，功利的目标和人与自然和谐理念是统一的，即期待它们形成一种理想的合力。当人实现它的功利目标时，也同时促进了宇宙生生不息的力量。而生态伦理的设定难道不正是为了在根本上维护这种生生不息的力量吗？

但在具体的实践过程中，经济活动的功利性、生态伦理以及人与自然和谐三者之间可能产生各种异动的情况。经济活动所追求的是人类利益的最大化，这可能是指短期的利益，也可能是指长期的利益，如果短期利益的目标被严重扭曲和无限夸大，那么一切围绕维护环境的长期后果的努力便成为奢谈。即使在没有达到如此窘迫程度的情况下，关于一些项目的环境后果评估的问题，也可能受到科学水平的制约而无法给出一个令各方信服的结论，生存斗争和经济活动就可能按照自身的法则来运作。

按照前引罗尔斯顿的《环境伦理学》所述的思路，经济活动是将自然置于工具价值的地位上；古代的生态伦理等则是注重生物物种、群落等的内在价值，给予其受人尊敬的伦理地位；而天、地、人三才和谐的理念则是关注人作为其中一员的自然界的系统价值，而在理论上系统价值应该是去整合工具价值和内在价值。

　　确实，一种合理的生态实践观的目标应该是去协调这三种价值。其他物种和环境的工具价值，必须围绕人类的长期利益和根本利益来考虑，这时环境保护的措施，以及一系列人类生存方式的自我调整和自我限制，包括人口的控制等都是必需的；再者，生物物种和种群的内在价值必须给予尊重，人类必须意识到他对自然环境和栖息于其中的所有动物、植物等承担着一定的义务和责任，人类只有在兑现对环境的内在价值的承诺的情况下，才能保证系统价值，维护自然的和谐，而这也是他的根本利益之所系。

　　如果在中国宗教思想的脉络中存在某些系统的生态伦理的话，那么它应该是以道论为底蕴，而以天人之学的面貌出现，或者说是作为其中的一个分支而存在的，但从某些方面来看，其生态伦理的系统程度并不高，譬如远比儒教的生态规划要笼统和含糊得多。

　　佛教诸派所讲的"无情有性"、儒家的爱物说，多是立足于哲理层面的论证，最多只能说是伦理的哲学基础，而在伦理规范的层面则没有确切的所指，亦即没有绝对的伦理规范的约束力，只是表明某种带有浓厚情感色彩的态度和立场。换言之，从它们本身并不能推论出具体、明确的规范和信条。

　　古代宗教的生态伦理通常都具有拟人化的特征，或者说，是从拟人化的出发点给出其理由的。如《太平经》就是通过把天地比喻为生养的父母来论证相应的伦理责任的：

　　　　天者养人命，地者养人形。今凡共贼害其父母。四时之炁，天以按行也，则贼害其父；以地为母，得衣食养育，不共爱利之，反贼害之。人甚无状，不用道理，穿凿地，大兴土功，其深者，下及黄泉，浅者数丈。独母愁患诸子大不谨孝，常苦忿忿悒悒，而无从得道其言。……凡人为地无知，独不疾痛而上感天，而人不得知之，故父灾变复起，母复怒，不养万物。父母俱怒，其子安得无灾乎？夫天地至慈，唯不孝大逆，天地不赦，可不骇哉？①

―――――――――――――

　　① 王明：《太平经合校》，第115—116页。

这仍然是从爱物的立场，即环境的内在价值来立论。然而不管是哪一种宗教，拟人化的生态伦理都有一个基本弱点：那就是在基本思路和基本信条上含糊不清，遂在实践上令人无所措手足，而削弱了它的影响力。

但是笔者认为道家、道教的一个基本思想"无为"、"法自然"，即不对环境进行干预、尊重自然本身法则的命题，始终是其生态伦理的一个最具价值的设定。保护其他物种的努力，就应该在这样一个框架下进行。它也对人利用环境的工具价值的活动提出了一个基本限制的要求：不要破坏创生的自然界自我调节、自我修复和趋于平衡的能力。

佛教的不杀生、素食主义，乃至大乘的利他主义所提出的在一些极端场合可以为其他物种的生存作出牺牲的主张（此正如其舍身饲虎、割肉贸鸽之类的故事所寓示的），也许是解决环境问题的根本出路，但是这些并非自然的方式，也不能为大部分人所接受。因为在自然系统中作为一个物种，人与其他一切物种一样都具有攫取其环境中的资源以维护自身生存的目标。当然很多环境问题的产生并非由于人类的基本生存无法满足，而是他追求更多、更过度的一些满足。然而追求恬淡朴素、少思寡欲的生活方式，在东方宗教中恰是相当普遍的共识。也许这可以扭转人类无节制地攫取自然而令环境恶化的趋势。

如果一定要做一个区分的话，那么可以说儒教注重的是环境长期的工具价值，它通过生态规划和提供政治力量的支持而试图保障这一点；佛教以缘起论、业报论为基础的生态伦理则赋予其他物种（主要是动物层面即所谓的有情众生）以完全平等的内在价值，甚至人类可以为此作出极端的牺牲，正如其他物种在不自愿的情况下为人类所做的牺牲一样；道教则体现了另一种高度的智慧，它注重的是系统价值，是不受人为干预的自然界的自我创生、自我调节的能力。

三、生活方式与生态的政治

至少从现象上来看，很多现代社会的问题来自人类过度的需求和不正当的欲望。包括对自然的掠夺式开发，及由此导致的一系列生态和环境问题似乎都可溯源于此，即联系到人类的"欲壑难填"。为此进行调整，既需要生活方式的变革，也涉及针对生态问题的管理层面和政治诉求。

1. 恬淡素朴的生态意义

老子"清静为天下正"① 的思想，具有不可忽略的价值。此类节制欲望以清虚自守的观点，在《道德经》中可谓比比皆是：

是以圣人处无为之事，行不言之教；万物作焉而不辞，生而不有，为而不恃，功成而弗居。夫唯弗居，是以不去。

五色令人目盲；五音令人耳聋；五味令人口爽；驰骋畋猎，令人心发狂；难得之货，令人行妨。是以圣人为腹不为目，故去彼取此。

名与身孰亲？身与货孰多？得与亡孰病？是故甚爱必大费；多藏必厚亡。知足不辱，知止不殆，可以长久。②

老子对理想人格的理解，一贯倡导"致虚极，守静笃"，倡导克制欲望、清静内敛的生活态度。华丽堂皇的建筑、绚烂繁缛的装饰风格以及奢侈淫靡的生活享受，至少在缺乏高度的技术保障和合理的生态规划的情况下，往往是以环境的破坏或对不可再生资源的掠夺式开采为代价的，从生态和政治的角度来看，这些做法都有待商榷。

在"知足不辱，知止不殆"，亦即适度地克制消费欲望的立场上，儒、佛、道三教，乃至于一般民间信仰的态度几乎高度一致。道教继承了这种把修炼体系与清虚自守的生活方式结合起来的传统：

静者，动之基。人能清静，天下贵之。人神好静而心扰之，人心好静而欲牵之，常能遣其欲而心自静，澄其心而神自清。③

所谓圣人，适情而已。量腹而食，度形而衣，节乎己而汙之心无由生也。④

历史的经验与现实的情况，都清楚地告诉人们，生活方式具有严重的生

① 《老子道德经》第四十五章，《诸子集成》第3册，第28页。
② 分别出自《老子》第二章、第十二章、第四十四章，《诸子集成》第3册，第27—28页。
③ 《太上老君清静心经》，《道藏》第27册，第156页。
④ 《通玄真经注》卷3，《道藏》第16册，第687页。

态后果，而且其影响的大小、积极与消极的对比情况等，又都受到消费欲望
的经济调节、技术参数以及生态规划等多方面的中介。也就是说，并不是由
生活方式，或者说关于生活方式的意识形态直接导致相应的后果。因此单纯
从生活方式本身，或者从心态上加以控制，如果实际上不是非常苍白的，至
少也未必理想。倘若要实际地探讨关于生活方式的古典学说，如道教的
"清虚自守"理念所具有的生态后果，而不是满足于单纯理念上的应然，那
么下述环节都值得注意：

> 围绕生活方式的各种说教——生活方式本身——围绕"理性人"
> 等方式而展开的经济运作——技术参数（改造与利用自然的方
> 式）——生态规划（对于一系列生态后果的目标控制等等）。

无论对于古代社会，还是现代情境，这些环节都具有相当的重要性，而尤其
是对于后者。按前述顺序而展开的作用方式确实存在，但也有很多时候未必
如此运行。生活方式可能直接由宗教传统、伦理训诫、民俗习惯等决定，但
也可能——例如在现代社会中就常常如此——受到经济规律的影响或左右。
另一方面，假如生态规划无论其内容还是其执行情况，均良好、合理到即便
在消费社会中有着一定程度的生活奢侈倾向①，并且经济上普遍地需要来自
"需求"刺激的情况下，仍然足可维护自然界的可再生资源，并推动人类社
会的可持续性发展——当然如果这样的规划是现实的，它也意味着相关的技
术方面可以突破某种瓶颈，而提供这样的保障——那么单纯生活方式上的限
制便没有显得非常紧迫，甚至像过分朴素、恬淡的主张还可能对经济的发展
有一定负面影响。

其实，生态问题的应对与解决，涉及一个庞大的社会系统工程的问题。
在技术和规划并非万能的情况下，生活方式的调整提供了一种选择。何况部
分生物资源一旦被破坏，确实是不可恢复或难以恢复的，亦即这个过程是不
可逆的。中国传统宗教"知足不辱，知止不殆"思想的作用，与其说是期

---

① "消费社会"一语，参见［英］迈克·费瑟斯通（M. Firestone）：《消费文化与后现代主义》，
刘精明译，译林出版社 2000 年版。

待它全面抑制消费①，不如说更关键也是更实际的作用是可以使人格趋于完善，特别在一个充满竞争的社会中。《道德经》有云：

> 不尚贤，使民不争；不贵难得之货，使民不为盗；不见可欲，使民心不乱。是以圣人之治，虚其心，实其腹，弱其志，强其骨。常使民无知无欲。使夫智者不敢为也。为无为，则无不治。②

过分极端地看待这类观点是不对的。不如说它是现代社会，或者任何一个高度文明的社会体系中——例如中国古代的礼乐社会——有效的解毒剂。只要它能发挥相应的药效就可以了。

　　2. 《周礼》体系的生态管理职能

　　中国历代的职官体系，虽然名称变化很大，但在根本的职能体系划分上，却有着明显的延续性。可以说作为儒家经典三礼之首的《周礼》③，提供了儒教帝国在此方面的一个蓝图或范本。例如唐代开元盛期组织编撰的行政法典《唐六典》④，即在注释中处处追溯到《周礼》的源头。而《周礼》一书有相当强烈和清晰的生态意识，体现在职官体系方面，就是构想了一系列掌管山林川泽等自然资源的职位，它们的责任除了供邦国物资、财赋之用，还要设置各种自然保护区，以保护各类重要的可再生资源，实施那些通常与季节等时间因素相关的禁令，以免资源被掠夺式地开发和利用。这样做的目的显然是为了可持续发展。

　　其实，具有生态保护职能的职位的设置，乃是促成其《月令》等所述政策得以贯彻的重要一环。而在天、地、春、夏、秋、冬六官的体系中，很多的区域划分和管理的责任都被分配给地官大司徒及其统领的某些职官上。《周礼·大司徒》称：

---

　　① 这在历史上就没有完全做到。如魏晋时期的奢侈之风等，便是明证，而在此时期《老子》、《庄子》还受到了士人的追捧。

　　② 《道德经》第三章，《诸子集成》第3册，第2页。

　　③ 《周礼》的撰著年代颇有争议。今据钱穆《周官年代》，视为大部内容形成于战国时期。

　　④ 参见李林甫等：《唐六典》，中华书局1992年版。

　　大司徒之职，掌建邦之土地之图与其人民之数，以佐王安扰邦国。以天下土地之图，周知九州之地域广轮之数，辨其山林、川泽、丘陵、坟衍、原隰之名物。而辨其邦国、都鄙之数，制其畿疆而沟封之，设其社稷之壝，而树之田主，各以其野之所宜木，遂以名其社与其野。以土会之法，辨五地之物生：一曰山林，其动物宜毛物，其植物宜皂物。其民毛而方；二曰川泽，其动物宜鳞物，其植物宜膏物，其民黑而津；三曰丘陵，其动物宜羽物，其植物宜核物，其民专而长；四曰坟衍，其动物宜介物，其植物宜荚物，其民皙而瘠；五曰原隰，其动物宜臝物，其植物宜丛物，其民丰肉而庳。①

　　大司徒的职责，或者也可以说由他所领导的整个部门总的职责中，与生态有关的部分，大致上包括：掌理建立国家根基的土地之舆图和人民的户籍。根据土地之舆图，周密了解九州的地域和面积，辨清山林、川泽、丘陵、坟衍、原隰等不同地形的名称和物产。辨清各邦国与畿内都鄙等的数目；划定畿的界限及建造其上的壕沟与土墙，筑设祭祀社稷的壝坛，树立作为祭田神凭依的田主，各以其土野所适宜的树木，作为各社和野的名称。大司徒还须以适宜各自土地的制定贡税的法则，来辨别上述五种土地的物产和生命形态。结合这种土地分类管理的方式而制定相应的贡赋、人民生计与生态保护措施等，也是大司徒所总领的职责之一。除此之外，当然也包括对土地的管理和生态保护等。

　　土均：掌平土地之政。以均地守，以均地事，以均地贡，以和邦国、都鄙之政令、刑禁。与其施舍、礼俗、丧纪、祭祀。皆以地媺恶为轻重之法而行之，掌其禁令。
　　草人：掌土化之法以物地，相其宜而为之种。凡粪种，骍刚用牛，赤缇用羊，坟壤用麋，渴泽用鹿，咸潟用貆，勃壤用狐，埴垆用豕，强㯺用蕡，轻㼾用犬。
　　稻人：掌稼下地。以潴畜水，以防止水，以沟荡水，以遂均水，以

---

①　《周礼》卷10，《十三经注疏》上册，第702页。

列舍水，以浍写水，以涉扬其芟。作田，凡稼泽，夏以水殄草而芟夷之，泽草所生，种之芒种。旱暵，共其雩敛。丧纪，共荼事。

土训：掌地道图。以诏地事，地道厎以辨地物，而原其生以诏地求。王巡守，则夹王车。①

土均是负责土地管理的比较重要的一个角色。郑玄注曰："政读为征……地守，虞衡之属，地事，农圃之职。"② 所谓虞衡之属便是指下述山虞、林衡、川衡、泽虞等职。草人负责化治土地的方法，以使其肥美，测知各种土地所适宜的情况再予种植。《周礼》认为有九种不同的土质，详其下文，根据质地色泽不等，而施以不同动物的骨汁和骨灰，予以土质改良。稻人的职责则涉及稻田的田间管理。土训则解说地图，叙述九州山川形势、地上所生恶物，如蝮虺等，辨清此地物之所有所无，推原察知其生长季节等。

山虞：掌山林之政令。物为之厉，而为之守禁。仲冬，斩阳木；仲夏，斩阴木。凡服耜，斩季材，以时入之，令万民时斩材，有期日。凡邦工入山林而抡材，不禁，春秋之斩木不入禁。凡窃木者有刑罚。若祭山林，则为主而修除，且跸。若大田猎，则莱山田之野。及弊田，植虞旗于中，致禽而珥焉。

林衡：掌巡林麓之禁令而平其守，以时计林麓而赏罚之。若斩木林，则受法于山虞，而掌其政令。③

山虞，《礼记》及先秦典籍中亦称虞人、山人等，主管山林之政令，在其物品的产地设置藩篱界限，所谓"守禁"，郑玄注云："为守者设禁令也，守者，谓其地之民占伐林木者也。"④ 即为那些守护山林的人设各种禁令。砍伐树木应相机而变并有期日限制，公私砍伐有别，另外，虞人在祭祀山林、田猎或田猎结束时，则要做一些准备或收尾的工作。从中可以看到，《周

① 《周礼》卷16，《十三经注疏》上册，第746—747页。
② 《周礼》卷16，《十三经注疏》上册，第746页。
③ 《周礼》卷16，《十三经注疏》上册，第747页。
④ 《周礼》卷16，《十三经注疏》上册，第747页。

礼》作者对于山林生态保护措施考虑之周密。

地官诸职中，明确受山虞节制的为紧接其后的"林衡"，所掌为林麓，郑玄云："竹木生平地曰林，山足曰麓"。[①] 此职主要是负责巡视林麓，执行禁令和分配地段给护林人，按时核计护林人的业绩并加以赏罚。

山虞职责相似，而针对的保护对象不同的，则有川衡、泽虞等，如曰：

> 川衡：掌巡川泽之禁令而平其守。以时舍其守，犯禁者，执而诛罚之。祭祀、宾客，共川奠。
>
> 泽虞：掌国泽之政令，为之厉禁。使其地之人守其财物，以时入之于玉府，颁其余于万民。凡祭祀、宾客，共泽物之奠。丧纪，共其苇蒲之事。若大田猎，则莱泽野。及弊田，植虞旌以属禽。
>
> 迹人：掌邦田之地政，为之厉禁而守之。凡田猎者受令焉，禁麛卵者，与其毒矢射者。
>
> 卝人：掌金玉锡石之地，而为之厉禁以守之。若以时取之，则物其地图而授之，巡其禁令。
>
> 角人：掌以时征齿角、凡骨物于山泽之农，以当邦赋之政令。以度量受之，以共财用。
>
> 羽人：掌以时征羽翮之政于山泽之农，以当邦赋之政令。凡受羽，十羽为审，百羽为抟，十抟为缚。[②]

以上所述诸职守中，有若干条与生态环境和资源保护颇有关联。川衡负责巡视川泽的禁令，分配地段给护林人，还要按时设置护林者，犯禁者予以诛罚。泽虞掌国泽的政令，为之设立藩篱和禁令，按时将一些出产供玉府。迹人掌其政之地，依郑玄云，当为田猎之地。凡田猎之事，都要受迹人禁令的节制，这些禁令中包括针对：捕杀幼鹿、撷取鸟卵，及使用敷毒的箭射杀禽兽。有些相同的禁令，在《月令》仅在孟春之月，而此处则作为更一般的条款而提到。

---

① 《周礼》卷9，《十三经注疏》上册，第700页。
② 《周礼》卷16，《十三经注疏》上册，第746—747页。

此外，矿人是掌管矿产的探测、开采和征用。角人和羽人则分别负责征收齿角骨物、羽翮等。没有提到什么与环境保护特别有关的部分，大体是因为这些资源在当时并不很重要，开采能力也有限。

负责征收的职官还有其他一些，如掌葛、掌染草等：

> 掌葛：掌以时征絺綌之材于山农。凡葛征，征草贡之材于泽农，以当邦赋之政令，以权度受之。
>
> 掌染草：掌以春秋敛染草之物，以权量受之，以待时而颁之。
>
> 掌炭：掌灰物炭物之征令。以时入之，以权量受之，以共邦之用，凡炭灰之事。
>
> 掌荼：掌以时聚荼，以共丧事。征野疏材之物，以待邦事，凡畜聚之物。
>
> 掌蜃：掌敛互物蜃物，以共闉圹之蜃。祭祀，共蜃器之蜃，共白盛之蜃。
>
> 囿人：掌囿游之兽禁，牧百兽。祭纪、丧纪、宾客，共其生兽死兽之物。
>
> 场人：掌国之场圃，而树之果蓏珍异之物，以时敛而藏之。凡祭祀、宾客，共其果蓏。享，亦如之。①

以上可知，《周礼》所设想的这一系列职位，基本的职责是向山泽之农等征收各类自然界的材料，功能划分明确，而且有些也考虑到了针对资源保护目标的"适时"因素，其实在这样的框架下可以做的还将更多。

应该说，地官部分关于从事生态保护的职官设置的构想具有相当缜密的思路。生态的规划与保护，始于对国土资源的普查。基本的地貌、地形划分为五种，即山林、川泽、丘陵、坟衍以至原隰，并认为每一种都有各自适宜的动植物种属，以及人民的不同特征。根据五地、九州、十二壤的差别而制定的政策，就有了相应的针对性与合理性，也便于因地制宜地落实和推动。由于生态资源及地形的不同，管理方式自然也会产生相应的差异。根据不同

---

① 《周礼》卷16，《十三经注疏》上册，第748—749页。

的实际需要而设置的职位，常常是实施管理的一个必要环节。其中，土均是负责地税、贡赋政策的制定和贯彻，并任命山虞、泽虞等守其份地的一个重要的角色。山林、湿地由于生态上比较重要，而且也难以管理，所以须派专门的人负责。

在《周礼》所展现的规划蓝图中，生态保护是与农业生产的组织与管理、国家财政政策的制定与实施等因素结合起来通盘考虑的，体现了这种规划的全局性意识，而所有这些又都按照职能要素的不同指派了不同的职官，也就保证了专人各负其责，便于管理和监督。因而这样的规划思路是极其完整的，也有明确的针对性和可行性，体现了较高的管理科学的水准。

也许就像在我们所看到的《周礼》的其他部分一样，严整、划一的叙述内容和叙述方式，并不保证其具体内容都是精确的、合理的，更不能假设这些就是周公所实行的制度的本来面目。但是它代表了一种思维的倾向和制度设计的模式。随着认识水平和生产水平的提高，具体内容可以不断加以修订和改进，但这样的整体性思路无疑是有启发的。

大司徒的职任，在后世成熟的三省六部的体系中的继承者为户部尚书等，① 保留了其中户籍管理和财政税收的职能，但其总负责的维护生态的职能，以及由他统领的职官中的相应部分，即其关于生态规划、生态保护与监督的角色，则在后世大多缺乏实际的承担者。也就是说，由于包括管理上的难度和对其重要性认识不足等多种原因，而造成儒教职官体系中的这个部分并不算成功，这也连带地妨碍了生态规划的推行，其后果之严重，随着时代愈往后发展而愈益显现出来。

但是这种实践上的不足并不意味着原初理论上的疏忽和无能。其实，对于一种良好的政治体系是保障一切良好的生态状况的前提的认识，在儒教思想中是有明确表述的，譬如《荀子》就说过：

> 故人生不能无群，群而无分则争，争则乱，乱则离，离则弱，弱则不能胜物；故宫室不可得而居也，不可少顷舍礼义之谓也。能以事

---

① 参见杜佑：《通典·职官五·户部尚书》，中华书局 1988 年版；李林甫等：《唐六典》卷 3《户部尚书》，中华书局 1992 年版。

亲谓之孝，能以事兄谓之弟，能以事上谓之顺，能以使下谓之君。君者，善群也。群道当，则万物皆得其宜，六畜皆得其长，群生皆得其命。①

此段为人所熟知，但大多没有注意和征引到最后几句。为什么"群道当"便可使"群生皆得其命"呢？当然在良好的政治体系与良好的生态保护体系之间还有很多的中间环节，但是有了前者，很多事情就会变得容易起来。而在《王制》同一篇中，荀子提到其厘定和勾勒理想中的职官体系之概要时，也提到了很多兼有生态保护责任的职官：

序官：……修堤梁，通沟浍，行水潦，安水臧，以时决塞，岁虽凶败水旱，使民有所耘艾，司空之事也。相高下，视肥硗，序五种，省农功，谨蓄藏，以时顺修，使农夫朴力而寡能，治田之事也。修火宪，养山林薮泽草木、鱼鳖、百索，以时禁发，使国家足用，而财物不屈，虞师之事也。顺州里，定廛宅，养六畜，闲树艺，劝教化，趋孝弟，以时顺修，使百姓顺命，安乐处乡，乡师之事也。论百工，审时事，辨功苦，尚完利，便备用，使雕琢文采不敢专造于家，工师之事也。相阴阳，占祲兆，钻龟陈卦，主攘择五卜，知其吉凶妖祥，伛巫跛击之事也。②

完善的政治体制，而并非如古代所关注的仅仅是一个功能涵盖完备的职官体系，应该是一个社会推动生态保护理念的基础。而在古代能够意识到通过完善其职官体系来保障生态规划等的实施，已经是相当具有远见卓识的了。

现代生态学的历史则可以追溯到19世纪60年代德国生态学家厄恩斯特·海克尔（Ernst Haeckle）首先使用Oeclogy来指代整个这门学科。③ 1973

① 《荀子·王制》，王先谦：《荀子集解》卷5，《诸子集成》第2册，第105页。
② 《荀子·王制》，王先谦：《荀子集解》卷5，《诸子集成》第2册，第106—108页。
③ 参见［美］唐纳德·斯沃德（D. Worster）：《自然的经济体系——生态思想史》，商务印书馆1999年版，第232—234页。

年，挪威的哲学家阿恩·纳什发表了《浅层生态学和深层的长远的生态学》，正式提出两组概念的差别，即浅层生态学（Shallow Ecology）和浅层生态运动（Shallow Ecological Movement），以及深层生态学（Deep Ecology）和深层生态运动（Deep Ecological Movement）。而1985年美国学者比尔迪伏和乔治·塞逊斯合著《深层生态学：重要的自然仿佛具有生命》的出版，则意味着此种理论的形成。深层生态学表示不仅要从技术的角度来研究和解决某些环境问题，而且要考虑怎样的价值观、生活方式、社会制度、经济运作和教育方式，有助于从根本上断绝问题产生的人为根源。① 看来中国宗教的生态思想大体可以定位于深层的生态学。

中国古代宗教的生态思想，如上所述，包括道论哲学的生态意蕴、天人之学的和谐理念、阴阳五行模式或者取象比类方法的生态意蕴、佛教的宇宙图式、无情有性说、儒道的爱物思想、儒教月令模式中的生态规划内涵、职官体系中的若干生态保护职责、儒释道三教关于生活方式的教训等，涉及哲学、心理学、认知科学、社会学、政治学等不同学科的领域。在这些论题中具有典型现代意义的，或许包含如下一些方面：

（1）古代思想的整体论特点，对于生态学有一定的启示；但比这一点更为关键的是，作为一种文化的因素，天、地、人三才和谐的理念，可以推动全社会的生态意识的启蒙。

（2）儒教"仁民爱物"、"民胞物与"，佛教"无情有性"、"众生有性"等命题，肯定了生命乃至整个环境的内在价值，为现代的生态伦理提供了传统思想上的资源。

（3）儒教经典中的生态规划与生态保护意识，不无一定的借鉴价值。

（4）儒、道、释三教关于生活方式的教诲，或许比其他任何方面，都更具现代转化的直接意义。

也许生态意识的启蒙、生态规划的完善、民主政治的建设、产权制度的配套完善，是今天解决生态问题不可忽视的一些框架性前提。而中国宗教的生态思想，则在良好生态环境建设的某些方面给予我们积极的启发，

---

① 王正平：《深层生态学：一种新的环境价值理念》，《上海师范大学学报》（社科版）2000年第4期。

其经验、教诫是弥足珍贵的。但是对于古典学说精华的吸纳，或许任何时候都要避免一些幼稚病。因为虽然我们面对的是生态问题，但这是透过社会系统的方式而呈现的生态问题，所以也必须通过社会系统来寻求解决的途径。

第 二 章

人生与伦理

　　宗教思想的核心是人生观问题，宗教实践的一个重要内容是处理人际关系，即是个人与出家后组成的僧团之间的关系，也包括人与人之间的关系，所以宗教与道德之间是密不可分的。这种紧密结合导致体系化的宗教伦理观的形成。在宗教伦理观中，道德的内容被融合进宗教的形式之中，二者之间全然没有明确的界限。宗教伦理一方面扩大了道德的外延，几乎人的所有行为和关系都要接受宗教伦理的制约；另一方面，宗教伦理也使宗教成为一种现实的社会力量，对人们实施了有效的管理和监督。

第一节　中国宗教的形神说、命运观与人生观

　　从个体生命的角度思考人生问题，首先面对的是人的生命现象和精神现象问题以及二者的关系，这在中国古代宗教史中被称为"形神"关系。人类个体生命都是有意志和愿望的，但是个体的意志和愿望往往不能实现，人们会深切地体会着冥冥中的力量，这就形成了中国宗教史中对命运的思考。面对不可抗拒的命运，尤其是必死的人生结局，人们不禁对生的意义产生质疑，从而形成各派宗教对人生价值问题的思考。对人生价值思考而形成的不同结论，会引导人们走不同的人生道路；同样，对人生问题的不同观点，恰恰是不同宗教相互区别的重要之处。

一、中国宗教的形神说

儒教和道教同出于中华文化背景，在这个问题上的观点基本一致，既都认为人的精神会脱离肉体而独立存在。佛教虽然主张破除一切独立存在的实体，无论是物质的还是精神的，但它又主张轮回转世说，这依然是以精神与肉体的脱离为假设前提的。

1. 鬼神信仰，形质神用

相比之下，儒教更具有理性精神，更注重现世生活，尤其是孔子的"不语怪力乱神"，使儒教一直与鬼神保持着敬而远之的态度。虽然说"祭如在，祭神如神在"，并未确认鬼神的存在，但也并未因此否认鬼神的存在。这是因为鬼神信仰在中华文化中有着非常悠久的历史，它是祖先祭祀的基础，也是儒教存在的条件。

古人认为，死后不灭的灵魂就是鬼。人们对死者进行埋藏和按时进行祭祀，就是为了使死者的灵魂得到安定的归宿。"鬼"、"神"没有严格的界限，区别在于神尊而鬼卑，神住在天上，鬼游荡于世间。一般人死后为鬼，著名的部落首领或传说中的人物死后为神。鬼神文化在古代中国有着源远流长的传统。早在原始社会就已形成了灵魂和鬼神观念。对祖先的崇拜和祭祀，就是鬼神信仰的集中表现。鬼神文化的集中体现是对祖先的祭祀制度的存在。

鬼神文化的另一个重要表现是人们日常生活广泛存在的禁忌，它约束着每个人的行为和言谈。所谓"禁忌"就是，由于对不洁事物的憎恶、对危险事物的畏惧、对神圣事物的崇敬所产生的禁制。人们相信触犯任何一条禁忌都将遭到不同形式和程度的惩罚。在鬼神文化广泛存在的古代，禁忌起着重要的社会规范作用。当然，这些存在于民间的鬼神信仰和禁忌习俗后来主要被道教所吸收，但是在对祖先祭祀过程中的禁忌，则依然属于儒教的范围。

许多禁忌之所以与鬼神信仰相关，主要是人们都基于人死后灵魂继续存在的观念，而最令人恐惧的则是鬼魂附体或作祟。正是对死亡者亡魂的恐惧，才会有诸多禁制。由于古人把人的名字看成人身体的一部分，所以人刚死时要给死者加谥号，否则一旦直呼其名，鬼魂会应声出现。谥号是鬼魂无法知道的死者的新名字，这样活着的人就可以自由地称呼和提到死者了。

在为死者送葬过程中，死者的后代都必须穿丧服，但是丧服的原始含义并非所谓"孝"的表示，或对死者的敬重，而实际上是改变形象，让鬼难以辨认。越是亲近的人，改变得就应该越大，才能使死者之鬼魂认不出来。由此，披麻戴孝的原始含义一是伪装自己使鬼魂认不出来；二是为了驱鬼、吓鬼，所以孝子要举着器丧棒。

虽然儒教的宗教观念以鬼神信仰为基础，但是在儒教发展历史中，由于回应佛教和道教的挑战，也出现过否认鬼神存在的观点。这种观点主要体现在南北朝时期对形神关系问题的讨论中。这一时期儒、道、释三家互相斗争、互相影响，当时多数统治者的态度是：既要利用儒家的纲常名教，又要利用佛教、道教进行思想情感的安抚。神不灭论是佛教和道教的根本教义。因此，儒家反对佛教、道教的斗争反映在哲学上就是"形神"问题的论战。范缜的《神灭论》对长期以来的"形神"之辩作了总结。范缜站在维护儒家名教的立场上反对佛教。其基本观点是"神即形也，形即神也"①。为了进一步论证自己的观点，范缜运用"质用"统一原理解决形神关系问题。《神灭论》的质用统一，也就是"体用不二"的意思。范缜以为实体（体）即质料因（质），而作用（用）即实体的自己的运动，或者说是质料的自然表现。他运用这种观点来看待"形神"关系，指出：一方面，形是质料因、实体，神则是作用，"形者神之质，神者形之用"②，用依赖于质，精神不能离开形体而独立存在，"形存则神存，形谢则神灭"③。另一方面，形神不二，"形称其质，神言其用，形之与神，不得相异也"④。精神就是特定的形体（人体）自己运动、自然表现；形与神并不是具有外在关系的两个东西，而是"名殊而体一也"⑤，因此，两者并不是可分可合的。

范缜认为，实体与作用是统一的，所以不同的质有不同的用。精神活动并不是一切物质都具有的"用"。他指出，人之质与木之质是不同的，所以

---

① 姚思廉：《梁书·范缜传》第3册，中华书局1973年版，第665页。
② 姚思廉：《梁书·范缜传》第3册，第665页。
③ 姚思廉：《梁书·范缜传》第3册，第665页。
④ 姚思廉：《梁书·范缜传》第3册，第665页。
⑤ 姚思廉：《梁书·范缜传》第3册，第665页。

两者的作用是不同的，人之质有知觉作用，而木之质则无知觉作用，"人之质，质有知也，木之质，质无知也"。人一旦死了，其形体就和木之质一样了，因而不可能有活人的质所具有的知觉的精神作用。生者与死者，有质的不同，知觉的精神作用只有活的形体才具备。

范缜运用质用统一原理有力地克服了以往唯物论者在形神关系问题上的理论缺陷。以往的唯物论者都以为形与神是精粗一气，神犹如火，由精气构成，形犹如烛或木，由粗气构成。

范缜以前的许多学者都用薪火或烛火的比喻来说明形神关系，驳斥神不灭论。但是，这不仅不能克服形神二元论，而且会被有神论者利用。东晋的慧远就认为，火的燃烧可以由一根木头传到另一根木头上，是无穷无尽的，这就好比精神可以从某个形体转移到另一个形体而永不灭。范缜用刀刃与锋利的关系来比喻形神关系："神之于质，犹利之于刃；形之于用，犹刃之于利。……舍利无刃，舍刃无利；未闻刃没而利存，岂容形亡而神在？"[①] 这就克服了薪火之喻把形与神看做精粗关系带来的缺陷。

然而，这种无神论的思想主要在士人阶层产生过影响，至于广大百姓，则更多的是以鬼神信仰为基础的祖先崇拜，以及在此基础上的风俗和禁忌，这些在民间起着重要的社会规范作用，至今其影响还依然存在。

2. 炼气养生，性命双修

对鬼神的信仰也是道教存在的社会条件，所以在鬼神是否存在这个问题上，道教与儒教的观点没有分歧。区别在于信仰对鬼神的目的不同。儒教信仰鬼神是为了祭祀祖先，而道教信仰鬼神则是为了成仙。儒教的鬼神信仰在形神关系问题上，主张形神分离；而道教的鬼神信仰则认为形与神可以永远地结合在一起，达到长生久视。正是基于这种信仰，所以道教在形神关系问题上，发展出与儒教不同的观念体系。

这种不同，首先表现在金丹术上。中国的金丹术历史可以追溯到春秋战国时期。原始金丹术产生于古人的经验知识。古人看到服药可以治病，进而推想人不病就可延年，以至于长生不死。这正是"长生说"与仙药联系在一起的原因。而医药学的发展的确提供了矿物性药物能够强身治病的经验，

---

① 姚思廉：《梁书·范缜传》第 3 册，第 666 页。

因此，东晋时期葛洪认为，"服神丹令人寿无穷已，与天地相毕"①。有的方士甚至企求通过服用药金达到延年益寿乃至长生不死的愿望。随着道教的创立，早期的神仙方术衍化为道教的修炼方术，神仙方士也逐渐衍化为道士。道教为达到肉体长生、羽化成仙的目标，从一开始就极为重视修炼方术。神仙道教则把服饵人工炼制的还丹、金液作为成仙的重要手段。金丹家把含砷矿物与汞、铜、铅、锡等贱金属合炼，制作金黄色的"药金"和银白色的"药银"，并且认为服用了这种"药金"、"药银"亦可令人长生久视。由于金丹的主要原料是含有大量汞、铅、硫、砷等的药剂，在加热的丹鼎中逐渐氧化成砒霜，长期服用必然会中毒身死。金丹术因此招致社会舆论的强烈谴责，道教金丹术开始分化，逐渐形成了内丹、外丹两大派系。

道教金丹术的最直接理论来源是万物自然嬗变论，认为各种物质之间可以相互转化。那么，自然嬗变与人类生命的长寿之间有什么关系呢？也就是说，服食金丹为什么会使人长生不死呢？对此，道教金丹家的理论根据是物质性质转移与改性论，即通过某种方法使一种物质的性质转移到另一种物质中。金丹家还有一个信念，相信万物趋向于完善，无生命物也是有生命的，矿石可以长成金属，贱金属力求变成黄金一样尽善尽美的贵金属。只是这一自然进化的过程太漫长了，所以需要人为地调控这一过程，这就是丹房的鼎炉，用某些强化手段，缩短完成这一自然进程的时间。人工炼制的仙丹被压缩了时间，人服用之后，被压缩的时间释放出来，从而使服用者长生不死。

物质之间的转化，说明"形"的形成与生命的长久，人对这种转化过程的调控，则表达了道教对"神"与"形"关系的认识。物质是有生命的生成过程，人的生命具有主观的控制力量。道教对形神关系的讨论，与其神仙信仰有关，尤其是晋代，道教徒以追求肉体成仙为目的，在理论上对形神关系也予以一定的关注。比如葛洪以为，肉体与灵魂是相互依存而不可分离的。他在《抱朴子内篇·至理》中说："夫有因无而生焉，形须神而立焉。有者，无之宫也。形者，神之宅也。故譬之于堤，堤坏则水不留矣。方之于烛，烛糜则火不居矣。"② 不过，这种神不能离形而存在的观点到了唐代受

① 王明：《抱朴子内篇校释》，中华书局1985年版，第74页。
② 王明：《抱朴子内篇校释》，第110页。

到冲击而发生了变化。

道教形神观的另一个重要特点是，在"形"与"神"，也就是物质生命与人类精神之间，还有一个中间环节，就是"元气"。这种观点在道教医学中表现为形、气、神三位一体的人体医学思想。道教医学家认为，在由形、气、神所构成的人体系统中，形、气、神这三大要素在人体生命活动中所处的地位不同。其中，气是生命之本。

然而在道教医学家眼中，虽然形、气、神三者一体，相辅相成，共同作用构成有机的生命整体，但气的地位十分特殊，它是联系形和神的中间环节，是生命活动中形与神即身与心相统一的中介，在人体生命系统中起着至关重要的作用，是人的生命之本。这是道教在"形神"关系问题上的独特见解。这种思想大致有下面几层意思：

第一，气是生命形体产生的物质基础，形因气聚而成；第二，气不仅是生命形体产生的物质基础，也是维系和主宰人体生命活动"神"的物质源泉，所以炼气可以化神；第三，道教医学家认为人体内的元气是否充沛，运行是否正常、畅通，直接关系到人体健康，所以要炼养元气，达到形神兼养、形神双修、强身健体、延年益寿的目的。

在元气思想的基础上，形成了各类养生修炼体系，而内丹则是道教养生修炼经历了长期摸索过程，最终找到的最系统、最完美的修炼方法体系。其核心思想就是精神对生命过程的控制，也就是"神"对"形"的控制。这种方法主要表现为三个方面：

第一，存思通神。所谓"存思通神"的意思是将意念贯注于身体的某一部位，是一种意想类或意守类功法的发挥。在养生修炼过程中，要求入静，使大脑进入特殊的功能状态，然后激发和调动人体的特殊能量，从而产生气法独有的各种特殊效应。道家与道教在"存思"方面是不同的。道家传统的入静方法是恬淡无欲，排除外界事物之累，从而控制意念，进入虚无静寂的境界。而道教则以宗教感召力促使身心尽快达到入静状态。存思的神与道教信仰的神仙相通，由于信奉和依赖神，使道教徒的意识内有一种神圣在旁的实在感，从而使道徒进入虔诚的专注心态，用意念默想身中或身外之神，有助于排除杂念以入静。从气法角度看，"存思通神"是一种更具操作性的入静技巧，神仙信仰者较容易掌握，这类功法重在调意，在"存思通神"的背后，蕴涵着道教对人体生理与心理关系极为深刻的认识。

第二，内丹修炼。所谓"内丹"又称"圣胎"，是道教徒特殊的术语。他们将人身比做鼎炉，将人的精、气、神比做药物，经过特殊的修炼之后，使精、气、神在体内凝聚不散，从而形成一种融合物，它就是所谓"内丹"。精、气、神作为内丹修炼的药物，被称为"三宝"，其作用各有不同。其中精为基础，气为动力，神为主宰。虽然，道教徒钻研和实践内丹术的动机和目的是追求玄远的神仙世界，但由于内丹术追求肉体生命和精神的健康、长寿，甚至想要"长生不死"，因此客观上有利于人的身体和精神健康。

第二，性命双修。在晚唐以后的道教典籍中，"性命"二字被视为内丹修炼的核心。在佛教看来，性命是二分的，修性不为修命。而早期传统道教的炼养法，则修命不修性。只有内丹派融合道、禅，主张性命双修，所以是最上乘的修炼方法。在内丹理论中，"性"与"命"皆有特定含义。所谓"性"，不仅指精神，还包括人的本性或"本来面目"。所谓"命"，也不仅指人的身体，而是指人与生俱来的元炁或先天祖炁。

在性命双修的理论基础上，道教内丹家在长期的修炼实践中，形成了"性功"和"命功"两种不同的方法，并且对二者孰先孰后的问题展开争论。然而，所谓"性功"、"命功"并非两个截然不同的阶段。因为，无论从修心起步，还是从炼精入手，都必须涉及性与命两个方面的问题，因为修命必讲修性，修性不离修命，两者须臾不分。性命双修的观点不仅受道教哲学思想左右，更是内丹术本身的实践经验决定的。以此为基础形成对"形神"关系的见解，使道教哲学的"形神"观具有独特的理论意义。

3. 法无自性，业报承受

佛教在观念上否认一切客观实体的存在，否认任何事物有自身的实在性和客观性，认为事物只是元素的聚合，不是独立的实体，因而世界的本质是空，所谓"四大皆空"、"万法皆空"。对这种空的本质，佛教最初称其为"如性"（Bhutatahata），直译为"就是那样"。这个空洞、抽象的概念表示，宇宙万有就是那样存在着，人们的感性无法感知，理性也无法认识，只能依靠"悟"去体认或者"觉"。宇宙万有既然不可感知或解释，那么当人们说出它是怎样时，它只是说怎么样而不是它本身的样子了。因此，宇宙万有之空，与人们是否认识到它空没有关系，宇宙是"自性空"，因为空是万有存在的真实状态而并非宇宙本体。

佛教以空为万有的本质，但这空不是绝对虚无和虚空，而是指万有无常无我，是不真实的存在。因为不真，所以在观念上必须空；反过来说，空就是为了破除那种执著于不真实的心态。一切事物皆因缘而起，是原因和条件的聚合，故不真实。事物待缘而起，即有其产生的原因和存在所依赖的条件，不是绝对独立的自有。自有即不待因缘而有，应为常有，常有故不灭。但任何事物都不可能常久不灭，它们既非自有，也非常有，而只是因缘条件的复合，除了这些因缘条件便什么都不存在。因此，事物之有不是真有，不可以说是有。另一方面，事物也不能说是无，若是绝对的无，就应该什么都没有，既无实体又无感应，但万物却因缘而起、因缘而灭，故无不是真无，也不可以说是无。事物因缘而起，是条件的复合，无常无我，故不能称为有；而事物又毕竟由因缘而起了，已经有了条件的复合，故不能称之为无。

佛教否定宇宙万有的客观实在性，把客观世界看做是假象，同时佛教又承认空并非绝对虚无，而是真空妙有。这是整个佛教义理基本的哲学基础。佛教否认宇宙万有的真实性，目的在于从根本上否定现实世界和现实生活的价值。佛教认为，常人执著于万象的假有，是一种"无明"，他们被无明所累，在本来无我的大千世界中追求有我，是以幻象为真实，只能给自己带来烦恼。肉体受累于贪欲，精神受惑于幻象，人生便陷入苦海。要解脱人生的苦难，就必须由无明而觉，悟到佛教真谛，认识到宇宙真实的本性，从而不被虚假的世俗生活所累，最终觉悟成佛。

佛教认为世间的一切都是空的，或者不真实的，一切都是心之幻象或假象的存在。以此为基础的形神观，自然会对物质形态的形取否定态度。这就是所谓的"人我空"。佛教为了否定人生的价值，连同人的物质性存在也一起否定了。佛教认为，人的肉体也是由众多因素或条件和合而成的，根本没有确切的规定性，更没有自性，它只是一个虚幻不实的存在，绝对不是永恒不变的实体。佛教以否定世界和人生命本身的自性，从而达到否定人生的意义和价值的目的，从而解脱人生的苦难。但是，在宣扬这种理论的过程中，佛教理论自身又陷入一个巨大的矛盾中，这也就是形与神之间的矛盾。佛教一方面否认宇宙万有和人的生命体的真实存在；另一方面却又认为人有一个不变的灵魂承受着业报和解脱的效应。人如果与万有一样，皆由各种因素和合而成，构成人的因素不断地流转和变迁，那么就不可能有一个永恒不变的实体存在于人身。那么，这轮回流转的灵魂，如何存在呢？这一理论上的矛盾表明佛教思想需要一种解释上的圆满。

二、中国宗教的命运观

宗教究其根本都是对人生的思考，其中不可避免地要面对命运问题。儒、道、释三教对待命运的态度有相同的一面，也有完全不同的一面。

1. 上帝主宰，天人之辨

中国古代国家信奉的至上神叫"帝"或"上帝"。帝或上帝又称做"天"。天和上帝是同实异名的概念。中国农业生产起源得很早，在生产力不发达的古代，农业生产的成败，主要取决于季节和天气变化的影响。因此，在民间信仰中，对天体和天象的迷信比较广泛。"天"对古人来说，是一个变幻莫测的神秘存在。日夜的交替、四季的更迭、风雨雷电的发生，这都是古人感到迷惑不解的现象。于是他们想象是由神灵操纵着这一切，因此产生了对日月星辰及风雨雷电等天体与天象的崇拜。随着古代宗教观念的发展，对天的崇拜和对鬼神的信仰逐渐结合在一起，上天逐渐神格化。中国古代最早的上天至高的神祇是日神，后来，日神与父系祖先神相结合，形成"天帝"的形象，自然神被祖先神取代，人间权力与上天接上血脉，人间的宗法观念由此而被神化。

在原始公社制社会，氏族是社会的基本单位，由几个氏族组成部落，由几个部落组成部落联盟。表现在宗教上是多神信仰。随着氏族、部落兼并组合，宗教信仰也日趋统一，一些强大氏族所崇奉的神变成部落神，部落神变为部落联盟的神。进入阶级社会，随着国家的形成，便形成统一的全能的至上神。可以说，统一神的出现往往代表着人间统一帝国的形成，或者说一神崇拜是国家统一的意识形态要求。统一神的形成或一神论的要求，往往与世间专制统治联系在一起。随着人间统一王权的建立，形成官方的鬼神信仰，它作为意识形态的所谓"神道观"，以上帝或有意志的天为统一的王权进行合理性论证。

　　既然认为天是有意志和感情的，天的意志和感情也就经常通过自然现象和社会人事表现出来。人们如果通过特定的方式便应该可以窥测出天的意志与情感，就可按照天意行动，做到避凶趋吉，或逢凶化吉。这也是人们掌握命运的一种朴素的努力，所以越是在客观外力难以驾驭的灾难与风险时期，占卜等巫术也就越盛行。可以说占卜活动是中国古人处理天人关系的一种努力。今天被认为是迷信的方式，在当时的历史条件下，则是人们预测未来、把握命运、试图达到人的目的、实现人的愿望的一种手段，是人对自身在自然界的地位的一种认识，是人对人与自然关系的初步把握，占卜的目的是避凶险，化险为夷，表明人的主观能动性对客观必然性的一种超越意识，同时也有利用天意限制帝王行为的意图。

　　"天人感应"说是汉代大儒董仲舒提出的对天人关系的理解。董仲舒说："道之大原出于天，天不变，道亦不变。"① 他将"天"作为造物主，"天者，万物之祖，万物非天不生"②。由此出发，他将构成宇宙万物的成分归结为天地、阴阳、五行和人类等十大类，所谓"天、地、阴、阳、木、火、土、金、水，九，与人而十者，天之数毕也"③。他把阴阳五行作为世界的模式，认为自然界和人事按这模式互相感应，正体现了天意或天命。董仲舒还认为天人是相通的，因为人是天的副本，是一个缩小了的宇宙，而宇宙则是放大了的人；人的活动是有意识的、有目的的，自然的变化也是天有意识、有目的的活动，阳体现了天的恩德，阴体现了天的惩罚，自然界的春夏秋冬分别体现了天的庆赏罚刑。

　　董仲舒认为，同类相互感应的现象背后，有一个外在的无形的动力，一切事物的变化都是由这个实在的力量促使的。他以琴瑟共鸣为例，认为共鸣并非自鸣，而是有一个无形的"有使之然者"④，其他一切事物的变化也是如此，都由一个无形的"使之然者"在起作用。这个所谓"使之然者"就是天意。他把天意看做是自然界万事万物运动变化的动力，自然界的一切都是天有目的地创造出来供养人类的。这天意虽然"使之无形"，难以把握，

---

① 班固：《汉书·董仲舒传》第 8 册，第 2518—2519 页。
② 董仲舒：《春秋繁露·顺命》，苏舆：《春秋繁露义证》，第 410 页。
③ 董仲舒：《春秋繁露·天地阴阳》，苏舆：《春秋繁露义证》，第 465 页。
④ 董仲舒：《春秋繁露·同类相动》，苏舆：《春秋繁露义证》，第 360 页。

却体现在阴阳五行的运动中。

东汉中叶，天人之际问题再一次成为讨论的核心。其结果并不否认上帝天命，但人的地位却被置于第一位。比如，王符提出"民安乐则天心慰"①的原则。依据这个原则，君主只有把老百姓的事情搞好，才能得到天的福佑。东汉末年的荀悦也持类似的观点，他认为，"人主承天命以养民"，且"民存则社稷存"②。这种立场和王充、王符都是一致的。

仲长统认为，明君、贤臣没必要知天道，只要根据四时不同兴劳役就是。那些只知天道的，不过是卜祝巫史之类，不足以成大事。那些迷信天道而不事人谋的，是昏君和亡国败家之臣。他说："天地将自从我而正矣，休祥将自应我而集矣，恶物将自舍我而亡矣。"③ 假如不是如此，即使你一天到晚地占卜、观星、祭祀，也救不了国家败亡。仲长统由此作出结论说："人事为本，天道为末。"④ 进而批判迷恋观星、祭祀、占卜等儒教政治的弊病。这正是汉代迷信盛行导致政治黑暗、腐败的经验促使人们重新思考天人关系，寻找正确的沟通天人的方式。

天人关系是儒教理论的一个永恒话题，唐朝后期的政治危机，使天人关系问题再一次成为讨论的核心。现实的事变使唐朝的臣子认识到，政治的好坏、国家的兴亡，都是由于人的行为造成的。天命就在人事之中，人事搞好了才可能得到上帝的赞许。上帝赏善罚恶，其标准是人行为的善恶。人只能通过自己的德行去获得天的福佑，所以天道存于人事，不能离开人事谈天道。这是唐朝后期儒者们对天人关系的基本认识，也是儒教重人事思想的进一步发展。

韩愈对天人关系的见解，很具典型性。作为一个儒者，他相信天命和天的赏善罚恶作用。但是，当奸邪得势而良善受屈时，良善者会怀疑上帝的赏罚是否公正。韩愈在坎坷中就发过这样的疑问："未知夫天竟如何？命竟如

---

① 王符：《潜夫论笺校正·本政》，上海书店 1986 年版，第 89 页。

② 荀悦：《申鉴》卷 4《杂言上》，《四部丛刊》景明嘉靖本。

③ 仲长统：《昌言》下，严可均：《全上古三代秦汉三国六朝文》第 2 册，中华书局 1958 年版，第 955 页。

④ 仲长统：《昌言》下，严可均：《全上古三代秦汉三国六朝文》第 2 册，第 955 页。

何？由人乎哉？不由人乎哉？"① 然而他毕竟相信："斯道未丧，天命不欺"②。无论是韩愈还是柳宗元，他们在天人关系这个根本问题上，都不能满意汉代以降的传统说法。韩愈认为，造福于人者不能得到好报，那教化如何进行？柳宗元说，无论好人坏人上帝一概不予报应，也就无法去恶行善。这些观点，表明儒教传统的天佑有德的思想陷入困境。

柳宗元继承了前人重视人力作用的思想主张："变祸为福，易曲成直，宁关天命？在我人力。"③ 但是，他更多的是强调"天人不相预"。刘禹锡则认为柳宗元没有把天人关系说清楚，就写了《天论》以求更深入地论述天人关系。他指出，历来讲天人关系的有两种观点：一是以为天能赏功罚祸；一是以为天道自然无为。刘禹锡认为两种观点都有片面性，由此他提出了"天人交相胜"④ 的论点。他认为，天的职能在于生长、繁育万物，而人的职能在于治理万物；阴阳对立的力量互相斗争、互为消长，是自然的作用，而组成社会建立法制以区分是非，则是人的作用；自然的作用和人的作用是互相不能替代的。什么是"天胜人"和"人胜天"呢？刘禹锡认为，天不是有意识地要胜过人，当人不能支配自然时，自然力量就自发地起作用；人确实是力求胜过天的，因为自然界并无私意，所以人可以有意识地利用规律来战胜自然。柳宗元、刘禹锡关于"天人不相预"和"天人交相胜"的思想，是儒家在天人关系问题上所能够达到的最高水平。

2. 清静无为，更相为盗

对待命运问题，道家与道教有着鲜明的差别。道家主顺应自然，清静无为。表明在天人关系问题上，道家更重天道。它认为从天地的观点来看，人不过是万物中之一物，所以不应强调人道原则。老子说："大道废，有仁义。"⑤ 要真正把握天道，就必须"绝仁弃义"。可见，老子把天道和人道对立起来，以为天道就是对人道的否定。在老子看来，天和人的对立即"无

① 韩愈：《上考功崔虞部书》，屈守元等：《韩愈全集校注》第 3 册，四川大学出版社 1996 年版，第 1181 页。

② 韩愈：《上考功崔虞部书》，屈守元等：《韩愈全集校注》第 3 册，第 1181—1182 页。

③ 柳宗元：《愈膏肓疾赋》，《柳河东全集》，燕山出版社 1996 年版，第 453 页。

④ 刘禹锡：《天论》上，陶敏、陶红雨：《刘禹锡全集编年校注》下册，岳麓书社 2003 年版，第 988 页。

⑤ 《道德经》第十八章，《诸子集成》第 3 册，第 10 页。

为"（自然）和"有为"（人为）的对立，所以老子主张"无为"。

老子的"无为"思想有两重性：一方面，"无为"即"自然"。所谓"道常无为而无不为"，就是说"道"自然地而不是有意识地产生、推动、长成万物。老子的"道"不是一个有意志的造作者。老子还认为，圣人应当同"道"一样，"无为而无不为"，圣人的所作所为只不过是"以辅万物之自然而不敢为"，即按"无为"的原则辅助万物自然运行，而不敢有意造作。这是一种尊重客观自然法则的态度，显然是可取的。值得注意的是，这里的"以辅万物之自然"，说明"道"并非无所作为，而是"不敢"私为；人效法"道"当然也是应该有所行动，有所实践，这就是"无不为"。

另一方面，"无为"与"归根复命"又是相互联系的。老子把"归根"于道叫做"复命"。他以为人在自然命运面前是无能为力的，"天网恢恢，疏而不失"①。在冥冥之中，谁也逃脱不了"天网"的支配，所以应该顺从自然命运。这种观点和儒家的天命论已经没有太大区别了。

庄子在天人关系问题上，比老子走得更远。他认为，自然的一切都是美好的，人为的一切都是不好的。他认为"天"，本来就是自然存在的，如牛马四足；而"人"，表示的就是有意识地加于自然之上的作为，如络马首和穿牛鼻。庄子一再强调不要以人为去破坏自然，不要以人的有目的活动去对抗自然命运。

然而，道教在天命与人为的关系方面，却表现出与道家完全不同的态度。道教是一种以生为乐，重生恶死，甚至追求长生不死的宗教。早期道教行世时，便已强调重生的教义。认为生命是道的表现，生是道的本性，生和天地同样重大。所以追求永生、不死、当活神仙，成为道教修炼的理想境界。道教认为，人的生命并不决定于天命，而人的生命之存亡，年寿之长短，决定于生命自身。人只要修道养生，安神固形，便可以长生不死。

葛洪（公元284—364年）认为自然界的生成是自然无为的，这显然吸取了道家的思想，但在自然与人为的关系上，他与道家是不同的，道家主张"无为"，而他则讲"能为"。在他看来，自然界是不断变化的，变化能使事物从这一类变为另一类，即发生质的变化，因此，人也可以有这样的"变

---

① 《道德经》第七十三章，《诸子集成》第3册，第44页。

化之术"。他说："夫变化之术，何所不为?"① 认为这种变化之术可以无所
不能。他认为，根据自然变化的规律，人可以创设条件，能动地改变事物。
这是科学的见解。但是，无条件地讲一切物类可以互相转化，人的变化之术
可以达到神奇莫测的地步，就成为神话了。葛洪说："夫陶冶造化，莫灵于
人。故达其浅者，则能役用万物；得其深者，则能长生久视。"② 认为人发
挥主观能动性，就能役用万物，这并不错，但过分夸大了这一点，说人就此
可以长生不死，则是宗教神学的观点，并且表现出鲜明的唯意论的色彩。葛
洪认为，一个人在母胎里受气成形，而后诞生于天地之间，他的"命"并
非由天地和父母决定的，而是偶然的"适遇所遭"。葛洪指出，人在结胎时
所禀受的气的差异是偶然，而一个人能否成仙，不仅要看他所禀受的气，还
要看他是否有坚强的意志。他说："夫求长生，修至道，诀在于志。"③ 就是
说，只有发挥主观意志的力量，百折不回地坚持下去，才能得仙道，求仙学
道归结到要靠信仰和意志力。

　　唐代的道教思想家李筌的观点，也具有鲜明的意志论色彩。李筌强调人
能制服自然，他指出：动植物俱禀阴阳五行之气而生长，因而万物的生成，
可以说是对阴阳之气的"窍盗"；人也能"盗"天地阴阳五行之气，来滋养
自己，如种田、养蚕，都是人夺取七气所成之物，作为人的生活资料；反过
来，万物也盗窃人，造成种种祸患，如天灾、疾病等。由此，李筌强调天
地、万物和人类之间存在着矛盾斗争而"更相为盗"，这是"自然之理"即
自然规律。李筌将这种盗窃叫做"盗机"。他说："何名为盗机? 缘己之先
无，知彼之先有，暗设计谋，而动其机数，不知不觉，窃盗将来，以润其
己，名曰盗机。"④ 比如，人类自己本来没有衣服，但人知道动物的毛皮可
缝制成衣服，于是暗中设计谋划，准备条件，使客观规律提供的现实可能性
（机数）活动起来，如养羊取毛皮，并进行裁剪，制成衣服，使可能性变成
现实性，以满足人的需要。

　　当然李筌并不认为一味地盗就能达到人的目的，他还主张"盗"须有

---

① 王明：《抱朴子内篇校释》，第284页。
② 王明：《抱朴子内篇校释》，第46页。
③ 王明：《抱朴子内篇校释》，第17页。
④ 李筌：《黄帝阴符经疏》卷中《富国安人演法章》，《道藏》第2册，第742页。

道，即人按规律盗窃才能吉利，否则就要遭殃。因此，人"盗"，必须"察理"，只有"知其深理"，才能"合其机宜"，使事物提供的可能性转变为适合人的需要的现实事物。人之所以能够做到这一点，是因为有"心"，能够认识自己的本性和万物的本始，这样也就认识了阴阳五行的法则，可以按法则行动。于是，人就成了神仙。

李筌的"盗机"理论有一定的合理因素。例如，他看到了自然界事物是彼此矛盾斗争的；一方面，他承认自然界是有规律的；另一方面，他又指出人可以发挥主观能动性。设计谋划，有利于人的可能性变为现实性。例如谷物置于仓库中可以在春天不发芽，被覆盖的草可以在秋天不遭霜打。可见人在了解了自然特质之后可以掌握运作的主动性。但是，李筌把人的主观能动性夸大了。根据"盗机"的理论，他以为通过修炼，把阴阳五行中最深妙的气盗窃来，以滋养其性，人就可以成仙，长生不死，充分体现了道教的信仰精神。

3. 因缘和合，修善止恶

佛教认为，天地间一切事物都处在瞬息变化和生灭流转的过程中，万物由因缘和合而成，一切都在因果的联系之中。人的生老病死、富贵贫贱、祸福寿夭乃至一言一行，都是自己种下的业因的结果，而今世的行为又是将来生活境遇的原因。总之，人的存在与命运并非上帝的意旨，而是自己行为的必然结果，每个人都必须对自己的过去、现在和将来承担全部的责任。这就是佛教的命运观。

佛教的"因缘论"认为，宇宙万有都是由因缘和合而成的，任何事物及现象的产生、存在、发展、变化和灭亡都是有原因的。从这个意义上看，"因缘论"也就是"因果论"。不仅自然界或外境如此，观念和人生也都处于普遍的因果联系之中，而且这三者之间也存在着必然的因果联系。基于这种认识，佛教一方面强调现实世界和现实生活中的一切都有其必然性；另一方面，又告诫人们，要去除现世苦难，必须断绝产生苦难的原因。

因缘论否定了神灵、命运、偶然性对人生的主宰，把生活中的一切都看做是自己的"业报"，要求人们对自己的现实生活和未来负责，凸显了主体自身的道德责任，鼓励人们自己改变自己的生活，自己把握自己的命运。因果论是佛教义理的核心内容之一，是佛教认识和解释世界的根本方法。佛教根据因果论说明宇宙万物发生、发展和灭亡的原因，解释现实社会生活的必然性，论述人生苦难的根源，形成了佛教特有的命运观，而现世修行的宗教实践，则是改变这种因果命运的主观努力。

以因果论为基础的佛教命运观，将人置于因缘和合永不间断的因果链条之中，人生的际遇，无论贫富、贵贱、寿夭，都由先在的原因所决定，而不是人在现实生活中能够决定或改变的。不过，这个原因并非外在于人的天命或上帝决定的，而是人自己先前或者前世的行为的结果，这就是所谓"因果报应"。这种观点虽然是命定论，但又不是宿命论，因为既然原因是自己造的，那么人的行为就在这因果报应面前不是无能为力的了。人们虽不能改变现在，更不能改变过去，但是可以决定将来。因为，一切都在因果的链条中，所以一个人的行为必然会造成结果，人必须对自己负责，对自己的过去、现在特别是将来负责。现在多造善业，将来才能得到福报。这就是"因果报应"论的基本思想。这虽然具有神秘意味，但在现实社会中却有效地调节着广大信众的行为。

佛教因果报应的道德调节方法强调善恶福罪的因果报应，有强调道德主体性的一面，要求人们完全对自己的生活和行为负责，主张自己掌握、创造自己的命运，提倡主体道德上的自主、自立、自觉、自愿。但是，却夸大了业报的作用，将其置于绝对地位，从而把人生境遇的原因完全归之于个人行为的结果，这实际上掩盖了人生苦乐的社会根源，抹杀了社会矛盾和不公平等造成人生苦难的根本原因。

既然一切都在因果链条之中，那么人们的行为必然会引起结果，善行得善报，恶行受恶报，这种因果报应所具有的奖善惩恶的作用，现在已经深入到中国民众的意识之中，在这一佛教伦理观念的影响下，中国人自古以来就用"善有善报，恶有恶报"的民谚表达普通民众的一种信念，也以此为行善求福、止恶修善的动机。这种努力表现出人们对因缘宿命的反抗，是佛教命运观的一个鲜明特征。行善可以得福，作恶必得罪报。只有修善止恶，才能拔苦得乐。这是佛教与其他宗教不同之处。佛教认为，欲求未来的幸福，是不能依赖向上帝或神灵祈祷的，只能依靠自己行善。因此，每个人的命运都掌握在自己手中，什么人或神都无法决定自己的未来。未来生活的幸福与否，完全是现世行为的必然结果。因果报应论告诉人们，行善有利，会给人带来福乐；作恶有害，将使人受到苦罪的报应。要改变自己的命运，求乐去苦，就必须修善止恶。其内容有三：

第一，"积善"。所谓"积善"的"善"，是指不断地做有利于众生和供养三宝的善事，并且要求人们一辈子只做好事，不做坏事。而"积"则是指一点一滴地做好事，聚少成多，积小成大。善无大小、事无巨细，都应当积极去做。不因善小而不为，因为大事是由小事构成的，不为小事，大事也做不来，最终与善无缘。所以佛教要求信众行善不问大小，但问善与不善。只要善，便可得福报。

然而，在现实生活中，人们经常可以发现好人并不总得好报，恶人也并非总得恶报。善良的人往往生活坎坷艰苦，作恶的人常常飞黄腾达。按照佛教因果报应的观点，今生行善受苦，是过去作恶的结果，今生作恶享乐，是过去善因的结果。那么，如果想来生享乐去苦，今世必须修善止恶。

第二，"止恶"。修善是从正面鼓励人们主动、自觉地按照佛教道德标准做善事；而止恶则是从消极方面要求人们杜绝违背佛教道德标准的行为。从总体上说，止恶才能修善，去污而后修其净。同时，修善本身就是止恶，自身纯净才能一尘不染。

然而，在现实生活中，凡夫俗子不免要犯错误或过失，这些就是所谓"恶业"。按照"因果报应"的说法，一旦恶业造下，必然产生绝对的"业力"，必将招致罪报，并且不依人的意志为转移，具有不可抗性，成为一种宿命。然而，这种命运也是可能改变的，其方法是认识到恶业必有罪报，就尽量不造恶业，并且采取各种措施将果报降低到最小。其方法有三：其一，树立对恶的羞耻之心，佛教称为"惭愧"。其二，反省自己的行为，检讨自己的过错，决心悔改。其三，及时改正错误，不听任其自然发展，并且将其影响缩小到最低限度。

第三，"精进"。无论是修善还是止恶，都需要勤勉奋进，永不懈怠，这种积极进取精神，佛教称之为"精进"。所谓"精进"，是梵文 Virya 的意译，又译作"勤"，也就是在佛教的种种修行过程中努力不懈，勇往直前，不畏艰难，永不疲厌。精进还分始发精进与终成精进两种。前者指修行之初，表现为立志勤勉，坚毅不退；后者指修成善果之后依然奋进不已。佛教提倡的精进是一种生命的态度，一种人生的精神，是生命不息、奋进不止的宗教情怀。

三、中国宗教的人生观

人生观就是对人的生命意义和价值的总的看法。宗教观念源自于对生死的思考。因此，究其根本，宗教观就是人生观。纵观世界各大宗教，无论哪宗哪派，都会对人生的意义、生命的本质、生命的价值作出自己的解释，而儒、道、释三教，更是对人生问题作出自己的深入思考。由于人生的价值和意义与人的社会伦理和道德境界密不可分，因此，无论是儒教、道教还是佛教，都会从伦理道德的角度，表达自己对人生的看法。

1. 立德为主，舍生取义

中国古代，儒门对于人的认识有许多精辟见解。孔子明确表达了他对人的重视和对人的理解。强调人作为族类在宇宙中应占有最高的地位，具有高于万物的价值。《论语》"不语怪、力、乱、神"，讲的大多是人事。在孔子看来，了解人类自身，认识自我，友爱他人，这些是人的基本职责。那些与人事无关的东西，没有意义。人的尊严，人的价值应该放在首位。儒家主张"仁者爱人"①。基于此，孔子才会在马棚失火时，问伤人否而不问马。孔子强调"未能事人，焉能事鬼"。朱熹解释为："然非诚敬足以事人，则必不能事神。"② 表明注重人的价值，是儒家一脉相承的观点。

孔子还从重视人的价值这个前提出发，对奴隶社会不人道的杀殉陪葬制度提出批评，他不仅反对用人殉葬，连用俑殉葬都反对。他说："始作俑者，其无后乎！"朱熹解释说："作俑者但用象人以葬，孔子犹恶之，况实使民饥而死乎？"③ 由此可见，尊重人的尊严与爱民思想是儒门的传统。

孔子讲人的地位与其前人不同之处在于，他讲的人在宇宙中地位不是和天地并列，而是人已基本上脱离天与上帝的束缚，在天地人三者中，人最高贵。他不语乱力怪神，所强调的始终是现实的人生问题。孔子以人为贵的思想，被后世儒家所继承和发挥。《礼记》说："人者，天地之心也。"④ 孟子

① 《孟子·离娄下》，朱熹：《四书章句集注》，第289页。
② 《论语·先进》，朱熹：《四书章句集注》，第125页。
③ 《孟子·梁惠王章句上》，朱熹：《四书章句集注》，第205页。
④ 《礼记·礼运》，《十三经注疏》上册，第1424页。

讲"天时不如地利，地利不如人和"，朱熹将"人和"解释为"得民心之和"①，表明在天地面前居于首要地位的人，就是普通民众。张载说："为天地立心，为生民立命，为往圣继绝学，为万世开太平。"② 天地本无心，人为之立心，这就把人当做天地的主宰，这种为天地所立之心，既是人对自然规律的把握，也是人所能达到的最高的精神境界。

儒教特别重视人的道德价值。其代表人物认为，人之所以为人，主要在于人具有道德意识，人自觉到自己是一个有道德责任的存在物比什么都重要，人的社会属性的内容是道德，因而他们把人具有伦理道德作为人与动物的根本区别。

儒教把人之所以为人之道的理论，建立在对人作为主体的自我意识的反省基础之上，从多角度对人区别于他物的主导地位，以及区别于禽兽的特殊本质给予揭示。传统儒教将理性作为人与禽兽相互区别的根本特征，这种对理性的重视与西方的理性精神是不同的。其不同之处在于，中国人更注重道德理性，其中虽然包括认知理性，但认知理性是为道德理性服务的。因此，人与禽兽的区别，最重要的在于人具有道德意识，人是道德主体。

不同的宗教和哲学观点对人生价值的评价标准是不同的。在儒教看来，"立德"、"立功"、"立言"是三项不朽的人生价值。这所谓的"三不朽"说，在中国历史上可谓影响深远。所谓"立德"是指具有高尚的道德修养；"立功"是指建立功业，有功于人民，有功于社会；"立言"是指对后世有议论贡献。当然，这"三立"在一个人身上很难同时具备，它所揭示的是不同的个体的社会价值在程度上的差别，不能作为普遍的价值标准。在儒教看来，判断一个人的人生价值标准并不是"成功"，而是"取义"、"成仁"，不以成败论英雄，是中国的传统思想。所以，千百年来，许多成功者并不被人传颂，而是那些成"仁"或"立德"者流芳百世。当然，不以成败论英雄并非反对"立功"，只是"立功"的价值比"立德"更高。而"立言"更缺少普遍性，因为著书立说只能是少数知识分子的权利。相比之下，"立德"最具普遍意义，是儒教最重要的人生价值。所谓人生价值，实

---

① 《孟子·公孙丑下》，朱熹：《四书章句集注》，第 241 页。
② 张载：《近思录拾遗》，《张载集》，第 376 页。

际上就是对人的生命意义的评价，主要解决作为个人与社会之间在需要关系上的矛盾。面对这种矛盾，不同伦理体系的标准是不同的。而儒教的标准就是"义"。所谓"义"按照儒教的解释大致有三层意思：

第一，"义"具有合理的、正义的和有道理的意思。比如，朱熹说："于无可无不可之间，有义存焉"①，就是以"义"作为行为的准则。

第二，"义"是尊卑上下的宗法关系。此"义"与"仪"同。比如《周礼·大司徒》云："以仪辨等，则民不越。"② 这不可逾越的等级，也是不可偏废的。在以宗法制为基础的儒教伦理观念中，"义"代表着社会等级以及每个社会成员必须按照自己的社会地位应该恪守的规范。正如朱熹说："谓之义则事之可否，身之去就，亦自有不可苟者。"③

第三，"义"是各种道德规范的总和，并且同时兼有第一、第二义。儒教在这个意义上使用"义"时，大致又有两种情况：其一，"义"单独作为一个范畴使用；其二，"义"与"仁"、"礼"并称做"仁义"、"礼义"。当然，"仁"与"义"是不同的，在儒教看来，"仁"是最高的道德境界，而"义"则是实现这一目标的必由之路。如何才是"正路"呢？朱熹的解释是："天理之当行，无人欲之邪"④。

说到人生价值，必然会涉及生死问题。儒教对生死问题的看法可以从几个方面理解：首先，把生与死看做是种循环，比如，周敦颐说："原始反终，故知生死之说。大哉《易》也，斯其至矣！"⑤《易传》将死与生看做物质之间不同形式的转换，能够这样对待生死的确洒脱，因此周敦颐会如此感慨。

其次，是以道德价值超越个体生命。虽然，生命对于个人而言，其意义和价值是至高无上的。然而，儒教在个人的生命与个人的社会意义和价值之

① 朱熹：《四书章句集注》，第71页。
② 《礼记·大司徒》，《十三经注疏》上册，第703页。
③ 朱熹：《四书章句集注》，第185页。
④ 朱熹：《四书章句集注》，第287页。
⑤ 《太极图说》，《周敦颐集》卷1，《传世藏书·子库·诸子》2，海南国际新闻出版中心1996年版，第2017页。

间，选择后者。朱熹说："有杀身以成仁者，只是成就一个是而已。"① 所谓
"成仁"就是实现自己的人格价值和人生目标。人必有一死，求生是人的本
能，儒教面对生死问题，却反对一味地求生存，认为为生存而放弃为人之
道，就与禽兽没有两样了。儒家主张在有限的生命中，创造无限的生命意
义。只有在生命过程中，让人生过得有意义和价值，才可能使死变得崇高和
伟大，只有死得其所，生也才更有意义。朱熹说："道者，事物当然之理，
苟得闻之则生顺死安，无复遗恨矣。"② 就是表示对人生价值的基本思考，
一旦达到生命所追求的目标，便可以坦然面对死亡。可以说，"道"也就是
真理和理想，在儒教代表人物心目中是高于生命价值的。朱熹说："欲恶有
甚于生死者，乃秉彝义理之良心，是以欲生而不为苟得，恶死而有所不避
也。"③ 这种杀身成仁、舍生取义，根据良知决定生与死的人生态度，对后
世的影响很大。舍生取义成为很多爱国志士坚强的信念。明末思想家刘宗周
说："如何是闻道？其要只在破除生死心"④。而破除生死心的方法就是道德
价值的追求。他说："若从生死破生死，如何破得？只从义利辨得清，认得
真，一路做将去，有何生死可言？义当生自生，义当死自死，眼前止见一
义，不见有生死在。"⑤ 清初思想家王夫之说："生以载义，生可贵；义以立
生，生可舍。"⑥ 这"义"就是个人道德价值，有了它生命才有意义，在个
体生命与道德价值之间，生命是可以舍弃的。这种利益超越个我，视死如归
的崇高境界，是"舍生取义"的儒教传统的发扬光大。

最后，以血缘宗法观念为基础的儒教孝道，也是对生死关系的一种特殊
的理解。死亡虽然使个体生命结束，但是由于有后代种嗣的接续，个体的生
命在后代身上延续，这样一代一代传承下去，也就超越了个体生命的有限而
达到家族或种族繁衍的无限，正是在这个意义上才会有"不孝有三，无后
为大"的家族规范。

①　朱熹：《四书章句集注》，第163页。
②　朱熹：《四书章句集注》，第71页。
③　朱熹：《四书章句集注》，第332页。
④　黄宗羲：《明儒学案》下册，中华书局1985年版，第1580页。
⑤　刘宗周：《证人社会录》，《刘宗周全集》第2册，浙江古籍出版社2007年版，第658页。
⑥　王夫之：《尚书引义·大诰》，中华书局1976年版，第127页。

2. 少私寡欲，贵生保命

老子说："道常无为而无不为。"① 天道正是因此能够长且久。道的无为与天地的不由自己，正是道与天地永恒的原因之所在。这是道家的自然观，也是其人生观。人的生存方式应该与天道的运行规律是一样的，天道无为，所以人道也应该无为。老子说："人法地，地法天，天法道，道法自然。"② 人的天性本是自然无为的，之所以会产生各种私欲，其原因在于社会价值导向的引发。社会的崇尚，诱发着人们的欲望，人们因私欲而争夺，从而造成社会的混乱。而这种崇尚恰恰又是统治者所倡导的。统治者尚贤而使民争名，贵难得之货而使民为盗，炫耀可欲之物而使民心惑乱。所以说，人的恶性是社会造成的，而这种造成恶性的社会又是统治者主宰和导向的。社会文明程度越高，人与人之间的争夺越剧烈，人性也就越恶。由于远离自然的道德理想，人生也就成为一种痛苦的过程。正是在这个意义上，老子说："绝圣弃智，民利百倍；绝仁弃义，民复孝慈；绝巧弃利，盗贼无有；此三者以为文不足，故令有所属。见素抱朴，少私寡欲，绝学无忧。"③

道家提出清静无为，认为生命的价值不在于世俗的享受，而在于保全身体和生命，从而达到与"道"一体的境界，解脱世俗的纷扰而获得生命的长存。道家认为"道"是永恒存在而又无所不在的，它是宇宙万物的根源和本体，人作为万物之一，自然潜存有"道"的性质。这就是老子所谓的生命之"根"、庄子所谓的人之"性"。他们认为要保全生命、超越死亡就必须保全其禀"道"而来的"根"或"性"。这种思想被道教所接受。

道教认为，人的生命并不决定于天命，而人的生命之存亡，年寿之长短，决定于生命自身。人只要修道养生，安神固形，便可以长生不死。这是道教异于其他宗教的一个明显特征。道生万事万物，道与生相守，生与道相保，道就是生，生就是道，尊生就是尊道，二而一，一而二，须臾不离，这是道教的基本教义。但这对生命的尊重并不等于人为地贪求七情六欲的满足，恰恰相反，道教认为，纵欲是自我戕害，会失道而死亡。

道教所接受的是先秦道家对生命的看法。从表面上来看，先秦道家似乎

---

① 《道德经》第三十七章，《诸子集成》第 3 册，第 21 页。
② 《道德经》第二十五章，《诸子集成》第 3 册，第 14 页。
③ 《道德经》第十九章，《诸子集成》第 3 册，第 10—11 页。

超脱了对生死的困惑和恐惧，如"人之生，气之聚也；聚则为生，散则为死"①，一切都应顺乎自然而不要人为地追求某些东西，所以要"齐生死"，即勿以死为悲，勿以生为喜。但这种超然的态度绝不是对生死听之任之。道家其实很强调生命的重要，主张不以世俗的各种冲突来危害生命。老子强调生命存在的优先地位。他说："名与身孰亲？身与货孰多？得与亡孰病？"②结论是不言而喻的，因为追求名誉、地位和财富往往会伤及生命，所以，为了保持生命的长久，就要知足和节制欲望。

庄子认为人间的道德规范都是人为的和相对的，善与恶都与人性相悖，那么善恶的区别在保全个体生命的角度，就没有任何意义，一切以生命的安全存在为标准。他说："为善无近名，为恶无近刑。"③ 人可以为善，但不要追求名誉，因为名誉会给人带来灾难；人亦可以为恶，只要不触犯刑律，因为犯法会遭惩罚而伤及甚至丧失生命。庄子心目中的价值标准是绝对，这就是个体生命的存在。庄子与老子一样地强调生命的优先地位。认为贵生保命才是真正的道，国家与天下这些帝王圣人的功业与个体生命相比是不足道的。人们为追逐身外之物而牺牲生命，是人生最大的悲哀。个体生命的价值是道德与行为的标准，无论外在的事功有多大，物质利益如何诱人，都不能以牺牲生命为代价。

庄子认为，保全个体生命的最好办法就是不要对社会有用。人们都追求对社会有用，以此换取社会的回报以满足自己的欲望。然而，人们却不知道，这种有用恰恰是灾难的原因。正所谓，"山木自寇也，膏火自煎也。桂可食，故伐之；漆可用，故割之。"④ 有用与有害是联系在一起的，对社会有用，却对自己的生命有害，既然道德的标准是相对的和中性的，所以个体的生命就成为最高价值。

庄子有很多谈论死亡甚至歌颂死亡的言论。一个如此重视个体生命、以生命自然为理想道德重要依据的人，为什么会歌颂死亡呢？原因在于，越是重视生命，死亡的恐惧也就越深，超越生死的愿望也就越强。正所谓："死

---

① 《庄子·知北游》，王先谦：《庄子集解》卷6，《诸子集成》第3册，第138页。
② 《道德经》第四十四章，《诸子集成》第3册，第28页。
③ 《庄子·养生主》，王先谦：《庄子集解》卷1，《诸子集成》第3册，第18页。
④ 王先谦：《庄子集解》卷1，《诸子集成》第3册，第30页。

生，命也；其有夜旦之常，天也。人之有所不得与，皆物之情也。"① 然而，人是无法超越死亡的，能够超越的只有是对死亡的恐惧。而追求至乐或天乐的最大障碍也是对死亡恐惧。超越了死亡的恐惧，才能有最大的乐。所以，歌颂死亡与重视生命价值就统一了。他说："死，无君于上，无臣于下；亦无四时之事，从然以天地为春秋，虽南面王乐，不能过也。"②

在对待生死的问题上，道教有自己的一套表述。道教是一种以生为乐，重生恶死，甚至追求长生不死的宗教。早期道教行世时，便已强调重生的教义。"生道合一"③ 是道教的基本观点，在道教徒看来，认为生命是道的表现，生是道的本性，生和天地同样重大。所以追求永生、不死，当活神仙，成为道教修炼的理想境界。充分重视个体生命意义和价值，这是道教区别于其他宗教的一个根本特征。

道教认为，要成仙必先学会做人，学会做人是成仙的基本前提。这样一来，成仙的道教理想就与现实中的人生价值紧密联系在一起。做人的第一步，是爱护自己的生命，保持自身形体的健康与完整。这既与儒家"身体发肤，受之父母，不敢毁伤，孝之始也"④ 的伦理规范相一致，而且因其成仙的最终目的，使其对个体生命远比儒家更为珍视，所以"贵生保命"是其宗教教义的必然结论，因为这是道教追求其宗教理想的出发点。

3. 人生苦短，生死双遣

佛教虽然没有从根本上否定人生的意义和价值，但是对人生的评价从总体上来说是消极的。佛教的"四谛说"中的"苦谛"是对生活意义和生命价值的探讨，形成佛教在这个问题上的独特认识。所谓"苦谛"就是说，众生的生命和生活的本质就是痛苦。这种痛苦并非专指情感或肉体上的痛苦，而是泛指一种精神逼迫感，就是烦恼。以人生为苦，是佛教对人生的价值判断。最常见和影响最大的是"八苦"：一、生苦，即生命的诞生过程的痛苦；二、老苦，人进入老年人生走入末途，面临死亡的逼迫，生活于恐惧之中；三、病苦，包括从里到外肌体上各种各样的不适和痛苦的身病和精神

① 王先谦：《庄子集解》卷2，《诸子集成》第3册，第39页。
② 王先谦：《庄子集解》卷5，《诸子集成》第3册，第111页。
③ 《太上老君内观经》，《道藏》第11册，第397页。
④ 孔安国：《古义孝经·开宗明义章》，《四部丛刊三编》景明弘治本。

上的恐惧、担忧、悲伤、缺失等等一切烦恼的心病；四、死苦，生命消逝的过程本身是一个十分痛苦的过程；五、怨憎会苦，憎恶的事情纷至沓来，不是冤家不聚头；六、爱别离苦，相爱的人却要忍受离别之苦；七、求不得苦，欲望越多，追求越强烈，痛苦也就越大；八、五蕴盛苦，"五蕴"包括："色"（人的肉体）、"受"（喜怒哀乐等情感和感觉）、"想"（人的理性活动和概念作用）、"行"（人的意志活动）和"识"（统一前四种活动的意识），而这"五蕴"正是人生苦难的根源。

在佛教看来，人生如同梦幻一般地不具有真实性。比如，宋代僧人契嵩说："圣人大观乎人间世，天地夫妇常伦万端，皆以情爱所成，都一浮假如梦。"① 佛教之所以把人生视为梦幻，是其基本的世界观决定的，佛教将事物看做是虚幻而不真实的存在，宇宙万有皆是因缘和合而起。世俗社会所执著和追求的一切，自然也都是不真实的。世人以幻为真，所以如梦；一旦从梦中醒来，便谓之觉。可以说，佛教的人生观，正是佛教徒以为的智慧。

佛教虽然讲人生苦难如梦，却并没有彻底否定人生的意义。佛教并不主张人们因为人生之苦就轻视生命、抛弃生命，比如明代高僧紫柏老人云："故有志于养生者，生不可轻。如果重生，先养其主。主者谁？主乎生者也。"② 当然，人类应该重视自己的生命，不能轻生。但这却并非是放浪形骸，而是要真正把握生命的意义和价值。佛教以为，生命的价值不在于七情六欲的满足和追求世俗的物质享乐，而在于心的宁静和生活的淡泊。因为，物质享受和欲望的暂时满足是并不能给人带来真正的快乐，反而会给人造成更大的痛苦。其中的关键在于，人的欲望是永远也无法满足的。而且满足欲望的手段往往是产生新欲望的条件。所以恣欲为乐便永远陷入欲望得不到满足的遗憾和痛苦之中。要求愈多，欲望愈强，内心就愈苦。所以说，真正的快乐不在物质享受，而在于清心寡欲的宁静，在于追求精神的完善和崇高的道德境界，从而超越物质享受，获得一种持久和真实的快乐。这就是佛教主张的精神生活的幸福，精神的完善与高于物质享乐的崇高幸福，才是真正的幸福。

---

① 释契嵩：《非韩上》第一，《镡津文集》卷14，《四部丛刊三编》景明弘治本。
② 释真可：《长松茹退》，《紫柏老人集》卷5，明天启七年释三炬刻本。

　　人类追求幸福是对自身生命价值的肯定，每一个人都希望有辉煌的生命和充实的生活，这是对生命的热爱。其中内涵着对生命与幸福的长存和永恒的渴望。但是，任何生命都不可避免地死亡。对人生意义的思考必然引起对死亡的思考。生死观集中反映人生态度，佛教更是如此。在佛教看来，人的生命是无常无我的。人都有生死，如果执著于生死就会陷入无穷的烦恼，永堕轮回。要想实现生命的永恒就必须摆脱这种羁绊，超越生死轮回而进入涅槃。这就是佛教的生死观，与儒、道两家相比有着自己鲜明的特点。

　　死亡是对生命的否定，它把生命拥有的一切抹杀，以一种不可抗拒的力量结束着每一个生命的过程。人类正是意识到死亡的不可避免才会探求生的意义。正是由于对死亡的恐惧，才会有宗教的情感诉求。死亡是人类最大的恐惧，贪生怕死、怀生畏死，乃人之常情。但是，恐惧改变不了死亡的必然。死亡使人生如一场春梦，死亡使人生的一切奋斗和努力都化为虚无。面对死亡，生命是何其渺小和脆弱。只要人必有一死，宗教的力量就永恒存在。佛教正是以解决对死亡的恐惧而流行于世的。佛教虽然认为生命是不真实的，是虚幻如梦的，但并不因此而畏惧死亡。正如佛教并不因生命苦而彻底否定生命的意义一样。佛教强调，正是死亡昭示了生命的意义和真谛，人们只能通过死亡才能了悟人生，从而不执著于生死。

　　佛教认为，人生是短暂的。人生即使长命百岁，相对于宇宙过程而言，只是微不足道的一瞬。生命与生活中的一切与宇宙间的万物一样，都处于瞬息万变之中。所以，人们不要执著于喜怒哀乐的情感，不要因境遇的得失而执著和痛苦。人生如白驹过隙，无论个人的际遇有何等差别，最终都逃脱不了同样的结局。人世有着各种差别和等级，只有死亡是最公平的。是死亡消灭了一切差别，达到最终的平等。正是因为死亡的这种特性，可以使人们了悟生活中的得失荣辱，这些的确与生命的本质和价值毫不相干。如果说儒教是通过生命的价值了解死亡的意义的话，那么佛教则是通过死亡的意义了悟生命的价值。因此，佛教特别强调生死是人生的头等大事，是参悟佛理的要义。

　　佛教的宗旨就是要人破生死关，从而从人生苦难中解脱，正如明代高僧释德清所认为，佛法可以使人"从此永出生死轮回之苦"[1]。在佛教看来，

---

[1]　释德清：《法语·示陈善人》，《憨山老人梦游集》卷4，清顺治十七年毛褒等刻本。

任何生命都免不了一死，但死的只是肉体而不是灵魂，形灭而神不灭。当然，佛教追求的真正的永恒与不朽是使灵魂彻底摆脱形体的制约，熄灭轮回，超越生死，达到不生不死的境界，这是终极意义上的精神完善。

第二节　中国宗教的社会模式与规范伦理

无论什么样的宗教，都首先作为一种社会组织形式而存在的。这种社会组织既是宗教伦理的产物，也是宗教道德精神的社会基础。综合地看儒、道、释三教的社会组织与伦理规范之间的关系有着许多相似之处，但它们之间的不同之处还是相当鲜明的。可以说宗法制度与儒教伦理是中国宗教社会组织与伦理思想的主干，而佛教的僧团组织来源于古代印度，道教宫观组织则既有中国古代家族制度的影子，又有对佛教僧团的借鉴，形成了一套完全中国化的宗教组织模式。

一、宗法制度与族规

宗法制度虽然已成历史陈迹，但其影响是极深远的。血缘、宗族是"孝"的土壤，也是以儒家为代表的中国传统伦理道德的生长点。同时，中国古代的宗法制度与中国古代的国家政权结构也有着密切的联系。学界有所谓"家国同构"之说，但是，纵观中国古代历史，宗法、家族与国家之间的关系是变化的，这种关系经历了由家国同构的宗法制，发展为家国对抗的门阀士族制，到了封建社会的鼎盛时期随着门阀士族制度被消灭，宗法和家族制度不再是贵族和皇室的特权，全社会普遍建立的家族一方面与国家政权彻底分离，另一方面却成为封建专制国家的社会基础。随着国家政权的完善，国家意识在人们的心目中逐渐形成，忠君报国式的爱国主义思想成为中华民族传统美德中的最高境界。

1. 宗法制度的典型

家国同构时期，就是中国古代宗法制度的鼎盛时期。这时的宗法制既是家族制度，同时也是当时的国家政权的结构方式。历史地看，宗法制度是有其历史进步意义的。宗法制度，是历史产物，有其自身的产生、发展、鼎盛到衰亡的过程。家族是由若干具有亲近的血缘关系的家庭组成。家族的构成必须遵循一定的法则，这就是宗法。自进入文明时代以来，我国古代的家族一直是以父系的血缘联结的，而若干出身同一男性祖先的家族又组成宗族，家族和宗族密不可分，有时甚至合二为一。所以，我国古代的家族制度与宗法制度有着密切的关联。

宗法是指一种以血缘关系为基础，尊崇共同祖先以维系亲情，而在宗族内部区分尊卑长幼，并规定继承秩序以及不同地位的宗族成员各自不同的权利与义务的法则。

宗法制度是由父系氏族社会的家长制演变而来的。在父系社会中，世系以父系计算，父系家长支配着家族成员，甚至对他们有生杀予夺之权。父系家长死后，他的财产和权力需要有人继承，于是习惯上就会规定一定的继承程序，而一代代父系家长生前的权威在其死后仍然使人敬畏，子孙们幻想得到他们亡灵的庇护，于是又产生了对男性祖先的崇拜以及随之而来的种种祭祀祖先的仪式。祖先崇拜与宗法制度密切相关，是家族内部的精神凝聚力。

进入阶级社会以后，宗法制度逐渐形成。它主要实行于统治阶级内部，是调节内部关系、维护贵族世袭统治、奴役劳动人民的工具。

父系社会后期，部落联盟的领袖在一定程度上已经具有后世国王的权力，但这一职位是由各部落酋长协商推选的，这就是所谓"禅让"。夏禹死后，其子启继位，把禅让的公天下变成传子的家天下，开创了我国历史上第一个奴隶制王朝。这种世袭统治权的确立，标志宗法制度的形成。

宗法制在确定政治、经济等方面的特权地位的继承秩序的同时，又规定这种特权地位的继承人应该依照血缘关系的亲疏远近把部分权力和财产分配给宗族中的其他成员。

确定继承秩序和宗族内部依血缘关系区分尊卑亲疏，规定各自的权利和义务，二者相辅相成，是宗法制度的基本内容。与此相适应，为了加强宗族内部的凝聚力，祖先崇拜被推到新的高度。宗法的宗的本义就是祭祀祖先的场所，所谓"宗，尊祖庙也"，宗即祖庙，宗庙。

宗庙祭祀是头等重要的大事，由宗族中地位最高的成员主持。同一宗族的人具有共同的祖先、共同的宗庙、共同的姓氏、共同的墓地，同受宗法制度的约束。所以宗法制的祖先崇拜在古代中国起着信仰、宗教、精神凝聚力与意识形态的多重作用。

周朝是宗法制趋于完善并走入鼎盛时期的一个朝代，这一阶段的宗法制度最为典型，也最为严密。正是由于这个原因，以宗法观念为思想基础的儒家总是将周朝作为理想社会的典型。

西周春秋时期的宗法制度的主要特点是在严格区分嫡庶，确立嫡长子的优先继承权的前提下，在宗族内部区分大宗、小宗。无论大宗、小宗，都以正嫡为宗子，宗子具有特殊的权力，宗族成员必须尊奉宗子。宗族内部的继承法以传子为主，并且由此产生了直系、旁系之分。直系是长子继承制的直接继承，其他弟兄便成了旁系。所谓嫡、庶，在一夫多妻的情况下，正妻所生为嫡，妾所生为庶；直系嫡传便形成大宗，其他旁系与庶出便形成小宗。

周王称天子，是所谓上帝的长子，被尊为天下大宗。王位由嫡长子继承，代代都是天下大宗的宗子，所有诸侯的共主。正因为天子是天下大宗，他所居之处被称为"宗周"。周王的其他儿子被封为诸侯，作为王室的屏藩，他们的国君地位也由嫡长子代代相承。对周王而言，周姓诸侯是小宗，但在其国内，则又成为大宗宗子。诸侯的其他的儿子被封为卿大夫，他们相对于诸侯来说是小宗，而在自己一系的子孙中，由嫡长子相承的系统又成为大宗，而其他儿子及其后代，被封为大夫，为士，又是本系的大宗。同姓诸侯之间存在着宗法关系，与异姓诸侯之间互为婚姻。不同姓的诸侯之间，诸内不同姓的贵族之间，也往往结为姻亲。

中国古代，国家政权结构和家族的血缘纽带是一致的，往往合称国家，或家国。家长是一家之君，国君是一国之家长。这是中国古代政治与宗法制度的一个重要特征，对政治、伦理、哲学与意识形态的特点有着重大或决定性的影响。

由于实行世卿世禄制度，各级大小宗子可以继承爵位和官职，除了统率族人之外，又有统治其他社会成员的权力。国家的各级政权机构，在一定意义上讲，正是扩大了的宗族组织。由血缘到宗法，是家族制的政治化。天子对诸侯有巡狩、命官、迁爵等权，而诸侯对天子必须尽朝聘、进贡、兵役和劳役等义务。

2. 宗法制度的崩溃

一方面，受生产力发展和激烈的社会变革的影响，西周春秋时期的那种典型的宗法制度，到战国以后就难以继续维持其先前的形态了。事实上，平王东迁以后，作为天下大宗的周天子已徒具虚名。在春秋后期，各诸侯国内大夫专权的情况屡见不鲜，原来的宗法等级已经开始动摇。战国时期，各国为了图强争霸，纷纷进行变法。扩张君权，加强封建国家的中央集权，是变法的重要内容。林立于国内并与各级政权紧密结合的贵族宗族集团，是推行中央集权政策的障碍，所以各国变法在不同程度上都企图限制、削弱贵族宗族的势力，最终都趋向于废除分封制度，用新的官僚制度来代替旧的世卿世禄制度。由于官无世禄，独重长嫡的宗子制也就被多子均分的继承制所代替。比如，秦国变法较为彻底，用法律的形式禁止父子兄弟同家共财，并编定户籍，使一家一户的小家庭直接隶属于国家。

另一方面，宗族内部许多不同家庭间的利益冲突和同居生活中必然产生的各种矛盾也逐渐涣散了基于血缘关系的凝聚力，一些本来居于支庶地位的成员由于服官、军功、力田、经商等原因，而升为显贵或富豪，他们不再愿意继续尊奉并受制于名义上的宗子。在国家政权的限制、压迫和内部离心力的双重冲击下，宗族制度逐渐瓦解，而宗族和各级政权的分离也就不可避免地完成了。

秦汉以后，就社会上一般的情况而言，大宗、小宗之分实际上已经不受重视，宗子已成为历史陈迹，封建大一统帝国的官僚行政系统也不容宗族组织插足各级政权，从这一意义上来说，严整的宗法体系已不复存在。从此，宗法家族与政治体制的国家政权分离了。

宗法制虽然瓦解了，但在封建社会自然经济的条件下，聚族而居仍然是一种普遍现象。秦汉时期一些宗族由于政治地位、经济力量以及人丁兴旺等方面的优势而成为强宗大族。强宗大族在地方上盘根错节，不仅武断乡曲，甚至阻梗政令的实施，形成对中央政权的对抗。为了压制强宗大族，秦始皇和汉高祖在统一中国后都强迫六国强宗、天下豪富迁离本土，汉武帝也曾"徙强宗大姓，不得族居"[1]。朝廷有时甚至有意作用酷吏，罗织株连，予以剪除。株连九族与消灭地方强族势力是有着密切的联系的。

但从西汉后期开始，特别是东汉时期，由于大地主庄园经济的发展和中央政权控制力的削弱，强宗大族的势力又迅速发展起来。它们筑坞堡，置部

---

① 范晔：《后汉书·郑弘传》注释二，第4册，第1155页。

曲，把持地方，操纵官吏，在战乱之时建立宗党武装，形成割据势力，最后终于使统一的帝国解体。

这种强宗大族的势力进一步发展，就形成了魏晋南北朝时期的门阀制度。门阀士族不仅各自在本乡本土控制权力，其联合势力又能左右朝政，皇室不得不与他们"共天下"，国家法令明文规定士族有荫族、免役等特权。士族自视甚高，不与庶族通婚。如果士族中人与庶族结为姻亲，或者就任一般由庶族中人出仕的卑贱之职，这在当时被称为"婚宦失类"，是十分耻辱的事，会因此而受到排挤。

此外，门阀士族的首领又通过招诱、逼迫等手段，收纳门生，庇护逃亡者，并把许多农民当做自己的"荫户"、"部曲"，对他们具有号令不二的权力。平时榨取他们的劳动成果，战乱时又把他们同宗族子弟一起编为家兵，体现了十分严重的人身控制和人身依附关系。

由强宗大族发展而来的门阀制度与春秋时期典型的宗法制度相比，其宗族内部的层次系统不是因为大宗小宗的血缘的远近而做区分的，而更偏重于各个支系、各个家庭的政治势力和财富。宗族中官位最高、财富最多的成员成为实际上的首领。他取代了宗子的地位，而对宗族的控制则具有更为粗暴的形态。但其重视血统和家世，以血统和家世决定社会地位，并在宗族内部实行家长控制，区别尊卑贵贱，强调等级服从上，二者完全一致。与过去的宗法制度不同的关键之处在于，宗法制度以天子为最大的宗子，各别子都必须服从，而门阀制却没有这一层关系，各家族与中央政权和皇室之间常常处于对抗状态，宗法血缘关系只在本家族内部有效，而不再是全国政治管理的依据和基础，形成所谓"家国对立"的阶段。

南北朝时期的世家大族在隋末农民战争中受到沉重打击，隋唐以科举取士，废除了九品中正制，使许多庶族出身的士子有了更多的仕宦机会，门阀制度逐渐没落，但崇尚门第的风气在唐代社会仍在延续，尤其是在唐朝末年，这些地主豪族与藩镇武装割据势力结合在一起，终于导致了唐朝末年的大的战乱和近百年的分裂与战争。但是，经过唐末五代战乱的荡涤，门阀制度与士族地主遭到毁灭性的打击，加上宋代对中央集权的加强，庶族地主通过科举进入高级统治层，并且进一步发展了自己的经济实力，这才最终使历史上一直与国家政权对抗的强宗大族退出历史舞台。

3. 家族制度的重建

中国古代封建社会的国家政权制度，随着宗法制度的瓦解和封建经济的成熟而一步步地走上成熟和完善。与此同时，过去与国家政权对抗的强宗大族被消灭之后，为了巩固封建专制制度，地主阶级的统治者，又开始对家族制度进行了有利于封建统治的重建与改造。

由于历史条件久已改变，要原封不动地恢复西周春秋那种典型的宗法制度是不可能的，但上古宗法制尊祖、敬宗的原则在经过一定的调整之后，得到了贯彻，从而形成了以修宗谱、建宗祠、置族田、立族长、订族规为特征的体现封建族权的宗族制度，这种宗族制度完全适应封建统治的需要，不断得到发展和完善，在封建社会后期近千年的历史时期中，同封建政权、封建礼教在纠合中共同起着长期而深刻的影响。

第一，修宗谱。宗族是以血缘为纽带组成的，宗谱用以明统系，统系即明，宗族就不至于混淆了。宗谱在南北朝时期被称为"谱牒"，当时就已经十分盛行，唐以前的谱牒在战争中绝大多数都已经散失，旧的谱学由衰而绝。宋代以后，经欧阳修作欧氏家谱，苏洵、苏轼父子作苏氏家谱，为之倡导，家谱重新受到地主阶级的重视。与旧谱重视区分门第高下不同，新谱学主要体现敬宗收族的精神。正如程颐所云："管摄天下人心，收宗族，厚风俗，使人不忘本，须是明谱系世族与立宗子法。"① 发展到明清，宗谱已成极其普遍的现象。在聚族而居的农村社会，甚至可以说没有无谱之族，从少数从事所谓"贱业"者之外，几乎没有不入谱的人。

第二，建宗祠。宗祠习惯上多被称为祠堂，是供奉祖先神主，进行祭祀活动的场所，被视为宗族的象征。崇拜祖先并立庙祭祀的现象，在原始社会后期即已存在。天子、诸侯的祖庙为宗庙，士大夫的祖庙为家庙。周代规定天子七庙，诸侯五庙，大夫三庙，士一庙，而庶人只能祭于寝。一般平民只能在自己的居室中祭祀祖先，士大夫以上才能立祠庙。宋朝的祠堂是以家庭而不是以宗族的名义建立的，而且与居室相连，还不是单独的建筑。到了元代，以宗族为单位建立的宗祠已经出现。明初以来，"庶人无庙"的规矩被打破了。明世宗时正式允许民间皆得联宗立庙。从此宗祠遍地，祠堂建筑到

---

① 程颢、程颐：《二程集》第1册，第85页。

处可见。宗祠祭祖仪式隆重，是最为重要的宗族活动。除了作为祭祀场所之外，宗祠又是处理宗族事务，执行族规家法的地方。

第三，置族田。族产，又称祠产，名义上是合族公有的财产，包括山林、土地、房屋。除祖先所置并有遗嘱不许分散归子孙共享的那一部分财产以外，族产的来源主要有三：一是子孙为官的捐奉；二是子孙殷富的捐奉；三是被逐出宗族而没收的子孙的财产。族产中最重要的部分是可以年年有地租收入的族田。族田又分祭田、义田、学田，一般都招佃农耕种，但有时为了团聚族人而由家族所属各家庭出劳力义务耕种，是原始村社经济的保留。祭田的地租供祭祀用，义田的地租供周济贫困族人用，学田的地租供宗祠办学用，但三者的区别并不十分严格。

第四，立族长。族长是管理全族事务的一族最高首领。族长和过去宗法制度下的宗子是不同的。一个宗族宗子的身份是以其大宗世嫡的血统继承来的，而族长则一般由推举产生。族长或称族正，虽然在形式上是推举产生的，便并不是宗族成员人人都有推举或被推举的权利。能推举族长的只是族中的长老和或富或贵者，年轻人和贫穷的劳动人民都无从表示自己的意见。而被推举者更需具备一些条件。首先，必须是年辈较高的；其次，是个人品德，要求德高望重；再次，也是最重要的是要拥有财富和权势。所以，事实上，族长一职很少有不被地主豪绅把持的。族长的权力：第一，主持祭祀；第二，主管族产；第三，对族人的教化和惩罚；第四，处理族中各种纠纷，调停争端。

第五，订族规。族长是根据族规行使权力的。它是宗族的法律，起着维护封建秩序的作用，对族众具有强制性的约束力。有相当一部分族规是某一祖先的遗训，累世相传，永不更改。也有的族规在修谱或续谱时由族中头面人物议订族规，一经订立同样具有不可动摇的权威性。不同宗族由于传统、经历、地域、势力等种种差异，所立族规反映了不同的家风，各有特色，但更多的是具有共性，它们都以三纲五常为基础，带有浓厚的封建礼教和理学色彩，所以体现的思想原则完全是一致的。族规、乡约虽然只是民间规约，却具有合法的地位，在封建国家的允许之下发挥效力以补充国家法律之不足，对巩固封建统治起了不容低估的作用。是封建道德的法律化，或者是以刑法手段强制执行封建伦理道德规范。当一个国家和民族的伦理道德需要刑法手段强制执行的时候，表明这种伦理道德已经走到了它的尽头，这是中国古代封建专制国家由盛转衰的表现。

二、道教组织与清规

道教，作为一种中国土生土长的古代宗教，在长达一千多年的发展历史中，逐渐形成了一整套宫观组织和清规戒律。其中虽然有中国古代宗法制度和佛教僧团组织形式的影响，但是，道教毕竟是一个从信仰、教义到偶像完全不同的宗教，所以它的宫观组织与清规戒律独具特色，构成中国古代宗教生活的一个重要方面，不仅构成道教信徒的基本生活方式和精神生活内容，同时对中国古代传统伦理道德产生了极其深远的影响。

1. 道教宫观与组织

宫观是指道士修道、祀神和举行宗教仪式的场所，也是其日常生活起居的地方，是道宫和道观的合称。

道教宫观是源于五斗米道的创立者张陵所设的二十四治。在张陵初创道教的时代，他杀牛祭祀二十四所，堆建土坛，上置草屋，称为二十四治。可见，最初的"治"是道教祀神的地方。到了晋代，除称治之外，还称庐、靖或馆，其建筑都很简陋，大多是茅草结顶，并且远离市镇。随着道教的发展，人们逐渐开始在都邑建馆，数量渐多，规模也逐渐增大。南北朝时，南朝有招真馆、九真馆、华阳上下馆等。北朝开始有道观的称谓。唐代统治者尊崇道教，由此宫观开始大兴。这时的宫观，建筑宏伟，规模巨大，不仅是道士祀神的场所，也是修道、日常生活和起居之处。可以说，道教宫观在唐代形成定制，历宋、元、明诸代，修建之风不衰。

宫观的建筑格式，从现在资料看，大约有这样三个发展阶段。一是"靖"和"治"；二是以"天尊殿"为中心的宫观建筑格式；三是至今仍存的以"三清殿"为中心的宫观建筑格式。

随着道教宫观的发展，按其组织形式和管理体制不同，逐步形成了两种不同类型的宫观，即子孙庙和十方丛林两种。

子孙庙又称小庙，其特点大致有三：第一，庙产私有，师徒世代相传，师徒之间不仅有法嗣传承关系，而且有产业继承关系；第二，师父管理庙产和宗教事务，可以收徒、教授经籍等，但不能传戒；第三，不能悬挂钟板和接受游方道士，即"不留单"。总之，子孙庙居住者不多，结构简单，师父即住持，也称当家，宛如一个家庭。

十方丛林又称为十方常住，它的主要特点大致也有三：第一，庙产公有，道教徒只要通过考核手续，都可挂单居留，其常住道众，大多是从挂单道教徒中择优居留者；第二，只能传戒，不能收徒，受戒对象由小庙推荐；第三，由于规模较大，常住道众较多，所以有较为严密的组织机构和管理体制。

由于十方丛林的规模较大，财产公有，常住道众多，所以，有较为严密的组织机构和管理体制。道职设立精细，分工也细密。无论是方丈、监院、都管等主要执事，还是库头、菜头等一般执事，皆是由道众公议推举产生。所有执事都有一定的任期，对于不称职或渎职者，道众可以公议罢免，并按道教清规戒律处置。

主要道职的分工大致为：方丈，虽名为一观之主，是最高的负责人，却不管丛林的具体事务，仅是一种荣誉职务。担任方丈的人，必须是德高望重，受过三堂大戒和接受过律师传法的高道。方丈可以传戒，在传戒期间方丈亦被称为律师。

监院，叫住持，俗称当家，负责全面管理丛林中的实际事务，须有管理才干的人担任；都院，是监院的助手，主要是协助监院管理丛林中的实际事务；都讲，负责管理圜堂、钵堂等事；都厨，掌管食堂伙食事务；堂主，负责接待安置游方道士；殿主，管理殿堂；化主，管理募化；高功，管理念经师；库头，负责钱粮出入；等等。随着道教的发展，是不断变化的，不同的宫观的体制也有各自不同之处，以上介绍仅就一般情况而言。

2. 道教的戒律清规

戒律是宗教徒实现理想，达到修行目的的一种手段。世界上的大多数宗教，都为信徒勾画了一个理想的境界，然而这种理想的境界与现实世界存在鲜明的对立，尤其是与人生命的自然本性相互矛盾，为了改变人的自然本性，使人性趋于某种宗教设定的理想境界，就设置了各种戒律和清规。道教虽然以肯定人的生命存在为前提，以追求长生乃至成仙为理想，但是它的最高目标和现实生活与人的自然本性之间同样存在着矛盾，所以道教也有自己严格的清规戒律。

《道教义枢·十二部义》将"戒"解释为"解、界、止",意思是"能解众恶之缚,能分善恶之界,又能防止诸恶也"①;将"律"解释为"率、直、栗",意思是"率计罪愆,直而不枉,使惧栗也"。戒律是用来对付"六情十恶"的。道教的戒律乃是用来约束道士的思想言行,防止为非作恶的条文,是道士修道必须遵守的法规,具有强制性。《云笈七籖》卷38《说戒》中指出:"夫学道不受《大智慧道行本愿上品大戒》,无缘上仙也。"②这就是说,能否遵守戒律,关系到修道之士能否得道成仙的大问题,如有违背,不仅不能得道成仙,反会获罪,可见戒律在道教中占有重要的地位。

初期的道教并没有正式的戒律。在早期经书《太平经》中有"诫",如"贪财色灾及胞中诫"、"不孝不可久生诫"等。在《老子想尔注》中则有"道诫",它说:"道贵中和,当中和行之,志意不可盈溢违道诫。"③又说:"名与功,身之仇。功名就,身即灭,故道诫之。"④这里的"诫"、"道诫",虽不是道教后来意义上的戒律,但它们已具有规范人心、制约行为的意义。

魏晋南北朝时,道教开始有正式的条文式的戒律。如新天师道的《老君说一百八十戒》,上清、灵宝派的《说十戒》和《思微定志经十戒》。其后,又逐渐衍生出有条文而繁简不同的戒律。不过,这些戒律主要内容并没有发生多大改变,仍是以名教纲常观念为主。不可否认,道教戒律在发展过程中,某些内容和形式沿袭佛教戒律,或者受到佛教戒律的影响;然而,这决不意味着道教戒律渊源于佛教。在我国古代的民间信仰中,斋祀活动中早已存在着许多禁忌,甚至儒教先圣孔子也以"礼"来规范人们的思想言行。所以,道教戒律渊源仍在于中国固有的文化传统。

道教戒律种类很多,最基本的为五戒、八戒、十戒、从这些基本戒条又演变出元始天尊二十七戒、六十戒、一百二十九戒、三百戒以至多达一千二百戒。现存道教戒律主要收录在《正统道藏》三洞中的戒律类,在《云笈七籖》和《道藏辑要》中也有部分戒律。重要的有《太上经律》、《洞玄灵

---

① 《道教义枢·十二部义》,《道藏》第24册,第816页。
② 张君房编,李永晟点校:《云笈七籖》卷38,中华书局2003年版,第828页。
③ 饶宗颐:《老子想尔注校证》,上海古籍出版社1991年版,第7页。
④ 饶宗颐:《老子想尔注校证》,第12页。

宝天尊说十戒经》、《太上老君经律》、《天仙大戒》、《初真戒》、《中极戒》
等等。

　　道教的"清规"是元明之际才出现的，清规与戒律一样，都是用来约
束道士言行的条规。不过，二者之间略有区别。其区别在于，戒律是警戒于
事前的行为准则，清规则是对犯律道士事后进行处罚的条例。一般说来，清
规是由各道观自行订立，对犯律道士的处罚也大不一样。例如，《教主重阳
帝君责罚榜》中规定：

　　　　一、犯国法，遣出；二、偷盗财物，遗送尊长者，烧毁衣钵罚出；
三、说是谈非，扰堂闹众者，竹篦罚出；四、酒色财气食荤，但犯一
者，罚出；五、奸猾慵狡，嫉妒欺瞒者，罚出；六、猖狂骄傲，动不随
众者，罚斋；七、高言大语，作事躁暴者，罚香；八、说怪事戏言，无
故出庵者，罚油；九、干事不专，奸猾慵者，罚茶；十、犯事轻者并行
罚拜。①

　　虽然，道教清规的内容是随着历史的变迁而发展变化的，但是其基本原
则是以当时社会法律为底线，以一定时代的道德尤其是封建社会的礼教为重
要内容的。而现在，道教宫观的清规戒律，则是在遵循国家法律的前提下，
然后按照教义和社会道德规范而制定的。

　　3. 道教的宗教伦理

　　道教给人们设立的行为规范，实质上就是封建社会所宣扬的各种道德伦
理规范。道教要求人们的一切行为都必须合乎"道德"，在善与恶之间选择
善。其内容在君臣关系方面表现为"忠"，在家庭伦理关系方面表现为
"孝"，在社会关系方面则表现为"仁爱"和"慈悲"等。这些内容，大都
是从儒教伦理学说体系中借鉴而来，但是道教又有自己的特点，亦即将神仙
信仰作为道德规范，也是其自身戒律清规的基础。

　　早期道教经书《太平经》中反映的早期道德伦理思想，继承了《周易》

---

① 《全真清规》，《道藏》第 32 册，第 159 页。

"积善之家必有余庆，积不善之家必有余殃"① 的善恶报应思想，创立了"承负"论。《太平经》将善恶报应概括为"善自命长，恶自命短"②。即认为作善为恶，报应在生命的长与短。而天地是喜欢人为善，厌恶人作恶的，所以对于人的行为，上天遣神以记之。过无大小，上天都是知道的。所以，它鼓励人们追求"真道德"，成为"上善之人"，由此才能成为神仙。然而，凡人有时努力为善，却得到恶的报应；而作恶的人，有时却得到善的报应。这样的因果关系《太平经》用"承负说"加以解释：

> 凡人之行，或有力行善，反常得恶，或有力行恶，反得善。因自言贤者非也。力行善反得恶者，是承负先人之过，流灾前后积来害此人也。其行恶反得善者，是先人深有积畜大功，来流及此人也。能行大功万万倍之，先人虽有余殃，不能及此人也。因复过去，流其后世，成承五祖。③

这就是说，善恶报应，不仅应在自身，而且要流及后世子孙，自身也要承负先人善恶的报应。其范围是承负前五代，流及后五代。但是，自己能行大功，就可避免先人的余殃。这就不仅回答了力行善者反得恶、力行恶者反得善问题，而且还指明了行善积功可免余殃的行动方向。

"承"和"负"是既有联系又有区别的两个概念。据《太平经》载：

> 承者为前，负者为后。承者乃谓先人本承天心而行，小小失之，不自知，用日积久，相聚为多，今后生人反无辜蒙其过谪，连传被其灾，故前为承，后为负也。负者，流灾亦不由一人之治，比连不平，前后更相负，故名之为负。负者，乃先人负于后生者也。④

> 比若父母失至道德，有过于邻里，后生其子孙反为邻里所害，是即明承负之责也。今先王为治，不得天地心意，非一人共乱天也。天大怒

---

① 《周易·坤》，《十三经注疏》上册，第19页。
② 王明：《太平经合校》，第526页。
③ 王明：《太平经合校》，第22页。
④ 王明：《太平经合校》，第70页。

不悦喜，故病灾万端，后在位者复承负之。①

意思是说，无论是个人的行为或国家的政治，都有一个善恶、治乱造成承负问题，天神在其中起着重要作用，直接与自身或后世的生命长短相联系，带有浓重的宗教主义色彩。判断善恶的标准，虽然仍是以世俗道德为准则，然而，却不再是原来的世俗道德，而是宗教的伦理。区别在于，外在约束的力量不再是社会舆论，而是至高无上的天神。《太平经》这部道教早期经典，初步奠定了道教伦理的思想基础。

随着道教发展，其道教伦理观也逐渐成熟而完善，在两宋时期出现的道教劝善书、功过格等等，最为完整地反映了道教伦理观念。而道教伦理观的完善恰恰与宋代理学的兴起有着密切的联系。

宋代社会，由于内忧外患，各类社会矛盾交织在一起，社会动荡不安，生命朝不保夕，人们都想通过对道教信仰得到神仙的保佑，祈求上苍免祸降福。正是适应这种社会心理的要求，南宋初期道教产生新的教派，劝善书应运而生。

道教劝善书的主要思想内容，是将道教宗教伦理和其主要教义成仙思想，以报应思想为中介联系起来，将道教人生哲学与伦理学合而为一。把为善去恶的道德行为作为解决人生寿夭存亡的寄托。劝善书告诫人们，要想长生成仙，首先必须广行善事，遵守现实伦理规范。针对世人希望长生的心理，劝善书以太上老君和文昌帝君等神明教化为信仰的权威，劝诫人们遵守社会规范，力图控制现实社会人们的道德行为，载定善恶，从而调整人与人之间的社会关系，维护封建社会的秩序，这种作用是儒门的三纲五常所达不到的。

除了生死问题，其他的人生问题，如人的命运、贫富、祸福、子嗣等等，都可以与人们的道德行为相联系。道教的劝善书不是以禁欲主义态度来追求天国的幸福，而是以现世幸福为目的，它的伦理观不是苦行主义，而是功利主义和快乐论，它追求福禄、喜庆、富贵多子和吉祥如意。无论是为善还是作恶，马上就会有各自相关报应。

---

① 王明：《太平经合校》，第54页。

劝善书继承了《太平经》的"承负说"，把它简括为"近报在身，远报子孙"，重点是放在今生今世，强调现世报和立地报及子孙报。劝善书还强调要靠自己的苦修以达到完善的道德境界，才可能获得神赐的幸福。

另外，劝善书还看到了主体的意志在道德修养与行为中的作用。它认为选择善恶念头的自由意志是在于自己的心，与神无关，但是神却能够起到监督作用，无论你心中生的是善念还是恶念，神马上就会知道，并给你相应的报应，因此必须"不欺暗室"，不论有人无人都应自觉树立善念，屏除恶念。

道教劝善书问世后不久，就受到统治者的重视和提倡，产生了极大的社会影响。皇帝、高官、大儒都意识到它对维护社会制度与社会秩序的作用及价值。在历代封建统治者的提倡下，劝善书自宋以来便流传不绝，注家众多。信奉者从宫廷、官僚阶层、士大夫文人到闾巷细民，比比皆是。特别是明、清两代，道教特点之一便是以劝善书为标志，以宗教道德训化为主，深入到社会民情风俗中，成为民众生活不可分割的部分，直到近现代仍在起着作用。

纯粹的社会伦理道德，主要凭借社会舆论对其社会成员的言行进行外在的约束，靠人们内心的良知进行自我约束。而且，道德的约束力量更主要的应该源自于人们的内心信念。在这一点上，宗教信仰的力量将会使道德的约束力更加强大。在依靠信仰约束人们的言行这一点上，道教与其他宗教相同；但是，道教的信仰内容却使它的约束力较之其他宗教有了很大的区别。许多宗教都将理想和应然境界归之于彼岸，或者来世，而道教将理想的着眼点放在现世，放在当下的人的生命的寿夭。道教认为，行善则可长生，行恶则致早夭。用神灵的力量来对人们的各种行为施行奖惩，这就比一般的社会伦理道德约束更有效。人们可以不在乎社会舆论，但都希望长生。生命的规律，成为伦理规范的客观基础，使得社会成员接受社会规范的可能更具有现实性。另外，道教的生长点是中国古代的鬼神信仰，它的许多戒律源自于鬼神信仰中的诸种禁忌，而道教戒律与伦理思想的理论化、系统化，又反过来加强了这些禁忌在民间的规范作用。即使是今天，在现代化文明日益发展，影响逐渐渗透到人们日常生活各个方面的情况下，根深蒂固的鬼神观念，源远流长的民间习俗，它们与道教的信仰一起，在人们的日常生活、宗教信仰和道教言行之中，仍然起着重要的作用。虽然，道教中也包含着不合时宜的因素，但它注重个体生命，并且以生命的价值为伦理道德规范的前提，这对今天建构新时代的道德规范体系依然有着重要的借鉴作用，其积极意义是不容否认的。

三、佛教僧团与戒律

佛教作为一种外来宗教，在中国本土的传播过程中，逐渐形成了自己的特色，这一点在佛教的宗教制度和伦理思想方面也有所表现。它既保持了佛教本身的制度与规范，也在吸收中国古代宗法观念的基础上，在儒家思想的影响之下，形成了独具特色的中国佛教的制度与伦理。

1. 佛教的寺院经济

按佛教教义，僧侣应以乞食为生，寺院建立以后，则靠施主的布施维持。乞食中的高级僧侣可以往来于庙堂，作清客，任谋士，而大多数是游走江湖，贫困无着；寺院生活相对稳定，但由于施主的穷通变化，贫富相差悬殊。东晋末年，僧侣中普遍出现经商、做工、为医、为巫等自谋生路的现象，遭到社会舆论的严厉谴责。到北魏，采取浮图户和僧祇户①的办法，使寺院同时成为社会的一种特殊的经济实体。而在南朝，像梁武帝用"舍身"一类手段，为寺院经济募集资金。

开皇元年（公元581年），隋文帝即位，诏令在全国范围恢复佛教。隋朝佛教的一个重要特征，是大型宗派的形成，这也是中国佛教寺院经济高度发达的结果。它们形成前后一贯的学说体系，并且拥有相对稳定和人数众多的社会信仰层，同时又建立了保证师徒延续的法嗣制度。它们弘扬不同的宗教教义，反映着不同的政治力量和经济利益，在社会上发挥着不同的作用。

隋代有一种特殊的佛教经济形式，即三阶教的"无尽藏行"，就是专为支持和发展佛教而求得和储藏财物。始建于梁武帝时代，三阶教把它作为最重要的善行手段，并成为此教的一大特色。用"无尽藏"的财物施给穷人，可以激发其从善之心，而施财物给"无尽藏"的人则可发菩提心。该教认

---

① "僧祇户"是专供寺院谷物，以备赈饥之用的民户，多是掠到北魏境内的俘虏，地位比寺院的佃农还低；"佛图户"是专为寺院充役和耕作的奴隶，全由判重罪的官奴充当。

为布施不应该是个人的独自活动，而需要成为集体的事业。因此，要求每个人的思想行为必须融化于"无尽藏行"中，加入"无尽藏行"的人，每天至少要"舍一分钱或一合粟"。"无尽藏行"使三阶教的经济力量迅速成长，使统治者感到不安，所以屡遭取缔。

唐初实行均田制，凡道士给田 30 亩，女冠 20 亩，僧尼同样。国家正式承认寺院经济属于社会经济的一种成分，而其免役免赋的特权并未取消。唐代寺院经济大体有两种类型，首先是朝廷敕建的国家大寺，如长安西明、慈恩等，所有供给全部来自国家财政。在这种由政治庇护，财经资助下的寺院，一旦有了独立经营的权力，立即成为兼并巨户，越州跨县，建造各种庄园。庄园式的大寺院经济，是中国佛教宗派得以形成和发展的重要因素。只有在强大的经济实力支持下，才能为创造发达的宗教哲学体系提供丰富的学术资料和学术气氛，并使这种学术水平持续下去，得到丰富、更新。从这个意义上说，唐代的诸大寺院，也是国家重要的学术中心。

宋代的佛教寺院经济又有新的发展。这种发展与唐代禅宗开始的那种完全闭塞的山林经济不同。由于宋代城市繁荣，城乡手工业和商业发展，也强烈地刺激了寺院经济同世俗社会的联系，变得相当活跃。寺院还普遍开设碾房、店铺、仓库等商业性服务项目，发展营利事业。与此相应，寺院内部职事的分工日趋细密，上下等级界限更为清楚，禅宗初期的平等关系不复存在。即使在农禅基础发展起来的寺院，也显出了庄园经济的规模。寺院生活与世俗生活在经济和政治上日益接近。

从成吉思汗起，蒙古统治者就试图把喇嘛教作为联系西藏上层的重要纽带。西藏归顺蒙古后，忽必烈特别支持萨迦派的发展。建都燕京后，以八思巴为国师、帝师，统领天下释教，推动了喇嘛教在藏、蒙和北方部分汉民地区的传播。从八思巴开端，整个元朝都以喇嘛为帝师。新帝在即位之前，必先就帝师受戒。帝师也是元中央的重要官员，领中央机构总制院事，管辖全国佛教和西藏地方行政事务，成为全国佛教的首脑，使喇嘛教统治全国佛教。在皇室的支持下，元代几乎没有中断过营造大寺院和大规模赐田赐钞的风气。元代寺院除经营土地，也从事各种商业、手工业活动，各地当铺、酒肆、货仓、旅店等多为寺院所有，比宋代还要活跃。

明代佛教与元代有很大不同。朱元璋即位之后，对佛教基本采取既利用又整顿、着重在控制的方针。朱元璋对佛教强化管理的根本目的，在于切断它与民众的组织联系，防止惑众滋事，以致成为造反起义的手段。所以，他整顿佛教，要求僧侣只能从事与佛教信仰有关的活动，其他俗务，特别是聚敛财富、干预政事，是绝对不允许的。

　　同是北方少数民族的满清统治者，与元代统治者有些相似，也是早在入主中原之前就与西藏喇嘛教建立联系。统一全国之后，对内地佛教继续采取利用，但从严控制的政策；对喇嘛教则主要当作控制蒙藏上层、巩固中央统治的手段。当然，作为统治思想的补充和个人精神生活的需要，清帝室也不乏对佛教表示兴趣的君主。到清末，随着清朝国力的衰弱，佛教寺院荒废日甚，加上战火破坏，佛教在晚清已经处于全面危机的阶段。

　　2. 佛教的制度仪轨

　　作为宗教，佛教自然有它的规矩和制度。主要包括出家与受戒的规矩，僧团或禅宗丛林制度与清规，每日必须做的功课，定期举行的法会和忏悔等等。正是这些宗教仪轨与制度，保障佛教的传承及其在民间的影响。可以说，没有这些规矩和制度，佛教也就不存在了。

　　佛教传入中土，其出家僧人被称作"沙门"，对未出家的信徒，按性别不同亦有不同的称呼。在家的男性信徒称之为"清信士"，在家的女性信徒称之为"清信女"，二者又被统称为"居士"。佛教极为提倡出家的重要性，如《涅槃经》说："出家学道，成一切种智。"① 出家人如果还俗，形式很简单，只要向任何一人声明即可。而出家的则必须经历一整套身份的转换，以考验或巩固其出家愿望的纯洁性与坚定性。愿意出家的人以某位大德比丘为"依止师"，并让替自己剃除须发和授"沙弥戒"或"沙弥尼戒"之后，他（她）便开始见习期，在此期间，男性见习生被称为"沙弥"，女性见习生被称为"沙弥尼"。女性见习生满 18 岁时，还要受"式叉摩那戒"，成为"式叉摩那尼"，意即"学戒女"。男女见习生年满 20 岁时，才能受"具足戒"，从而成为正式的出家信众，被分别称之为"比丘"或"比丘尼"。修大乘佛教的比丘还可以自愿的原则，受菩萨戒。古代一些崇佛的帝王如梁武帝、隋文帝和隋炀帝等，也曾受过菩萨戒。汉地佛教出家形式，唐宋时代比

----

　　① 《大般涅槃经》卷上，《大正藏》第 1 卷，第 192 页。

较严格，元以后逐渐放宽。

最初的禅宗教团多住在律寺中，后来独立出来的禅宗寺院，便称为丛林。起初的丛林规模甚小，一寺之中，仅有方丈、法堂、僧堂和寮舍。丛林的普通成员称为"清众"。方丈即为一寺住持的居所，又指该寺的住持僧。然而，丛林将所设置的十种职务统称之为寮舍。可见，方丈与寮舍既是指佛教的建筑，又指称寺院中的职务。

今日丛林依清规而进行的活动大致包括：结夏与结冬。丛林极其重视每年的结夏、解夏、冬至、年朝这四大节期。前二者源自印度旧制，后二者属于汉传风格。所谓"结夏"，是指佛教规定每年的四月十五日至七月十五日，为僧徒定居在寺庙内专心修道的日子，称为"安居"，其开始之日为结夏，结束之日为"解夏"。此外，每年阴历十月十五日，到次年正月十五日期间，丛林也结制安居，称为"结冬"。此外还有挂单、安单和贴单。凡曾受具足戒的比丘，衣钵、戒牒俱全的云游到寺，都可暂住，此谓挂单，也称之为挂搭。如果挂单日久，而且被认为能够共住，即送入禅堂成为常住客，名为安单。贴上本丛林常住人员的名单，即为贴单。

法会是中国佛教集体举行的以祈祷为主，并向公众开放的大型佛教仪轨与活动。其性质大致分为斋僧、礼忏、超度亡灵、节日纪念、放生等法会。其中比较重要的是节日的纪念和超度亡灵的法会活动。

水陆法会与焰口施食是两种最重要的超度亡灵的法会。且在诸多的佛事活动中，前者为盛大而隆重，后者频繁而普及。水陆法会全称"法界圣凡水陆普度大斋胜会"。起初它主要是超度战争中丧生的亡灵，后来超度的对象包括孤魂野鬼和亡故的亲友。焰口，或作"面燃"，是饿鬼的称呼，经文里将它描写得很恐怖，其形枯瘦，咽细如针，口吐火焰。人们为摆脱投生饿鬼的苦难，施舍食物给诸饿鬼。施食的方式因宗派不同而各异。按近代习惯，凡重大法会圆满之日或丧期之中，常举行焰口施食。

佛教的节日法会，按照汉传佛教的主要节日，大致有如下重要的节日：

正月初一日，弥勒菩萨圣诞。

二月初八日，释迦牟尼佛出家日。

二月十五日，涅槃节。纪念释迦牟尼逝世的节日。

二月二十一日，普贤菩萨圣诞。

二月二十九日，观音菩萨圣诞。

四月初四日，文殊菩萨圣诞。

四月初八日，释迦牟尼佛圣诞，俗称浴佛节。多在该日举行放生法会。

四月十五日，南传和藏传佛教都认为这一天既是佛诞生日，也是佛成道日、涅槃日。所以世界佛教联合会确定该日"世界佛陀日"。

六月十九日，观音菩萨成道日。

七月十三日，大势至菩萨圣诞。

七月十五日，本来是汉传佛教安居期满的佛欢喜日。后来演化为鬼节。

七月三十日，地藏菩萨圣诞。信徒们或者扎糊纸船，船中设地藏菩萨及十殿阎王像，入夜点灯，会毕焚化。或者在路口，点莲花灯。

九月十九日，观音菩萨出家日。

九月三十日，药师佛圣诞。

十一月十七日，阿弥陀佛圣诞。

十二月初八日，释迦牟尼佛成道日，或称腊八节。为纪念牧女以乳糜供养刚放弃苦行的释迦牟尼一事，汉传佛教定于此日斋粥供佛，俗称腊八粥。

3. 佛教的戒律伦理

世俗的社会规范表现为伦理，而宗教的规范则以戒律的形式存在。它们的目的与手段有所不同，但它们对人的行为的限制与约束性这一点，则是基本一致的。所以，从某种意义上说，宗教的戒律本身就具有伦理意义，尤其是当它用于处理人际关系的时候，或者当它作为标准评价利益和价值的时候。宗教的戒律与俗世的伦理都能够使自然的人性受到扼制，使现实的人格趋于理想。在这一点上，佛教的戒律与伦理之间的关系表现得更密切，尤其汉传佛教更是如此。佛教俗世化趋势更使其宗教戒律具有俗世的伦理功能。

具体说来，佛教的戒律大致包括：三皈依、五戒、八戒、十戒、二百五十戒。所谓"三皈依"即皈依佛、法、僧三宝，是在家人入教的证明。"五戒"可以是针对以在家的身份加入教团的男女信徒而言的。为居士每月在固定的日期体验出家生活而设立的戒。八戒又称八关斋戒，汉传佛教规定可以在农历每月初八、十四、十五、二十三及月底最后两天的"六斋日"受持，多受持一次，便多一份功德。"十戒"是沙弥和沙弥尼的戒律。"二百五十戒"则是比丘的戒，而比丘尼则有"三百四十八戒"，二者又称为"具

足戒"。五戒、八戒和十戒的内容见下表：

五戒	八戒	十戒
1. 不杀生	1. 不杀生	1. 不杀生
2. 不偷盗	2. 不偷盗	2. 不偷盗
3. 不邪淫	3. 不邪淫	3. 不邪淫
4. 不妄语	4. 不妄语	4. 不妄语
5. 不饮酒	5. 不饮酒	5. 不饮酒
	6. 离非时食	6. 离非时食
	7. 离歌舞视听，离香油涂身	7. 离歌舞视听
	8. 离高广大床	8. 离香油涂身
		9. 离高广大床
		10. 离金银宝物

五戒可以是适用一切佛教徒的根本戒律。第一戒杀生，不但不杀人，而且所有鸟兽鱼虫等一切生命都在戒杀之列。不仅自己不能动手杀生，而且叫人杀、咒杀、对杀、观赏杀与杀生均为同等罪恶。中国佛教的素食传统，则可以视为这种戒杀精神的具体表现。第二偷盗戒，是指未经物主同意而无论以何种理由、无论用何种手段侵夺财物的行为都在禁止之列。第三邪淫戒，对于居士主要禁止发生夫妻之外的非正当的性关系，对出家的僧尼则禁止任何性活动。第四妄语戒，所谓妄语用四种，一是欺诳不实之语，二是花言巧语，三是辱骂诽谤，四是搬弄是非。第五饮酒戒，因为酒迷心性，所以为信徒保持精神清爽而订。

佛教伦理的要求不但是针对自我人格的完善，还贯彻在人与众生、人与自然的关系的和谐方面。甚至可以说，它的道德境界是以得他平等为归趣的。如《观无量寿经》云："佛心者大慈悲是。"[①] 慈悲精神是浸透在大乘佛教的全部实践当中的。在梵文里，慈与悲是分开的，如《大智度论》上说："大慈与一切众生乐，大悲拔一切众生苦，大慈以喜乐因缘与众生，大悲离

---

① 《观无量寿经》，《大正藏》第12卷，第343页。

苦因缘与众生。"① 体现慈悲精神的实践就是"菩萨行"，其主要条目为"四摄"、"六度"。"四摄"是指菩萨引导众生的四种方便：一是布施，将自己的财产分施与他人；二是爱语，即对人说话要和颜悦色，要坦诚，要说真话和调解与善语；三是利行，即助人为乐，与人为善；四是同事，即与人和睦相处，以诚相待。"六度"则是指济度众生到解脱彼岸的六条途径，即布施、持戒、忍辱、精进、禅定和般若。第一是布施。布施的利他性前文已述。第二是持戒。持戒具有对自我行为的强制规范性，其伦理意义自是不言而喻。第三是忍辱。忍辱有两层含义，一是对于横逆违意与坎坷之境不起怨恨与愤怒；二是对于诸法实相之理安住不动，即对身外之物与环境的变化不动心，佛法视忍辱为万福之源。第四是精进。精是纯粹不杂的意思，进是勇猛不懈的意思，佛教认为，修持佛法和利乐众生都需要勇猛精进，需要始终不渝和专一的意志品格。第五是禅定。禅定是指排除一切杂念与妄想，不被悲哀、诋毁、荣誉、称赞、讥讽、苦难、欢乐等干扰所动，能够保持内心平静和清净的修功夫。第六是般若。般若就是智慧，是指在通达佛理的基础上，能够判断正确与邪恶，排除疑难、犹豫与困惑的能力。所谓佛理就是指"缘起性空"的根本义理，实际上就是世界观与人生观上的根本性转变，这是佛教信仰的关键所在。"六度"相互关联，构成有机的整体，体现了大乘佛教自觉而觉他、自利而利他的慈悲精神。这种精神与伦理道德有着相当深刻的交融性，具有强大的伦理功能。佛教的利他主义，主张无我，甚至完全舍弃自我。这与佛教的世界观有密切联系，佛教认为万法皆空，所以本来无我。在这一点上，与儒家思想产生了某种相契，然而，儒教所追求的无我，是应然态，即应该无我。但殊途同归，最终在人格的高尚与无我利他方面，儒教与佛教取得了某种程度上的一致。

第三节　自我超越：中国宗教的人格理想

　　所谓"理想人格"也称之为"理想自我"，是对现实人格和现实自我的超越，也是指理想的完全人格，是人的发展方向和期望达到的境界，同时也

---

① 《大智度论》卷27，《大正藏》第25卷，第256页。

是人生的目标和人的行为的内在动力。儒、道、释三教对理想人格的追求全然不同。儒教追求成圣成贤，道教追求成神成仙，佛教则追求涅槃成佛。由于理想人格目标设立的不同，所追求的理想人格的模式与特征也就不同，成就理想人格的实践和方法也迥异。当然，其间的共同点还是存在的，那就是对自我的超越。

一、成圣成贤的儒教人格理想

儒教是入世的，它所追求的理想人格更具有现实意义，其思想的核心是伦理道德观念，而其中最重要的内容，就是对人格理想的设定和追求。做人是儒教最重要的学术和践行的旨趣所在，而这做人的标准，就是成圣成贤。虽然，几千年来没有见过有谁真的成了圣贤，但是这种追求却几千年不辍，表明这理想人格具有永恒的精神感召力。

1. 理想人格模式与特征

在中国古代，儒教具有完备的理想人格思想。在儒教看来，追求理想人格是人生的最高价值和目标。儒教的理想人格，是发展和完善自我的主要标准和动力。

最早设想理想人格的是孔子。他提出的"仁"的概念，就包含着理想人格的意义，或者说"仁"就是一种理想人格的境界。如果说"仁"还是一种抽象原则的话，那么尧舜等古代君王就是儒家设想出来的具体的理想人格典范。这些"圣人"不仅品德高尚，更重要的是能够为天下苍生谋利益，为民造福，这是儒教理想人物最重要的标准。然而，像尧、舜、禹、周公等这样的理想人格，是圣人的最高境界，一般人是根本做不到的。这样的人物往往首先得是最高的统治者，具有人世间至高无上的权力，这在现实生活中当然是罕见的，所以孔子还有较低层次的理想人格的标准，就是"君子"。朱熹说："圣人，神明不测之号；君子，才德出众之名。"① 由此可见，君子与圣人虽然都是理想人格的代表，但是他们之间的区别还是明显的。君子的主要品格在于内在的道德修养，要时时处处以"仁"和"义"作为自我完善的标准。而圣人则是历史伟人，是观念形态的人格理想，是现实生活中几

---

① 朱熹：《四书章句集注》，第99页。

乎不存在的，而君子则是现实生活中活生生的理想人格，人们经过自身的努力，完全可以成就这样的理想人格。

孟子在孔子思想的基础上，提出了更具体的"大丈夫"的理想人格标准。他说："居天下之广居，立天下之正位，行天下之大道，得志与民由之，不得志独行其道。富贵不能淫，贫贱不能移，威武不能屈。此之谓大丈夫。"① 这种理想人格自觉追求个人的道德品质，在发扬自己的善性基础上，追求内在的人格完善。他们既恪守社会规范，又能够节制个人的欲望，并且是一心为公众服务的楷模。这样的"大丈夫"与"圣人"和"君子"没有根本区别。

荀子对理想人格虽然也称"圣人"或"君子"，但其设想与孔子和孟子都不一样。他心目中的圣人，也注重个人的道德修养，是仁义礼智等道德规范的体现者，追求着崇高的道德境界，这些都是儒教的传统。但是，荀子设想的理想人格有着自己的特点。其一，荀子特别强调"圣人"或"君子"要"全"。他说："君子知夫不全不粹之不足以为美也。"② 可见，他所追求的理想人格是纯粹的人，也就是完美无缺的人。其二，荀子设计的理想人格是具有全面知识的人。这一点与孟子的理想人格有很大差别。孟子强调理性的作用，但是不免有些夸大。他说："尽其心者，知其性也；知其性者，则知天矣。"③ 认为，人通过理性可以"上下与天地同流"④，这样的境界当然只有圣人才能达到。而荀子的理想人格却善言天必有征于人。在荀子看来，探索天地之所以生万物的道理是没有意义的，只要掌握了使万物为人类服务的本领就足够了。在荀子看来，自然界生活的人类，只要"其行曲治，其养曲适，其生不伤"⑤，就是知天了。关于理想人格，孟子与荀子的设想不同，这与二人对天人关系的看法密切相关。孟子主张天人合一，而荀子则主张天人相分。

儒教的理想人格在先秦时期奠定了基础，汉儒讲理想人格远不如先秦儒

---

① 《孟子·滕文公下》，朱熹：《四书章句集注》，第265—266页。
② 《荀子·劝学》，王先谦：《荀子集解》，《诸子集成》第2册，第10页。
③ 《孟子·尽心上》，朱熹：《四书章句集注》，第349页。
④ 《孟子·尽心上》，朱熹：《四书章句集注》，第352页。
⑤ 《荀子·天论》，王先谦：《荀子集解》，《诸子集成》第2册，第207页。

者全面，只是把孔子和孟子也列入到理想人格的范围之中。在理想人格的品质上，宋儒一方面提倡"存天理，灭人欲"，使其人格理想具有僧侣精神和宗教性；另一方面，其理想人格更具现实性，比如朱熹说："阿谀苟容，窃取权势，乃妾妇顺从之道耳，非丈夫之事也。"① 只要有独立的人格，就是"大丈夫"。

　　儒教设计的理想人格概括起来有两大特征：其一，崇古的价值取向。儒教推崇的理想人格都是古代帝王，关于他们的史料和事迹非常少，后人不了解他们，这就为儒教美化和理想化历史人物提供了空间。现实中的人，都是有缺点的，都可能犯错误，所以以历史人物为理想人格，就不存在这个问题。但是，历史人物的事迹太少，所以儒教塑造的这些圣人都比较抽象，很难形成具体的形象，也就失去了学习和效仿的可能性。比如孔子说："大哉尧之为君也！巍巍乎！唯天为大，唯尧则之。荡荡乎！民无能免焉。"② 由于谁也说不清这些古代帝王都干了些什么，儒教也只能用这种笔法虚写，让人不知所云。像天一样高大的理想人格，普通人如何效仿，这样的理想人格其实与无有一样。孟子则把许多历史人物理想化，商汤、文王、武王、周公成了圣人。自孟子之后，儒教心目中圣人队伍不断扩大。但是，同时圣人的标准也在降低。而且圣人之间也有了层次和高低之别。比如，他认为尧舜的德行是出于本性，而汤、武则需要经过后天修养才能达到这种境界。到唐代韩愈处，圣人从尧、舜、禹，商汤、周文王、周武王，一直到孔子、孟子排成一大串，冠之以"道统"之名，形成一个理想人格的系统。其二，内圣外王的现实意义。所谓"内圣"是指个人的道德品质修养。只有道德修养水平很高的人，才能够管理国家事务，从而达到天下太平，为民谋利的目的，这样的人最适宜当王。理想人格在内圣方面，着重表现在德性修养上。理想人格在"外王"方面，着重表现为治国、平天下，这是圣人在社会政治方面的成就。"内圣"与"外王"是理想人格固有的特质，二者在圣人身上是同时兼备的。二者兼而有之的人，就是所谓"圣王"，就是天下人效法的最好榜样。虽然"内圣"与"外王"在圣人之处是不可分割的，但是儒

---

① 朱熹：《四书章句集注》，第 265 页。

② 《论语·泰伯》，朱熹：《四书章句集注》，第 107 页。

教认为应以"内圣"为主，"外王"必须以"内圣"为依据，只要完成了
"内圣"功夫，"外王"的实践也就自然完成了，正所谓"仁者无敌于天
下"，如此才是"修其身而平天下"。

2. 成就理想人格的方法

理想人格并不是天生的，虽然儒教认为人具有高于万物的价值，但是人
的天赋只具备了做人的可能性，要进行培养和教育，才可能明白做人的道
理，才有可能成就理想人格。

儒教特别注重学习。在儒教看来，一个人的道德品质的高低与他所掌握
的知识的多少是成正比的，因此"为学"是做人的第一步，更是理想人格
的起点。儒教也以注重教育为特点。从孔子开始，历代大儒都是一代名师，
他们办教育、教书，其目的就是要通过传授知识而使人具备成为圣人、君子
的条件。用孔子的话说："生而知之者，上也；学而知之者，次也；困而学
之，又其次也；困而不学，民斯为下矣。"① 谁是学而知之的人呢？似乎没
有，连孔子自己也承认"我非生而知之者，好古敏以求之者也"②。儒教的
圣人况且需要学习，更何况一般人。孔子学而知之的思想在孟子那里得到进
一步的发挥。孟子也认为圣人不是天生的，而是经过后天学习、生活磨炼和
道德实践成就的。在孟子看来，古代圣人除了尧舜以外，自汤以后的圣人都
是经过后天的学习之后才达到圣人境界的。而孔子之所以能够成为圣人，也
正是因为他"学而不倦"的缘故。荀子更是重视学习的重要，因为他主张
性恶论，如果没有后天的学习和教育，人根本就不可能成为人，更遑称圣
人。用他的话说："学数有终，若其义则不可须臾舍也。为之，人也；舍
之，禽兽也。"③

学习的重要性还在于学习的内容。儒教学习的内容主要是"礼"。儒教
所谓"礼"有广义和狭义之分。广义的"礼"是指各类传统文化知识，包
括历史文献、典籍等。狭义的"礼"则主要指西周时期的社会政治制度、
等级秩序、伦理规范、典章礼仪等等。二者加起来，构成儒教学习的全部礼

① 《论语·季氏》，朱熹：《四书章句集注》，第172—173页。
② 《论语·述而》，朱熹：《四书章句集注》，第98页。
③ 《荀子·劝学》，王先谦：《荀子集解》，《诸子集成》第2册，第7页。

的内容。所以，儒教主张学礼在很大意义上是对传统历史、政治、文化知识和现实政治管理技能的掌握。孔子提倡"有教无类"，开办私学，打破了周朝学在官府的传统，使得受教育的人更为广泛，也就意味着出身平民的人通过学习，不仅可以进入管理国家的政治生活之中，而且具备了成为理想人格的可能条件。

儒教提倡学习的目的最终是为了培养理想人格。一个人要成就理想人格，首先必须立大志，下大决心，并且有坚强的意志力，否则将一事无成。所以儒教非常强调人的志向的确立。就个人成才的角度看，一个人在事业上能否获得成功，与他心中确立的志向有着密切关系。立志往往是成功的第一步。"取法乎上，仅得其中"，没有高远的志向是根本不可能成就为理想人格的。正如孔子所云："吾十有五而志于学，三十而立，四十而不惑，五十而知天命，六十而耳顺，七十而从心所欲，不逾矩。"[1] 十五岁有志于学，并非十五岁之前不知道学习，而是说十五岁开始知道学习的明确目标，而这目标就是对"道"的追求，并且是终身追求的目标。正是十五岁开始有了明确的目标，三十岁的时候才能学有所得，有了立世做人的基本条件。用现在的话说就是有了生存和安身立命的前提，有了一种可以为自己提供基本生存和未来发展的职业技能。这是最基本的。儒教主张学以致用，反对空头文人。如果一个人不能养家糊口，那是根本不可能为民谋利，更不可能成为一个圣人的。以此为基础，到四十岁才有可能出现精神的升华，达到不惑的境界。这"不惑"就是内心的信念和终身所从事的事业，不会再因为外在的诱惑而改变了，对自己所追求的目标，也不加怀疑了。从中可以看出，最初立志的重要，而且也表明个人成长过程，既是一个不断学习，也是一个不断立志或者不断明确提升志向的过程。这样才能逐渐把自己的现实人格培养成理想人格。朱熹对"尚志"的解释是："高，尚也；志者，心之所之也。士既未得行公、卿、大夫之道，又不当为农、工、商、贾之业，则高尚其志而已。"[2] 意思是说，如果不得为官之道，又看不起农工商贾等行业，志向再高也只能"心之所之"而已。这种空头的志向，是晚年的朱熹尤其反对的。

---

① 《论语·为政》，朱熹：《四书章句集注》，第 54 页。
② 朱熹：《四书章句集注》，第 359 页。

儒教注重立志表明他们意在追求真理。为了成就理想人格，必须对自己的价值目标作明确的选择。而这选择的过程必须是主体自觉自愿的。这才有可能调动起人的意志品格，自主地选择自己奋斗的目标，才会有始终不渝的追求过程。所谓"为仁由己"正是此意。王阳明说得更清楚："我的灵明便是天地鬼神的主宰。"① 人的意志是人的形体与精神的主宰者，它具有自主性，在自我决策的过程中，完全由自己做主，不受外力的胁迫。它自由选择，不受任何限制。所以说，人立什么志，走什么样的路，主动权完全掌握在自己手中。当然，这种选择又不能是绝对自由的，因为选择的目标是给定，受特定历史条件的限制，这个限制的具体表现，就是儒者在当时为自己确立的"志于道，据于德，依于仁，游于艺"，这四个由抽象到具体的层次，其内容都受到当时社会的政治、经济和文化等方面的制约。这样一来，儒教的理想人格也就具有了特定的历史内容。

3. 走向理想人格的路径

成就理想人格最重要的是道德实践，这也就是儒教所谓的功夫。这种功夫包括两个方面的内容，一是"克己复礼"，二是"反求诸己"。

第一，复礼重行。在儒教看来，一个人如果仅仅具备了关于"礼"的知识，或者掌握了所有道德规范的内容，还不可能就是一个完整的人格。只有自觉地按照"礼"或者一定的社会伦理规范去做，做到"知行合一"，才可能成就理想人格。所以儒者非常注重"行"，也就是实践。当然，儒者所谓的"行"不是现代意义的实践，它的主要内容是道德。所谓"克己复礼"就是按照特定的伦理规范，约束自己的行为，培养自我控制能力，使自己的行为合乎"礼"，从而达到"仁"的境界。

孔子正确地解决了"学"与"行"或者"知"与"行"的关系，强调"行"重于"知"或"学"。比如，他说："弟子入则孝，出则弟，谨而信，泛爱众而亲仁。行有余力，则以学文。"② 可见，孔子特别强调言行的一致性，他对人的考查也主张"听其言而观其行"③。孔子所说的"行"主要是

---

① 王守仁：《传习录下》，王守仁撰，吴光等编校：《王阳明全集》上册，上海古籍出版社1992年版，第124页。

② 《论语·学而》，朱熹：《四书章句集注》，第49页。

③ 《论语·公冶长》，朱熹：《四书章句集注》，第78页。

指道德实践，是个人的修身养性的活动。

在孟子处，这种道德实践被称之为"行道"，并且强调每个人都要自觉地依道而行，他说："身不行道，不行于妻子。"① 自己不行道，就连妻儿都无法管教，那就更无法教育别人了。他同样主张言行要一致，称言行不一致的人为"狂"，这种人"言不顾行，行不顾言"，总是夸夸其谈。孟子对"行"的理解与孔子略有不同的是，他更注重"行"的内向性，就是说孟子更多地将行理解为内心的追求，去认识自己的先天本性之后，去扩而充之固有的善端，把失去的先天本性找回来，即所谓"求其放心"。人的先天本性"求则得之，舍则失之"，从而道德实践在孟子那里就成了对"良知"和"良能"的追求过程。

荀子继承和发展了孔子"学而知之"的观点，把"行"看做是获得知识的基础。他说："不闻不若闻之，闻之不若见之，见之不若知之，知之不若行之，学至于行而止矣。"② 荀子不但指出了知识的来源在于见闻，而且还提出"行"比"知"重要，"行"是"知"的目的。

朱熹说："学之之博，未若知之之要；知之之要，未若行之之实。"③ 对这三个阶段，朱熹更重视行。所以，朱熹是从学与用，或知与行的关系入手论及学的。他认为，读书是学习，做事也是学习。因为在做事的过程中，由不会做到会做，这其中就有思考，光有思考而不学理论，会做却不知为什么做，不知其所以然，更不知其所当然。所以，学与做应该相互结合。不过，朱熹对行的解释，显然不是社会实践的意义，而是社会关系中伦理道德的行为，但却体现了知与行之间的内在一致性。朱熹形象地将二者比喻为目与足之间的关系，正确地论述了在认知过程中行的重要性。虽然，朱熹将知与行切分为两个不同的阶段，但是在他看来，知行关系的先后也是相对的。更为可贵的是，朱熹显然看到了行有检验知的功能。所谓："知至至之，则由行此而又知其所至也，此知之深者也。知终终之，则由知至而又进以终之也，此行之大者也。"④ 由此，朱熹将能行之与否看做衡量知之真伪的标准。朱

---

① 《孟子·尽心章句下》，朱熹：《四书章句集注》，第366页。
② 《荀子·儒效》，王先谦：《荀子集解》，《诸子集成》第2册，第90页。
③ 黎靖德编：《朱子语类》卷13，第1册，中华书局1986年版，第222页。
④ 朱熹：《答吴晦书》，《朱熹集》第4卷，四川教育出版社1996年版，第1971页。

熹的这一思想对后世的影响很大。王夫之的知行"相资以为用"①、"并进而有功"② 观点使知与行有机地统一起来。

第二，"反求诸己"。通过学礼，把外在的规范内化为人的内在品格，然后付诸行动，还并不意味着人的发展过程的完成，还必须不断对自己进行"反省"。就是不断对自己的认识和行为进行反思。孔子十分重视个人的内省，他要求人们以"礼"和"义"的标准，不断对自己的思想和行为进行自觉的反省和检查。曾子更是明确提出："吾日三省吾身，为人谋而不忠乎？与朋友交而不信乎？传不习乎？"③ 孔子自己也经常内省，比如他说："出则事公卿，入则事父兄，丧事不敢不勉，不为酒困，何有于我哉？"④ 在孔子看来，一个人如果能够不断地反省自己，就可以做到问心无愧，心怀坦荡。正所谓"内省不疚，夫何忧何惧？"⑤

孟子把这种反思称之为"反求诸己"，他说："爱人不亲反其仁；治人不治反其智；礼人不答反其敬。行有不得者，皆反求诸己，其身正而天下归之。"⑥ 人对自身行为所进行的反省，就是孟子所谓的求"诚"。他说："诚者，天之道也；思诚者，人之道也。"⑦ 只有通过反省自己，才能达到诚；也只有真诚的人，才会反思自己的行为，二者是互为因果的。通过特定的伦理规范对照自己的行为，使自己能够严格恪守这些规范，就会得到最大的快乐。

朱熹进一步发挥了儒教的传统。他说："万物之理具于吾身，体之而实，则道在我而乐有余；行之以恕，则私不容而仁可得。"⑧ 注重内省功夫的儒教思想，不仅是自我修养的方法，而且在理想人格的形成方面具有重大意义。因为，能够反思，这是人类区别于动物的主要特征之一。人自觉地把自己与动物区别开来，确立了自己的主体地位，并且通过自我反省的方法达

---

① 王夫之：《礼记章句》卷31，《船山全书》第4册，岳麓书社1992年版，第1256页。
② 王夫之：《读四书大全说·论语·为政篇》，《船山全书》第6册，第598页。
③ 《论语·学而》，朱熹：《四书章句集注》，第48页。
④ 《论语·子罕》，朱熹：《四书章句集注》，第113页。
⑤ 《论语·颜渊》，朱熹：《四书章句集注》，第133页。
⑥ 《孟子·离娄章句上》，朱熹：《四书章句集注》，第278页。
⑦ 《孟子·离娄章句上》，朱熹：《四书章句集注》，第282页。
⑧ 朱熹：《四书章句集注》，第350页。

第二章　人生与伦理　183

到对自我的认识。正是这种方法，使人对之所以为人的道理，对人生的目的和意义，对人自身的价值有深刻的理解，促进了人自身的发展。也正是这种内省的功夫，表现出人的高度的责任心。这种责任心也是主体自身人格的要求，人正是通过这种责任感体会到自己的人生价值和意义的，体会到做人的感受的。反省是一种道德自律，儒教的这种修养方法，表明人自身的道德境界和理想人格的实现，不是靠对外在权威的敬畏，不是由于惧怕灾难后果的惩罚，而完全是凭借人的道德追求，人对自身完善的向往而达到的，这就更加体现出儒教道德境界的人文精神。

二、长生成仙的道教人格理想

道教宣扬的神仙是一种已达到某种理想境界的"实体"，其久长的生命甚至达到无限，其能力也非常广大。它虽然具有神灵一样的属性，但却是人经过修炼后转变而成。当然，神仙本身也有不同，比如，"人仙"、"地仙"、"天仙"等，其寿命和能力各不相同，最高的神仙生命和能力可以与"道"合一。一般而言，"神仙"往往是一个笼统的概念，主要指生命和能力趋近或已达到无限的人。抱有神仙信仰的道教徒确信，只要通过不懈而正确的修炼，人就会趋近于生命永恒和能力无限，最终成为神仙。道教所追求的神仙信仰，其实就是一种理想人格。

1. 神仙信仰的形成

神仙信仰是在中国古代先民试图超越有限生命和能力的愿望的基础上，逐渐发展起来的，是中国古代文化长期孕育的结果。不论是中国古人对客观世界和人生的理性认识成果，还是对神秘力量的信仰方式，以及一些行为追求，都对道教的神仙信仰产生影响，逐渐使这种信仰及其学说走向成熟。

人类在广袤而变化万端的世界面前是无能而渺小的，远古的原始人类尤其如此。他们以低下的生存能力抵御着自然的灾害和疾病侵袭，但其平均寿命却极低。为了更好和更长久地生存，人类不断努力寻求发展的途径，以超越自己的有限。正是这种努力，引导人类由蒙昧走向文明。在人类为生存而进行的斗争中，人的大脑不断成长，抽象能力逐渐提高，萌芽状态的自我意识开始将自己与外界事物区别开来。于是，一个神秘而奇异的世界使原始人类感到恐惧。在严酷的大自然面前，人们的努力往往失败，死亡不断地威胁着每一个个体，变化无常的自然界充满着无穷威力，从而给人造成恐惧。原始人类强烈地感受到生命的有限。

正是这种感到自己有限、却又不甘于这种有限的内心渴望，推动着人类试图通过自己的努力来摆脱这种有限。但是，智力较低下的原始人类无法认识复杂的自然现象，不能把握自然规律，更不可能驾驭自然。他们只好将希望寄托于另外一种异己的力量，原始宗教的灵魂观念与神灵观念由此而萌芽。灵魂观念是原始人类对生命现象认识的结果，他们幻想着肉体死亡之后，有某种神秘的东西不会死亡，它离开肉体而生存，生命以另外一种方式继续存在。神灵观念则是原始人类对自然界的认识结果，他们幻想着有一种超自然的力量，掌握着变化万千的自然现象，从而也主宰着人类的命运。无论是灵魂观念还是神灵观念，都是有限的人类对无限力量的渴望。这些渴望正是宗教产生的心理条件。

道教的神仙信仰正是人类渴望生命长久存在，渴望掌握大自然心理追求的宗教表达。而神仙的两大特征，正是这种渴望的反映。其一，能力广大，"或竦身入云，无翅而飞；或驾龙虎，上造太阶；或为鸟兽，浮游青霄；或潜行江海，翱翔名山；或坐致风雨，立起云雾；或划地为河，撮土为山；或入火不灼，入水不濡，冬冻不寒，夏曝不汗"。其二，"长存不死，与天相毕"①。道教徒的这种追求，正是其对于自身局限的不满而产生的，与人类渴望超越有限的心理是一致的。

产生于原始社会时期灵魂与神灵观念在中国古代从未断绝，即使在先秦理性主义思潮兴盛的时期，这种观念也并未消失，其中墨子的思想具有代表性。原始宗教观念在汉代更加兴盛，为道教在东汉末年的产生提供了适宜的环境。同时产生于此前的神学思想及神仙传说为道教的神仙信仰的产生和成仙理论的构成提供了素材。道教的神仙信仰及其学说正是从这种久远的神学思想中产生出来的。

人类的思维能力和理性在不断地提高，对外界和自身的认识也不断地深化，控制客观事物的能力也得到增强，理性主义思潮使人们以理性的目光审视自然与自身，并且产生了许多理性认识的成果。这些理性的认识成果后来

---

① 王明：《太平经合校》，第306页。

也被道教经过神学化的改造之后，成为其神仙学说的理论基础。这样一来，理性化的科学认识与宗教的神仙学说之间就存在着一个如何协调的问题。

人类理性的发展，首先表现在抽象能力的提高，这种抽象能力体现在"类"概念的使用。运用于语言上，人们逐渐在使用一些约定俗成的概念指称着自己所面对的一类对象，这就会使各种具体事物的神秘性逐渐消退。当人们抽象出一位最高主神时，"帝"或者"天"的概念就在人们的观念中存在了。观念化的存在，逐渐替代着形象化的神灵，而且这种观念化的最高神与人间的统治君主联系在一起，表现出人的力量得到极大的提升，这种"天"的神秘色彩在消退。这在春秋战国时期的理性主义思潮中有鲜明的表现。

这种理性精神使人对神秘力量的信仰产生动摇，当人们觉得上天之神处事不公时，便会发泄不满和怨恨。比如："昊天不佣，降此鞠讻；昊天不惠，降此大戾。"[①] 这些语言正是人们的理性和能力增长的表现。此时，人们甚至把天撇在一边而只相信自己的力量："下民之孽，匪降自天；蹲沓背憎，职竞由人！"[②] 这种理性精神和主体性觉醒，为中国文化创造出灿烂的理性认识成果。这些成果后来被道教思想家用来构建其神学理论体系，对道教神仙信仰的形成产生过重大的影响。

道教接受了先秦道家对生命的看法。老庄都非常强调生命的重要，主张不要用世俗的冲突危害生命。这种贵生保命的主张，正是出于现世功利的考虑，是在生命和功名利禄的比较之中，选择生命。这样的价值取向自然是理性的，也是清醒的。

贵生保命思想的产生，除了认识到个体生命的至高无上之外，还有生命现象本身的理性认识基础。先秦及秦汉时期，人们认识到生命的根本是人体内的精、气、神，并且将生命的长寿与对精、气、神的保养联系起来，这就为神仙信仰提供了可操作的方法。这种认识以中医学经典《黄帝内经》为典型代表，中国古代医学由此奠定了基础。这些认识源自于理性地把握生命现象。到了汉代，由于当时时代风气使然，人们对精、气、神的认识便充满

---

① 《诗经·小雅·节南山》，《十三经注疏》上册，第441页。
② 《诗经·小雅·十月之交》，《十三经注疏》上册，第447页。

了宗教化倾向。这种倾向主要以《淮南子》为代表，该书认为"神""不化"则能与天地俱生；此时的"神"虽然是精气，却具有了神灵的意味，与传统所言的"鬼神"一类的东西有了相似之处。产生于《淮南子》之后的道教则进一步把对精、气、神的认识宗教化，强化其灵魂的意义，并且将其作为生命的根本，构成长生成仙的依据。

2. 神仙信仰的发展

东汉末年，张陵在巴蜀地区创立五斗米道，张角则在中原地区建立太平道，道教史家认定以这两个宗教组织的出现为道教正式创立的标志。从此，人们对成仙的追求活动也进入到新的阶段。或者说，自东汉以后，人们的神仙信仰终于以宗教的形式存在和发展起来。追溯整个道教发展的历史，其神仙信仰也有一个不断发展和完善的过程。

道教创立之初，关于成仙的思想理论已经形成一套相对完整的体系，虽然其理论还比较粗糙，但它为道教的长生成仙学说奠定了基础和发展方向。此阶段的神仙信仰的特点是大力宣扬生的意义和死的可惧，这就为道教重生的主旨确定了方向。《太平经》将以往对死亡的悲哀和对生命的向往发展为一种自觉的说者，将一种自发的生理本能当做劝导人们信奉道教和追求长生成仙的依据。初期的道教运用前人对自然界和人的生命现象的认识，来为长生成仙的可能性进行论证，并设计一系列方法指导人们的宗教实践以达到长生成仙的目的。

初期道教以原始宗教的"天"神为信仰对象，结合先秦道家的宇宙根源说，建立了一个神学色彩浓郁的宇宙生成论。它把"道"与"天"视为一体，并且把"道"理解为万物的根源，并且存在于一切事物之中，这就为长生成仙的可能性奠定了逻辑前提。

因为"道"是永恒的，人禀于"道"而生，是道的体现和具体化，那么，人就有可能与"道"共存而不死。在此基础上，初期道教提出一套灵魂不死的学说，认为人的生命中存在有与"道"同样的实体，它是生命的根本和长生成仙的依据，这实体就是精、气、神、一，等。人要实现长生不死就必须保住这些生命的根本，使之不离人体。所以，此时的道教就提出了守神、守气、守精、守一等修炼原则，以求长生成仙。这个时期的理论虽然相对粗糙，却为后世道教长生成仙学说的发展奠定了基础。此时的道教信仰主要在下层民众中流行，还没有引起统治者的重视和兴趣。而《太平经》又反映着农民的阶级愿望，迎合广大普通民众的心理，因此得到迅速传播。

魏晋以后，道教神仙信仰开始引起上层贵族的兴趣，许多文化素质较高的文人接受神仙信仰，并且参与理论建设，使得长生成仙说有了很大发展，而且当时的政治需要也促进了道教的发展。葛洪是其中的代表人物，他对神仙存在与神仙可学等问题进行了论证和说明，其方法有三：一是根据史书记载及自己所闻，证明神仙的存在；二是指出认识上的局限性，反驳世人对神仙存在的怀疑；三是以类比推理法来进行论证。尽管葛洪的论证未必成功，但是对此作出很大努力，这标志着人们对长生成仙的追求已经走向成熟，不再是一种原始信仰主义的东西。葛洪不仅论证神仙的存在和神仙的可修，而且对长生成仙理论进行系统的总结和发展。这个时期道教长生成仙说最显著的特点是，主张肉体成仙。如东晋时的"许逊升仙，仙及鸡犬"等等。葛洪更是这种观点的宣扬者，他认为，"形须神而立焉"[①]，神不能离形而存在，并且认为"举形升虚"的"天仙"是最高境界。

在魏晋南北朝时期发展成熟的道教，到了唐代已经成为具有完备的理论体系、实践方法和组织形式的宗教，并且得到统治者的大力支持。道教的兴盛，与佛、儒二教共同构成思想领域的鼎足之势。三家为了赢得统治者和广大信众的支持和信奉，展开了激烈的争鸣。在这样的背景下，道教必须发展自己的学说、深化自己的理论，否则就无法在竞争中生存和发展。道教一方面发挥自己的传统思想，另一方面从佛、儒二教思想中吸取营养、充实自己。从而使道教在取得巨大进步的同时，也开始与佛、儒二教逐渐融合。道教在唐宋时期的发展，是以修炼方法的根本性转向为特征的，因为服外丹求肉体成仙的方法不断遭受失败，唐代几个皇帝因服食金丹而死，迫使道教对自己的长生成仙思想必须作出根本性变革。

唐代的道教以"心"为"道"，这对长生成仙说产生了巨大的影响。因为"心"即是"道"，所以明心复性也就是"致道"。唐以后的道教不仅强调其传统的修炼精气神亦即"炼命"之说，而且主张修炼心性、进行所谓的"性命双修"。道教长生成仙说在唐朝的根本性转变，其主要者是从原来

---

① 王明：《抱朴子内篇校释》，第110页。

主外丹说的立场转变到主修炼"性"、"命"的立场。这种转变也使后世道教的长生成仙说改变了发展方向。

南宋初年的全真教，代表了道教的革新派，摒弃传统道教旧说，继续发展唐宋以来的性命双修的成仙方法。由于得到蒙古族统治者的扶持，全真教在元代特别兴盛，并且对当时以及后世都产生了巨大影响。全真教在理论上融合三教，认为三教的终极目标是一致的。其修炼方法也对佛儒的方法做了借鉴，使道教的长生成仙之说更加丰富。

3. 神仙信仰的影响

道教的神仙之说在历史上吸引了众多虔诚的信徒不懈地追求，有关神仙的各种义理通过教徒的传播，渗透到中国古代政治和文化的各个领域。

神仙信仰的影响，首先表现在对君主政治的影响。历史上不少封建君主都曾渴望成为道教所宣扬的长生不死的神仙，他们因此推崇道教，由于他们特殊的政治地位，所以给中国的政治状况及人们的现实生活带来了巨大影响。这种影响大致包括两个方面：一方面，统治者不惜耗费巨大财力，狂热追求成仙，听信方士胡言，甚至导致政治腐败，加深人民的负担和苦难；另一方面，道教神仙说主张清静无欲，这对统治者的暴虐行为会有某种制约，道教"无为而治"的政治主张，一旦被统治者采纳，会在很大程度上促进社会的稳定，减轻人民的负担。比如，金元之际，蒙古旋风纵横天下，征服亚欧大部分地区。蒙古军队残暴野蛮，嗜杀成性，每攻下一城便进行屠城。当蒙古人大举进攻中原之时，全真道士丘处机长途跋涉拜见蒙古大汗铁木真，利用其想成仙的愿望劝其减少杀戮，拯救了大批中原人民。

道教不仅对君主政治产生影响，而且对广大民众的日常生活和行为举止也起到了约束作用。普通民众一方面受到苛政的压力，生活在封建专制的压迫之下；另一方面，自身也具有自私、贪欲等自然本性，这些会使他们处在人与人之间的矛盾、摩擦和争斗之中。为了帮助普通民众超越自私和贪欲的局限，消除由此产生的精神上压抑和紧张，道教以神仙信仰为鹄的，提出一套避免这种压力的学说和方法。主要就在于对人们的行为加以限制，提出种种与神仙信仰相适合的行为规范，并且告诫信众，这是成仙路上的第一步，是达到更高层次的基础和必要条件。这就使神仙思想对广大普通民众的日常行为产生影响。在世俗层面上，道教所设立的行为规范，与封建社会的各种道德伦理规范完全一致。道教要求人们的行为要合乎"道德",要行善。其"善"的标准就是"忠"、"孝"、"仁爱"、"慈悲"和"信义"等等。这些都是从儒学伦理思想中搬来的。不过,道教将其融入神仙学说体系,利用神灵的监视和成仙的理想来督促和引导人们恪守道德。这就比儒学的伦理规范既多了外在的权威,也多了信仰的支持,比纯粹的说教更有力量,所以,其影响是不可低估的。

神仙信仰的影响还表现在对士大夫文人的心态和精神面貌的影响。作为非道教信徒的士人们,虽然并不相信真有神仙存在,但是道家、道教的某些观念,甚至包括长生成仙的观念,都对他们产生了潜移默化的作用。道教宣扬的神仙信仰对道教徒来说是一种实存的境界,对于不信道教的人来说,则是理想说教。然而,这种理想说教,其中所包含的恬淡自怡、悠然无虑的神仙状态,的确令人向往和追求,那是世俗生活的理想境界。它可以成为对现实存在的批判向度,成为现实生活的个体消除身心疲劳、解脱世俗压力的好方法。在广大世俗民众心目中,"神仙"般地生活是他们追求和向往的最高情趣和境界。那些在尘世中追逐功名而惨遭失败的文人士大夫,更是对"神仙"的无所牵挂和超越纷争的境界心向往之。在中国古代社会,文人士大夫是一个重要的阶层,他们是文化的载体和传承者,他们创造和传播文化,他们承载社会的良知。他们的生活态度对广大民众的影响相当大。

汉代以来,中国的文人在儒学文化的熏陶下,大多具有忧国忧民意识。他们渴望能够在仕途上有所作为,施展治国的才能和为天下苍生谋利的抱负。以惊天的伟业,得万民的称颂而名垂青史。然而,现实的社会总是让他不能如愿,昏聩的君主不赏识他们的才能,专横的贪官不容忍他们的主张。于是,失望和痛苦等低沉的情绪便笼罩着绝大部分的文人。为了摆脱痛苦,他们无奈地选择了逃避,想方设法追求精神上的解脱。此时,道家道教的学说因此对他们具有极大魅力。

老庄和道教的清静无为学说,那种逍遥和无忧无虑的境界赢得他们的共鸣。一种精神慰藉法,令他们信奉柔弱胜强的观念,在追求清静和标榜无为的自我安慰中让心灵得到平衡。虽然他们不信仰神仙,但是在现实生活中,可以享受"神仙"境界,希望在其间抛弃烦恼和痛苦。于是,他们便远离尘世,纵情山水,抚琴玩箫,沽酒临月,自娱自乐,闲适中体味人间"神仙"的快乐和逍遥。他们在经历挫折和痛苦之后，明白了人间富贵的虚幻以及功名利禄对人的戕害，因此对荣华富贵不屑一顾，只求淡泊简易、宁静高远。这种追求影响着中国历史上一代又一代的文人学士。他们深受道教思想影响，常与道士交往，游访道教宫观，与道教信徒谈玄论道，有人甚至最终接受信仰而成为道士。

使许多文人学士追求清静、归隐山林的原因还有生命易逝和对死亡的恐惧。正所谓"静叹亦何念，悲此妙龄逝；在世无千月，命如秋叶蒂"①，这样的悲哀表达了文人学士对短暂易逝的生命的忧患之情。在"名不长存"、"人生易灭"的哀叹中，向往着"不受当时之责，永保性命之期"② 的神仙境界。当仕途被堵死，建功立业的人生价值无法实现时，就将有限的生命过程中的自由当成生命的价值和意义了。如此，才能使心灵获得解放，从而彻底摆脱种种负担和烦恼。然而，在现实社会中，人们无法摆脱各种各样的束缚和干扰，很难充分、自由地舒展心灵，各种规范又大都是虚伪的说教，是欺名盗世者的工具。为了使自己愉悦地生活，文人学士期望躲避世俗的束缚和烦恼，因而便产生了"遁世"的念头和行为。神仙那种无拘无束、闲云野鹤式的生活和宁静恬淡的心境，便成为中国文人士大夫向往之境地。他们并非笃信"神仙"的存在，只是希望以神仙般的生活方式生活在现实之中。"神仙"世界没有世俗社会的虚假和丑恶，这代表了他们所追求的真与美的境界。

三、觉行圆满的佛教人格理想

涅槃是梵文 Nirvana 的音译，又译作"泥曰"、"泥洹"，意译为寂灭、圆寂等，一般指息灭无明烦恼、断绝业报因果之后达到的精神境界。一旦证得涅槃，就进入了不生不死、永恒的安乐境界，佛教的一切修持和活动都是为了达到这一目的。因此，涅槃也是佛教伦理道德所追求的最高目标，是评价人的行为是否有价值的标准。达到这种境界便是成佛，所以说达到涅槃境界的佛，也就是佛教的理想人格。

---

① 郭璞：《游仙诗》，逯钦立校：《先秦汉魏晋南北朝诗》中册，中华书局 1988 年版，第 867 页。
② 范晔：《后汉书·仲长统传》第 6 册，第 1644 页。

1. 涅槃境界是绝对至善

"涅槃"大致包含三重意义，也是佛教发展过程中解释"涅槃"含义的三个不同阶段。首先，涅槃是绝对寂静，是"灭"，但绝不是俗世理解的死亡；其次，涅槃是一种无形的存在，是一种只能意会不能言传，超然存在的实体，一种美妙之境；再次，是"西方净土"或"极乐世界"。由此可见，"涅槃"境界有一个从思辨向经验性和形象性的转变过程。这是与佛教俗世化进程基本一致的。

涅槃不仅是佛教的宗教最高目标，也是道德追求的最高目的。佛教强调每个人都具有成佛的可能性，也就是说佛教的理想人格并不神秘，人人都可以做到。不过成佛是一个艰辛的过程，要求人们坚定信念，刻苦修持，全心全意地去证悟成佛，进入涅槃，实现人生的终极目标。

佛教把自己的道德境界与儒、道两教的道德追求最高目的进行比较，认为只有佛教的道德目标才是最高的境界，而儒、道两教的追求，是佛教追求的低级境界。儒教以仁义礼智信为本，协调人际关系、安定社会，确立纲常秩序，其道德追求的终极目的是现实人生和社会的完善，因其不离现实生活，不是真正的超越，所以只相当于佛教的"人乘"。道教以绝圣弃智、效法自然为本，主张清净无欲、堕肢体、去聪明，归于自然虚无，其道德追求虽然带有超越世俗生活的倾向，但却要保全生命，并未超越生死轮回，只相当于佛教的天乘。只有菩萨与佛达到的涅槃境界，才是一切道德追求、修持的终极目的，具有终极的道德意义。

理想人格是一种道德价值，而所谓道德价值，就是人的活动对社会与人的存在、发展的意义。凡是对人和社会的存在、发展具有肯定意义的行为就具有正面和积极的道德价值。不同的伦理学说拥有不同的价值观念，也就拥有了不同的道德标准。对同一个对象，就会有不同甚至相反的道德判断。所以，在理想人格方面，中国传统伦理思想中的儒、道、释三教，就提出了完全不同的标准。儒教以治国平天下为人生最高理想，内圣外王为理想人格；道教以返璞归真为道德的最后完善，以长生成仙为理想人格；佛教以涅槃寂灭为最高理想，以成佛为人生的终极目标和最高境界的理想人格。

按照佛教的道德标准衡量，世俗社会的一切都不具有恒常价值，世人对喜乐安逸和功名利禄的追求都是虚幻不实的，人生只有烦恼，根本不存在安乐。而真正的价值，就只有空寂解脱。

佛教以此来衡量一切事物、现象和人的行为，涅槃自然就是道德追求的终极目标。虽然它不过是一个抽象概念，但却能够使人解脱苦难，求得永恒的安乐。

佛教伦理也追求人生的幸福，但是对于幸福的理解却与世俗观点完全不同。因为，佛教伦理的幸福不是建立在现实生活基础之上，也不是追求物质生活满足，或个人精神的完善，或社会进步。佛教认为，这一切都是虚幻的。佛教的所谓"幸福"，就是没有痛苦的永恒的安乐，是彻底解脱人生的苦难，完全断除人生烦恼和痛苦的根源，并且使之永不复起。这样的幸福当然不在现实生活之中。所以说，佛教的道德标准是对现实生活的彻底否定。

即使佛教的价值观是一种否定性的观念，但是它对现实生活依然具有某种实际意义。首先，它追求超越的理想，提高人们的精神素养，反对庸俗化的生活；其次，有助于人们追求完善与崇高，缓解世俗名利纷争；再次，有助于提高人们对现实苦难的心理承受能力，帮助人们调解心态。就如同佛教将世界看做是心相一样，佛教追求的涅槃境界中的理想人格，还是人生的幸福，都是心境而已。

佛教既然以涅槃为终极价值目标，以空寂解脱为道德标准，那么是否有利于这个目标，是否符合这项标准，就成了佛教判断事物和人的行为的善恶与否的价值标准。与世俗道德境界有着不同层次一样，佛教的善有三个不同层次，即方便善、解脱善和本体善。

所谓"方便善"，就是人们为了获得解脱而所做的一切善行，也就是世俗观念的善；所谓"解脱善"，就是解脱烦恼束缚、获得真实安乐的涅槃境界所具有的道德价值，是人的本质的绝对完善；所谓"本体善"是绝对的终极的善，也就是最高的涅槃境界。

一旦达到最高的善，也就超越了俗世的善恶标准，超越一切善恶对立，与世俗道德之善具有完全不同的性质。这种绝对至善，是一种独立、永恒的价值，与世俗道德的善相比，是终极的本根，这显然是一种空想。人类一直追求绝对至善，试图消灭一切恶，建立至善的理想社会。这只能是一种善良的愿望和美丽的空想。

2. 众生平等，人皆可成佛

佛教的理想人格并非统治万民的圣人，也不是脱离众生苦难的神仙，而是以普度众生为宗旨，以慈悲为情怀，追求众生平等的理想境界，这些都是走向理想人格的具体行为。平等为梵文 Sama 的意译，与差别相对，意为均平齐等、无高下、贵贱的差别。佛教的"平等"可以从以下几个方面理解：

第一，"性智平等"。所谓"性智平等"也有两层意思：首先，万有本性平等，这是佛教平等观念的本体论依据。虽然世间万相皆由因缘和合而成，但是万有之空也并非绝对虚无，它们是非有非无，非真非假的中观本性，对于万物而言，的确都是一样的，也就是平等的。一句话，宇宙万有，都是不真实的，这就是佛教本体论意义的平等观。其次，众生智慧平等。佛教认为每个人都具有平等的智慧，都有可能理解或者体悟到佛教的真谛。人人都有可能了解一切事相，懂得一切平等，从而产生大慈大悲之心，所以人人都能够与众生共入涅槃境界，获得最彻底的解脱。

佛教所谓的"性平等"和"智平等"，实际上分别阐述了客体存在的平等和主体精神的平等。然而，佛教的平等观主要是指本体意义上的平等，并不否认现象或存有层面的不平等。也就是说，佛教的平等观是以承认现象存在差别为前提的。

第二，"众生平等"。在"性智平等"的哲学价值观的基础上，佛教又提出"众生平等"的观点。这种平等观则属于道德观念，是"性智平等"观在道德领域的表现。"性智平等"观为"众生平等"观提供理论依据，"性智平等"的一切道理，都是为了说明众生平等这一基本的价值取向的。

"众生"主要指人，所以众生平等，就是人与人之间相互平等。这种平等观是佛教伦理思想最具特色的部分。佛陀时代的古代印度是一个等级森严，极不平等的社会，四姓制度之下，各种姓间等级森严，不可逾越。社会内部存在着严重的等级对立和思想偏见。佛陀众生平等的观念就是针对这种社会现实提出的，反映了社会下层种姓对种姓等级制度的反抗。正是因为佛教强调四姓平等，反对任何人为的阶级或等级，反映了社会下层民众反对不平等的制度愿望，才得到广大民众的支持和认同的。

"众生平等"观念还有一层重要的含义，就是一切众生皆有佛性。一切众生都有可能成佛。

　　佛教认为，尽管人们在社会生活中存在着差别，形体有大小美丑不同，生命有强弱夭寿之别，性格有刚柔坚脆之分。人生的境遇也有贫富、贵贱和荣辱的差距。然而，这并不影响人与人之间在本性上平等和没有任何差别的。人们的出身、血统和种姓不能成为不平等的依据，更不能成为区分人的高低贵贱的依据。人与人之间之所以有尊卑不同，只能取决于人自己的行为的善恶性质。可以说，在佛教看来，人与人之间只存在善恶的大小之别，而不存在尊卑的不平等。

　　主张"众生平等"，其精神实质就是要消灭人与人之间的对立、争斗和歧视。提倡把他人看做与自己完全一样，自己感到高兴的事，他人一定会感到高兴；他人觉得痛苦的事，自己也同样会觉得痛苦。这种同情感正是每一个人都具有佛性的表现。人们都希望断除烦恼，都渴望获得解脱，在这一点是人人相同。正是基于此，才会有菩萨行，发大愿以普度众生出苦海。佛教主张的理想人格，就是要以平等和慈悲之心，自利利他，自度度人。

　　佛教主张"众生平等"，恰恰是因为人类社会生活中普遍存在着不平等。不仅如此，人与人之间还充满着仇恨和纷争。而这些正是人与人之间不平等的根源所在。所以，佛教认为，不平等的人际关系之所以存在，不在社会制度，而在人自身。

　　人与人之间不平等的产生，就在于主体的妄执我见，以自身为真实实体，区别人我、物我。这样就必然会产生贪、瞋、痴这三毒。有了这三毒，就会只喜好有利于我、属于我的东西。特别喜好以至于贪得无厌，利欲之心的恶性膨胀而无法克制。对于不利于我的和有利于我而又无法得到的，将心怀怨恨。这些妄见一方面加深自己的愚痴程度，另一方面，造成人际关系的紧张与对立，种种不公正和不平等便由此产生。

　　佛教要求从根本上消灭个人的好恶，从而才可能真正消除人与人之间的不平等。佛教强调人要去除一己之私，坚持无欲、无我，只有如此才会不生任何差别，人与人之间才能够既无怨，也无亲，对任何人都能够一视同仁。以普遍、平等无差别的慈悲之心，关爱和怜悯一切众生，对一切众生不怨不亲。如此才能够普度众生，才能达到涅槃的理想境界。

　　3. 理想人格的三个层次

　　佛教追求的涅槃境界的理想人格，其实就是佛。佛教所谓"成佛"就是成就理想人格。虽然说，人与人之间不存在本质区别，但是人与佛之间毕竟还是有着根本性的区别的。所谓众生平等，只说人人皆有成佛的可能性，就众生的现实品格而言，其现实的道德素质和天赋条件还是存在着很大差别的，更存在着道德完善程度的不同。这种区别就决定着每个人成就理想人格的方法和道路是不一样的。然而，只要按照佛教教义的要求守戒、修持，就有可能成就绝对完善的人格理想。佛教的理想人格虽然不是神，但也完全不同于俗人，因为皈依了佛教义理，觉悟了人生的本质。依这种觉悟的程度不同，佛教的理想人格大致可以分三个层次：僧伽、阿罗汉菩萨和佛。

所谓"僧伽"就是僧众，指出家修行的佛教徒。俗人一旦出家，就表明他对佛教义理信仰的坚定性，较之于俗人而言，在接受、遵循和觉悟佛教义理方面有了本质的转变。如果想要成就佛教的理想人格，最起码的要求就是出家。因为出家人的一切思想言行都遵循佛教的示谕，出世修行，远离一切世俗的烦恼。所以，出家是佛教理想人格最基本的要求，贪恋世俗生活，执著世俗观念，是不可能成就佛教理想人格的。当然，佛教的僧伽人格并不拘泥于出家的外在形式，更重要的是在僧伽身上体现出的高尚道德品性。这种品性大致包括五个方面：第一，严格要求自己，以戒、定、慧为手段修持正身，按佛教戒律的规定生活，不为世俗的生活所累；第二，仁爱慈悲，利乐众生，引导众生觉悟佛教真谛，断除无明，皈依佛教；第三，富于积极的进取精神，为弘扬佛法坚定不移，矢志弘法，坚定进取，以佛教真谛破除世俗妄见，使佛教义理的光辉普照寰宇，为护法、弘法奉献自己的一生；第四，严己宽人，和乐众生，追求高尚精神，淡漠物质生活和世俗的荣辱，敢于接受任何挑战，忍受世人无法忍受的磨难，不畏任何艰难险阻，行人所不能行、不敢行；第五，精神超迈，自立自主自尊自足，不被利欲诱惑，不为权势屈服，不与世俗同流合污，视天子庶人平等如一。可见，僧伽具有宽广的胸怀，完善的品德，高尚的追求，是现实社会中人的典范。

僧伽虽然已远离尘世，舍弃俗人生活，但他们仍然属于现实中人，并未脱离生死轮回，因此，他还不是佛教真正的理想人格。佛教真正的理想人格是由僧伽修持觉悟后的超世间、超人类的人格，也就是佛教所谓的"四圣"：声闻、缘觉、菩萨和佛。

所谓"声闻"指亲耳听闻佛陀传教的觉悟者，原指佛陀的亲传弟子因闻释迦说法而觉悟。后来与缘觉、菩萨合为三乘，指那些按佛教说教修行，追求个人自我解脱者，其最高果位为阿罗汉果。

所谓"缘觉"有两层含义，一指出生于无佛之世，好道修持，无师传法而自己觉悟的修行者；二指自觉不从他闻，不执著于佛语佛言，观十二因缘乃至万有之因缘而悟道的修行者。

所谓"菩萨"是指达到自觉、觉他两项修行果位者。原为释迦牟尼修行尚未成佛时的称号，后泛指依大乘教义修行者。菩萨乘的关键在于他不仅追求个人自身的觉悟，还以拯救众生脱离苦海，自觉觉他、自度度人为行为的最高目的。

声闻、缘觉均是小乘佛教修持所证的最高果位，其人格形象是独善其身，即追求自我的觉悟与完善。因与中国传统文化不相契合，因而并不受中国佛教所推重。在中国传统文化影响下生长起来的中国化佛教，积极倡导大乘佛教追求的菩萨境界。菩萨的人格形象，更具有积极的道德价值，其内容包括：第一，完美的个人道德修养；第二，仁爱慈悲的宽广胸怀；第三，坚定的道德意志；第四，无上的道德智慧；第五，积极的道德实践精神。

虽然，菩萨的人格形象只能给人带来虚无缥缈的希望和纯粹精神的安慰，但是，其德性依然具有极大的道德感染力。正是菩萨拯救众生苦难的精神，使得他在中国古代社会影响极大。中国人可能不知"声闻"、"缘觉"为何物，却极少有人不知道"菩萨"。尤其是救苦救难的观世音菩萨，在中国民众中其影响和感召力甚至超过了佛陀。

佛教最高的理想人格和人生追求的终极目标是佛。

佛为梵文 Buddha 的音译之略，也曾译作浮陀、浮屠、浮图等，意译为"觉"。此觉有三层含义：自觉、觉他、觉行圆满。凡夫不具备这三者，声闻和缘觉仅具有自觉，而菩萨也只具有自觉和觉他，只有佛具有觉行圆满。作为最高理想人格，小乘以为佛祖释迦牟尼是唯一的佛，而大乘则认为三世十方有无量诸佛，凡属有情，一旦觉悟均可成佛。也正是大乘的这种理论，才使佛成为人生追求的终极目标。

佛是绝对超越、绝对完善的理想人格，佛是人可能达到的极至，它至善至真、至高至尊、全知全能，以至于无所不具、无所不在、无所不知、无所不能。这种绝对完善的人格已经完全超越了世间与出世间，超越了人类而成为至上神。佛既是人类一切美德最完善的集中体现，又是人类一切能力最充分的聚合，还是活生生的个体存在。佛的这种特点，突出地表现为"一佛三身"，即佛虽然只有一个，却有三种不同的表现形式：即法身、化身和报身。

所谓"法身"，是指佛涅槃之后已经灭身灭智，感性的肉体已不复存在，所以佛并非感性的个体人，而是一种精神实体，它以"法"为身，故称"法身"。

所谓"化身"，是指佛救度众生必须具有的感性形式，法身的幻化是佛为了满足众生信仰的需要。化身随民俗和与众生的观想不同而形象各异，佛教把它描绘为"三十二相"和"八十种好"。

所谓"报身"，是指成佛后所享受正果的特殊国土与形体，也就是佛所居住的与众生所居的"秽土"相对的清净无垢染的"净土"，也称西方阿弥陀佛净土，或者"极乐世界"，是佛教宣示给人间的天堂，是佛教理想人格境界的理想生活。佛教理想人格虽然充满着宗教的冥想，但是它追求人的完善与人生的高尚道德品质，对现实人生的道德追求还是有积极意义的。尤其在儒学文化的影响下的菩萨人格，以超世间的精神境界展示人世间的美德，生动地体现着中国佛教理想人格对世间生活的深切关怀。

第 三 章

心性与功夫

　　历史积淀的文化重心与由此形成的文化魅力在世界各个文化圈内不尽相同。当古希腊的哲学家把主要目光投向自然、古印度的哲学家把主要目光投向超越的彼岸时，包括文史哲在内的中国传统思想却独具特色地把人类自身作为认识和理解的重心。所以，中国古代的哲人在探讨宇宙万物、古往今来等问题时，往往把"以人为本"作为一个根本的原则。换句话说，他们由人事自身的种种现象和本质出发，扩衍至生生不息、无边无垠的宇宙洪荒，而形成的所有这些论说与思想却只有一个目的和归宿：指导人生，确切地说，就是去揭示人生的价值所在，并为实现这一人生价值找到尽可能合理而又可行的操作方法。在这一大熔炉下，中国的宗教思想也显示出如此的特性。这就是其有关心性与功夫的主题思想。

第一节　基础的奠定：传统心性论与功夫说的一体化

　　在中国古代的宗教思想中，不同的宗教学家，既可以从天地推演到社会，再从社会推演到人事；也可以先就人事立论，再到社会和天地之间寻找理论根据。总之，中国宗教思想在探讨人生的价值时，把人类生存的宇宙舞台看成了一个系统联系的整体，而深入到人的内在心性之中去建构一种完善的理论体系，就成了中国宗教思想的一个任务重心，也由此形成了中国特色的宗教思想。中国宗教的心性论思想就是其中颇能代表这种特色的思想体系之一。

在中国古代宗教思想中，心性论作为其中一个有机组成部分，一直受到不同历史阶段、不同宗教派别的宗教思想家的关注。虽然各派各家在对心性之重要意义的认识上达到了共识，但出于不同的历史环境、学派旨趣以及个体差异的原因，他们对心性的认识并非完全一致。按纯逻辑分析来看，心性论包括如下几大内容，即心是什么？性是什么？心与性的关系是什么？中国宗教心性论的历史演变如何？为什么中国宗教要关注心性论？如何把理论形式的心性论落实到具体的人生实践当中？这六个层次的内容构成了心性论的完整体系，但对于某个具体的宗教学家而言，他们也许只关注其中的某个或某几个方面的内容，不过从整个中国宗教思想而言，心性论的论述是完备而且深刻的。

按照逻辑顺序，理解心性论，应首先明白心与性的含义。从历史学、汉字学和发生学的角度来分析，"心"作为一个象形字，在殷墟甲骨文中，其最初是以像人和动物的心脏形状的模式出现的，这个"心"更多的是具有具体的、实实在在的生理之"心"的意味。因为在甲骨文中，这个心是"画"出来的，而不是"写"出来的。在这幅"心画"上，心脏的肌肉纹理和血管纹路都是被形象地画了出来。可见，在"心"的最初义上，它仅是指人和动物之生理意义上的心脏这一器官。但这里面隐含的一个重大思想意识的萌芽便是：心乃生物之特有，为非生命物质所无。故心的引入，实质上暗含人类原始思维中主体认识的一个启蒙，后来，这一主体意识极为明显，表现在"心"上，便是同时作为人和动物心脏器官含义的"心"有了分化，这意味着"心"不再仅仅是象形和生理意义上的所指，而是有了其他更多的含义。根据许慎《说文解字》："心，人心，土藏，在身之中，象形。"许慎的解释至少可以引申出以下三个重点信息：

一是"人心"。这即点明人心与动物之心已经分离开来，或许，许氏之释的意味是指心虽然是人和动物之心的象形，但于心的更大价值和更深意义乃在于动物之心所无有之义，即还有思考的功能和价值。因而，他才特别点明，"心"更多指"人心"。所以即便从汉字解释学和发生学上看，汉字的发展也是因循着中国文化重点在于指导人生这一基本走势。而我们从中也可看出，中国宗教思想中的"心"更多是指向"心"的非生理意义上的其他价值和功能。

二是"土藏,在身之中"。"心"在一身之中,这其实是点明心居中央,为身之中。中的含义在原初本是一个时空位置概念,到后来也衍化为中心的意味。故此,"心在身之中"不仅具有位置上的含义,更重要的是,心的地位和功用是"人身之中",即它是身体得以存在和发展的中心枢纽,左右其他次要的组织器官。这个意思可以从"土藏"中深刻证明。根据原始五行说的体系,五行之土位置在中央,地位比其余木、火、金、水重要。《国语·郑语》谓:"先王以土与木火金水杂而成百物。"这即是说,土虽与金木火水同处一个系统之中,但却具有比其他四行重要的地位和价值。既然"心"为"土藏",可见,心既是身体五脏四肢的主宰,人的精神活动的中枢,更是人得以存在和发展的关键。

三是"象形"。这是说"心"这个字乃来由象形方式创造出来的,是个象形字。这点是从字源角度对"心"作的说明。

从许慎释"心"的这三个含义,我们已可知晓,"心"的最初含义已渐渐退为次要的地位,而其中蕴涵的人所特有的主体意识和人之生存所倚赖的本体地位逐步上升为思想家关注的重心。"殷周甲骨文、金文的心,从表示心脏的原始意义,引申出表示思维器官、精神意识和道德观念多种含义,这便显示了其未来的发展路向:心作为思维器官,便表示主体的思维特性和认识活动;作为精神意识,便表示人的思想、感情、欲望等精神心理状态;作为道德观念,便表示人通过认识和修养而具有的伦理道德精神。"① 我们会在后面对此进行详细的说明和论述。

"性"字,甲骨文中无此原字,只有"生"字。现在学术界的普遍看法是,"性"的本字为"生"字,二者为子母关系。"生"字在甲骨文中属于会意字,其字形像草木从地上生长出来的形状。甲骨文中的"生"与"死"相对,所以自然含有"活"的含义。这种抽象方法的运用表明,甲骨文时代的人们已经开始关注"生"的现象,并力图用文字符号来展现这一现象。当然不同物种的生命形式的差异性和同一生命形式在不同阶段的差异性是很大的,所以,"生"在最初究竟表示对"生命"的一种怎样的理解还需进一

---

① 张立文主编:《心》,中国人民大学出版社1993年版,第26页。

步商定；不过可以肯定的是，"生命存在并处于过程之中"是其必备的一个核心观念。

由生转而生出"性"字，是一个漫长的历史演化过程。依据许慎的《说文解字·心部》："性，人之阳气，性善者也，从心，生声。"至于"生"，许慎《说文解字·生部》有语："生，进也，象草木出生在土上。"从汉字发生学的角度来看，由生演化为性，中间经历了一段思想水平的升华时期。因为许氏把"性"字放在心部而非生部，可见性的重心在心，但又不离"生"的初义。可以这样说，"性"的本初之义是集"心"与"生"的初义于一体的，故若泛泛而言，"性"的最初含义是指生命的外在形式和内在的生命动力，即生命由内而外的统一以及此生命的根源所在。当然，这种最初含义并不是被明显表达出来的，而是隐含在其中的一种发展趋势，这一点在甲骨文等之后所出现的《诗经》、《尚书》、《论语》、《孟子》、《荀子》、《吕氏春秋》等中，体现得已是非常明显了。"性"字的发明与"性"之思想内容的丰富和发展，与人类的认识能力和思维水平的不断提高、不断发展是分不开的。而对"性"的进一步探讨，也反过来推动着人类认识水平的发展。不过，由于中国传统文化的大环境，中国思想中的性论，更多的是指人性论，这是由中国传统思想的思维特色所决定的。纵观中国传统哲学中的人性，其主要含义包括三个方面：一是"生而自然"；二是人之所以为人者；三是人生之究竟根据①。中国宗教思想中关于人性的论述十分复杂，要在理清各家所谓"性"的确切所指，关于这一点，我们会在下文中详细论述。

徐复观再三认为："单说一个'性'字，只训诂性字的字义，这是语学上的问题。我所要叙述的'人性论史'，是叙述在中国文化史中，各家各派，对人的生命的根源、道德的根源的基本看法，这是思想史上的问题。若不先把语言学的观点和思想史的观点，稍加厘清，则在讨论中便无法避免不需要的混乱。"② 所以当我们简略地从字源角度探讨了心与性后，还应站在更为广阔的思想背景上来认识心与性这一问题。

关于这一点，徐复观也说道："中国的人性论，发生于人文精神进一步

---

① 参见张岱年：《中国哲学大纲》，第251—252页。
② 徐复观：《中国人性论史·先秦篇》，生活·读书·新知三联书店2001年版，第1页。

的反省。所以人文精神之出现，为人性论得以成立的前提条件。"① 通过对思想史上心与性的考察与思索，我们发现，在最初的原始文化时期，二者并不构成统一对待的关系。就是说，有的思想家只论心不论性，有的思想家只论性不论心，即便有的思想家既论性又论心，但也不完全是把心与性作为一对范畴来论述。把心性放在统一体中论述是先秦以后的主要特色，但这一特色思想的萌芽出现在先秦诸子学说之中。

我们在这里先不去挖掘其具体的论述内容是什么，而是发现了一个探讨心性论的落脚点。我们知道，尽管先秦诸子百家各自的学派宗旨不尽相同，但却都有一个根本的一致点，那就是指导人生。换句话说，其理论的最终旨趣往往在于告诉现实世界中的人如何由实然状态的人实现其最终的应然的理想人格。无论称他们为实用理性也好，还是实践理性也罢，不可否认的是，他们的重心的的确确是想通过心性论来说明人具体应当怎么去做。所以他们的心性论中，心性之论与功夫之行是不可分割的，或许就某些思想家而言，更重要是在探讨做的方法。所以他们不是单纯把理论当做外在的一种知识去探求，而是把它与人的生命实践、境界的提升紧密相连。所以，他们的心性论不是一个求解的过程，而是一个求证并付之于实践的过程。他们所谈理论的目的只在于论证一个既定的信仰似的前提，而重心则是如何去实现这个最终境界目标。故张岱年认为："中国哲学在本质上是知行合一的。思想学说与生活实践，融成一片。中国哲人研究宇宙人生的大问题，常从生活实践出发，以反省自己的身心实践为入手处；最后又归于实践，将理论在实践上加以验证。即是，先在身心经验上切己体察，而得到一种了悟；了悟所至，又验之以实践。要之，学说乃以生活行动为依归。"②

可见理解心性论离不开人生功夫论。

"功夫"一词，按照《辞源》解释，词义有三：一是指工程夫役，同于"功夫"。二是指造诣、成就的程度。三是指时间。"功夫"在《辞海》上的解释为"也作功夫"，其词义也有三个，大约同于"功夫"：一是工程和劳动人力；二是素养造诣；三是空闲时间。就词义而言，我们在此使用

---

① 徐复观：《中国人性论史·先秦篇》，第13页。
② 张岱年：《中国哲学大纲》，第7页。

"功夫"一词，主要意义是指工程劳力和成就造诣。

若从文化史的角度分析，对"功夫"的理解就不能如此刻板与单调，也就是说，"功夫"作为词汇的意义必须加以引申才能更好地解释某些理论。方同义在《中国智慧的精神——从天人之际到道术之间》中认为："在中国智慧学说中，如何获致由道、德规定的主体境界的途径、方法统统称之为'功夫'……在中国智慧中'功夫'一词应取前两义，即主体用力的程度，花费的体力、心力，运用的方法，达到的素养和水平等，因此，功夫的含义极为广泛。"①

考虑到《辞海》在释"工"的其中一个词义为"事"时，认为"工"通"功"，而"功"的主要意思也有劳绩、事工、成效等，所以尽管"功夫"也作"功夫"，但是"工"与"功"却有些许差异，联系到中国宗教思想的相关内容，我们在此运用"功夫"一词，或许更能恰当说明问题。

在中国传统宗教思想中，关于如何下功夫，功夫达到的最终境界与目标以及其背后的哲学依据，形成了一套自成体系的理论，我们称之为功夫说。功夫说是从属于中国传统思想中"知行说"这一认识论整体的。但既然是说功夫，所以重要的是行，它的重点不在于论知而在于论行、求行与践行。所以，尽管有相当一部分内容是解决行所以可能、行应遵守的原则、行最终要达到的目标等问题，但当我们审视其内在价值时，应该是用人生实践的眼光，而非用纯知识的眼光，如果离开了人生实践这个视角，功夫说便变得十分奇怪，很难理解了。

当然，从逻辑上讲，功夫说包含有十分丰富的内容，它既包括自然科学上的功夫说，诸如生物、物理、武术等意义上的功夫说，也包括人文社会科学领域中的功夫说，如修身养性、经邦治国等等的功夫说。但就中国传统宗教的整体思想特色而言，其功夫说却更多地集中在如何培养理想人格上，"这是由中国哲学讲求知识与实践的合一这一特点所决定的。对于中国哲学来说，哲学从来不是思辨的文字游戏，而是如何做人的实践之方。因此，如何成就理想人格，其方法与途径如何，成为中国哲学探究的极其重要的内

---

① 方同义：《中国智慧的精神——从天人之际到道术之间》，人民出版社 2003 年版，第 44 页。

容"。①

　　作为中国宗教思想中较具特色的功夫说，其核心内容亦是在寻找如何成就理想人格的方法与途径。所以，我们此处讲的功夫说，不是泛指，而主要是挖掘中国宗教思想中如何成就理想人格的功夫说。

　　可见，理解功夫说离不开心性论。

　　在理论上探讨如何去做是功夫论的一个内容，但由于功夫论的重心并非只是口头说说，而在于实际的人生活动，所以功夫论其实包括言与行两个方面的内容，功夫说一方面要在实践中去践行，另一方面也要寻求理论上此等做法的支持和依据。外在的是种种言论，但内在的是诸般实践行为，二者是二而一的问题，骨子里则是功夫实践。功夫实践有多种领域，把心性论思想落实为实践功夫是其最为重要的内容之一，实如牟宗三先生所讲："说心性，人易想到'空谈心性'。实则欲自觉地作道德实践，心性不能不谈。"②

　　这便与心性论呼应起来。因为心性论也包括如此的两个方面，一个是在理论上探讨心性论的诸多内容，另一个则是潜在的含义，即如何把心性论落实到人生实践当中，这样，心性论与功夫说在实质上便具有了相互融合为一体的内在需求。在人生实践这一个基点上，功夫说与心性论达成了一致。但到底这种需求能否被贯穿，从而形成心性论与功夫说一体化的系统，则还需要其他条件。从徐复观先生的论述中，我们受到了启发。

　　中国文化的历史变迁是社会发展、宗教发展、文化发展以及中国人生理论发展统一在一起的过程。在这个大文化背景下，重新审视心性论的发展过程，我们肯定了二者可能并且完成了这种统一。当然这种统一并没有消解其各自的理论系统，只不过使得二者共同纳入一个新系统之中。在这个时期来看，你可以纯粹来认识心性论，也可以纯粹来认识功夫说，不过，也正是由于二者完成了一体化之后，故最好的视角应是从二者一体化的角度来审视本属不即不离的心性论与功夫说。在研讨之前，这是我们必须要作的一个说明。

　　心性论与功夫说一体化的形成是一个历史过程，换句话说，它们最初还

<hr>

①　胡伟希：《中国哲学概论》，北京大学出版社 2005 年版，第 9 页。
②　牟宗三：《心体与性体》上卷，上海古籍出版社 1999 年版，第 4 页。

是分离的两种系统，一体化的完成得益于诸多历史因素的推动，当心性论与功夫说在逻辑上具备一体化的可能性时，历史的推动因子显得尤为重要。这些历史推动因素主要体现在以下几个方面：

第一，中国宗教思想脱胎而来的原生态的宗教母体为心性论与功夫说的一体化奠定了前提。

如果我们从中国文化这一局部的视域中脱离出来，站在世界文化史这一更高的立场上来审视、对比世界不同的文化种群，我们发现，在历史轴心期，世界三个地方同时出现了人类思维和哲学的突破，它们构成了人类精神发展史上一大光芒四射的景观。之所以如此令人叹服，就在于它们表现出来的原创性色彩。当然，这种原创性同时即是各自的差异性，它们均是突破了不同的原生态的宗教文化母体。根据这一理论重新打量古代中国诸子学说的起源，我们会发现，诸子学说之间的宗教文化母体扮演了相当重要的角色："'古之道术'和'王官之学'实际上就是中国原生态的宗教母体，其所说的'百家之学'和'九流十家'实际上就是从宗教母体中孕育脱胎而出的中国哲学。"[1] 因此，当我们探讨中国宗教思想中的心性论与功夫说一体化的成因时，也不能忽视其脱胎而来的原生态的宗教文化母体。

但是，我们审视宗教文化的视角未必与余敦康上述论述的思路一致，尽管我们也是去审视原生态的宗教文化母体。如果从后来的心性论与功夫说来做个逆推式的追根溯源，我们发现了另外一条有价值的线索，那就是原生态宗教文化母体下的古人的情感与做法。按照马克斯·韦伯的宗教改革中新教世俗禁欲主义伦理的看法，新教徒在日常行为中之所以必须按一定的原则和要求严格约束自己的行为，恪守各种道德戒律和宗教要求，并不是出于对日常生活的考虑，而是为了追求得到上帝的恩宠，进而实现进入天堂生活的目的。换句话说，他们的勤修苦行与"奉公守法"仅是来自于外在压力（由信仰导致）的一种被迫苦行，最终的目的纯粹是为了往生于彼岸。在人文精神还未萌芽的原生态宗教文化母体中，这种情形亦大致如此，人们崇拜、祭祀各种图腾，恪守各种禁忌，参加各种宗教仪式，怀有的是一种同样来自外界压力（由迷与信而导致）的敬畏感，而目的则在于祈求外在上帝或天

---

① 余敦康：《中国宗教与中国文化》第 2 卷，中国社会科学出版社 2005 年版，第 196 页。

神降福祉在自己的个体或种群上。所以这种宗教文化母体中的诸种行为，其思想性的内容还十分贫乏，而外在的行为方法和方式却是相当的丰富。随着人类思维水平的进步，当理性之剑劈开蒙昧，开化之光照亮世间的头脑时，当时所谓知识分子除了继续带领民众按照各种各样的宗教仪式去做之外，更在为这种种行为、做法寻求理论上的解释和论证。于是，祭祀等各种行为不再是外在的强制，而是在理论上转化为一种内需。这样，从实践的角度去寻找理论则成为一种早就"规定"好了的思路模式，这便是后来心性论与功夫说走向一体化在思维模式上的最初萌芽。与此同时，最初的迷惑感、敬畏感转而成为种种宗教情怀，这使得心性论与功夫说一体化变得脉脉有情，而非冷冰冰。

　　第二，中国文化的内容与特色为其提供了内在的性格与外在的强制规范。

　　除了原生态的宗教文化母体为心性论与功夫说的一体化提供了最初的生长土壤之外，我国的社会历史与文化特质也同样规定了二者的这一基本发展道路："中国社会历史的特点，决定了中国哲学史的特点，正像欧洲社会历史的特点决定欧洲哲学史的特点一样。"① 我们可以说中国宗教思想的主体内容与中国的社会历史密切相连。所以，当我们探求心性论与功夫说一体化的社会历史原因时，必须把我们的目光投向广阔的中国社会之文化环境以及由此形成的传统文化的特殊性。在这中间，我们发现中国宗教思想的一大特点就在于对人类生存的特别关注。或许，在最原始的古人群里，始初是没有主体意识的。同样，这一时期生活在中国原始大地上的古人群也并没有特别关注作为一个类的人的生存现状以及此生存背后所孕育着的巨大价值和意义。但是，当古人群的主体意识与认识水平有了一定的提高后，当人类意识到必须以人类的集体出现来对抗外界各方面的威胁时，这时的原始人类一方面发现本能赋予我们的东西对于其他生物，乃至自然灾祸并没有什么特殊的优越性；但是另外一方面，原始人类却也发现了优越性，即人的理性思维。也许是环境使然，中国人的理性思维中有一种对人的生存现象和背后意义探讨的特别敏感性，这在先古流传下来的神话传说中体现得十分明显。

---

　　① 任继愈主编：《中国哲学发展史·先秦篇》，人民出版社 1983 年版，第 12 页。

这种"特别敏感性"可以概括为正反并存、对立统一的两种意识形式，即忧患意识与兴旺发达的愿望。[①] 当有了适合的条件，忧患意识与兴旺发达的愿望转而投向了人的内心世界，在后来的心性论中占据相当大的分量，从而成为功夫实践的一大领域。其中，忧患意识转化为后来的持敬、慎独、节欲、改过、自省、磨炼等与心性功夫密切相关的内容；兴旺发达的愿望则转化为后来的生生不息、自强不息、进德修业、立言立功等与心性功夫相关的内容。所以，中国宗教思想关注心性与功夫，并使二者一体化是中国社会文化推动的结果。"更确切地说，中国哲学根本不需要思辨理性或纯粹理性，而是强调主体实践的意义和作用。它认为，哲学的功能不是发展人的认知理性以求得知识，改造自然界以获得物质利益，而是发展人的实践理性以实现某种理想目的，与自然界保持一致而获得精神平衡。"[②]

中国文化另一个特性在于"性灵"性："追索往古，我们不难发现，中国文化本来就有一种山水性灵，而这种性灵最终则凝聚在传统哲学里边。所以我们透过山水可以更好地领悟中国哲学的思想旨趣，而当我们有了这种领悟的时候再反观山水就能够对其灵动的美有直觉的沟通。"[③] 同样地，我们可以说，中国哲学，中国文化的这种"山水灵性"也深深地影响了中国宗教思想。当然，我们并不否认中国宗教思想中存有大量的类似仪式程序、组织制度等内容，但我们认为其中更有价值的则是大量的与修身养性、磨炼心性等有关的因素，这些因素的出现并非偶然，而是与中国文化的大环境分不开的。无论是孔子的"知者乐水，仁者乐山"之说，还是道家的神仙向往，无论是佛教的见性成佛，还是民间信仰中的劝善诫恶，这都是对心性关注的充分表达。可见，关注心性并在功夫上体现出来是中国文化带给中国宗教思想的必然特性，也正因为如此，心性论与功夫说一体化在中国宗教思想中达到如此完善便不足为奇了。

第三，中国传统文化的思维特性也为这种一体化提供了内在根据。

我们在这里并不是要专门论述中国文化的思维特性，而是想运用学术界

---

① 参见詹石窗：《新编中国哲学史·导论》，中国书店 2002 年版，第 11 页。
② 蒙培元：《中国哲学主体思维》，人民出版社 1993 年版，第 111 页。
③ 詹石窗：《新编中国哲学史·导论》，第 3 页。

普遍认可的中国文化思维特性来说明心性论与功夫说的关系问题。在这里，我们想从"天人合一"这个论题切入。因为"天人合一"思想是中国传统文化的主体内容之一，它体现了古代哲人在认识整个世界时并不像西方那样严格要求主体与客体的分离与对立，而是强调或立足于二者的统一，即把主体融于客体，同时也把客体融于主体之中。

"天人合一"的关键处有两个层面的意涵：首先是"天人合一"所合之"一"究竟为何？对于这个问题，许多专家都做了精辟分析。就一般意义而论，"一"无非是天或人或二者之外的另外一个"一"；就具体命题来看，可以有：老子的"天人玄同"说、庄子的"无以人灭天"说，以及"天人相通说"、"天人相交说"、"天人相与说"、"天人同体说"、"天人一气说"、"天人一理说"、"天人一心说"等。① 我们从中发现，"天人合一"的着眼点仍是力图用天事或人事来说明人生，确切地说人应该怎样生活、生存，这根本上也是一个心性论的问题。而"天人合一"体现出来的诸种行事方法和方式恰恰是功夫说的内容，所以天人关系所彰显的内容之一也促使心性论与功夫说相统一。其次是如何去合，即合的方式问题，这是一个思维特性问题。在中国传统文化中，"天人合一"可用象征类比思维表示。我们从前面的文字发生学论"心"、"性"中已经明显地看出这一点。象征类比思维的确是中国传统思维的一大特征。无论是《周易》的"观物取象"，还是道教讲的内丹、外丹术，均把这一思维体现得淋漓尽致。联系到前面我们讲到的中国宗教思想的一大关注点是人生，我们可以这样说，"天人合一"作为天人关系的主体内容，其思维重点在于以指导人生为立足点来完成"天人合一"关系的建构。所以，不管是哪一种天人关系上的理论体系，其最终的指向则一致是想通过内在超越以实现或者达到某一理想境界。内在超越本身便是一个心性问题，而超越的方法则是功夫问题。总而言之，传统文化的思维方式也使得心性论与功夫说在中国宗教思想史中达到了一体化。

综合以上分析，不难看出：中国宗教思想中的心性论与功夫说一体化的建构既有理论上的内在逻辑性，也有历史文化中的现实必然性。这种一体化

---

① 参见宋志明、向世陵、姜日天：《中国古代哲学研究》，中国人民大学出版社 1998 年版，第42—55 页。

反过来，不仅对中国宗教思想的发展起了巨大作用，而且对整个中国文化体系也发生了深刻影响。对人的心性认识以及实现人的终极目标的探讨是中国宗教思想的主体内容之一，也是其较具特色的内容之一，这些内容对于指导今天的人生具有相当大的理论和现实意义。

纵观中国文化发展史，"心"与"性"范畴的思想萌芽约略出现在殷周时代的文化圈中。当时哲人的论述集中围绕在自然物的性质、功用以及自然界变化的规律性上，尽管这些认识具有相当程度的朴素性、直观性和形象性，但却开启了后来心性论的先河。《尚书·洪范》中说："水曰润下，火曰炎上，木曰曲直，金曰从革，土爰稼穑。润下作咸，炎上作苦，曲直作酸，从革作辛，稼穑作甘。"① 此语出自武王与箕子的对话之中，讲的主要意思是水、火、木、金、土的自然性质和功用，这种自然性质和功用来自于天生，而非后天和外在所强加。对于自然界中有生命特征的动植物的"性"，那个时代也有不少论述，其中较深刻的有范蠡之语："唯地能包万物以为一，其事不失。生万物，容畜禽兽，然后受其名而兼其利，美恶皆成以养生。"② 这种观点认为，有生命的自然物质的"性"也是天生的。

基于对自然物"性"的考察，殷周时代的人们也对人类自身的感觉、思维和心理活动有了一定的初步认识。这其中，对人的"性"也有了很精彩的论述，《左传·昭公二十五年》便记载了思想家子产的一段借"性"讲"礼"的话："夫礼，天之经也，地之义也，民之行也。天地之经，而民实则之：则天之明，因地之性，生其六气，用其五行。气为五味，发为五色，章为五声。淫则昏乱，民失其性，是故为礼以奉之……生，好物也；死，恶物也。好物，乐也；恶物，哀也。哀乐不失，乃能协于天地之性，是以长久。"③ 在这里，子产主要是来论述"礼"的产生和其重要作用的，但其背后也暗示出，人生之初亦有"性"，而且这种人"性"是依天地生而存有的，这是"礼"的客观依据；同时，"礼"维护着人生存之"性"。

殷周时代论述"性"的思维让我们有三点发现，一是论性的视角。它

---

① 《尚书·洪范》，《十三经注疏》上册，第 188 页。
② 《国语·越语下》，徐元诰撰、王树民、沈长云点校：《国语集解》，中华书局 2002 年版，第 578 页。
③ 《左传·昭公二十五年》，《十三经注疏》下册，第 2107—2108 页。

是把自然物和人所具有的"性"放在自然界来分析，即在论人的"性"的时候，是参照对自然物的分析来认识"性"的。二是论性的方法问题。其论述"性"的主要方法是把"性"说成生而具有的东西，而非后天得来的东西。三是十分强调"性"对人存在的地位和作用，认为"性"是人生存的依据和后天奉行的形上准则。这三点具有十分重大的意义和影响，它基本上规定了后来中国宗教思想对"性"探讨的基本思路与内容。

对心的论述，在《尚书》中也有体现："汝则有大疑，谋及乃心，谋及卿士，谋及庶人，谋及卜筮。汝则从，龟从，筮从，卿士从，庶民从，是之谓大同。"① 此段从认识论的角度，分析了心的思虑谋略特性，认为心是一种具有思维性质的身体器官之一。《尚书》又说："汝不忧朕心之攸困，乃咸大不宣乃心……今予命汝一，无起秽以自臭，恐人倚乃身，迁乃心。"② 这段话是盘庚对自己的臣子所讲。其论述的侧重点在于表明"心"是道德属性的载体与执行者。以上这两段话说明，殷周时代的"心"论已经较明显地意识到心具思虑和道德的二重属性，这对后来的心性论产生了巨大的影响。

这种巨大影响的最主要体现便是对先秦儒家学派思想的影响，它成为先秦儒家思想的主要来源，正如陈来先生所指出的："可以说，西周礼乐文化是儒家产生的土壤，西周思想为孔子和早期儒家提供了重要的世界观、政治哲学、伦理德性的基础……同时，西周文化又是三代文化漫长演进的产物，经历了巫觋文化、祭祀文化而发展为礼乐文化，从原始宗教到自然宗教，又发展为伦理宗教，形成了孔子和早期儒家思想产生的深厚根基。"③

儒家的创始人孔子可以说是儒家心性论与功夫说一体化的开创者。但是，孔子论心与性虽统一于其思想体系之中，然却并不是对举来论，而是分开来说，而且孔子也没有过多或直接地谈论心与性。其论性，最重要的有两句话，其一是："夫子之文章，可得而闻也；夫子之言性与天道，不可得而闻也。"④ 这句话是认为性与天道不必说，这是因为性与天道乃是贯穿在人

---

① 《尚书·洪范》，《十三经注疏》上册，第 191 页。
② 《尚书·盘庚中》，《十三经注疏》上册，第 170—171 页。
③ 陈来：《古代宗教与伦理：儒家思想的根源》，生活·读书·新知三联书店 1996 年版，第 16 页。
④ 《论语·公冶长》，朱熹：《四书章句集注》，第 79 页。

的日常学习和为人的行为活动之中的普遍原则，根本不需要去说，乃是不言而明、只管去做的事，即如《论语·阳货》所载孔子之语："天何言哉！四时行焉，百物生焉，天何言哉！"这即是说明，性与天道之关键在于法天而行，也就是说，孔子认为人的行为要像天一样按天的自然规则去做，并且多做少说。第二句话是："性相近也，习相远也。"① 此处论性，性与习对举，构成对等关系，但至于性与习的关系是相近还是相反，则由于其模糊性而具体难考，后人多解为人性本相近，而后天的学习使之相远了。其实这句话也可解释为人性是相近的，后天的践习是相远的。这两种解释透露出的信息十分关键，一是相近之性是否生而有，而且不可移变；二是后天的践习是否能够反过来影响相近之性。由于孔子"予欲无言"②，我们其实也可明白孔子的主旨所在：关键在行，即功夫。

孔子论"心"的基点也在于行。其论心最直接处莫过于说："回也，其心三月不违仁。"③ 根据这句话分析，"心"与"仁"具有可离可分的可能性。更确切地说，对于大部分人而言，其心与"仁"是分离的，因为即使做得很好的颜回也仅仅做到三月不违仁而已，所以孔子论性，其关键也在于使"心"不违"仁"，即在日常的生活当中去"克己复礼为仁"。换言之，心与性之说的重点不在论，而在做："古者言之不出，耻躬之不逮也。"④

在孔子的思想体系中，做的功夫集中体现在知识学习和道德修养的践行上。他指出："德之不修，学之不讲，闻善不能徙，不善不能改，是吾忧也。"⑤ 按照孔子的看法，获得知识应该是学思并重，他说："学而不思则罔，思而不学则殆。"⑥ 至于学习的方法，孔子认为："三人行，必有我师焉。择其善者而从之，其不善者而改之。"⑦ 而在道德修养的功夫上，孔子从"仁者爱人"的主旨和"忠恕之道"的原则出发，提出了具体的"力行

---

① 《论语·阳货》，朱熹：《四书章句集注》，第175页。
② 《论语·阳货》，朱熹：《四书章句集注》，第180页。
③ 《论语·雍也》，朱熹：《四书章句集注》，第86页。
④ 《论语·里仁》，朱熹：《四书章句集注》，第74页。
⑤ 《论语·述而》，朱熹：《四书章句集注》，第93页。
⑥ 《论语·为政》，朱熹：《四书章句集注》，第57页。
⑦ 《论语·述而》，朱熹：《四书章句集注》，第98页。

方案"。关于这种方案，《论语》记载："子张问仁于孔子。孔子曰：'能行五者于天下，为仁矣。'请问之。曰：'恭、宽、信、敏、惠。恭则不侮，宽则得众，信则人任焉，敏则有功，惠则足矣使人。'"① 这五种品德的修养能够处处实行，在内心深处便不会违仁了，也便称得上是仁人了。

孔子提倡学习与践仁并重，但二者地位并不一样。"仁"的修养是更为根本的，学习和思虑则是为"仁"服务的。"不仁者不可以久处约，不可以长处乐。仁者安仁，知者利仁。"② 朱熹在注解此条时说："不仁之人，失其本心，久约必滥，久乐必淫，惟仁者则安其仁而无适不然，智者则利于仁而不易所守。"③ 总起来，功夫论的内容可以概括为："弟子入则孝，出则弟，谨而信，泛爱众，而亲仁。行有余力，则以学文。"④

这样，由心性论出发，孔子的落脚点还是在如何去行，行的方法影响了心与性之内在与外在的关系，故表现在行为上就是既注重外在的探求与学习，也进行内在的体悟致思，二者结合，构成早期儒家并不系统的心性论与功夫说的一体化。

孔子论述心与性，虽然语言迷糊，内容简略，但背后却蕴涵着丰富的意义和巨大的价值，其初步提出的心和性与生命存在着千丝万缕关系的观点，让后来的儒家产生了内求与外求的分化，但又由于其最终仍是服务于成就"圣人"这类理想人格之目的，所以尽管后期儒家产生分化，却殊途同归。

孔子死后，儒家一分为八。其中之一是战国时期的著名思想家孟子代表的一派。在后期的先秦儒家中，孟子眼中的心性已成统一范畴，而功夫上走的则是内求的路线。孟子论性的言论，最著名的是"人性善"。在其"人性善"的理论体系中，孟子首先论述的是"性"的地位、内涵。同先前其他儒家一样，他认为"性"的特质是本体论上的，也就是说，动植物有动植物之性，人也有人之性，甚至可以说万事万物都有性。这是从外在的角度去看性，认为"性"是万事万物存在的固有性，它随万事万物的产生而存在于其中，这是"性"的普遍性存在，也是物类存在差异性的前提依据。但

---

① 《论语·阳货》，朱熹：《四书章句集注》，第177页。
② 《论语·里仁》，朱熹：《四书章句集注》，第69页。
③ 朱熹：《四书章句集注》，第69页。
④ 《论语·学而》，朱熹：《四书章句集注》，第49页。

是类别之性是不同的，动物性与人性也是不同的，至于动物性是否善，孟子没有讨论，因为孟子关心的是人。他认为只有人性才是善的，而善的人性就是人心之善端，从而心性统一起来。上面这诸种意思体现在以下两段话中：

> 告子曰："生之谓性。"孟子曰："生之谓性也，犹白之谓白与？"
> 曰："然。""白羽之白也，犹白雪之白；白雪之白，犹白玉之白与？"
> 曰："然。""然则犬之性，犹牛之性；牛之性，犹人之性与？"①

> 孟子曰："口之于味也，目之于色也，耳之于声也，鼻之于臭也，
> 四肢之于安佚也，性也，有命焉，君子不谓性也。仁之于父子也，义之
> 于君臣也，礼之于宾主也，智之于贤者也，圣人之于天道也，命也，有
> 性焉，君子不谓命也。"②

孟子将人性与物性对举，性与命对举，陈述了他在人性问题上的基本立场。关于这一点，朱子在《四书集注》中作了说明："性者，人之所得于天之理也；生者，人之所得于天之气也。性，形而上者也；气，形而下者也；人物之生，莫不有是性，亦莫不有是气。然以气言之，则知觉运动，人与物若不异也；以理言之，则仁义礼智之禀，岂物之所得而全哉？此人之性所以无不善，而为万物之灵也。"③ 关于孟子所说的"性"，朱子借当时流行的学术话语做了新的转换解释，但没有偏离孟子的本义太多。孟子虽然也承认性乃天生而有，但并非天生而有的全部就是性，因为天生而来的还有许多本能的东西，这些不是人性，人性的根本是道德理性上的为善，即善心，所以李景林认为："孟子的人性概念，是继承综合孔子以来的儒家性、命思想的发展而形成的。它有着重要的理论和文化意义。在宗教性的观念中，德福的一致性乃依赖于外在神性的保证。孟子的人性概念，则在人的道德规定内在于实存性的观念前提下，提出人本于道德而'立命'的思想，从而以性、命

---

① 《孟子·告子上》，朱熹：《四书章句集注》，第 326 页。
② 《孟子·尽心下》，朱熹：《四书章句集注》，第 369 页。
③ 《孟子集注》卷 11，朱熹：《四书章句集注》，第 326 页。

的统一性肯定了人的现实福祉要求。这与西方文化判天国与人事为二的观念大异其趣，奠定了中国文化内在超越的人文方向之人性本体论的根据。"①

孟子把人性的内容定义为心之"四端"："君子所性，仁义礼智根于心"②，"恻隐之心，仁之端也；羞恶之心，义之端也；辞让之心，礼之端也；是非之心，智之端也"③。这种道德之心，不仅是仁义礼智道德观念的开端，而且是人特有的"人性"；但同时它只是潜在可能的，而非现实的，即如张奇伟先生所讲："孟子的'性善'之说不是'性是善的'，而是'性是可以善的'。'性善论'严格说起来应是'性可善论'。"④

就这样，孟子论性，把心也联系进来，站在二者对偶的基点上，对心性作了更为自觉的探索，成为心性论系统探索的开端。

其用"心"来解释"性"，是基于对心的地位和内容的认识。孟子论心，意义有三，一是认为心是个思虑知识的器官，他说："心之官则思，思则得之，不思则不得也。此天之所与我者。"⑤ 这表明人的思维能动性是继承先天而来的，而且这种具有思维能动的"心"只有在实际的"思考"实践中才可以呈现。二是认为心是个道德本心和"良心"，即仁义之心："心之所同然者何也？谓理也，义也。圣人先得我心之所同然耳。"⑥ 三是认为心是情感意志之心。即是其多次提到的"不动心"与"动心忍性"之心。

这样，疏通了孟子的心、性的基本所指后，我们便不难理解其心性论上的著名公式："尽其心者，知其性也。知其性，则知天矣。存其心，养其性，所以事天也。"⑦ 其基本的思路是：作为人性的仁义礼智的道德属性乃根于心，要想成为道德高尚和人格完善的"圣人"，基本的做法不是向外寻求，而是扩充内心中善的人性，运用心的思维能动，达到"知天事天"的目标。可见，这既是一个认识论上的理论命题，同样也是功夫说上一个具体

---

① 李景林：《教养的本源：哲学突破时期的儒家心性论》，辽宁人民出版社1998年版，第237页。
② 《孟子·尽心上》，朱熹：《四书章句集注》，第355页。
③ 《孟子·公孙丑上》，朱熹：《四书章句集注》，第238页。
④ 张伟奇：《亚圣精蕴：孟子哲学真谛》，人民出版社1997年版，第104页。
⑤ 《孟子·告子上》，朱熹：《四书章句集注》，第335页。
⑥ 《孟子·告子上》，朱熹：《四书章句集注》，第330页。
⑦ 《孟子·尽心上》，朱熹：《四书章句集注》，第349页。

的修养过程。其修养的手段可以包括以下几种：

第一，存心养性：养性之道。孟子的心性论与功夫说一体化的程度已经十分完善，其最明显的体现莫过于其所说的："尽其心者，知其性也；知其性，则知天矣。存其心，养其性，所以事天也。夭寿不贰，修身以俟之，所以立命也。"① 这段话的前半部分是心性论的思想形式，而后半段则是心性论的实际功夫，二者合为一体，构成了孟子道德修养理论的基本纲领。② 这一基本纲领的立论基础是其心性论，其由人性之善端出发，首先肯定人先天具有的道德自律性与向善性，认为后天道德行为的实现关键在于扩充这一善端，为此必须在存养心性上下功夫，这就是扩充先天具有的"不虑而知"、"不学而能"的"良知"、"良能"，即"良心"。③ "求其放心"仅是第一步，却也是最关键的一步，只有先求得这一"良心"，然后才能围绕此"良心"，反思"诚"，走到具体的修养心性功夫上来，即"反身而诚"："悦亲有道：反身不诚，不悦于亲矣；诚身有道：不明乎善，不诚其身矣。是故诚者，天之道也；思诚者，人之道也。至诚而不动者，未之有也；不诚，未有能动者也。"④ 这即是指，在求存良心的道路上，最根本也最有效的方法是反身思诚，因为性善的体现便是这一"诚"字。只有思诚才能有真心的道德行为，只有加倍努力去实现"诚"，才有最大的快乐，也才能真正把"万物皆备于我"的可能变成现实。这是道养修炼的功夫、方法。

第二，炼气持志：养身之道。尽管上文中"反身而诚"的落脚点在于"身"，不过上文之"身"仍是着眼于其道德意义上讲的。尽管炼气与持志的修养方法在根本上仍是服从于道德完善的目标，但却从另一个侧面透露出其形体健康思想。人的第一位健康是形体的无病无灾、精神的积极乐观，对于这一点，孟子的心性论也有展现，而且在实际的功夫说上也体现出来。他在论气与志的关系时说："夫志，气之帅也；气，体之充也。夫志至焉，气次焉。故曰：'持其志，无暴其气'"，"其为气也，至大至刚，以直养而无

---

① 《孟子·尽心上》，朱熹：《四书章句集注》，第 349 页。

② 参见朱贻庭：《中国传统伦理思想史》，华东师范大学出版社 2003 年版，第 104—105 页。

③ 参见《孟子·尽心上》，朱熹：《四书章句集注》，第 353 页。

④ 《孟子·离娄上》，朱熹：《四书章句集注》，第 282 页。

害，则塞于天地之间。其为气也，配义与道；无是，馁也。"① 这种"养浩然之气"的思想与中医学上的"气"论思想有异曲同工之妙，均对人的身体健康有相当大的作用，所以北宋时期的程颐对此大为赞赏，而朱熹在《朱子语类》中也多次提及此事。尽管这种"养浩然之气"的思想仍是保证道德完善的条件，但也可看做是孟子关于形体健康的独特修炼方法，也正是因为人的形体健康，才能有足够的精力和良好精神状态去实现道德上的尽善尽美，所以"养气"便直接与一种主观精神状态密切相关。孟子说此为"志"，朱子注解时说："志者，心之所向。持志却是养心，也不是持志之外别有个养心。"② 这种"志"可以称为"不动"之"良心"，是集健康心、道德心、意志心于一体的。总而言之，炼气持志也是其心性论引导出来的具体的功夫、方法。

第三，寡欲、集义：成圣之道。无论是心性论还是功夫说，孟子理论的最终指向在于成就圣人之道。所以，在功夫上，他提出了寡欲与集义的具体方法。寡欲即是自觉能动地减少和去掉一切生理欲望："养心莫善于寡欲。其为人也寡欲，虽有不存焉者，寡矣；其为人也多欲，虽有存焉者，寡矣。"③ 这即为如果多欲，则根本不可能通过扩充内心善端使现实的人成为理想之人，故应当寡欲。如果寡欲是消极的功夫方法，那么以扩充善端之心为主体内容的"集义"则可称为一种积极的正面方法："其为气也，配义与道，无是，馁也。是集义所生者，非义袭而取之也。"④ "集义"就是求得"放心"，就是存养"良知"、"良能"，同时也就是"养心"与"持志"，最终的目标就是内圣外王的自觉功夫、方法。这种方法是把孔子的"我欲仁，斯仁至矣"⑤ 的主体自觉方法发挥为"集义"的自我扩充的方法，是对孔子思想的引申和发展，成为孟子功夫说的突出特征之一，对后世产生了很大的影响，故张岱年先生讲：后世所谓"修养"主要是孟子"修身"、"养性"

---

① 《孟子·公孙丑上》，朱熹：《四书章句集注》，第230—231页。
② 黎靖德：《朱子语类》卷52，第4册，中华书局1994年版，第1239页。
③ 《孟子·尽心下》，朱熹：《四书章句集注》，第374页。
④ 《孟子·公孙丑上》，朱熹：《四书章句集注》，第231—232页。
⑤ 《论语·述而》，朱熹：《四书章句集注》，第100页。

学说的发展。①

　　同是儒学后继者，荀子的人性论与孟子的人性论却具有很大的差别。从现代学术观点来看，人是社会性的动物，所以人的本质属性具有二重性，一是其自然性，二是其社会性。在心性论的基调上，如果孟子人性论侧重于强调人的社会性，那么荀子则突出的是人的自然性。所以从更深层次上，二者的人性论并不如其表面上提出的善恶之争有那么大的相反之距。故而，我们应首先理清荀学的基本思维特质，才能清晰地理解其"人性之恶"的真义。

　　荀子是位崇尚理性并在其理论和实践中广泛运用理性的思想家。其思想的深刻之处在于其提出的"明于天人之分"的思维方法："天行有常，不为尧存，不为桀亡。应之以治则吉，应之以乱则凶。强本而节用，则天不能贫；养备而动时，则天不能病；修道而不贰，则天不能祸……受时与治世同，而殃祸与治世异，不可以怨天，其道然也。故明于天人之分，则可谓至人矣。"② 在这里，荀子解"天"，顺承孔子"天何言哉？四时行焉，百物生焉，天何言哉？"③ 的思路认为天道自有不依人之意愿的规律，它与人道是分开的；但同时，他也认为人具有能动的主体性，能够认识天道。其以人的主体能动性通过顺时、应命而达到理性上的"天人合一"。其天人之分是理性认识的结果，其天人合一也是理性分析得出的伟大结论："大天而思之，孰与物畜而制之？从天而颂之，孰与制天命而用之？望时而待之，孰与应时而使之？因物而多之，孰与骋能而化之？思物而物之，孰与理物而勿失之也？愿于物之所以生，孰与有物之所以成？故错人而思天，则失万物之情。"④ 基于对"知"的理性分析和重视，荀子提出了"制天命而用之"的伟大命题，彰显了人对天不服输的主体能动性，其整个理论体系都有很浓的斗志昂扬的意识，冯友兰先生曾形象地说过："孟子乃软心的哲学家……荀子为硬心的哲学家。"⑤

　　从这个前提出发，我们更易把握荀子的"心性"论体系。其论性的思

---

① 参见张岱年：《中国伦理思想研究》，江苏教育出版社 2005 年版，第 157 页。
② 《荀子·天论》，《诸子集成》第 2 册，第 205 页。
③ 《论语·阳货》，朱熹：《四书章句集注》，第 180 页。
④ 《荀子·天论》，《诸子集成》第 2 册，第 211—212 页。
⑤ 冯友兰：《中国哲学史》上册，华东师范大学出版社 2000 年版，第 214 页。

路也同于孟子，把性定位于先天而有："生之所以然者谓之性，性之和所生，精合感应，不事而自然，谓之性。性之好、恶、喜、怒、哀、乐谓之情。情然而心为之择，谓之虑。心虑而能为之动，谓之伪。虑积焉，能习焉而后成，谓之伪。"① 这种先天而有的"性"更多的是指自然属性，而非如孟子讲的人的先天而有的社会性。

其"性恶论"的具体内容是："人之性恶，其善者伪也。今人之性，生而有好利焉；顺是，故争夺生而辞让亡焉；生而有疾恶焉，顺是，故残贼生而忠信亡焉；生而有耳目之欲，有好声色焉，顺是，故淫乱生而礼义文理亡焉。然则从人之性，顺人之情，必出于争夺，合于犯分乱理而归于暴。故必将有师法之化，礼义之道，然后出于辞让，合于文理，而归于治。用此观之，然则人之性恶明矣，其善者伪也。"② 荀子把生而有的喜好利益、疾恶、声色之性等看成人的本性，并认为它是恶的。其思路是由这些自然属性所可能引起的后天结果而反过来推，认性为"恶"，而非善。尽管认性为恶，荀子支持的却是后天的修养作为，而非先天之恶。他在这里批评了孟子的人性善论，认为人的道德善性虽然很重要，但并非先天而来，故不是性而是伪的内容。从这点看，荀子与孟子的争论焦点不在于人的本性是善还是恶，而是在于哪些才是天生而有的性的内容。

由"天人相分"出发，荀子在"性"论上推出了"性伪之分"，并点明"伪"在改变原本之恶性上的巨大功能，故强调后天学习和教育的重要性，这样就进入了功夫说的内容："尧禹者，非生而具者也，夫起于变故，成乎修，修之为待尽而后备者也。"③ 人性都同样是恶的，可是为什么有后天的桀、尧之别？关键在于"礼"的教化。如此，人人均可能成为尧禹。这便同孟子性善论追求的目标达成了一致：人人可成尧舜。只不过孟子的方法是内求自省以扩充善心、善性，荀子的方法是外求循礼以"化性起伪"。

当然，荀子礼学教化的方法也是从"心"入手的："人之所欲生甚矣，人之所恶死甚矣，然而人有从生成死者，非不欲生而欲死也，不可以生而可

---

① 《荀子·正名》，《诸子集成》第 2 册，第 274 页。
② 《荀子·性恶》，《诸子集成》第 2 册，第 289 页。
③ 《荀子·荣辱》，《诸子集成》第 2 册，第 40 页。

以死也。故欲过之而动不及，心止之也。心之所可中理，则欲虽多，奚伤于治！欲不及而动过之，心使之也。心之所可失理，则欲虽寡，奚止于乱！故治乱在于心之所可，亡于情之所欲。不求之其所在，而求之其所亡，虽曰我得之，失之矣。"① 由于人性的主要内容是恶欲，故把完善人格理想、治国安邦的全部希望寄托在自觉扩充德性、立志寡欲上是根本行不通的；主要的做法应是从"心"入手，用"礼"去教化身心，这样才能"化性起伪"，从而使人成为尧禹。从这点来看，"心"与"性"是分离的，但二者同时又是不可分割的，因为改性的关键离不开心，"心"成为"化性起伪"的关键所在。换言之，改性就变成了改心之恶性为心之善性。

正是在"心"化"性"的功用上，荀子认为"心"的内容应当包括：心对浅层感观的主要作用，心的理性分析能力以及心在控制情态上的主体特征。这样，由"心"在"化性"时的地位和功用来认识心性关系成为荀子心性论特色，其功夫说也与这一理论相辅相成，具体方法和做法有以下几点：

第一，作为"礼"的第一层次，学习是至关重要的："我欲贱而贵，愚而智，贫而富，可乎？曰：其唯学乎！"② 这种学习有君子和小人之分，我们应当学习君子之学："君子之学也，入乎耳，箸乎心，布乎四体，形乎动静，端而言，蠕而动，一可以为法则……君子之学也，以美其身；小人之学也，以为禽犊。"③ 这说明真正的学习要全心全力，同时要端正学习的最终目的，更要在学习过程中培养坚强的意志和理性的认识能力："学不可以已……君子博学而日参省乎己，则知明而行无过矣。"④

学习指的是劝学与修养并进，知识与道德并重。不仅学习知识，更要培养德性。荀子认为："见善，修然必以自存也；见不善，愀然必以自省也，善在身，介然必以自好也，不善在身，菑然必以自恶也。"⑤ 这就是说，道德观念和合礼行为的养成，是日常学习的一个重点内容，只有自省思贤，刻

---

① 《荀子·正名》，《诸子集成》第 2 册，第 284 页。
② 《荀子·儒效》，《诸子集成》第 2 册，第 79 页。
③ 《荀子·劝学》，《诸子集成》第 2 册，第 7—8 页。
④ 《荀子·劝学》，《诸子集成》第 2 册，第 1 页。
⑤ 《荀子·修身》，《诸子集成》第 2 册，第 12 页。

苦努力，方能做到"知明而行无过"。

第二，无论是学习知识，还是内省道德，入手处关键在于治气养心。这一点有两层含义，一是形体上的健康，二是精神上的充足乐观。荀子曾说过："扁善之度，以治气养生，则后彭祖；以修身自名，则配尧禹。"① 这里借用彭祖活了七百岁的传说来说明身体健康的重要性，并且也指明了"治气养生"对于维护长寿的巨大价值。至于具体的操作方法则是："治气养心之术：血气刚强，则柔之以调和；知虑渐深，则一之以易良；勇胆猛戾，则辅之以道顺；齐给便利，则节之以动止；狭隘褊小，则廓之以广大；卑湿重迟贪利，则抗之以高志；庸众驽散，则劫之以师友；怠慢僄弃，则炤之以祸灾；愚款端悫，则合之以礼乐，通之以思索。凡治气养心之术，莫径由礼，莫要得师，莫神一好，夫是之谓治气养心之术也。"② 分析上述引文，我们可知晓，这种修身养性的方法融生理、心理、道德诸方面于一体，以"礼"为根本指导原则，以养气治心为主要途径，进而达到生理与精神情态的协调发展，从最终层次上升华人的道德境界。

先秦儒家的心性论除了孔、孟、荀之外，还有《中庸》的"自诚明"与"自明诚"的心性论与功夫说，《易传》的"继善成性"与"穷理尽性"的心性论与功夫说，《大学》的"三纲八目"的心性论与功夫说，这些思想与孔、孟、荀的理论一起构成了后来儒教心性论与功夫说的一体化基础，成为其重要思想来源，并对整个中国的心性论与功夫说一体化思想产生了相当大的影响，其成熟形态便是如《中庸》所言："天命之谓性，率性之谓道，修道之谓教。"这种思想特征规定了儒教心性论和功夫说一体化思想的大致方向。

中国宗教思想心性论的基础来源也离不开道家思想。道家创始人老子不仅提出了具有开创意义的"道"这个哲学范畴，而且深刻论述了"道"的性状、功用和特质，规范了后期道家的基本论"道"理路。《道德经》文本中没有直接论心性关系的内容，但是，在其五千言的背后，我们依然可以清晰地感受到《道德经》论心性的大致内容。这些内容是服从于其"道"论

---

① 《荀子·修身》，《诸子集成》第 2 册，第 13 页。
② 《荀子·修身》，《诸子集成》第 2 册，第 15—16 页。

体系的。

《道德经》一书没有出现一个"性"字。但其内容却有实质的人性论。由"道"推衍而来的"德"论便是其人性论的主体内容。

对《道德经》之"道",可以作出形形色色的无数种解释,但如果站在人性论("德")的角度来分析,则主要包括以下几点内容:第一,道是宇宙间天地万物的本源:"道生一,一生二,二生三,三生万物。"① 不管"道"生万物的过程究竟如何,万物总是由道而生则是肯定的。这个"道"除了本源上的意义外,还有本体上的意义,即它不仅生成万物,还散存于万物之中:"故道生之,德畜之,长之,育之,亭之,毒之,养之,覆之。生而不有,为而不恃,长而不宰,是谓元德。"② 而万物寂灭之后也将复归于"道",这种复归,《道德经》称其为"归根"、"复命":"万物并作,吾以观复。夫物芸芸,各复归其根。归根曰静,是谓复命。"③ 第二,道的特性有以下几点。(1)虚静:"躁胜寒,静胜热。清静为天下正。"④ (2)无为自然。此处的"无"有二重含义,一是与有相对,即指与有限性的有、具体可分的有相对的无限性,至大至小的"无",这可以说是一种"无"性。二是指现实中的无为之法:"道常无为而无不为。侯王若能守之,万物将自化。化而欲作,吾将镇之以无名之朴。无名之朴,夫亦将不欲。不欲以静,天下将自定。"⑤ (3)柔弱不争:"上善若水。水善利万物而不争,处众人之所恶,故几于道……夫唯不争,故无尤。"⑥ 第三,道的功用和地位:"道"是万物遵守的规则和人应奉行的生活准则:"人法地,地法天,天法道,道法自然。"⑦

这样看来,《道德经》背后体现出来的"人性"论可以说是一种"道性"论,其潜在意义上的人性其实也应是由道而来的,具有虚静自然、无

---

① 《道德经》第四十二章,《诸子集成》第3册,第26页。
② 《道德经》第五十一章,《诸子集成》第3册,第31—32页。
③ 《道德经》第十六章,《诸子集成》第3册,第9页。
④ 《道德经》第四十五章,《诸子集成》第3册,第28页。
⑤ 《道德经》第三十七章,《诸子集成》第3册,第21页。
⑥ 《道德经》第八章,《诸子集成》第3册,第4—5页。
⑦ 《道德经》第二十五章,《诸子集成》第3册,第14页。

为自化、柔弱不争的特点。我们可以这样说，《道德经》认为人之本性在于道，道性内容即是人性的依据和内容。而且人性的应然状态是一种自然主义的状态。至于现世中出现那么多的忌讳、贫穷、利器、滋昏、技巧、奇物、法令、盗贼，乃是人背离了这一自然质朴的人性而有的。为此，在功夫说上，人必须顺道来复归"道性"，即实现以"道"为最高目标的理想人格。

《道德经》直接论述"心"的言语有九处。细分析这些言论，我们认为，《道德经》论"心"约有以下几个重点：

第一，"心"的实质内容是虚心。① "虚"既是心的主体特性，更是心来源于"道"性的证明。我们知道，"道"的一大特点是虚静，秉承"道"而来的"心"亦需具备这一性格属性，而具备这一"虚心"的则是《道德经》眼中的圣人："圣人无常心，以百姓心为心……圣人在天下，歙歙为天下浑其心，圣人皆孩之。"② "无心"即是虚心，是心顺自然的一种理想状态，但现实的人心是否这样呢？第二，《道德经》认为，现实的人心由于受外界利欲的侵蚀，已经变得面目全非："五色令人目盲，五音令人耳聋，五味令人口爽，驰骋畋猎令人心发狂，难得之货令人行妨。"③ 第三，在功夫说上，基于人心的实然状态与心的应然理想存在巨大反差，《道德经》提出了改造人心或说是重塑人心的方法，这是一种减损欲念的方法，即把"欲心"虚掉，只剩下"圣心"："不尚贤，使民不争；不贵难得之货，使民不为盗；不见可欲，使民心不乱，是以圣人之治，虚其心，实其腹，弱其志，强其骨，常使民无知无欲，使夫智者不敢为也。为无为，则无不治。"④

从心性论的基本论调出发，《道德经》提出了它的功夫说：

第一，由学体道。其对待"知识"的总纲是："为学日益，为道日损。损之又损，以至于无为，无为而无不为。"⑤ 由于"为学"追求的是形而下的具体器物的知识，因而其关键在于天天上进，日日增益，如此积少成多，才能获得足够的知识；而"为道"追求的是领悟和把握最高的"大道"，其

---

① 参见张立文主编：《心》，第 44 页。
② 《道德经》第四十九章，《诸子集成》第 3 册，第 30 页。
③ 《道德经》第十二章，《诸子集成》第 3 册，第 6 页。
④ 《道德经》第三章，《诸子集成》第 3 册，第 2 页。
⑤ 《道德经》第四十八章，《诸子集成》第 3 册，第 29 页。

主要的途径应当是玄思守朴、去欲存静，如此才能脱离具体的知识，领悟"道"的大智慧。在《道德经》看来，二者并非是矛盾的，而是两种不同的事情，冯友兰评论《道德经》认为："为道就要日损，为学就要日益，但是，所损所益并不是一个方面的事。日损，指的是欲望、感情之类；日益，指的是积累知识的问题。这两者并不矛盾，用我的话说，为道所得的是一种精神境界，为学所得的是知识的积累，这是两回事。一个很有学问的人，他的精神境界可能还是像小孩子一样天真烂漫，用《道德经》表达的方式，一个人也应该知其益，守其损。"①

除了冯友兰这个看法外，我们还可以说老子认为知识在广义上有三种：一种是材料记载式的知识，这是关于事物的描述性的东西；二是由这些知识转而开出的智慧，它需要从博杂的具体知识中简约、贯通而得出；三是把智慧进一步上升为一种精神上的德性。对于第一类知识而言，是需要日益的，而对于第二、第三类，则是要通过损具体知识而达到"由有入无"的境界，才能把握、体悟到的了。

第二，德性的培养。《道德经》并非反对道德，它所否定的是儒家式的道德伦理。基于它所赞同的"孔德"、"玄德"基础上，《道德经》也主张修养德性，其修养方法有个人的，也有群体性的。至于个人修养德性的方法则有如下几点：一是少私寡欲。"祸莫大于不知足，咎莫大于欲得。故知足之足，常足矣。"② 抛弃个人的私欲、利念是修德养身的前提。二是致虚守静。其要求通过"见素抱朴"、"致虚极、守静笃"的方法，从尘世外界争吵不休、杂乱不止的混乱之中脱离出来，实现真正的"婴儿"境界，也即"玄同"境界："塞其兑，闭其门，挫其锐，解其分，和其光，同其尘，是谓元同。"③ 三是守柔处顺。它曾再三强调"不敢为天下先"，认为这是个人品德的一个重要内容："我有三宝，持而保之，一曰慈，二曰俭，三曰不敢为天下先。"④ 而所有这些都是为了"善德"的培养与固守："是以圣人执左

---

① 冯友兰：《中国哲学史新编》上卷，人民出版社1998年版，第343页。
② 《道德经》第四十六章，《诸子集成》第3册，第28—29页。
③ 《道德经》第五十六章，《诸子集成》第3册，第34页。
④ 《道德经》第六十七章，《诸子集成》第3册，第41页。

契，而不责于人。有德司契，无德司彻。天道无亲，常与善人。"①

第三，形体的炼养。《道德经》对身体的观点在表面上似乎有很大的矛盾性，其一方面认为大患乃是因为有身体："吾所以有大患者，为吾有身，及吾无身，吾有何患？"② 但另一方面却通过比较"名与身孰亲，身与货孰多，得与亡孰病"③，认为身体的存有与健康是很重要的。如果分析一下，我们认为它并不矛盾。因为就《道德经》来看，如果没有身体等一切生命形式，的确是没有丝毫忧患的，但现实是，生存的任何个体都是既定的，因而身的固存也是必不可缺的。为此，它提出了"深根固柢，长生久视之道"④。具体方法有：

一是养气。"专气致柔，能婴儿乎？"⑤ 这是因天下万物由气而生成、存在，"万物负阴而抱阳，冲气以为和"⑥。二是以"静"养生。"归根曰静，是谓复命。复命曰常，知常曰明。不知常，妄作凶。知常容，容乃公，公乃王，王乃天，天乃道，道乃久，没身不殆。"⑦ 三是"寡欲抱一"。《道德经》认为世俗之人过于贪求物质欲望的满足，结果却往往适得其反，最终害了自己的健康："五色令人目盲，五音令人耳聋，五味令人口爽，驰骋畋猎令人心发狂，难得之货令人行妨。"有鉴于此，《道德经》提出了独特的养生方法，这就是"抱一"、"守朴"，即去除繁杂的物质欲望，而复顺于自然无为之道，保持内心的虚静质朴，如此才能健康长寿。

《道德经》的心性论与功夫说也是一体化的，这虽然只是纲领性的论述，但其思维理路却对后来的道教产生了深远影响，尤其是其养生方法上的功夫说，更是开启了道教养生学的大门。

道家理论集大成者莫过于庄子。庄子把老子的心性论推到另外一个极端，他的心性论可以概括为"忘心"说和"遂性"论。在这些思想指引下，其功夫说最明显的特色是"心斋"与"坐忘"。

---

① 《道德经》第七十九章，《诸子集成》第3册，第46页。
② 《道德经》第十三章，《诸子集成》第3册，第7页。
③ 《道德经》第四十四章，《诸子集成》第3册，第28页。
④ 《道德经》第五十九章，《诸子集成》第3册，第36页。
⑤ 《道德经》第十章，《诸子集成》第3册，第5页。
⑥ 《道德经》第四十二章，《诸子集成》第3册，第26—27页。
⑦ 《道德经》第十六章，《诸子集成》第3册，第9页。

《庄子》论心，由《道德经》的"无心"之体出发，把其中的智慧之光经过自己的整合与发挥，形成了自己的"忘心"说，即《庄子》基于现实之心的实然之态与背后本体之心的应然品格的分歧与背离，首先指出"心"应然的特性以及现实人心实际都是背离这一本体之心的，而后要求通过"坐忘"的方式复回天地之心。

首先，《庄子》认为"心"的根本特性是"虚"，这一个"虚"是从《道德经》心论中发挥而来的。《庄子》也认为"心"是顺"道"而有："夫昭昭生于冥冥，有伦生于无形，精神生于道。"① 以精神为代表的人心就根底处来说是由道产生的，"心"产生后也受到道的支配，故从应然的道理上讲，人心应该与道合而为一。这种"合一"肇始于"虚"并且以"虚"为状态。《庄子》说："敢问心斋……曰：一若志，无听之以耳，而听之以心；无听之以心，而听之以气。听止于耳，心止于符。气也者，虚而待物者也。唯道集虚。虚者，心斋也。"② 主张虚静自然便是"心"的主要特征和本性，它由虚而无形的道和气所产生，并落实在人心之中。这样，由道和气产生的"心"实际便有了以下几大特征：一是不起"思虑心"。他说："形若槁骸，心若死灰，真其实知，不以故自持，媒媒晦晦，无心而不可与谋。"③ 这种"若死灰"的状态就是无思无虑、无利无欲，顺命而乐心，与道通为一。二是"游心"。他说："游心于淡，合气于漠，顺物自然，而无容私焉，而天下治矣。"④ 所谓游心是指心念游于天地逍遥之境，从有限的时空限制中游离出来，通过自主的主体活动和运作达到一种"无待"的精神与心理情状："若夫乘天地之正，而御六气之辩，以游无穷者，彼且恶乎待哉？故曰：至人无己，神人无功，圣人无名。"⑤ 这种"游心"是庄子对老子之"当其无，有室之用"在精神心理状态上的运用和发展。三是"忘心"。即主动地通过各种修炼方式忘却各种不合于道的心，使心不动而静。通过主体之心的积极主动而达到主体之心的无知无欲，可见这种"心"的

① 王先谦：《庄子集解》卷6《知北游》，《诸子集成》第3册，第139页。
② 王先谦：《庄子集解》卷1《人间世》，《诸子集成》第3册，第23页。
③ 王先谦：《庄子集解》卷6《知北游》，《诸子集成》第3册，第139页。
④ 王先谦：《庄子集解》卷2《应帝王》，《诸子集成》第3册，第49页。
⑤ 王先谦：《庄子集解》卷1《逍遥游》，《诸子集成》第3册，第3页。

根本意义在于用有知之心达到无知之心。这是一种很深刻的思想。

但是，现实人心的实际状态并非是"道心"的，而是背离"道心"的："与体现道的'心斋'相反的，是人的喜怒哀乐好恶感情和利欲荣辱争夺之心，庄子称之为'人心'。"[1]　这种心有各种各样的表现，具体说来[2]有：（1）成败之心："夫随其成心而师之，谁独且无师乎？奚必知代而心自取者有之？愚者与有焉！未成乎心而有是非，是今日适越而昔至也。"[3]　（2）伎巧之心："有机械者必有机事，有机事者必有机心。机心存于胸中，则纯白不备，纯白不备，则神生不定；神生不定者，道之所不载也。"[4]　（3）相害之心："神农之世，卧则居居，起则于于，民知其母，不知其父，与麋鹿共处，耕而食，织而衣，无有相害之心，此至德之隆也。"[5]　（4）忧乐之心："悲乐者德之邪，喜怒者道之过，好恶者德之失。故心不忧乐，德之至也。"[6]

可见，在战国乱世之中，《庄子》看到了心的变迁已经与"道"不符，他向往的是回到自然本真、无拘无束、无生无死的"道心"。

《庄子》论性，不像孟子那样将之作为人和动物之类区别的依据，而是由其自然主义哲学的立场出发，主张性乃自然本性，是人与万物同样具有的。他认为："性者，生之质也，性之动，谓之为。"[7]　这即是说，"性"这一范畴仅意味着万事万物生来具有的本质，而且这一本质是本于"虚静"之道和气的；否则，便是为，即人为："依庄子的存有论，万物平等，人性即物性，没有一个与万物之性分别而对待的人性。"[8]　其人性论确切说应是性论，因为人性与物性相同为一。这种理论的第二个要点是"性"的不可改变性。改的是人为，但性不变："性不可易，命不可变。"[9]　他运用一个类

———————

①　张立文：《心》，第47页。

②　参见张立文：《心》，第47—49页。

③　王先谦：《庄子集解》卷1《齐物论》，《诸子集成》第3册，第8—9页。

④　王先谦：《庄子集解》卷3《天地》，《诸子集成》第3册，第75页。

⑤　王先谦：《庄子集解》卷8《盗跖》，《诸子集成》第3册，第197页。

⑥　王先谦：《庄子集解》卷4《刻意》，《诸子集成》第3册，第97页。

⑦　王先谦：《庄子集解》卷6《庚桑楚》，《诸子集成》第3册，第153页。

⑧　崔宜明：《生存与智慧——庄子哲学的现代阐释》，上海人民出版社1996年版，第242页。

⑨　王先谦：《庄子集解》卷4《天道》，《诸子集成》第3册，第95页。

比说明了这一点："何谓天？何谓人？北海若曰：牛马四足，是谓天；落马首，穿牛鼻，是谓人。故曰：无以人灭天，无以故灭命，无以得殉名。谨守而勿失，是谓反其真。"① 这便是认为人生而有的才是性，而且人生在世应该"遂性"，而非违反性："夫马，陆居则食草饮水，喜则交颈相靡，怒则分背相踶。马知已此矣。夫加之以衡扼，齐之以月题，而马知介倪、闉扼、鸷曼、诡衔、窃辔。故马之知而态至盗者，伯乐之罪也。夫赫胥氏之时，民居不知所为，行不知所之，含哺而熙，鼓腹而游，民能以此矣。及至圣人，屈折礼乐，以匡天下之形，县企仁义，以慰天下之心，而民乃始踶跂好知，争归于利，不可止也。此亦圣人之过也。"② 庄子在此以马为喻，指责后天的知识规范、仁义道德表面上看是使人生完美，其实质却是诱导民众脱离天性，反过来追逐名利，故《庄子》主张应顺自然来养性。

当然，由于人与物所禀之道和气的层次、多寡不同，人性与物性的具体内容是不一致的。这与其同时承认人、物之性通而为一并不矛盾，因为性的共通性是说明自然之性的普遍性，而人性与物性的区别则指明的是性的特殊性，辩证地去看性的普遍性与特殊性，恰好说明庄子的高明，他说人的自然性是指："彼民有常性，织而衣，耕而食，是谓同德。"③ 物的自然性是指："鸱鸺夜撮蚤，察豪末，昼出瞋目而不见丘山，言殊性也。"④

综观《庄子》的心性论，其根本的理论诉求是试图使脱离了"道"的人心与人性（即人为）复归到合于虚静之道的人心与人性。由这一出发点，他提出了几条修身养心的功夫方法：

一是养心存性："云将曰：吾遇天难，愿闻一言。鸿蒙曰：意。心养。汝徒处无为，而物自化。堕尔形体，吐尔聪明，伦与物忘，大同乎涬溟，解心释神，莫然无魂。"⑤ "养心"的关键在于"解心释神"，其重点就是让心彻底放松，从而实现一种无欲无知的境状，然后达到与"道"合真的逍遥心状，这种心状是反对一般意义上的虚善伪德，而是追求至道之德。"夫

---

① 王先谦：《庄子集解》卷 4《秋水》，《诸子集成》第 3 册，第 105 页。
② 王先谦：《庄子集解》卷 3《马蹄》，《诸子集成》第 3 册，第 58 页。
③ 王先谦：《庄子集解》卷 3《马蹄》，《诸子集成》第 3 册，第 57 页。
④ 王先谦：《庄子集解》卷 4《秋水》，《诸子集成》第 3 册，第 103 页。
⑤ 王先谦：《庄子集解》卷 3《在宥》，《诸子集成》第 3 册，第 67 页。

德，和也；道，理也。德无不容，仁也；道无不理，义也；义明而物亲，忠
也；中纯实而反乎情，乐也；信行容体而顺乎文，礼也。礼乐徧行，则天下
乱矣。彼正而蒙已德，德则不冒，冒则物必失其性也。"①

二是心斋坐忘。所谓"坐忘"也是养心复道的功夫。庄子在《大宗师》
中解释"坐忘"时说："堕肢体，黜聪明，离形去知，同于大通，此谓坐
忘。"当然这种忘有所忘，亦有所不忘，可忘的是有形有限的知识，不可忘
的是顺"道"之性，体道之心："故德有所长而形有所忘，人不忘其所忘而
忘其所不忘，此谓诚忘。"② 当然，"忘"也是一个渐进的过程："吾犹守而
告之，参日而后能外天下；已外天下矣，吾又守之，七日而后能外物；已外
物矣，吾又守之，九日而后能外生；已外生矣，而后能朝彻；朝彻而后能见
独；见独而后能无古今；无古今而后能入于不死不生。"③

三是存神养身。首先，平易恬淡："圣人休休焉则平易矣，平易则恬淡
矣。平易恬淡，则忧患不能入，邪气不能袭，故其德全而神不亏。"④ 通过
保持良好的精神面貌而使邪气不侵。其次，劳逸结合："形劳而不休则弊，
精用而不已则劳，劳则竭。水之性，不杂则清，莫动则平，郁闭而不流，亦
不能清，天德之象也。"⑤ 最后，寡欲存身："夫天下之所尊者，富贵寿善
也；所乐者，身安厚味美服好色音声也；所下者，贫贱夭恶也；所苦者，身
不得安逸，口不得厚味，形不得美服，目不得好色，耳不得音声；若不得
者，则大忧以惧。其为形也亦愚哉。"⑥

总之，《庄子》所有的功夫说，均是从"彼正正者，不失其性命之情"⑦
这一基本立场入手而作解说的，他的大部分思想被后来的道教继承发挥，成
为系统化的功夫方法和原则。

当然，除了儒道之外，像以《黄帝内经》为代表的从自然生命角度论

---

① 王先谦：《庄子集解》卷 4《缮性》，《诸子集成》第 3 册，第 98 页。
② 王先谦：《庄子集解》卷 2《德充符》，《诸子集成》第 3 册，第 36 页。
③ 王先谦：《庄子集解》卷 2《大宗师》，《诸子集成》第 3 册，第 41—42 页。
④ 王先谦：《庄子集解》卷 4《刻意》，《诸子集成》第 3 册，第 96 页。
⑤ 王先谦：《庄子集解》卷 4《刻意》，《诸子集成》第 3 册，第 97 页。
⑥ 王先谦：《庄子集解》卷 5《至乐》，《诸子集成》第 3 册，第 109 页。
⑦ 王先谦：《庄子集解》卷 3《骈拇》，《诸子集成》第 3 册，第 54 页。

心性与功夫合一、后期黄老学的心性与功夫合一说、管子的心性与功夫合一说等也均对后来的宗教思想产生了影响，为后来的宗教心性论和功夫说的一体化奠定了基础，而儒家和道家无疑是其中最为杰出的代表，对后世，尤其是儒教和道教的影响也最大。

第二节　中国宗教心性论的基本内容

从某种程度上讲，中国传统文化是一种人本主义的文化类型。从这一点出发，我们便从逻辑上推演到中国宗教思想的主体，即其议题之一同时也是围绕与人有关的命题展开的。换言之，在某种意义上，作为中国传统思想之子系统的中国宗教思想也展现出明显的人本色彩。

中国宗教思想的主体内容之一便是对人生的现状，人生的目的、价值与意义，人生实践的具体程序的讨论与探求，理解这种关注人生的特色是理解中国宗教思想的关键所在，更是理解中国宗教思想心性论的关键所在。中国宗教思想心性论，不是就心性而论心性，而是把它附着于人生论或人学思想的体系中进行阐发的。对于中国宗教思想而言，心性论更多的不是一个哲学论题，而是一个活生生的人生实践命题，它服务于提示人应当如何生存这一目的而存在。

为了更能说明中国宗教心性论的价值和特色所在，必须选择一种更高的视角和立场。我们采取的第一个视角是广义人学的视角，其基本点是把人（个体或群类）看成是自然、社会、精神三位一体的存在，人学以人的存在为基点，"从整体上研究人的存在、人性和人的本质、人的活动和发展的一般规律，以及人生价值、目的、道路等基本原则。"①

我们在下面探讨中国宗教心性论的基本内容时，将从人学系统理论出发，把心性论作为其整体中的一个子系统理论，通过部分与整体的关系视角来阐述中国宗教思想中的心性论。

中国宗教心性论当然是中国传统思想体系中的一个子系统。但是，这个子系统是相对独立的，与其他子系统相比具有很大的特殊性，其最大的特殊

---

① 陈志尚：《人学原理》，北京出版社 2005 年版，第 5 页。

性在于它的宗教性。换句话说，我们研讨的定位是中国宗教思想中宗教性质的心性论，而非一般或其他思想家的心性论。这种性质的心性论，与一般的心性论既有共同的东西，如关注的领域，更有自己的特殊性，如探讨的方法、目的和功用等。因此，我们在阐发中国宗教心性论的时候，也必须采取一种广义宗教学的立场来审视。这种宗教学的立场是指首先要明确我们讨论的对象是宗教思想领域中的一个分支，而非其他类型的文化现象，其最明显的便是包含的宗教色彩。我们对宗教的理解是种广义宗教概念，在中国传统宗教中，儒教、道教、佛教、原始宗教、民间宗教都可以视为宗教的种类，我们在叙述时不能不照顾这些特殊性所在。

当然，这并非意味着我们就要完全以一个宗教信徒的身份来撰写，我们的态度是：客观的描述、理性的分析和公正的评价。

我们在阐述中国宗教心性论的基本内容时，还会注意到另外一个指导思想。正如我们在第一节中所论述的那样，中国宗教思想中的心性论与功夫说是一体化的关系。二者的关系，从某种程度上讲，可谓是一体两面，不一不二，心性论的最终目的是功夫、是实践。心性论的内容只有在功夫论的视角下审视，才能充分展现中国宗教思想中这一个理论的巨大价值和意义，也才能够把握心性论内容的精髓，进而把它阐释清楚。

因而我们在论述时，虽然不必明确阐述功夫说的某些言论和内容，但却必须在头脑中始终有这样一把"尚方宝剑"，即从功夫说的角度来审视中国宗教心性论的内容，这样，才不至于使心性论仅仅成为一个孤立的命题，也不至于使心性论看起来不伦不类。

以上是我们在探讨中国宗教心性内容时所着重考虑的三个立场和视角，我们在后面的行文中会自觉地把这三条原则贯彻于其中，通过纵横交错、论史相合的手法，把中国宗教心性论的基本内容阐述出来。

心性论在不同的教派之间，存在较大的差异，由于儒教、道教和佛教关注的中心和寄托的理想有异，他们的心性论各自成体系，虽说在历史的发展过程中也相互影响，但是区别还是较大的。所以，我们最好的办法是一个一个来了解。

一、儒教心性论的主体内容

儒教的心性论受控于早期儒家心性思想。如我们前面所述，儒家心性论的关注点是把"人何以为人以及人如何成善"作为其心性论的核心所在，这点成为儒教心性论思想集中论述的话题。

两汉之际是儒教的初步形成时期。这一时期，儒教心性论的特色是神学目的论和神秘思想充斥横行，代表是董仲舒和《白虎通》。

儒教开创式的奠基人物当属汉代宗教思想家董仲舒，他是儒家思想向儒教发展过程中的关键人物，其思想实质是神学化了的儒学，基本的理论架构是：由"人之为人本于天"的天人关系论推出人间的伦理道德、纲常乃万古不变。正是他对"天"所做的宗教神学化的理解和诠释，使他成为一个神学思想家。他认为的"天"有三个明显的神学特点：第一是至上权威性。他说："天者，百神之君也。"① 在董仲舒的心目中，"天"不再是客观自然，而是具有了一种超自然的神性，具有至高无上的神的特质，人世间的日月星辰、寒暑四时、国家兴衰都要受其支配和控制，这便是"天意"："受命之君，天意之所予也。"② 第二是人格性。董仲舒眼中的"天"具有喜怒哀乐，具有意志和情感，更具有奖善惩恶的选择意识。他说："春爱志也，夏乐志也，秋严志也，冬哀志也……天乃有喜怒哀乐之行，人亦有春秋冬夏之气者，合类之谓也。"③ 这便是把天拟人化、人格化了，这人格化后的天的根本品性便是德，从而董仲舒赋予了人格化的天以道德品性，这个道德品性最根本的是"仁"："仁之美者在于天。天，仁也。"④ "天"的道德品性是董仲舒加于天的第三个神化特质。在其天人关系中，作为出发点的天也就是具有神化品性的"天"，故而其心性学说便笼罩着神学色彩。

首先，他通过天人相通相感和"人副天数"的推理方法认为人之性情出于天。"人之形体，化天数而成；人之血气，化天志而仁；人之德行，化天理而义；人之好恶，化天之暖清；人之喜怒，化天之寒暑；人之受命，化

① 董仲舒：《春秋繁露·郊义》，苏舆：《春秋繁露义证》，第402页。
② 董仲舒：《春秋繁露·深察名号》，苏舆：《春秋繁露义证》，第286页。
③ 董仲舒：《春秋繁露·天辨在人》，苏舆：《春秋繁露义证》，第335—336页。
④ 董仲舒：《春秋繁露·王道通三》，苏舆：《春秋繁露义证》，第329页。

天之四时。人生有喜怒哀乐之答，春秋夏冬之类也……天之副在乎人。人之情性有由天者矣。"①

其次，他论述"性"的具体所指，认为应为"性"正名。"今世闇于性，言之者不同，胡不试反性之名。性之名非生与？如其生之自然之资谓之性。性者质也。诘性之质于善之名，能中之与？既不能中矣，而尚谓之质善，何哉？性之名不得离质。离质如毛，则非性已，不可不察也。"② 这就是从自然而生的角度把性定义为"天质之朴"③，而不是把善这一后天的现实性当做人性看待，因为人性的现实之善乃是后天修习与教化的结果。

最后，在此基础上，他提出了"性三品论"。认为人性虽然是禀天而成，但是由于秉承的比例、精粗有别，人性也有差异。最上等的是"圣人之性"，此类人情欲很少，不教即可为善；最下等的是"斗筲之性"，此类人情欲很多，虽教亦不能为善。处于中间的那部分是"中民之性"，这是大多数人的"万民之性"，如果此类得到教化便为善，否则便为恶。我们通过分析不难知晓，这是对孔子"性相近，习相远"以及"唯上智与下愚不移"在人性论中的运用和发挥。

由性而及心。董仲舒以"中民之性"为着眼点，认为"中民之性"者要通过"心"来实现对"性"之本真的回归。在具体内容上，董仲舒从天有意志、情感、善意出发，推导出人性有二重性，即为善的可能性和为恶的可能性："天两有阴阳之施，身亦两有贪仁之性。天有阴阳禁，身有情欲栣，与天道一也。"④ 为此，如若成善捕恶，应从心入手去做。

他认为"心"具有向善弃恶、思虑学知、喜怒哀乐的能力，并是教化的入手实体："栣众恶于内，弗使得发于外者，心也。故心之为名栣也，人之受气苟无恶者，心何栣哉？吾以心之名，得人之诚。人之诚，有贪有仁。仁贪之气，两在于身。"⑤ 人性有仁贪二重性，为善去恶的关键在于用人心的主观意志来控制情欲，这才是根本入手处："凡气从心。心，气之君也，

---

① 董仲舒：《春秋繁露·为人者天》，苏舆：《春秋繁露义证》，第 318—319 页。
② 董仲舒：《春秋繁露·深察名号》，苏舆：《春秋繁露义证》，第 291—292 页。
③ 董仲舒：《春秋繁露·实性》，苏舆：《春秋繁露义证》，第 313 页。
④ 董仲舒：《春秋繁露·深察名号》，苏舆：《春秋繁露义证》，第 296 页。
⑤ 董仲舒：《春秋繁露·深察名号》，苏舆：《春秋繁露义证》，第 293—294 页。

何为而气不随也。是以天下之道者，皆言内心其本也。"① 在处理身心关系上，心乃一身之主宰，也是使性复归于神格化之"天"性的根本载体："身以心为本，国以君为主。"② 这种方法有点类似于荀子的"化性起伪"。

东汉时期，儒学的神学化、宗教化更为明显。在心性论之核心内容人的本质与本性这个问题上，《白虎通》承袭董仲舒神学目的论，并将之进一步增益与神化，整个理论笼罩着神秘气息。《白虎通》以"仁"名性，以"贪"为"情"，认为仁性贪情皆先天随人而来："情生于阴，欲以时念也；性生于阳，以理也。阳气者仁，阴气者贪，故情有利欲，性有仁也。"③ 该书认为性有五：仁义礼智信；情有六：喜怒哀乐爱恶；并提出了中国心性论思想中一个独特的命题：性善情恶。为此，解决情恶的方法便是通过学习三纲（君臣、父子、夫妇）与六纪（诸父、兄弟、族人、诸舅、师长、朋友）来达到治性抑情的目的："何谓纲纪？纲者张也，纪者理也。大者为纲，小者为纪，所以张理上下，整齐人道也。"④

东汉后期，作为儒教异端的王充对这一时期的心性论作了批判与总结，其基本观点是认为性有三品，均是由所禀受的自然之气有强弱、多寡、厚薄之差异引起，但是这种先天的性成命定可由后天的教化和学习得到改变，改变的载体就是人心："夫性恶者，心比木石。木石犹为人用，况非木石？"⑤也即为改变人心实现后天人性之变，而改变的方法和措施则是德教为善和法禁止恶："学校勉其前，法禁防其后。"⑥

魏晋时期是儒教心性论思想发展的第二阶段，特点是玄学化色彩非常明显。这一时期"玄学"化了的儒教思想作为对僵化经学的反动，为中国传统思想解放提供了强大的理论动力，从而使得这一时期儒教心性论达到了更为广阔和深刻的地步。

其心性论大致可以分为四个阶段，第一阶段是以才性之辩的形式出现

① 董仲舒：《春秋繁露·循天之道》，苏舆：《春秋繁露义证》，第448—449页。
② 董仲舒：《春秋繁露·通国身》，苏舆：《春秋繁露义证》，第182页。
③ 班固：《白虎通义》卷下《情性》，《文渊阁四库全书》第850册，第51页。
④ 班固：《白虎通义》卷下《三纲六纪》，《文渊阁四库全书》第850册，第50页。
⑤ 王充：《论衡·率性第八》，上海人民出版社1974年版，第27页。
⑥ 王充：《论衡·率性第八》，第27页。

的。代表人物是刘劭。他首先把人之本质定义为性情："盖人物之本，出乎
情性。情性之理，甚微而玄。"① 认为作为人之本质的情性乃是禀受了阴阳
五行差异不等的资质而致，故最好的情性以中和为上："凡人之质量，中和
最贵矣。"② 心对性的作用就在于对人质的外在表现具有决定性的意义："故
心质亮直，其仪劲固。心质休决，其仪进猛。心质平理，其仪安闲。"③ 这
不但说明心的主体意识在人才形成中的关键作用，同时也点明了人才培养过
程中应注重对人心的培养和教化。

第二阶段是以凡圣之辩展开的，代表人物是何晏与王弼。汉学之"性
三品"论的一个逻辑结论应该是"圣人无情，凡人任情"，对于这一点，何
晏基本同意，其在《论语集解》中提出了这一创见性的见解："圣人无情"。
但是，这种思想存在理论与现实的矛盾。对此，王弼作了一个补正纠偏的改
造，认为凡圣一致，均有七情六欲，只不过双方在处理情欲时不同，因此，
不能把圣人"应物而不累于物"等同于"无哀乐以应物"。这样，王弼建立
了性静情动说，其以性为体，以情为用，把性情论放在"无"哲学的范围
中论述，深化了其内涵，并得出了否定名教、追求个体自由的结论："夫
耳、目、口、心，皆顺其性也。不以顺性命，反以伤自然。"④

在心的问题上，王弼建立无心本体论，即以"无"本体来释心："寂然
至无是其本矣。故动息地中，乃天地之心见也，若其以有为心，则异类未获
具存矣。"⑤ 这是从本体上证明心无动无欲，虚无素朴。它落实到现实人心
这一实体上便是内心没有个人的私欲杂念，从而做到虚心待物，而不为物
扰："是以圣人之于天下歙歙焉，心无所主也。为天下浑心焉，意无所适
莫也。"⑥

第三阶段的主要辩题是"越名教而任自然"，代表人物是阮籍和嵇康。

---

① 刘劭：《人物志》卷上《九征第一》，李崇智：《〈人物志〉校笺》，巴蜀书社 2001 年版，第 15
页。

② 刘劭：《人物志》卷上《九征第一》，李崇智：《〈人物志〉校笺》，第 17 页。

③ 刘劭：《人物志》卷上《九征第一》，李崇智：《〈人物志〉校笺》，第 24 页。

④ 楼宇烈：《王弼集校释》上册，中华书局 1980 年版，第 28 页。

⑤ 楼宇烈：《王弼集校释》上册，第 337 页。

⑥ 楼宇烈：《王弼集校释》上册，第 130 页。

他们接着王弼进一步批判名教，提出"任性"说。首先认为人生于自然："人生天地之中，体自然之形。身者，阴阳之精气也。性者，五行之正性也。情者，游魂之变欲也。神者，天地之所以驭者也。"① 由于名教违背自然故"任性"的必然结论便是"越名教而任自然"，为此必须"少私寡欲"养性，"清虚静泰"养生。在心的问题上，本体上心性如一，现实上却心性有离而异："心奔欲而不适性之所要，故疾疢萌则生不尽，祸乱作则万物残矣。"② 故养性关键是使心适性，进而通过心性之修养实现保全身与神之目的。

第四阶段，由郭象完成了概括总结。他从"独化论"哲学出发，力图调和"名教"与"自然"之争，其心性论的关键在于主张"名教"即"自然"，希望以此化解纷争的起点。认为为人要"适情"、"称性"，因为"天性所受，各有本分，不可逃，亦不可加"③。而仁义也是人性内容之一，故亦不可违背，从而"名教"与"自然"是一致的。在这基础上，他通过解释心与道、心与德、心与性、心与理的关系，最终在功夫说的立场上，把心性关系说定位于"忘知任性，斯乃定也"④。即放弃心的思虑谋划，完全复归于无心无思的心体与性体。

隋唐时期，儒教为对抗佛教和道教思想，提出了道统论。从心性论的角度讲，这一时期是其重建阶段。

隋唐时期的儒教心性论以韩愈与李翱为代表。韩愈的心性论是服从于其"道统论"这一个理论体系的。韩愈在"道统论"中，首先把儒释道三教之道的区别定位为儒之道是实，而佛道之道为虚，具体说来就是："夫所谓先王之教者何也？博爱之谓仁，行而宜之之谓义，由是而之焉之谓道，足乎己，无待于外之谓德。其文诗书易春秋，其法礼乐刑政，其民士农工贾，其位君臣、父子、师友、宾主、昆弟、夫妇，其服麻丝，其居宫室，其食粟米

---

① 阮籍著，李志钧、柴玉英等校点：《阮籍集·达庄论》，上海古籍出版社1978年版，第32—33页。
② 阮籍著，李志钧、柴玉英等校点：《阮籍集·达庄论》，第33页。
③ 郭象注，成玄英疏：《南华真经注疏·养生主》上册，中华书局1998年版，第71页。
④ 郭象注，成玄英疏：《南华真经注疏·缮性》下册，第323页。

果蔬鱼肉：其为道易明，而其为教易行也。"① 这便是韩愈所主张的异于佛、道二教的儒之道。在儒学体系之中，这个"道"是一以贯之的，有着特定的传统，由尧、舜、禹传至文、武、周公，再传至孔子、孟轲，孟轲后不得其传，故韩愈在此重新传承此一以贯之的道统。

我们从中看到，韩愈创"道统"说之目的在于对抗佛教的传承派系；而其心性论，也在于对抗佛教的佛性论。其论性，首先批判吸收古往之性论："孟子之言性曰：人之性善；荀子之言性曰：人之性恶；扬子之言性曰：人之性善恶混。夫始善而进恶，与始恶而进善，与始也混而今也善恶，皆举其中而遗其上下者也，得其一而失其二者也。"② 结果，他认为董仲舒的性三品论是基本上可以接受的，即性是人的先天性本质，与生俱来，这种人性可以分为上中下三种。但是与董仲舒相异的是，韩愈在性三品的基础上，认为情亦有三品："情之品有上中下三，其所以为情者七：曰喜、曰怒、曰哀、曰惧、曰爱、曰恶、曰欲。上焉者之于七也，动而处其中；中焉者之于七也，有所甚，有所亡，然而求合其中者也；下焉者之于七也，亡与甚，直情而行者也。情之于性视其品。"③ 这种思想是对魏晋玄学性情论的进一步发挥。

韩愈的"心论"同样服从于"道统论"，他以儒之道为心的内容，把"心"定义为主观的道德伦理意识和此种意识修养的载体，这主要还是从心理情态角度讲的，其性状是无动而闲。但现实之心由于不完全如此，故心也要养，这样才能使下中之性变为上性："传曰：'……欲修其身者，先正其心；欲正其心者，先诚其意。'然则，古之所谓正心而诚意者，将以有为也。"④ 正意的标准则是学习六经古训。纵观韩愈的心性论，其对性的理解乃指人生之最后依据和后天道德之善的形上依据，而其所说之心也正慢慢由主体向本体地位过渡，这对后来的宋明理学具有直接的启发作用。

韩愈的学生李翱不同意老师的观点，认为应为"性善情恶"，即性是善的根源，情是恶的根源。首先，性情不可分离："性与情不相无也。虽然，

---

① 马其昶：《韩昌黎文集校注》卷1《原道》，上海古籍出版社1987年版，第18页。
② 马其昶：《韩昌黎文集校注》卷1《原性》，第21页。
③ 马其昶：《韩昌黎文集校注》卷1《原性》，第20页。
④ 马其昶：《韩昌黎文集校注》卷1《原道》，第17页。

无性则情无所生矣，是情由性生。情不自情，因性而情；性不自性，由情以明。"① 这似乎表明性与情乃是内容与形式、体与相的关系。其次，情被遮蔽而成为恶："情者，妄也，邪也。邪与妄，则无所因矣。妄情灭息，本性清明，周流六虚，所以谓之能复其性也。"② "复性"是李翱相当自信的一种流露，在具体方法上的关键是静心以灭情息思："不睹不闻，是非人也。视听昭昭，而不起于见闻者，斯可矣。无不知也，无弗为也，其心寂然，光照天地，是诚之明也。"③ 可见，李翱的心论受到了老庄与佛教心性论的影响。

宋明理学的心性论比起先前的心性论而言，最大的特色在于，它将心性论提升到本体论的高度展开论述，达到了前所未有的深度和广度。

《宋史·道学传》把周敦颐列为道学之首，即宋明理学的开山祖师。周敦颐的心性论源于其建构的宇宙生成论体系："无极而太极，太极动而生阳，动极而静，静而生阴，静极复动。一动一静，互为其根，分阴分阳，两仪立焉。阳变阴合而生水火木金土。五气顺布，四时行焉。五阴一阴阳也，阴阳一太极也，太极本无极也。五行之生也，各一其性。无极之真，二五之精，妙合而凝，乾道成男，坤道成女，二气交感化生万物，万物生生，而变化无穷焉。"④ 这表明，宇宙生成发展的过程是太极——阴阳——五行——万物，作为本根的太极，实为太极元气；但他又通过"立人极"的"诚"（"诚者圣人之本"⑤）把道德本体上升为宇宙太极的属性。在心性论中，这其实体现为人性的二重性："性者，刚柔善恶，中而已矣。"具体解释便是："刚善为义、为直、为断、为严毅、为干固；恶为猛、为隘、为强梁；柔善为慈、为顺、为巽；恶为懦弱、为无断、为邪佞。惟中也者，和也，中节也，天下之达道也，圣人之事也。故圣人立教，俾人自易其恶，自至其中而止矣。"⑥ 在此，周敦颐把对立统一的刚柔、善恶均看成是人性的规定，这是因为人是由气构成，"无极而太极之气"的差异导致了人性的差异，只有

① 李翱：《李文公集》卷2《复性书上》，《文渊阁四库全书》第1078册，第106页。
② 李翱：《李文公集》卷2《复性书中》，《文渊阁四库全书》第1078册，第110页。
③ 李翱：《李文公集》卷2《复性书中》，《文渊阁四库全书》第1078册，第109页。
④ 周敦颐：《周元公集》卷1《太极图说》，《文渊阁四库全书》第1101册，第416—418页。
⑤ 周敦颐：《周元公集》卷1《通书·诚上第一》，《文渊阁四库全书》第1101册，第420页。
⑥ 周敦颐：《周元公集》卷1《通书·师第七》，《文渊阁四库全书》第1101册，第424页。

圣人能"中和"此气，才是至善无恶。如果从逻辑上推论，这种性实指后来的"气质之性"，从而开启了张载与二程的心性论。心作为养性的现实主体，必须也要养："是圣贤非性生，必养心而至之。"① 养心的关键在存诚和寡欲，"心"在这里是主体修养的关键所在，也是体悟性体的载体。

周敦颐模糊的或精约的论断使得后来的宋明理学分为三派：气本论、理本论和心本论。这三派的心性论也有较大差异。气本论以张载为代表，他首先建构"太虚即气则无无"的宇宙观，进而论述"心性"所指："由太虚，有天之名；由气化，有道之名；合虚与气，有性之名；合性与知觉，有心之名。"② 太虚即为万物本根，由气充塞，气化合的过程便是道。虚与气合而成性，性与知觉相合而成心。从这种推论中我们知道，人性之源乃是太虚之气的本性，但因为太虚之气是先化为形下之气而后再化而成人，所以人性的内容实质有了太虚之气和形下之气的两种属性，表现出来的便是人的自然属性和社会道德属性，即"形而后有气质之性，善反之则天地之性存焉"③。气质之性乃指人的禀性如刚柔缓急、才与不才，天地之性则指道德属性，即仁义礼智，此性乃是体的相容。

作为心，是性与知觉相合，即指人的主体精神意识之心，有两层含义，一是心具有知觉认知的能力，二是心的活动和能力受先天的本性所决定和支配。这种相合的"心"能够通过自己的活动，统合性情，从而完成本性的要求，达到"尽性"的目的。从根本上讲，心仍是本性的载体。

作为理本论的代表人物程颐，他认为"性即理"："性即理也。所谓理，性是也。"④ 他把事物的必然法则和社会的道德原则看成人的类本质或本性。但同时，他又主张"气"对人性的形成也具有不可忽视的作用："性即是理，理则自尧、舜至于涂人，一也。才禀于气，气有清浊。禀其清者为贤，禀其浊者为愚。"⑤ 理决定着人性的善与恶，而气影响人的智愚，就二者关系来说，理比气更为根本或重要一些，二者最大的差异在于性理是人先天之

---

① 周敦颐：《周元公集》卷2《养心亭说》，《文渊阁四库全书》第1101册，第446页。
② 张载：《正蒙·太和篇第一》，《张载集》，第9页。
③ 张载：《正蒙·诚明篇第六》，《张载集》，第23页。
④ 程颢、程颐：《二程集》第1册，第292页。
⑤ 程颢、程颐：《二程集》第1册，第204页。

本，还未落实于现实人上，是纯善的；而生之谓性是指现实中已显现而成的人性，这有不善与善之别："性字不可一概论。'生之谓性'，止训所禀受也。'天命之谓性'，此言性之理也。今人言天性柔缓，天性刚急，俗言天成，皆生来如此，此训所禀受也。若性之理也，则无不善。曰天者，自然之理也。"①

这一点在理学集大成者朱熹的言论中体现得尤为明显，他称性有二义，一是指天命之性，二是气质之性，点明谈人性有两个层面即天生的人性和现实的人性。作为现实的人性，其形成兼受所禀之理气两方面的影响。朱熹通过"未发"和"已发"说明这个问题："'人生而静'是未发时，'以上'即是人物未生之时，不可谓性。才谓之性，便是人生以后，此理堕在形气之中，不全是性之本体矣。然其本体又未尝外此。要人即此而见得其不杂于此者耳。"② 在此，朱熹其实是借鉴佛教禅宗心性论的内容，点明先天未发的"本性"乃是理体，是无污无染的，而气质之性则反映了理和气共同起作用的结果，是道德与感性欲求交错综合的产物，已不是性体的本然状态。性之体与心之体，互相联系，朱熹提出了"心统性情"的看法："心主于身，其所以为体者性也；所以为用者情也。是以贯乎动静而无不在焉。"③ 朱熹又说："性是体，情是用。性情皆出于心，故心能统之。统，如统兵之'统'，言有以主之也。"④ 这有两层意思：第一，心统性情是指性乃心之体，情乃心之用，心是合性情而总称；第二，心统性情是心对性情的主宰控制和支配作用。这两点是朱熹着眼于其功夫说而提出的，对后来的宋明理学产生了相当大的影响。

在心性论的问题上，程朱理学以"心统性情"为结构，最后归于绝对外在的"心理"本体，陆王心学对此甚为不满。陆九渊作为心学的开创者，认为心与性是一而非二，不必再求理本，心即是本体，即宇宙，即是性。陆

---

① 程颢、程颐：《二程集》第 1 册，第 313 页。
② 朱熹：《朱文公文集》卷 61《答严时亨》，《朱子全书》第 23 册，上海古籍出版社 2005 年版，第 2961 页。
③ 朱熹：《朱文公文集》卷 40《答何叔京二十九》，《朱子全书》第 22 册，第 1839 页。
④ 黎靖德：《朱子语类》卷 98，第 7 册，第 2513 页。

九渊的名言是："宇宙便是吾心，吾心即是宇宙。"① 此处，陆氏之"心"乃指本体之心，这本体之心与现实人心是相通的："人皆有是心，心皆具是理，心即理也。"② 心体与心用相通的表现便是仁义的道德品质："在天曰阴阳，在地曰柔刚，在人曰仁义。故仁义者，人之本心也。"③ 这样，陆氏的"心"是指本体之心以及由此发用而有的现实人心，内容则以道德仁义为本。现实的"人心"也会受蒙蔽，故不善，解决的方法则是"收拾精神自作主宰"。因为性与心是一非二，所以性与心同。从根本上看，性的内容也是善的仁义道德。

王阳明作为心学的集大成者，对陆九渊的心性论作了更为深远的发挥。他把人的主体精神和天赋的良知看成天地之心，并作为宇宙万物本体："人者，天地万物之心也；心者，天地万物之主也。心即天，言心则天地万物皆举之矣。"④ 只要会通此心，便能明晓宇宙之理，因为作为心本体之外无理、无物，一切均在此心体中。由心体出发，他把心、理、性、命相统一，从而把仁义礼智信之"理"由外在于人的存在转化成人内在的本性，使得理本论的"析心与理为二"彻底换成了"合心与理为一"的心性一元论。用王阳明的话说，这个人性、人心、人理只就是"良知"。因此，不论是养心、复性，还是明理、知命，只需要从功夫上"致良知"即可了，这便又统一到致良知的知行合一论。这"知行"合一不仅具有认识论的意义，而且具有价值论和功夫论的意义。

明清之际的王夫之是以对中国古代哲学进行批判总结的面目出现的，在心性论问题上也体现出这种特色。他认为人与物各有其性，应"名正性命"。作为人之性，其来源有二，一是由天之精气构成，二是仁义礼智之性，而第二点才是人之所以为人的依据："人之所以异于禽兽者，其本在性，而其灼然终始不相假借者，则才也。故恻隐、羞恶、恭敬、是非，唯人有之，而禽兽所无也；人之形色足以率其仁义礼智之性者，亦唯人则然，而

① 陆九渊：《陆九渊集》卷22《杂说》，中华书局1980年版，第273页。
② 陆九渊：《陆九渊集》卷11《与李宰二》，第149页。
③ 陆九渊：《陆九渊集》卷1《与赵监》，第9页。
④ 王守仁撰，吴光等编校：《王阳明全集》卷6《答季明德》上册，第214页。

禽兽不然也。"① 这种不同的根本原因则在于人有学习、思考的潜在能力，而动物则没有。正是这种后天的学习，使人性可变，王夫之进而提出了"性日生日成"的理论："夫性者生理也，日生则日成也。"② "日生日成"以变性的主要途径是"习"，即后天的习惯、习性、实践，具有了进化论的意味。在心的问题上，王夫之接着张载的观点讲，最注重心的感官能力这一内容，认为心的思虑和反映能力是由主体与物相接而发生："心之情才，虽无形无象，而必依所尝见闻者以为影质，见闻所不习者，心不能现其象。"③ 至于心性的关系，则认为性体心用。这种思想是对程朱理学的进一步总括，至于心性情的关系，则是"心兼有性情"，这又吸收了陆王心学的内容。

二、道教心性论的主体内容

作为道教创立初期的代表经典《太平经》，其核心思想并不是讨论道教心性论，但其中有关于"性"论的话题。其论"性"是在人道符合天道和"三合相通"的思维方式下开展的。从"心性"的角度看，其理解的天道是"天地之道，乃一阴一阳，各出半力，合为一，乃后共成一"④。这种阴阳相合相通的性质也是大道之性："如是一阴一阳，上下无穷，傍行无竟。大道以是为性，天法以是为常，皆以一阴一阳为喉衿，今此乃太灵自然之术也。"⑤ 同时，这个道也是心的主宰："夫一者，乃道之根也，气之始也，命之所系属，众心之主也。"⑥ 由天道而引出的人道之性，亦是此质，即人性的性质有三，一为至静，二为好生，三为乐善："天下人乃俱受天地之性，五行为藏，四时为气，亦合阴阳，以传其类，俱乐生而恶死，悉皆饮食以养其体，好善而恶恶，无有异也。"⑦ "夫天地之性，自古到今，善者致善，恶者致恶，正者致正，邪者致邪，此自然之术，无可怪也。故人心端正清静，

---

① 王夫之：《读四书大全说》卷 10《孟子·告子上》，《船山全书》第 6 册，岳麓书社 1990 年版，第 1072 页。
② 王夫之：《尚书引义》卷 3《太甲二》，《船山全书》第 2 册，第 299 页。
③ 王夫之：《张子正蒙注》卷 3《诚明篇》，《船山全书》第 12 册，第 134 页。
④ 王明：《太平经合校》，第 715—716 页。
⑤ 王明：《太平经合校》，第 653 页。
⑥ 王明：《太平经合校》，第 12—13 页。
⑦ 王明：《太平经合校》，第 393 页。

至诚感天，无有恶意，瑞应善物为其出。"① 性的一个内容是清静，而人心随之亦应清静至诚。当然，《太平经》在这里还没有把静性上升到本体的位置，仅是把它作为天道的一个特性存在而已。

在《太平经》中，主要讨论的话题之一是形神关系。如果联系道教后期的心性论，就不难看出《太平经》关于形神的论述的重要影响。有鉴于此，我们有必要了解其形神论的内容。《太平经》认为精神的存亡决定生命的有无："凡事安危，一在精神。故形体为家也，以气为舆马，精神为长吏，兴衰往来，主理也。若有形体而无精神，若有田宅城郭而无长吏也。"② 为此，在养生术上，它所理解的"守一"术即是"守神"："一者，心也，意也，志也。念此一身中之神也。"③ 这一思想在唐宋道教心性论中成为修心养性的主要内容之一。当然，《太平经》中也论述了不少养身存形的道术，这些内容则对后来的内丹心性学之命功产生了巨大影响。

道教"心性论"思想发展也是一个变动不居的过程。道教成立时期的思想家并没有突出思考这一专题，而是在社会文化大环境下对时代要求解决的问题进行思考和解答。对此，我们应该有足够的认识。由此点出发，魏晋时期，从中国思想大环境来看，社会上流行的是玄学思潮，而作为道教本身，其主体思想则是神仙思想，所以心性论也不是其主要着力点，尽管如此，我们认为其神仙理念背后的某些思想也构成了广义心性论的内容，推动了后来隋唐心性论的形成。

第一点，外丹思想的推论思路是"假外物以自坚固"，其背后的一个逻辑前提是物性相近并可以相互借用，这其实是一种天下万类在性上是一致的思想。因此，不朽的金丹才可以转化为人体所用，服之而长生不死。

第二点，葛洪的《抱朴子内篇》对心性思想也略有论及。或许是玄学的影响，葛洪先写《畅玄》一章，把"玄"理解为宇宙本体和本源，神仙可能的依据便是此"玄道"，其实质是认为这一本体外在于人，这在逻辑上势必要求想成仙者外求以得"玄道"。但外求的方法有两类：一是服金丹，这从上述第一点论述中也可看出其性论的背后所指；二是内修方法，即通过

---

① 王明：《太平经合校》，第512—513页。
② 王明：《太平经合校》，第699页。
③ 王明：《太平经合校》，第369页。

内修体内之神，达到内外相通。用修心的方法完成修性，用修性保证无心，从而心与性达到一致："学仙之法，欲得恬愉淡泊，涤除嗜欲，内视反听，尸居无心。"①

这种思想对于功夫说而言意义较大，葛洪说："人能淡默恬愉，不染不移，养其心以无欲，颐其神以粹素，扫涤诱慕，收之以正，除难求之思，遣害真之累，薄喜怒之邪，灭爱恶之端，则不请福而福来，不禳祸而祸去矣。何者，命在其中，不系于外，道存乎此，无俟于彼也。"② 这是修心的内容，而达到的结果则是性静，最终的指向是成仙，其影响深远："它与后来道教所说修炼精气神的内丹术在精神上是一致的，是后者的思想渊源之一。"③

道教在唐宋时期的主流思潮是内丹学。其认识心性问题是从修炼角度进行的，目的则仍是寻找成仙飞升的途径与根据，唐宋内丹心性学是道教心性论最具特色的理论之一。

隋唐时期，无论是就道教教派的发展壮大，还是就其教理教义的深化精妙而言，道教均达到了前所未有的高度。这一时期的道教理论，表现出两个非常明显的特点：一是借助佛教的理论方法来构建自己的哲学思想体系，形成了"重玄"学思潮；二是因外丹术本身的种种矛盾和在现实中导致的诸多问题，内丹术逐步登上历史舞台，推动着后期内丹学的发展。关于第二点，我们会从心性论的角度，结合宋元时期的内丹学进行阐述，我们在此先探究作为唐代道教哲学之"重玄学"中的心性论思想。

释性是"心性论"首先面临的一个问题。"重玄"家释性的依据仍是基于"道"体的思想。把道与性相联的典型模式是："道以虚通为义，常以湛寂得名。所谓无极大道，是众生之正性也。"④ 从道体的角度讲，这无非是肯定"道"作为宇宙间人与万物之本体与本源这一地位，但从心性论角度讲，这又肯定了心性之源来自于"道"体。从逻辑上推演，如果认识心性，必须首先体认此"道体"。在重玄思想家的眼中，"道体"具有三个明显特

---

① 王明：《抱朴子内篇校释》，第 17 页。
② 王明：《抱朴子内篇校释》，第 170 页。
③ 卿希泰主编：《中国道教史》第 1 卷，四川人民出版社 1996 年版，第 317 页。
④ 成玄英：《道德经义疏》第一章，《蒙文通文集》第 6 卷《道书辑校十种》，巴蜀书社 2001 年版，第 375 页。

征：一是时间上的永恒性和空间上的无限性："至道幽玄，寂寥恍惚，不生不灭，不先不后。"① 二是本体性与本源性："夫玄道妙本，大智慧源，超绝名言，离诸色象，天下万物，皆从此生。"② 三是此本体与本源之道，不能通过凡人识见之心而得，必须通过心体体悟而有："至道微妙，体非五色，不可以眼识求，故视之不见。"③

既然至上至真之道乃是众生正性的最后之体，那么，修道的目标便是养此正性，复此本体，能够完成这一复归的内在根据乃是人人具有这一道性。这里便引出一个问题，既然人人之正性有此绝对的普遍性，那么，某些人为何后来失去了呢？重玄学家对此的解释是："物之性也，本乎自然，欲者以染爱累真，学者以分别妨道，遂使真一之源不显，至道之性难明，不入于无为，但归于败失。圣人顺自然之本性，辅万物以保真，不敢行于有为，导之以归虚静也。"④ 这其实是认为人人乃至万物原本平均地占有此"真道"的自然正性，但是在后天之中，由于受到世俗中染爱、思虑、妄心所诱，由静而动，遂遮掩了此正性，但此正性并未失去，只是隐蔽了而已，作为重生修道之人的任务即在于重新找回此真性，并借此复归真道之体。否则，一味纵娱求乐，不但无法得道，反而离原本之正性越来越远，别说不能长生，就是连基本的无病无痛亦难以做到："不能养性，内为情欲之所伤，外为毒虫之所害。"⑤

由此，修心复性则成为现实生存者应有的基本追求，那么如何做到这一点呢？尽管其中的修复之术很多，但其中最重要的一点是从心入手。于是"心"的范畴便引进来了。

"心"也是禀道体而有，心的正性是清静而真，这是心体之义，也可以称之为"无心"："既外无可欲之境，内无能欲之心，心境两忘，故即心无心也，前既境幻，后又心虚也。虽复即心无心，而实有灵照。"⑥

---

① 成玄英：《道德经义疏》第四章，《蒙文通文集》第 6 卷《道书辑校十种》，第 385 页。
② 成玄英：《道德经义疏》第五十二章，《蒙文通文集》第 6 卷《道书辑校十种》，第 481 页。
③ 成玄英：《道德经义疏》第十四章，《蒙文通文集》第 6 卷《道书辑校十种》，第 402 页。
④ 李荣：《道德经注》第六十四章，《蒙文通文集》第 6 卷《道书辑校十种》，第 648 页。
⑤ 李荣：《道德经注》第五十章，《蒙文通文集》第 6 卷《道书辑校十种》，第 631 页。
⑥ 成玄英：《道德经义疏》第三章，《蒙文通文集》第 6 卷《道书辑校十种》，第 382 页。

这里的"无心"其实是指"即心无心，实有灵照"，也就是说非有非无，非非有非无，相对于执境之心则为无，相对于空洞之心则又是有，相对体而言则无心与有心皆无，但又合于道体之有。这是重玄学"玄之又玄"的思维方法，它是借用佛教理论对老子之"道"做的发挥，其中之关键是顺自然而已。但由于后天的"心"是心体之用，已不是先天"无心"的纯粹自然状态，在现实的实践过程中必须炼心，即修养实然之心。因为这个实然之心偏离了心体的正道，受到尘缘的诱动，离正性越远而越险，所以治理此心，就应该从收住"初心"入手："夫天下艰难罪报，必起自易心。言一念初心，造业甚易也。故重考大殃必起于小，从微至着，渐成巨累。所以欲除恶报，先制初心。"① 灭制"初心"所追求的结果是此心无有分别念，无有善恶念，无有是非念，即达到"无心"之体，也就是自然无为："学道者虚心遗于声色，澡虑荡于纷累，虽于朽身弊俗，复得成于真道也。"②

以上所述是隋唐前期重玄学心性论思想的主体内容。到了后期，这一思想由体道修性转向性命双修，开启着后来内丹学的理路，在这承上启下的阶段中，司马承祯和杜光庭具有突出的代表意义。

司马承祯既重修性又重修命的新重玄学思想的渊源可以追溯到早期重玄学和上清派思想。他首先把前期重玄学心性论思想纳入修性的思想之中，同时结合上清派炼养命题，提出了心性论的新论题，即修性与养命的问题，这是他与前期重玄学家的主要区别所在，其目的在于："一方面阐发其服气养神之道，另一方面又将重玄学的心性修养论具体化为宗教实践，主张在坐忘主静的践行中复归真性，以拯空谈心性之弊。"③

同样，这种倾向在唐五代道士杜光庭的身上体现得更为明显。杜光庭把重玄学之心性论同传统的形神关系、神气关系结合起来加以改造，形成了总结性的心性论。他也认为道生万物，故道性为众生所有："道本自然，无所不入，十方诸天，莫不皆弘至道。普天之内，皆为造化。蠢动含生，皆有道性。若能明解，即名为得道者也。"④ 而至于道性在现实众生中不显而蔽则

①　成玄英：《道德经义疏》第六十三章，《蒙文通文集》第6卷《道书辑校十种》，第505页。
②　李荣：《道德经注》第十五章，《蒙文通文集》第6卷《道书辑校十种》，第584页。
③　卢国龙：《道教哲学》，华夏出版社1997年版，第370页。
④　杜光庭：《太上老君说常清静经注》，《道藏》第17册，第187页。

是因为后天的"情染意动，妄有所思"，由此众生失去道性，因而不能得道。

　　然而，杜光庭的重心明显不在于此，而在于把气本论的思想引了进来，认为心性论的主题是形、神、气的关系："身之生也，因道禀神而生其形。夫神者，阴阳之妙也。形者，阴之体也。气者，阳之灵也。人身既生，假神以运，因气以屈伸，神气全则生，神气亡则死。故形为神之宅，神为形之主，岂可厌而去之耶？且所生我身，大约有三：一曰精，二曰神，三曰气。受生之始，道付之以气，天付之以神，地付之以精。三者相合而生其形，人当受精养气存神则能长生。"① 这样，杜光庭的重玄思想不再是纯粹的重玄思辨理论，而是有了新的创见，"杜光庭的重玄学通过对道体的诠释而转向了对心性论的关注，并将心性论与宇宙论、修道论相结合，不仅发展了唐代的重玄学思想，而且在新的语境中建立起了比较系统的心性论，从而促进了道教理论的重心从重玄学过渡到了以性命双修为特色的内丹心性学"②。

　　宋金元时期的道教心性论思想是服务于其内丹学这一主流思潮的，因而这一时期道教心性论的内丹学色彩非常浓厚。

　　金元时期出现的全真道，在道教史上被视为一种新的道派，该派教义"除具有继承发展钟吕内丹说的特点外，还具有合一三教之说的突出特色，这是时代思潮使之然。"③ 这个时代，战争频繁、人民失所，人生的乐趣与希望、价值与意义变得虚幻无常，因而无论是在一般平民，还是在知识分子之中，都充溢着强烈的悲观厌世情绪。这个时期的全真道，既结合时代的趋势，又顺承自身道脉的发展需求，对人生的意义和现实的价值进行了宗教式的探索和解答，形成了独具特色的心性论。其心性论最终的指向仍是超离凡世、成仙成真，因而理解全真教的心性论，其宗教神学目的以及由此决定的特点是不可忽视的。也正因为此，其心性论围绕"性命本真为何以及如何实现全性保真"而展开。在思维理路上，以修炼功夫为指导理念也体现明显，因此，尽管我们探讨的是其心性论，但却不能把这仅仅作为一个思辨命

---

① 杜光庭：《道德真经广圣义》卷46，《道藏》第14册，第549页。

② 孙亦平：《杜光庭评传》，南京大学出版社2005年版，第484页。

③ 卿希泰：《中国道教史》第3卷，第54页。

题来考察，而应更深入地体悟其中包含的实践理性意味。

全真道心性论所论述的第一个概念是性。全真道认为性乃本然之性，根源于道。由此，性也可称为"道性"、"本真"、"真性"，等等。这种思想首先由全真道创始人王重阳所提出："今修行者不知身从何得，性命缘何生，诀曰：皆不离阴阳所生。"① 这即是认为性命的最后依据是阴阳之道，这个"道"又称为根本的"真道"本体："有天地，有日月，有水火，有阴阳，谓之真道。经云：纯阳而不生，纯阴而不长，阴阳和合者，能生万物。"② 对于现实的修道人而言，能否得道证真，关键在于能否求得此"真性"，故王重阳点化其徒马丹阳时说："丹阳又问：何为修行？祖师答曰：修者真身之道，行者是性命也，名为修行也。丹阳又问：何者名为长生不死？祖师答曰：是这真性不乱，万缘不挂，不去不来，此是长生不死也。丹阳又问：何名是道？祖师答曰：性命本宗，元无得失，巍不可测，妙不可言，乃为之道。"③ "道性"从体上而言是与道合一，对现实性命而言，是其本宗，对炼养的主体而言，则是追求的目标和依据。那么，这个"真性"从体上看具有怎样的特征呢？一般认为，这个真性"至静至虚，有如虚空"。由此可见，全真教论性的目的无非是想建构一种宇宙本体论和宇宙生成论，从而在理论上为修性炼心提供支持。

这种纯粹的"真性"仍是本体意义上的，与"心"的本体意味是一致的。"心"也是全真道心性论的核心概念之一，"心"也有体用之分。作为本体的心等同于道、真性、本性，全真道有时称其为"本心"或心体；作为用的心是指尘心、妄心、欲心，等等。故而，如果从心体上看，复归本真之性就是明此心体之心；从功用上看，就是指厌绝尘世欲望之心，使体心呈现，以达到保性全真之目的。心分体与用，并非是指两个心，而是指心的体源与流行发用，是二而一，一而二的问题。

我们先看其论心体。首先，此心体在地位上与性体一样处于世界本体的地位："修行之人多言澄心，不识澄心之理。如何是澄心之理？只要一念不

①　王重阳：《重阳真人金关玉锁诀》，《道藏》第25册，第799页。
②　王重阳：《重阳真人金关玉锁诀》，《道藏》第25册，第800页。
③　王重阳：《重阳真人授丹阳二十四诀》，《道藏》第25册，第807页。

生，性体真空，杳然湛然，似天澄虚不别，是真澄心也。无心可澄，是名澄心。"① 其次，此心体的特征与性体也一样，即虚空至静："无心者，非同猫狗木石，蠢然无心也。务在存心于清静之域而无邪心也。故俗人无清静之心，道人无尘垢之心，非所谓俱无心而与木石猫狗一般也。"② 最后，此心体在功用上表现为主体的意义，换言之，在现实实践中，修真的根本关键在于必须从此心体入手，使尘世之中的凡心、杂心转而为此心体，这样才能脱离生死而成真仙。

全真教的"心"还有实然之心的问题。它是指每个修道人活生生的修炼之心。这个实然之"心"与本体之真心并非为二，而是因本心受到诸种阻障而遮蔽起来的情性："殊不知人人有此心月，但为浮云所蔽，则失其明。凡私情邪念即浮云也，人能常使邪念不生，则心月如天月之明，与天地相终始，而不复昧矣。"③ 由此，现实之心与本体之心体上无别，异在用处："师云：向上师真所传要妙，行事之际，密合天意，岂可执一端便为道哉？以迹观之，古人用处，各各不同，妙本灵源，未尝有异。故人心之用，在目为见，在耳为闻，在口为言，在心为思，在手为拈，在足为行，使用不同，心体无别。"④ 经过这一转化，本体之心便转而成为修道人现实所要炼养的实然之心。这实然之心有三种内涵。一是自然生理上的，如丘处机在《大丹直指》中把心与气相联而成心气，表示一种自然属性的心："盖心属火，中藏正阳之精，名曰汞，木，龙。肾属水，中藏元阳真气，名曰铅，金，虎。先使水火二气，上下相交，升降相接，用意勾引，脱出真精真气，混合于中宫。用神火烹炼，使气周流于一身。气满神壮，结成大丹。"⑤ 二是认识论意义上的，指心体受蒙而妄动引起，又称"不善心"："何为不善心？一切境上起无明悭贪嫉妒财色心，种种计较意念，生灭不停，被此业障旧来熟境朦昧真源，不得解脱，要除灭尽即见自性。"⑥ 三是此实然之心，既有

---

① 《真仙直指语录·丹阳真人语录》，《道藏》第 32 册，第 433 页。
② 《真仙直指语录·丹阳真人语录》，《道藏》第 32 册，第 434 页。
③ 《清和真人北游语录》，《道藏》第 33 册，第 162 页。
④ 《修真十书·盘山语录》，《道藏》第 4 册，第 834 页。
⑤ 丘处机：《大丹直指》，《道藏》第 4 册，第 392 页。
⑥ 《真仙直指语录·谭长真语录》，《道藏》第 32 册，第 435 页。

类的指代意义，又有个体之心的指代意义。换言之，从修道者全体来看，这是一般的普遍理论；但从个体来看，却又是自己入手着眼处。这个"心"于是便更多地指修炼载体之意义，具有实践之味。也正是从实践意义上看，第一和第二含义构成了全真道性功命功中"心"的着手处，修炼的重点所在乃在于使现实之心转变为心体之心，从而得道体、悟真道、显真性，免于生死轮回。可见，全真道的心性论是从修炼角度讲的，而非是作为一个哲学命题进行探讨或争论，仍是服务于其宗教实践的目的。

"命"字是全真道心性论中另外一个概念，它与"性"一起构成了全真道的性命双修理论。正是因为性与命构成了一对对立统一的关系，结果使得性侧重于指元神方面而命侧重于元气方面，《重阳授丹阳二十四诀》即认为"性者是元神，命者是元气"，"根者是性，命者是蒂"，把性与命看成构成人体生命之本的两个方面。这样在本体上，心、性、神三位一体，其中神与性具于心，而气则存于身；从修行角度看，心性命论即为"身中之炁不可散，心中之神不可昧。或问曰：何由得气不散？师曰：身无为。又曰：何由得神不昧？师曰：心无事"①。

综观全真道早、晚期的心性论，其重在明心见性，却也不否认命功的修炼，"先性后命"是其基本的思路，与之相对的是南宗的"先命后性"说。

道教金丹派南宗也是由钟吕内丹学而来，其主要代表人物是张伯端，他围绕如何达到长生久视之境地，在其《悟真篇》中对心、性、命的关系展开了论述。他对心与性的理解，同全真道的心、性概念差不多，而且他也认为内丹之道要在性命双修。为此，张伯端首先反传统外丹服食之法："休炼三黄及四神，若寻众草更非真。阴阳得类方交感，二八相当自合亲。潭底日红阴怪灭，山头月白药苗新。时人要识真铅汞，不是凡砂及水银。"② 而后，他结合《阴符经》和《道德经》的义理讲了自己的内丹之术，认为从根本处讲内丹之术即是摆脱传统"假外物以自坚固"的思路，从自身体内的性体与心体出发来修命得长生，如其诗所言："要得谷神长不死，须凭玄牝立

---

① 《丹阳真人语录》，《道藏》第 23 册，第 704 页。
② 王沐：《悟真篇浅解》卷上，中华书局 1990 年版，第 15 页。

根基。真精既返黄金室，一颗明珠永不离。"① 但在性命先后问题上，他不同于全真道，而主张先命后性："虚心实腹义俱深，只为虚心要识心。不右炼铅先实腹，且教守取满堂金。"② 这只是性功与命功在具体修炼内丹时的先后问题，至于在性功命功轻重问题上，他认为二者均重要，若相比较，则性功重于命功。张伯端的内丹南宗修炼思想后被白玉蟾继承发扬。

三、佛教心性论的主体内容

从印度佛教史来看，释迦牟尼创立佛教，乃是对现实生老病死问题的思考与回应，即关注人生是其核心所在，这与中国文化有同样的旨趣。因为人生问题也是中国文化的出发点，其思想旨趣也在于个体的"解脱"，并在这种追求中找寻了许多"解脱"的途径以及众多潜心修行的方法。

印度佛学对中国影响较大、在中国扎根并中国化最完善的则是大乘佛学。大乘佛学在中国形成的一大结果是禅宗的创立，中国佛教心性论思想的成熟与完善突出地表现在隋唐禅宗佛学思想里面。站在中国佛教思想发展史的角度来认识禅学及其心性论的地位，我们约略可以这样认为，印度佛教的基本思想适应中国文化环境，造就了禅学思想，而禅学思想又基本规定了禅宗后支发展的基本思路和框架，因而探讨禅学的心性论思想就基本可以明晓中国佛教心性论的大致内容。

但是，在此之前，我们仍需对印度佛教之大乘佛学的心性论思想有个约略的认识了解。首先，大乘佛学所谓的佛性是指佛的本性，内容是指常乐我净。它们基本上认为"心性本净"，其中大乘空宗以"性空"释心性本净，有宗以"真如"释心性本净。但是，这种法性或佛性是否为人之心性，即是否内在于人的心本质之内，与心合而为一，还是有待进一步论说的。这些思想在中国文化环境中，受到中国传统文化的思考角度和所用语言的限制、激发，又产生了许多新发展。这是我们认识禅学"心性论"之"自性清净心"的背景知识。

作为禅学的心性论，其基本点有三：第一是作为成佛可能上的一切众生

---

① 王沐：《悟真篇浅解》卷中，第94页。
② 王沐：《悟真篇浅解》卷中，第45页。

都有佛性；第二是作为本体意义上讲的"即心即佛"；第三是修行因果上的明心见性。其中第一和第二在逻辑层面上可以看做是两个大前提，而第三点则是在此前提下得出的结论与其禅学心性论旨趣所在。

我们首先来看第一点，即关于一切众生皆有佛性的论证。这一思想，乃是印度佛教原有之佛性论与中国文化背景相结合的产物。为此，我们有必要先看看禅学之前的中国佛教心性论思想的大概。

佛性论发展到魏晋南北朝时，有了新的变化，其标志性的转型就是不再把佛性仅仅看作是外在本体。佛性转化的第一阶段可以从东晋慧远的"法性论"来说明。在其理论结构里，其继承佛性乃抽象本体的基本前提，认为"法性"为佛性，内容即非有非无，空有相即。但他在具体解释时，却认为这种"法性"具有不变永恒性，这使得其成为一种不灭而实有的东西，也即为在佛性本体的上面又加上了实体和主体的特性，使佛性之体成为"神不灭"和报应的承担者。这在其"业报说"中体现得尤为明显。这样原本本体意义上的佛性开始具有主体和实体性的内容。到南北朝的竺道生，这一思想已完全定格下来。他在般若实相说的基础上形成了成熟和系统化的中国佛性论。他首先仍就承认"佛性"的本体性，但却提出了一个影响至为深远的思想，即"一切众生悉有佛性"，其实质是回答佛教上长期争论的性有与性无问题，亦即佛性是否为众生普遍具有。其开创性的意义在于肯定佛性是成佛依据的同时，肯定了人人皆可成佛。从逻辑上推论，则可以得出如下结论：现实之人无论善恶均可成佛，而且成佛的依据由外在的客体依据转而成为人人自身内部的主体依据。

作为隋唐佛教较具影响的宗派，华严宗在佛性的理论上更具有中国本土文化特色。它释佛性为"自性清净心"，此乃诸法之本原和众生成佛之根据，其特征是至纯无染。更重要的是，这本体意义的"自性清净心"同时内在于众生的现实心中，是现实心的本体。现实心只不过是本体之心由于受到迷妄的遮蔽而表现出来的另外一面，成佛的关键在于灭除现实染心以显"自性清净心"。在这里，佛性已完全具有自性的特征。这说明它受到《大乘起信论》的影响甚深。

《大乘起信论》被多人疑为"伪经"，但此经在历史上所起的巨大影响则是毋庸置疑的。一般认为，《大乘起信论》是彻底的佛教唯心主义理论，属真常唯心系。它对佛教的几个非常重要的理论概念，诸如真如、阿赖耶识、熏习、本觉与不觉等作了独创性的新解，并表现出较高的理论水准，尤其是其构建的"一心二门"体系含有丰富的有价值的思想内容，对中国佛教思想具有相当大的影响。

《大乘起信论》之心性论体系是通过对"一心二门"之论述表现出来的。在此体系中，"一心"指众生心，又称"如来藏"、"真如"。此心即是法体，生有万法："所言法者，谓众生心。是心则摄一切世间法出世间法。"①所以，此心既是外在依据（万法之体），又是内在依据（众生心），真如理体的特性是形上性、本体性、主体性等，表现出来的属性则是不生不灭、恒常不变，清净无染、离一切相，自显诸种功德，妙用无穷等。"一心"又分"二门"，即心真如门和心生灭门。需要指明的是，"门"乃有途径、手段、方法、过程之意，所以"二门"并非像"一生二"那样从生成论的意义上由"一心"而生出的两个新的实体，实际上只不过是真如理体摄含万法的两种相反相渗的途径、方法；换句话说，此"二门"只不过是真如理体的相反相成的功用。故而，从体上讲，心真如生成万法，是宇宙万有的本体；从现象上讲，万法在现象界中仍是以"心真如"为根本体性，没有自己的体性，流行于生灭之中。如此看来，"心真如门"是真如理体"不变"之自性清净的用，"心生灭门"是真如理体"随缘"之不守自性清净的用。但是，自性清净之真如理体（即众生心）何以可能产生生灭之染用，或者说其内在根据何在，的确是难以解决的。其实，因为《大乘起信论》的思想很大程度上与中国本土文化习惯是一致的，所以我们可以换一种角度来认识这个问题，即"心真如门"、"心生灭门"是侧重于认识论和境界论的角度讲的，较契合于中国人的追求精神境界思维。"万法"唯心相灭而灭，即指主观境界而言，我们可以总称"万法"实乃人对万物反映的结果和反映本身，而"真如"乃此反应之能力和潜在依据。这样，一般认为的矛盾便有了相应的合理解释。

总之，从心性论的角度看，《大乘起信论》所建构的"一心二门"具有特色的理论体系从生成论和本体论的角度阐明了心体与心用的关系，这一构

---

① 高振农：《大乘起信论校释》，中华书局 1992 年版，第 12 页。

想体现了作者巧妙的圆融技术和较深的理论思辨水平。

《大乘起信论》中的心性论内容同样影响了禅学的心性思想。在一切众生皆有佛性的问题上，禅宗实际创始人慧能从中进一步发挥，把成佛看成"识心见性"："菩提只向心觅，何劳向外求玄？听说依此修行，西方只在目前。"① 也即为佛性本在心，识心之性便可见佛性，也便觉悟成佛，这样便引出第二个前提"即心即佛"。如果第一个前提指明修佛的路向是向自身去觅的话，那么第二个前提则指此路向的实体在于"此心"。从凡人的角度来看，人心似乎有两个，一是作为无污无染、如如不动的本心；二是现实人心，此心有思虑，有欲望，有分别。但在慧能看来，心只是一个，乱心乃是此本心的误用："外若离相心即不乱。本性自净自定，只为见境思境即乱。若见诸境心不乱者，是真定也。善知识，外离相即禅。"②

本心从体上看不仅是乱的依据，也是万法最后的根源和本体，慧能曾经说："外无一物而能建立，皆是本心生万种法。故经云：心生种种法生；心灭种种法灭。"③《坛经》也曾有比喻性的描述："时有风吹幡动，一僧曰风动，一僧曰幡动，议论不已。慧能进曰：'不是风动，不是幡动，仁者心动。'"④ 这两则合在一起恰好说明"心"即是宇宙之本体，也是自性之本体，更是修行关键所在。可见，其"本心"既有原先佛性论的影子，也有中国文化的影响。既然一切众生都有佛性，既然佛性又是自己的"本心"，因而成佛的修行途径便是"明心见性"："令学道者顿悟菩提，各自观心，自见本性……智慧观照，内外明彻识自本心。若识本心，即本解脱。"⑤

慧能禅学的心性论成为南宗禅的基本思想，后来禅学思想的心性论大都由此展开，例如，黄檗断际禅师希运说："即心是佛，上至诸佛，下至蠢动含灵，皆有佛性，同一心体。所以达摩从西天来，唯传一心法，直指一切人生本来是佛，不假修行。"⑥

---

① 《坛经·疑问第三》，《大正藏》第48卷，第352页。
② 《坛经·坐禅第五》，《大正藏》第48卷，第353页。
③ 《坛经·付嘱第十》，《大正藏》第48卷，第362页。
④ 《坛经·行由第一》，《大正藏》第48卷，第349页。
⑤ 《坛经·般若第二》，《大正藏》第48卷，第351页。
⑥ 《黄檗断际禅师宛陵录》，《大正藏》第48卷，第386页。

综观中国三大宗教——儒教、佛教、道教的心性论，其都有一个共同的特点，那就是关注人生的实然状态，并力图把各自所设想的理想状态作为解决现实人生的标准进而从中拟定出诸多的原则与方法，尽量使不圆满的人生更具有值得肯定的意义。中国人"与天为一"的思想方法决定了心性论的理论旨趣必定以走向指导人生实践为归途。故心性论的重心不在于展开形而上的纯粹思辨与追问，尽管它中间也存在相当深刻的精思与锐意，中国宗教心性论在诸多理论探讨过程中，始终都有一根无形的线在牵着它走，那就是服务于人生。故而从某种角度上讲，指导人生才是心性论背后的"如来佛的手掌心"，不理解这一点，很难明晓中国宗教心性论的意味所指，更不用说挖掘其中的价值为今所用了。从这个基点出发，我们约略概括出中国宗教心性论的三个特点：

第一，主体意识的突显与强调。就儒教来看，"心"在它们那里的含义随着历史条件与文化热点的转换，虽有着或增或减的含义，但肯定"心"的主体意识丝毫没有减弱。孔子的"人能弘道"，孟子的"尽心"是尽性知天的起点和关键，宋明程朱理学把"正心诚意"作为认识和行动的起点以及陆王的"心学"和"良知"观念，等等。儒教凸显道德之意味浓厚的"心"，无疑是想说明人生的意义在于道德的完善，而道德的尽可能完善依赖于"心"的主体操控。道教论心尽管不同于儒教，但却同样肯定了"心"的主体地位。无论是修身还是炼心，"心"都在其中起着掌控作用，"此心"多指现实人生的正面之心，用此心去灭欲灭虚，用此心去引导吐纳、呼吸、静坐、守一等，"心"同样具有主体能动的意味。

儒道二教均认为自心最大的价值不是什么本体（当然，本体之心也有意义），而是把其价值落实在心的自身之内并体现在指导现实人生与炼养上，这时的心才更具有功用和意义，所以中国宗教思想和中国哲学一样，在某种程度上体现为实用理性与价值理性。中国佛教思想的发展前后虽然不同，但作为中国佛教心性论之主要代表的禅宗，其在一方面肯定心的本体地位和绝对属性的同时，却用相当大篇幅去讲"心"在渐修顿悟中的关键作用，他们说"心"是"自心"、"自性"，是"佛"，无非是说主体之心在走向理想状态中的不可替代的作用。儒、释、道三教心性论凸显主体的特色从传统文化环境中而来，又促进了传统文化的这种特色定型。

第二，境界意识的追求与设立。一般认为，儒教的目标是追贤成圣，道教的目标是长生成仙，佛教的目标是见性成佛。圣、仙、佛本身是一种境界符号，其背后所指代的内容才是我们追求的意义与价值所在。圣是人格，尤其是道德人格的极完善状态，与之相应的是社会的大同与和谐。仙是个体身心均自足的极完善状态，道教承认长生是其目标，但长生追求背后所透露出来的不仅仅如我们简单地认为是不死，还有另外所指，即如果成仙了，那么对个体而言，首先是身体舒适的栖居：身无病不死，生活不愁，烦事没有；同时是意识的自足与完满：精神逍遥且无滞，能力无限而不亏；对社会而言，则是一个没有战争，鼓乐升平，人人各安其所的太平状态。因而长生的指向虽着眼于个体，群体安适却也是其理论的必然结论。佛教从人生四大苦出发，主张返觅自性清净心，达到成佛的境界。什么是佛？什么是佛界？从理论之外看，无非是透悟了人生烦恼，升华了个体自身的精神境界，而依此走上的群体生活必定也是没有生老病死，没有人与人之间互害的状态。尽管三教的理想在实现概率上基本为零，但其心性论所论及的内容无一不把它当做最后追求的目标，这既是个体的境界追求，也是群体应达到的境界。境界是儒释道三教心性论所体现出来的又一大特征。

第三，道德意识的必备与提升。儒教讲道德自不必多言，"三纲"、"五常"、"八条目"等在某程度上使儒教思想有了"儒教思想就是伦理道德"的帽子。道教也是极其强调道德的。这其中有仙话故事的启发，有修道者所立的行善止恶的道规，也有讲解道德的道经，如《太上感应篇》等，尽管其中神学意味相当浓，但在道德的内容与实践方法上却与世俗道德是一致的。佛教同道教的情况大致类似。在心性论的问题上，儒教很大程度上把人心、人性解释为道德意义的心与性，佛道则虽没有把心等同于道德，但修行人的道德要求是应有的前提，否则别说成仙成佛，恐怕要被打入地狱了。故而，儒释道三教的心性论中论道德意识的内容也相当突出。

除此之外，儒释道三教的心性论述还有其他共同的特色，由于篇幅的限制，在此就不一一概括叙述了。

第三节　中国宗教的道德功夫与形体健康思想

德国文化哲学家卡西尔（Cassirer Ernst）提出："从一开始起，宗教就必须履行理论的功能同时又履行实践的功能。它包含一个宇宙学和一个人类学，它回答世界的起源问题和人类社会的起源问题。"① 从某种角度说，中国宗教的实践功能，在外在表现形式上，体现为形形色色的功夫思想。所谓功夫思想乃是说与做、思想与功夫的统一体。尽管修行功夫着眼于个体，关键是做，但它推广和谋求的目标之一则是希望尽可能多的个体参与进来，从而实现多数人都能依此法门修行而相应地受益。所以无论如何，任何实践法门都需要借用言论对之加以推广和宣教，使之具有普遍性的借鉴意义和指导意义。

中国宗教的功夫思想所指向的是如何成就一个理想的人，是论与做兼具的思想；换句话说，其理论的实质和核心不在于表示纯粹知识性的内容，而更重要的是用来表示实践修行的内容。也就是说，中国宗教思想的功夫论实质是披着"言论"外表的实践法门。功夫思想所论与纯粹的理论探讨所言存在的一个实质区别就在于理论探讨指向的是重建或完善一套理论，而功夫思想所指向的是在一个既定的理论前提下如何制定完善的实践法门并把此理论在行动中实现。故此，功夫思想所表示的实质是透过思想来看功夫。因而，我们在这里谈论功夫思想所着重的方向就是想通过宗教修行的言论思想以探究其背后的功夫。

这样就引出了一个话题，那就是中国宗教的功夫思想所依赖的思想前提。从思想与实践的关系角度来看，在中国传统宗教思想里面，由于实践内容的所指不同，比如战争实践、治国实践、医学实践、教育实践，等等，从而使得指导此实践的知识和思想也有很多，我们在这里没有必要也根本不可能对之一一阐述。

但就中国宗教用于指导实践功夫的诸多言论来看，心性论无疑是其中最重要、最具特色和最有价值的理论之一，而从宗教心性论思想本身来看，心

---

① ［德］卡西尔（Cassirer Ernst）：《人论》，甘阳译，上海译文出版社1985年版，第120页。

性论的提出与探讨本就是用来指导修行功夫的，这又是与修行功夫论合为一体的。① 故本节的任务就是在这个既定的理论前提（中国宗教的心性论思想）之下来看看由道德功夫思想和形体健康思想所构成的中国宗教的功夫思想。

道德功夫思想和形体健康思想是整体化功夫思想的两个方面，正如我们前面所述，中国宗教心性论思想所关注的是人生问题，而人生问题的诸多方面概括起来无非是人本身在生存和发展中的问题。从中国宗教心性论思想来看，人本身面临的问题可以分为两个大的方面，即道德上的尽善和形体上的尽美，因而中国宗教的功夫思想可以从道德功夫思想和形体健康思想来讲。

一、中国宗教的道德功夫思想

如果人和社会的形成是同生共始的话，那么伦理道德问题和人的生存便是同一过程。因为社会性的一个特性就是人必定生存于人与人的社会关系之中。伦理道德在其思维质地上所解决的是人与人之间所存在的矛盾的双方或多方为何及如何统一的问题，这在伦理学上称为道德何以可能的问题，也即人为何需要道德以及人如何实现道德的问题。中国宗教中的道德思想虽也涉及这个基本的形而上的问题，但着眼点与重心并不在于此。作为中国宗教思想中的道德功夫思想，它的关注点是如何去实现、践行这个已被普遍认可的道德准则。所以尽管中国宗教的道德思想从内容讲可谓无所不包、五花八门，诸如道德的必要性，道德的功能和作用，道德的规范和准则，道德的评价与目标，道德的修养与教化以及理想人格等，但其绝大部分的内容却是在于"教化"现实之人去做，故中国宗教的道德思想可以称为道德功夫思想。这也就是说，如果我们从功夫论的角度来审视中国宗教的道德思想，可以更能挖掘其内在的合理价值。从这一点出发，我们将从与人为善，与物为善，成己之善与"成就大善"四个部分来探讨中国宗教的道德功夫思想。

第一，与人为善。儒、释、道三教均讲与人为善。与人为善的提出是基于一个既定的、不可更改的事实，那就是人一生下来，就必须在人之群体中生存，如何处理个体之一与群体之多的关系则成了它们首先思考的第一个问

① 关于这一点，本章第一节已经有相关论述。

题，而其答案也基本上主张"与人为善"。但三教在阐发如何与人为善上尚存在大同小异的方面。儒教论"与人为善"是服从于其"仁爱"思想这一主题的，论说的关键则是由宗法思想推延而出的"亲亲"原则，在内容上则体现为"忠恕"之道。

孔子的"仁者爱人"相当大程度上所点明的是仁爱思想，其所要处理的主题是人与我的关系，处理这个关系的标准是"爱"。这种爱不是被迫的、毫无感情色彩的爱，而是作为主体的"我"内在的一种自觉，故儒教的"与人为善"背后透出一种"主体"自觉意识，即我自觉并自愿去与人为善。这是孔子所讲的"人能弘道，非道弘人"在道德践行上的一种自然而然的结论。但是孔子的这种"爱"是有递进关系的"仁爱"，他曾说："君子务本，本立而道生。孝悌也者，其为仁之本与！"①"仁爱"之本与践行的起点是"孝悌"，具体的"仁爱"践行顺序是："弟子入则孝，出则弟，谨而信，泛爱众，而亲仁。"②可见，儒教道德功夫思想的关键是宗法思想。它由孝敬父母、敬爱兄弟的"仁爱"进而推广、扩充到关爱他人、与人为善。孝与悌不仅是仁爱的起点，更是整个仁爱体系中最重要的事情，所以本来是有差异的仁爱，一旦推及到他人身上，则也便实现了对他人的最大仁爱："仁者人也，亲亲为大；义者宜也，尊贤为大；亲亲之杀，尊贤之等，礼所生也。"③也正如孟子所讲的"老吾老，以及人之老；幼吾幼，以及人之幼"。可见，由己推人是儒教在处理人我关系的一个根本点。而且，由于强调的是"我"而非"人"，这在道德教化过程中，很容易让受教者时刻从自身的内心情感去体味，从而使道德教化不是外在的生硬规范，而是让人感到亲切的充满情感的自愿之求。

至于扩充的内容则是"忠恕"之道："夫仁者，己欲立而立人，己欲达而达人"④和"其恕乎！己所不欲，勿施于人。"⑤可见，"忠恕"之道其实是对同一问题的两种不同阐述方式，即一是奉行积极正面，二是杜绝消极反

① 《论语·学而》，朱熹：《四书章句集注》，第48页。
② 《论语·学而》，朱熹：《四书章句集注》，第49页。
③ 《中庸》，朱熹：《四书章句集注》，第28页。
④ 《论语·雍也》，朱熹：《四书章句集注》，第92页。
⑤ 《论语·卫灵公》，朱熹：《四书章句集注》，第166页。

面。用现在的话来说就是由自己想要的想到别人也想要，故先照顾别人；由自己不想发生的想到别人也不想发生，从而不要此事发生在别人身上。这就是忠恕之道的基本原则，它的实现表现在具体的各种各样的事上。

道教讲与人为善的两个基点则是"贵己重生"与"承负"思想。早期道教之五斗米道在《老子想尔注》中很早便提出了"积善功以通天神"，这指明"善功"是"通天神"的必要前提条件。

怎样才算"积善功"呢？道教认为包括两个方面，一是行善，二是戒恶，正如《太微仙君功过格序》说："远恶近善，诚为真诚，去仙不远。"可见，善的目标是为了最后的长进成仙。《太上感应篇》说："欲求天仙者，当立一千三百善；欲求地仙者，当立三百善。""天地有司过之神，依人所犯轻重，以夺人算，算减则贫耗……算尽则死。"至于行善去恶的标准，道教基本同意儒教的道德思想："欲求仙者，要当以忠孝和顺仁信为本。若德行不修，而但务方术，皆不得长生也。"[①]围绕基本原则，道教提出了许多戒律，这在《道藏》中有大量的记载，此不赘述。

无独有偶，中国佛教同样也持这种观点。大乘佛教的道德思想是从其佛法体系提出来的，而其戒律上最具代表性的则是五戒、八戒和十戒。[②]这几种戒律用一种否定的方式告诉人们应当戒恶，而其中有许多是与人为善非恶的内容。当然，佛教也有积极肯定与人为善的内容，如四摄：布施摄、爱语摄、利行摄、同事摄，还有四无量心、六度、八正道等，这些从正面为善的角度规定了人在处理人与人关系时应当持有的为善之行。

第二，与物为善。把与人为善的原则与思路进一步泛化，逻辑上的必然结论便是与物为善。这在儒、释、道三教看来，本是自然而然的事，故三教在道德思想上基本一致，认为与物为善也是道德功夫的关键一点。不过，三教由于立足的主旨略有差别，所以论述起与物为善来，也有不同的意蕴。

儒教的与物为善，更多地体现着"仁爱"万物的色彩。孔子在《论语·颜渊》中把仁释为"爱人"，孟子基于性善论思想，将之进一步泛化，认为"仁"不但是爱人，也是爱物，因为我们的"良心"具有泛爱万物的

---

① 王明：《抱朴子内篇校释》，第53页。
② 关于佛教戒律的论述，详见本书第二章第二节，这里从略。

善端："君子之于禽兽也，见其生，不忍见其死；闻其声，不忍食其肉。是以君子远庖厨也。"① 这样，"仁爱"的范畴便更具有了泛化意义，从而使"仁"的内涵深刻许多，爱人与爱物均是其体现："君子之于物也，爱之而弗仁；于民也，仁之而弗亲。亲亲而仁民，仁民而爱物。"② 这是爱物仁民的道德要求。

宋明时期的张载直接把这一思想发挥成"民胞吾与"思想："干称父，坤称母；予兹藐焉，乃混然中处。故天地之塞，吾其体；天地之帅，吾其性。民吾同胞，物吾与也。大君者，吾父母宗子；其大臣，宗子之家相也。尊高年，所以长其长；慈孤弱，所以幼（其）〔吾〕幼。圣其合德，贤其秀也。凡天下疲癃残疾、茕独鳏寡，皆吾兄弟之颠连而无告者也。"③ 这段话的主旨在于由人人为兄弟姐妹推及到万物与我为同胞，从道德的角度主张把道德之仁爱原则用于对待一切事物上，乃是泛爱万物、与万物为善的体现。所以王阳明直接说："见孺子之入井，而必有怵惕恻隐之心焉，是其仁之与孺子而为一体也。孺子犹同类者也，见鸟兽之哀鸣觳觫，而必有不忍之心焉，是其仁之与鸟兽而为一体也。鸟兽犹有知觉者也，见草木之摧折而必有悯恤之心焉，是其仁之与草木而为一体也；草木犹有生意者也，见瓦石之毁坏而必有顾惜之心焉，是其仁之与瓦石为一体也。是其一体之仁也，虽小人之心亦必有之。"④ 这种思想在儒教道德思想中是一个主流思潮，是一种道德至上主义思想，即与物为善从根源上讲是仁爱之心性的自觉要求，而非其他外在的强制。因而，在"内圣外王"的途径上，对儒生道德践行的要求之一便是爱万物，与物为善，这样道德品格才不致于残缺不全，才称得上是儒教向往的完善人格。

道教的"与物为善"与儒教略有差异，它在重生和承负思想下主张"与物为善"的方式是"护生"与"戒杀"。在文本表现上，这两种要求一是通过许多戒律表现出来，它一方面强调道德的实践，另一方面则要求从道德功夫中体会、升华道德要求的内在本性；二是通过许多仙话故事表现出

---

① 《孟子·梁惠王上》，朱熹：《四书章句集注》，第208页。
② 《孟子·尽心上》，朱熹：《四书章句集注》，第363页。
③ 张载：《正蒙·乾称篇第十七》，《张载集》，第62页。
④ 王守仁撰，吴光等编校：《王阳明全集》下册，卷26《大学问》，第968页。

来。就道教的戒律来看，绝大部分的戒律都主张对待有情众生要"护生"与"戒杀"结合。由早期的老子想尔戒而衍生出的二十七戒中便有勿食含血之物，勿乐其美味、勿言勿杀的规定。① 而作为老子想尔戒的展开和扩充，老君一百八十戒则使戒律更加具体化和世俗化，其中有许多爱护生命、维护环境的戒律规定，如不得渔猎伤煞众生，不得烧野田山林，不得妄伐树木，不得妄摘草花，等等。

　　道教的戒律不是生硬的条文，其背后有理论上的支持，这种支持便是重生与承负思想。我们在前面已经讲过，只有积善功才能长生并进而得以为仙，与物为善便是善功中很重要的一环。换言之，行善可以积累善功，从而可以为长生成仙积累资本；相反，为恶却可以抵消以往的善功，甚至反生诸般恶过，丧失成仙的本资。本来，行善积德乃是与功利追求无关的纯粹道德意义上的行为，但在道教道德功夫思想体系中，则与功利主义之成仙意识交叉在一起。不过，我们暂不必追问其内在结合何以可能，我们在此想指出的恰恰是这种结合，使得其道德伦理具有了可行的根据。在教外人士看来，或许没什么，但对于信众而言，却似"法律规范"，因为行善或作恶的记录，会促进或阻碍自己成仙之路，甚至还会使自己寿命减损，家人遭殃，所以受到信众重视。同样的思想，在道教劝善书中，也有较明显的表现，我们选取其中的几则试加说明：

　　　　射飞逐走，发蛰惊栖；填穴覆巢，伤胎破卵。②

　　　　……无故杀龟打蛇，如是等罪，司命随其轻重，夺其纪算，算尽则死，死有余责，乃殃及子孙。③

　　　　或买物而放生，或持斋而戒杀。举步常看虫蚁，禁火莫烧山林。……勿登山而网禽鸟，勿临水而毒鱼虾。勿宰耕牛，勿弃字纸……诸恶莫作，众善奉行。永无恶曜加临，常有吉神拥护。近报则在自己，

---

① 参见《太上老君经律》，《道藏》第 18 册，第 218 页。
② 《太上感应篇》卷 12，《道藏》第 27 册，第 59—62 页。
③ 《太上感应篇》卷 29，《道藏》第 27 册，第 134—135 页。

远报则在儿孙。①

《太上感应篇》和《文昌帝君阴骘文》作为道教劝善书在道教中有很高的地位，对于道门中人的道德修行有很深的影响；同时，这两部经典对于一般的民众也有相当程度上的教化作用，上面这几段引文文字通俗易懂，但道理深刻并富有教育意义，它们在道教道德功夫思想上表现了与物为善的情怀，并产生了很广泛的影响。

与之呼应的是，这种思想在仙话中更为常见。道教的仙话往往以生动的故事为载体，通过描述常人或因善待动物而获得福报，或因残害生灵而致恶报并殃及后代的故事来表达"与人为善"的道德功夫思想。这类故事在道教典籍中大量存在，我们没必要在此一一列举，但不可否认的是此类仙话故事对劝人为善起了相当大的作用，从而也成了道教进行道德教化的主要手段和方式之一，它与善书、戒律一起构成了道教的道德功夫思想。

佛教的教义教规中也明显地提出了戒杀、放生的清规戒律，思想大致与儒、道一样，并把它纳入成佛的前提条件和因果报应思想中，成为佛教道德教化之功夫思想的主要观点之一。

第三，成己之善。从某种角度上讲，"内圣外王"是儒、释、道三教道德功夫思想的合理概括。如果说与人为善和与物为善是其外圣之德的表现的话，那么成己之善则是其内圣之德的体现。从另外一方面看，成己之善在解决道德何以可能的问题时，把外王之善德落位于自己心性内在之善；与此同时，更从功夫论入手，着重论述了如何实现（或呈现或寻回）自己本有之善的方法与路途，因而，成己之善可以说是与人为善和与物为善的内在根据。

儒教论成己之善，关键处是把仁爱思想根植于内心。在"求放心"或"致良知"的运作上至少应该把握住基本的四点：

一是慎独。慎独所要防止的问题就是把至善之道做成表面文章、做成没有灵魂的表演。慎独的关键在于强调自我的约束力，并把这种约束力体悟成

---

① 《文昌帝君阴骘文》，唐大潮等：《劝善书注译》，中国社会科学出版社 2004 年版，第 56—58 页。

自己内在本有而且出自自愿自觉的要求。因而，慎独的目的在于保证道德之实践不致于流于形式而失去道德本有之意义。

二是克己自省。儒教的理想人格是圣人君子，在道德要求上是至善，这是一个无止境的过程，意味着现实中的人在求善的道路上永不止步，并且日日有新进。克己自省是从自己内部找原因，克己是告别过去的或现有的不合"仁"之处，自省是在克己之中反躬自觉，知过就改，见善乃迁。克己自省既是向善的方法，更是向善的态度，它的背后隐藏着诸如谦虚、知耻、诚信等儒家一般的道德要求。

三是见贤思齐。克己自省是内心入手处，而见贤思齐则是在成己之善的路上向外学习的方法。如果克己自省的着眼点是使旧我换新人的话，那见贤思齐则为克己自省提供了一套参照对比的标准。由于"贤"既可以是现实中的贤人君子，又可以是理想化了的人格符号，故见贤思齐与克己自省相得益彰，共同促进着儒教道德功夫在个人身上的实践。

四是自强不息，止于至善。自强不息作为儒教的人生态度，深深渗透到其成己之善的道德功夫思想中。自强不息从心的主体诉求入手，把有限的个体求善和无限的群体为善结合起来，在成己之善的路上，构成了一首跳动的充满斗志昂扬的歌，它彰显了儒教在追求人格完善时体现出来的阳刚与锐意。"止于至善"之中的至善乃是纯理想化的人格设计，因此也是一个无限的过程。自强不息是止于至善的精神原动力，而止于至善则是自强不息的指向，双方均把有限与无限、现实与理想相结合，成为中华民族主要的个体道德品格之一。

如果说儒教的成己之善乃是增益之道的话，道教和佛教则是减损之道。道教和佛教虽强调在成仙化佛的路上要尽可能地积累善功大德，但在个体修养时，却一并采取了否定式的减损方法。

道教的成己之善主要有三个关键点：

一是返根归源的减损之道。在道教看来，由于根源乃是清心虚静，故返根归源其实是回到人本初的清静状态，这才是人之最善，也是道教追求的理想人格。从文化人类学的角度来看，人类最初的质朴状态是无欲、无机心、无斗争，一切自然发生，没有受到后来积习所染，这的确也是人向往的一种人格特征。但是，进入了历史以后，人心相倾轧，就无法再返回本初状态，这是道教所不愿看到的。不过这种理想人格的设计却也可称之为成己之善的一种伟大构想。

二是"我命在我不在天"。"我命在我不在天"与减损之道在表面上存在着矛盾，但从个体的内在深层来看不尽如此。由于道教所讲求的理想人格在现实环境中没有成就的条件根据，故道教便在主体精神上要求强化精进勇猛的精神与态度，这一点倒是与儒教的"自强不息"精神异曲同工。同样的，"我命在我不在天"既是实现己身之善的方法，更是道教理想人格中所必备的态度、品质之一。它不但鼓励着无数的道门人士在求仙道路上充满信心，不畏艰难，更塑造了一种品性健全、充满活力的神仙精神。

三是个体的逍遥境界。从肉体成仙到精神成仙是道教的一种转型，转型的意义则是追求个体意识不死。个体意识不死之所以是值得追求的目标，乃根源于意识在所谓的神仙世界中可以过着逍遥的生活。道教把飞升成仙看成理想，不仅在于不死长存，更在于一种生活理想。神仙世界中的逍遥境界内容有很多，但从道德理想角度看，则包括意识达到了道德自足状态，这一方面是由于减损之道的彻底，人的现实之心转而为超越之心，从而无欲自足；另一方面是由于"我命在我不在天"的精神态度使意识觉悟到自己是自足的，即潜在可能的自足与现实的自足达到了一致，从而道德理想得以实现，"心"也便在神仙世界里可以逍遥无碍了。

佛教追求成己之善的否定式路数与道教大同小异，它通过非有非无，非非有非无，非一非二，非非一非二等有无双遣的否定式方法来认识宇宙间万法的本来面目。在道德功夫思想上，佛教通过觉悟觉与不觉、渐与顿、染心与本心等方法使人的内心达到空灵境界，从而在道德上也彻晓人伦大德，无束无碍，一念三千，成就个体之善。

四是"成就大善"。不管儒、释、道三教入世与出世的争论有多么热闹，由"内圣开外王"，在由成己之善到福利社会上却存在一致看法，即济世度人是大家共同的目标。由于社会理想的设定不同，三教的做法产生了不少差异。我们先看下面三段引文：

> 大道之行也，天下为公。选贤与能，讲信修睦，故人不独亲其亲，不独子其子，使老有所终，壮有所用，幼有所长，矜寡孤独废疾者，皆

有所养。男有分，女有归。货恶其弃于地也，不必藏于己；力恶其不出于身也，不必为己。是故谋闭而不兴，盗窃乱贼而不作，故外户而不闭，是谓大同。①

小国寡民。使有什伯之器而不用；使民重死而不远徙，虽有舟舆无所乘之，虽有甲兵无所陈之。使民复结绳而用之，甘其食、美其服、安其居、乐其俗，邻国相望，鸡犬之声相闻，民至老死不相往来。②

第一大愿：愿我来世，得阿耨多罗三藐三菩提时，自身光明炽然，照耀无量无数无边世界，以三十二大丈夫相，八十随好，庄严其身，令一切有情如我无异。

第二大愿：愿我来世得菩提时，身如琉璃，内外明彻，净无瑕秽；光明广大，功德巍巍，身善安住，焰网庄严，过于日月；幽冥众生，悉蒙开晓，随意所趣，作诸事业。

第三大愿：愿我来世得菩提时，以无量无边智慧方便，令诸有情，皆得无尽所受用物，莫令众生有所乏少。③

纵观以上三段引文，我们可以发现，儒、释、道三教在构设理想社会模式时尽管存在不少差异，但基本点上却有一致性，这些一致性表现为：第一，物质财富的基本充足，这是生存的基本保障；第二，地位上的平等，大家不相互欺骗、打杀；第三，生活上的自足与安定，人与人相互和睦相处，不存在争权夺利现象；第四，社会和谐稳定，政治宽容清明。

在手段上，儒教强调的是"学而优则仕"，故其实现自己社会理想的方法是诚意、正心、格物、致知、修身、齐家、治国、平天下。这一系列递进途径既是个人求善的路径，也是实现服务社会、报效国家的路途。它的理想侧重于把"仁"的观念用于社会治理，可谓与社会现实息息相关。道家、

① 《礼记·礼运》，《十三经注疏》下册，第1414页。
② 《道德经》第八十章，《诸子集成》第3册，第46—47页。
③ 《药师琉璃光如来本愿功德经》，《大正藏》第14卷，第405页。

道教实现社会理想的方法与儒教异曲同工，《道德经》第五十四章有言：
"修之于身，其德乃真；修之于家，其德乃余；修之于乡，其德乃长；修之
于国，其德乃丰；修之于天下，其德乃普。"① 这虽然出于老子，但在后来
却被道教全盘吸收，道教经典中关于老子这段论述的解释基本上是继承了老
子的本义，从这个角度说，老子的这种修德观也是道教的修德观。这就是通
过扩充个人道德，以实现教化天下的目的。基于"治大国若烹小鲜"和守
柔持静的理念，道教所讲的"德"并非儒教的"仁"德，而是顺应自然的
无为之德，故而其最终指向乃是社会的自然秩序，而非人为治理。在某种程
度上，佛教的社会理想是强调个体对社会的贡献，但并不想使个体成为社会
统治上层反过来治理社会，并希望社会应该是像教界一样的团体。尽管有这
些许差异，但三教设想的理想社会在很大程度上仍具有一致性。这种一致性
恰恰说明，中国宗教的道德功夫思想是把个体的成善推广、扩充到与人为
善、与物为善，再推延到成就大善，即为和谐、安乐的社会理想服务。这是
三教道德功夫理想的一个落脚点。

我们习惯把宗教对人的意义称之为"终极关怀"，所谓"终极关怀"往
往是着眼人心的归宿而言。中国宗教的道德功夫思想在谈论道德功夫时，首
先考虑到的是把这种"终极关怀"贯彻到道德修养当中去，理想境界中的
圣格、仙格或佛格的种种特性在很大程度上规范了人心归宿的道德品性。这
种"终极关怀"仍是基于人心的需求，宗教本于此而出发，围绕人之心这
个核心，将道德功夫与理想人格的实现统一起来，既完成了宗教追求的目
标，也实现了人自身发展的目标，使宗教组织与人恰当地成为一体，并且把
这种理论落实到具体行动之中。这样看来，中国宗教的道德功夫思想融宗教
组织、人学与功夫论于一体，对今天的社会道德建设、个人的人格完善具有
很大的参考价值。

二、中国宗教的形体健康思想

儒、释、道三教均有对形体健康思想不同程度的论述。

儒教主要关注的是道德功夫实践，但这并不意味着它不关心形体健康。

---

① 《道德经》第五十四章，《诸子集成》第 3 册，第 33 页。

对于形体健康的思考，儒者的基本态度可以用《孝经》中的一句话来概括："身体发肤，受之父母，不敢毁伤，孝之始也。"① 在这里，《孝经》注重人的形体健康自然是毫无疑问的，因为它要求对于身体发肤"不敢毁伤"。尽管它认为保证身体发肤不受毁伤的出发点是因为"受之父母"，而且其实践的目的在于符合礼仪、仁孝的要求，但在客观上，由于其强化礼的绝对标准，结果使得维护形体健康的思想和言论被包含在"礼"的践行中一同得到贯彻，从而起到了保证儒者身体健康的效果。翻看孔子、孟子等儒家大师以及董仲舒、朱熹等儒教名士的言语，便可发现他们几乎都关注人的身心健康，并且形成了深刻的形体健康功夫思想。

孔子注重保护身心健康，主要表现在关注饮食的情况。《论语·乡党》有言："食不厌精，脍不厌细。食饐而餲，鱼馁而肉败，不食。色恶，不食。臭恶，不食。失饪，不食。不时，不食。割不正，不食。不得其酱，不食。肉虽多，不使胜食气……沽酒、市脯，不食。不撤姜食，不多食。"② 尽管孔子论食与不食的标准是"礼"，但毋庸置疑，其对不食的种种情况所作的详细规定在很大程度上是有益形体康健的。我们可以这样推论，即孔子所推崇的"古礼"的某些内容很可能出自古圣先贤对某些利于健康之日常行为经验的总结和概括，这些思想后来变成孔子十分尊崇的礼的内容，并对儒士的健康起到保证作用。在上段引文中，我们很能发现这一点。孔子认为坏不食，生不食，不时不食与不多食，已经具有饮食卫生、饮食合时与饮食有度的思想萌芽，确实可以作为食养的良言玉旨。可见，孔子是关注人的身心健康的，且某些思想已经达到了一定的水平。后继者孟子所论"养浩然之气"在某种程度上表明了对形体健康的关注，以至于后来许多气功师把气功之渊源推及孟子身上。

儒教实际创始人董仲舒所创立的"天人感应"思想体系，如果从形体健康思想的角度来看，也是可以成立的，并有许多有价值的信息。其理论体系是天人同类相感，由此出发认为人之行为，无论是政治行为还是日常行为需顺应天道。由此，用在人心调养乃至人的饮食起居上，则是顺从有意志的

---

① 《孝经·开宗明义章》，《十三经注疏》下册，第 2545 页。
② 《论语·乡党》，朱熹：《四书章句集注》，第 119—120 页。

天的要求（表现为四时有序、春养冬藏；喜怒持中、私欲有节等）来做，这无疑是有益于人的形体健康的。

在促成儒教走向成熟完善的最大功臣朱熹那里，形体健康思想更是其突出的特色之一。朱熹的形体健康思想是由关注身心同时健康来说的。[①]

朱熹的身心健康思想与其生死观和性命论紧密联系在一起，他认为万物之生是天道流行、阴阳交感变化的产物，人的生命是此过程中理与气结合的结果，其中包括两项主体内容：由气构成的形体部分和由理构成的非形的部分，两者合为一体，不能相离："人之所以生，理与气合而已。"[②] 气构成了人的有形身体，而理则构成了同居于心的精神心理和道德品质。如此看来，朱熹的身心观念含括了人的身体、道德之心和精神心理三大部分。所以，朱熹的形体健康思想，从根源上讲，即是修养此理（保证心理与道德之健康）与此气（保证形体健康）。

从整体上看，朱熹的身心健康思想是以道德之心的健康作为基本点和归宿点的。其维护身心健康的基本结构是："以养心为主，养气为辅，心气共养；而养心之中，又以养道心为要。从中可以看出，朱熹的身心健康思想继承了中国传统中医学（包括道教医学）重视养气养神的理论，而且更加突出道德之心的健康发展，这可以说是朱熹身心健康思想的突出特色。"[③]

朱熹通过四点说明了达到身心健康的养生方法和养生原则：

第一，养生顺"道"。朱子认为人的生命来源于天道，生命的寿夭受天道决定。所谓天道，体现在人体内便是阴阳二气异而不离、交而不争、感而且和的规律。人要想身心健康，缺阳不可，缺阴亦不成，所以既要养阴又要保阳："乾主始物而坤作成之……盖凡物之属乎阴阳者，莫不如此。"[④] 即天下万物皆由乾造坤作而产生，不能脱离阴阳二气而生性命。只有有阴又有阳，有柔又有刚，方能有利于身心健康；否则，纯阴无阳，纯阳无阴，皆致病，皆非吉道。

---

① 本部分关于朱熹的形体健康思想的论述很大程度上参考了《三教合流与朱熹的身心健康思想》。参见詹石窗：《道教科技与文化养生》，科学出版社 2004 年版，第 118—132 页。

② 黎靖德：《朱子语类》卷 4，第 1 册，第 65 页。

③ 詹石窗：《道教科技与文化养生》，第 124 页。

④ 朱熹著，苏勇点校：《周易本义》，北京大学出版社 1992 年版，第 138 页。

阴阳二气在人体内并非静而不动，而是处于不停地交感变化之中，通过相交相应，不断完成养生学上的阴以养阳、阳以养阴、二气互养的目的。所以，养气务必使二气相通，以此方能达道，与天地同寿："人法乾坤之道，至此则可以为贤矣"，"可以与天地参矣"。①

第二，养生持"中"。朱熹在其形体健康思想中，把中理解为一种整体观和平衡观。首先，朱熹谈养生深熟整体观，这是对传统中医学的运用。中医认为人体是一个有机整体，各部分处于相互联系、相互影响之中，所以诊断病因、辨证施治应从人的整体入手，不能只是头痛医头，脚痛医脚。朱熹同样也认为无整体观便无法判断是否偏倚，所以养生之中，要纵观全局，知不足与有余而后才能顺养生之道："盖凡物皆有两端，如小大厚薄之类，于善之中又执其两端，而量度以取中，然后用之，则其择之审而行之至矣……此知之所以无过不及，而道之所以行也。"② 其次，朱熹谈养生也深谙平衡观。平衡并非平均，应作适宜理解，即应当根据实际的轻重缓急作恰当处理，使各方能各正其位，故"中"有正位之义，而在身心之中，心正主位，气正从位；在一气中，阳气正其主位，阴气正其从位，如此方可健康："（阴）柔顺中正……则正而吉矣"，"阴柔不中正……其占大凶。"③ 我们讲"阴阳失调"，即阴阳失位、失和，容易伤身便是这个道理，传统中医更是将其作为病理、病因来对待。

从形体健康思想上看，朱熹之"中"也可作动词用，意思为符合，引申出来便是随时随地符合实际情况。朱熹认为人之喜怒哀乐当发则发，不应压制，也不要放纵，一切顺其自然最好，此之谓"中节"、"宜"。我们讲求修养性情，不宜过怒过喜，亦不宜强抑自己情绪，便同此理，所以朱熹说："君子之所以为中庸者，以其有君子之德，而又能随时以处中也……盖中无定体，随时而在，是乃平常之理也。"④

第三，养生主"静"。这主要指通过一种精神活动的自我修养，以达到身心健康。良好的心理状态和高尚的道德情操最好在心"静"的状态下培

---

① 朱熹著，苏勇点校：《周易本义》，第138页。
② 朱熹：《四书章句集注》，第20页。
③ 朱熹著，苏勇点校：《周易本义》，第14页。
④ 朱熹：《四书章句集注》，第19页。

养。达到心静的最好手段是令心不妄动、不躁动。为此，以静养心是基本门径。这对人的身心健康有莫大的好处。首先便可使气理平和，达到养阳气的目的："安静以养微阳也。"① 其次可以体察气行是否顺畅，情发是否中节，气意是否相合，是否益于身心健康："自戒惧而约之，以至于至静之中，无少偏倚，而其守不失，则极其中而天地位矣。自谨独而精之，以至于应物之处，无少差谬，而无适不然，则极其和而万物育矣。"② 只有人心和乐主静，方能主气而使气行合意，益于健康。

朱熹还认为"主静"必须防止纵欲，只有这样才有利于培养刚健的精神意志和良好的道德修养。他主张的精神意志主要指自强不息的刚健精神，而这却是和人欲相对立的："刚，坚强不屈之意，最人所难能者……多嗜欲，则不得为刚矣。"③ 天德为刚，得自阳气，人欲之私，得之阴气，多阴必损阳，只有不过分纵欲，才不伤阳刚强健之气之神。结合朱熹养生持"中"的思想，我们可以知道，他并非不要人欲，而是告诫人们应当有合理的人欲并用道心控制人欲，而非人欲控制道心，这是需要说明的。

第四，养生守"时"。朱熹在《周易参同契考异》中指明：《周易参同契》一书"本不为明《易》，姑借此纳甲之法，以寓其行持进退之火候异时。"④ 朱熹认为内丹关键之一是明白所谓的"行持进退之火候异时"，而《周易参同契》一书则是告知人们知晓如何辨明和控制此"进退之火候"，这一思想在其书中体现得非常明显。无论是一日之火候，一月之火候，还是一年之火候，都是"明阳气之消息"。如他说："一息之间，便有晦朔弦望。上弦者，气之方息，自上而下也。下弦者，气之方消，自下而上也。望者，气之盈也，日沉于下而月圆于上也。晦朔之间，日月之合乎上，所谓'举水以灭火，金来归性初'之类是也。"⑤ 朱熹以月圆月缺与出现早晚为喻，点明体内之气运动变化的生、长、盈、消、息、寂的诸阶段，体现出呼吸有时、气行有令，以表明内丹修炼的周天火候。另外，他也用阴阳二气的变化

---

① 朱熹著，苏勇点校：《周易本义》，第 119 页。
② 朱熹：《四书章句集注》，第 18 页。
③ 朱熹：《四书章句集注》，第 78 页。
④ 《道藏》第 20 册，第 118 页。
⑤ 朱熹：《周易参同契考异》，天津古籍出版社 1988 年版，第 22 页。

来解释卦象，暗含养气"守时"循令的观点，他在解释《大壮》卦、《遁》卦、《复》卦、《临》卦等时即认为养气确与时令有关。冬季极冷，属阴，体内当需养阳气以防止阳灭而成独阴，如此则阴阳失调必然致病，但也不可以强以养阳。春天万物萌动，阴退阳长，是养阳的时机，故应抓紧养阳气。而夏天则成阳盛之极，也是阴弱之极，此时务以小心养阴气，防止阴灭而成独阳，但也不可强以养阴。到了秋天，当是阴长时机，不能使阳强与之争，否则阴阳相争，必两败俱伤，与人身无益，这便是"一刚一柔，各有定位，自此而彼，变以从时"①。

以上四种有关身心健康的养生方法和养生原则是一个统一的整体，构成了朱熹形体健康思想的主体内容，这些思想产生了广泛和深远的影响。

儒教的形体健康思想还有其他表现，我们在此就不再赘言。

在佛教的经典和论说当中，形体健康功夫思想也有其独具特色的地方，并由此形成了独到的价值。佛教论形体健康功夫，既有专门论健康长寿、延年存生的禅法和瑜伽修法，如密教的《金刚寿命陀罗尼》经法和小乘禅法当中四禅的四神足修法等，都是专门论述强身健体、延年益寿方法的，也有散见于各种经论当中的延寿强体的修行方法。这些论断和修行指要共同构成了佛教的形体健康功夫思想。

佛教的形体健康思想大致可以分为两大方面，一是养形体，二是调心理。当然，二者在相当大程度上是交织在一起，不可分割的，最终的目的只有一个，那就是实现健康的人与健康的人生。

一是养外在形体的功夫思想。首先值得一提的是其素食主义论。佛教清规戒律中主张信众僧尼须素食，不能动荤腥。这一方面可以减少体内难以消化和过剩垃圾的生产，另一方面可以减少过分求美食，以爽口纵心的欲望，保持内心清静，从而有利于人身健康。更重要的是，从生态伦理学角度来看，素食主义的种种要求乃是出自于不杀生、不残害有情众生的慈悲胸怀，因而素食主义者不但心存爱心，而且丝毫不会产生对有生命物残害的负疚之情，从而心安理得而生存于一个和谐安乐、自我无愧的环境之中（或许是其内心自我感觉的），并得以延年益寿。其次是禅修之前的调五事。调五事

---

① 朱熹著，苏勇点校：《周易本义》，第 152 页。

乃指调节食、睡、身、息、心五事，是进行禅定修行之前所必须先调节的五种法则。其一，调食指禅定修习者需适量、适时、适度饮食，忌食秽浊不净和禁忌之物。佛经《增一阿含经》认为此举可以"身赢心悬，意虑不固"，否则就会"令心雍塞，坐卧不安"，从而有害形体健康，其二，调睡指禅定修习者要调节睡眠，也讲求适时、适量和适度。睡觉的目的在于通过此种休息方式来保证神气清明，心志净定，而不在于贪多或省减，故而恰到好处的睡眠益于形体健康无疑。其三，调身指禅定修习者要采取最佳的姿势来修行。天台智者大师在其《禅门口诀》曾云："行住坐卧常应系念，但卧多则沉惛，立多则疲极，行多则纷动，难可一心。坐无此过，所以多用。"这即是说调节身体姿势可以避免沉惛、疲极和纷动，是有利于健康的。此口诀中，还有种种调行走坐卧的说明，很是有益身心健康。其四，调息指禅定修习者要调整气息，克服风、喘、气三种不调之相，从而使心境得以恬然安处。这在客观上自然可以顺畅体内之气，使之得以健康。其五，调心，即止散乱之心而存禅修之心，关于这一点我们放在调心理中讲。最后是直接的治病之法，这一点在《摩诃止观》中论说详细。这些治病之法约有六种：一是意守丹田、足、病、头顶等处；二是修习吹、呼、嘻、呵、嘘、呬六字气来医治肝、心、肺、肾、脾五脏之病；三是调息；四是用意念假想来对治相应的病症；五是体悟心空为万物之源，一切病痛乃无根无体，从而达到治病之效；六是结合医学方术等来具体治病。

二是调心理的功夫思想。心理可以说是内在形体的一部分。调心理的功用可使心理健康，同时健康的心理又可促进外在形体的健康，从而实现了广义身心健康的目标。

首先值得一提的是其戒杀放生的道德情怀。这种情怀不是生硬的伦理条文规范，而是出于一种人心内在的情感，它同素食一样，让人形成安宁的心态和博爱的情操，从中可以调适心理、怡养性情，从而起到维护心理健康，促进形体健康的目的。说到底，这种方法便是朴素之爱在形体健康中的关键作用。

其次是弃五盖。盖乃指遮盖禅定功德的障蔽。弃五盖就是指禅定修习者修习时要弃除五种心理上的障碍心态，即去除含欲盖、嗔恚盖、睡眠盖、掉悔盖、疑盖。这五种法则对禅定修习者而言，可以帮助他们摄心入定，抛弃贪欲、懒惰、愤恨、懊恼、不自信之心，从而实现禅修目标，也自然有益于心理健康。

再次是佛教忏法。它是指一种依佛教经典而忏悔所犯罪过的仪式、行法。根据佛教的清规戒律，信众所犯之罪过包括不可悔罪和可悔罪。对于可悔罪而言，犯者可以给予机会悔过改正，请求得到众神和僧众的原谅。其法在中国佛教始于东晋，全盛于宋代。其关键是犯罪过者需面对十方诸佛菩萨，通过诵经咒和自白罪名进行诚心忏悔，并立誓一定按教理行事，不再重犯。从心理学上看，忏悔之人过后一般会把负疚的心灵释放出来，从而不再背负沉重的心理压力，这样不仅使心理健康，对外在形体健康也是大有裨益的。

复次是禅修。《摩诃止观》卷八中认为："若善修四三昧，调和得所，以道力故，必无众病。"这即是说禅修对于预防身体出现伤病是有积极意义的。其实禅修的更大意义乃在于对"心"的维护。禅修的过程，无非是用意念的作用排除外界对心的干扰，从而减轻心之烦恼和压力，使心灵空明，不为外欲所牵，不为外物所控，这对心理安适和健康具有极大的保障作用。其中的止观法门，即是止一切妄念，观最高智慧，从而把心从复杂的现实束缚和缠绕中解脱出来，这自然是有益于身心健康的。

最后是佛教的解脱智慧。大乘佛教讲明心见性，解脱自在；讲活在当下，平常心是道。这些论调的背后，无非是给现实中苦苦寻觅解脱的世人一种人生的态度。佛在哪里？西方极乐世界何在？在于你自己，在于你对人生的态度。心染与心净的区别只在转念之间，只在态度转变之间。束缚的另一面就是解脱，烦恼的对立面即是菩提，转过来，便是境界的升华，便是彻悟。因而，无论是对形体还是心理的健康，佛教对一般民众之人生的最大价值即在于此。今天，人们出现了心理变态、狂妄、抑郁症、恐惧症，等等，这是人心理疾病的表现，而产生的根源无非在于人生态度的不恰当、不解脱。佛教教人彻悟妙理、身心解脱的自由自在智慧具有对治此种心理病症的现代意义。

道教的形体健康功夫思想比起儒教、佛教来，无论是质上还是量上，都有过之而无不及。道教大大小小的经典和论著，到处充斥着炼心养性、修养身心的言论。从某种角度上讲，道教的理论特色在于阐述了系统的养生学。这一特色是服从于其重生的理论特质和追求长生不老，飞升成仙的目标的。

道教的形体健康功夫思想杂而多端，我们在此不可能对之作面面俱到的阐述，而只能拣出其中最富特色，也对今天最有价值的几个方面进行介绍。我们介绍的顺序是由养形体到调心理，再到身心同时康健。①

首先，炼养心神的方术。

第一，守一存思之术。道教守一存思之术的思想渊源可以追溯到先秦老子之"载营魄抱一"和庄子"我守其一，以处其和"的思想和方法，后来这一思想到《太平经》中便直接演变成为一种控制身心、集中意念的修炼方法。由于对"一"的理解存在不少差异，守一之法中所守之处也表现为真一、玄一、三一等不同，但着眼点却一致，即调控凡俗的心知与情智，防止心念散乱。所以，"从本质上看，'守一'乃是一种意念集中的方法，长久练习，可以使人培养起控制自身情绪的能力，排除干扰，使心情处于平静状态，从而有益健康。"②

与"存一"术相通的是存思术，旨在集中精神意念，遣除思虑杂念和情欲，进而达到控制身心的目的。存思的对象有身中景物，亦有身外景物，还可同时存想内外景象。《黄庭经》中对此多有记载，并被广泛应用于道教的炼养行动当中，被证明对于人的心神调节具有积极的意义："道教存思法尽管包含许多神秘性的内容，但在客观上对于人的精神应该是有一定调节作用的。因为存思法既可以使注意力集中，也可以使注意力得到转移……这样可以解除大脑的疲劳。"③

第二，多种多样的炼心术。由于对心性的重视，道教的炼养方技中有许多炼心的功夫思想，除以上的守一存思术外，还有很多其他修心之术。这其中，宋元时期的内丹学中所提倡的性命双修功法对此多有提及。综观其炼心术，一般认为先遣除情欲，再控制初始萌动之心，后修炼心性返归静虚之道，从而神全性现。王重阳在《立教十五论》中专门讲降心、炼性，主张修炼之人要关注此心，而关注的方法则是防情欲乱心，这与道教金丹派南宗基本一致："但于一念妄生之际，思平日心不得静者，此为梗耳，急舍之，久久纯熟。夫妄念莫大于喜怒。怒里回思则不怒，喜中知抑则不喜；种种皆

① 道教的戒律包含着素食、戒杀护生等，基本上同于以上我们对佛教方面的分析，我们在此不再赘述，而着眼于其特色的东西。
② 詹石窗：《道教文化十五讲》，北京大学出版社2003年版，第238页。
③ 詹石窗：《道教文化十五讲》，第241页。

然，久而自静……盖事至而应之，事去而心自心也。"① 关于这一点，唐代道医孙思邈在《备急千金要方》中已说明了其功效："多思则神殆，多念则志散，多欲则志昏，多事则形劳，多语则气乏，多笑则脏伤，多愁则心慑，多乐则意溢，多喜则忘错昏乱，多怒则百脉不定，多好则专迷不理，多恶则憔悴无欢。此十二多不除，则荣卫失度，血气妄行，丧生之本也。惟无多无少者，几于道矣。是知勿外缘者，真人初学道之法也。"② 这是炼心的初法，也是学道的初法，炼心到一定境地则是心静自然，不为物累，不为外扰，空灵澄明，无有染污。这从健康学的角度讲，是心神健康的最佳状态。

第三，减损感知之觉。由于心为身体百官之首，受到眼耳鼻舌身等感官的影响，因而欲想心静，则应尽可能地减损其他感官活动对于心神的扰乱。老子讲："不见可欲"，庄子讲"心斋"、"坐忘"便是着眼于此。其后道教讲求节制视听言动："是以养生之方，唾不及远，行不疾步，耳不极听，目不久视，坐不至久，卧不及疲，先寒而衣，先热而解。不欲极饥而食。食不过饱，不欲极渴而饮，饮不过多。……"③ 这种"收视返听"的方法在客观上可以起到防止"五色令人盲，五音令人耳聋，五味令人口爽"的效果，而正面上则是通过合理的节制感官之欲，使百官之首的心神得以自清自明，从而有利形体长生健康："目无所见，耳无所闻，心无所知，女神将守形，形乃长生。慎女内，闭女外，多知为败。"④

第二类是调养形体的炼养方技。一般情况下，这些存身养形的方技可以分为三大类：一是静功之法；二是动功之法；三是房中之法。静功之法又可分为服气、胎息、调息等。动功之法又可分为武术、体操等。但是，由于每一功法又讲求动静结合，故动静之功的区分是依其侧重点不同，并非有严格界限。我们下面简略看一下。

第一，服气、胎息术。服气调息，在道门中人看来是一种极佳的健身养生的功法，是道教气功的基础。其思想渊源可以从老子的"专气致柔"和《庄子》的"吐故纳新"的思想中得到说明。该法的基本程序分为三步：第

① 张伯端：《玉清金笥青华秘文金宝内炼丹诀》卷上，《道藏》第4册，第364页。
② 孙思邈：《千金方》卷27《养性·道林养性第二》，华夏出版社1993年版，第380页。
③ 王明：《抱朴子内篇校释》，第245页。
④ 王先谦：《庄子集解》卷3《在宥》，《诸子集成》第3册，第65页。

一步是静安心神，集中念虑；第二步是以意念引气至身体各部位，或是丹田，或是百穴，或是攻治疾病，或是结丹于身；第三步是收功，提升心理到无为境界，意气合一。由于所服之气包括身外之气和体内先天之气，具体的操作方法有不少差异，但根本的实质是一致的，即共同作用，益利身心："在许多情况下，道教阐述'服气'时常常是两者相结合，内外沟通，天人感应。"① 道教一般肯定这种气息锻炼之法能够调整呼吸节奏，增强肺的吐纳功能，使呼吸转缓而深长，从而达到延年益寿、强身健体的目的。

胎息术是服气术的高级阶段。其做法是："初学行炁，鼻中引炁而闭之，阴以心数至一百二十，乃以口微吐之。及引之，皆不欲令己耳闻其炁出入之声。常令人多出少，以鸿毛著鼻口之上，吐炁而鸿毛不动为候也。渐习转增其心数，久久可以至千，至千则老者更少，日还一日矣。"② 用形象的话来比喻就是不以鼻口呼吸，而是像未出世的婴儿在胞胎之中呼吸，故此乃是一种内息之法。该法的具体内容详见于南北朝成书的《胎息经》。这种功法十分难练，非一般人可以做到，但道门认为，如果修得此功法，则可以得道不老矣。

第二，内丹功法。内丹功法的形成与发展经历了相当长的时期，直到唐宋时期才达到发展高潮。其基本原理是以身体为修炼之基。道教内丹学把身体比喻成"炉鼎"，把体内的精、气、神比喻成丹药，认为通过精神意识的导引和控制，使精、气、神所结就之丹运转体内大小周天，可以造就"圣丹"，此"圣丹"在体内长存则可以致人不老不死，从而长生成仙。其主要做法分为四个步骤，第一步是筑基阶段，要求身安意宁，保养身体以备行内丹之术；第二步是炼精化气阶段，闭外气而生内液，再由内液充足内气；第三步是炼气化神，即炼就精气神所结圣胎，并使之在体内循行不断，使人的神志心灵发生超常的变化。第四步是炼神还虚，或称炼神合道。这是内丹修炼的最高阶段，道门人士认为达此境地可以形神俱妙，与天地齐年，如蝉蜕壳，迁神入圣，从而实现长生不死的目标。这中间充满了宗教神秘主义色彩，但不可否认的是，内丹修炼之术虽然不能致于不死，但还是可以有延年

---

① 詹石窗：《道教文化十五讲》，第243页。
② 王明：《抱朴子内篇校释》，第149页。

益寿的功效，因为这些具体功法对调节体内各器官有秩序运作，排除杂念是有积极意义的，从而延长寿命是基本上可以达到的目标。

第三，道教医学。① 广义的道教医学应包括养生学的内容，我们在此仅使用狭义上的道教医学。道教医学作为传统医学中重要的一个支派，对于维护身体健康、防病治病，发挥了相当大的作用。道教医学的药物学知识、治疗学知识已达到了相当高的程度，诸如对药方、针灸、病症、病源、药疗、食疗、技术等的探索，均为祖国医学作出了巨大的贡献，从另一个角度却也说明道教为了维护身体健康而作的积极努力。

第四，道教房中术。道教房中术又称为黄赤之道，讲的是男女性生活技巧以及禁忌等问题之类。道教对房中术有两个基本的态度，一是顺欲但不纵欲，二是节欲但不能绝欲。这种观念是来自于其阴阳观和情欲观。道门认为天道有阴阳，阴不离阳，阳不离阴，二者不能缺一，否则即为违背天道自然。这样，服从"天人合一"规律的人道也须阴阳并生，故男女两性在现实人生中亦应顺此道，所以道门一般把房中之事视为人之情欲的自然需求，不可抑，否则不利身体健康："人不可以阴阳不交，坐致疾患。若欲纵情姿欲，不能节宣，则伐年命。善其术者，则能却走马以补脑，还阴丹以朱肠，采玉液于金池，引三五于华梁，令人老有美色，终其所禀之天年。"② 在肯定男欢女爱是人之自然之道的同时，又指出不可过分纵欲，而应以此作为修身养性、强身健体的方技加以对待，这样才有利于形体的维护与长存。可见，道门认为，适时、适度的房事对于形体健康也是十分重要的。

除以上所讲的形体健康功夫思想之外，道教还有许多法门，希图以之达到固身长存，长生成仙的目标，比如导引、武术、体操等动功之法，动静相兼的啸法等③，我们在此就不一一论述了。综观道教的诸种方技，我们很容易明白，对于形体健康的维护，道门提出了很多可操作性强、具有科学价值的养生法门，这是一笔巨大的财富，值得我们去挖掘、整理和吸收，以便服务于今天的人类生活。

---

① 具体可参见盖建民：《道教医学》，宗教文化出版社 2002 年版。
② 王明：《抱朴子内篇校释》，第 129 页。
③ 詹石窗：《道教文化十五讲》，第 246—253 页。

第 四 章

情感与体验

在中国特殊的文化生态环境中，中国宗教思想的发展必然有自身形式上的特点。深入到这一特殊环境系统中，考察中国宗教思想在时空经纬中延展、存续、流变、运转的形式，把握其特点，对于理解其发展是十分必要和有意义的。而要对中国宗教思想进行考察，就不得不涉及情感与体验问题，因为中国宗教各派思想大都要借助于情感与体验而得以表达、展开和彰显。

第一节　中国宗教的情感论与自我控制修行

中国宗教作为一个复杂的系统，其原始宗教、道教、佛教、基督教、天主教、伊斯兰教及其他诸多民间宗教在对情感的理解、认识、评价等方面显现出的是多元化的特色。对情为何物？情何以至？情何以在？情何以知？情何以向？情何以值？情何以了？情何以修？各派都从自己独特的文化背景出发，进行了富有宗教意味的阐发与体验。在具有强大包容性和社会张力的中华文化大环境下，人们能够发现，不同宗教派别的情感论与修行方式又有一些共同的特点。要揭示这些特点，就必须对整个中国宗教系统深层沉积下来的文化进行细部的分解和宏观的体知。

一、心路幽幽，于无情处见有情

一般来说，情感包含两层含义：一是指对外界刺激肯定或否定的心理反应，如喜欢、愤怒、悲伤、恐惧、爱慕、厌恶等；二是指感情、欲望。"情"包含了情感但又不能等同于情感，情感只是情的狭义，多侧重于人所具有的客观存在状态。古人在更多的时候是用一个情字来言说情感的，较少将情和感连在一起作为一个联合词使用。在大多数情况下倒是把情与性相对应、情与欲相联系予以阐释的。在中华文化大化运行的环境里，在各教派兴衰、衍扩的漫长历史路途上，在教徒们幽幽的心路历程中，中国宗教逐渐形成了丰富而又庞杂的情感论思想和观念体系。在某种程度上可以说，情感论是中国宗教理论一个特别重要、不可或缺的部分。这里主要对其情感论内容和特点加以分析。

1. 中国宗教的情感论内容

中国宗教的情感论主要包括情感存在论、情感生成论、情感意向论、情感价值论等思想和观点。是对道德情感、自然情感和宗教情感等多种类型情感进行的论述、评价。这些思想和观点，在各教派经典、科仪、斋戒、重要人物的著作等之中都有充分的反映。可从其情感的本体认识和情感的价值取向两个方面来综合把握。

（1）对情感的本体认识

情为何物？情何以至？情何以在？这些情感生成、存在之类的情感本体问题，是世间千古不解而又为人所欲解的难题。先民在其特有的宗教文化背景下，对情感本体产生了许多看法。

《周易》是中国文化的一个重要源头，也是中国宗教的重要源头，中国宗教诸教派都从其中吸取了丰富的思想养料。《易》称"观其所感而天地万物之情可见矣"[1]，就是说，天地万物之情是通过人的主观体验、感应而显现的。《易》还称："利贞也，性情也。"[2] 这是先民较早对情感的本体认识。王弼对此注云："不性其情，何能久行其正？"其正义云："性者天生之质，正而不邪；情者性之欲也。言若不能以性制情，使其情如性，则不能久行其正。"[3] 这就从性与情不同的质、性与情二者的相互关系上对易之性情说进

---

① 《十三经注疏》上册，第46页。
② 《十三经注疏》上册，第17页。
③ 《十三经注疏》上册，第17页。

行了诠释。

被儒教尊为圣人的孔子，着重从道德人性上把握情感，其所谓的为仁之本、爱人、忠恕、孝悌等就都是在情感基础上提升起来的道德规范。孟子则把仁义礼智四种道德观念确立为人的内在情感基础，即"四端"：恻隐之心为仁之端，羞恶之心为义之端，恭敬之心为礼之端，是非之心为智之端。对"四端"进一步扩充和发展，就能显现仁义礼智之性。

董仲舒是将儒家宗教化的一个重要人物，其崇天神学思想自汉武帝开始受到官方的大力提倡。而在《汉书·董仲舒传》中也提到了关于情性的本体认识："性者，生之质也。情者，人之欲也。"在此，董仲舒干脆就把情等同于欲了。他认为："天之副在乎人。人之情性有由天者矣。"[1] 人之性情是天赋的，"非人自生"，"身之有性情也，若天之有阴阳也。言人之质而无其情，犹言天之阴而无其阴也。"[2] 他把人的性情与天的阴阳运行相类比，在他看来，人不仅有性，而且有情，情是人不可少的气质，言说人之质没有人之情，就如言说天之阴而没有天之阴道理一样。

宋元明清时期出现了儒、道、释三教融合的理学思潮，理学学者在性情上也提出了许多新观点，从而把中国宗教情感论发展到了高峰。将情与心、性联系起来进行综合考察，是宋以后的事。其中，"心统性情"说，首倡于张载。他说："心统性情者也，有形则有体，有性则有情。"[3] 这就是说，人的心统摄性与情。朱熹十分赞同张载的观点，他说："性者，心之理；情者，性之动；心者，性情之主。"[4] 他还说："性以理言，情乃发用处，心即管摄性情者也。"[5] 这就解释了情、性、心不同的质，强调了心对情性的统摄作用，而情则是性之动，心之用。性与情是一种体用关系。他指出："只是一个心，便自具了仁之体、用。喜怒哀乐未发处是体，发于恻隐处，便却是情。"[6] 又说："似皆以思虑未萌、事物未至之时为喜怒哀乐之未发。当此

[1]　董仲舒：《春秋繁露·为人者天》，苏舆：《春秋繁露义证》，第318页。
[2]　董仲舒：《春秋繁露·深察名号》，苏舆：《春秋繁露义证》，第299页。
[3]　张载：《性理拾遗》，《张载集》，中华书局1978年版，第374页。
[4]　黎靖德编：《朱子语类》卷5，第1册，第89页。
[5]　黎靖德编：《朱子语类》卷5，第1册，第94页。
[6]　黎靖德编：《朱子语类》卷20，第2册，第470页。

之时，即是此心寂然不动之体，而天命之性当体具焉。以其无过不及，不偏不倚，故谓之中。及其感而遂通天下之故，则喜怒哀乐之性发焉，而心之用可见。以其无不中节，无所乖戾，故谓之和。此则人心之正而情性之德然也。然未发之前，不可寻觅，已觉之后，不容安排。但平日庄敬涵养之功至而无人欲之私以乱之，则其未发也镜明水止，而其发也无不中节矣。此是日用本领功夫……"① "心有喜怒哀乐则不得其正，非谓全欲如此，此乃情之所不能无。但发而中节，则是；发不中节，则有偏而不得其正矣。"② 这里特别提到了情的发生原理，即情是喜怒哀乐发于恻隐处而形成的，而且明确分析了情的运作功效，描述了因人心正或不正所造成的情发而中节或不中节的一系列后果。朱熹认为，情是要由心来主导的，只有明确了心所具有的体用双重品质，才能回应佛教将心仅仅理解为感性知觉的观点，他说："性本体也，其用情也，心则统性情，该动静而为之主宰也。故程子曰心一也，有指体而言者，有指用而言者，盖谓此也。今直以性为本体而心为之用，则情为无所用者，而心亦偏于动矣。且性之为体，正以仁义礼智之未发者而言，不但为视听作用之本已也。明乎此，则吾之所谓性者，彼佛氏固未得窥其仿佛，而何足以乱吾之真哉？"③ 他在这里提到，程颐所说心是一个，但有时指体，有时指用。也就是说，心作为体的时候，相对地情是用；心作为用的时候，相对地性为体。如果仅仅将性理解为体，心为性之用的话，情之用就会失去体的主导，从而使心仅有用的品质，而偏于动，也就会忽略心的主宰作用。

　　道教在其漫长的发展演变过程中，对情感有相当多的论述。而道教所言说的情感，实际上是一种自然情感。道教信奉老庄，而老庄强调"天"、"道"，其主张正是与这种自然的生命情感相联系的本体存在以及与情感体验相联系的存在感知。在他们看来，天之所以为天之道、人之所以为人之道，就是因为其中融入了人的生命情感。道教从"崇尚自然"出发，否定儒教所谓的道德情感，反对儒教的人性论，认为人性是人生而具有的自然资

---

① 朱熹：《朱熹集》第 6 卷，第 3383 页。
② 黎靖德编：《朱子语类》卷 16，第 2 册，第 343 页。
③ 朱熹：《朱熹集》第 7 卷，第 3890 页。

质，情与欲并非人的道德本性。道教多从对自然情感的顺应、自无情而有情的角度来否定世俗的道德情感，寻求对世俗道德情感的一种超然。道教学者以佛教的"六根"解释儒家的"六情"，把眼、耳、鼻、舌、身、意亦称为"六情"。认为"眼以见色，耳以听声，鼻以闻香，舌以知味。身以触角为义，心以知理为义"。道书《定志经》也称，"六情一染，动之弊秽"。道教的一些重要著作如《周易参同契》等也表明了对情感的本体认识。《周易参同契》中说："性主处内，立置鄞鄂。情主营外，筑垣城郭。"人性的功能主要是"处内"，从而使自己能立足于世，人情的功能则主要是"营外"，从而使自己能和合于世。隋唐时期，道教学者阐发道教理论力度较大，其中对情感问题也进行了较为深入的探讨。成玄英认为，要体认"真道"，完成人生的最高价值，入于不生不灭境界，其途径就在于从心性入手，做到心空，不起妄心，性真，复归真性。真性与真情是相关联的，因此，实际上，在成玄英的"真道"说中，就很自然地隐含有除去矫情，存留真情的意蕴。他说："镜之能照，出自天然；人之喜好，率乎造物。既非矫性，所以无穷。"[1] 意思是说真性是人的自然之性，如镜之反映外物出于天然一样，人的喜好应是真情的自然流露。只有否定了"矫性"，才能得到"无穷。"孟安排主张一切众生皆有"道性"，而且说"一切含识乃至畜生、果木、石者，皆有道性也"[2]。这是对庄子"道无所不在"思想的发挥，也是对《玄门大义》道性"虽复冥寂一源，而亦备周万物"和《太玄经》"道性，众生皆与自然同"这样一些道性遍寓万物观念的阐释，而在其中传输出来的也有一种"无情有性"的思想。

佛教认为，情是情绪、情感，是人与外界接触感于事物而生起的带有冲动性的心理反应，通常指七情。佛教对七情的解释一般来说多指喜、怒、哀、乐、爱、恶、欲。七情中包括欲，即指欲望，情与欲其实应是并立的两个概念。欲有四欲、五欲或六欲之说，如五欲乃指财、色、名、食、睡。性与情是两大心理现象，是心性论的两个重要范畴。有些佛教学者认为已发为情，未发为性。如净土宗慧远把生灭诸法的实相即性空表述为无生、无名之

---

① 郭象注，成玄英疏：《南华真经注疏》下册，第 501 页。
② 《道教义枢》卷 8，《道藏》第 24 册，第 832 页。

神，认为生灭法的生起正因其情，情感物而动，遂有大化流行，神即蕴涵于大化之中而成轮回之实。所以他说，情为化之母，神为情之根。性是寂静不动的，与性相应的就是本觉德用，如果用真如、佛性来指性，那本觉就是与真如、佛性相应的正智或根本智。佛家常以寂而常照、照而常寂来表达寂照一如的佛境，而情为念念相续的流动心理状态，是与性相对的，故属不觉，因不觉而爱取执著，会引人入凡夫境。情出乎性，性隐乎情，性是能生、无生，而情则是所生、生生。还有一些佛教学者从觉证佛性出发，认为法界一切法皆有佛性，众生有佛性，草木山水等无情亦有佛性。天台中兴祖师湛然较为着力阐发了无情有性说。他从十个方面，论证了无情有性的成立，而澄观、延寿等则极力阐释了众生说为有情、非众生说为无情的说法。延寿在《宗镜录》中设问：讲佛性则智、智俱收，为何教中却说在有情称佛性、在无情称法性？他自我回答说："在心称佛性，在境称法性，从缘虽别，能所似分，约性本同，一体无异，如瓶贮醍醐，随诸器而不等，犹水分江海，逐流处而得名，一味真心，亦复如是。"① 这实是对无情有性说的一种另解，反映了天台宗与华严宗在此问题上的差异。

在中国宗教发展过程中，民间宗教一直占据着十分重要的位置，可以说，没有民间宗教，中国宗教整个体系将是了无生气的。而众多的民间宗教派别，对情感本体也都有各自的看法。以清朝具有民间宗教性质的太谷学派为例，其创始人及诸多门徒就都对情感本体进行过阐释。

太谷学人言说情感多是与修养"圣功"相联系的。"圣功"简单地说就是通过身心性命的修养而获得的一种内圣功夫和达到的一种人生境界。其创教人周太谷在《周氏遗书》中有《问七情》语录曰："□□曰四体之本，曰：心动于肺则喜，于肝则怒，于脾则哀，于肾则惧，旁通于胆则爱，于胃则恶，默则欲，故孔子胆譬曰女子，胃譬曰小人。又曰唯女子与小人为难养也，近之则不孙，不孙而爱恶生，远之则怨。胆远肝，肝失温；胃远心，心失济。肝失温而性失仁；心失济而心不存。心不存，性亦不存也，不存奚成之有？"② 这里，周太谷从养生角度揭示了喜怒哀惧爱恶欲七情的发生机制

---

① 延寿辑：《宗镜录》卷80，三秦出版社1994年版，第857页。

② 方宝川编：《太谷学派遗书》第1辑，第1册，江苏广陵古籍刻印社1997年版，第165页。

及与人身体各部位的协调功能，从而在身心修养的层面上提出了对情感的本体认识。

太谷学派一传弟子张积中也有许多关于情感的本体认识。他在《张氏遗书》中对情、欲、爱经解云："通微之谓情，果于求之谓欲，顺而生之谓爱，逆焉之谓恶。"① 认为情就是通幽处微，欲就是寻实求果，爱就是顺情而生，恶就是逆情而出。他在《白石山房语录》中还说："性在命之先，情在身之先，先天之性情也，性在命之后，情在身之后，后天之性情也。"② "先天之性，统体一太极也，后天之性物，各一太极也。三日本性，本劫之性也。又有历劫来之性。在命中带来者，亦历劫三日所生之性也。人之性譬如火在石中，无所为火，一击便有火性。在人身中，无所为性，一发即有性。"③ "动而为情，性在其中，静而为情，情在其中。"④ 在张积中看来，人之情是随人之性而定的，性在命之先，则情就在身之先，性在命之后，则情在心之后。也就是说，如果人在命里有此先天之性，那么就会有身不由己之情；如果人性是后天所养成，那么人之情就能随心而发。动静之间，见情见性。人性在人身中，就如火的元素潜存于石中，本来谈不上有火，只有在互相击打碰撞的条件下，才能够产生出火来，人性也一样，只有得到一定的情感的触发，才能显现出其本性来，否则，它就会寂然不动。在这里，张积中以石与火为喻言说性与情，表现出他对性与情的深刻体察和言事说理的睿智。

（2）对情感的价值取向

情何以值？情何以向？这些涉及情感价值判断与选择的问题，是中国宗教情感论的落脚点。从对这些问题的论述中基本上可以看出不同宗教派别的情感论意向。

在中国原始宗教背景下，先民对情感即有一些原初的价值取向。如《关雎》的"乐而不淫，哀而不伤"即体现了一种通达之情，这对后来的儒家有直接影响。儒家一开始就很重视人的心理情感，尤其是心理道德情感。

① 方宝川编：《太谷学派遗书》第1辑，第2册，第42页。
② 方宝川编：《太谷学派遗书》第1辑，第2册，第17页。
③ 方宝川编：《太谷学派遗书》第1辑，第2册，第8页。
④ 方宝川编：《太谷学派遗书》第1辑，第2册，第33页。

情感需要成为其重要动力，情感意向决定了其致思理路，情感意识是其思想不可分割的部分。孔子强调以爱与敬为内容的"真情实感"。他主张"克己复礼为仁"，但他并不讲究礼的形式，而是讲究行礼时的情感体验。礼乐是需要的，没有礼乐，则人的内在情感无所寄托，无所表现。但礼乐之类只是外部的形式，如果只是重于外部形式，那是不能解决内心世界的问题的。如果内心情感真实而且虔诚，礼乐之类就不会成为空洞的形式；孔子提出"仁者爱人"的命题，提出"为仁之方"在于"忠"与"恕"，等等，这是以人的主观意向为出发点，从同情心、责任感和道德感出发来进行情感的价值选择的。其"爱人"思想的实质，就是从内在的心理情感出发，通过情感体验和意向活动，来确立道德原则，进行道德评价，形成情感型、体验型的价值实现机制。

孟子认为"四端"之情人皆有之，把四种道德情感作为人性的根源。所谓"四端"实质上应是指社会情感和社会意识，不是个体的情感需要和意识，因为这四种情感是以社会伦理道德为其根本内容的。孟子和后来的儒教主流派都是性善论者，其所以如此，是因为他们主张人的心理情感具有道德的内容，具有发展为道德上的善的潜能，他们对情感的价值取向是侧重于社会伦理道德需要的。

董仲舒借所谓天人情感的互动感应来明分人伦等级关系，因而在情感的价值取向上注重选取其所认定的道德内容。他从人类的情感活动推论"天"的情感活动；反过来又从"天"的春夏秋冬运行推论人的行动，进行"天人类比"，他说："春爱志也，夏乐志也，秋严志也，冬哀志也。故爱而有严，乐而有哀，四时之则也。喜怒之祸，哀乐之义，不独在人，亦在于天，而春夏之阳，秋冬之阴，不独在天，亦在于人。人无春气，何以博爱而容众？人无秋气，何以立严而成功？人无夏气，何以盛养而乐生？人无冬气，何以哀死而恤丧？天无喜气，亦何以暖而春生育？天无怒气，亦何以清而秋杀就？天无乐气，亦何以疏阳而夏养长？天无哀气，亦何以激阴而冬闭藏？故曰天乃有喜怒哀乐之行，人亦有春夏秋冬之气者，合类之谓也。"① 在这里，天被人格化了，因而使人之情志泛化成为天之情志，封建统治的道德伦

---

① 董仲舒：《春秋繁露·天辨在人》，苏舆：《春秋繁露义证》，第335页。

理也就当然地融入到天的情理之中了。这样，被封建统治阶级所利用的
"天人感应"观念就被他催生出来了。他还将阴阳观念引入性情说，提出了
"性仁情贪"说，也就是所谓性善情恶论。人有情有性，人性包含有善性和
恶情，所以说性仁情贪。他提出性三品说，认为人性分三品：一种是生而情
欲极少，善端极多，不待教而能为善，叫做圣人之性；一种是生而情欲极
多，善端几乎没有，经教化也难为善，叫做斗筲之性；一种是性仁情贪相混
的中人之性。他强调要通过圣人对可教化的中人进行教化，去其情贪，除其
性恶，他说："天令之谓命，命非圣人不行；质朴之谓性，性非教化不成；
人欲之谓情，情非制度不节。"① 从而引出了统治阶级的"明教化"和"正
法度"的两手政策。

唐代李翱把中国传统的性情说和佛教的佛性说结合起来，提出了"灭
情复性"说，他认为人性本善，本可以成圣人，但是由于七情干扰，使之
不能成为圣人。他说："人之所以为圣人者，性也；人之所以惑其性者，情
也。喜、怒、哀、惧、爱、恶、欲七者，皆情之所为也。情既昏，性斯匿
矣。非性之过也。七情循环而交来，故性不能充也。"② 李翱指出："性与情
不相无也，虽然，无性则情无所生矣，是情由性而生。情不自情，因性而
情；性不自性，由情以明。"③ 这样他就明确指出，情由性生，即坚持情是
由性派生的，性是基本的，情是从属的。同时，性只有通过情才能表现出
来。所以，要恢复人之善性成为圣人，其根本途径就是"灭情"。他说：
"妄情灭息，本性清明，周流六虚，所以谓之能复其性也。"④ 这可以算作是
中国"性善情恶"论的总结，也开了宋明时期儒教理学"存天理，灭人欲"
说的思想先河。

作为宋明儒教核心理论的心性之学就是用道德情感来说明人的存在方
式。程朱派所谓"以情而知性之有"，陆王派所谓"由情而见性之存"，都
强调情是性的呈现，情性是体用关系，离了情，心性就是有体无用之学。程
颢吸取佛教"定"的学说，提倡天人、内外"一本"之学，主张"心无内

---

① 班固：《汉书》卷56《董仲舒传》，第8册，第2515页。
② 李翱：《李文公集》卷2《复性书上》，《文渊阁四库全书》第1078册，第106页。
③ 李翱：《李文公集》卷2《复性书上》，《文渊阁四库全书》第1078册，第106页。
④ 李翱：《李文公集》卷2《复性书中》，《文渊阁四库全书》第1078册，第106页。

外"、"性无内外"的"定性"之学,但他所说的内容与佛教是不同的,他所说之"性"是指道德理性,所说之"情"是指道德情感,他认为,人有情感,这是人存在的基本方式,人而无情,何以为人?何以为仁?他反对排斥情感,禁绝情感,强调开放情感,陶冶情感,使之"适道"、"合理",实现情性合一、情理合一。圣人与天地合一,做到"情顺万事而无情"。圣人之有情是真有情,但圣人之情能够"顺万事"而不是私情用事,也可说是"无情",所以在他这里,"无情"者实是无私情,不是真无情。他把先秦儒家"仁"的境界提升为普遍的宇宙宗教情感与精神。他的"浑然与物同体说"、"天地万物一体说"实际上就是这种精神的呈现。人和万物都"生生有理",但是人与物仍有区别,其最大区别就是人能"推",即能由己及人、由己及物,而物则"推不得"。因而只有人才能觉悟到"仁"而又能推及万物。他认为人要施其爱于万物,这种爱与关怀,具有永久的价值,是绝对的、无限的,来源于天地生生之理,所以人不可以"自私",不可以从"自家躯壳上起念"。

　　朱熹是以情为心之用作为情感的价值取向的。他强调"心理合一",所谓理,不仅是宇宙本体,而且是人的本体。作为人的本体,它是内在于心而存在的,不是外在于心而存在的,因此宇宙本体转换为心本体,心之本体即是宇宙本体,不是心外另有一个本体。心和理是合一的,心全然是理,理全然是心。在此基础上,他提出"心体用说",认为"心有体用。未发之前是心之体,已发之际乃心之用"①。"性是体,情是用"②,性情皆出于心。心有体用而以体用分为性情。因而,在他那里,情和性都是受心所统御的,情感活动是精神活动的重要内容,也是心本体的发用。但是,它又是感性的,是形而下的。它并不就是最高的精神境界,感性情感必须提升为超情感的精神境界,实现情性合一,心理合一。"上言性情之别,此指情之动处为言,而性在其中也。物至而知,知之者,心之感也。好之恶之者,情也。形焉者,其动也。所以好恶而有自然之节者,性也。"③ 情不仅是对外物的自然

---

① 黎靖德编:《朱子语类》卷5,第1册,第90页。
② 黎靖德编:《朱子语类》卷5,第1册,第91页。
③ 朱熹:《朱熹集》第6卷,第3523页。

反映，而且是一种价值选择。人有好恶之情，好恶之情的标准和取向就是性。人性不仅是人之好恶的依据，而且是使好恶得以限约而合乎自然中节的内在尺度和规范。

　　王阳明的学说由"良知说"归向"天地万物一体说"，体现了一种宗教救世精神。他认为七情是人心合有的，"顺其自然之流行，皆是良知之用"①。当然，如果七情若"有着"而不能顺其真体的自然流行，那就是欲，就不是真正的快乐了。只有通过七情之乐的自然流行，才能真正体验到情感的愉悦，实现"真乐"，他的"南镇观花"之说就是这样，不观花时，心与花"同归于寂"，本体之乐就无法实现，来观花时，便一时"明白起来"，人与花就都进入"一体"境界。王阳明的弟子王畿把个人的自然属性即感情欲望提高到本体的高度，成为社会道德观念的自然基础，认为感情欲望是人的本质、人的本性。这是对王阳明"良知说"的最根本的修改，而另一个弟子王艮则提出"百姓日用即道"的学说。他们试图顺着"即本体即作用，即作用即本体"的致思路向，把"良知"同人们的感性生活进一步联系起来，把理与欲统一起来，从而使理学在情感价值取向上更具世俗的内容和特点。

　　李贽宣说"唯情论"，主张天下亦只有一个"情"字，在晚明时有较大影响。他将真与诚融入到自己对情感世界的追求之中，认为情就在于真，检验情感真伪的方法就在于看它是否能够动人。具有真心的人就是真人，真人之间才能互相沟通和感动，才会有真情交流，他说，"至其真，洪钟大吕，大扣大鸣，小扣小应，俱系精神髓骨所在"②。他通过共鸣现象来论证具有本质意义的情的存在。人与人之间之所以能发生情感的共鸣，就在于这情是真的，这"精神髓骨"就是人之道，它源于滋生万物的天地至情，它也是人天生应该具有的真情或童心。情感的普遍意义在他这里由此得到了特别的强调。他对真情真心的看重，在他的言行中都得到了生动的反映。在他看来，人就应该"念佛时但去念佛，欲见慈母时但去见慈母，不必矫情，不

---

　　①　王阳明：《传习录》，江苏古籍出版社2001年版，第302页。
　　②　李贽：《焚书》卷2《复焦弱侯》，《李贽文集》，社会科学文献出版社2000年版，第43—44页。

必逆性，不必昧心，不必抑志，直心而动，是为真佛"①。其重视真情的情感价值取向在这里表现得再明确不过了。

道家主张"无情"，它看似不属于情感型而属于理智型的，但细细考究，其实它所反对的是儒家的道德情感，而不是普遍意义的情感。老子反对仁义，却主张"孝慈"，指出"绝仁弃义，民复孝慈"②。俄国籍作家顾彼得（Pote Gullart）以一个外国人特有的视觉对老子的"道"进行了体认，他说："然而，尽管没有人形，老子的道也不是什么没有人性、无知觉、漠然冷酷而遥不可及的怪东西。相反的，它是至上的智慧，整个宇宙因此而禀赋了神圣的秩序、常恒的规律和无限的美丽。它受到无限的爱的主导，因此每一个生存的事物都有它自己被指定的存在领域，在那里得到保护和滋养。这样，道不只是所有存在之母，也是我们的母亲，如果我们认识到这一点，我们便能认识她其它的孩子，即除了人类之外的创造物……"③ 在顾彼得看来，老子的"道"，实际上就是作为一种具有宗教意义的普世的爱而存在的，它能够使整个宇宙受到无限的爱的主导。这一对老子的"道"的把握，应该说是相当有道理的。庄子提倡超伦理的"自然"之情，亦即"无情之情"，反对把情欲说成人性，认为情欲是外在的，它如同仁义一样，亦不是人性。任何外在的仁义和情欲都是"乱人之性"，都是"以物易性"。因此，必须去仁义，舍情欲，顺乎无知无欲的自然本性，复归于婴儿状态。这就是庄子所说的："吾所谓无情者，言人之不以好恶内伤其身，常因自然而不益生也。"④ 就是说，好恶之情是会伤人的，不利于养生、全生，人若能"安时而处顺，哀乐不能入也"⑤。做到"死生存亡，穷达贫富，贤与不肖，毁誉、饥渴、寒暑，是事之变，命之行也"⑥。就能够达到"悬解"的境界。庄子并不是"无情而主智"、"无情而主理"论者，他否定的是情感中的道

① 李贽：《焚书》卷2《为黄安二上人三首·失言三首》，《李贽文集》，第76页。

② 《道德经》第十九章，《诸子集成》第3册，第10页。

③ ［俄］顾彼得（Pote Gullart）：《神秘之光——百年中国道观亲历记》，和晓丹译，云南人民出版社2002年版，第163页。

④ 王先谦：《庄子集解》卷2《德充符》，《诸子集成》第3册，第36页。

⑤ 王先谦：《庄子集解》卷2《大宗师》，《诸子集成》第3册，第43页。

⑥ 王先谦：《庄子集解》卷2《德充符》，《诸子集成》第3册，第35页。

德内容，提倡的是纯粹自然的真实情感。认为"有人之形"，"无人之情"①，"喜怒哀乐不入于胸次"②。庄子对自然情感的重视，可以通过他的"鼓盆而歌"、"梦为蝴蝶"、"鱼之乐"等故事和寓言充分地显现出来。

佛教自汉朝传于中国后，吸取"性善情恶"思想，大力提倡佛性说。否定情欲、情识，提倡绝对超越，但中国化的禅宗却不否定情欲、情识，不否定人的现实的情感活动。佛教认为性是本性，是本来寂静或本来觉悟的，情是心因所感而起的表现，为是非之王、利害之根。性与情是既有区别又有联系的。东晋著名佛学家竺道生相信，人人皆有佛性，即人人皆有清静本性，认为这是成佛的根据、原因，而要成佛必须经过修道，排除情欲。天台宗大师湛然强调"无情有性"说，他依据真如缘起论，认为无情之物像有情之物一样，也具有真如佛性。这不仅突破了佛性限于有情之物，把佛性说成普遍而绝对的本体存在，而且也打破了佛性的至高无上性，认为草木瓦石亦有佛性。《华严经》把"清净圆明本体"说成性之本体，把"染净之心"说成情欲，认为情欲是人间一切丑恶烦恼的根源，主张从情欲中解脱出来，以实现"清净圆明"之本性。惠能继承竺道生的"一阐提人皆得成佛"和"顿悟成佛"的佛性论，肯定人的本性即是佛。"本性是佛，离性无别佛。""故知不悟，即是佛是众生；一念若悟，即众生是佛"。③ 众生与佛的区别，只是迷悟之分。"故知一切万法，尽在自身中，何不从于自心顿现真如本性"④。只要自省本心，自见本性，做到无念，去掉妄念，就可以立地成佛。这些与儒教性善情恶说在情感的价值取向上基本是一致的。

2. 中国宗教的情感论特点

对中国宗教的情感论内容进行综合分析，不难发现，在这个复杂的文化系统中，各派别的情感论存在着一些共同特点。这些特点，成就了中国宗教的情感论整个系统的鲜明个性，主要表现在：

（1）强烈的生命情感

在人类的认识史上，当人从本能的人即野蛮人转变为自觉的人之后，就

---

① 王先谦：《庄子集解》卷2《德充符》，《诸子集成》第3册，第36页。
② 王先谦：《庄子集解》卷5《田子方》，《诸子集成》第3册，第131页。
③ 释慧能著，郭朋校释：《坛经校释》，中华书局1983年版，第58页。
④ 释慧能著，郭朋校释：《坛经校释》，第58页。

开始了对自然（天）和人的本质的认识。中国远古先民在强大的自然力面前开始探讨自然和人生的奥秘，探讨人的生存与大自然的关系，先后产生了自然崇拜、鬼神崇拜、生殖崇拜、图腾崇拜以及祖先崇拜等最原始的崇拜，这些原始崇拜的产生与先民生命意识的觉醒有着密切的关系，而尤能反映这种生命意识觉醒的是生殖崇拜、祖先崇拜。这些崇拜包容了人类早期的原始情感因素，传递出的是强烈的个体和群体的生命情感。殷周时期，浓郁的生命情感在天命神学里，在"以德配天"的自我觉悟中就自然地生发出来了，由此也就逐步形成了中国文化思想尤其是中国宗教的情感论思想的这一强烈的生命情感特点。

自中国原始宗教开始，这种强烈的生命情感意识就已成为宗教情感论的主体意向之一，是中国宗教文化十分生动的原因所在。就祖先崇拜来看，不管是儒教、道教，还是其他一些宗教，都有自己特有的敬祖方式或祭司仪式。寺庙宫观，神祠殿堂，俎豆之仪，靖拜之礼，已成了中国宗教整体传承下来的不可完结的非常之事。在中国社会的整体进程中，寻根问祖，求认共同的血脉法乳，也已经成为中国宗教牢固凝结生命情感的自然方式；就生殖崇拜来看，在中国，人们十分关切的一个问题就是能否把自己的生命之根留下，这种向后的留根意识甚至比向前的追根意识还要强烈，因而它在中国宗教的情感论思想体系中有着更为明显的体现。无论是儒教先圣遗存的父神崇拜、男性生殖崇拜还是道教远祖流传下来的崇牝观念，都是对这种留根意识的显扬。求拜送子观音，是中国本土宗教演生出的最为典型的留根意识，"不孝有三，无后为大"则是对整个民族心理深层都产生了深刻影响的一个传统观念。正因为受到了传统宗教情感论思想的深层影响，在一定程度上来说，中国人与西方人比较起来，生殖欲望更为强烈，生命情感更为丰富。

（2）本真的人情关切

考察人类宗教文化的源头，就会发现，西方基督教经典《圣经》是以亚当和夏娃偷吃禁果从而觉醒来言说人类的情感与欲望等生命意识的，这种原始的情感与欲望被其设立为一种原罪，为着这种原罪，人类自其始祖开始，就不得不在祈求恕罪的心路上艰难跋涉。然而，与西方不同的是，中国原始宗教自一开始就没有对情感与欲望存有这种否定性的创设，并且在后来的传统宗教里也没有对人类的情感与欲望特别的否定。如果说一些教派也有某些对情感负向体认的观点的话，那也不是对情感与欲望本根意义上的否定。如董仲舒的"性善情恶"说、理学中的"存天理，灭人欲"，都并非是从真正意义上否定情感，而是想企图对情感作合乎某种道德规范的制动与主导。透过中国主流宗教文化流变与演化的历史扉页，不难理解，其实从某种意义上来说，不管是儒教、道教、佛教还是其他形式的中国宗教，本质上都是重视一个"情"字的。这种情感是主体性的重要内容，它最富有个性特征，也最能表现自我。而它又并不仅仅属于个体生命，它具有一定的普遍意义，否则它在主体间就无法沟通。普遍意义的本真的情感，是人类某些具有共性的情感，它通过主体间的沟通从而存在与表现出来。应该说，对这种普遍意义的本真的人情关切，是中国宗教的一个根本特点。

　　蒙培元在《心灵超越与境界》中就中国宗教的情感论意向的这一特点进行分析，他说："儒家讲道德情感和'善性'，因而有道德意志；道家讲自然情感和'真理'，因而有美学意向；佛教讲宗教情感和'佛性'，因而有宗教意志。"① 他对中国主流宗教的情感论思想特质的这一把握是相当准确的。实际上，儒、释、道三者在本质上都关切人类的真实情感，只是对情感的价值取向各不相同而已。儒家注重情感的道德价值，强调的是善，追求的是道德意志；道家注重情感的自然纯真，强调的是真理，追求的是美的享受；中国化的佛教禅宗注重情感的宗教内容，强调的是见性见佛，追求的是宗教意志。也就是说，三者都提倡不离情感而超越情感的精神境界。

　　（3）凝重的宗教情怀

　　在各种不同的传统宗教中，都有一个"终极实在"（Ultimately Real），即是宗教的核心价值之所在。世界各民族中宗教传统的核心价值，既有人格化的神圣主宰，如耶和华、天父上帝、真主安拉、爱主克里希那、梵神、毗湿努和湿婆等等，也有非人格化的超越观念，如梵天、道、无、存在、太一、空和涅槃等。作为信徒，不仅要对"终极实在"表现出真诚的敬畏，而且还要坚信这种通常被认为是宗教虔诚的敬畏最终能使自己获得救赎或自我价值的实现。"由于各种宗教传统对其核心的崇拜对象，无论是人格神还是超越性的观念，都赋予了绝对的物质权威（宇宙建构者）和精神权威

---

　　① 蒙培元：《心灵超越与境界》，人民出版社 1998 年版，第 99 页。

（价值评判者），使得人们对其理智上的证明既不可能也不必要，所以信仰者对其核心的真理性应抱有一种'情感执著'（passionate commitent），这也就是我们所说的宗教情怀。"①　与西方相比，中国宗教的情感论更多地内蕴着一种凝重的宗教情怀。各主流教派的情感论思想和观点，表面上似乎都与无情有关，然而，于无情处现有情，却正是中国宗教的一大特色。

儒教极其丰富的情感论思想是与无情相联的，但其无情真正的内涵，却不是指真无的情感，而是指无上道德的圣贤情感。自历史来看，儒教的情感论总体上倾向于将有情转化为无情，也就是寻求一种普通的情感向圣贤式的道德情感的升华。这种圣贤情感，对中国文化的影响是广泛的，渗透到了中国人生存环境的方方面面。中国人重礼节，讲义气，论尊卑，循孝道，和人情，通天命等，都与这种宗教情感下的信徒心理有关。对儒者而言，"天命"通常并不是一个至高无上的人格神主宰，而是一种神圣的超越理念。对这个超越理念的执著使他们能够摆脱一切世俗的困苦或诱惑，在高尚的精神世界里充分实现自己的价值。宋儒张载著名的"横渠四句"即"为天地立心，为生民立命，为往圣继绝学，为万世开太平"就是这种超越理念的具体体现。可以说，儒教整个情感论思想体系传输出来的就是这样一种凝重的朝圣的宗教情怀。

道教在教理上鲜言情感因素，其情感论思想也是与无情相联系的。但道教所说的无情真正的内涵也不是指真无的情感，而是无世俗之情。道教的情感论意向总体上是倾向于由无情而至有情的，寻求的是一种世俗情感向素朴的自然情感的纯化。这种自然情感，作为中国文化的深层基因，以隐性的形式对中国生民的民族心理发生着根深蒂固的作用。鲁迅之所以说中国文化的根柢全在道教，这种自然情感对中国生民的深刻作用应该也是其中的一个重要原因。而由这种自然素朴的情感衍生出来的是对生命无限的亲近。道教在生命本源、生命结构、生命过程、生命价值、生命本质、生命存在、生命修养、生命境界等一系列问题上的探索，都融入了这种自然素朴的情感因素。由此传输出来的就是自无情中见有情的"道"的情感，是凝重的神圣的道的宗教情怀。

---

①　单纯：《论儒家的宗教情怀》，《宗教学研究》2003 年第 4 期。

　　佛教的情感论思想也与无情相联系，但佛教所说的无情真正的内涵却是将自我的俗世情尘消弭泛化为普世之情，是利乐有情。其将情欲及其外在表现归于我、法二执，而我、法二执就是由于对世界与生命的实相无知或无明而起的执取等迷茫之事。因此，佛教主张通过止观实践开发出特殊智能，来实现遣除执著从而与空性相应的理想。出家人的佛法实践具有一些禁忌的内容，如不婚娶、远离世俗娱乐、情爱等，与此不无关系。一些佛教学者如释契嵩等指情为累，认为人随情执而流转生死，皆因不明情累所故。然而，必须认识到的是，去除情累或尘累，并不是要否定情感。人为情所累，这是事实，但佛教强调的是如实认识情困从而解脱、超越情困，而不是否定情感。如果认为"佛道绝情"，就会落于偏见，是不合乎烦恼即菩提的佛法原则的。实际上，在中国化的佛法实践中，情感从来都有其特定的位置，尤其是禅宗，更主张合乎本性的情识。佛教的这种普世之情在整个中国佛教体系中体现出来，由此传输的就是一种凝重的宽慈佛性的宗教情怀。

　　中国民间宗教各派别的情感论思想受主流教派的多重影响，因而比较复杂，但透过其杂芜的表象，也能体知到其中的一些情感的真味。如太谷学派在其短暂的存在时间里，即显现了其情感论思想的宗教特质。此派主承儒教道统，兼取释道"二氏"，其情感论具有生命本位特色。强调人的情感制动、情感调适等对人的心息相依、转识回机的重要性，把人的幽幽情路与"圣功"境界联系起来，并且采取了口耳相传、直觉体验的修行方式，使整个教派披上了一层神秘的面纱，由此传输的就是一种凝重的神秘"圣功"的宗教情怀。

　　（4）强大的兼容能力

　　中国宗教的情感论另一个不容忽视的特点是它作为一个庞杂的思想体系的强大兼容能力。在其特殊的土壤上，似乎众多教派的情感论思想都能找到一种合适的方式在系统中得到表现而达到平衡。与西方宗教观念不同，在把握不同宗教的情感论思想的时候，中国宗教学者往往并不习惯于去寻找悬殊和鸿沟，而是尽力发现相似与一致。如，信仰对于一种宗教来说，应是其信徒对本教情感的集中体现，信徒对本教所有情感的表达都可以从信仰中得到充分的体知。中国宗教学者往往坚信，所有的宗教信仰都是指引通向终极真理的途径，就跟车轮的轮辐都集中向着轴心一样。当人们过度沉迷在他们选择的宗教的教条和仪式里时，其宗教就会成为他们自己认为唯一值得追随并且为之辩护的信仰。然而，当人们获得了足够的智慧、宽容和明见时，就一定会意识到通往天国的路并不是任何教派的专利，神圣的法则公平地适用于一切事物。正是那些教条、仪式和崇拜的方式，才把不同的信仰划分隔离开来，而这并不是信仰的本质。

从道教和佛教这两种在中国较为典型的宗教派别来看，它们彼此就是非常相近的，以至于在圣人和神祇、寺院的风格样式上都互相借用。它们在对神的信念上也是互相尊敬、崇拜的，但这又并不意味着它们已经混淆在一起了，或者认为它们差不多是一样的，而是说明它们有着这种特别的兼容能力。中国宗教的情感论这一特点，对中国宗教信众的情感有相当大的导引作用。在中国，宗教信众来源极其复杂，但他们在这种传统宗教的情感论观念影响之下，其宗教信仰往往较为"务实"。抽掉宗教的外壳，就会发现，大多数信徒信仰某种宗教，都有自己一定的情感目的。对于他们来说，信仰哪一种教派并不是十分重要的，而重要的却是自己通过信仰这种教派是否能够获得某种心理情感的慰藉，能够了却某种情困，能够获得某种处境优越的恩惠或能够得到某种内心需求的恩赐，等等。所以，在中国，人们往往能够从表象上看到许多信徒在不同的宗教派别中流转，有的在这个时期信奉道教，在另一个时期却可能会信奉基督教；在这个地方信天主教，在另一个地方，也许就信其他的什么教了。国外一些宗教学者由此认为，中国没有真正的宗教，中国人没有真正的信仰，这实质上是对中国宗教及其信众的误解，是对中国宗教的情感论强大的兼容能力缺乏认知的表现。

二、自我控制——修情重在清处修

如何了情？如何修情？这些都是宗教情感体验实践的基本内容。所谓体验，就是通过实践来认识周围的事物，就是亲身经历。而情感体验，则是在实践中认识情感，体验情感。中国宗教不同教派的情感体验活动各具特色，各有了情、修情的不同路径和模式，但最根本的就是通过自我控制，实现对情感的清修。要正确把握中国宗教思想发展的形式，就必须体察各教派具体的了情、修情的情感体验模式及其基本特点。从历史上看，中国宗教了情、修情的模式主要有：

1. 通过山水之乐移情

中国宗教的修行者多借助于山水自然以实现自我控制。他们融入自然、感悟自然以极力洗净尘染、纯化心灵、淡雅情操，这就形成了中国宗教体系重视山水性灵的修行特色模式。

儒者所谓的山水自然之乐，是一种在人与自然融为一体的情景中感受到的心中之乐。这种乐，应是一种社会意识，特别是融入了道德意识。儒者在大自然中享受人与自然和谐统一的乐趣，以山水为载体，通过这种山水之乐，寄托一种宗教的情怀，使自身人格上升到宇宙本体的高度，这样，寓道德情感于山水之中的圣教情感修持的特点在儒者那里就很显明地被突出来了。《论语》所说"知者乐水，仁者乐山。知者动，仁者静。知者乐，仁者寿"①。是说明山静水动，仁者重在静中体验，而知者重在动中体验。在乐山乐水的移情式主体体验中，自然界不是被征服的对象，而是融入了人的情感因素，甚至被完全伦理化了。人与自然不是对立与分离的，而是融为一体的，人生的意义在自然界的永恒中得到了充分的体现，人的主体性也通过心中之乐的体验而得到了确认。程颢说："天地之间，非独人为至灵，自家心便是草木鸟兽之心也，但人受天地之中以生尔。"② 而"人能放这一个身公共放在天地万物中一般看，则有甚妨碍"③。这就是一种对自然的主体体验。他还说："昔受学于周茂叔，每令寻颜子、仲尼乐处，所乐何事"④，有"吾与点也"之意。这里借山水风月以体会心中之乐，以自家心融合天地万物之心，物我两忘，天人一体，充分体现了人与自然的和谐一致。朱熹则提出"与天地万物上下同流"，进入乐的境界。他强调说："于万物为一，无所窒碍，胸中泰然，岂有不乐！"⑤ 这就是说，去掉形体之蔽、有我之私，只有无我之私，人才能与万物形神同体，与自然主客统一。他还说："凡天地万物之理皆具足于吾身，则乐莫大焉。"⑥ 其意是说，吾心之理和天地万物之

---

① 《论语·雍也》，朱熹：《四书章句集注》，第90页。
② 程颢、程颐：《二程遗书》卷1，上海古籍出版社2000年版，第54页。
③ 程颢、程颐：《二程遗书》卷2，第80页。
④ 程颢、程颐：《二程遗书》卷2，第66页。
⑤ 黎靖德编：《朱子语类》卷31，第3册，第796页。
⑥ 黎靖德编：《朱子语类》卷32，第3册，第814页。

理原本是同一的，对此能有所体会才是真正的快乐。

　　如果说儒者赋予自然以道德的意义，重视在自然中陶冶情操的话，那么道者赋予自然以美学的意义，提倡的则是一种人与自然合一的超伦理超功利的审美情感。庄子《秋水篇》所载的"鱼之乐"，就是通过自我体验的方法，对水中之鱼"出游从容"得出的结论。他把这种快乐投射到鱼的生命中，就会感到鱼也有一种快乐。鱼之乐是人之乐的自然反映，而人之乐则是以鱼之乐来体现的。庄子的"逍遥游"，是一种人与天地精神往来的自由境界，人不能够离开形体之躯也不能离开具体的生活环境，但是有庄子所说的那种"无待"的主体体验，就可"出六极之外"而"游无何有之乡"①，"独与天地精神往来"②。著名道士陶弘景不为高官厚禄所动，宁在山中清修，皇上每遇治国大事，只得亲自上山请教于他，因此他被喻为"山中宰相"。其自我控制修行的实践，可以说是道教借助山水自然以移情的历史证明。

　　佛者更重视借助山水修持来悟道。所谓"天下名山僧占多"就是佛教移情于山水的生动反映。《续传灯录》记载："吉州青原惟信禅师上堂。老僧三十年前未参禅时，见山是山，见水是水。及至后来亲见知识有个入处，见山不是山，见水不是水。而今得个休歇处，依然见山只是山，见水只是水。"③ 这是一个典型的专门言说山水的佛学公案。老禅师说三十年前，他未参禅时，见山是山，见水是水，这是从常识的角度来说的，是一种执取；后来有了知识的证见，见山不是山，见水不是水，这是从超越的角度来说的，是一种空性；三十年后，有了彻悟，见山只是山，见水只是水，这是从最终目标的角度来说的，是一种圆满。这就是他移情于山水而体悟到的深奥佛理，是转识成智的情感通明。

　　2. 通过修身养性御情

　　中国宗教自我控制修行的另一个主要情感体验模式是通过修身养性来实现对情感的驾驭。

---

① 王先谦：《庄子集解》卷8《天下》，《诸子集成》第3册，第222页。
② 王先谦：《庄子集解》卷1《逍遥游》，《诸子集成》第3册，第6页。
③ 居顶：《续传灯录》卷22，《大正藏》第51卷，第614页。

儒者重视通过道德修养来进行情感体验和自我控制。其根本特点就是强调主客合一、内外合一，是一种自我享受、自我直觉体验和修行控制。以言说"心中之乐"这一情感体验为例，孔子说："知之者不如好之者，好之者不如乐之者。"[①]"知之者"是指对事物的知识，"好之者"则包含有情感需要和评价在内，而"乐之者"则是通过内在的自我体验和评价而达到的自我享受。很明显，孔子在此把情感体验置于一般知性之上，从而使之处于更高的层次。"知"只是外在的知识，而"乐"则是内在的体验，是人生所要追求的境界。儒者讲"心中大乐"，并非重视感性欲望的满足和物质占有的享受，而是强调内在精神的自我体验和感受，主张"安贫乐道"、"乐天安命"式的生活，是道德上的自我充实。这种情感体验，只有仁者才能体会得到。孔子赞许颜渊能长久地保持仁，所以能体验到这种真正的心中之乐。他说："贤哉，回也！一箪食，一瓢饮，在陋巷。人不堪其忧，回也不改其乐。"[②] 儒者以仁为最高的道德标准，以乐为最高的道德体验，有了仁，就能体验到乐，这就是"孔颜之乐"。它是儒者以道德修养为基础对情感的一种驾驭。

庄子既反对儒家的道德情感，也反对禁欲主义的宗教情感。他主张人性来源于自然之道，而对于自然之道的认识则应在自我体验中获得，并且这种体验又是一种出于情感而又超越情感的本体体验。在庄子看来，求名求利之情，不是出于自然，而是出于人为，因而并非真正的情，真正的情应该是顺其自然，不以世俗之情为其情，即没有人为的有目的的好与恶，而以顺应自然为其正，这就是超功利的"无情之情"。"安时处顺"，才真正是与大道合而为一，这样的人才是具有真情的体道之人。在这种情感论观念的基点上，他主张通过修性体道来驾驭情感，实现自我控制修行。显然，其修持的性和道与儒者是有本质差别的，其所强调的是自然之性、自然之道。他提倡的是"逍遥游"，是超世"游心"，清修情感，目的是要达到他所向往的自由境界。历史上赋予"庄子精神"的三个基本的逻辑环节，一是以批判世俗对人生的桎梏为出发点；二是通过"齐物"、"无己"而在"内心自由"中超

---

① 《论语·雍也》，朱熹：《四书章句集注》，第 89 页。
② 《论语·雍也》，朱熹：《四书章句集注》，第 87 页。

脱世俗之累，即获得"逍遥游"的精神自由，也就是所谓"游心"；三是重回世俗之中，"虚己以游世"，达到"游心"与"游世"的统一，以求得个体身（生命）心（精神）的保全。而这三个基本的逻辑环节都透露出一种对世俗情感有效控制和对自然情感无限追求的自我控制清修观念。

佛教认为，如何调解感情、统御情绪、控制欲望，这是直接关系到能否成佛的大问题。处理好这样的问题，是佛者的一种生活艺术，一种心理平衡术。佛教提出超绝一切现象的"空寂心"、"清静心"，以一切现象为"幻"，而以"空寂"为"真"。但是既然它认为一切有"情识"之人皆有佛性，那么，对于情感问题，便不能漠然视之。于是，华严宗提出了"即情即非情"的相即无碍说，以实现其圆融境界。后来的禅宗，则不否定任何情感，提倡任情而不"着"情，即可实现心灵的超越，进入佛的境界。由此可知，佛教也是强调通过修性体道来驾驭情感的。不过，与儒道不同的是，佛教修性体道御情，既不讲清修道德情感，也不讲清修自然情感，而是讲洗尽尘世情染。"佛教所主张的破'三毒'（贪、瞋、痴）、去'六弊'（悭贪、邪恶、瞋恚、懈怠、散乱、愚痴），实质上就是运用宗教信念摒除来自内部情欲的干扰与外界物质世界的诱惑，依据佛教教义所规定的方向去言行思维，从而去恶从善，由痴而智，转迷启悟；从'染污'到'清净'，由世俗世界转向彼岸世界的一种方法。"① 佛教信奉者一般都强调节制情欲甚至彻底灭除情欲，强调拔断情根，闻道见性。禅宗重情感体验，禅师们在"扬眉瞬目"、情态百出之间体验佛的境界，以至理学家视之为虽说"无情"，实则是为了"私情"。禅宗认为情是性阻塞不通的心理表现，并不是性的本质流露。然而，即使是狂禅，呵佛骂祖，实质上却乃要在本根上"佛祖心中留"，以不纵情害性为限，最终目的依然是除却情染，直指佛性。

民间宗教的自我控制修行一般具有较多的神秘色彩，其信奉者往往更重视把人的情感与身心性命修养联系在一起。如太谷学人张积中在《白石山房语录》中就认为人的情感与精养人气是密切联系的，人气的情状可通过人的喜怒哀乐之情得以观照，其具有仁义礼智等特质，而人气又影响到人的

---

① 朱贻庭主编：《中国传统伦理思想史》，第 309 页。

情志及脏腑，"喜则气缓，怒则气上，暴喜伤阳，暴怒伤阴"①。他在《张氏遗著三种》中还认为："人之情各有所蔽，故不能适道，大率患在于自私，而用智自私则不能以有为为应迹，用智则不能以明觉为自然。今以恶外物之心而求照无物之地，是反鉴而索照也。"② 这就是说，人的情感各自都有诸多的蒙蔽，所以与大道不能相适。之所以这样，其原因大概就在于人用情时往往患于自私，如果考虑问题时讲究私情，就不能客观公正地接事应物，也就不能通明觉悟，顺应自然规律。因此，他提倡"反鉴索照"，用不为外物所累、不为世情所困之心来寻求对无物之境的观照，从而以此来体知大道。

3. 通过人文艺术抒情

中国宗教的自我控制修行还有一个情感体验模式，这就是通过人文艺术抒情。这一情感体验模式所涉及的内容极为丰富，包括文学、诗歌、音乐、舞蹈、书法、饮食、雕塑、石刻、建筑等诸多方面的人文艺术领域，这些人文艺术的发展史都深深地烙上了宗教各派信奉者情感修行的印记。以诗文为例，中国宗教各个教派就都流传有大量抒情写意的宗教诗文，诗经离骚，禅诗道韵，众多的诗苑奇葩，无不尽情抒发了信奉者宽广的宗教情怀。许多宗教学者也充分表达了诗以抒情的了情、修情观念。

明代袁宏道是一个宗教信仰由禅转净的文学家，为公安派的创始人之一。他在历史上的影响主要在文学与美学方面，他主张"独抒性灵"和无拘、无束、无法的创造精神，从提倡个性自由到主张无我，并且对早年思想进行了反思和批判，提倡"趣"、"韵"、"淡"，努力寻求情感的普遍意义和永恒价值。在诗歌方面，他就十分重视借诗抒情，融情入诗。他说："大概情至之语，自能感人，是谓真诗，可传也。而或者犹以太露病之，曾不知情随境变，字逐情生，但恐不达，何露之有？"③ 在他看来，有至情之语，诗就自然动人，这样的诗才是真诗，才是能够流传久远的诗。有人认为情太露了就不好，却不知情是随境而变的，字是逐情而生的，只怕表达得不充分，哪里还有什么太露的毛病可言呢？他觉得，真诗之所以能够得到流传，根本的原因就在于其是任性而发、通于人之情欲的。

---

① 方宝川编：《太谷学派遗书》第 1 辑，第 2 册，第 31 页。
② 方宝川编：《太谷学派遗书》第 1 辑，第 2 册，第 33 页。
③ 袁宏道：《袁宏道集笺校》，钱伯城笺校，上海古籍出版社 1979 年版，第 188—189 页。

在民间宗教中，诗文也是信奉者抒情写意、自我修持的重要途径。太谷学派就有许多抒情写意的诗文和诗论。张积中在《张氏遗书》中论诗说："诗于流之中有不流者，非把持之也。诗发乎情，根乎性。发乎情则得乎气之真，根乎性则得乎神之妙。故诗本人情而其运在虚，非文不虚。"① 在这里，他认为，诗的流转风行不是靠人把持得了的，而是发于情根于性的，由情而发，才能获得诗气之真，以性为根，才能获得诗神之妙。诗以人情为本，而其运行则是在于它的空明虚灵。如果不空明虚灵，就不能成其为诗文了。他还认为人情之气影响到诗的特质，他说："诗者风也，在天为风，在人为气。气之激越者，其言多慷慨；气之缠绵者，其言多婉曲；气之蹙者，其言多哀；气之清者，其言多远。盖有真焉，不可没也，皆发于性情者也。"② 这是说，诗就是风。对于天而言是风，对于人而言是气。气激越的诗，它的言词大多就会慷慨激昂；气缠绵的诗，它的言词大多就会温婉转曲；气蹙寂的诗，它的言词大多就会哀伤；气清淡的诗，它的言词大多就会高远。而这些都是以出于人的性情，在于有真情实感，对于诗来说，这种真情实感，是不可掩饰的。

4. 通过体道孝亲凝情

讲究孝亲之道，通过体道孝亲凝结亲情，是中国宗教各教派自我控制修行都比较注重的了情、修情模式，这一点，也显示了中西方宗教的较大差别。

儒者主要是从道德伦理关系上来突出孝亲关系从而进行情感体验的。《孝经》认为，孝是至德之道，是"天经地义"，孝的基本内容是"事亲"，也就是"爱亲"、"敬亲"，要求"居则致其敬，养则致其乐，病则致其忧，丧则致其哀，祭则致其严"③，还要求"居上不骄，为下不乱，在丑（众也）不争"④。不然，"居上而骄则亡，为下而乱则刑，在丑而争则兵，三者不除，虽日用三牲之养，犹为不孝也"⑤。《孝经》还把"不敢毁伤"自己的

---

① 方宝川编：《太谷学派遗书》第 1 辑，第 2 册，第 270 页。
② 方宝川编：《太谷学派遗书》第 1 辑，第 2 册，第 238 页。
③ 《孝经·纪孝行》，《十三经注疏》下册，第 2555 页。
④ 《孝经·纪孝行》，《十三经注疏》下册，第 2555 页。
⑤ 《孝经·纪孝行》，《十三经注疏》下册，第 2555 页。

身体作为事亲的一项重要规定，并视之为"孝之始也"，其理由是，"身体发肤受之父母"①。就是说，做儿子的连自己的身体发肤也属于父母而非己有，因此一切理当听从于父母，子之于父母，就如奴隶之于主人，后世由此也就推衍出了所谓"父要子亡，子不得不亡"的训条。还有二十四孝图之类都从严格的道德伦理等级观念上强化了孝亲关系。虽然儒者孝亲的情感体验带有强烈的等级色彩，但其对亲情的凝结、对传统社会的整体人情化，客观上起到了极大的推助作用。

道者孝亲之道的情感体验与儒者不同。在老子看来，儒者所倡导的一套孝亲的道德规范，只是道德之名，而与之对立的是道德之实，两者是有严格区别的。在老子的道德观中，也贯穿了其"无名"论思想，他一方面认为"六亲不和，有孝慈"②，一方面又主张"绝仁弃义，民复孝慈"③。上下两章所说的"孝慈"，其含义有别，前是名，后是实。其内含的意思是说人本身孝慈，就无所谓有无孝慈之名了。老子认为，孝亲之道不是从来就有的，而是"无为"之道丧失，亲情关系混乱的结果，圣者、智者出来制定并提倡孝亲之道，于是就有了孝亲之名。所以，老子体道孝亲，更重视的是孝亲之实，是自然而然的亲情。庄子体道孝亲，对老子之道有了更多的言行践履。如他妻子死了，他非但不哭，而且"箕踞鼓盆而歌"④，实质上是想在"齐生死"的自然情感体验中求得悬解。

佛教在孝亲问题上历来都是辟佛者的攻击点，隋唐时著名的辟佛学者李荣就曾对僧人出家的不忠不孝严厉地质疑过。在此问题上，佛教的回应大致是从几个方面进行的。一是寻求佛经中的孝论，引用经典证明僧人出家与孝亲之道并不矛盾；二是造《佛说父母恩重经》等一些经籍，论证佛教也是讲究孝亲之道的；三是正面回应与弘扬。宋代禅僧释契嵩作《孝论》，详述了佛门孝亲观，使佛法与纲常名教在孝亲观上达成亲和，形成以佛言孝、劝佛行孝、助世行孝的统一。宋后，"持戒与孝行"统一，"孝顺与念佛"统一，中土佛教的孝亲观是十分突出的。从实际的自我控制修行来看，佛教提

① 《孝经·开宗明义》，《十三经注疏》下册，第2545页。
② 《道德经》第十八章，王弼注本，《诸子集成》第3册，第10页。
③ 《道德经》第十九章，王弼注本，《诸子集成》第3册，第10页。
④ 王先谦：《庄子集解》卷5《至乐》，《诸子集成》第3册，第110页。

倡将孝亲之情扩展到爱一切众生，在一个更高佛性的境域普施情爱，而不仅仅是讲究父母亲情之爱，佛教有许多典故如舍身饲虎之类说明的就是这样一种普爱。由此可知，佛者的自我控制修行也逻辑地内含着孝亲之道的情感体验，只不过他们不像儒者那样将这种孝亲之道放在"以孝治天下"之类的"至德要道"的高度，也不像道者那样强调自然而然的孝亲之道的情感体验，而是把孝亲之情置于与普爱众生之情平等的地位上。这种了情、修情的情感体验，实质上也是符合佛教普度众生、利乐有情的信仰主旨的。

5. 通过科仪戒律正情

人的情感有善有恶，世界各个宗教教派大都有自己情感善恶的基本判别标准，并且也有各自的科仪戒律来贯彻这些标准，扬善避恶。在中国，这些宗教科仪戒律尤其严格，基督教、回教、犹太教、佛教、道教之类，皆以淫、杀、贪、妄语诸戒为根本，制定了各种清规戒律和科仪形式。

这些科仪戒律以外在的形式内化为制约信徒情感体验的强大力量，对信徒的自我控制修行起到了趋善避恶的正情作用。如诵持就是道徒们常用来自我控制、修持养正情感的一种情感规范形式。在道教中，凡受师傅之经忏符箓，必当念诵佩持，其念诵之声也各有别调。傅勤家引《老子八十一化经》云："合口诵经声琐琐，眼中泪滴珠子颗。"道士所诵持之步虚声，有缥缈轻举之美，傅勤家认为，"盖循六朝以来诵诗之声"[1]。"若夫佩持经箓，必敬必戒，道经中详言之，不烦备具。至于近世，无论全真教与正一派，要皆以经典科教为注重。"[2] 又如，佛教禁止杀生，其信奉者的放生仪式，也有一整套程序，如果对他们放生活动加以考究的话，就会发现，其不仅体现出信徒们对生命的敬畏，而且也体现出他们的一种情感自律。

中国的宗教寺庙道观中，许愿、祈祷是信奉者最简单最普遍的活动，而正是在这样简单普遍的活动背后，我们更能体察到信奉者丰富的情感体验、合乎所信教派情感善恶标准的价值判断以及对自我情感的修持养正。在佛祖的殿堂，信奉者顶礼膜拜的许愿、祈求，实质上就是把自己分为两个存在者，是他们跟自己、跟自己的心的交谈，是他们的心对自己本身、对自己固

---

① 傅勤家：《中国道教史》，上海书店 1990 年版，第 152 页。
② 傅勤家：《中国道教史》，第 153 页。

有的本质的态度，在许愿、祈祷中，信奉者往往相信自己内心的恶情能够得到宽恕，而善良的愿望和情感能够被了却，通过这些仪式，他们的内心深处就能够体验到一种压力的放松，获得平和与宁静。在民间，一些祭祀活动，如对灶神、土地神、财神、观音菩萨、关公等的敬拜，都包含有丰富的宗教情感体验与修持因素，由此形成的一些禁忌，也常常在信奉者心中产生某种情感惯性，在一定程度上限约着他们情感体验的伸张空间。祖先崇拜则是中国社会不同阶层信奉者最有特色的情感体验与修持路径。在一些特定的日子，各种形式的祭祀活动成就了那种西方少有的特殊风情，信奉者在祖先亡灵之前表达自己的追忆与思念之情，检点自己的所作所为，理正自己的各类情感，他们认为，如果一个人数典忘祖，那么他无论在心理情感上还是在道德品性上都可能是有缺陷的。在民间，这些祭祀活动对维系、培育宗族情感起着十分重要的作用，对于一个民族来说，这也是血缘亲和不可或缺的情感表达方式。

第二节　中国宗教的经验认知与直觉观照

中国宗教的认知方式和修知门径也是其思想发展形式的一个突出之点。中国宗教认知方式和修知门径在特殊的话语系统中逐步形成，对中国宗教思想有着直接而又深刻的影响，使其呈现出与西方宗教不同的品质。只有对中国宗教的认知方式和修知门径深入地探究，才能准确地把握中国宗教的这种思想特质。透过中国宗教思想发展的历史，我们可以看到，与西方宗教相比，在认知方式上，中国宗教较为注重经验认知，强调的是实践型思维；而在修养真知，实现自我超越的途径上，中国宗教更为突出直觉观照，体现的是重视直觉的特色。

一、一默而见——躬行践履求真知

在一种宗教系统中，人们以何种认知方式、何种认知路径、何种认知理念进行认知，其认知的重点何在，认知的目的是什么，其认知行为的价值何以体现？这些往往是最能显现这种宗教自身特色的地方。因此，要把握任何一种宗教系统的特色，就必须要考察其认知体系。

　　1. 中国宗教的经验认知

　　作为一个认识论范畴，经验为不同派别的哲学家、宗教经验者等广泛地探讨。当代著名的宗教哲学家、基督教神学家约翰·希克（John Hick）把经验理解为意识的表现形式，并分析了两种有差异的经验。他说："只要我们是有意识的，我们就在经验。而基本的差异是下面两种经验之间的差异：对除了自己的精神状态之外的事物的经验，和仅仅是自己精神状态的反身意识这样一种经验。当我透过窗户看园中的橡树时，我有对橡树的视觉经验。但当我做心算时，'在我头脑里'累加几个数字，我并不经验到'外在'的任何事物，而是意识到我在脑中所做的。不同的是，这一计算操作只存在于我的意识中，而那棵树存在于园中。在每一种情形中我的意识都有一种表现形式，但后者构成对超出我之外的事物的一种经验，前者则构成终止于我自己的心灵之内的一种经验。"①

　　而宗教经验者所谓的"宗教经验"，则是属于一种纯主观的精神行为，因为他们所宣称的关于神或神性物的感受或体验，是以无法确证的存在于感官之外的客观对象作为它的源泉的。"世界上各大宗教的神学家尽管都相信神的存在，但也都承认神是不可知的、超经验的存在物，认为神不可能成为感觉经验的对象。"② 以经验自然主义自称的实用主义哲学家杜林则认为，宗教经验乃是人的经验的一种性质和一种生活态度，与其说它表现了超自然的实在，不如说表现了人自己的精神，这在事实上也否定了宗教经验的客观内容和客观对象。张志刚教授在其所著的《宗教哲学研究》一书中对宗教经验也作了评析，认为："宗教经验应该说是信徒特有的一种精神活动，其最高追求在于达到某种超自然的或超宇宙的境界。譬如，佛教所说的'涅槃'，道教所讲的'道'，犹太教徒或基督教徒所描述的'与上帝相遇'等。在大多数信徒的心目中，上述意义上的经验显然要比教义或神学珍贵得多，也重要得多，因为此类经验是对信仰对象的内在直观或直接见证，而教义或神学属于外在表达或间接论证。"③ 他的观点揭示了宗教经验的本质、特点

　　① ［英］约翰·希克（John Hick）：《第五维度——灵性领域的探索》，王志成、思竹译，四川人民出版社 2000 年版，第 129—130 页。

　　② 吕大吉：《宗教学纲要》，高等教育出版社 2003 年版，第 94 页。

　　③ 张志刚：《宗教哲学研究》，中国人民大学出版社 2003 年版，第 176 页。

以及宗教经验在信徒心中的重要地位。

实际上，经验是一个具有多重意义的概念，狭义的经验是指直接的感性经验，即人对外部世界的感知。而广义的经验除了前者，还包括主体从各种心理活动中得到的感受，即对于内部世界的感知，包括痛苦、欢乐等内省体验，带有极强的主体性和情感性。在此讨论的经验，是从广义而言的。而经验认知，亦称直观认知，是在人们日常生活、日常行为知识的基础上进行的认知，是运用生活的亲身感受、实践的直接体验以及传统的习惯观念展开的认知活动。经验认知的功能是类比型的，它用事物的外在联系进行推论，注重主体内心体验，其认知不强调普遍性的概念抽象。从历史上来看，经验认知是人类摆脱以行为认知、情感认知为主的原始认知方式以后较早出现的认知类型。从日常生活上来看，经验认知又是生产和科学发展中的一种重要认知活动。它是以人们经验知识为轴心而形成的认知惯性，对人们的日常生活和日常行为有着重要影响。经验认知作为人类认知方式的一个组成部分，已融入到了人类整体性的认知体系之中。

中国宗教的认知方式，是以经验认知为特点的认知方式。其贯彻的是自我完成、自我实现和自我证悟的人生认知理念，这种认知是以人为重心展开的，强调在亲身体验中一默而见，其认知的目的就是如何实现理想人格，也就是如何成为圣人或贤人。它并不重视理性思辨，而是特别重视主体实践的意义和作用，重视在实践中进行经验认知。其重点不在于发展人的认知理性以求得知识，改造自然界以获得物质利益，而在于充实人的经验知识以实现圣人、神人、至人、真人等理想人格，与自然界保持一致而获得精神平衡。正是这种经验认知方式，决定了中国宗教必然注重"躬行践履"，强调在实践中进行直觉观照，修养"真知"。儒教的"圣人之学"，就是如何成为圣人的学问，实质上就是他们自称的"躬行践履之学"；道教的"道德"之学，强调通过实践"体道"或"践道"，长生久视，羽化成仙，这也就是他们所谓的"仙人之学"；佛教把他们的理论称为"内学"，实际上是"内证圣智"，也是讲如何通过实践修养成佛的问题。所有这些都说明，中国宗教虽然也存在着理性思辨或者逻辑推导，但就根本特征来说则是通过实践进行经验认知。

儒教重视个人的笃行，主张在实践中求得"真知"。他们认为，"真知"

是切身体会得来的知识，因而是真正有用的知识。但"真知"只能在实践中获得。这里的所谓"真"，不是指逻辑上的真，也不是被科学实践证实了的理论知识，也就是说，不是关于客观事物"是什么"的知识，而是有关身心性命之学的知识，是应当如何做人的知识。在他们看来，一切"真知"都是来自个人的实践和经验，只有这样的知识，才是真实可靠的，才是真正能够为人所受用的，而那些科学技术，则被看成是"奇技淫巧"之类，一直不被重视。对于那些从经典中获取的知识，他们也认为只有通过经验认知的实践过程，才能使其转化为"真知"，否则，其所获得的知识，就不能算真正的知识。按儒教的意思，真正的知是内在的，不是外在的，是德性所知，不是见闻所知。但这些知识虽然是内在的，却必须在实践体验中才能获得，所谓"先难而后获"，就是首先必须进行实践，然后才能获得知识。这样的知就是仁者之知，仁是从实践上来说的，知是从认识上来说的，真正的知不能离开仁的实践，只要把二者统一起来，知就是仁，仁也就是知了。理学家都很强调"真知"，他们所说的"真知"，就是亲身实践所得的知识，也就是自觉的道德性命之知。在理学家们看来，"真知"是通过经验认知获得的知识，最为真切。"知善"、"知不善"，绝不是只从概念上懂得什么是善，什么是不善就可以解决的，真正要懂得善与不善，只能在道德实践的经验认知中去体会，这样得来的知识，是和个人的亲身经验分不开的，因而是最真实可靠的。朱熹明确提出，真知是在实践中亲身体验所得之知，因而是最真切、最可靠的知识。真知不是略知一点，浅尝辄止，而是深入到事物内部，知个究竟，这就需要通过经验认知，切身体验。"就此略知得处着实体验，须有自然信得及处，便是真知也。"① "真知"是"着实体验"所得之知，而"着实体验"必须"亲历其域"，在实践中进行经验认知。"真知"与"常知"不只是有深浅程度之分，主要在于是否"得之于己"，真正属于自己的内在体验，这一点不是从语言概念上可以解决的，而只能在实践中通过经验认知的方式来获取。

道教强调通过实践进行经验认知。在道教信奉的道祖、宗师老庄那里，这一点就表现得特别突出。他们所说的"真知"，也是通过经验认知所得之

---

① 朱熹：《朱文公文集》卷59《答赵恭文》，《朱子全书》第23册，第2860页。

知，不是什么逻辑概念的推理认识。老子主张"无知无识"，就是超越对象认识，进行经验的直觉认知，绝不是不要一切知。他的"观复"之学，实际上就是"归极复本"之学，即恢复到最初的本真状态，这种状态看似婴儿状态，实则是超越一切间接的认知，直接把握住了道体。庄子提倡"无知之知"，反对死守一切具体的知识，就是为了获得"真知"。他认为，一切对象认识都是"成心"所为，"机心"所为，不是"真心"所为。"真心"是排除一切对象认识的虚灵明觉之心，唯有这种"真心"才能获得"真知"，实现一种精神境界，"与道同在"，成为"至人"、"真人"。他所说的"心斋"、"坐忘"，就是采取这种特殊的经验直觉认知方法，他的关于"鱼之乐"、"蝴蝶梦"的体验，就是一种个体心灵的自我经验体证和自我经验感受。可以说，庄子是提倡经验直觉认知的一个十分重要的代表。《庄子》中有许多事例强调了经验直觉认知的重要性：个人的实践经验可以达到纯熟而运用自如的境地，从中可以获得一种真正属于自己的知识，但这些知识，又很难在理论上化为具有普适性的原理，它只能在个人的经验直觉中体会，却不能用一般理论语言来表达。"庖丁解牛"就是这样一个例子。庖丁一生解牛，掌握了极其熟练的解牛技巧，可以做到"目无全牛"、"游刃有余"，能"以神遇而不以目视"，故能够"依乎天理"，做到"以无厚入有间"。这里所说"天理"即客观规律，而"神遇"则是个人的特殊体验，而不是一般认识。这种体验只能在个人实践中才能领悟，不能够通过间接的方法来获得，因为"真知"凝结在个人的实践经验之中，存在于具体事物之中，只能通过经验认知的方式来获得。这一道理加以引申，就是一个人要能够自由自在地生活在人世间，而不受到限制，自如地掌握人生规律而不遇困难，唯一的办法就是在个人的生活实践中去体悟。道教著名的理论家葛洪把长生不老的神仙境界作为人生追求的根本目标，看成是人生的最大幸福，认为这是个人通过实践完全可以做到的，并不需要特别的理性认知。他在《抱朴子内篇·对俗》中说："吾今知仙之可得也，吾能休粮不食也，吾保流珠之可飞也，黄白之可求也，若责吾求其本理，则亦实复不知矣。"① 这就是说，许多神妙的事情他都能够做到，能够体验到，但要讲求其中的原

---

① 王明：《抱朴子内篇校释》，第50页。

理，他却实在无法言说出来。由此可见，在葛洪那里，个人的经验认知得到了更大程度的重视，在他看来，个人对事物的知识，是由个人自身在实践中体验而见的，这甚至于可以只求实用不求理解，更不需要刻意去言说它。

中国佛教也是十分重视经验认知的。这在印度佛教到中国化佛教的转化过程中得到了充分的展示。在印度，吠檀多的宗教哲学观点强调，世界上存在的真实的东西只有"梵"，其他一切存在，包括物质世界和人类个体的存在都是虚幻的，即是"摩耶"（maya，幻），而要对"梵"加以把握，就必须通过宗教经验的认知。印度当代宗教哲学思想中的重要人物室利·拉达克里希南（Sarvepalli Radhakrishnan）在印度教背景之下对此进行了评析，他认为，通过感官所获得的知识都不是有关永恒的终极实在的知识，而是一种幻象的、转瞬即逝的表象知识。宇宙中真正的知识或经验认知所获取的直觉智慧，应该是关于梵的知识，它只能是通过经验认知或直觉认知而获得，而不是通过智力获得，但是这种知识既不同于神秘主义、蒙昧主义或极端情绪主义，也不同于魔幻视觉、飘渺思绪或自然的特殊启示，它是对语言难以表达的存在者的自觉意识，而这种意识即是印度教背景下的宗教的经验认知。印度佛教的这种经验认知在中国化的佛教中得到了显扬，在中国佛教中，早期是禅观与般若直观并行流传，随后是两者和合，后来又相继融会了净土观门、佛性思想，在隋唐时代，更是经过综合创新，形成了天台、华严、禅宗等宗派的各具特色的经验认知方式。中国佛教也拥有儒道等诸派别固有的丰富的经验认知资源，如《周易·系辞》主张"言不尽意"说，后来玄学家王弼在《周易略例·明象》中还提出了"得意忘言"、"得意忘象"说；孟子说"万事皆备于我"[1]，认为"尽心知性知天"就能体悟天道；老子提倡"元览"[2]，强调要以深刻的静观去合乎"道"；庄子也主张运用"心斋"[3]、"坐忘"[4]、"忘己"[5]的经验认知方法与"道"合一。中国佛教正是以其所

---

① 《孟子·尽心上》，朱熹：《四书章句集注》，第350页。
② 《道德经》第十章，王弼注本，《诸子集成》第3册，第5页。按：文中的"元览"即"玄览"。
③ 王先谦：《庄子集解》卷1《人世间》，《诸子集成》第3册，第23页。
④ 王先谦：《庄子集解》卷2《大宗师》，《诸子集成》第3册，第47页。
⑤ 王先谦：《庄子集解》卷3《天地》，《诸子集成》第3册，第74页。

拥有的丰富的经验认知思想资源与印度佛教相通，创造出新的经验认知方式，从而不仅发展了印度佛教的经验认知思想，也丰富了中国宗教的经验认知内容，形成了中国佛教的经验认知特色，其中区别于印度佛教的一个主要特色是重视把自心与真理、本体结合起来进行经验认知，有着鲜明的直觉圆融特点。中国佛教经验认知的内容也纷繁而众多，方立天在其著作《中国佛教哲学要义》中将其主要地概括为众生、心、理和佛四类，在四类中又以后三类为主。对于心的经验认知，有观妄心与观真心之别，还有观真性、观佛性、观自性之说；对于理的经验认知，一般地说就是观空（空性），在佛教看来，真理是宇宙真实本质（空）的反映，那么对真理的经验认知，也就是体悟空理。自南朝竺道生以来，尤其是天台、华严、禅诸宗则往往把理与佛性结合起来作为经验认知的对象。对于佛的经验认知，中国佛教则偏重于从诸佛中选择西方三圣，特别是其中的阿弥陀佛作为经验认知的对象。在中国佛教中，经验认知的途径、类型也是多元化的。如有内观与外观，静观与动观，横观、纵观与直观，空观、假观与中观等。就内观而言，有观心、念心、守心之别；就外观而言，则既有对外界事物进行的经验认知，也有联结主体的日常生活与客观对象进行的经验认知。此外，还有长期对峙的顿悟与渐悟，等等。这些都是对中国佛教经验认知的充分展示。

中国诸多民间宗教在其发展演化过程中，同样表现出对经验认知的重视。在这些宗教的教义、戒律、科仪、修持等之中都充满了各类宗教实践经验认知的内容。如元代白莲教以弥陀信仰的三经一论为要典，以得念佛三昧为要务，以终归西方净土为宗旨，教主要求教徒坚持"日课千声佛名，积月至年，则有三十六万声佛……"[1] 而念佛"示弥陀即自性，念念圆明，心心实相，如大海之混百川也。其行也，开示十六观门，摄心妙境，了性相空，如明镜之见面像也。其果也，九品次第化生，普摄利钝，登不退阶，至无上之菩提道也。"[2] 由此可见，该教在当时就强调在实践中进行神秘的宗教经验的自我体认，从口称念佛到实相念佛，从而达到念佛妙境，"摄心妙境"、"了性相空"；再如，明代成化至正德间在北直隶密云产生的一支影响

---

① 普度：《庐山莲宗宝鉴》卷1，《大正藏》第47卷，第309页。

② 普度：《庐山莲宗宝鉴》卷2，《大正藏》第47卷，第309页。

当世和后世的民间教派——罗教，其创教祖师罗梦鸿（1442—1527年）经过十多年的苦修，省悟禅宗"觉悟成佛"的道理："归命众生，一心即是三宝。心性自能觉照，即是佛宝；心体本自性，即名法宝；心体无二，即为僧宝。"①"诸佛法身，在人方寸。佛念自家佛，心明劫外心，若能明这个，何用远追寻。自性西方，不从外得，弹指便登极乐国。"② 认为一个人能否成佛，既不靠外在的修证，也不需要往生西方，进入"天国"，而完全靠个人内心的"悟"与"不悟"来决定。一旦明心见性，澄明豁悟，当下即成佛，"弹指便登极乐国"。罗梦鸿此"悟"，带有浓厚的神秘宗教经验认知的色彩。一旦悟道明心，瞬间眼前的一切都发生了根本的变化，天地无阻隔，人我无差别，一片光明，乃至超越生死，即"亦无生来亦无死"。这实际上就是一种特殊的经验认知，它着力于个人神秘感受的领悟，即瞬息的非逻辑的直接豁悟，主张扫除一切思虑和语言，取消一切概念性认识，提倡完全自发状态，以无思为思，无念去虑，在超时空、非逻辑的状态下实现绝对的超越，进入本体境界。

2. 中国宗教的经验认知价值

对于中国宗教的经验认知，可以从其历史与现实的多个方面进行价值分析。我们认为，其价值主要在于：

第一，中国宗教重视经验认知，表现了强烈的生命精神。由于中国宗教的经验认知是以人为重心展开的，各种宗教对生命存在的一系列重要主题都有广泛而又深刻的探讨，因而使得中国宗教表现出一种强烈的生命精神。可以说，中国宗教根本底蕴就是通过经验认知凸显出对生命的关怀。这种经验认知与西方在侧重点上有较大的差异，它注重探讨的不是与宇宙相关的客体问题，而是与生命存在息息相关的问题，如生命的本源、生存的价值、生命的结构、生命的过程、生命的存在、生命的发展、生命的修养、生命的境界，等等，由此产生了中国宗教特别发达的人生论思想。中国宗教在其发展过程中所关涉的宇宙论、本体论、方法论、真理论等，都不是纯客观的思辨

① 《破邪显证钥匙卷》、《破三宝神通品第五》，引自马西沙、韩秉方：《中国民间宗教史》，上海人民出版社1992年版，第195页。

② 《正信除疑无修证自在宝卷》、《快乐西方人间难比品第十四》，引自马西沙、韩秉方：《中国民间宗教史》，第195页。

之学，而是与人的生命存在相联系的安身立命之学。各教对生命的探讨各有倚重：儒教注重从道德伦理的角度对人生进行经验体悟，强调以人的生命为出发点，修身齐家治国平天下，力求开拓一条通往人生理想境界的内圣外王之道，以实现其所谓的人生的真正价值；道教注重对生命本身的经验认知，其所信奉的最高精神"道"本质上就是一个包含生命意蕴、融宇宙之本与生命之本为一体的精神，是对生命存在所进行的形而上的经验体证；佛教普爱众生、度己度人，慈悲为怀，讲究戒、定、慧的经验修持，敬畏生命，尊重生命，也表现了强烈的生命精神；各种民间宗教在主流宗教的大背景下，更是通过不同的形式对生命存在进行积极的经验认知，显现了不懈地去实现生命理想和价值的内在活力。

第二，中国宗教重视经验认知，沉淀了深厚的人文底蕴。中国各派宗教在其发展过程中，一以贯之地重视经验认知，广泛探求做人的道理，使中华大化之道的深厚人文底蕴得以不断沉淀。这主要表现有：一是中国宗教各教派通过各种形式对生命存在进行经验认知，获得了许多修养的实践经验，丰富了关于生命修养的人本文化，对整个社会的个体与群体生存质量的普遍提高具有一定的影响。二是中国宗教各教派通过经验认知，形成了浩如烟海的经书、宝典、秘籍，如四书五经、道藏、大正藏等，从而成就了中华民族巨大的人文资源宝库，其人文价值之大在世界诸种文化中应该说是独一无二的。这样巨大的人文资源宝库，便是中国宗教对世界文明的重大贡献。三是中国宗教各教派通过经验认知，于"人道"上讲求，在一定层面上形成了一些达成共识的做人的道理和规范，成就了丰富的伦理思想，这对中华礼仪之邦的世界形象的塑成发挥了根本性的作用。四是中国宗教重视经验认知，对中华民族个体的实践型思维习惯的养成以及个体性格的塑造也有着不可忽视的人文影响。如中国人讲究知识经验的实用性，即使对于其信奉的宗教经验的态度，也表现出某些功利的倾向，这也可以说是受到了中国宗教经验认知方式一定程度的影响。

第三，中国宗教重视经验认知，突出了实践的重要地位。有人对中国主流宗教派别进行评析，认为儒教重治世，道教重治身，佛教重治心，这是对它们的基本特点较为精当的把握。然而，中国各宗教派别另有一个共同的特点也是应该引起学者关注的，那就是由于重视通过实践进行经验认知，因而各教派都将实践置于重要地位。儒教重治世，讲究的是躬身践履的治世；道教重治身，讲究的是"体道"、"践道"的治身；佛教重治心，讲究的也是戒、定、慧实践修行的治心。从不同时代不同教派都可以看出，中国宗教强调的知，是实践中的经验之知；中国宗教强调的行，也是经验认知之下的践履之行。这就是中华民族重视实践的精神根源。

第四，中国宗教重视经验认知，累积了丰富的创造与发展的资源。以往在人们的头脑中容易产生一种思维定式，似乎宗教和科学就是两种水火不兼容的存在，鲜有人能够从宗教的整个机体中去深究其与科学的某些内在关联，挖掘其深层的思想智慧的精华，因而，宗教中许多合理的内核往往被一层层神秘的迷雾掩盖着，无法光耀于世间。如果突破这一思维定式，站在历史和现实的高处，穿过时间和空间的阻隔，立足于宗教学与科技哲学的交叉点，拨开围绕在宗教表层重重神秘的面纱，客观地把握宗教与科学之间诸多的内在联系，就能够从中引出一系列具有一定认知价值的学术观点。中国宗教的实践活动虽然是以对生命存在的经验认知为轴心展开的，但其不可能长期囿于生命系统狭隘的探究视域，它必然会延伸到其他与生命相关的更为广阔的认识领域。由于中国宗教具有重视经验认知的特点，客观上就有利于收集、整合各类认知信息，获得大量的经验认知成果。这一点在道教中表现得尤其突出。道教在长期的经验认知活动中，对中国传统科技曾作出过积极贡献，累积了丰富的创造与发现的资源。它关于自然现象及其奥秘的思想和具体成就在中国科技史上占有极为重要的地位，它与中国传统科技关系极为密切，寓道于术，以术演道，其方术异常发达。各种内修外养术如外丹黄白术、导引服气、存思、服食、房中、星占、堪舆诸术，都曾与中国古代的医学、药物学、养生学、化学、天文、地理、算学等发生过多样的联系。因而，可以说，道教对中国古代科技影响之深，贡献之大，在世界宗教史与科技史上都是很少见的。

同时，从历史与现实出发，我们也应该看到，中国宗教的经验认识对中华文化也产生了一些负面的影响。如中国宗教片面强调经验认知，忽视理性思维与逻辑推导，导致了理论建构精神在中华文化中一定程度的缺失。以道教为例，该教中医术高明者甚多，从医者亦甚众，然而，由于过度重视经验认知，相对忽略理论建构，因而未能形成真正严格意义上的道教医学理论体系。再如，由于中国宗教的经验认知强调主客合一，因而不注重知识的确证性，缺乏对认知对象的严格分解和微观定量的分析，易使主体对认知对象的认识处于模糊状态，因而不利于现代意义的科学技术成果的催生。这也许正是近代中国科学技术落后的宗教原因之一。对于中国宗教经验认知的这些负向影响，我们必须有清醒的认识，应善于对其进行合理的研发，从而使其价值得到真正的实现。

二、直觉观照——修道重在直中悟

与西方宗教相比，中国各种宗教在进行自我修行时，更为注重的是通过某种直觉的方式寻求自我内在本心本性与对象（主要指道、神明之类）的交融感通，也就是说，其修道的门径更多地采用的是直觉观照的模式。要深刻地把握中国宗教整个系统的特色，我们也有必要对其直觉观照的修道门径进行考察，对其所体现出来的价值进行分析。

1. 中国宗教直觉观照的修道门径

对直觉的理解和解释，各派学者都有自己的说法。在欧洲，17、18 世纪的唯理论者认为，直觉是人的理智的一种活动，通过它可以发现作为推理起点的无可怀疑的清晰明白的概念；理性直觉是理性认识的最高表现，是逻辑思维的前提和结果。斯宾诺莎（Benedictus Spinoza）认为，只有通过直觉，才可以直接认识一件事物的正确本质而不致陷于错误，才能使人认识到无限的实体或自然界的本质。笛卡尔（René Descartes）否认直觉的感性来源，认为直觉是"从理性的灵光中降生的"。在近现代西方哲学的心理学中，一些学者常常把直觉理解为一种神秘的与理性思维不相容的思维形式和认识能力。弗洛伊德（Sigmund Freud）则把直觉当做一种潜意识的、构成一切创造活动的原则。雅可比（Jacobi Carl Gustav Jacob）认为直觉是对于绝对者（神）的直接顿悟。施莱尔马赫（Friedrich Daniel Ernest Schleiermacher）是大名鼎鼎的德国神学家、哲学家和宗教思想家，被后人称为"现代新教神学之父"、"现代解释学的先行者"和"宗教情感论的首倡者"。他认为宗教的本质并非"思维"或"行动"，而在于"直觉和情感"。他提出了"宇宙的直觉"（intuition of the universe）这一概念，认为它是最高的最普遍的宗教公式，基于它就可以发现各处的宗教，根据它就可以确定宗教的本质和界限。他考察了直觉与对象的关系，认为所有的直觉都来自"被直觉者"的作用，是先有直觉对象的独立活动，作为直觉者的人才会有符合人性的把握、理解和表达。在他看来，宗教就是这样一种直觉感受：所有"个别的事物"都是"整体的部分"，一切"有限的东西"都是"无限的表象"。他认为，直觉总是表现为"直接的感觉"，把某物看成个别的、分离的。各种直觉就本性而言，都是与某种情感相联系的，"宇宙的直觉"所唤起的就是"对无限的情感"亦即传统宗教所说的"虔诚"。他的这些论述，在一定程度上加深了人们对直觉特性的理解。直觉主义在现代西方哲学中传播相当广泛，叔本华（Arthur Schopenhauer）的唯意志主义、尼采（Friedrich Wilhelm Nietzsche）的超人学说、博格森（Henri Bergson）的生命哲学、克罗齐（Bendetto Croce）的精神哲学、胡塞尔（E. Edmund Husserl）的现象学以及伦理学中的许多哲学家，都是以直觉主义作为认识论基础建立其哲学体系的。博格森就从非理性主义出发，认为直觉就是一种非理智的交融，这种交融使人们自己置身于对象之内。

　　在当今中国，学者一般把直觉作为心理活动、思维形式、认知能力、认识方法来加以多向度的考察。如黄楠林等认为直觉就是指认识主体对于自身及心灵、外部世界、共相、价值、真理等获得认识的能力。一般把没有经过逻辑推理的精神过程而直接获得知识的认识能力，通称为直觉。直觉作为一种思维形式和认识能力，在社会生活和科学实践中大量存在。它具有直接、敏锐、迅速的特点。任何直觉都是以先前所获得的经验的知识为依据的，正是那些经验与知识提供了能够"突然"正确地解决问题的可能性。在科学认识过程和艺术创造活动中，直觉具有重要的作用。任何直觉都离不开实践，都有赖于理性分析。① 又如，方立天认为，直觉是现代用语，指人类的一种普遍心理现象，一种不需经过分析、推理，而对客体直接洞察、完整把握的认识能力和思维方式。②

　　对于直觉，我们在此主要是把它作为中国宗教的一个特殊修道门径加以考察的。如前所述，中国宗教注重在实践中进行经验认知，其经验认知是以

---

① 参见黄楠森、杨寿堪主编：《新编哲学大辞典》，山西教育出版社 1993 年版，第 741—742 页。
② 参见方立天：《中国佛教哲学要义》下卷，中国人民大学出版社 2002 年版，第 1032 页。

人为重心展开的，因而可以说，人们在宗教实践中进行经验认知就是一个自我完成、自我实现和自我证悟的修道过程。如何才能做到自我完成、自我实现和自我证悟从而成道呢？中国宗教提倡的特殊成道门径，就是直觉观照。这种观照注重一个"悟"字，强调在直中体悟，进行一种自我觉解、自我觉悟或自我直觉。这种觉解或觉悟的直觉观照，既包含有如何观照的问题，也包含有观照什么的问题。直觉并不都是内向的自我直觉，体验也不都是自我体验，现代科学所说的直觉，虽然具有很明显的主体因素，但就其基本特征而言，仍然是外向的。而与此不同的是，中国宗教所重视并主张的直觉是内向的自我反思、自我直觉。它不重视对于外部事物的认识，而是把重心转向主体自身，以直觉观照主体自我。当然，人也是一个自然物，然而，中国宗教并不是直觉观照作为自然物的人，而是直觉观照人的内在自我本性。

　　儒者把实现自我认识、自我觉悟、修养道德本心作为人生的主要任务，主张反身回到自己的心灵世界，通过直觉观照，参悟"圣人之学"，借以臻于圣人之境。他们以为人不仅仅是情感与理性的动物，更重要的是"万物皆备于我"的万物之灵的精神主体。人不需要到对象中去寻找人的本质，也不需要通过人的对象化或物化的形式去解决自身的问题，只有返回到自身，对心性加以直觉观照，认识心是什么，性是什么，以其能觉之心觉其所觉之性，才能解决自身的问题。对于人人都有的内在的本质存在，每个人未必都能进行直觉观照，实现自我觉解、自我证悟。要实现自我觉解、自我证悟，达到其所谓的"不思而得，不勉而中"的理想的圣人境界，就必须反身而思、反身而诚、反求诸己。孔子强调"内自省"、"内自讼"，曾子也说过"吾日三省吾身"，都是主张通过直觉观照，在自己的内心世界和心灵深处解决自我本质的实现问题。在《孟子》和《中庸》里，我们可隐约看到，诚是"天人合一"的道德本体，既是天之所以为天之道，又是人之所以为人之道，它内在于人而存在。人心之诚，即为天道之诚，能自成其诚，就能实现天道之诚，而天道之诚则是万物之所以成为万物者，故心诚则有物，不诚则无物。儒者所谓的"自成"、"自道"、"自性"便为如此作用。宋明理学大家朱熹把这种直觉观照即"反求诸己"，称之为"梦觉关"，能自知其性便是觉，不能自知便是梦，觉是圣贤境界，梦只是生物境界，即便是终身行之，却如同"梦过一生"，毫无人生价值。由此可见，直觉观照作为一种特殊的修道门径，对儒者修身悟道，求知践行，从而达到"内圣外王"之境有着十分重要的意义。

道教无论是强调长生的丹鼎派还是强调法术的符箓派，都讲究"神明"之心与"自然"之性，认为我有"神明"之心，人人皆有"神明"之心，我有"自然"之性，人人皆有"自然"之性，把人的"神明"之心与"自然"之性看成是人之本质存在。就道教的主流思想来看，其所提倡的"自然"，并非是与人相对的天地自然及其外部事物的性质、规律，而是人在自然，道者以为，"自然"是内在于人而存在的，"自然"就是人的内在本性，修之于身，必须要有自我认识，即返回到自身，直觉观照，认识自己内在的"常德"也就是自然之性。因此，人应该认识自己，以直觉观照自我"神明"之心和自我"自然"之性，把直觉观照作为修道门径，体道、践道、证道，达到所谓神仙境界，才是最重要的。

道教之祖老子所谓的"静观"，就是一种自我反思或自我体验式的直觉观照，其所谓"观"也就是自我反观，"涤除玄览"、"以身观身"、"复归于婴儿"、"见素抱朴"、"返璞还纯"都是这个意思。老子的"道"是静默的、沉寂的，是不能言说的，只有通过人的自我直觉观照，它才能够得以呈现出来。老子多讲自然而少言人，并非不重视人，而是把人变成"自然"之人，把"自然"作为人的本性，主张回到人的自身，回到本来的无情、无欲、无知的"自然"状态，对自身进行直觉观照，通过"自知"之明，实现"自然"之性。庄子则把"自然"之道看做是世界的最高存在，也是人的真性和根本存在。在他那里，自然之道和神明之心是合而为一的。他认为使自己的神明之心处于绝对虚静的状态，对自己进行直觉观照——"虚室生白"，自然就能实现道的存在。他主张"坐忘"，即回到内心，忘掉自己的形体而专注于内，"同于大通"，除却内外差别，内外合一，物我两忘，以实现自然之性。道教的"内丹"和气功之学，也多是运用了直觉观照的修道门径。如气功实际上就是通过自我调节、控制，直觉观照，"反听内视"，进行内向的运作，使人的意识返回到内部，逐渐减少各种各样的念头，去掉技巧、功利等世俗之心，进而做到"无思"、"无念"，使自身的生命场达到一种最佳的有序状态，从而形成一种利于延年益寿的"气功态"。在运作过程中，人会出现各种幻觉，而最高的境界则是连幻觉都没有了。由此可见，直觉观照作为特殊的修道门径，对于道教是有着至关重要的意义的。

中国佛教最为明显地表现了直觉观照的悟道特色。佛教的主旨是教化众生超越生死轮回，求得解脱，成就佛果。与之相应，佛教探讨人生和宇宙的真实本质，追求人生的理想境界，最终是以体验式的直觉观照来实现的。直觉观照的修道门径，在佛教修道中占有极其重要的地位。在佛教看来，"心行处灭，言语道断"就是最高的绝对真理，无相的绝对境界。佛教学者经常使用观、照、证、悟等与直觉含义相类似的重要术语。天台、华严、禅诸宗对这些都多有论述，涉及直觉的主体、对象、形式、境界等多方面的内容。

佛教强调观，主张主体以佛教智慧观察世界，观照真理，主体心灵直接契入所观对象，并与之冥合为一，而无主客能所之别；或主体观照本心，反省本心，体认本心。观是佛教智慧的观照作用，是一种冥想，是直观、直觉。观的对象是心、法、佛等。观心即观照主体自身的精神，分为观现象的心和观本质的心两种；观法即观照一切存在的不同现象与真实本性。佛教般若学一系非常强调当下观照对象的普遍、绝对的真实本性，也就是空性；观佛是心上升起对佛的念想，专心念想佛身的相好和佛的功德，以进入深沉的冥想境地，即佛境。由于所观的对象不同，观的类型、层次也不同。相对而言，在各种观法中，中国佛教比较重视内观，即是以内省来观照。内观实是观照内观者自身，是自观自心的本性。再者，中国佛教也重视观空。观空的方法很多，最重要的是纵观事物的前后延续、横观事物的彼此依存和直观事物的当下体性，通过这种种方法来观事物的空性。观空是中国直观修持的首要的、基本的方法，也是中国佛教修持所要求达到的根本性、终极性的境界。

佛教所谓照，即照鉴、照见。中国佛教把最高真理、终极本体"真如"和主体的心联系起来，说真如也有观照万物的妙用。真如本体是空寂的，由此中国佛教又把照与寂连用，从而有寂照与照寂之说。寂，寂静，指真如本体的空寂状态。寂照，即寂体（真如本体）的观照。照寂，即观照空寂的真如本体。禅宗尤为重视照在禅修中的功用，如曹洞宗就提倡默照禅，静默专心打坐，以智慧照见自己的灵知心性。这是强调通过兀兀坐定，无念无想，专注于默然观照，以洞见清净本性，契合最高真理。又如，临济宗提倡运用"四照用"观照主客体的方式，以分别破除视主体、客体为实有的世俗观点。中国佛教所言的照寂、寂照、默照以及照用，虽然具体说法有别，但是就其照的途径、方式来说，实际上说的都是直觉观照。

佛教讲究证，即修持主体直接觉知、体悟、证会、证契等。证是一种主观体验，由此还有自证、亲证、内证之称。主体智慧契合真理，证入果位，称为证果，如罗汉、菩萨、佛就是不同层次的证果。在戒、定、慧三学中，修戒的称为事证，修定、慧二学的称为理证。证不是认识论意义上的知解、证明，而是以直觉直契真理。证的动机与目的，不是求知，而是求得解脱。

佛教所说的悟，是与迷对称的。悟是指从迷惑、迷妄、迷失、迷误的状态中解脱出来，觉悟到人生和宇宙的真实——佛教的最高真理。东晋后期以来，中国佛教内部有顿悟成佛与渐悟成佛两说，前者主张不经次第、阶段而直接证入真理，是顿然觉悟；后者则主张长期修习，通过不同阶段的努力而逐步悟入真理，是渐次觉悟。佛教讲的般若、现量、觉与直觉也有情况不等的关系。般若有多种类别，就其意义而言，主要有主客观两层：就客观而言，般若即是性空；就主观而言，般若即是智慧，特别是指观照诸法缘起无自性——空的智慧。这是一种觉悟的慧观，而非一般的知解，从本质上说，是超越感性认识与理性认识的一种神秘直觉。佛教所说的"现量"，是指排除思考分别，去认知对象的自相，也是一种直接觉知，即直觉；佛教讲究"觉"，主张觉察事物要直接把握事物的实相，觉悟是要直接契合最高真理，从这个角度来看，觉也包含了直觉的意义。汉魏西晋流行的禅法重要的有数息、相随、止、观"四禅"，般舟（念佛）三昧，首楞严（健行）三昧，以及观身（自身）、观法（事物）等多种禅观。其中如四禅中"观"应是直觉观照，其他三项是进入直觉观照的准备功夫。佛教禅法的种类很多，直觉观照的内容也很丰富，除观身、观法外，还有能见诸佛现前的禅定，此种禅定就是一种观佛的直觉观照。观身、观法和观佛构成此时禅法中的主要对象与方法，其主要特点是直觉对象比较具体，直觉方法比较简易。道生提出有名的"自性说"，主张人人具有成佛的内在根据，佛性就在每个人的心中，不在心外，更不在神圣的彼岸，了悟"佛性"只能靠"入照"即顿悟。天台宗的"止观"之学，也是"反观内照"，主张的是在主体内部实现佛性，即"菩提心"或"自性清净心"。禅宗"心学"所说之心，是宇宙之心，它就在自家的心中，在每个众生的心中，离了个人的心，无所谓宇宙的心。因而禅宗强调通过直觉观照"明心见性"，也就是明自家的"本心"，见自家的"本性"。

受主流宗教影响，中国民间宗教也大多注重直觉观照的修道门径。如太谷学派就是如此。这一点可以从张积中指导门人研习太谷之道的书信中得到印证。他在《与秦云樵书》中就这样说："境遇之事，顺乎境而为之，盂圆则水圆，盂方则水方，为之而顺其顺也，不足喜；为之而逆其逆也，不足忧。忧喜无动于中而后性定，性定而后身安，身安而后命凝，命凝而后心泰。忧喜之不摇，非强然也，自然也。内重则外轻，内有所积而后外不移焉。积者，积其德也，唯内外一心，始终不二者，然后立其德焉。德非虚器也，身命合而后生，身命非甚难合也，内外一心而身命合。"① 修道要达到一定的境界，必须顺其自然而不能强行，只有做到喜忧无动于衷，才能做到性定、身安、命凝以至于达到心中泰然；内重积德则外不移（也就是内圣外王之意），而只有通过内外一心，才能立其德；德不是虚器，身命相合就能够生德，而这也并非难事，只需内外一心，就可以使之相合了。而总起来看，他在这里很明显地受到了道者顺其自然的思想影响，也接收了儒家内圣外王的观念，自然也就会重视反身向内、直觉观照了。

2. 中国宗教直觉观照的功能评价

直觉观照作为特殊的修道门径为中国宗教所重视，因而其对于中国宗教思想发展，有十分重要的意义。总起来看，直觉观照的主要功能有：

（1）心智启悟功能。循着直觉观照这一修道门径，人们若在"启"字上下功夫，就能够拂去自心的尘埃，点亮自心的明灯，启动智慧的航船，使自己悠游于文明的大海；就能够在修证的过程中转识成智，证无上果位。在儒为一默而见，至诚无息，止于至善；在佛为悲智双运，人佛合一；在道为与天地同寿，与万物并作。人们若在一个"悟"字上做文章，就能够沉静到自心的深处，对人生进行从容的参悟，对自己进行深刻的反思，从而修得心智灵明，自性通达；就能够内存大千世界，使"万物皆备于我"，使自身

---

① 方宝川编：《太谷学派遗书》第 1 辑，第 2 册，第 318 页。

的心灵透过万象的表层与宇宙万物直觉交通，心思格致，究竟众理，从而激发出创造性的灵感火花。也只有这种直觉观照，让事物如其本然，人们才有可能把握真理。

（2）致思圆融功能。从致思路向来看，中国宗教的直觉观照实际上对传统的经验认知与当今盛行的工具理性认知有一定的圆融作用。而这种圆融作用，主要是以人为中心环节发挥出来的。由于中国宗教的直觉观照所观照的是人本身，是从人本出发，把人作为目的进行的观照，因而，它能帮助人们克服工具理性时代所易导致的异化感和分裂感，帮助人们调适在工具理性的文明背景下冷漠化的心态，从而也就能够使工具理性与经验认知的致思路向在实际运行流转过程中得到一定程度上的平衡，达到和合、圆融。这对于现代社会避免那种滥用科学技术带来的社会、经济、文化的生态灾难，实现社会和谐与可持续性发展、经济稳步增长、文化繁荣多彩，无疑是具有积极意义的。

（3）道德内化功能。直觉观照对于中国传统宗教各派别信众个体道德善性的内化也有重要的作用。无论是儒者的"日三省乎己"、"慎独"、"见贤思齐焉，见不贤而内省也"①，还是道者的"无为无执"、"见素抱朴"，佛者的"明心见性"、"自成佛道"等，实质上都是要求反身向内，直觉观照自我，以求修养内在的心性，悟证善道，使合乎其教派的道德得以强力的内化，从而形成强大的道德内驱力量。当然，对直觉观照这种道德内化功能的历史与现实意义，要有一个客观的对待。一方面，它有利于个体在其所处的时代中，基于强大的道德内驱力量，与他人一起凝结成和谐稳定的社会共同体。另一方面，道德标准又是存在着时代差异的，若个体所内化的是落后于时代的道德，则反过来，又会形成一种顽固的反时代的力量。中国封建社会某些道德意识在人们思想中持久存续而不能完全干净地淡出，也许就是与直觉观照的道德内化功能有一定的关系。

（4）社会教化功能。如果说直觉观照的道德内化功能是从其对个体的影响而言的话，那么，其社会教化功能则是从其对社会群体的影响而言的。中国宗教各派别通过其长期的宗教实践，将个体直觉观照内证内悟的人生道

---

① 《论语·里仁》，朱熹：《四书章句集注》，第73页。

理以其教派理想的人格形式传输给社会，从而形成了中国宗教独特的社会教化功能。西方宗教理想人格侧重于智者，而中国宗教的理想人格则侧重于圣贤，这与中国宗教直觉观照的社会教化功能不无关系。儒者之圣人，道者之真人、至人、神人，佛者之佛陀，作为人生的理想境界，其理想人格对社会的导引力量是不可估量的。各派宗教学者也都在直觉观照的修行悟道过程中极力发挥他们的社会教化作用，如孔子"食无求饱，居无求安"，而一心志道，"朝闻道，夕可死矣"。理学家强调在"洒扫应对"、"人伦日用"中体会做人的道理，陆九渊"尊德性"、朱熹"道问学"，他们以生命来求道，以生命来证道，以生命来行道，以个人的人格魅力，提升芸芸众生灵魂生活的层次，力图推动社会道德整体的净化，从而使得直觉观照的社会教化功能得到了充分的体现。

第三节　中国宗教的心灵感应观念及其修持方式

世界上各种宗教都普遍地对心灵感应现象有所关注。正是由于心灵感应现象或隐或显地在宗教活动中存在着，因而使得各种宗教对其信仰者及其外围人群产生了某些神秘、恐惧和敬畏之类的奇妙感觉。实质上，如果没有心灵感应相伴随，任何宗教就都不成其为宗教了。而宗教的心灵感应观念则在思想认识层面上将心灵感应现象凸显出来，因而这些观念在不同宗教的思想发展史上就占有了相当的分量。考察一种宗教思想发展史，也就有必要深入到这种宗教文化的内层，了解其心灵感应观念及其在宗教实践中发展演进的基本情况。心灵感应观念在中国各派宗教的思想体系中占有重要的地位，其修持方式也都带有中国文化的特色，对这些心灵感应观念及其修持方式予以探讨，有利于我们深化对中国宗教思想及其发展的认识和理解。

一、氤氲化醇——和合交感通圣灵

人类总想搞清楚自己的心灵世界与宇宙世界之间的关系，从而使自己有能力去超越个人生活所带来的局限和迷惑。而心灵感应，就自然成为人类达到这一目的的认识路径的入口。究竟什么是心灵感应，它是不是真的存在，这在人类历史上一直是玄之又玄的问题，也是吸引人们力图研究突破的难题。

1. 一个人类探索的恒久主题

自狭义的心灵感应来说，一般相信其存在的人们认为，它是人类潜在的一种能力，此能力能将某些讯息透过普通感官之外的途径传感到另一人的心中。这种讯息在报导中往往描述为和普通感官接收的讯息相同，又称心电感应，即所谓他心通，犀牛角。通常我们所说的"心有灵犀一点通"，说的就是这一现象。而广义的心灵感应则不仅仅限于人与人之间，而且还包括人与物、物与物、人与神明之间的通灵感应。对于人类长久以来时常观察到的所谓奇异的交流和类似现象，当代人常在研究历史、虚构作品或信仰时用心灵感应或类似的观念来作解释。人们也很容易把心灵感应和梦幻象征、预知、透视、共情等类似现象连在一起。也有人称心灵感应为第六感，并且深信第六感实实在在地存在着。

西方科技界对心灵感应现象的探索，带有强烈的理性化色彩。在英文中，心灵感应通常用"telepathy"这个单词来指代，而"telepathy"包含了"术"的内蕴，这也就在一定程度上说明，西方人往往是把心灵感应作为一种技术功能态来体察的。

有人强调心灵感应现象所具有的某种创新价值。柏拉图（Plato）的神赐论就认为这是一种重要的心理状态，在这一心理状态下，创造者仿佛从他自身之外的某个源泉中突然得到启示和帮助，依靠一种神奇的力量进入到一个新的创造的境界。柏拉图在《文艺对话录·伊安篇》中描述了这种心理状态："科里班特巫师们在舞蹈时，心理都受一种迷狂支配；抒情诗人们在做诗时也是如此。他们一旦受到音乐和韵节力量的支配，就感到酒神的狂欢，由于这种感觉的影响，他们正如酒神的女信徒们受酒神凭附，可以从河水中吸取乳蜜，这是她们在神志清醒时所不能做的事。抒情诗人的心灵也正是这样，他们自己也像酿蜜，飞到诗神的园里，从流密的泉源吸取精英，来酿成他们的诗歌。"正因心灵感应的这一潜在的创新价值，现实中就有许多人试图采取一些方式来诱发这种心理状态。事实上，各界各家中许多人也确实从中得到了诸多的启示与帮助，并凭借其获得了一般人无法问鼎的荣誉。如一些科学家，爱因斯坦（Albert Einstein）就曾回忆：一天，他坐在伯尔尼专利局的椅子上时，突然想到："如果一个人自由落下，他将感觉不到自己的重量。"他吃了一惊,以为这个简单的思想实验给自己打上了一个深深的烙印,这是他创立引力论的感觉。[1]

在宗教界的实践活动中,对心灵感应的探究和体验表现得尤其突出。人们往往很容易把心灵感应与宗教传统、神秘的宗教经验联系起来。简·霍普(Jane Hope)认为,人类的精神世界和自然世界的感应往往通过赋予现实生活以具有精神内容的梦境、神话和宗教象征来构成我们的深层意识。他说:"我们能相信自己的感觉吗?这个世界就是它看上去所呈现出来的那个样子吗?有没有别的办法可以超越我们的感觉所能理解到的这个世界呢?这些深层次的问题一直是东西方哲学传统与精神传统的主题,事实上,至今仍然通过宗教传统、神秘主义经验和某些心理学理论吸引着我们。"[2]

吕大吉在他的《宗教学纲要》中对这种心灵感应的宗教经验描述说:"所谓宗教经验就是宗教信仰者对于神圣物(神、神圣力量、神性物)的某种内心感受和精神体验。例如,各种宗教的虔信者,特别是各种宗教和教派的创始人以及所谓高道、高僧、圣徒、先知、降神者之类'半人半神'式的宗教人物,常常声称他们对于自己所信仰和崇奉的神灵、神圣力量和神性物有某种直觉式的体验和感受,也有宣称自己经常与神灵直接交际、面受启示者。他们还把这种直觉的体验和直接的交往作为对所信之神圣对象的直接验证,视为其所建宗教或教派之真实性的根据。"[3] 据佛经记载,释迦牟尼说他在尼连禅河畔一棵毕钵树下坐禅七天七夜,而获得彻底的"觉悟"(据佛祖在波罗奈的鹿野苑向最初的五位侍者宣说"四谛"时描述),随后又经过了魔王一月之久的扰惑考验,证实了他的觉悟。犹太教的摩西说,他在西奈沙漠中燃烧的荆棘里与犹太教的上帝相遇,亲见上帝并面授诫命。[4] 基督教福音书说,耶稣在约旦河受洗,上岸后,眼见天忽然裂开,有圣灵如鸽者降临其身,耳闻天上声音,说他是上帝的爱子,之后的 40 天上帝用各种严

---

① 参见[美]徐一鸿:《爱因斯坦的宇宙》,张礼译,清华大学出版社 2004 年版,第 23 页。

② [英]简·霍普(Jane Hope):《心灵世界的语言》,封一函等译,中国青年出版社 2001 年版,第 31 页。

③ 吕大吉:《宗教学纲要》,第 79 页。

④ 参见《旧约·出埃及记》。

酷的条件考验耶稣，通过了这些考验，上帝最终差遣耶稣传递自己的福音。① 穆罕默德则说他在 40 岁时去希拉山洞里静思，听到天使迦百利向他传达真主启示的声音，此后他一生又不断享受到这类神圣的经历和体验。

在基督教传统里有许多有关神秘的感应体验的记载，尽管有人怀疑其可信性，但教会上层总是愿意肯定这些所谓神秘的感应体验。他们把这种神秘的感应体验作为基础来构建神学系统，并且赋予了一些神秘性的解释。"这个系统的基础是'祈想'或者默念，坚信这套方法的人认为，这样可以使他们的灵魂升华，以亲近上帝。通过经常性的祈想或默念，基督教徒们相信能够获得更高级的神秘体验。"②

在伊斯兰教传统中，苏非派或其中修行较高的托钵僧也很强调神秘的合一、交感的宗教经验。苏非派本来是伊斯兰教中的以敬畏、虔信、顺从、坚忍、克己、守贫……为特征的苦行主义禁欲主义团体，后来接受了希腊、波斯、印度哲学和宗教传统的影响，发展成为一个以神秘主义为特征的教派。在早期的苏非派感应体验中，其神秘性表现在教徒的神魂癫狂状态之中，后来其神秘性经过了思想家的洗礼和改造，更主要的是体现在泛神主义和"人主合一"的宗教实践中。正统的苏非教义认为，人生的目的在于获得与主合一的精神境界，因此，教徒或信仰者应该在精神导师的指引下，从内心的修炼开始，逐步净化自己的灵魂。苏非教徒"坚信绝对有一个神秘的客体存在，而且他自己在神往状态中能体验到客体的启示和教诲，但在经验之后这种神秘体验又不可能诉诸理性表述。也就是说，宗教经验的神秘性只能体现于信仰者主体对其崇拜的客体的神往状态中，是非理性的、情绪化的，一旦这种状态结束，其神秘感也就消失了"。③

总之，不管是科技界还是宗教界，不管是理性的推演还是心灵的体验，人类对心灵感应现象的探索，从未停止过，但由于心灵感应现象扑朔迷离，神秘莫测，对心灵感应的各种解释都难以与现代科学衔接，因而目前仍没有形成系统化的心灵感应理论体系。心灵感应不仅仅是人类的一个传统的探索主题，而且也是一个未来还将要恒久地探索的主题。在中国宗教中，这一主

① 参见《新约·马可福音》第一章。
② 单纯:《宗教哲学》，中国社会科学出版社 2003 年版，第 216 页。
③ 单纯:《宗教哲学》，第 214—215 页。

题有着生动的体现，也形成了一些富有特色、值得探究的心灵感应观念。

2. 中国宗教的心灵感应观念

中国宗教的心灵感应观念与中华民族远古以来就重视的生命精神、与中华文化的大化之道、与中国先民在思维上讲究联系性和整体性是紧密相关的。因而不管是其中的哪一派宗教，都十分关注生命存在本身以及与生命存在息息相关的心灵感应问题。中国宗教较其他民族的宗教有更多的对人的精神世界与宇宙世界关系的追问，有更多的对心灵感应的体验与观照。

在中国远古时代，先民从原始宗教起就开始着意探究这种与生命直接关联的心灵感应问题。他们用自己的心灵去感悟宇宙世界，认为整个宇宙世界就是处于阴阳二气相互作用和运动而形成的氤氲太和状态之中。《易传·系辞下》："天地氤氲，万物化醇"。唐孔颖达疏："氤氲相附着之义"，"唯二气氤氲，共相和会"。朱熹《周易本义》："氤氲，交密之状。"说的就是元气的结合和相互作用。北宋张载述说阴阳二气的运动状态时云：气块然太虚，升降飞扬，未尝止息。《易传》所谓"氤氲"、"太和"是指阴阳二气既对立又统一的状态。张载对此又云："太和所谓道，中涵浮沉、升降、动静相感之性，是生氤氲、相荡、胜负、屈伸之始。"① 中国古人认为，天地万物皆由阴阳二气氤氲太和化生而出。人在天地之间，食天地之精气，是天地氤氲化醇的精华，因而于天地万物必然有"一点灵明"的心灵通透，这点灵明易为累世的浮尘所遮蔽，在冥冥之中时隐时显，而宗教则正是要人通过各种修持方式去显现这"一点灵明"，以之去感通他人、感通世间万物、感通神圣。

在中国古老的原始宗教中，有着诸多的心灵感应体验以及由此形成的相关观念。以至《大英百科全书》在"灵气"的条目中，一开始就谈到："中国那些被称为'巫'的宗教祭师，自称能够通神或把灵气吸入自己身体里面，因此能作出一些预言。"作为中国传统宗教思想重要源头的《周易》就是一部心灵感应的经典。乾与坤，阴与阳，有感应为吉，为正常。"感应"一词见于《周易·咸卦》，其《象》说："咸，感也；柔上而刚下，二气感应以相与。止而说，男下女，是以亨，利贞，取女吉也。天地感而万物生，

---

① 张载：《正蒙·太和》，《张载集》，第 7 页。

圣人感人心而天下和平。观其所感，而天地万物之情可见矣。"在这里，咸，意味着互相交感。这是因为咸卦六爻的符号，上三爻构成阴性的"兑"，属柔；下三爻构成阳性的"艮"，属刚。阴柔向上而阳刚往下，阴阳二气互相交感有应，彼此谐和。阴阳交感有节制，所以双方都感到喜悦，这正如男子依礼向女子求婚，故而获得亨通，有利于持守正道，娶而为妻是吉利的。广而言之，天地阴阳也像男女一样，互相交感而使万物孕育生长，圣人效法天地，以诚信感化人心，带来天下的昌顺和平。观察"交感"的显象，就可以明白天地万物的情状了。感应思想在《周易》中还多有体现，如《系辞上》所谓"感而遂通天下之故"以及"出其言善，则千里之外应之"等，都是对感应思想的不同表达。而《周易》的占卜体系，则更是感应思想的生动反映。简·霍普（Jane Hope）在《心灵世界的语言》中说："中国古代的占卜学认为，占卜能预见明晰的事物，能使个人的灵魂与宇宙和谐。这种对和谐一致性的基本解说是现存最古老的占卜体系《易经》的中心内容。其最核心的文字内容可以追溯到公元前 15 世纪，包含了道教与儒教的起源。用蓍草的枝秆组成 64 个六边形，反映了永恒运动的宇宙的一切外在形态。各对边组之间的有力的互相作用被认为可以产生各种形象。在古代中国，占卜不仅可以与宇宙力量沟通，而且能使占卜师解释未来。"[①]这就是一个外国人看中国传统宗教的心灵感应观念重要源头所特有的感受。"先民们相信，人与神是可以互相感应的，八卦就是一种感应的宝器。直到现代，我们还可以看到一些偏僻的乡村里许多人堂而皇之地把八卦高悬在门户上。这乃是古老的感应观念在社会中的沿袭。"[②] 而《易》理的精髓也就在于感应、效法天地。

"感"就是主动一方对被动一方的作用，"应"则是被动一方对主动一方的反应。万事万物之间都存在相互作用的感应，没有感应，就没有事物的变化与发展。在中国传统文化的背景下，历史上各派宗教形成了大量与心灵感应相关的观念。天人感应是中国宗教神秘主义心灵感应的主要观念之一。中国宗教天人感应观念强调，人的命运由天决定，万事都有天意。许多远古

---

① ［英］简·霍普（Jane Hope）:《心灵世界的语言》，封一函等译，第 43—44 页。
② 詹石窗:《易学与道教思想关系研究》，厦门大学出版社 2001 年版，第 37 页。

传说和历史现象也都具有天人感应的文化内蕴。如，因所谓的上天灵感而产生的多种感生神话，就有心灵感应的观念因素。如，简狄感吞燕卵而生契。《史记·殷本记》记载："殷契，母曰简狄，有娀氏之女，为帝喾次妃。三人行浴，见玄鸟堕其卵，简狄取而吞之，因孕生契。"① 再如，姜源感履巨迹而生弃。《史记·周本纪》记载："周后稷，名弃，其母有邰氏女，曰姜原。姜原为帝喾元妃。姜原出野，见巨人迹，心忻然说，欲践之，践之而身动如孕者。"② 这些都是古代统治者宣扬的天子感生神话。

天人感应观念的一个重要观点是"上天降象"，上天让河图出现在黄河里，让洛书出现在洛水里，以此为人类指示迷津，推演未来。"河出图，洛出书，圣人则之"，这样，许多方士儒生也就有了附会、造作各种谶谣的理论渊源。天总是以各种现象感应人，有玄鸟、巨迹、大电、长虹、白狼、嘉禾等。《尚书》中记载了三代的更替，其中的《汤誓》篇云："有夏多罪，天命殛之。"③ 这就是商汤承天意革夏命；《泰誓》篇云："商罪贯盈，天命诛之。"④《康诰》篇亦云："惟时怙冒，闻于上帝，帝休，天乃大命文王殪戎殷。"⑤ 这就是周承天意革商命。而祥瑞观念则强调了人事与天地万物的感应。祥瑞就是指吉利的征兆。祥指本无今有的现象，祯指本有今异的现象。《礼记·中庸》："国家将兴，必有祯祥。"孔颖达疏："国本有雀，今有赤雀来，是祯也。国本无凤，今有凤来，是祥也。"⑥ 人间如果得到大治，或者得到圣贤，或者有喜庆的事情，自然就会出现奇异的现象，预示吉兆，烘托气氛。春秋时，晋国大臣子犯用天象说服重耳，使重耳对自己的前途充满信心。东汉大臣常以天象说人事。顺帝时，北海人精于阴阳之学，以天人关系谈论朝政。《资治通鉴》记载：郎顗上便宜之事："去年八月，荧惑出入轩辕，宜简出宫女，恣其姻嫁……去年闰十月，有白气从西方天苑趋参左足，入玉井，恐立秋以后，将有羌寇畔戾之患……今月十四日乙卯，白虹贯

---

① 司马迁：《史记·殷本记》，第 1 册，第 91 页。
② 司马迁：《史记·周本纪》，第 1 册，第 111 页。
③ 《十三经注疏》上册，第 160 页。
④ 《十三经注疏》上册，第 181 页。
⑤ 《十三经注疏》上册，第 203 页。
⑥ 《十三经注疏》下册，第 1632 页。

日，宜立中外官司，并须立秋然后考事……臣闻皇天感物，不为伪动，灾变应人，要在责己。"① 在这里，每一种天象都与吉凶相连，如"白虹贯日"被称为百殃之本，众乱之基。古人认为，天是有意志的，它时刻都在监视人间的一切事情，所谓"举头三尺有神明"，就是这个意思。这些都在一定程度上说明，天人感应在中国古代人群中，影响至深。

中国传统宗教思想观念中，还有所谓人副天数说，认为天按照自己的模样造就了人，人秉承天的意志长出了身体，这所谓的人副天数，主要也是在讲天人感应关系。汉儒董仲舒在《春秋繁露·人副天数》中对此专门作了论述："唯人独能偶天地。人有三百六十节，偶天之数也；形体骨肉，偶地之厚也。上有耳目聪明，日月之象也；体有空窍理脉，川谷之象也；心有哀乐喜怒，神气之类也……天以终岁之数，成人之身，故小节三百六十六，副日数也；大节十二分，副月数也；内有五藏，副五行数也；外有四肢，副四时也；乍视乍瞑，副昼夜也；乍刚乍柔，副冬夏也；乍哀乍乐，副阴阳也；心有计虑，副度数也；行有伦理，副天地也。"② 而《吕氏春秋·应同》记载"类同则召，气同则合，声比则应"。这实际上就是把心灵感应放到了更宽泛的认识视域，也是一种物物之间的感应。

在天的神威与恩惠下，不管是统治者还是普通百姓，就都会对天表现出敬畏、崇拜，乞求其恩泽。如历史上统治者哭天求治、改元再受命、祭天求雨等就是如此。

佛教在中国的发展过程中，多有对心灵感应的看法、运用与体验。如佛教的典型公案"拈花微笑"实际上讲的就是世尊与迦叶之间的心灵感应。世尊拈花，迦叶微笑，出《大梵王问佛决疑经》，中云："佛在灵鹫山中，大梵天王以金色波罗花持以献佛。世尊拈花示众，人天百万悉皆罔措，独有迦叶破颜微笑。世尊曰：'吾有正法眼藏涅槃妙心，分付迦叶。'"③ 这一公案，在中国佛教中传颂甚广，也对中国佛教的修持及济世度人的方式产生了深远的影响。再如，佛教中的"生命之轮"既可以解释为是对人的心智的

① 司马光：《资治通鉴》，中华书局1956年版，第1663页。
② 董仲舒：《春秋繁露·人副天数》，苏舆：《春秋繁露义证》，第354—357页。
③ 《释氏稽古略序》，《大正藏》第49卷，第752页。

展示，也可以说是为超度者到达精神彼岸的某个再生地指明了方向。舵轮下部的轮辐展现了动物和饥饿的幽灵的王国。在地狱世界中，既有永久的冰雪也有炽热的火焰。幻觉和这些地狱世界的现实总是有着令人痛苦的差异。比如说，被称为"刀原"的美丽的地狱乡村对在其中行走的居住者来说是非常痛苦的。但是，与其他宗教不同的是，备受折磨的灵魂最后会因为佛陀的同情和怜悯而得以解脱痛苦，会在另一个世界得到重生。佛教认为，即便是佛教中的神，即"天"或"提婆"，也不能摆脱永无止境的再生轮回。又如，中国化佛教宗派禅宗强调禅悟。"禅"，意为高度的凝神沉思状态。禅意的语默、寂照方法，禅修的顿悟、渐悟过程，最终都是在讲究一个"悟"字，而这个"悟"字的实质性的意蕴，即是对世界、对他人、对圣灵在心灵深处的一种感应与通达。佛家在其实践中也注重运用心灵感应进行善念的导引，以之作为摄生的方法。如佛教讲"六合"、"六通"，就是强调这种心灵感应观念。而唯识宗所宣扬之阿赖耶识即第八识，就像一个神奇的种子库，有不可穷尽的善恶种子，通过第七识末那识的执为我有，自意识、眼识、鼻识、舌识、耳识、身识化现唯识的大千世界。而这种执为我有，是要强调通过心灵的感应进行善恶的清明与抉择的。因而唯识宗所要化现的世界，实质上应是有所指向的良善的世界。其信众往往就是在这种善念的导引之下，使身心内外境趋于平衡，从而实行性命双修，摄生弘法的。

在道教中，心灵感应的现象与观念是繁杂纷呈的。"有人曾经把道教思想总括为'感应'二字，这虽然过于绝对化，但从一个侧面反映了'感应'观念在道教中的重要地位。"[①] 早期道教典籍《太平经》，采纳了董仲舒的人副天数、天人感应观念并对之作了发挥，把它们作为十分重要的理论基础以支撑其庞大的体系。于吉认为，人与万物皆能相通，同类可以相感，异类也可以相感。同类相感应即人与人的感应，异类相感即人与动植物、神鬼、天地等的感应。他指出：头圆应天，足方应地，四肢应四时，五脏应五行，三百六十脉应三百六十日。有头疾的人是元气不悦；四肢有疾的人是四时气不和；耳目有疾的人是三光失度；发寒发热的人是阴阳气相争；愤乱的人是万物失所；闹鬼的人是天地神灵怒；有瘟病的人是太阳气所害；有寒病的人是

---

① 詹石窗：《易学与道教符号揭秘》，中国书店 2001 年版，第 46 页。

太阴气所害；犯病急死的人是刑气太急；气胀或少气的人是八节乖错。从这些病因的分析情况来看，《太平经》已经认识到外部环境对人体产生的影响，这种影响属于人体与天地间物质性的气的感应。"这是一种十分朴素的自然认识，尽管从总体上看并不科学，但也包含着一些合理因素。不过，《太平经》并没有发展其合理的因素，而是沿着神秘主义方向发展了'感应'理论。"① 它把天地人格化了，认为人的疾病的产生是由于触犯了天地之威。国家不治，则天就会以灾异、灾变相告诫："夫大灾异变怪者，是天地之大谈也；中灾异变怪者，是天地之中谈也；小灾异变怪者，是天地之小谈也。"② 又说："见大恶凶不祥，是天地之大怒也；见中恶凶不祥，是天地之中怒也；见小恶凶不祥，是天地之小怒也……灾异变怪，大小记之，勿失铢分也。"③ 这些感应观念对后世都有相当大的影响。

　　道教托太上老君之名的经书在很多方面都讲到感应问题，而最为突出的要算《太上感应篇》。该书简称《感应篇》，作者目前尚无定论。《宋史·艺文志》曾着录有李昌龄《感应篇》1卷，《郡斋读书附志》存夹江隐者李昌龄所编《太上感应篇》8卷，《正统道藏》太清部收《太上感应篇》30卷，题"李昌龄传，郑清之赞"。由此可见，此书宋代应该就已经出现，后人加以衍扩注疏，从而使其内容变得较为庞杂起来。《太上感应篇》开始就提出了人们所普遍关心的"祸福"来由问题，指出"祸福无门，惟人自召；善恶之报，如影随形"。在《感应篇》作者看来，人的不同行为会招至不同的结果，是祸是福全在于自己的思想举动，人所从事的活动或善或恶都一定是会有报应的。之所以如此，就在于天地之间存在着感应法则。一个人如果想长寿多福，就应该行善积德。为了具体地向世界证明祸福因果的报应，作者还列举了二十多条善行，一百多条恶行，以供人们参照。

　　在道教的卜筮术、巫蛊术、禁架术、扶乩术、幻术，降神附体、符箓、灵棋、太乙、六壬、奇门遁甲术，祝由、堪舆、斋醮、导引等法术与科仪中，都杂糅了一些心灵感应观念的因素在其中。道教的符箓修持就是以感应

---

① 詹石窗：《易学与道教思想关系研究》，第108页。
② 王明：《太平经合校》，第323页。
③ 王明：《太平经合校》，第324页。

为基础并且力图通过感应来达到功效。符是一种笔画屈曲、似字非字的图形，又称符字。箓是记天曹官属佐吏之名的秘文，又称墨箓。符箓的作用是借鬼神以驱邪魔。其渊源可追溯到原始社会的巫术。画符念咒，驱鬼降妖，祈福禳灾，这些成为了道教符箓派法术的重要组成部分。道教声称，符图、印章上的符箓是天神的文字，有召神劾鬼、治病镇邪等功效。道士作法时，常使用杖、剑、镜等法器，把符咒、诀等结合起来，作为传递信息的符号，用以祈祷神明，求得急速效应。道士施法，高擎器物，在水中画符或用朱笔书写符箓于纸上，烧化成灰，溶入水中，让病人或中邪魔者服用，以为可除百邪百病。晋代葛洪在《抱朴子内篇·登涉》中介绍了符箓避邪之用，还画了十几幅符让人使用。

道教的斋醮仪式（俗称道场）对"诸神"的祭祀用"醮"法，也是一种具有感通神灵作用的请神仪式。醮本是上古进行冠礼或婚礼时的一种礼仪，《仪礼·士冠礼》云："若不醴，则醮用酒。"战国时楚人宋玉的《高唐赋》有"醮诸神，礼太一"之说。《抱朴子神仙金汋经》所载羡门子丹法，其方士也进行祠灶之类的宗教祭祀活动。《汉书·郊祀志》说："（宣帝时）或言益州有金马碧鸡之神，可醮祭而致，于是遣谏大夫王褒，使持节而求之。"文中的"醮祭而致"，就是用醮祭的仪式把神召来，这其中就必有一种精神的感通方式。《正一威仪经》说："醮者，祈天地神灵之享也。"《上清灵宝大法》卷59《斋法宗旨门·谢恩醮》亦引杜光庭的话说："广成曰：醮者……皆可延真降灵。"这些都可反映心灵感应观念因素在其中的影响。

民间宗教是下层劳动群众组织的宗教，其思想基础涉及儒、道、佛和多神论。其基本群众是农民、贫民、流民、小手工业者，有极大的反抗精神。心灵感应观念在其宗教教仪与思想中也均有相当深刻的影响。宗教信徒烧香、念经、做道场，都有意无意间掺杂了心灵感应观念。如扶乩术。扶乩，又称扶箕、扶鸾，是一种通过"感应"请"神"的法术。历史上，曾经流行着通过扶乩礼请紫姑的道教法术活动。紫姑是传闻中的厕神，善于占卜。南朝宗懔在《荆楚岁时记》记载：每年正月十五日，"其夕迎紫姑，以卜将来蚕桑，并占农事"。后来，不仅紫姑是扶乩之神，而且还有麻姑、巫女、七姐、何姑等。扶乩的方法是用乩笔在沙盘上写字。乩笔就是两根小木棒，钉成丁字形，沙盘是簸箕上放沙或米。进行扶乩活动时，烧香点烛，请神下凡。让乩笔在沙盘上抖动。乩师就根据沙盘上的图形说出是某词某句，根据这个词句预测凶吉。各地区各时期民间的扶乩方法基本上是大同小异，都在一定程度上反映了心灵感应观念在民间宗教中的深刻影响。

3. 中国宗教心灵感应观念的特点

中国宗教心灵感应观念的主要特点可以概括为：

第一，中国宗教心灵感应观念具有较强的功利性。例如，就占卜而言，先民们景仰神明，向神明占问，乃是怀着不同时期的功利目的。《礼记·郊特性》在描述蜡祭时也表现了这种思想观念："……大蜡八，伊耆氏始为蜡。蜡者也，索也，岁十二月，合聚万物而索飨之也。蜡之祭也，主先啬而祭司啬也，祭百种以报啬也。飨农，及邮（田神）、表（窝棚神）、辍（田间道路神）、禽兽，仁之至、义之尽也。古之君子，使之必报之；迎猫，为其食田鼠也；迎虎，为其食田豕也。迎而祭之也。祭访（水塘）与（水渠），庸，事也。"① 我们祭祀天上的日月星辰乃是因为日月星辰给人们带来了光明，可供瞻仰；祭祀大地上的木火土金水五行乃是因为它们有利于生殖；祭祀名山大川，乃是因为它们可以给人们带来源源不断的财用；至于禽兽之类，之所以祭祀也是为了发挥它们的功用。这就说明了先民们的宗教信仰具有一种务实的精神。与这种精神相应，力图以八卦占问神明的举动也是从当时先民们生活中的切身利益出发的。这种功利性的宗教心灵感应观念对后人的影响是深刻的，以至在后来民间各类形式的敬拜中，都在某种程度上强调了务实，富有功利的色彩。像求观世音是为了得子、求财神是为了进宝，如此等等，在民间都是十分普遍的现象。

第二，中国宗教心灵感应观念常常为某些人所利用，以进行迷信活动，或实现某种目的，也有较强的政治色彩。

在各个封建王朝，心灵感应观念多为统治者所利用。如在汉代，"天人感应"、"天人合一"，以及"谶纬"学说甚嚣一时，董仲舒的"人副天数"说，认为人为天地精华，人和天最相肖，"为人君者，其法取象于天"。人事活动，会从天得到反应。代天治民的君主的行为好坏，"天"会降下"符瑞"、"荧异"，以示奖惩。这种"天人交感"、"君权神授"的宗教神秘的

---

① 《十三经注疏》下册，第1453页。

心灵感应观念很快就与当时流行的"谶纬"学说结合起来，成为统治阶级愚弄、欺骗人民，进行争权夺利的理论工具。汉代的王莽、刘秀等就先后分别假借谶纬、符命、瑞应，伪托天、神的启示，进行篡位夺权。

宗教的心灵感应观念也常被一些为获取功名、求财得利的人所利用。如宋代文人间盛行扶乩，这是与文人们的功利心理相联的。他们为了达到成功的企望，总想通过扶乩之类方式以与神灵感应相通，获得便利或占问前程。陆游在《箕卜》诗中描述说："孟春百草灵，古俗迎紫姑。厨中取竹箕，冒以妇裙襦。竖子夹扶持，插笔祝其书。俄若有物凭，对答不须臾。岂必考中否，一笑聊相娱。"[①] 陆游虽以扶乩为娱乐，一笑了之，但确映证了当时的扶乩之风是与科举不无关系的。读书人临考前心中空虚，就以扶乩祈求神示，"岂必考中否"说的就是预测科举事。或以扶乩问前程，《阅微草堂笔记》卷4记载："姚安公未第时，遇扶乩者，问有无功名。判曰：'前程万里。'又问登第当在何年。判曰：'登第当须候一万年。'意谓或当由别处进身。及癸巳万寿恩科登第，方悟万年之说。后官云南姚安府知府，乞养归，遂未再出，并前程万里之说亦验。"[②] 乩仙说"万年"，可作多种解释：遥遥无期或此途不通或万岁开恩之时，而求仙者必能遇到其中一种情况。这实质上是说乩仙者玩弄的是一种鬼不自灵、待人而灵的幻术技法。

为了反抗统治阶级的压迫，被统治者也多采用宗教心灵感应方式来号召民众，吸引民众，以有效地组织发动民众起义。如历史上早期的陈胜、吴广起义，起义者就是把"陈胜王"的谶籤放在鱼腹中，然后借以之为神谕而组织发动群众起义的。再如，东汉末年，张陵创五斗米道，张角创太平道，他们之所以有巨大的号召力和组织能力，也是与他们有意识地利用了宗教心灵感应观念有密切关系的。张陵传授五斗米道时，以符水为人治病，又以祷祝吸引民众，教病人叩头思过，治愈者因而感再生之恩，以其为神，笃信教义，纷纷参加起义。张角以"苍天已死，黄天当立，岁在甲子，天下大吉"为口号，自称天公将军，发动教徒起义，也是运用了这种宗教心灵感应的力量。

第三，中国宗教心灵感应观念通过各种形式渗入到了传统文化的内层，

① 陆游：《剑南诗稿校注》第6册，钱仲联校注，上海古籍出版社1985年版，第2979页。
② 纪昀：《阅微草堂笔记》，上海古籍出版社1980年版，第60页。

其社会影响十分深远。一个民族的宗教信仰，往往是其文化中最为深层的具有精神特质的意识。在中国传统文化中，不同的宗教派别都以各自信仰的基础观念体系渗入到中华文化内层的道统之中。而在这样的观念体系中，心灵感应观念属于其中一个十分重要的组成部分。不同宗教派别的心灵感应观念通过多元化的形式在民间表现出来。民间的各类神祇，就充分体现了各宗教派别对圣灵的心灵感应观念。如旧时以多子为福，于是人们就敬拜生育之神，以求感灵而得子。佛教在民间有观音菩萨，在印度佛教中，观音是没有送子功能的，佛教传入中国后，很快就被汉化，观音以慈悲为怀，为民送子，求子的妇女都要到庙中拜观音。佛教的护法神中有个鬼子母，俗称母夜叉，也是送子的菩萨。而道教在民间则有送子娘娘。娘娘庙有王母娘娘、天妃娘娘、九天玄女、泰山娘娘。民间宗教中还供奉周文王姬昌，传闻他有九十九子，后又收养雷震子，有百子之福。唐代陈靖姑乃为福建福州仓山塔亭人，嫁到古田临水乡，怀孕之后因难产而死，死前自言："死后为神，救人产难"。老百姓感言，亦立庙祀之。再如，人们为了招财进宝，于是就敬拜财神。在民间有文财神与武财神。文财神为春秋时越国大臣范蠡。范蠡很有谋略，帮勾践打败吴国后，隐姓埋名，浪迹江湖，三致千金，三次将钱财送给穷人。他后来定居陶邑，自号陶朱公。而道教传闻的赵公明为武财神。赵公明据说与钟馗同乡，终南山人氏，师事张天师，封为正一玄坛赵元帅，他在天上为武将，而民间供为武财神。民间还以关公为财神，在家中立神位，焚香以祀。直到现代，我们都能够看到，许多生意人在家中都立有各类财神以顶礼膜拜之。从这些神祇在民间的构塑与敬拜中，可以深深地体味到中国宗教的心灵感应观念对社会文化所产生的深远影响。在民间的各类习俗中，也有对不同宗教心灵感应观念的反映，如多种多样的咒语就颇有感应的意涵。咒本是古时巫师祭神时的一种祝祷词，主要建立在对语言具有神秘魔力深信不疑的信仰基础上。民间夜行者常念"入门经出门经，出门遇上观世音，三千童子前引路，八百金刚护我身，妖魔鬼怪化灰尘"之类的咒语，借以壮胆。这应该说是受到佛教心灵感应观念的影响。再如，小孩整夜哭闹不休的家长，常将写有"天皇皇，地皇皇，我家有个好哭郎，过路君子念三遍，一觉睡到大天光"之类的标语贴在显目的位置，以求得交感效应。小孩受了惊吓，乡野的人们就认为是魂吓丢了，请术士或小孩的亲娘叫魂，一叫一应，以求得心灵感应，招回孩子的魂来。如此之类，都是中国宗教心灵感应观念在民俗中的投影。

第四，中国宗教心灵感应观念内容相当丰富，而以天人感应为主体，强调天启神示。中国宗教的心灵感应观念内容繁多，涉及面广，总体上可概括为四个大的方面。即人与天（通常有圣灵、鬼神）的感应，人与人的感应，人与物的感应，物与物的感应。而其中与西方文化一个最大的不同是，中国宗教的心灵感应观念是以天人感应为主的，而且更为强调天启、天示。西方文化则对人与人之间的心灵感应更为关注，并且多用理性去求证。之所以如此，第一是因为在中国，宗教的心灵感应观念更多地为统治阶级和被统治阶级所利用，以实现其不同的政治目的。为着建立至高无上的权威意志的需要，在天人互感中，"天"就必须要显现出比之于人所应有的极端的地位上的优势，而天人感应、天启神示之类的感应自然就更为人们所关注，成为中国宗教心灵感应观念的主流。第二是因为比较西方而言，由于传统文化的影响，在中国人群中缺乏张扬自身独立人格的个性发展空间，由此存在着中国人性格里的一种"上帝缺位"现象。这种人群的性格特点反过来又对中国宗教文化中的心灵感应观念发展的侧重点产生了影响，使得天启神示成为感应主流。第三是因为中国宗教更为强调主客不分，人与天地宇宙万物合一，因而人们也就很难跳出这种主客合一的系统之外，从认识主体角度来思考以人为中心的心灵感应问题，这样，在实际生活中，人们常常就是被动地去求感上天与神灵，而不是平等地去互感，由此也就造成了宗教的心灵感应观念以天人合一、强调天启神示为主流的感应特点。

4. 中国宗教心灵感应观念的价值

在中国历史上，宗教心灵感应观念对社会的负面影响是较为突出的，主要就在于它总是被统治者以及一些心术不正者有意识地操弄，使之染上了浓郁的神秘主义和迷信色彩，在许多时候它都沦为统治者麻醉人民、愚弄人民的一种精神工具。同时，许多虚假的神鬼怪异论调明显与现代科学精神相抵触，不利于科学精神正常健康地发育。然而，如果把中国宗教心灵感应观念放在中华传统文化大背景下加以考虑，就会发现，实际上它也具有一定的正面价值。主要体现在：

第一，有利于抑恶扬善，具有一定的道德伦理价值。

　　中国宗教的心灵感应观念强调神明对人的恶行的监督惩处和对善德的推崇颂扬，也就是强调善恶报应，这就在社会生活中起到了抑恶扬善的作用。如《周易·坤卦》之《文言》称："积善之家，必有余庆；积不善之家，必有余殃。"意思是说，修积善行的家族，定有足余的庆祥；累计恶行的家族，必然会留下许多祸殃。道教所谓的"承负"，也就是这个道理。《太上感应篇》要求人们"不履邪径，不欺暗室，积德累功，慈心于物，忠孝友悌，正己化人"。文中还说，要能够成为天仙，就必须做一千三百件善事；要当地仙，至少也得做三百件善事。并且认为，人体中有一种监督人的行为的神明，叫做"三尸神"，时刻都在记载人的恶行，每每于庚申日升天向天曹（天上的一种神明职司）反映情况，或者说下地府告人罪状，叙说人的差错，由此定夺人的寿命的长短和祸福的多寡。强调人修善行要在一念处下功夫，劝告世人诸恶莫作，众善奉行，积善天必然降福，行恶天必然降祸。民间信奉的灶神，对人们的行为如对铺张浪费不良德行也有与此类似的监督惩戒作用。这些感通圣灵的心灵感应观念，渗入到每一个处于中国传统文化背景下的人们的心灵深处，能够形成强大的道德内驱力量，使行恶者从心理上产生惧怕，而行善者从心理上得到慰藉。也使人们内省自身，做到儒者所说的"慎独"。在这一点上，可以说，中国宗教的心灵感应观念具备了超越时代的道德价值。

　　第二，有利于对帝王至高权力的节制，具有一定的社会历史价值。

　　中国宗教中的一些心灵感应观念，如《国语》着重从天道论心，提出了心为"帝心"的思想。帝是上帝、天帝，具有人格意志、好恶感情以及能赏善罚恶的功能。因此，心就是天帝的精神意志，称为"帝心"。《国语》记述禹治水的经验教训说，共工、伯鲧治水，采用筑堤填凹、堵塞水流的方法，结果违背了天帝的心意，遭到失败。禹改用填高挖低、疏导江河、围泽辟地、积水丰物的方法治水，结果水流通畅，洪水疏泄，获得了极大的成功。"故天无伏阴，地有散阳，水无沈气，火无炎燀，神无间行，民无淫心，时无逆数，物无害生。帅象禹之功，度之于轨仪，莫非嘉绩，克厌帝心，皇天嘉之，祚以天下。"[①] 所谓"帝心"，实际上是以天帝精神意志出现

---

　　① 　徐元浩撰：《国语集解·周语下》，王树民、沈长云点校，中华书局 2002 年版，第 96 页。

的天道法则。然而，由于天道法则被赋予精神意志的性质，它便具有某种道德属性。因而，作为天道法则体现的"帝心"，便与人心相通，"帝心"善善恶恶、赏善罚恶，人心同样应该远恶向善，"耸善而抑恶"①。人的思想和行为，必须"度于天地而顺于时动，和于民神而仪于物则"②，才符合于"帝心"，获得天帝的赏佑。特别是治国的君主，应该心怀仁德，循礼蹈义，顺于民心，才能治正天下，达到国治民安。如果背道离德，逆违民心，那就是违反"帝心"，天帝将降下灾异，以"劝戒其心"③，使之弃恶行善，返回正道。而《阴符经》则从天地、万物、人之间关系出发，认为"天有五贼，见之者昌，五贼在心，施行于天。宇宙在乎，万化生乎身。天性，人也；人心，机也。立天之道，以定人也。天发杀机，移星易宿；地发杀机，龙蛇起陆；人发杀机，天地翻覆"。这就强调了天地人之间互相制约的感应关系。董仲舒等人宣扬的天人感应、人副天数等，强调了封建等级和君权神授之类的神秘主义思想，与流行的谶纬迷信结合在一起，成为统治阶级愚弄人民、欺骗人民、争权夺利的理论工具。一些帝王即位后大多还会装势，如发布即位诏令，言不敢违背天意，因合天意而即位。然而，这些神秘主义感应思想又强调，国家若不治，天即会以灾异相告诫，甚至会改朝换代。由此可见，这些天人感应观念反过来又形成了对帝王内在的心理威慑力量，使其不敢随意鱼肉百姓、滥用权力、放纵自己，从而有所节制、勤于朝政。从这一意义上来说，宗教的心灵感应观念又是具有一定的社会历史价值的。

　　第三，它有利于人的心理调适和精神治疗，具有一定的心理学价值。

　　中国宗教的心灵感应观念内含有丰富的心理学思想，这种观念运用于病人的心理调适与精神治疗，往往能产生奇效。俗话说，十道九医，在道教中，许多道士在行医时，多运用了其所有的心灵感应观念。如道医常常使用治病的祝由之法就是对心灵感应观念的一种运用。通过祝由之法，施符念咒，要求病人入静室，存思安心，反省自己，进行精神上、心理上的"沐浴"，其实也就是要通过这种意念导引的手段，清除杂念、邪念、恶念、妄

---

① 徐元浩撰：《国语集解·周语下》，王树民、沈长云点校，第485页。
② 徐元浩撰：《国语集解·周语下》，王树民、沈长云点校，第98页。
③ 徐元浩撰：《国语集解·周语下》，王树民、沈长云点校，第485页。

念，排除病人的焦虑、紧张、忧郁等不良情绪，减轻不良精神因素可能对人的机体造成的损害，从而使病人求得所谓的与神的感通，达到神怡情和的状态，实现生命系统的平衡而至痊愈。明代大医学家张介宾在《类经》卷12《论治类》中专门谈到祝由之法曰："……先巫因知百病之胜，先知其病所从生者，可祝而已也。只此数语，而祝由鬼神之道尽矣，愚请竟其道焉。夫曰似鬼神，言似是而实非也。曰所恶所慕者，言鬼生于心也。曰知其胜、知其所从生，可祝而已者，言求其至病之由，而释去其心中之鬼也。何也？凡人之七情生于好恶，好恶偏用则气有偏并，有偏并则有胜负而神志易乱，神志既有所偏而邪复居之，则鬼生于心，故有素恶之者则恶者见，素慕之者则慕者见，素疑之者则疑者见，素畏之者则畏忌者见，不惟疾病，梦寐亦然，是谓志有所恶，及有外慕，血气内乱，故似鬼神也。又若神气失守，因而至邪……凡一切邪犯者，皆是神失守位故也。此言正气虚而邪胜之，故五鬼生焉，是所谓故邪也，亦所谓因知百病之胜也……心有所注，则神有所依，依而不正，则邪鬼生矣，是所谓知其病所从生也。既得其本，则治其法，故察其恶，察其慕，察其胜，察其所从生，则祝无不效矣。"[1] 他精辟地分析了祝由利用导引驱除不良意念的治病机制，揭示出祝由治病的本质就在于：通过这一与神鬼感应的机制极有可能调适病人的心理，使之实现心理的内外境平衡，从而达到较好的治理效果。正因如此，从某种程度上可以说，中国宗教的心灵感应观念是有一定的心理学价值的。

第四，它有利于激发人们的创造性思维活力，具有一定的研究开发价值。

撩开中国宗教的神秘外衣，可以发现，各派宗教的心灵感应观念中也留存有人们创造性思维活力伸张的空间，甚至在一定的条件下，还有利于导引这种活力的激发。如一些与神灵的感通传闻，尽管大多无从验证也无必要去验证，但其中所展现的奇异的想象力、特别的审美情趣和特有的艺术特色往往不得不令人叹为观止，而这些则正是中国宗教的心灵感应观念对人们创造性思维活力加以诱发的结果。诸多的人与人心灵感应的传闻与记载，如蔡顺之母、周畅之母噬指归子等，不仅显扬了一种良好的道德人性，具有一定的

---

① 张介宾：《类经》卷12《论治类》，人民卫生出版社1965年版，第352—353页。

道德价值和社会意义，而且也表明在中国，古人早已关注到了心灵感应现象的存在，并运用自己的智慧进行了大胆的想象和探索，从而得以诱发现代人对这一现象进行思考，产生出创新的灵感火花。在中国宗教中，巫术、占筮、谶纬、扶乩、禹步、丹道之类也有许多方面的心灵感应观念闪现出某种创意的灵光，既幽深莫测而又具有一定的预测学、逻辑学、养生学研究价值。如被道教当做"万术之本"的禹步，与道教传统的丹道结合，就具有较重要的养生学研究价值。唐代著名医学家、道教学者孙思邈在其书《千金翼方·禁经》中对此描述说："凡禹步法，移步左右脚，前后不同。凡欲作法，必先取三光气，又禹步，然后作法验矣。三光者，日月星。禹步者，或三步、七步、九步不定。若欲受三光气者，极晴明日，向日两步并立，先所愿事随意多少小咒之，然后取禹步三步也。所欲步时，先举头看日光，剩开口吸取日光明，即闭口塞气至三步始得放气也。三步者，从立处两过移脚始成一步。三步即是六过移脚也。向日光禹步时，左脚步先移，右脚步后移。若向月星二光禹步时，变右脚先移，左脚后也，但步数不同耳。若向星禹步时，须满九步也。九步者向日中三步，更足六步耳……又向星禹步作九步时，即长久若一气不得度，是以三步作一闭气，则九步即三过闭气也。"在这里可以看出，整个禹步的程序都贯穿着天人交感的心灵感应观念。行法者吸三光气，凝日月星，塞气放气，调整呼吸，调理精神，这正如《周易参同契》把人体当做小宇宙而与天地自然的大宇宙互相应合，从天地自然的运行规律中寻求人体内丹修炼的基本参照系一样，是讲天人交感的用意。这就充分体现出这种感应观念的养生学研究价值。中国宗教的心灵感应观念本身就是充满活性的观念体系，因而，直到如今，它的那些奥秘之处，仍然散发着超越时空的神奇魅力，我们相信，随着现代科学的发展，其研究开发价值还将会得到进一步的展现。

二、至诚则灵——修心重在诚上求

心灵感应实质上是中国宗教对自然世界和精神世界的一种特殊认知路径。由于中国宗教心灵感应观念以天启神示为主流，获得天人互感也就成为心灵感应修持的主要问题。那么，中国宗教如何在宗教活动中进行心灵感应实践，求得所谓"通灵"呢？其修持方式主要就在于：

1. 通过修心至诚求通灵

中国各派宗教都有自己特有的心灵感应修持方式。其中一个共同点就是以为"心诚则灵"，心"诚"是通"灵"的关键所在，因而重视在"心"上下功夫。正因如此，要探讨中国宗教心灵感应的修持方式，就必须理解中国传统文化中"心"这一范畴。

张立文在其所编《心》一书中认为，心范畴是中国文化精神、文化生命的荟萃。这是对"心"范畴的一个比较客观的把握。他同时对"心"范畴进行了细致的疏释，在此可作一个简略概括：（1）心为心脏，又为思维器官。心字象形，原义为心房。《说文解字》："心，人心，土藏，在身之中，象形"。（2）心为主体意识。（3）心为天心。（4）心为无、有。（5）心为唯识、唯心。（6）心即理。（7）心为知情意。而古代一些重要的典籍，也有许多对心的认知主张。《易经》强调心为心理，《尚书》强调善恶之心，《诗经》强调心为德心，《左传》强调仁人之心，《国语》强调帝心，这些主张，体现了先哲对心精细微妙的把握。

怎样修心才能至诚通灵呢？有各种理论主张。[①]

儒者在心上多有讲究。孔子论修心讲"七十而从心所欲，不逾矩"。他使心具有了普遍的意义，强调把进德与修业统一起来，以此获得随心所欲的自由，达到人格的完善。然而其论心，重在如何做人，没有强烈的探索自然现象背后本体的意识，因而他的"从心所欲"，实际上重视的是对道德自由的"通灵"。孟子论修心，提倡存养"仁心"，认为"心之官则思"，心是人精神活动的居所。他提出了"尽心、知心、知天"的系统理论，把心与个体道德修养相联系，重个体的意识修养。认为"恻隐之心，仁之端也；羞恶之心，义之端也；辞让之心，礼之端也；是非之心，智之端也"[②]。并将此"四心"扩充为四种道德观念，由道德之心生"王道"之事，由道德意识转化为道德实践，达到主体（心）与客体（物）的统一，从而获得"通灵"的效果，达到天人合一、心物合一的最高道德境界。荀子论修心，

---

① 关于"心"的问题，本书第三章第一节与第二节已有论述，这里侧重从心灵感应角度予以分析。

② 《孟子·公孙丑上》，朱熹：《四书章句集注》，第238页。

认为心为神明之主，心者形之君而神之主，君子养心莫善于诚。他提出了
"虚一而静"的原则并认为只有通过"虚一而静"的途径，才能掌握自然和
社会的规律，才能"解蔽"，从而达到通灵的境界。这是对心灵感应认识背
景的深刻论述。董仲舒论修心，认为心不但有"哀乐喜怒"的情绪活动①，
而且具有宰制情欲的功能。他主张把心与天相结合，借助外在的天意权威来
制约内在的个体意识，包括君主与臣民的主体意识。以人心副天心，人心因
天而生，主体意识的能动性就转移到了天心那里，随天心而动。以至天人感
应而合一。这样，随着主体意识的客体化，心便含有外在本体的意蕴。张载
论修心，主张心统性情，人本无心，以物为心，"大其心则能体天下之物，
物有未体，则心为有外"②，心只有通过感物，才能通灵。通过"物交"只
能感生"见闻"而不能产生"德性之知"的通灵感应，而要产生"德性之
知"的通灵感应，就只有像圣人那样"大其心"。二程论修心，从张载的
"心统性情"说中引出心有体用说，他们认为，心之体指寂然不动之性，心
之用指感而遂通天下之情。在他们那里，心、性、情三者是合一的。他们又
认为心分人心与道心，主张"灭私欲，存天理"，并从"心无限量"的前提
出发，认为天下无心外之物，天地万物都统一于我心中，离开我心也就无天
地万物之存在。这样，心就与天地万物合而为一了。朱熹论修心，认为
"心含理与气"，他说："所觉者，心之理也；能觉者，气之灵也。"③"天下
万事本于一心"④。主张"虚明而应物"，这样才能通灵。陆王论修心，主张
求"良知"之心。在陆九渊那里，心也叫良知，良知就是心，或心的本然，
良知具有造化万物的功能，只要求得良知，就能通灵万事万物，"与物无
对"。

　　道者论修心，多主张"虚心"至诚以通灵。老子主张无常心，虚其
心。庄子遵循道家离世外生的途径，将心与自然本体道相联系，重外生无
己的忘仁义道德，重个体意识的超越，要求打破物我（主客体）的局限，
由坐忘无己，达到主体精神的绝对自由而至通灵的境界。《淮南子》作者

①　董仲舒：《春秋繁露·人副天数》，苏舆：《春秋繁露义证》，第355页。
②　张载：《正蒙·大心篇》，《张载集》，第24页。
③　黎靖德编：《朱子语类》卷5，第1册，第85页。
④　朱熹：《朱文公文集》卷75《送张仲隆序》，《朱子全书》第24册，第3623页。

发挥《黄帝内经》的思想，认为："心者，形之主也；而神者，心之宝也。"① 唐代道教著名代表人物王玄览，悟出了修道成仙不在炼形而在修心的道理，所以他重点探讨了心物关系，认为心是万事万物的本体，万事万物是以心为根据的。"是故心生诸法生，心灭诸法灭。"② 只有通过"收心离境"的途径，才能达到"自入虚无，心乃合道"以至于"洞然至太清"的通灵仙境。

佛教论修心，各宗派多把"心"提到本体论的高度，以心为法本，认为心可派生出宇宙万物。天台宗智顗提出"一念三千"论，认为作为宇宙本体之心，具有"生一切法"和"含一切法"的功能。在他那里，万法只是"一念心"的显现，是"一念心"的产物，这就是说，也只有在这"一念心"上，才能产生万法的通灵感应。佛教唯识宗在本体论上，认为一切唯心所造，世界万有存在于心中。"万法唯识"、"一切唯心"，认为世界万有都是由"心"所造，离开"心"也就没有宇宙万物的存在。唯识宗把"心"分为两个部分，一是被认识的"心外之境"叫做"相分"，一是具有认识能力的"心内之境"，叫做"见分"。二者构成了认识对象和认识主体，但都离不开"心"（识），精密地表现出唯有通过"心"（识），才能使"见分"合之于"相分"，生发出通灵万法的感应。华严宗大师宗密认为，真如是无生无灭、永恒存在的，诸法作为心之用，是有生有灭的，他把"四法界"说成"一心"所生，一切诸法的通灵感应都是"随心回转"的。密宗则以为"一真法界"可归于心，所以"一真法界"即"一心"。心是万有的本体或根据。禅宗慧能主张"直指人心，见性成佛"，顿悟通灵。可见，佛教各派都强调"净心"、"炼心"，以去心之我执、除世之尘染，从而达到至诚而通灵成佛。

2. 通过崇拜灵物求通灵

自原始宗教开始，中国先哲就认为万物有灵。因此，也就对这些有灵性之物予以虔诚的敬拜，以求得通灵的感应。如在中国古代宗教活动中的卜筮，一般都用甲骨与蓍草之类的自然之物，以为它们有特别的灵性，《左

---

① 《淮南子》卷7《精神训》，高诱注本，《诸子集成》第7册，第103页。
② 王玄览：《玄珠录》卷上，《道藏》第23册，第623页。

传》中屡言"卜之"、"筮之"，卜者即龟骨，筮者即蓍草，甲骨和蓍草在商代的卜筮活动中经常使用，商亡以后，蓍草渐渐代替了甲骨。到了周代，特别是《易经》问世后，卜筮活动主要使用的就是蓍草了。一是蓍草在黄河上游的西北高原比较多，采集方便；二是它长得很怪，心圆而空，而茎干又很硬，故《易传·系辞上》说："蓍之德圆而神，卦之德方以知"，认为蓍草的品质是神秘的，因而它的功能在于测知四面八方发生的事情，具有无所不知的智慧。先民以龟为排难避害之物，上古以龟占卜，《尚书·洪范》："龟筮共违于人，用静吉，用作凶。"以龟兆预测吉凶。《史记·龟策列传》记载灵龟之事："有神龟在江南嘉林中。嘉林者，兽无虎狼，鸟无鸱枭，草无毒螫，野火不及，斧斤不至，是为嘉林。龟在其中，常巢于芳莲之上，左胁书文曰：'甲子重光，得我者匹夫为人君，有土正，诸侯得我为帝王。'求之于白蛇蟠杅林者，斋戒以待，凝然，状如有人来告之，因此醮酒佗发，求之三宿而得。"这一记载，反映了先民对神龟的诚信。动物中龟的寿命很长，后来古人还仿效龟的呼吸，不饮不食，以求长生。照当时的中国人看来，促使天下万物生长的神秘力量，没有不体现在蓍草和乌龟身上的了。以是"成天下之亹亹者，莫大乎蓍龟。是故天生神物，圣人则之。"① 这类神物，圣人的行为都以之为参照。春秋战国时期，国君决定重大的事情，都要经过卜筮，他本人则要斋戒沐浴，在宫里静候祈祷五六天，听取卜筮的结论再决定行动，这也就是《中庸》所说的："国家将兴，必有祯祥。国家将亡，必有妖孽。见乎蓍龟，动乎四体。"总之，中国人早期的宗教活动体现出了强烈地对蓍草等神秘之物的崇拜。

3. 通过施展法术求通灵

通过施展法术求通灵，是中国宗教普遍使用的方法。西藏过去的占卜形式也很多。旧时西藏有专门由政府供养来召唤神谕的人，他们的任务就是进入一种入定或入迷的状态去与神对话。另一种被称为波斯那的藏族人占卜形式，能使失去知觉的心智在镜子上射出视觉图像。

中国古代有降神附体术。降神，又称下神。通过巫术仪式使鬼神降临人间，驱邪避凶。《诗经·大雅·崧高》云："维岳降神，生甫及申。"旧时，

---

① 《周易·系辞上》。

民间如有人生病，则请巫师作法，旋转跳跃，自称神灵降身，以神的口气说话，预测凶吉。有时，平常的人也会生出神降于身的幻觉，这是巫师引诱的原因。

下　编

中国宗教思想发展的纵深探索

第　五　章

系统与思维

　　在历史发展的长河中，人类创造了光辉灿烂的文化，而一切文化产品都是人类思维和活动的结果。蒙培元指出："对传统文化的深入讨论，必将涉及思维方式的问题，因为思维方式不仅是传统文化的组成部分，而且是它的最高凝聚或内核。换句话说，思维方式是一切文化的主体设计者和承担者。"[①] 所谓思维方式，是指一定时代人们的认识方式，是人的各种思维要素及其结合按一定的方法和程序表现出来的相对稳定的模式化的考虑样式，是主体观念把握客体的过程，即认识的发动、运行和转换的内在机制和过程，其实质就是人类对外界和自身的认识模式化后形成的一种思维惯性模式。也就是说，人类在思维过程中，对外界事物的认识和对自身的反思总是按照一定的格式和轨迹不断进行的，而这种格式和轨迹又与该民族所处的地理环境、所使用的文字、民族理念等一系列因素息息相关。当一定的思维方式形成并被普遍接受后，就具有相对的稳定性，成为一种不变的思维结构模式、程序和定式，由此决定人们看待问题的方式和方法，引导人们的社会实践和一切文化活动。因此，思维方式并不仅仅是指思维的形式和方法，而是与每种文化实践活动的对象、目标相一致的思维的内容与形式、结构和功能的统一体，它用一系列基本观念规定和制约着文化主体内在模式化的社会实践方式。

---

　　① 蒙培元：《中国哲学主体思维》，人民出版社 1993 年版，第 182 页。

　　宗教是一个民族文化的重要组成部分，宗教思维方式自然也深深扎根于民族思维方式的沃土之中。也许有人会对宗教思维方式这个称谓提出异议，因为宗教对宇宙的探究更多地是诉诸信仰而排斥理性的思索。事实上，宗教思维与人类的原始思维有着密切的关系。目前已知的所有思想及其支配下的文化类型都有一个共同的源头，那就是原始宗教及神话。而以图腾崇拜和祖先崇拜为主要内容的原始宗教无一不是先民情感、生存愿望的需要与原始思维相结合的产物，因为宗教的教义、信仰，并不能简单地归为思想方面的一种知识，而应看做是人类在特定思维模式指导下的一种行为状态，是主体情感、意志、理性综合而成的求生态度，原始宗教包括巫术对于早期人类生存斗争的意义和必然性在很大程度上就体现于此。因此，宗教思维方式是人类最早形成的对事物本原进行探索的方式，以试图揭示事物背后最终极的原因。这是人类天赋的思考本能，甚至宗教的存在也只是这种思考的外化形式罢了。虽然原始宗教思维方式与我们的现代思维方式有着质的区别，但又保持着千丝万缕的联系，可以说，它是人类在哲学、科学、艺术等一系列领域所有思维方式的原始母体。因为，人类精神生活的终极归宿就是追求真、善、美，并使三者在一系统中协调统一起来，在这种追求中，科学所要建立的是一种论证真、善、美价值的思想体系，而宗教所注重的则是追求一种达到真、善、美的境界，前者主要是对知识的探讨，后者则可以说是要获得一种精神觉悟和支柱。

　　诚然，宗教是"人间事物在人的头脑中的虚幻反映"（马克思语），然而同样不可忽视的是，宗教作为人类的一种精神活动和心理现象，并不是杂乱无章的，而是有着自己的内在理路、原则和方法，同时这些内在的理路、原则及方法就构成了宗教独特的思维方式。所谓宗教思维方式是指宗教中不同内容和形式的认识活动所遵循的内在规则和深层结构，是宗教认识活动中相对稳定的因素，也是宗教对其认识客体——天地人及鬼神进行观念把握的基本思维框架。从宏观上讲，宗教不仅是一种独特的社会文化现象，更是人类观念地把握世界的一种方式，因此，对宗教的研究也就离不开对其认识世界的基础——思维方式的研究。所以，当我们要考察中国宗教思想历史发展的脉络和特点时，宗教思维方式便是一个重要的切入点。

　　从思想史的角度着眼，如果说哲学是时代精神的理智表现，那么宗教就是时代精神的形象化和直觉的表现。因此，宗教思维方式对哲学思维方式乃至整个民族文化思维个性的铸造与形成，均有着深远的影响。中国古代文化的突出特点是重视道德伦理，强调内省躬行，而中国宗教则是以探讨先人的内心世界、协调先人的伦理、精神和心灵为目的，为先人的生活提供安身立命的价值标准及指导原则，是供人追随的生活之道、实践之道，这就决定了两者之间有着非常紧密的联系。因此，对中国宗教思维方式进行深入研究，不仅有助于全面把握中国宗教的特点，也有助于我们进一步研究中国哲学及中国传统文化的思维方式。从形式上看，形象思维和抽象思维是人类思维活动普遍具有的思维形式，但绝非人类思维活动的全部内容，在人类思维宝库里，以《易经》八卦和阴阳五行为基础的中国宗教思维是一个重要的组成部分。实际上，中西两种文化的思维方式从本质上就是不同的。西方文化一开始就把智慧引向认知的方向，由此从主客二分的对象意识出发采取诉诸静态规定和分析的概念作为思维的内容；中华传统宗教文化讲求的是"悟道"，通过对"道"的把握来表达人的超越性理想和形而上追求，由此发挥义理性的想象与领悟，最终达到一种圆融和合的境界。具体而言，中国宗教思维模式主要有以实论虚、强调践履的主体与悟性思维，以观物取象、极象外之谈为思维手段的类比与意象思维，以追求阴阳平衡及天地人协调发展为目标的系统与和合思维，所有这些都构成了与擅长理性思辨的西方思维完全不同的东方思维模式。

　　探讨中国宗教思维方式，我们主要从儒释道入手，因为大量存在的民间宗教基本上是以儒释道三教为本体进行选择和过滤的结果，它们的教义、思维模式我们可以在三大宗教中找到。另一方面，儒释道三教本身在一定程度上也都是充分汲取了民间宗教的思想与形式而发展起来的，并且在发展过程中逐渐地渗透到民间宗教中去，成为民间宗教发展的重要思想源泉。

第一节　中国宗教的主体与悟性思维

　　中国宗教的主体思维，就是指主体从内在的需要、评价和态度出发，以人而非神为中心，以自身而非以自然万物及其客观性质为思维对象，以主体体悟天道的实践为最高原则，通过主体的意向性活动来认识宇宙人生的一种反思体证型思维。这种宗教思维模式所寻求的解脱途径主要是求之于自身而不是诉诸彼岸的主宰，亦即在现实的世俗生活中就可实现宗教形而上的终极追求，不必也不需要到主体身心之外去寻求，而是立足于自我完成和自我实现。中国宗教的主体思维主要表现在两方面：其一是弘扬人的主体性。儒教提倡人与天地参、仁者与天地万物同体等观念，把人提高到与天地并列的本体地位；道教继承道家传统，将人列为四大之一，认可"道大、天大、地大、王亦大。域中有四大，而王居其一焉"① 的主张；佛教宣扬"佛性我"，强调生活在尘根之中的人只要能够超越自身的七情六欲以及能所、性相的对立，就能升华进入佛的境界。总的来说，中国宗教更多的是关注现世而非来生，主张在现实生活中、在信徒的心中就能实现精神超越，寄托主体的终极关怀，最终享受安身立命的幸福而无须憧憬天堂彼岸的永恒和灵光。它不包含西方宗教所宣扬的原罪说和赎罪意识，彼岸的神圣偶像在中国宗教中并不占有绝对主导的地位，中国宗教的终极归宿主要是奠基于信徒自身的信念和觉悟。因此，中国宗教在精神的升华上是既追求超越现实又不脱离现实，它所描述的人生最高境界是立足于自我的超越、解脱和完善。可以说，正是主体思维使中国宗教的超越理论在世界宗教之林中独树一帜。其二是高度强调躬行践履的个体修行方式。中国宗教的最高认识、体证对象就是天道。然而，天道本身并非是一个简单的、外在的认识对象，它的本质精神是与人的内在本性深深契合、感应互通的。对于天道，人不仅要在思维中把握，更要在情意中感受，在践履中体现，在审美中领悟。换句话说，中国宗教所追求的对于天道的体认，主要是以主体自身为基本坐标和参照系的。因此，在长期的历史发展过程中中国宗教一直比较淡化思辨理性，虽然道教对炼丹的探索也曾推动了中国古代科技的发展，但它的目标同样是发展人的实践理性以达到某种理想境界，从而超脱于社会、自然以获得自我的精神平衡。它依然是以主体的自我证悟、自我实现为特点的，在很大程度上也是靠主体的意志和信念来完成修行过程的。

中国宗教的主体思维，其核心的诉求在于强调人应该并且能够自觉体认天道、效天法地，从而具天地之全能，通天地之全德，达到与天地万物一体

---

① 《道德经》第二十五章，《诸子集成》第 3 册，第 14 页。

的境界。在这种思维方式的影响下，中国宗教历史发展的整个过程呈现出泛化即世俗化的趋势，各教派的教义中均没有此岸世界和彼岸世界的截然两分。中国宗教在崇尚天道的同时也信持天道可观可象、可感可通，天人、道器相与为体、相为体用，从而淡化了人们对那种超自然的冥冥力量即凌驾于万物之上的人格神、上帝的膜拜意识，这就造就了一种以主体致用为目的的朴实的致思倾向，推动着中国宗教积极融入社会生活、重视人生的世俗价值。中国宗教的主流看重的是现实人生，讲求活在当下的生活态度，对人生问题讨论得比较充分，正因为如此，在中国宗教里，鬼神的观念较为淡薄。"未知生，焉知死"、"未能事人，焉能事鬼"① 就鲜明反映了这一点。中国宗教的许多活动和仪式，都是着眼于今生今世，即使死后，也要享受人间的幸福，而非一心要超度到彼岸的永恒。

当中国宗教强调主体通过躬行践履在自身有限的存在中实现无限和永恒时，这种以现世主义为原则的特点就促成了中国宗教相对疏于理性思辨而注重与主体反省、体证紧密相关的悟性思维方式。这里所谓的悟性思维，是指宗教信仰者以自身统摄万事万物的精神状态为对象，以反求诸己的自我反思为主要途径，以追求"天人合一"的神秘宗教体验为归宿的一种思维方式。悟性的根本途径在于自格自致、自修自悟，在这一思维过程中，主体自身就是宇宙的中心、万物的尺度，主体将自身的情感、意志和理智结合起来，在三者的统一中追求智慧。体悟了自身，也就认识了世界。从这个意义上说，悟性思维的过程实际上是理智认识过程、情感体验过程以及价值判断过程的统一。从根底上讲，悟性思维，在中国宗教的视野里是获取生命智慧的必然途径。其特点是直接性和突发性，即体悟的主体不经循序渐进的过程、无须任何中介环节而直接感受对象，所谓触机神应、顿悟成佛，仿佛由最初的前提瞬时跃向最终的结论。在中国宗教的思维传统里，"心"作为联结主体思维和悟性思维的存在范畴，要求主体返回到自己的心灵世界，把呈现自我、认识自我、觉悟自我作为思维的主要任务和人生实践的基点。如儒教的尽心、知性、知天，道教的体道、悟道，佛教的体悟实相、明心见性，均有此义。

---

① 《论语·先进》，朱熹：《四书章句集注》，第125页。

概括地说，中国宗教的悟性思维所讲求的"悟"不仅与分析或逻辑的理解完全相反，也不同于直接的经验或感觉，它可解释为对事物本质或内蕴的一种直觉的、明澈的观照和透察，它所强调的悟性是感性与理性的统一，是直接性与间接性、具体性与抽象性、生动性与深刻性、多样性与统一性的融合。在现代社会，科学包括哲学理性过分地突出了文化中逻辑化、形式化和符号化的方面，对人作抽象的、共相性的理解，中国宗教精神中的悟性思维正好可以从情志、虔诚、内在体证方面去弥补它，以达成人的完整性。现今西方思想界也日益重视这一方面，存在主义大师威廉·巴雷特（William Barrett）曾指出："（希腊思想家认为）真理处于人的智力之中，只要智力对事物的判断是正确的……中国的哲人都坚持与此截然对立的看法，即人如果完全闭锁在他的智力当中是无法获得真理的，在这些哲人看来，力图在智力中寻找其真理的人不仅仅是犯错误，而且是一种人类心理的畸变。"①

总之，中国宗教的主体和悟性思维就是人以知、情、意一统的认知结构去面对和认识客观世界，知、情、意统一于心，通过心去体悟、确认天道、性命，同时又把这种领悟自觉贯彻于主体的践履之中，以此作为人生的最高追求和人格的完美实现。在这个一体化的认知结构中，主体的悟性居于主导地位，对人的思维活动起着根本的定向作用。这种知、情、意相统一，理性与非理性相互制约、相互渗透、相互作用的思维方法，亦已引起现代思维科学和人类学研究的日益重视。

一、中国儒教的主体与悟性思维

儒教信持人能弘道、非道弘人的主体理念，把对宇宙人生、天道自然的认识奠基于主体的伦理道德实践，同时，儒教把人生的根本目的和意义锁定为成圣成贤。很显然，要做到这一点，就不仅仅是一个认识的问题，而是一个需要主体在终生的躬行践履中不断体悟并最终塑就理想人格的过程。事实上，在儒教思想发展的整个过程中，所有教义的核心皆是以修身为本，即把主体自身的伦理道德实践作为内圣外王之学的根本所在。因为儒教认为，人

---

① ［美］威廉·巴雷特（William Barrett）：《非理性的人——存在主义哲学研究》，段德智译，商务印书馆1995年版，第227页。

虽是生活在现实社会中的有限个体，但道不远人，只要通过道德学问之修养践行就能超越有限的自我，从而体证天道的流行。儒教虽不像道教那样追求肉体的长生，但它追求精神的永恒，这种永恒是需要不断地证悟并内化在自身的言行之中的，通过立德、立言、立功的三不朽来实现。因此，从根本上讲，儒教之所以倡导克己复礼，据德依仁，并非要束缚人的生命，反而是要成就主体无欲无我、无执无缚之大自在的人生境界。

儒教曾这样评价其圣人孔子："夫子之文章，可得而闻也；夫子之言性与天道，不可得而闻也。"[1] 孔子之所以在这个"性与天道"的关键问题上保持沉默，其根本原因就是由于"天"在儒教里不是被本体化或人格化，而是被伦理化了，儒教教理的核心价值是宣扬人的主体性。"古者言之不出，耻躬之不逮也"[2]，儒教弘道的方式就是希望本宗教的最高理想能够通过每个信仰者个体的言行实践展现出来。所谓"古之学者为己，今之学者为人"[3]，这里的"为己"，其深层含义是"正其谊不谋其利，明其道不计其功"[4]，就是强调主体对宇宙人生的思考探索是以自身人格能够在实践中升华到理想境界为归宿的，同时，人也能从中获得真正的精神超越享受；反观"为人"的思维模式则是把学问之道对象化、客体化，沦为一种脱离主体的单纯的认识活动。应该说，在中国宗教文化史上，孔子罕言"性与天道"而注重人事，对鬼神敬而远之而把目光转向现实人生，把对天道的信仰落实于对人事的探求，是有重要意义的，那就是"人"的发现。从"子不语怪力乱神"、"未知生，焉知死"到"吾善养吾浩然之气"，使其"上下与天地同流"，都表明儒教先哲思考的出发点始终是主体自身的现实人生。

儒教从主体思维出发，高度关注人的精神世界。不管是"三军可夺帅也，匹夫不可夺志也"还是"富贵不能淫，贫贱不能移，威武不能屈"，都可以看出儒教对于主体精神世界的高度自信，竭力维持自身人格的独立性。入世尽责是儒教主体思维对个体的要求，但并不是提倡妄为，而是力求体认天道，自觉地以天道为人道，正心修身，恭己以正南面，以修身为起点，以

[1] 《论语·公冶长》，朱熹：《四书章句集注》，第79页。
[2] 《论语·里仁》，朱熹：《四书章句集注》，第74页。
[3] 《论语·宪问》，朱熹：《四书章句集注》，第155页。
[4] 班固：《汉书·董仲舒传》，第8册，第2524页。

齐家、治国、平天下为归宿。人作为主体，不仅是万物的主宰，能够与天地参，而且是宇宙的中心，能够"为天地立心，为生民立命，为往圣继绝学，为万世开太平"①。这些都充分展现了儒教主体思维对人自我价值的高度肯定。在使人臻至理想的圣人境界的过程中，儒教要求个体必须反身而思，反求诸己，从而自我觉悟。从思维的过程着眼，孟子认为，"尽其心者，知其性也。知其性，则知天矣"②，也就是说，主体既不需要到自然万物中去寻觅人的本质，也不需要通过人的对象化更不用说是物化的形式去解决自身的问题。接着，孟子又提出了"寿夭不贰，修身以俟之，所以立命也"③ 的命题，把人之立命的基础定位于主体持之以恒的修身，而不是寄托于外界事物即使是超自然的神灵。韩愈也在《原道》里大声疾呼："然则古之所谓正心而诚意者，将以有为也。"可见，儒教不仅主张个体需要悟性思维去"尽心、知性、知天"，更重要的是要把这种领悟落实到"存心、养性、事天"的修身实践中。

需要辨明的是，儒教强调精神而忽视形体，与西方宗教中宣传上帝掌管人的灵魂的神形二元论是没有可比性的。它所提出的"万物皆备于我"、"安身立命"、"乐天知命"等口号，最高的目的是求得精神的自由享受而非依赖上帝赐予的灵魂得救。这正是其主体思维的突出表现。延伸到伦理实践领域，儒教主张仁者爱人，这种道德原则的确立同样是通过主体内在的心理需要和情感体验中领悟出来的，相比基督教中的奉行上帝旨意友爱世人的观念其主体性十分突出，也有别于苏格拉底使用辩论、逻辑推理等方法来证明道德、善等概念的重要意义，因为这种做法的本质是使道德理念成为智力活动的结果，而非主体生命价值的展现。实际上，儒教的核心理念"仁"的内涵就是用主体的伦理道德实践所界定的。"能行五者于天下，为仁矣"④，这五者就是恭、宽、信、敏、惠，都属于实践范畴，可看做是五种人格实践或道德实践。

儒教主张依靠主体的内在意识及其实践来实现主客体之间、人与自然之

---

① 黄宗羲、全祖望：《宋元学案》第 1 册，中华书局 1986 年版，第 664 页。

② 《孟子·尽心上》，朱熹：《四书章句集注》，第 349 页。

③ 《孟子·尽心上》，朱熹：《四书章句集注》，第 349 页。

④ 《论语·阳货》，朱熹：《四书章句集注》，第 177 页。

间的统一，它不是把自然对象化，而是把自然人化，其做法则是追求"唯天下至诚，为能尽其性；能尽其性，则能尽人之性；能尽人之性，则能尽物之性；能尽物之性，则可以赞天地之化育；可以赞天地之化育，则可以与天地参矣"①，以及"万物皆备于我矣。反身而诚，乐莫大焉"②。这就表明儒教完全是从主体原则出发建构思维模式的，它强调万物本身已皆备于我，只要尽人之性，就能尽物之性，也就是说只要认识和实现了自我，也就能认识万事万物的根本规律，从而实现赞天地之化育、与天地参的主体价值。概括地说，儒教主体与悟性思维模式的实质就是试图把人与万物自然统一的基础以及人认识和改造自然的条件都归之于"诚"这种被客观化了的主体精神状态，主张用"存诚"、"尽性"的思维方法来指导人的认识活动与实践活动，极力追求天、地、人三才的高度统一和协调一致。这种思维方式，并非是虚无缥缈的神秘主义。张载指出，"儒者则因明致诚，因诚致明，故天人合一，致学而可以成圣，得天而未始遗人"。③ 虽然儒教同时也主张"慎思"、"明辨"，通过后天的教育学习来体认事物的本性，但"慎思"、"明辨"只有在具备了"诚"这样的精神境界后，才能不勉而中，不思而得，从容中道。另一方面，主体自身也能由于反身而诚，穷尽天地之道而体验到真正的精神愉快。这种最高的情感之乐，也就是儒教所孜孜追求的"孔颜之乐"。

在思维的展开过程中，儒教主张"学不究天人，不足以谓之学"，"学问之道无他，求其放心而已矣"④，"大人者，不失其赤子之心者也"⑤，因为"心之官则思"。这里的"思"，所指向的对象并非是脱离主体的自然万物，而主要是指向一个"万物皆备于我"的自我精神主体；这里的"心"也不能理解为一个单纯的物质器官，而是作为一身之主宰，合知、情、意相为一的，涵容天地万物的整体存在。《荀子·解蔽》篇则指出："人何以知道？曰：心。心何以知？曰：虚壹而静"，只有虚壹而静，才能使心灵保持

---

①　《中庸》，朱熹：《四书章句集注》，第32页。
②　《孟子·尽心上》，朱熹：《四书章句集注》，第350页。
③　张载：《正蒙·乾称篇下》，《张载集》，第65页。
④　《孟子·告子上》，朱熹：《四书章句集注》，第334页。
⑤　《孟子·离娄下》，朱熹：《四书章句集注》，第292页。

"无欲、无恶、无始、无终、无近、无远、无博、无浅、无古、无今"的空灵状态从而领悟道的本质，明确突出了作为悟性思维载体的"心"在认识宇宙天道与人伦之源中的关键作用。与此相应，儒教对作为思维成果的知识也有着独特的理解。孔子曾自豪地宣称："吾十有五而有志于学，三十而立，四十而不惑，五十而知天命，六十而耳顺，七十而从心所欲不逾矩。"从有志于学到知命到不逾矩，说明孔子把追求知识的目的和最高境界规定为领悟天道后的"从心所欲不逾矩"。对于孔子讲的"六十而耳顺"，朱熹注曰："声入心通，无所违逆，知之之至，不思而得也。"① 可见，最高的知识即"知之之至"，是"不思而得"的"自玄悟"，按孔子的话讲就是"默而识之"。

　　儒教把人的体验的外推极端化，从心理角度进行论证，把情感及其自我体验变成了思维的普遍原则。但由于主体的道德意志、审美情感本身具有认识功能，儒教的主体与悟性思维又超脱了纯主观和非理性的范围，至诚尽性以知天，致知即至道、至善，率性、顺情、致中和即是达道，非理性的情感意志活动中又总是贯穿着理性的内容。所谓"吾日三省吾身"，就是基于主体自身的情感能够超越个体狭隘的范围进而直接体悟宇宙天道本体。在中国儒教的全部精神生活中，思维总是被"重道"、"安命"的理性观念所引导，其情感的发泄、想象力的奔驰、冒险的冲动并没有被引向狂热的宗教战争。例如，礼是儒教文化的主要范畴之一，它脱胎于原始宗教禁忌，又是对宗教禁忌的包容性超越。它既包容了"敬鬼神"的神灵崇拜，又涵盖了规范人类群体之间、个体之间交往原则的人文性内容。儒教讲究祭天祀祖的仪式，但这些仪式的实质却完全是世俗化的，因为在儒教的视野里，天人本可合一，人鬼足以相谋，天人神鬼全被摄入以仁学为中心的巨大网络中。礼乐的存在，主要也是服务于解决主体内心世界问题的需要。所谓"礼云礼云，玉帛云乎哉？乐云乐云，钟鼓云乎哉"②，如果没有一种真实而虔诚的内在情感的支撑，那么礼乐之类就会成为空洞的形式。

　　儒教发展到宋明理学阶段，理学家在探讨宇宙人生时一方面继续弘扬人

---

① 《论语·为政》，朱熹：《四书章句集注》，第 54 页。
② 《论语·阳货》，朱熹：《四书章句集注》，第 178 页。

的主体性，另一方面，对悟性思维的运用方式也论述得更为详备。"太极"是儒教中表示宇宙总规律和总根源的最高范畴，朱熹称之为"总天地万物之理"，又称"一理"，即便如此，朱熹也认为"人人有一太极"，强调每个主体都是一个小宇宙，都能以浓缩的形式全息地包含宇宙之理。程颐则提出："天有是理，圣人循而行之，所谓道也。"① 而"道一也，未有尽人而不尽天地也，以天人为二，非也"，对人的主体性作了高度的概括。与此相应，在思索天道、天理的过程中，儒教也将主体自身的证悟作为关键所在，奉行"道之全体，圣人亦难与人语，须是学者自修自悟"的治学传统。陆象山则具体阐述了体悟的方式："安坐瞑目，用力操存，夜以继日。"② 这一以发明本心的思维过程，在朱熹看来，是与主体的修养过程相辅相成的，即"学者功夫，唯在居敬穷理二事。此二事互相发，能穷理则居敬功夫日益进，能居敬则穷理功夫日益密"，又说："涵养中自有穷理功夫，穷其所养之理；穷理中自有涵养功夫，养其所穷之理"。③

总的来说，在理学家看来，认识"理"的过程就是主体修养、证悟自身心性的过程。张载首先在《正蒙·大心篇》中指出超越"止于闻见之狭"的日常思维的必要性，他认为："大其心则能体天下之物，物有未体，则心为有外。世人之心，止于闻见之狭。圣人尽性，不以见闻梏其心，其视天下无一物非我……天大无外，故有外之心不足于合天心。"④ 黄宗羲也在《明儒学案·自序》中指出："盈天地间皆心也，人与天地万物为一体，故穷天地万物之理，即在吾心之中。"⑤ 王阳明则公然挑明"心外无学"，反对从外在事物中获得知识，他提出，"心是知之本体，心自然会知……此便是良知不假外求"⑥，"夫物理不外于吾心，外吾心而求物理，无物理矣"⑦。在这里，王阳明所谓的"学"，就是要使人达到对自身固有道德本能的自觉，人

① 程颢、程颐：《二程集》第 1 册，第 274 页。
② 《陆九渊集》卷 35《语录下》，第 471 页。
③ 黎靖德编：《朱子语类》卷 9，第 1 册，第 149—150 页。
④ 《张载集》，第 24 页。
⑤ 黄宗羲：《明儒学案》，第 7 页。
⑥ 王守仁撰，吴光等编校：《王阳明全集》上册，第 6 页。
⑦ 王守仁撰，吴光等编校：《王阳明全集》上册，第 42 页。

的认识活动完全被纳入人的道德修养中，主体与悟性思维在这里就与认识论、伦理学相统一了。事实上，整个陆王心学的体系都是围绕"人皆有是心，心皆具是理，心即理也"① 的核心观点而展开的。这里的"心"作为主体内在的认识、体证宇宙人生的根源，纳有限与无限于一体，具有统摄万物的特性。概括地说，就是"万物森然于方寸之间，满心而发，充塞宇宙，无非此理。"② 心与理一样是遍在于宇宙之间的。推广开来，就成了"宇宙便是吾心，吾心即是宇宙。"③ "心之体甚大，若能尽我之心，便与天同，为学只是理会此"④。甚至连主张读经的朱熹也一再强调，"第一义"的儒者学问，应该是来之于主体自我的身心实践。他提出："学问，就自家身己上切要处理会方是，那读书底已是第二义。"⑤ 实际上，理学中也有"理一分殊"、"即心即理"的命题，认为理本是一，而体之则殊，犹如"月印万川"，这就表明学问之道的关键不在于整齐划一的理论思辨，而应从自身的实践体悟入手，所谓"一旦豁然贯通焉，则众物之表里精粗无不到，而吾心之全体大用无不明矣。"⑥ 由此看来，在儒教中，知识创造之源，已被明确规定为一种"豁然贯通"的直觉领悟，它虽然也包含一些逻辑的规定，但却并不依赖于抽象的逻辑推论，或者是对感性杂多的外在综合，而是超越现实分别的最原初的创造性。这样，在主体长期思索、证悟的实践过程中，体物、体道及体认人生逐渐就扩展成为儒者在认知过程中比较稳定的具有普遍性的思维模式，继而为他们提供了一个"安身立命"之本，即由此思维模式出发来构筑自身的生活信念，坚守一定的道德原则，使主体能够在自己的精神世界中感到安然舒适，不因环境的变化而动摇，最终达成本宗教所设定的理想人格境界。

---

① 陆九渊：《陆九渊集》卷11《与李宰（二）》，第149页。
② 陆九渊：《陆九渊集》卷34《语录上》，第423页。
③ 陆九渊：《陆九渊集》卷22《杂著》，第273页。
④ 陆九渊：《陆九渊集》卷30《语录下》，第444页。
⑤ 黎靖德编：《朱子语类》卷10，第1册，第161页。
⑥ 朱熹：《四书章句集注》，第7页。

二、中国道教的主体与悟性思维

　　道教立教的终极目标是通过修道、得道，最终成为真人、神人。在道教的历史发展过程中，不管是外丹修炼还是内丹修炼，总是希望实现白日飞升、羽化登仙，至少是达到精神长存不灭的境界。所谓得道或羽化登仙，其实都是"我命在我不在天"的生命自主思维指导下的目标，都需要一个主体积极修炼自身的过程。因此，道教往往又把他们的学问称之为体道或践道之学。道是绝对的，但又无所不在，求道之人并不需要离开现世人生去求那个绝对之道，成为"真人"也不必离群索居，远离人世，这一切在现实的社会人生中就能实现。因为道就在你自己身上，求为真人之学，也就是"为己"之学。可见，道教的超越境界同样是立足于此岸的，信仰者只要诚心修炼，世俗中人亦能成仙作神，进入天界，完全不必等待来生。蒙培元先生对此曾有一段精辟概括："'道'是宇宙本体论的，但它必须落实到人生问题，就人生问题而言，则实现为主体性的'德'。'德者得也'，即得之于'道'而成为人之所以为人之道。"① 道教对宇宙之道的认识与探索，最初和最终的目的都不在于去追问宇宙的终极起源，而是从主体自身的需要和处境出发，直面现实的社会人生问题，寻求实现人类精神超越与解脱的必然之道。

　　道教奉行无为，经常被世人误认为是强调主体消极的无所作为。其实，无为同样是基于主体思维的一种积极自由的选择，是领悟天道之后对宇宙规律的积极顺应，是主体效天道、任自然、弃矫饰、不将不迎的主动"无为"，从而才能"以德莅天下"，"胜物而不伤"。《黄帝阴符经》开宗明义地指出："观天之道，执天之行，尽矣……宇宙在乎手，万化生乎身。"② 这种"乾坤在手，万化由心"的自主思维与那种听天由命的奴性思维是有天壤之别的。事实上，在道教经典中，我们可以经常看到道教对主体自身独立价值及自我意识的肯定和弘扬，如"寂兮寥兮，独立不改"③、"自知不自

　　① 蒙培元：《"道"的境界——老子哲学的深层意蕴》，《中国社会科学》1996 年第 1 期，第 117页。

　　② 《道藏》第 2 册，第 717 页。

　　③ 《道德经》第二十五章，《诸子集成》第 3 册，第 14 页。

见，自爱不自贵"①，甚至"举世而誉之而不加劝，举世而非之而不加沮"②
等都是这方面的表现。

道教医学所提倡的"反听内视，反观内照"的自我认识、"修心养性，
反本归真"的自我调控也正是主体与悟性思维的鲜明体现，其核心理念是
以内为主，以外为辅，以养生为本，以治疗为末，即《神农本草经》里所
主张的"上品养命，中品养性，下品治病"。即使是诊疗，其所采用的一切
方法也是以主体自身为出发点，依靠内在的生命因素，充分发挥机体自身的
潜能，以达到治病健身的目的。道教医学认为性命之理内在于人，主体自身
所蕴涵的"精、气、神"才是生命的源泉。所谓"精神内守，病安从来"
的说法，就是指主体应做到专一而不外驰，保持自我认同、自我提升的良好
精神状态。因此道教医学十分重视主体内部因素尤其是喜、怒、哀、惧等情
感心理因素对于形体健康的调控作用。而心理情感只能靠主体自身的自我调
节，才能超然而适中，清心寡欲，见素抱朴，不受外界事物所左右，从而维
持自主性。实际上，道教医学养生的最高境界就是一种主体修养的精神境
界，即通过调动主体的内在意识以保持身体和精神的高度平衡，最终使生命
处于最佳的有序状态。可见，道教医学自始至终都是强调主体的自我控制与
整体把握，历史上很多名医往往也是高道，正是因为他们把道教对于生命自
主性的思想运用于医疗实践，才取得了丰硕的成果。

道教学说在很大程度上是一种生命学说，一向以爱生、贵生而著称，它
认定只有以人的全副身心投入才能理解、把握宇宙和生命。在这一过程中，
道教也并非完全否定知识、理性存在的合理性，而是要求将知识、理性置于
宇宙生命整体性的宏观把握之下。道教信奉"重生贵德"的教义，它对内
外丹的执著追求、对医学的不懈探索，无一不是希望通过博采天地万物之灵
气以实现性命永固的追求。事实上，道教中一切宗教修行实践活动均是围绕
人的生命而展开的。道教认识、把握宇宙人生的思维活动也主要表现为一种
领悟生命的智慧。因为生命体验是不能够以概念、判断、推理等思维方式表
现出来的，道教宣扬体性抱神、解心释神，就是强调悟性思维比一般的思维

---

① 《道德经》第七十二章，《诸子集成》第3册，第43页。
② 郭象注，成玄英疏：《南华真经注疏》卷1《逍遥游》上册，第8页。

方式更能折射出生命智慧的灵光。在道教看来，慧性的领悟比知识所学的道理更为深刻全面，而具有相对性的知识却往往可能形成屏障，阻碍了人对本体及大道的洞见。所谓"信言不美，美言不信。善者不辩，辩者不善。知者不博，博者不知"①，生命的智慧是很朴素地蕴涵于主体的体悟之中的。概括地说，道教讲求悟道，就是基于"道离名言，理绝情虑"的主张，如果以言语名称叩问道是什么，以情感揆度理在哪里，非但不能接近道，反而可能越走越远。因为道本身无论在精神上还是物质上都是一种无形无象又无所不包的绝对，显然，要认识这样一种绝对，用通常的学问、智慧、分析、推理等有限的知识是无法实现的，按照《庄子·养生主》里的说法就是"以有涯随无涯，殆矣"。这是因为，本体不是各个部分的简单总和，对本体的认识也不等于对各个不同组成部分认识的相加。只有体悟，才有可能去认识和把握绝对的本体。"道隐于小成，言隐于荣华。故有儒墨之是非，以是其所非而非其所是，欲是其所非而非其所是，则莫若以明。"②

　　道教的最高范畴"道"，本身就是一个充满悟性的概念。作为宇宙的本原，它无形无象，不可言说，其作用又是无为而无不为。虽然"道"的内涵是无限的，但它的最基本含义是指超越性的最高准则，人掌握了道也就掌握了真理，因此，道教把"同于道"作为人生的最高追求，即"从事于道者同于道"。然而，道教在处理人与道的关系时并不是简单地把"道"作为一般的认识对象，而是强调人应体道，即与道合一，把道内化于主体生命之中。所以，"同于道"是需要主体去领悟的一种超越世俗的境界。如何体认道呢？老子首先指出："为学日益，为道日损"，之所以要"日损"，是因为体道需要运用悟性思维，而悟性思维关注的是主体自身的空灵状态，而人如果接触外界的具体事物多了，反而会造成认识上的混乱，影响修道者体悟真正的大道。所谓"五色令人目盲，五音令人耳聋，五味令人口爽"③，"不出户，知天下；不窥牖，见天道；其出弥远，其知弥少"④ 都阐明了这一点。老子甚至主张要"绝圣弃智"、"塞其兑，闭其门"，完全舍弃知识与理智的

---

① 《道德经》第八十一章，《诸子集成》第 3 册，第 47 页。
② 郭象注，成玄英疏：《南华真经注疏》卷 1《齐物论》上册，第 33 页。
③ 《道德经》第十二章，《诸子集成》第 3 册，第 6 页。
④ 《道德经》第四十七章，《诸子集成》第 3 册，第 29 页。

干扰，在"众人昭昭"的情况下，保持"我独昏昏"的精神状态，可见老子推崇体悟，主张道在心中不外求，主体应该在也只有在"涤除玄览"即排除一切万物干扰的精神状态下采取超乎一般感觉经验的直觉才能进行体道的思维活动。

庄子则提出了"坐忘"、"心斋"的体悟方法。具体地说，"坐忘"就是指"堕肢体，黜聪明，离形去知，同于大通"①，也就是说，只有在全然忘记一切的超一般的思维境界中才能体认到最高的道，达到最深邃的认识。而"心斋"则是指"若一志②，无听之以耳而听之以心，无听之以心而听之以气。听止于耳，心止于符。气也者，虚而待物者也，唯道集虚。虚者，心斋也"③，这是在强调主体只有保持心的虚静，才能得道，亦即"虚其心则至道集于怀也"④。不管老子的"见素抱朴"还是庄子的"虚室生白"，都是主张人应保持一种空明的心灵状态，为充分发挥悟性创造良好的条件。同时，庄子还提出外天下、外物、外生、朝彻的"见独"说，宣称"见独而后能无古今，无古今而后能入于不生不死"，这就是说，只有在思想中抛弃天下国家、一切身外之物以至自己的肉体生命，才会有如初生的朝阳破晓而出，令人豁然开悟。成玄英在《庄子疏》中这样解释："夫至道凝然，妙绝言象，非无非有，不古不今，独往独来，相待绝对。睹斯胜境，谓之见独。"⑤ 所谓的"胜境"，就是道的境界，而境界的展现就是见悟。《老子河上公章句》同样强调了这一点，反对以人们的感官去执取外物，提倡情欲断绝，而"以心知之也"。具体说就是："当洗其心使洁净也。心居玄冥之处，览知万事，故谓之玄览。"⑥ 因为心天然具有认知功能，只要人心能够清静玄冥，俯观天地，那么蕴涵在万物之中的大道自然就会毕现无遗。

《庄子·应帝王》里有一个著名的凿浑沌的寓言。"南海之帝为儵，北海之帝为忽，中央之帝为浑沌。儵与忽时相与遇于浑沌之地，浑沌待之甚

①　郭象注，成玄英疏：《南华真经注疏》卷2《大宗师》上册，第163页。
②　按，"若一志"，原作"一若志"，据郭庆藩注本校正。
③　郭象注，成玄英疏：《南华真经注疏》上册，第82页。
④　郭象注，成玄英疏：《南华真经注疏》上册，第82页。
⑤　郭象注，成玄英疏：《南华真经注疏》上册，第148页。
⑥　王卡点校：《老子道德经河上公章句》，第34页。

善。儵与忽谋报浑沌之德，曰：'人皆有七窍以视听食息，此独无有，尝试凿之'。日凿一窍，七日而浑沌死。"① 这里的浑沌实际上就是代表运用悟性思维的主体，而儵与忽则代表使用一般的理智思维的主体，当浑沌具备了眼、耳、口、鼻等七窍感官时，它就失去了生命，因为它已不再拥有那种超感觉、超理性的悟性思维能力。

道教独具特色的内丹修炼之功也大量运用了悟性思维。道教主张以精、气、神为药材，建构起炼精化气，炼气化神、炼神还虚、炼虚合道的修炼内丹模式，以达到生命的自主与逍遥。在修炼过程中，由于"天机不可妄泻"，并不存在一个必定如此的规则与方法，退一步说，即使学会了规则和方法，也未必能把握住道机。因此，每个信仰者与实践者的生命修炼并不止于学习和接受，最根本的是根据自己的生命条件和整体状况有所得、有所悟。毫无疑问，在修炼的过程中，只有悟性才是把握机缘的最可靠手段。可以说，没有悟就不能得机，别人的经验及外在的知识对于自己并不绝对有效。

三、中国佛教的主体与悟性思维

中国宗教的主体与悟性思维所要强调的就是主体在自身精神世界的积极求索实践，它不寻求什么共同的结论，也不需要有什么定论。在此过程中，占有重要地位的是情感的宣泄，意境的追求和心理的调节，这类精神活动在思维层面上的表现形式就与艺术有很多相通之处，即主体自身的领悟是它们获得完美实现的关键。佛教传入中国后，最重要的转变就是由彼岸到此岸的重心转换。中国佛教追求人生解脱，最终均归结为主体内心的转化和超越，即万法归于一心，识自本心。唯识宗提出万物唯识所变，识有境无即物境虚幻、唯识真实的思想主张，禅宗五祖弘忍说："不识本心，学法无益。若识自本心，见自本性，即名丈夫、天人师、佛。"② 中国佛教的主流一直力主成佛的必然途径关键在于人的本性的显露、复归，或者说人的本性的转变、提升，而要实现由人向佛的境界的超越，又主要依靠主体的修持实践。在中

① 王先谦：《庄子集解》，《诸子集成》第3册，第51页。
② 陈秋平、尚荣译注：《坛经·行由品》，第134页。

国佛教的修持实践中，除了特定的宗教活动外，其重心则是在于个体修持佛教教义、道德的生活实践。天台宗主张"心、佛、众生"三无差别，禅宗提倡"即心即佛"，这就从根本上改变了通过追求摆脱现实生活以进入彼岸佛国世界的成佛途径，其思维模式完全是把成佛界定为主体自我心性、心理及精神的内在转换，从而把彼岸世界移至主体心中，由外在超越变为内在超越。中国佛教的主体思维突出表现在成佛讲求自信自主，这种坚定的信念决定了他们的人生价值取向，成为他们生活的内在驱动力。反过来说，如果一个人不具备坚定的信念，就会心随境迁，无法进到涅槃之境。因此，求佛问道，无须向外寻取，所谓"汝今当信佛见者，只汝自心，更无别佛"，"一切般若知，皆从自性而生，不从外入"。禅宗有一著名的"骑骡找骡"说来彰显成佛首先需要转变思维观念，有人向马祖禅师求问佛法，马祖回答，佛就在你自己身上，你却向我求要，这就好比骑骡找骡，我如何能找给你呢？

中国佛教追求"内证圣智"，虽然一些佛经的理论思辨水平也比较高，但显然，主体如何拥有佛性这同样是一个需要诉之于主体实践而后才能完成的问题，而非是一个理智思辨的问题。在中国佛教的各大门派中，禅宗之所以能够独树一帜，与其高扬人的主体性是分不开的。在禅宗的思维理念中，佛的境界是人人可以实现的，也是人人可以享用的。禅宗离经叛道，在宗教修行实践上不求外力帮助，而是专心寻找自我本性，它极力主张在个人的宗教实践包括现世日常生活中去修行、证悟佛道，追求自我觉悟，所谓"挑水搬柴，皆是妙道"，就是指在任何场合、任何条件下都可以悟道，即使不读经，不讲法，照样可以成佛。可见，禅宗的宗教实践完全是基于主体自身，倡导从现实生活中证悟真理，寓理想境界于现实生活之中，其教义已经走向世俗化、现世化了。但也需要指出的是，这种立足主体自身的"平常心是道"的做法绝非是自我麻醉的懒汉思维，而是在洞察社会人生、彻悟天道精神的基础上所获得的一种真正的自由和解脱。不仅如此，作为一个佛教派别，它自称"教外别传"，否认佛教经典、佛祖权威，甚至"呵佛骂祖"，直至否认佛菩萨以至净土的存在，在信仰上，禅宗不崇拜任何外在的神和天国，这一点，在世界宗教史上都是非常罕见的。禅宗神化的唯一对象是主体的自心、自性，所谓"我心自有佛，自佛是真佛"，自心创造宇宙人生、创造菩萨诸神，这实有改变印度佛教性质的明显倾向。可见，禅宗被视为佛教中国化的典型代表，也绝不是偶然的，它的出现与发展，正是中国佛教主体思维运用的直接结果。

悟性思维在中国佛教当中也是经常运用的一种思维方式，尤其是在中国化最为彻底的禅宗里得到典型和充分的呈现。实际上，不管是禅宗还是天台、华严各宗，尽管它们具体的思想内容不尽相同，但都以"返本归极"、"体证佛性"为最高境界，虽然佛教也把西方极乐世界确立为最终目标，然而那是在自我修成正果后方可企及的。换句话说，佛教以一个设定的理想存在来进行内心的调适。在这一转化的过程中，很显然悟性思维起了一个关键的中介作用。中国佛教的悟道，主要表现在追求超越语言文字和逻辑思维，直接、整体地把握宇宙人生，体悟般若真知，进入涅槃境界，在长期的历史发展中，也创造和积累了一整套系统而完备的了悟理论。

佛教修行追求"了悟"，其含义为：生起真智，反转迷梦，觉悟真理实相。具体地说，"开悟"是修行之目的，"菩提"为所悟之智，"涅槃"为所悟之理。"了悟"的途径可分为解悟和证悟两种：解悟是指由理解真理而知者，证悟是指由实践修行而体得真理。"了悟"的方式可分为渐悟和顿悟。"了悟"的必要性在于佛教认识论讲求"亲证"、"现观"，就是指在认识事物时直接与事物发生交通，中间没有任何间隔、任何思维，即"冥合"，或者说"虚其心而实其照"。佛教在把握任何对象时所惯用的方法是或双遮或双照，更确切地说，是既双遮又双照，亦即任何对象都是即有即无，非有非无，僧肇曾概括为："天地一旨，万物一观，邪正虽殊，其性不二。"[1] 这就是说，天地万物本是有无一体，万有皆通于无，在空无这一妙理、相状上是无差别的，世界的真相是空无一性，何有物我之别？经过这种思辨，使修行者在修行中自主回归"本我"，于"自心"中探求佛法真谛，悟透真如本空的思想。僧肇在《肇论》中进一步揭示："心不体则已，体应穷微。而曰体而未尽，是所未悟也"，"玄道在于妙悟，妙悟在于即真，即真即有无齐观，齐观即彼己无二，所以天地与我同根，万物与我一体"。[2]这种齐观有无、天地与我为一的思想与道教思想异曲同工，它的内在逻辑在

---

①　僧肇：《维摩经注·弟子品》，《大正藏》第 38 卷，第 350 页。
②　僧肇：《肇论·涅槃无名论》，《大正藏》第 45 卷，第 159 页。

于世界都有一个最后的究竟，在这个究竟上一切都没有了区别。毫无疑问，这种对本原的探究需要的是超逻辑的彻悟，虽然历代高僧弘扬佛法时也常常借助于形象比喻或经教典籍，但这往往只起辅助作用，所谓言以诠理，入理则言息，最根本的则是"唯悟乃为当行，乃为本色"。

　　然而，中国佛教悟性思维最突出的表现方式却要数禅宗的顿悟说。顿悟不依赖理性认识，但也不是不认识，而是指一种不可言说的领悟及感受。"顿悟"说的始祖慧能强调"不立文字，直指人心"，这里包含着两层含义："不立文字"并非完全排斥语言文字的使用，而是强调禅宗对于语言的使用是很有保留和限制的，因为语言文字（即日常逻辑思维的化身）有内涵、外延的界定，一旦用语言来解释佛理，往往就可能发生偏差，反而束缚、阻碍人们去领悟佛理真义的完备性和无限性。禅宗认为，"经是佛语，禅是佛意"，禅只可意会，而不可言传，"才涉唇吻，便落意思"，因此禅宗极力主张"得意者越于浮言，悟理者超于文字"；"直指人心"则是强调成佛及达到涅槃境界只能依靠主体自心的觉悟，所谓"不悟即佛是众生，一念悟时，众生是佛"①，这就表明人欲达到成佛的超越境界，完全在于其内在本心能否彻悟佛的深义。总的来说，禅宗立教的基点就是提倡用悟性思维来指导个体的宗教修行实践，"当知愚人智人，佛性本无差别，只缘迷悟不同，所以有愚有智"②，因此，禅宗干脆用种种直觉方式来表达和传递那些被认为本来不可表达和传递的东西，从而发明本心，即不离知觉作用而存在的众生自家的心，通过自悟自修以精进到佛的境界。对于悟性思维所要认识的对象——真如佛性，禅宗更是认为是不可言说、不可限量、不可分割、不可把握的，因而是逻辑思维完全无能为力的，唯一的可能是通过一种直指人心、真彻心源即"悟"的方法来默照自心之佛性，冥契真如之本体。为了造成这种觉悟，禅宗公案中的对话（即禅师要弟子解答的难题）有时会采取辩证的形式，而更多地则是采取一种荒唐无稽的形式。如弟子问："不与万法为侣者是什么人"，禅师答："待汝一口吸尽西江水，即向汝道"。禅宗里还有许多诸如此类完全不可能的要求，如"空手握锄头"、"步行骑水牛"、

---

① 陈秋平、尚荣译注：《坛经·般若品》，第163页。
② 陈秋平、尚荣译注：《坛经·般若品》，第151页。

"弹无弦之琵琶"等，这种似是而非的谈话无疑会使一个人的知性负荷达到高度紧张的程度，使人陷入"开口即错，闭口即丧"的两难境地。从表面上看，这种公案貌似悖论，实际上它是要"以疑起信"，因为人们通常太容易满足于自己的知性成就，而禅宗却完全明白人类理性思维的极限在何处。在禅宗看来，日常存在主客之分的二元对立思维模式不但无法去把握、体悟大道，反而会肢解大道。禅宗用这种违背日常语言常规的独特语言系统来超越理性，就是试图从揭示无穷尽的逻辑或语言矛盾中，引导信仰者建立起一种无分别、无对立的一元思维模式。禅宗公案训练的根本目的就是要让人明白知性成就毕竟只涉及宇宙人生的表面，而禅所要面对的则是超越事物逻辑之外的广阔领域。在证悟佛理根本精神的过程中，禅宗要求投入和唤醒人的全部生命，以超越所有外在的局限，将主体的精神世界推向一种近乎绝望的混沌和蒙昧状态，从而获得一种类似朦胧的醒悟和安逸，最终洞悉宗教所蕴涵的那种神秘的终极存在，也就达到了佛教所追求的"大圆镜智"。

第二节　中国宗教的意象与类比思维

在西方宗教思想里，习惯于将现有事物与永恒真理区别开来，而在中国宗教里，则存在着道德与自然相一致的观念，认为天道精神作为一种神秘一致的内在秩序原则，应为全人类所有，并体现于宇宙的一切存在实体、空间与自然现象之中。对于中国人而言，这种神秘的内在秩序如同基督教徒的上帝一样重要。故而，当我们追索往古时，就不难发现，中国宗教中一直凝聚着一种山水灵性，先哲的心灵情感和领悟往往是通过这种独特的自然符号而得到抒写，从而也导致了主体与客观世界感应相通的知识向往。这是因为，在中国宗教的宇宙图景中，自然现象的发生（人同样是现象的一个层面）乃是导源于天地间具有生命的运动即生生不息，因而现象本身不仅蕴涵了天地所赋予的生命活力，而且灌注了天道的根本精神，所有现象都是人格意志与物质品格的相融合一，天地万物的枯荣流变正是天道性命的显现，而人则置身于这一生生不息的阴阳大化之中，并互相感应。从这一图景出发，自然界的任一现象都被看成是一个象征，都被纳入一个普遍的精神世界里加以解释。换句话说，在中国宗教的视野里，没有纯粹的自然现象和主客体的严格区分，也没有对其属性的规定限制，自然也就没有科学意义上的因果律。这样，现象之由实而虚就使它从一种具体的殊相上升为一般的共相，也就具有了超越其自身的性质，即主体投射于其上的观念内容，从而与主体的情感需要甚至命运关联起来，因而，单纯的现象也就转化成包含主体意识内容的意象。显然，这里的"象"是一个重要的思维范畴，它既可看做是主体意念的概括，也可作为主体思维心理过程的外化表征。由此，就创造了中国宗教表达自身对世界理解的独特形式，也塑造了中国宗教对于事物现象敏锐的洞察力以及高度的悟性。

"意象"，因其本身是非实体的，并且总处在变化的动态中，具有一种整体动态直观的思维效果，因而能"生生不已"地联想扩展，如中国宗教神秘性、神圣性的观念核心——天，就是一个纯粹的意象概念，具有广泛的渗透性、流动性、普遍性，却并没有具体所指。因为，意象中的感性成分，是对所有特例的感性成分的高度凝练，只有在体验了大量特例之后，才有可能对这一类意象的感性成分有比较确切的把握。意象并非仅仅指代现象、形象，它既包含感性成分，也包含理性成分，因此，它既是实体范畴，又是关系范畴，每一种意象都同某一类实体相联系，既表征实体的形象，同时又表征实体之间的各种关系，并通过关系来确定实体的性质。所谓"立象以尽意"，其方法就在于通过类比的途径来引申、表述蕴涵在意象之中的某一类具体现象的本质属性或特征，但它并不采取分析的方法去分解思维的对象，不使其各部分彼此分裂，而依其自然状态的性质加以概括，以自然阐释自然，使事物抽象的本质属性在思维过程中能够得到具体的再现。意象作为主体内容的感性显现，是思维过程圆满完成时所呈现的一种主客体统一的结构形态。在这一思维过程中，类比的可能，实际上是以现象具有共同的来源与本质这一普遍观念为基本前提的。

中国宗教思维符号的构成，最突出的一个特征就是意象与语言的平行互补，这个"言象互补"的符号系统，作为中国宗教思想观念的载体和交流媒介，深刻影响着它的形成与传播。意象符号所表征的，从显层意义上讲是自然物象与人文事象的相倚相涉、相类相感，但最根本的则是天道对人意的深切关怀。当人们运用这一思维模式去领悟、把握天地自然时，便需要以类比推理和感悟功夫去从意象（包括自然物象与人文事象）之间的种种联系和关系中去寻求天机的征兆，由此作为自己认识和行动的先导。当然，由于缺乏中间的推导环节，中国宗教的先哲往往无法对自己的学说提供逻辑上的证明，而是采用超逻辑的比附、联想等方式。思维既然不受逻辑的制约，自然也就超越了语言规范。因此，先哲常常通过使用诗歌的欣赏、艺术形象的创造或者在寓言的想象中体味或寄寓宇宙之理。这样，他们在追索宇宙人生的终极存在时，往往倾向以意象或箴言的形式直取事物的本质，把握万物变化的契机，点明领悟的关键，而不重视严密的逻辑推理和体系的形式构造。

中国宗教的意象与类比思维，具体地说，就是一种观物——取象——类比——体道的方法。这种思维方法发源于上古而成熟于《周易》，对整个中国宗教思想文化的发展产生着巨大而长远的影响。所谓"易者象也"、"八卦成列，象在其中"，易象的实质就是在原始宗教思维基础上形成的关于宇宙自然生命运动的符号象征体系。取象的目的在类比，《易经》的每一卦象均代表一个类概念，"其称名也小，其取类也大"，每一卦象均由具有对立性质的符号"—"和"--"组成，意味着相异的对立物存在着类的同一性。具体地说，取象是选择个别事物做典型，类比则是根据个别事物中的共相加以推理，从取象到类比，就是由个别到一般的思维方法，它既不同于单纯的归纳法，也不同于单纯的演绎法，而是一种寓整体于一点的大化流行的思维模式。随着时间的推移，由卦画、爻画这些基本的符号逐渐发展出一些更为复杂的符号，如河图、洛书、先天图、后天图、太极图、无极图等，这些图形代表着一些被广泛使用的宇宙论模式或本体论模式，是中国宗教史上颇具权威的标志物或符号。宗教思想家们通过这些符号，直观地表示出各种庞大的、复杂的理论体系。

概括地说，意象与类比思维就是主体在由其自身、认识对象、认识媒介以及认识条件所构成的特定情境之中，从对现象的直观体察审视开始，通过现象间的"类"的比附和推衍以把握现象的整体特征及其本质属性的思维方式。这种思维方式的本质含义就在于人可以通过对现象（天道精神的感性显现）的体察而超验地把握最高的宇宙真理，即他能够运用其心智来实现天道在自身的完成。然而，由于自身的局限性，主体通过自身活动只能经验一部分现象，要获得其普遍意义与价值，就需要采取"类"的比推和泛化的手段来实现。在中国宗教的思维模式中，天作为最高存在者的观念是比较普遍存在的，万物的发生被理解为天意即天地间生命运动的结果，因而各类现象不仅是普遍联系的，且具有本质的内在同一性——蕴涵着天道的根本精神。人虽然是万物之灵，但作为宇宙现象之一，其主体性的活动依然是追求与天道的同一，而非超越天道。这样，主体通过直观而把握到的意象，经过类的比附与运演就能获得关于宇宙现象的深层内涵和超验价值。从具体的运演过程来看，类比思维实际上是以意象的泛化为实在内容的一种现象之"类"的推衍，当然，这种"类"不是严格的逻辑之类，而是现象之间某种结构、状态、功能或特征的类似。因此，类的推衍带有明显的现象比附色彩。这种类比往往表现为一种直观类推，既有形象性，草木瓦石、日常小事均可作比；又有超逻辑性，常常包含许多形式逻辑所不允许的跳越。当然，在意象与类比思维中，由于意是通过象来表达，而象所传达的意义往往超过其自身所包含的，这就使意具有了多重可能性，经验、角度不同的人有着不同的理解，这一点先民们早有认识：一方面，"立象以尽意"确立了整个意象思维模式的理论前提；另一方面，"得意忘象"即是提醒人们勿受象的束缚，而应循着象所指示的方向进一步寻求其意义。中国宗教思维重视对感性经验的直接超越，却又同经验保持着直接联系而缺乏必要的中间环节，因而范畴的多义性就成了它的重要特征，这也是意象与类比思维广泛运用的结果。

一、中国儒教的类比与意象思维

中国儒教强调入世，因此经验在其思维方式中占有重要的地位，而经验作为致思的途径往往是采用意象类比的方法。儒教六经之首的《周易》在巫术神秘的外衣下，凝结着中华民族早熟、深邃、博大、雄浑的文化底蕴，而这种文化底蕴的表达采取的就是以"取象比类"和"立象以尽意"为特征的思维表达方式。作为《周易》思维方式中心范畴的"象"有两种含义：一是相似或模仿，二是象征。先哲观象设卦的过程，就是试图模拟万事万物的演变过程。当然，卦象符号的深层指向并不仅在于这些符号所直接模仿和标志的对象，用卦象符号来模仿万事万物，只是一种手段，其真正目的在于用它来象征抽象的哲理、法则等。所谓"天地暌而其事同也，万物暌而其事类也"，易卦符号由模仿而有其指示义，由象征而有其内涵义，最终达到

"类族辨物"的目的。实际上，在儒教的自然和人文两大领域，意象与类比思维模式均发挥着重要的影响：一方面，通过象数，完成了其关于宇宙自然结构论的思维框架，《系辞上》指出，"圣人有以见天下之赜，而拟诸其形容，象其物宜，是故谓之象"[1]；另一方面，则通过文化意象，完成了价值体系的构建，即"天垂象，见吉凶，圣人象之"。总的来说，儒教从"观乎天文，以察时变；观乎人文，以化成天下"的理念出发，强调人们只要从存在与万事万物之间的普遍联系出发，进行类比推理，就可认识整个宇宙全体的神秘图景。荀子自信地宣称："坐于室而见四海，处于今而论久远，疏观万物而知其情，参稽治乱而通其度，经纬天地而材官万物，制割大理而宇宙里矣……明参日月，大满八极，夫是之谓大人。夫恶有弊矣哉！"[2] 这种认识方法的实质就是采用一种意象泛化的方式，它是指主体通过对某种现象的直接经验或体验的观念状态，突破其自身范围而取得的一种超验的价值与意义的趋势。它的实现，乃是以现象间"类"的比附和推衍为手段，这就意味着只要把握了宇宙全体中某些基本现象的特征与属性，那么天地万物的特征与属性都可由此推衍出来。按朱熹的说法就是"以类而推"、"从已理会处推将去"，刘禹锡则在《天论》中概括为"大凡入乎数者，由小而推大必合，由人而推天亦合。以理睽之，万物一贯也"。事实上，儒教所孜孜追求的最高境界"修身、齐家、治国、平天下"，即是把身、家、国、天下视为具有相似结构和内涵功能的类，由小及大，使主体能动地把握整个世界。

儒教圣人孔子虽未明确提出"类"的范畴，但他在传道时要求弟子能够"举一反三"、"闻一知十"，已经重视使用类比推理的方法，主张从不同的事物中抽出共同的属性以进行推断，以至把"取譬"看做是其仁学的基本方法，认为"能近取譬，可谓仁之方也已"[3]。从内涵上讲，"仁"作为儒教的核心范畴，在《论语》中出现数十次，但孔子没有一次曾对其作出明确的规定，基本上都是通过一系列的类比例证，对"仁"的具体表现进行描述，如"巧言令色鲜矣仁"、"刚毅木讷近仁"、"唯仁者能好人、能恶

① 《十三经注疏》上册，第67页。
② 《荀子·解弊》，王先谦：《荀子集解》卷15，《诸子集成》第2册，第265页。
③ 《论语·雍也》，朱熹：《四书章句集注》，第92页。

人"，使人通过身体力行的具体行为去领悟"仁"的内涵境界。孔子也曾言："知者乐水，仁者乐山"、"知者动，仁者静；知者乐，仁者寿"①，如果说"知者乐水"是显示对活跃的生命力的追求，那么，"仁者乐山"则当是显示对沉静的理性智慧的执著了。所谓"山水以形媚道，而仁者乐"，其含义就是山水有声有色的外在形状转化成寄托了主体价值追求的意象，而仁者也可以从中体验大自然的内在本质，可见，仁其实也是一个类比性的意象概念。在阐述人伦关系时，孔子依然运用了比类的方法，最常用的就是推己及人，"己欲立而立人，己欲达而达人"②、"己所不欲，勿施于人"③。孔子的这种类推方法奠定了儒教仁爱原则的思想基础，它要求每个人都能尊重别人，体谅别人。同时，他还把人对于家庭的行为准则——孝悌，直接推论为人对于国家和社会的行为准则——忠恕，"迩之事父，远之事君"。实际上，孔子虽然强调高尚的人格，但他从未作过关于人格的抽象论述，甚至根本没有提出过人格这一概念，只是强调"岁寒，然后知松柏之后凋也"。在这里，"松柏"已经失去了其作为一种纯粹自然物的独立性，而取得了与其本身的某种特性相映衬而又丰富得多的主体性内容，很显然，这是借助于感性对象本身的某些特点使人领悟其所要表达的抽象内涵。

　　荀子要求根据类的种属关系"辨同异"，主张"辨异而不过，推类而不悖"。他指出："欲观千岁，则数今日；欲知亿万，则审一二；欲知上世，则审周道……以近知远，以一知万，以微知明，此之谓也……圣人者，以己度者也。故以人度人，以情度情，以类度类，以说度功，以道观尽，古今一度也。类不悖，虽久同理，故乡乎邪曲而不迷，观乎杂物而不惑，以此度之。"④ 应该承认，这里的"以类度类"最终所获得的也许只能是关于现象整体性质的模糊性知识，因为它强调的是现象的已然情况，而不去追究现象所以然的原因，这就容易使经验或知识本身带上某种超验的、非理性的色彩，但反过来说，也正好因此契合了宗教思维的神秘特点。这种非理性主义的倾向在董仲舒学说里表现得较为充分，他认为："是故为《春秋》者，得

---

① 《论语·雍也》，朱熹：《四书章句集注》，第90页。
② 《论语·雍也》，朱熹：《四书章句集注》，第92页。
③ 《论语·颜渊》，朱熹：《四书章句集注》，第132页。
④ 《荀子·非相》，王先谦：《荀子集解》卷3，《诸子集成》第2册，第51—52页。

一端而多连之，见一空而博贯之，则天下尽矣。"① 这就是说，抓住一端，见到一孔，就可以由此而无限地推比下去，所谓"多连"和"博贯"，则是强调融会贯通，做到"合而通之，缘而求之"。他进一步指出：凡是见诸经传的内容，应当"伍其比，偶其类"，即"合而通之"；对于未见诸经传、有待于引申的内容，则应当"览其绪，屠（剖析）其赘（余）"，即"缘而求之"。事实上，董仲舒一个重要理论主张"天人相副"就是运用这种类比思维方式的产物。他提出："人之人本于天，天亦人之曾祖父也。此人之所以乃上类天也。人之形体，化天数而成；人之血气，化天志而仁；人之德行，化天理而义；人之好恶，化天之暖清；人之喜怒，化天之寒暑；人之受命，化天之四时。人生有喜怒哀乐之答，春秋冬夏之类也。"② 同时，董仲舒又把人的身体同天的日月数相比附："天以终岁之数，成人之身，故小节三百六十六，副日数也；大节十二分，副月数也；内有五脏，副五行数也；外有四肢，副四时数也；乍视乍瞑，副昼夜也；乍刚乍柔，副冬夏也；乍哀乍乐，副阴阳也……于其可数也，副数；不可数者，副类。皆当同而副天，一也"③。"天人相副"的理论在儒教中的影响是广泛的，较为常见的如秩序类比，其将人伦等级与自然秩序一一搭配，《白虎通义·三纲六纪》里则将三纲六纪之人伦均附会于天地："三纲法天地人，六纪法六合。君臣法天，取象日月屈伸，归功天也；父子法地，取象五行，转相生也；夫妇法人，取象人合阴阳，有施化端也"，同时，也往往以天象阴阳附会政治，"为政以德，譬如北辰，居其所而众星共之"④，甚至十分肯定地承认天命的存在及其对人事的作用，把"日月之食"喻为"君子之过"，"圣人副天之所行以为政……庆赏罚刑与春夏秋冬，以类相应也，如合符。故曰：王者配天，谓其道"⑤。事实上，天谴说一直在儒教的治国之道中占有重要的地位，日食、星陨、自然灾害等均被视为异象，系天对人之所感，人也需对天有所应，所

---

① 董仲舒：《春秋繁露·精华》，苏舆：《春秋繁露义证》，第97页。
② 董仲舒：《春秋繁露·为人者天》，苏舆：《春秋繁露义证》，第318页。
③ 董仲舒：《春秋繁露·人副天数》，苏舆：《春秋繁露义证》，第356—357页。
④ 《论语·为政》，朱熹：《四书章句集注》，第53页。
⑤ 董仲舒：《春秋繁露·四时之副》，苏舆：《春秋繁露义证》，第353页。

谓"夫国无善政，则谪见日月，变咎之来，不可不慎"①，就反映了这种思维模式。

从本质上讲，"天人相副"理论的阐述和推行，其意都在说明人道源于天道，必须尊崇天意、服从天道，即"道亦宜类相应也，犹其形以数相中也"，这就表明，缘象比附在儒教认识和把握世界的思维活动中所附会的是理论化、系统化的宗教人文意识，而非自然现象的自身属性和规律，宗教追索的是永恒，因此，类比的终极归宿往往也是"与天地同理，与万世同久"的人伦大纲、道路政治，所谓"君臣、父子、夫妇之义，皆取诸阴阳之道"，"仁义制度之数，尽取之天……王道之三纲，可求于天"②。同时，儒教从"天志仁，其道也义"的原则出发，主张受命于天的人就应具有"忠信慈惠之心，礼义廉让之行"的德行，因为"物疢疾莫能为仁义，唯人独能为仁义；物疢疾莫能偶天地，唯人独能偶天地"③。

从意象与类比思维方式的内涵出发，我们也能把握"格物致知"这一儒教中至关重要的认知模式。朱熹在解释"格物致知"时说："是以大学始教，必使学者即凡天下之物，莫不因其已知之理而益穷之，以求至乎其极。至于用力之久，而一旦豁然贯通焉，则众物之表里精粗无不到，而吾心之全体大用无不明矣。此谓格物，此谓知之至也。"④ 这段话中"格物"的意义可以从两方面加以理解：首先是要求主体以其自身情理契合于客体对象，并通过特定的认知关系在对象中实现主体内容的感性显现；其次是要求主体对于意象情境有着深切的体味。"致知"则是指在"格物"的基础上，主体通过对意象的体味而领悟到其中所蕴涵的主体内容，显然，这种"知"并非纯粹的经验知识，而是经过内向聚集和升华的带有抽象理性色彩的直接经验。换句话说，这种"知"不仅有感官与外物相接触之意，也包含着人的亲身体验、信念与外物相贯通之意，即以人对自身和自然的各种感受和了解为基础，通过类比及建立其他对应关系，去理解和把握天地万物的各种形态及其相互关系，最终达到物我交融的境界，即"物我一理，才明彼，即晓

---

① 范晔：《后汉书·郑范陈贾张列传》第 5 册，第 1221 页。
② 董仲舒：《春秋繁露·基义》，苏舆：《春秋繁露义证》，第 351 页。
③ 董仲舒：《春秋繁露·人副天数》，苏舆：《春秋繁露义证》，第 354 页。
④ 朱熹：《四书章句集注·大学章句》，第 7 页。

此，合内外之道也"。北宋程子对此曾概括为："格物穷理，非是要尽穷天下之物，但于一事上穷尽，其它可以类推。"①

二、中国道教的类比与意象思维

意象这个范畴之所以能在中国宗教思维方式中占有一席之地，主要原因就在于它兼具认识论和存在论两种特征。在中国宗教中，思维活动的过程是用具体事物或直观形象符号来表征抽象概念、思想感情或意境，其特点是由象着意、意从象出，道教对世界本原的概括——"道"就鲜明体现了这一点。道作为创生宇宙万物的天地之道，是一切现象的本源，蕴涵于一切现象之中，同时也是道教徒孜孜追求的认知体悟的最高形态。被道教奉为道祖的老子在阐发道的时候，极力主张"非言"而"尚象"，他所采取的即是借助意象来显现的办法，因为他已洞悉，道的运行所显示的精微玄理，依赖语言和概念是难以穷尽表达的，只有凭借意象才能达到对道的体认。实际上，老子提出"道"的概念，最初是建立在对女性生殖力的认识上，然后将这种女性生殖作用扩而大之，用来观察整个宇宙的创生过程，于是形成"道"的概念。《老子》书中常用女性生殖器或母体形容道，所谓"谷神"、"玄牝"就是女阴，中空而有生育能力，原初大道就是一个虚空的母体，渊兮似万物之宗，恍惚之中有物有象，天地万物渐次而生。老子说"无，名天地之始；有，名万物之母"，它用女性生殖原理和母子关系来形象化地解说大道与万物的关系。② 在道的感性呈现上，《道德经》中提到："道之为物，惟恍惟惚，惚兮恍兮，其中有象；恍兮惚兮，其中有物；窈兮冥兮，其中有精，其精甚真，其中有信。"③ 道具有"无形"、"无状"、"惟恍惟惚"的特征，同时在恍惚之中又"有物"、"有精"、"有信"，这种若有若无、超越有限物象的意象，正凸显了道的超越形而上性质。可见，道作为宇宙万物的无形规则，虽然恍惚窈冥，仍是可把握的，它给那些体悟到它的人呈现出的象便是精、真、信。所谓"大音希声，大象无形"，只不过是强调道教所寻

---

① 程颢、程颐：《二程集》第 1 册，第 157 页。
② 参见牟钟鉴、张践：《中国宗教通史》上册，社会科学出版社 2003 年版，第 30 页。
③ 《道德经》第二十一章，《诸子集成》第 3 册，第 12 页。

觅的是最根本的宇宙之象，是超出常识的最高层次的象，以提醒人们摆脱日常成见的束缚。事实上，在《道德经》中，老子也经常以"水"、"赤子"、"母"、"朴"等较为寻常的意象来形容"无为而无不为"的"道"，并在这些意象与"道"的真义之间取得感应的统一。另一方面，在道的抽象层面，老子主张"有生于无（道）"。虽然道之"无"是需要诉诸理性的思考才能把握的，但对于"无"本身，老子并非借助语言来界定，而是采用具体物像的空虚来彰显"无"的妙处："三十辐共一毂，当其无，有车之用。埏埴以为器，当其无，有器之用。凿户牖以为室，当其无，有室之用。故有之以为利，无之以为用。"① 总的来说，老子高度重视意象在认识活动中的作用，他提出"执大象，天下往"，认为只要掌握了世界关键要害之象即可把握天下的枢机。这种思维传统被后来的道教徒所继承。应该说，道教重视意象的认识和使用，以意象为工具，以意象间神秘、直接的联系为图景来认知、领悟和把握世界，根据已知的经验、体验来推测、描述未知的事物，这很符合宗教思维由具象进而把握抽象的思维倾向。如道教的重要分支——道教医学的治病原理就是基于这种思维方式的。望、闻、问、切四诊的对象都是象，主要有脏象、脉象、舌象等，通过这些零散的外在现象建立起有一定理性化的整体之象，从而认识外表无法看到和解剖无法显示的内在机理与病理。

　　道教对意象的推崇，是与其对形而上的大道本体的追寻息息相关的。当道教先哲对自然、社会、人生进行体察并用语言来表达的时候，他们所阐述的往往是其本人的某种直接经验或体验，而这种直接经验又常常是与某种具体意象相互关联在一起的。《庄子·秋水》篇中指出："可以言论者，物之粗也；可以意致者，物之精也。"② 这就说明，语言只能涉及事物的表面，只有意致即贯注主体精神内容于现象之中构成意象才能不拘泥于具体的、有形的现象世界而超越它，最终全面地把握其背后的本体世界。对于这一点，王弼曾有精辟的论述，他在《周易略例·明象》中分析了语言、意象及意义三者之间的递进关系：一方面，言辞和迹象是把握意义本体的必备工具，所谓"夫象者，出意者也；言者，明象者也，尽意莫若象，尽象莫若言"；

---

① 《道德经》第十一章，《诸子集成》第3册，第6页。
② 《庄子集解》卷8《天下》，《诸子集成》第3册，第102页。

另一方面则强调把握意义本体是分析研究言象的最终目的，因为"书不尽言，言不尽意，立象以尽意"。总之，"意以象尽，象以言著，故言者所以明象，得象而忘言；象者，所以存意，得意而忘象"①。意象思维的广泛运用决定了道教中的概念语言体系具有非定义的会意性、非确定的模糊性以及不可离析的关联性，因而也不存在把概念在逻辑层次上进行明确划分的必要。意象作为对具象的超越，是以形而上的本体为基础而又带有鲜明的象征意义，是对天道、地道、人道的显微阐幽，即"所以喻道，而非道也"②。

从思维过程着眼，凡是运用象意符号、象意文字进行思维活动的，其思维方式往往是与类比相关联的，即"以类取，以类予"。《鹖冠子·环流》指出："物无非类"、"通之谓类"，《淮南子·泰族训》也强调："心之塞也，莫知务通也；不明于类也。"③《鹖冠子》与《淮南子》都被收入道教经书之中，其论述被道教所接受。因此，道教高度肯定了类的认识功能，认为万物都属于一定的种类，而类比的本质就在于把握万物之间共通的内涵。在具体方法论上，道教强调"一以贯之"、"抱一为天下式"的原则，主张"以身观身，以家观家，以乡观乡，以国观国，以天下观天下，吾何以知天下然哉？以此"④的类比方法。然而，从更深层的角度审视，类比思维在道教中的根本意义在于强调人的活动只有在不背离道的前提下才可能取得成效，即法天道而求诸身。老子主张："人法地，地法天，天法道，道法自然"，明确提出了人类行为效法天、道的必要性。当然，法地、法天、法道、法自然不仅仅是对现象进行直观上的类比效法，更重要的是效法深蕴于形、器等形而下感性形态之中的天道精神。在道教看来，通过对可视、可感、可知的具体的天、地意象的效法进而把握宇宙万物背后的"道"就是一件十分自然的事情。因为"天"这一意象与"道"一样具有"玄"、"远"的特性：一方面它处于具体的时空构架之中；另一方面，又与某种超越的形上实体联系在一起。事实上，宗教在人类精神生活中的重要意义就在于它提供了一个能够涵容一切的形象与象征的体系，借此人类就可以表达自己对于精神完整性

---

① 楼宇烈：《王弼集校释》，第 609 页。
② 《淮南子·说山训》，高诱注本，《诸子集成》第 7 册，第 271 页。
③ 《淮南子·泰族训》，高诱注本，《诸子集成》第 7 册，第 363 页。
④ 《道德经》第五十四章，《诸子集成》第 3 册，第 33 页。

的渴望。当人意识到自身存在的短暂性时，他就越发渴望认识人类短暂存在的所有方式里面和背后的终极性和统一性。道教秉承"道法自然"的要旨，就是希望在效法类比自然、最后与自然同途的过程中追求人性的复归与升华，当然，这种复归是融会到蕴涵天道精神于其中的更高层次、更高境界上的自然。所谓"愚人以天地文理圣，我以时物文理哲"①，这就清楚地表明道教类比思维的根本目的在于执古之道，以御今之有，最终达到长生久视的目的。为此，道教还进一步提出了"生道合一"的思想，即把个体的有限生命与自然大道的永恒生命相结合，实现得道成仙的终极归宿。

类比效法自然的宗教理念与追求决定了道教先哲对自然更多地是采取模拟的态度，而少改造自然的企图。然而，需要澄清的是，这并非意味着无所作为，所谓"先天而天弗违，后天而奉天时"②，道教在其发展的历程中始终保持着对自然进行深刻洞察和效仿的传统与热情。确立自然原则对人事原则的优先、范式性地位，正是为了更好地从事修道的宗教活动。这一点，我们从道门中人对清修、生活的环境选择上就可管窥一二。在道教的视野里，广阔的天地空间是大宇宙，人身则为小宇宙，那么，道门中人选择修炼居住的自然环境也应该有一个介于大、小宇宙之间并与之相类似的中观空间结构，这就是道教常津津乐道的"洞天福地"。道教从意象与类比思维的原则出发，主张人类应仰观俯察天文地理，然后效法之。天的空间结构是怎样的一种结构形态，那么道教也要求所居住的环境也应有一个与之相类似的空间结构形态，这样才最有利于协调人体内部自然与外部自然生态环境之间的关系，同时，也能显现出与天体空间相类似的和谐秩序和神圣性，因而，也才能称得上是循"道"而行。"洞天福地"可称得上是道教徒与形上神灵世界交通对话的所在，也是其生命的终极意义之所寄。道教的这一思维原则我们可以借用吕理政先生的一段精彩论述来表达："宇宙结构……是和谐、完美、组织严密的整体，而且蕴涵了自然的生生不息的力量。在这样的宇宙观所支配的思想中，凡是结构上可以与宇宙相类比的人为的事物，也具有与宇宙一样的特性……将人为的事物按宇宙结构的方式予以说明或建构起来，在

①　《黄帝阴符经》，《道藏》第 2 册，第 745 页。
②　《易·乾·文言》，《十三经注疏》上册，第 5 页。

概念上是传统宇宙观的延伸，其目的在于将该类比结构纳入宇宙结构中，而且有宇宙之特质。像这样的宇宙类比结构，大至寰宇，小至人体（或其中一小部分），均为传统中国最具特色的观念之一。"①

"洞天福地"的空间结构对道教修炼丹道的活动有所帮助，为其提供了一定的物质基础。当然，仅仅有"洞天福地"的外部客观条件是不够的，还需要主观上付出艰苦卓绝的努力。按照道教的设想，只有长期从事丹功实践，自觉地达成人体小宇宙与"洞天福地"中观空间及宏观大宇宙空间之间的协调一致，才能真正实现羽化登仙的目标。道教内丹术同样是依照天人同构的原理来进行的，在道教看来，人之一身，法天象地，与天地分属同一阴阳，只有深明此义，才可论及修炼内丹之道。如果说，宇宙天地是一最大、最有神秘色彩的宏观空间的话，那么"洞天福地"则是与宏观大宇宙同构的一个中观空间结构，最得天地造化之神功，道士于其间则最易于修道飞升。这正是道教"天人合一"理念最形象化的表达。道教中有"顺则凡，逆则仙"的说法，这种逆修成仙并非是要有意背逆自然，而是在洞悉自然的基础上以个体生于道，又需回归于道的信念为思想依据，其着力点在于以人力逆向生命的演化进路，回到本根，最终实现人与道一体。

三、中国佛教的类比与意象思维

类比与意象思维对佛教在中国的传播并最终广为中国人所接受发挥了重要作用。中国古代宗教信仰世俗性很强，它更多的是从人的现实需要出发，较少排他性，因而具有信仰层次繁杂和多神并存的特点。佛教作为一种外来宗教，在其本土化的过程中，根据这一特点，不断类比、吸收并依附中国传统的宗教，以减少发展的阻力。事实上，在佛学没有独立发展之前，很多佛教的传播者、信仰者往往是依据自身原有的文化素养、知识结构来迎接、理解和认识佛教的，或者说是用中国传统的宗教意识、神学观念来类比、解释佛理。在东汉时期，佛教先是一直被视为黄老神仙方术的一种，初期来华传教的僧人也往往借助于一些道术医方来拉拢信徒，扩大影响，为其在中土的

---

① 吕理政：《天、人、社会：试论中国传统的宇宙认知模型》，台湾"中央研究院"民族学研究所1990年版，第81页。

广泛传播开辟了道路。魏晋时期，随着佛教的进一步发展，很多高僧大都"明解三藏，博览六经"，兼修华佛，因而善于运用中土的概念来表达佛教的义理，《高僧传·竺法雅传》记载："雅乃与康法朗等，以经中事数拟配外书，为生解之例，谓之格义。"① 格义之法虽然不能全面、准确表达佛理的真实内涵，但却使人易于理解、接受佛教教义。因此，这时期，中国佛教在弘扬自身教义和伦理道德时，基本上是采取对儒、道二教尤其是玄学相比附的做法。如有的佛教学者喜欢通过阐发庄子的《逍遥游》，来表达自己慕求精神自由的理想境界，《牟子理惑论》中认为："道之言导也，导人致于无为"②，同时还借用道教的"道"、"无为"来描述佛教的最高境界。以至于当时社会各阶层纷纷把佛学的理趣等同于玄学了。可以说，佛教最终能够在中国扎根滋长，其决定性的一步就是魏晋时期佛学中的般若学与玄学交叉影响并为玄学开发出新理境。当时，佛教形成般若学六家七宗，其实质就是用玄学本体论思维来阐释佛教义理的不同学派，在后来的发展过程中，佛教大量吸收了道教养生修炼的经验，道教也借鉴了佛教的修持形式，以至两教的宗教实践活动颇多相似乃至相同之处，在神灵世界的组合上，佛道两教的神灵谱系也往往是你中有我，我中有你，互补共存，和睦相处。到后来，天台宗则干脆主张以成仙为成佛的先行阶段，把道教的神仙世界纳入佛国世界之中了。

当然，格义类比的方法虽有助于佛教的传播，但要真正融入中华文化的潮流，就需要一种更为完善的适合本土文化思维习惯的表达方式。众所周知，中国语言文字更多的是形象语言，追求的是意蕴而非概念分析和判断推理，其思维形式就不是以语言分析为本，而基本上是通过语言文字所展示的种种景象进行意会，包括整体性的直观、内省、体悟和经验辨证等，以求达到在思维中把握"言外之意"或"象外之音"的目的。在玄佛合流的思潮中，六朝佛学也采用了当时流行的"言、象、意"之说来阐述佛的至理与境界的不可言传，僧肇在《般若无知论》中即已强调："圣智幽微，深隐难

---

① 《大正藏》第 50 卷，第 347 页。
② 《大正藏》第 52 卷，第 2 页。

测。无相无名，乃非言象之所得"①，竺道生则提出了中国佛教思想史上一个重要的认识论原则即忘言得意的"慧解"法："夫象以尽意，得意则象忘。言以诠理，入理则言息。自经典东流，译人重阻，多守滞文，鲜见圆义，若忘筌取鱼，始可与言道矣。"② 明确提出超越符号和语言，以切入真理，感知佛理真义。这是因为，意象不仅可以表示静态的存在，也可表现运动着的世界及其规律，一阖一辟之变，往来不穷之通，均可以显诸象。意象可以看做是一个中间性的概念，意象思维的实质就是思维在象的基础上组成一个特定有序的系统对世界进行模拟，因而，意象同时也可以是认识的终端。由于中国佛教强调"悟"，经常也用某种意象来表征事物甚至整个宇宙人生。可以说，凡是超越理性常规常识的感悟性活动，都自觉不自觉地与意象思维有关，因为要达到思维的最高境界，概念语言不仅不是本体，反而可能是一种障碍。实际上，在中国佛教发展历程中，各个学派思想家的言论、文章都惯用意趣名言、隐喻论证，语颇隽永，耐人寻味，他们所创造使用的概念、范畴以及在对他们的疏释论中也常常是内隐性的。如"一花一世界，一叶一如来"，《金刚般若经》宣称的"一切有为法，如梦幻泡影，如露亦如电，应作如是观"③。尤其是禅宗，更是发扬了中国文化这种注重义理性的意象思维，强调从具体的物象、事象顿悟真如本体，并以此作为信徒修道的基本方法。如大珠慧海禅师在弘扬佛法时有一生动的比喻："青青翠竹尽是法身、郁郁黄花无非般若。法身无象，应翠竹以成形，般若无知，对黄花而显相，非彼黄花翠竹、而有般若法身也。故经云：佛真法身，犹若虚空，应物现形，如水中月。"这些均是用日常生活中的事物来承载高深的佛理妙义。

中国佛教类比与意象思维的最经典范例是，华严宗和尚法藏以镇殿金狮子为喻讲说华严宗的宗旨，即在著名的《华严金师子章》里对佛教一些重要的概念进行了生动的说明。略举几例，如明缘起第一：谓金无自性，随工巧匠缘，遂有师子相起。起但是缘，故名缘起。辨色空第二：谓师子相虚，唯是真金。师子不有，金体不无，故名色空。又复空无自相，约色以明。不

---

① 《大正藏》第 45 卷，第 153 页。
② 释慧皎：《高僧传·竺道生传》，《大正藏》第 50 卷，第 366 页。
③ 陈秋平、尚荣译注：《金刚经》，中华书局 2007 年版，第 74 页。

碍幻有，名为色空。约三性第三：师子情有，名为遍计。师子似有，名曰依他。金性不变，故号圆成。显无相第四：谓以金收师子尽，金外更无师子相可得，故名无相。说无生第五：谓正见师子生时，但是金生，金外更无一物。狮子虽有生灭，金体本无增减，故曰无生。[①] 限于篇幅，我们不一一列举，但从中也可看出，用金类比本体世界，用狮子类比现象世界，从认识对象金狮子本身来说明诸种现象的圆通无碍，起到了将高深的佛法作形象化说明的作用。这种思维方式与佛祖拈花示众、传授佛理相类似，即通过主观心理的投射作用，以泯灭客观事物本质与现象的差别，在对意象的直觉中把握万象的本体——真如，其特点是情尽体露、空有双泯、混成一体。

　　中国佛教意象思维的运用也突出展现在佛教的意境理论中。众所周知，中华民族文化的精神是以人文文化为本位的，对于宗教思想的信仰，更多的是起到寄托情感的作用，因此，就很需要一种超越现实的文学的意境，才能使人的情感升华到类同宗教的境界，尤其是在标榜诗礼传家的知识分子中间更是如此。佛教教义，之所以能够在中国文化中扎根、发展、壮大，除了其本身所包含的丰富内容外，其中的一个关键就是佛教传入中国以后，形成了独特的佛教话语系统。禅宗，作为中国佛教里融会古印度佛教哲学于中国文化精神之中最为典型的宗派之一，无论是其公案还是禅宗机锋，其中作为引子的具体事物大都饱含象征意蕴，通过具象的牵引使人领悟佛法的微言大义。如用"练得身形似鹤形，千株松下两函经。我来问道无余说，云在青天水在井"[②] 来衬托物我两忘的禅悟观照，彰显六祖慧能"非幡动、非风动，而是心动"的意蕴。概括地说，禅宗主张以无境界为境界，摆脱宗教形式主义而着重修证佛教的真正精神，升华人生的意境，最终进入纯清绝点、空灵无相而又无不是相的涅槃境界。在历史上，虽然各阶层人士对佛教教义的内容见仁见智，但佛学的这种"法不孤生仗境生"的意境理论对中国文化的影响依然是深远的。事实上，宋元以后，随着佛禅向艺术领域的渗透，人们越来越习惯于用若有若无、不粘不着的虚空境界以及象外之谈的理论来谈论诗歌、绘画的意境问题，使中华文化艺术增添了一种空灵色彩。

---

① 参见方立天：《华严金师子章校释》，中华书局 1983 年版。按，标题中的"师子"即"狮子"。
② 《景德传灯录》卷 14，《大正藏》第 51 卷，第 312 页。

佛教自身艺术的发展也是这一思维方式运用的体现。因为信息具有多样性和复杂性的特点，尤其是宗教信息更渗透着一层神秘性，往往不便于直接感知，所以，从某种意义上讲，佛教的许多艺术形象都可看做是运载与传递特殊信息的意象符号。事实上，佛教的艺术就是以佛教的教义为题材，宣扬西方极乐世界、忍辱与自我牺牲等，不论是建筑、雕塑还是工艺美术大都是"殚土木之功，穷形造之巧"，可称得上是一时之奇观，其中最值得一提的是石窟寺艺术，如敦煌莫高窟，是当今世界上现存规模最大的佛教艺术宝库。对佛教的推广发展起了相当大的作用。

第三节　中国宗教的系统与和合思维

"和"，按《说文解字》的解释，"和，相应也"，即它的原义是指事物之间的配合、协调；"合"，则解为："合，合口也"，即口的上下齿的闭合，引申为符合、吻合之意。所以，和合的基本含义是强调宇宙中不同元素间相配合的协调和统一。历史上，早在春秋时史伯就已提出"和实生物，同则不续。以他平他谓之和，故能丰长而物归之。若以同裨同，尽乃弃矣"[①] 的观点，认为如果只是一味地强调同一的话，其结果必然是"声一无听、物一无文、味一无果、物一不讲"。可见，在先人的思维里很早就有对事物对立统一的多样性和普遍性的辩证认识。然而，宇宙万物的多样性统一固然需要诸多异质要素的和合协调，但这只是其前提条件，并不是最终目的。"和合"的意义与境界在于"创生"，《吕氏春秋·有始览》指出："天地和合，生之大经也"[②]，把和合视为万物昌盛、生生不已的内在根据。因为当这些差异和对立的元素系统有序地组合起来之后，就会凸显出新的性质、新的格局，甚至创生出新的事物。和合思维模式的深层含义就在于：任何一类事物都具有不可替代的价值与合理性，但又都不可能是自足或完善的，因此不论是小到一类复杂事物还是大到宇宙人生，都不应单纯地依赖于一个方面或一类事物，而必须是其内在本质所规定的多样性的和谐并存，通过它们互相联

---

① 左丘明：《国语》上册，上海古籍出版社 1978 年版，第 515 页。
② 《诸子集成》第 6 册，第 124 页。

结交流、转化生成的运动过程，最终使统一体臻于最佳和合状态，这样才能体现人类自身的完整需求，同时也能展现宇宙本身的完美结构。诺贝尔奖得主普里高津（Ilya Prigogine）指出，现代理论应把"强调实验及定量表述的西方传统和以'自发的自组织世界'这一观点为中心的中国传统结合起来"①。

　　中国宗教同样秉承了这一宽容的心态和注重整体和谐趋善的思维模式。与西方文化一直比较强调现象世界与理念世界、此岸世界与彼岸世界的分别和对立，侧重于对立面的冲突的辩证思维不同，中国宗教思维较少使用否定机制，所有心与物、灵与肉、人与自然、理智与信仰、此岸世界与彼岸世界等诸多对立都能和谐地共存。天人、体用、知行、道器、阴阳、有无、色空、理心诸多对立的范畴均由人根据自己的思想规范和行为规范来加以界说与调和，都能在现世的人那里得到紧密结合与有效的均衡，充分体现了这种在系统两极中求统一与和谐的思维模式。在中国宗教的概念体系中，道、气、太极、理一均是代表整体或全体的基本范畴，阴阳、五行、八卦等则是代表整体的基本构成要素，而系统与和合思维所要强调的是结构—功能，实体与元素均是包含在其中的，人与自然作为一个互相对应、和谐统一的有机整体，是一个双向调节的系统，即物我合一、身心合一、形神合一的结构—功能系统。同时，主体自身的知、情、意、行诸方面也是处于一种均衡、协调、统一的状态。这样，人对自然的把握，对道德的践履，对人生的追求，都能够以和合为中准，其最终目标是完整地理解宇宙有机体的同一性、自然性、有序性、和谐性和相关性。

　　存在主义思想家威廉·巴雷特（William Barrett）曾有一个深刻的说明，他在批判西方形而上学片面强调"人为自然界立法"、割裂人与自然的内在联系时指出，"海德格尔之前，西方哲学从未想出非存在的实质，但是佛教哲学却做到了，中国的道教学说则心甘情愿地承认存在与非存在必然互为补充"，如果人坚持把宇宙万物界定为一种认识、征服的对象，那么其后果必然是"存在——主体和客体双双位于其中并未被分裂的广阔领域——却被遗忘了。人除了超越客体的强力意志外，什么都没有了"，因为存在的真正

————————

① 普里高津：《从存在到演化》，上海科学技术出版社1986年版，第3页。

意蕴是超越主体自身进入一个敞开在他面前的广阔世界之中。"我们能从过去找到的最接近于海德格尔的存在概念的，可能就是中国哲学中的'道'了。"① 从根本上讲，海德格尔（Martin Heidegger）之所以对中国的"道"发生如此强烈的兴趣，最重要的原因就是他体会到中国文化的精髓就在于从存在论上打通主客体，撇开心物之别而保持在相互引发的中道之中。

系统与和合思维在处理中国宗教内部关系上也发挥了重要的协调作用。在历史的长河中，各教派之间虽然信仰各异，但都是先民探索宇宙奥秘、人生价值与精神支柱的心灵轨迹。这些心灵之轨尽管有各自不同的崇拜偶像，各自不同的材料，但它们有着共同的文化土壤，共同的社会心理基础，在长期的发展过程中便形成了一种特有的自然融通关系。儒、释、道三教之间由开始的互相攻讦到互相谅解、相互征引潜涵与交流融通，各禀所宗而又各弘其旨，从而全面地展示出中国宗教的内涵神韵。古代中国人大都把儒教定位为治世之本、把道教定位为养生之术、把佛教定位为修心之学。宋代以后三教甚至有合流的趋势，当时的口号是"道冠儒履佛袈裟，和会三家作一家"、"红花白藕青荷叶，三教原来是一家"。在民间，则出现了由福建莆田人林兆恩创立的明确以三教一统为立教宗旨的三一教，影响颇深，也是中国宗教这一思维模式的现实折射。三一教以儒教纲常礼教为立本、以道教修身练性为入门、以佛教虚空本体为极则，集中体现了中国宗教融出世和入世为一体、三教同归于心以构建精神支柱的宗教追求。② 从文化底蕴上分析，中国宗教之所以能够营造一个多元教派和睦共存、相互依托交流的格局，源于它是一种非暴力与敬畏生命的宗教文化，它不是把人和自然客观化为一种认识对象，细分成一个个不相关联的部分进行剖析，它所追求把握的是一种人格高度完善的圣人、真人，并以此为中心来透视宇宙，所以和合圆融不仅是中国宗教的根本理念，也是它看待、处理世界万事万物关系的主要思维模式。中国宗教之所以能够穿越漫长的历史而长盛不衰，不断化解不同时代人们的信仰危机和终极关怀，其根本原因就在于它的理论学说、解释系统、言

---

① ［美］威廉·巴雷特（William Barrett）：《非理性的人——存在主义哲学研究》，段德智译，第228—230 页。

② 参见林俊雄：《独具特色的民间信仰——三一教》，《中国宗教》2007 年第 2 期。

说方式都是以和合思维为基点,具有极强的包容性,能够不断地适时创新、因时变易。如儒教援引道、释二教的心性学说构筑了其最高的理论形态——宋明理学,佛教、伊斯兰教在传入中国时借鉴儒教入世的特点改造自身的教义从而迅速融入中国社会,等等。不仅如此,从宗教与整个社会环境的互动观察,我们不难发现,中国宗教在其发展的历史长河中,与西方宗教的一个明显区别就是独具礼教与道统的紧密结合,追求与整个社会政治、文化礼教的和合并立。宗教的"教"在古代中国的含义就是礼教。《易经·观卦》云:"圣人以神道设教,而天下服矣。"礼教是中国数千年来的文化特征,除了指敬天法祖的礼仪外,更主要的是包含着社会道德伦理教化的概念。"神人合一"是先人固有的文化理念,敬鬼神与弘教化是不可分割的。除了植根中国文化沃土之中的儒教和道教,印度佛教传入中国后,也很快被灌进了中国文化的醇液,佛理法门与中国的礼教人伦参定的条条是道。唐宋以后民间信仰大量出现,也无不浸染儒、释、道三教的教理与名号,显示了民间信仰对于礼教与道统的向心趋势。即便是后来的伊斯兰教、基督教,在扎根中国之后,也在不同程度上受到中国传统文化的熏陶,而有别于其原来的面目。所有这一切的整合能力均应归功于中国宗教的系统与和合思维模式所具有的较强的应变能力以及对外来异质宗教文化的整合能力。

一、中国儒教的和合与系统思维

儒教六经之首的《易经》里就蕴涵着丰富的和合思想,其主要形式就是尚中。古人早已指出易道的深邃就在于"时中",凡变化、进退均讲求合乎中,万物皆依"时中"精神而动静行止,所谓"当位以节,中正以通",这样就能阴阳刚柔各得其正。"时中"即是系统维持整体和谐的内在调节机制。《周易·乾》卦之《象》曰:"大哉乾元!万物资始,乃统天。云行雨施,品物流形。大明终始,六位时成,时乘六龙以御天。乾道变化,各正性命,保合太和,乃利贞。"[①] 这就很清楚地说明宇宙万物具有自发的自组织与自协同的功能因而能够自我实现"保合太和"的和合有序,简言之,宇宙间的最大和谐,是通过各持自身性命之正的万事万物在其不断相参相化的

---

① 《十三经注疏》上册,第2页。

运动中构成与展现出来。实际上，在《易传》中还有"阴阳合德"的重要思想。八卦图中，干、坤、艮、坎、震、巽、离、兑八卦的卦象两两相对，其阴爻和阳爻的总和也相等，呈现出一幅和谐、有序、对称的图景。虽然这一智慧的创想带有朴素乃至神秘的性质，却寓示出先哲对宇宙辩证运动中的对称原则及普遍有序性的探索。《易传》对宇宙的生成演化也作出了理论的阐述："易有太极，是生两仪，两仪生四象，四象生八卦。"宇宙万物就是一个从混沌到分别、从统一到多样的系统和谐的过程，是逐步由"穷"至"变"至"通"，由"通"进入"久"的和谐境界。

在儒教那里，"和合"既具有山之静的原则性，又不失水之动的灵活性，是一种至德的境界。"和"是指系统内各对立要素或对立面之间的一种和谐、最佳的动态关系或关系结构。"中"则是指代达到这种最佳关系的正确之点，它不是固定而是变动的，"中庸"即是对"中"的选取与追求，以不变应万变，通变易而居常则，意即以"用中"而求整体和谐。孟子说孔子是"圣之时者也"，这个"时"的内涵是"君子而时中"，因为"中"的具体标准是随时间、环境、条件的变动不居而转换的，为此就需要"权"，它是指综合诸多因素对"中"进行权衡判断的具体方法。孔子说："可与适道，未可与立；可与立，未可与权。"礼主立，知礼之人，犹未必知权，可见权之重要。孟子进一步发挥，认为"子莫执中，执中为近之，执中无权，犹执一也。所恶执一者，为其贼道也，举一而废百也。"[①] 可见，执中并非折中，而是一种寻求和合的正确之点、和合的内在依据与标准，然后从总体上把握系统最佳和谐平衡之点的思维方式。孔子认为君子"和而不同"、小人"同而不和"，就表明了这一点。

历来人们多以儒教学说为实用层面内的道德训诫或落于人伦日用的平易之谈，而对其形而上的风致极少措意，中庸在渐次乡愿化的诠释中几乎成为折中调和的代名词。其实，如果说儒教以仁来贞定道的价值取向，那么中庸则以一种独特的思维方式来成全道的形而上的虚灵品格，它的旨趣是落于仁而至于圣这一德性向度的，它所指示的是一种没有极致的圆满，它不是经验层面上的，而是要引导人的价值追求臻致理想之境，犹如柏拉图的理念，永

---

① 《孟子·尽心上》，朱熹：《四书章句集注》，第357页。

远不可能实现于经验世界，却又是衡量经验世界的唯一标准。孔子就曾感叹："中庸之为德也，其至矣乎!"一个"至"字即点出了那种尽其完满而无以复加的境界。可见，中庸这一思维方式所蕴涵的是儒教立教的终极价值追求。孔子曾这样描述人生理想之境界："七十而从心所欲不逾矩。"朱熹注说："矩，法度之器，所以为方者也。随其心之所欲，而自不过于法度，安而行之，不勉而中。"① 也就是说，儒教关于人生修养的最高境界就是"不勉而中也"，把中庸思维内化于自身的一言一行之中，成为自觉，以此来实现儒教道德的最高境界和标准——仁。这种高深的境界，是强调人在认识上要真正领悟道的适用范围和时空限度，以避免在行动中发生"过"或"不及"的错误。《中庸》指出："道之不行也，我知之矣，知者过之，愚者不及也；道之不明也，我知之矣，贤者过之，不肖者不及也。"朱熹注曰："道者，天理之当然，中而已矣。"明确强调奉行天道的关键在于执中。《尚书·大禹谟》进一步概括为："人心惟危，道心惟微。惟精惟一，允执厥中。"② 儒教把这看做尧舜禹世代相传的个人修养和治理国家的原则，名之曰"十六字心传"。《荀子·解蔽》篇也认为，圣人识道是"兼陈万物而中县（悬）衡焉"。不论是"允执厥中"还是"中县衡"，都反映出儒教对中道的崇尚，要求人们在一切认知实践活动中取中而行、取中而识，努力寻求一个最佳的平衡点。如针对社会生活中的德与刑、猛与宽、因与革、质与文、义与利等一系列矛盾关系问题上，都主张将两个方面协调、整合，防止执其一端的偏激行为。这样，儒教把系统与和合思维贯彻在对中道的追求，就使抽象的哲理转换为实践的理性。朱熹就曾引用程颐的话把中庸释为："不偏之谓中，不易之谓庸。中者，天下之正道，庸者，天下之定理"③，"天地之化，虽廓然无穷，然而阴阳之度，日月寒暑昼夜之变，莫不有常，此道之所以中庸"④。

早期原始的尚和思想更多的是一种朦胧的整体思维，尚未涉及矛盾的转化，更谈不上探讨矛盾转化的度。儒教高度强调"礼"，其理由就是"礼所

① 《论语·为政》，朱熹：《四书章句集注》，第54页。
② 《十三经注疏》上册，第136页。
③ 朱熹：《四书章句集注》，第17页。
④ 程颢、程颐：《二程集》第1册，第149页。

以制中也"、"礼之用，和为贵。先王之道斯为美，小大由之。有所不行，知和而和，不以礼节之，亦不可行也"①，"天下无一物无礼乐，且置两只椅子，才不正便是无序，无序便乖，乖便不和"②。和合是必须具有严格的原则性，即必须符合礼的规范，那种缺乏原则性的为和而和，不过是"德之贼者"的"乡愿"之举，"礼乐"就成了儒教和合思维的实践标准。可以说，这一原则所反映的不仅仅是一种社会理想，从现代的观点看，它更是一种功能主义的社会观。"和为贵"作为礼仪制度和伦理道德的基本原则，甚至升华为一种审美的境界——"先王之道，斯为美"。带有浓厚儒教色彩的民间学派太古学派通过《易经》生发出对礼乐兼和三道的独特理解，他们认为天道之阴阳微显，地道之柔刚隐见，人道之仁义直方，"兼阴阳柔刚仁义而两之，疑似乎内外卦也。内外之义，舍礼乐其孰知之。"③ 因此儒教试图从自然现象中找到事物可以并立和谐的根据。《中庸》指出："上律天时，下袭水土，辟如天地之无不持载，无不复帱；辟如四时之错行，如日月之代明。万物并育而不相害，道并行而不相悖，小德川流，大德敦化，此天地之所以为大也。"当然，儒教的系统与和合思维并非泛论事物间普遍关系与状态之一般的和谐，其焦点从来都是定位于对象对于主体或主体之间的和合，对和合的判断以及崇尚追求都带有鲜明的政治和伦理色彩。

儒教把"中和"作为宇宙观和人生观的最高原则和最理想的境界，"喜怒哀乐之未发，谓之中。发而皆中节，谓之和。中也者，天下之大本也；和也者，天下之达道也。致中和，天地位焉，万物育焉"。显然，儒教并不仅仅把"中"、"和"作为表达个人情感的尺度，而是明确地把其上升到事物本性或法则的高度，把推行"中"、"和"看做是天地万物安其位、遂其生的前提和达道。董仲舒则进一步推广开来，他认为："中者，天地之所终始也；而和者，天地之所生成也。夫德莫大于和，而道莫正于中。中者，天地之美达理也，圣人之所保守也。诗云：'不刚不柔，布政优优。'此非中和之谓与？是故能以中和理天下者，其德大盛；能以中和养其身者，其寿极

① 《论语·学而》，朱熹：《四书章句集注》，第51页。
② 程颢、程颐：《二程集》第1册，第225页。
③ 方宝川主编：《太古学派遗书》第1辑，第1册，第552页。

命。"① 这样，就使整个宇宙在结构上保持与人事的关联，进一步表明属人世界所存在的有序对称的和合关系，在文化的历史性展开中显露出人的存在的那种"浑然与物同体"的整体性。

到宋明理学时期，系统与和合思维在儒教对宇宙天道的探索中进一步得到深化，张载首先阐述了和合思维的形上基础，"物无孤立之理，非同异、屈伸、终始以发明之，则虽物非物也；事有始卒乃成，非同异、有无相感，则不见其成"②，"以万物本一，故一能合异；以其能合异，故谓之感；若非有异则无合。天性，乾坤，阴阳也，二端故有感，本一故能合"③，"性者，万物之一源，非有我之得私也。惟大人为能尽其道"④。张载同时也提出了一个代表和合最高程度的概念——"太和"，他这样描述："太和所谓道，中涵浮沈、升降、动静、相感之性，是生缊缊、相荡、胜负、屈伸之始。"⑤可见，"太和"所追求的和合并非是一种绝对静止和均衡的状态，所谓"天之生物也有序，物之既形也有秩"，这种有序并非是各要素在一个平面上的简单等同，而是在不同的层次上具备各自独立的属性特征，从而相互补充、合理整合，整个宇宙呈现出动静相感、阴阳相荡、运行有序的和谐发展图景，虽然其中同样也包含着浮沉、升降、屈伸等对立和斗争。如何实现这一理想状态，儒教有一个经典的描述："有象斯有对，对必反其为；有反斯有仇，仇必和而解。"⑥ 事物的发展即是由不断的"对"、"反"、"仇"、"和"的具体过程构成的，和合思维的重要意义就是使矛盾中的各种对立因素达到一个新的更高水平的统一，其视野是开拓性的，是具有强大生命力的。戴震在《孟子字义疏证》里指出："由其生生，有自然之条理。观于条理之秩然有序，可以知礼矣；观于条理之截然不可乱，可以知义矣……惟条理，是以生生；条理苟失，则生生之道绝。"⑦ 条理就是有序的意思，由此出发，系统与和合思维就可视为儒教中支撑生生之道的条理，其终极归宿就是引导人

① 董仲舒:《春秋繁露·循天之道》，苏舆:《春秋繁露义证》，第444—445页。
② 张载:《正蒙·动物》，《张载集》，第19页。
③ 张载:《正蒙·乾称》，《张载集》，第63页。
④ 张载:《正蒙·诚明》，《张载集》，第21页。
⑤ 张载:《正蒙·太和》，《张载集》，第7页。
⑥ 张载:《正蒙·太和》，《张载集》，第10页。
⑦ 戴震:《孟子字义疏证》，中华书局1961年版，第48页。

在遵循自然规律的基础上建立合理的社会秩序，以获得更大的自由，达到与天地参的目的，并使世界成为一个不断创造新事物、不断走向有序化的生生而有条理的世界。

实际上，系统与和合思维，不仅具有博爱的宗教精神，还有着美学的境界。因为它也体现了宇宙的和谐之美，人与天地自然的和合之美。儒教以"仁"为最高价值，如何践行？程颢主张："仁者，以天地万物为一体，莫非己也。认得为己，何所不至？若不有诸己，自不与己相干，如手足不仁，气已不贯，皆不属己。故'博施济众'，乃圣之功用。仁至难言，故止曰'己欲立而立人，己欲达而达人，能近取譬，可谓仁之方也已'"①。这里的"仁"，即施其爱于万物。而且，这种爱与关怀是来源于天地生生之理，是绝对和无限的，具有永久的价值，所以人不应自私，不可从"自家躯壳上起念"。因为"'天地之大德曰生'，'天地缊缊，万物化醇'，'生之谓性'，万物之生意最可观，此元者善之长也，斯所谓仁也。人与天地一物也，而人特自小之，何耶？"② 这里的"自小"，是"自限"的意思，即人如果认识到万物与人皆由天地生生之德而来，就应当自觉地实行仁德，而非把自身与万物对立起来，甚至把万物只看做是认识和索取的对象，这样就等于忘记了人的职责，也就是"自小"。"放这身来，都在万物中一例看，大小大快活。"③ 就是消除物我、内外界限的和谐之美的一种体验，使自己的生命与宇宙合为一体，从而体验到人的生命的真正价值，即仁的关怀与美的享受。

二、中国道教的系统与和合思维

任何一种宗教的终极关怀和灵魂救济的核心都是其内在的宗教信仰文化系统，包括宗教学说、礼制、禁忌、戒律、文化艺术等，而这个系统的存在和发挥作用又以其核心理念为依托，因为它里面包含着该宗教对于宇宙终极存在、人类起源、人生终极价值、万事万物因果关系的解释，它是吸收、教化、凝聚教徒的价值依据，并成为教徒行为、生活、思想的根基。"道法自

---

① 程颢、程颐：《二程集》第 1 册，第 15 页。
② 程颢、程颐：《二程集》第 1 册，第 120 页。
③ 程颢、程颐：《二程集》第 1 册，第 33—34 页。

然"是整个道教信仰系统的核心理念，道教认为世界上万事万物包括人的身心在内都是一个自然和谐的整体，它们的存在是一个趋于完善的过程，因此，道教极力追求人与宇宙自然的和合同流，认为以道观之，物无贵贱，倡导"圣人亦当和合万物，成天心，顺阴阳而行"①。最终实现万物一体、死生一如的精神自由与无限。这是一种不计较狭隘功利、不拘役于身躯小我的超然态度，它将人类生活推进到无限的宇宙，正是表达了人对宇宙的认同感、融合感及一体感的宗教情怀。

我们知道，在宗教思维中，主体的情感需要和态度起着至关重要的作用。儒教以刚健有为、明分使群来追求社会、人生的和合有序，道教则在自觉或不自觉、有意识或潜意识之中，信奉、遵循和讴歌那些自原始母系氏族时代以来带有女性特征的阴柔之道，以"无为"、"无欲"、"静"、"至柔"等阴性特征为思维处世的根本原则。道教在认识宇宙万物时强调"接万物以别宥为始"②，"知常容，容乃公，公乃王，王乃天，天乃道，道乃久，没身不殆"③，可见，破除主观成见的宽容心态是深深扎根于道教思维模式之中的。道教的系统与和合思维首先突出表现在它的生态智慧中。可以说，在这方面，道教提供了世界各大宗教传统中最深刻和最美妙的表达之一。道教的整个教义、修炼均高度重视人与自然的和谐共处。"道法自然"，也就是说道以自然为依归，道的最深层本质就是自然。"然"在古代也常有指代完成的意思，因此，自然可看做是自成的意思。道教极力提倡自然，就是主张人置身于其中的天地自然环境本身就是生生不息之"道"的完美、圆满的展现，宇宙中任何事物都有其自身发展的规律，而这个规律是自生自在、不需任何外界意志参与的，人类只宜顺应而不应强作妄为。所谓"牛马四足，是谓天；络马首，穿牛鼻，是谓人。故曰：无以人灭天，无以故灭命，无以得殉名。谨守而勿失，是谓反其真"④，即强调不应以有目的有意识的人为活动破坏自然天成的事物。总的来说，道教出于对天地阴阳和合产生万物这一信仰而对一切生命存在物产生敬畏，认为道化生万物，"一切有形，皆含

---

① 王明：《太平经合校》，第221—222页。
② 王先谦：《庄子集解》卷8《天下》，《诸子集成》第3册，第218页。
③ 《道德经》第十六章，《诸子集成》第3册，第9页。
④ 王先谦：《庄子集解》卷4《秋水》，《诸子集成》第3册，第105页。

道性", 所有生命都禀承了道的种子。道教善书中有教化人类对万物行善的劝诫, 主张世人应在此世有限的历程中对生命始终抱有珍惜、敬畏之情, 善待一切生命, 尽力遵循"护生戒杀"的戒律, 积极地促进超越的宇宙之"道"在现实具体时空环境中的完善。道教甚至提出人如果能遵循"自然无为"的生存原则, 不去破坏这完美、圆满的"自然"理想境界和状态, 这样的人就是至德、上德之人。应该说, 古代中国之所以能够拥有深厚的生态伦理文化底蕴, 在很大程度上要归功于尊重自然和生命要求的道教文化特质。《道德经》里有两句话常常容易引起误解, 即"天地不仁, 以万物为刍狗。圣人不仁, 以百姓为刍狗"①, 这似乎是说天地圣人是残酷的, 甚至有人借此指责道教缺乏宗教所蕴涵的博爱精神。其实, 这完全是不了解道教的思维模式所致。在道教的视野里, 整个宇宙自然本身就是一个和谐完整、有序生长的大系统, 因此, 道教主张以一种"万物一体, 大化流行"的整体包容观来接纳天地万物, "天道无亲"正是一种无差等、无偏私的善。这一点, 王弼在《老子注》里就曾点明: "天地任自然, 无为无造; 万物自相治理, 故不仁也。仁者必造立施化, 有恩有为。造立施化, 则物失其真。有恩有为, 则物不具存, 物不具存, 则不足于备载。"② 可见, 仁者选此弃彼, 其结果反而是万物不能并生并存, 而"天地不仁", 即不作任何价值分别和选择, 万物反而可以各得其所, 从而维持宇宙这个大系统的和谐稳定。

不仅如此, 在保全天地造化、生命之性的同时, 道教也高度重视运用和合思维来把握人自身身心的平衡。实际上, 道教一直奉行"身道互保"的行为取向, 其学说的一个主要出发点就是要追回已经失落的人类自然本性, 引导人们走出感官生活的幽谷, 建立恬淡的心境, 保持人所固有的纯真。道教认同老庄的基本主张, 以为在现实生活中"且夫失性有五: 一曰五色乱目, 使目不明; 二曰五声乱耳, 使耳不聪; 三曰五臭熏鼻, 困㥄中颡; 四曰五味浊口, 使口厉爽; 五曰趣舍滑心, 使性飞扬。此五者, 皆生之害也"③, 因为"驰骋畋猎, 令人心发狂, 难得之货, 令人行妨"④, 追逐名利最终只

---

① 《道德经》第五章, 《诸子集成》第 3 册, 第 3 页。
② 楼宇烈: 《王弼集校释》, 第 5 章注。
③ 王先谦: 《庄子集解》卷 3《天地》, 《诸子集成》第 3 册, 第 79 页。
④ 《道德经》第十二章, 《诸子集成》第 3 册, 第 6 页。

会迷失了自己，使人的身心协调遭到破坏，自然人性受到损伤。因此，要实现心不外驰以返回到自身的真性情，从而将人的生命不断地向上推展和延伸，就只有放弃违背自然法则的价值追求，在宇宙的大环境中达到自身存在价值与自然本质的合一。同时，在维持身心平衡的基础上进一步寻求人与社会及命运的和谐共处，所谓"持而盈之，不如其已；揣而锐之，不可长保；金玉满堂，莫之能守；富贵而骄，自遗其咎。功遂身退，天之道"①，就表达了这样一种无冲突的理想境界。这种理想境界实际上也是宗教皈依感的一种特殊表现。

　　当然，道教的"无为"并非全盘否定人改造自然，它所追求的首先是人的行为应与事物的本性和合一致。在庖丁解牛的寓言里，庖丁指出："臣之所好者道也，进乎技矣……臣以神遇而不以目视，官知止而神欲行。依乎天理……因其固然……彼节者有间，而刀刃者无厚，以无厚入有间，恢恢乎其于游刃必有余地矣。"② 在这里，庖丁把牛视为是一个需要神遇的整体，把牛内部关节之间的固有关系提到"天理"的高度来适应，这是一种技进乎道的境界。其次，也是最根本的，是道教强调人的活动应以生命自然的和谐为核心诉求，所谓"与人和者谓之人乐；与天和者谓之天乐"③，"游心于淡，合气于漠，顺物自然而无容私焉，而天下治矣"④，道门中人在践履"自然无为"的过程中，内在地蕴涵着对自身欲望、智识和性情进行合理地调节、引导的要求，这些要求展现在"清"、"静"、"虚"、"明"等范畴的阐明之中，并最终转化为对"清虚自守"的理想人格的追求。在道教经典中，庄子以他的逍遥游来追求人生乐趣与宇宙法则的统一，甚至以梦化蝴蝶的故事来表达人与自然和谐的乐趣，其目的就是阐明要人只有在与自然和谐相处中，才能发展自己，才能真正感到自由，最终实现"天地与我并生，而万物与我为一"的境界。借用海德格尔的话讲，道门中人是诗意地栖息于世界之中的，因为他们与无限的神祇之间的相互感应，乃是经由友善亲切的自然本身而获得了沟通。道教之"道"是有机主义的，"道"之中已经蓄

---

① 《道德经》第九章，《诸子集成》第 3 册，第 5 页。
② 王先谦：《庄子集解》卷 1《养生主》，《诸子集成》第 3 册，第 19 页。
③ 王先谦：《庄子集解》卷 4《天道》，《诸子集成》第 3 册，第 82 页。
④ 王先谦：《庄子集解》卷 2《应帝王》，《诸子集成》第 3 册，第 49 页。

存着使自然界万事万物得以运动、发展、演化，从而依次展现自身的程序。"道"固然是超越于名相之上的，但并非与具体事物毫无关涉。"道"只有通过具体事物才能完满地实现、展示自身的价值。正是"道"本体自身所具有的这一特性才使道教避免了西方宗教、哲学传统中本质和现象的二元对立。

　　道教的系统与和合思维在宇宙生成论上则具体表现为"三一"思维。老子讲"道生一，一生二，二生三，三生万物。万物负阴而抱阳，冲气以为和"①，在这里，"一也者，万物之本也"②，"二"实际上就是指对立的阴阳两极，而"三"则是强调在阴阳并立的基础上还有一种两者和谐统一的状态即"和"的存在。这就是说，阴阳之间的本质关系就是"和"，所谓"至阴肃肃，至阳赫赫。肃肃出乎天，赫赫发乎地。两者交通成和，而物生焉"③，阴阳和合的结果就是创生万物，万物都是阴阳和合的统一体。道教早期经典《太平经》中的《和三气兴帝王法》则明确提出了阴、阳、和的三分法，丰富了《易经》中关于"太极生两仪"的阴阳两分法，其具体描述为"元气有三名，太阳、太阴、中和"，"阴阳者，要在中和。中和气得，万物滋生"④。为什么要一分为三呢？"有阳无阴，不能独生，治亦绝灭；有阴无阳，亦不能独生，治亦绝灭；有阴有阳而无和，不能传其类，亦绝灭"，"凡事悉皆三相通，乃道可成也"⑤，"无阳不生，无和不成，无阴不杀。此三者相须为一家，共成万二千物"⑥。由此可见，如果只有互相对立、排斥的阴阳两极，那是无法产生新事物的，必须加入一个作为第三者的"中和"的渗入，才能把两方面的因素协调融合起来，从而创生出新的更高级的和合体。这样，道教将"和"上升成为一个重要的生成论范畴，进而把阴阳和合创生万物的观念贯入具体事物的生成过程和静态存在的结构状态之中，使事物之间的相生相克关系也具有阴阳和合的意蕴。

① 《道德经》第四十二章，《诸子集成》第3册，第26—27页。
② 《淮南子·诠言训》，高诱注本，《诸子集成》第7册，第241页。
③ 王先谦：《庄子集解》卷5《田子方》，《诸子集成》第3册，第131页。
④ 王明：《太平经合校》，第19—20页。
⑤ 王明：《太平经合校》，第149页。
⑥ 王明：《太平经合校》，第676页。

　　道教的养生文化在中国宗教里独树一帜，很多高道往往也是名医，他们施治的方法同样是深受系统与和合思维影响的。道教把人视为一个由形、气、心、神、性多层次、多功能的生命要素组成的有机整体，每一层次、每一要素都不能离开其他任何要素而单独存在，五脏六腑的功能发挥也需要心、神、性的协调，也不能脱离阴阳四时的限制，只有保持整个身心以及环境的和谐适中才是健康之本。道教养生的主题一直都是重视人体身心内部关系的把握，强调人体的健康应基于阴阳在相互消长的动态过程中保持平衡，认为疾病的产生是由于人体阴阳失调的结果。把阴阳的协调视为天地之道。著名的道教学者孙思邈在《千金要方》里指出："阴胜则阳病，阳胜则阴病，阴阳调和，人则平安"，类似的论述还很多。总的来说，道教医学奉行的就是将人体作为一个互相影响的和谐整体系统进行辨证论治的医疗观，主张阴阳、虚实平衡，温凉补泻调和，用药讲究五味、五性，升、降、浮、沉、君、臣、佐、使，这种复方配济的平衡思想，对现代医学具有重要的启迪作用。

三、中国佛教的系统与和合思维

　　中国佛教发展、壮大的整个过程都浸润着系统与和合思维的影子。佛教之所以能够与儒、道二教和合并列且扎根于中国社会是有着深厚文化基础的。先民的"厚德载物"精神培育了中华民族效法大地负载万物的宽厚德性，使中华传统文化在对待外来文化时表现出很大的宽容性和强烈的融摄性；另一方面，佛教在中国传播时有意识地运用和合思维，根据中国宗教文化系统的整体框架进行适当改造，使其符合中国传统社会的文化观念、伦理规范与价值准则。相比之下，基督教与伊斯兰教也很早就进入中国，但发展势头一直不如佛教，最重要的原因就是未能经由深入的涵化过程所致。

　　在历史上，魏晋南北朝之后，印度佛学经典被大量翻译，影响逐步扩大。然而，印度佛教所宣扬的出世思想与中国人的入世取向之间的矛盾也日益尖锐，而且它所包含的无君无父的宗教观念也与中国人的政治伦理意识发生抵牾。因此，佛教要想融入中国主流文化以取得进一步发展的空间，就需要作出重大调整。这种改造工作首先就是剔取，用"开宗判教"的方式来选择适应中国宗教精神的内容。印度原始佛教基于缘起理论，反对一切实体的存在，它视身体为五蕴和合之假象或幻影，认为人生的一切痛苦都根源于"五取蕴苦"，要想摆脱种种痛苦，就需历劫苦修。作为最高境界的涅槃，更是强调灰身灭智，捐形绝虑，实际上就是死亡的代称。显然，这是不利于中国人接受的。因此，中国佛教的主流是选取入世修身、普度众生的大乘佛教，因其"大慈大悲"的佛理与儒教"仁者爱人"的伦理信条颇有异曲同工之妙，这样就能与中国人的现实伦理意识和人本主义精神接轨。

在社会伦理道德方面，佛教学者不仅一开始就对印度佛经所讲的人际关系包括两性关系、家庭伦理、社会等级等，作出符合儒教伦理原则的倾斜、调整和修改，即把大量具有中国伦理内容的思想渗入佛教的教义中去，而且为取得统治阶级的支持，也一直宣扬仁道政治，竭力调和封建政权和底层民众的矛盾。早在东汉出现的佛教宣传书籍《牟子理惑论》中就开始极力协调佛、儒二教，其中记载，有人问："今子说道（当时称佛为道）……何与圣人言异乎？"牟子回答说："道之为物，居家可以事亲，宰国可以治民，独立可以治身……何异之有乎"，"佛者，谥号也。犹名三皇神、五帝圣也"。① 这就是说，儒、释、道三教都是"道"的体现者，通过用"道"这一基本范畴把三教思想加以贯通，从而表达三教在探求宇宙、人生的哲理以及维护社会秩序方面的一致性。东晋高僧慧远用佛学来融会儒道，强调"内外之道，可合而明"，通过"理"的整合把佛教教义与名教纲常联系起来，认为它们最后都是合理的，或者说"理"是相同的，他在《沙门不敬王者论》里指出："如今一夫全德，则道洽六亲，泽流天下，虽不处王侯之位，亦已协契皇极，在宥生民矣。是故内乖天属之重，而不违其孝；外阙奉主之恭，而不失其敬。"② 另外，文中还把封建礼教与因果报应沟通起来，认为"因亲以教爱，使民知其有自然之恩；因严以教敬，使民知其有自然之重。二者之来，实由冥应。应不在今，则宜寻其本。故以罪对为刑罚，使俱而后慎；以天堂为爵赏，使悦而后动。此皆即影响之报，而明于教，以因顺应为，通而革其自然也"③。宋代以后，有些佛教学者甚至提出"孝为戒

① 《大正藏》第52卷，第2页。
② 《大正藏》第52卷，第30页。
③ 《大正藏》第52卷，第30页。

先"的主张，论证佛教和世俗的伦理"皆以孝顺为宗"的重要命题，鼓吹报父母恩、报国家恩的忠孝观念，用儒教的理想人格境界来说明佛教的某些精神境界，强调二者的一致性，其伦理道德甚至可以说是儒学化了。

概括地说，中国佛教与儒、道二教的互动过程，一方面，佛教在努力保持自身独特宗教色彩的同时，其发展轨迹又受到儒道二教思维模式的制约而日益中国化；另一方面，佛教倡导的"明心见性"、"一切众生悉有佛性"的广博的心性理论和排除妄念、返归本性的思维观念也深刻影响着儒道二教。唐代以来，儒教发展出"主静"、"主敬"的心性修养方法，力主"存天理，灭人欲"；道教也逐渐走上了"修心"的道路，提倡"性命双修"，在羽化登仙说之外又推行性命之学。这样，儒、释、道三教在心性问题上互相吸取、互相渗透，形成了近乎一致的心性学说，三教同心说可称得上是中国宗教系统与和合思维模式的集中体现。

佛教不仅高度重视与儒、道二教的和合共存，也极力使自身适应民间百姓生活与思想的特点。首先，中国佛教认识到高深纯粹的佛教教义是无法为文化素质较低的平民百姓所领悟的；其次，对于重现世与强调家庭伦理的中国人来说，灵魂最终摆脱肉身的羁绊而得救的教义是没有多大市场的。因此，中国佛教在民间的发展走上了一条止恶扬善、净意修德、因果报应、转世轮回的通俗化和现实化的道路。如简易便行的净土宗主张不问男女贵贱，只需深信阿弥陀佛的宏愿，一心口念阿弥陀佛，就能于命终时往生净土，听佛说法，永不退转。民间盛传的济公和尚即属此宗。他的"酒肉穿肠过，佛祖心中坐"与禅宗的"呵佛骂祖"均是背逆正统佛教教义以迎合中国人现世主义生活态度的。唐代以后，中国佛教也日益以自我心性去沟通、缩小众生与佛的界限和距离，禅宗中主体本性清净实质上等同于佛的说法日渐定型。这样，虽然在一定程度上削弱了佛教超越世俗的神圣性，却扩大了佛教在一般信徒中的影响力，因为众生只要能显发佛性、冥合自然、直觉宇宙真相，即可成就为佛了。总之，凡是有助于成就佛教形上人格的方法，无一不可贯通。

在自身组织形式上，佛教也同样作出了适合中国社会特点的调整。佛教经过中国文化的交流，其行为仪式产生的最大转变就是丛林制度的建立。佛教刚传入中国时，出家的僧众沿袭印度佛教僧众的形态，或独坐孤峰，或隐居水边林下，奉行隐居专修的生活方式。随着时间的推移，这种不事生产、以乞食自修的生活方式，不但不受以农立国、以勤俭持家为美德的社会欢迎，甚至引起朝野的反感，同时，出家僧尼愈来愈多，便自然形成团体生活的趋势。到了盛唐，马祖道一和百丈怀海两位禅师不顾印度佛教的规范和戒律，毅然建立中国式的禅门丛林制度，即集体生产，集体从事农耕，以同修互助的团体生活方式，开创禅宗寺院的规模。事实证明，这一制度融合了传统文化的精神，既包括儒教以礼乐为主的制度，也适合道教亲近自然的思想，从而使佛教各宗派与佛学在中国文化与历史上植下了深厚、恒久的根基。

系统与和合思维同样运用在中国佛教协调内部各宗派之间的关系上。早期的天台宗针对北方佛教偏重于实践（"止"），南方佛教偏重于义理（"观"）的现象提倡"止观并重"以和合南北两地的差异，形成中国佛教新的学风。同时，天台宗所采用的判教方法除了突出本宗所依据的经典的优越性以强调本宗在整个佛教中的地位之外，另一重要作用则是试图把佛法作为一个整体加以分析和解释，所谓"诸法因缘和合生"，从而对佛教各类经典及不同派别的地位都给予会通和安排，以消除相互间的矛盾。应该说，中国佛教内部各宗派之间的主流关系也是兼容相即的，最明显的如持戒、念佛和禅修等，虽为不同宗派所提倡和偏重，但都包容在佛教修行体系的总体框架之中。同时，中国佛教虽然侧重大乘，但也向来是大小乘兼修并具，显教密教通行不悖的，学习修行大乘，仍然须以小乘的戒、定、慧三学作为基础。不仅如此，从中国佛学的乘道着眼，欲修得最高的大乘菩萨道，也须经过小乘的声闻乘和缘觉乘，即从十二因缘的原理，观察世间的缘聚缘散、缘生缘灭，修习苦、集、灭、道四谛，以超然物外。又如净土宗的西方极乐世界说和禅宗的"即心即佛"说，这两种主张是直接对立的，但在发展的过程中，又有转为禅净合一的趋势；再如本无论主张以"无"作为宇宙万有的本体，而性空论则强调宇宙整体的本质都是空性，消融本体实有的存在，然而这两种不同的本体论在否定宇宙万有的客观实在性又有共同的基础，即在唯心论的基础上，中国佛教对本体与现象的关系是持体用统一论的，认为现象虽然千差万别、森罗万象，但本体是同一的、平等无差别的，二者契调融合，差别而平等，平等即差别。其他的如言教与直觉、渐悟与顿悟、因果报应论与神不灭论、佛性论与佛果论之间都存在着彼此依附、相辅相成的关系。《楞严经》里指出："理须顿悟，乘悟并销，事资渐修，因次第近"，可见中国佛教是强调身心行为的实证与功夫见地并重的。

　　事实上，在佛法教理方面，中国佛教也侧重和合的境界。华严宗的"华界缘起论"从事物的本性、相状的角度，揭示了事物性相的有无、假实、常变的区别，进而强调有无、假实、常变的相反相成，以阐明万物的缘起和生成。同时，华严宗还提出"事事无碍论"和"周遍含容论"的命题，这里的"事事无碍"是指事物与事物、现象与现象之间是圆融的、无矛盾的，彼此互为因果、互为依存、互相渗透；"周遍含容"则进一步强调不仅事物与事物之间是圆融无碍的，而且每一个事物都和其他一切事物互不相离，每一个事物都包容了其他一切事物，一即一切，一切即一，一多相即，大小相容。这样，就以佛教徒津津乐道的现象与本体、现象与现象的相资相存、相即相入、圆融无碍的境界为佛的悟境，构成了典型的圆融境界哲学。天台宗以"一念三千"即整体地把握宇宙万有为觉悟的境界，并用三谛圆融论来说明事物现象。它对一切现象都作出空、假、中三种性质判断，并强调这三层义理在任何境界上都是相即存在的，亦即三者是圆融的、无矛盾的，也就是说，每一现象都同时表现为空、假、中三谛，必须从这三谛去认识和把握每一现象。另外，在中国佛教对真理内涵的探讨过程中，有的把真理分为不同的层次，主张多重的真理观；有的主张从不同角度揭示事物性质的内容，加以圆融会通，提倡整体的真理观；有的则强调最高认识层次内涵的虚空性质，主张最高智慧无知论等。但总的说来，各宗派的佛教学者均高度重视真理的内涵结构诸要素的圆融，而且寻求阐明真理与客体、真理与主体佛性的圆融，综合及超越肯定和否定对象两边的中道论，为真理的圆融性展示了丰富的内容。

第　六　章

范畴与规律

在哲学中，范畴（希腊文为 κατηγορια）是被用于对所有存在的最广义的分类。比如说时间、空间、数量、质量、关系等都是范畴。在分类学中，范畴是最高层次的类的统称。它既不同于学术界对于学问按照学科的分门别类，又区别于百科全书式的以自然和人类为中心的对知识的分类，范畴论是着眼于存在的本质区别的哲学分类系统，因而范畴论属于形而上学的本体论分支。亚里士多德著有《范畴篇》，他在书中论述了事物的所有十大基本性质，并称它们为范畴。伊曼努尔·康德把范畴作为先天的理性，正是由于范畴的存在，我们才能够将经验转化为知识。爱奥尼亚学派（又叫"米利都"学派）以物质的基本元素为范畴：土、水、空气和火。① 它的重要性在于引起了人们在认识问题上的兴趣，并成为哲学分类系统的前身。柏拉图区分了五种范畴：它、自、区别、变化和永恒。他认为这些范畴是精神存在的证明。

以上是西方思想家对范畴的一些理解，在我们中文的语境下，范畴指的是什么呢？中文译名"范畴"源于《尚书》中的"洪范九畴"。《洪范》中指出："鲧陻洪水，汩陈其五行；帝乃震怒，不畀洪范九畴……鲧则殛死，禹乃嗣兴，天乃锡禹洪范九畴，彝伦攸叙……五行：一曰水，二曰火，三曰

---

① 米利都学派的创始人泰勒斯（约公元前 624—前 547 年）认为"水"是世界万物的本原，该学派另外一个代表人物阿那克西美尼认为世界的本原是"气"。

木，四曰金，五曰土……"① 从这段话当中我们可以知道，大禹治水，叩首问天，天乃赐禹九条治世良策，即是"洪范九畴"。"九畴"中的第一畴是我们熟悉的"五行"：金、木、水、火、土。五行不仅是一个对基本物质的分类系统，而且具备"相生相克"这一关系推演系统，而五行体系的最大特征是在于"行"这一字上，体现了生灭交替流转、变化经久不息的宇宙观。据说《尚书·洪范》是在战国时代成文，但五行的观念则更加原始。五行的说法类似于古希腊米利都学派的基本哲学范畴。九畴当中剩下的八畴分别是：第二畴是慎重做好五件事；第三畴是努力办好八种政务；第四畴是合用五种记时方法；第五畴是建立最高法则；第六畴是用三种德行治理臣民；第七畴是明智地用卜筮来排除疑惑；第八畴是细致研究各种征兆；第九畴是用五福劝勉臣民、用六极惩戒罪恶。这里的"洪范九畴"，虽然有"范"和"畴"二字，但是并没有把二者连在一起用。

从上面的讨论我们可以看出，所谓的"范畴"可以理解为讨论或论述的范围，有着一定的界限。范畴的形成是人的思维逐渐成熟，有了对客观事物的普遍本质进一步的认知反映和科学概括。范畴的作用在于它有利于对各门学科能够规范性地进行总结、研讨与探索。规律，又叫法则，它是事物、现象和过程内在的、本质的、必然的联系，具有客观性和普遍性，不依照人的意志为转移，人们不能创造改变和消灭规律，只能认识它，利用它来改造自然界，改造人类社会，并且限制某些规律对人类的破坏作用，是人们进行科学预测，制定实践计划的客观依据。

中国宗教范畴特指的是与中国宗教相关的，能够在一定程度上反映出中国宗教特点和主要内容，揭示中国宗教发展规律的一些概念。比如，我们研究中国宗教过程当中经常使用的有无、善恶、忠孝、心性、功夫等都属于中国宗教范畴。在中国古代宗教和哲学著作当中，和"范畴"相对应的或者相当的，先秦时期叫做"名"，如孔子的"正名"、庄子的"名者，实之宾也"、《墨子·经说上》指出的"所以谓，名也。所谓，实也。名实耦，合

---

① 《尚书·洪范》，《十三经注疏》上册，第187—188页。

也"①。《墨经》还把名分为"达、类、私"三种。② 唐代韩愈讲的"定名"也与范畴相对。宋代以后学者多用"字"来称谓概念范畴，如南宋陈淳所著的《北溪字义》以及清代戴震所著的《孟子字义疏证》等，都是讲范畴的著作。从上面的论证我们可以看出，中国古代宗教和哲学当中虽然没有明确规定范畴的含义，但是的确存在与范畴相对应的概念，而且中国古代的学者还使用这些概念构建了自己的思想体系。

中国宗教的规律指的是中国宗教在发展过程当中，其本身所固有的、本质的和必然的联系。中国宗教规律具有客观性，它不以统治阶级的意志为转移，人们也不可能去改变和消灭中国宗教发展的规律。人们只能认识和利用这个规律去改造社会。中国宗教范畴和中国宗教规律是紧密联系在一起的，二者相互依存，不可分割。中国宗教范畴是中国宗教发展规律的基本构成要素，中国宗教发展的规律是中国宗教范畴的展开和发展。我们把二者放在一起讨论，原因有几个方面。

第一，将范畴与规律二者放在一起研究，这是揭示中国宗教思想发展的内在逻辑的基本途径。我们研究中国宗教思想发展的目的，不是去简单地罗列中国宗教发展过程中出现的人物和著作，不是简单地对中国宗教发展的历史回顾，当然这些回顾也是很有意义，很有必要的。我们的研究是企图去揭示中国宗教发展过程中的思想，包括思维方式、客观规律以及机制等。要研究这些内容，就必须从最基本的范畴入手，然后是规律，然后才是整个中国宗教思想。我们都知道，宗教思想是一种抽象的理论思维，而抽象的理论思维就是由一些概念、范畴以及由他们所形成的命题和推理构成。从宗教思想发展的内容来看，一部中国宗教思想发展史，就是中国宗教范畴发展的历史。如果我们不去对这些最基本的范畴和规律进行研究和把握，那么理解和研究中国宗教思想发展只能是一句空话。

第二，将范畴与规律二者放在一起研究，这有助于揭示中国宗教的特

---

① 《墨子·经说上》，《诸子集成》第 4 册，第 211 页。

② "达名"是指最普遍的名称，可以泛指一切确定的对象性存在。"物"就是"达名"，可以笼统地指称各式各样的事物；"类名"是指一类事物所共有的名称，如牛、马、四足兽等；"私名"是专指某一确定性个体之名，是"止于是实"之名。这种划分实际上反映了墨家对于外部世界中"实"的一种理解，已经具有范畴的意义。

点。根植于中国社会土壤的中国宗教有自己的特点，也有自己独特的宗教范畴体系和规律，这些是其他宗教所没有的，如"道"、"太极"等；有些虽然表面相似，但是实际上含义却大不相同，比如"神"这个概念，在西方主要是指上帝，而在中国，"神"的概念除了人格神意义之外，还有变化的意思。即使是同样的宗教范畴，在中国宗教的语境下也有不同的内涵，如"佛性"，在印度佛教里面大多把"佛性"理解为"本净"，而中国的佛教则多理解为"本觉"。正因为这些原因，我们很有必要对中国宗教的范畴和规律加以研究和讨论。我们不能简单地拿一些西方宗教的范畴去比附中国宗教的范畴，而应该结合中国社会的特点，解析中国宗教的范畴，把握中国宗教发展的规律，这样才能科学地说明中国宗教的特点。

　　第三，将范畴与规律二者放在一起研究，这可以让我们高屋建瓴地把握中国宗教思想的发展；与此同时，对中国宗教发展的未来走向也会有一个较为清晰的预见。中国宗教发展的过程是根植于中国社会发展的过程之中的。随着中国现代化进程的不断加深，中国宗教的发展将去向何方？这个问题值得我们思考和研究。如果我们能够对中国以往宗教发展的规律进行一个理性把握，那么我们对这个问题的回答也会变得相对容易一些。

第一节　移植化用：传统思想范畴与外来思想范畴的借鉴吸纳

　　任何一种外来文化到了另一个文化圈中，必须适应原有文化的某些特性，这样才能够生存下去。宗教是文化的一种形式，也同样适用于这个规律，正如史学大师陈寅恪先生所说："释迦之教义无父无君，与吾国传统之学说、存在之制度，无一不相冲突。输入之后，若久不变易，则决难保持。是以佛教学说，能于吾国思想史上，发生重大久远之影响者，皆经国人吸收改造之过程。"① 佛教的发展历程也的确证明了这一点。事实上，除了佛教以外，后来传入中国的伊斯兰教和基督教的发展历程也以不同的方式印证了

---

① 陈寅恪：《冯友兰〈中国哲学史〉下册审查报告》，见《陈寅恪史学论文选集》，上海古籍出版社 1992 年版，第 511 页。

这一点。

在本书中，我们主要是从中国传统的宗教，即道教和儒教与外来宗教——佛教的互动对传统思想范畴和外来思想范畴加以考察。儒教是中国的本土宗教，在中国历史上占支配地位，对中国封建社会的统治起到了至关重要的作用。在佛教传入中国以后，尤其在宋明时期，二者进行了长期的激荡磨合，共同得到了发展。道教也是中国的传统宗教，但是与作为外来文化的宗教形态——佛教，却有着大致相同的兴衰经历：佛教在汉末传入中国，道教也是大致在此时兴起；二者又共同经历了魏晋南北朝的酝酿发展，到隋唐时期达到兴盛；二者在发展的过程当中，都要面对在封建社会中占统治地位的儒教。三教在中国传统文化发展的过程当中相互磨合、互相融摄了彼此的思想和理论，我们下面就以几个范畴为例考察儒、佛、道三教思想范畴的相互影响。

一、儒、佛、道"善恶"观的相互融合

善恶是中国古代一对重要的伦理范畴，也是中国传统宗教儒教和道教的重要范畴。一般指的是人们对一定的道德行为的肯定或否定的评价。凡是符合一定的道德原则和规范便称之为善，相反即为恶。

在儒教人士看来，判定善恶的标准，就是看其是否合于儒学的道德规范，凡合于仁、义、礼、智、信等道德规范的就被称做善；相反则为恶。这是孔子以来历代儒教学者关于善恶的基本观念。先秦儒家以此观念论性，产生了性善论、性恶论的不同。性善论主要以孟子为代表，他认为人性有仁、义、礼、智的善之"四端"，所以人性本善；性恶论以荀子为代表，以人性有争夺、贪利等恶性而得名。汉代儒教宗师董仲舒对先秦儒家的人性论进行了扬弃，他糅合性善、性恶说，认为人性是有善恶品等的，提出了性三品说，将人性分为上、中、下三个品级。宋明儒教多用善恶评价自然万物，将其泛化。如南宋朱熹对《易·系辞上》当中的"一阴一阳之谓道，继之者善也"的解释是："继之者善，生生不已之意。"[1] 他在《大学章句》当中

---

[1]　黎靖德编：《朱子语类》卷74，第5册，第1897页。

对"至善"的解释是"至善，则事理当然之极也"①。明代王守仁以心释善，认为"至善者，明德、亲民之极则也"②。至于北宋张载、程颢、程颐等人则以善恶论气，反映了儒教重视人的道德价值，重视人的主体性的特色。在善与恶之间，儒教提倡善而反对恶，其人性修养无不围绕"成善"这个中心而展开。儒教还对圣人之纯粹善的人格加以渲染。儒教的善恶观一直是儒学的重要内容，同时给中国人的价值取向以深刻影响，流行于中国人中间的"勿以恶小而为之，勿以善小而不为"的说法，正是儒教善恶观影响的表现。

善在佛教是一个教义的范畴，是梵文 Kusala 的意译，指与"善心"相应的一切思想和行为。凡符合佛教教理的就是善，它与恶相对。《大乘义章》卷7："顺名为善，违名为恶"，后延及伦理道德范畴，指有利于人类的道德行为。

佛教的戒律当中也反复告诫人们要去恶行善，"诸恶莫作，众善奉行，自净其意，是诸佛教"。这是《法句经》中著名的"七佛通戒偈"③。此偈颂也多处散见于《增一阿含经》中，其中卷第一《序品》解释了此偈颂的意义，说："四阿含义，一偈之中尽具足诸佛之教及辟支佛声闻之教。所以然者，诸恶莫作，戒具之禁，清白之行；诸善奉行，心意清净；自净其意，除邪颠倒；是诸佛教，去愚惑想。"④ 这个著名的偈颂，总的来说是让人们莫作恶，多行善，然后就可以达到"心意清净"的境界。它代表了佛教戒律的根本精神，故称"通戒"，历来备受佛教信徒的尊崇。

佛教的善还表现在它的慈悲精神上。中国佛教极度推崇慈悲精神，唐代释道世在《法苑珠林》中说，"菩萨兴行救济为先，诸佛出世大悲为本"⑤。中国佛教奉菩萨为理想人格的化身，以普度一切众生为最高理想，正如《大乘起信论》所说："众生如是，甚为可愍。作此思惟，即应勇猛立大誓愿，愿令我心离分别故，遍于十方修行一切诸善功德。尽其未来，以无量重

① 朱熹：《四书章句集注》，第3页。
② 《王阳明全集》卷下，上海古籍出版社1992年版，第969页。
③ 《法句经》卷下，《大正藏》第4卷，第567页中。
④ 《增一阿含经》卷1，《大正藏》第2卷，第551页上。
⑤ 道世：《法苑珠林》卷64，《慈悲篇·述意部》，《大正藏》第53卷，第774页中。

方便救拔一切苦恼众生，令得涅槃第一义乐。"① 中国佛教视慈悲为最主要的伦理原则，民间广为流传的观世音菩萨就是"慈悲"的代表。就观世音信仰的广度和深度来说，它甚至超过对佛教创始者释迦牟尼佛以及其他佛和菩萨的信仰。这的确反映了中国古代人们苦难的深重，同时也反映了中国古代人们对慈悲精神的向往与渴望。除了提倡慈悲的精神以外，佛教还规定了诸多的戒律，引导人们弃恶扬善，如佛教提出的戒杀护生、自利利他等理念，这些内容在本书其他章节当中有详细的论述。

佛教传入中国以后，在教理和教义上受到中国儒家思想的影响，"善"的范畴具有了实践意义。对于"善"，中国佛教学者认为，佛教的伦理与实践可以用一个"善"字概括之、代表之，如北宋契嵩主张儒释合一的禅宗思想，他说：

> 夫圣人之教，善而已矣。夫圣人之道，正而已矣。其人正人之，其事善事之。不必僧不必儒，不必彼不必此，彼此者情也，僧儒者迹也。②

这是说，圣人的教化，就是一个"善"而已。圣人的善道就是教人做"正"事、做"正"人。儒教如此，佛教也是如此，在这个问题上，二者不分彼此，僧人儒者只是形迹的不同罢了。中国佛教还十分重视对"善"的实践，明代以来的很多佛教学者著书立说，劝人行善。如明代的袁了凡弃官后，信奉佛法，写作《阴骘录》(《了凡四训》) 宣扬阴骘为支配人类的天，依人行为的善恶而定其祸福，阐发善恶行为与因果报应的关系，极力劝人为善。明代高僧云栖袾宏为便于佛教伦理道德的操作实践又将《阴骘录》加以改写，撰《自知录》。全书分善、过两门，详细叙述德目的分类和善恶功过的评价。上述两书一时广为流传，几乎家喻户晓，在民间影响相当广泛。

道教也讲"善"。除了一般意义以外，道教还吸收了儒教和佛教的"善"的观念。南天师道是由简寂先生陆修静改革江南天师道而形成的。陆

---

① 《大乘起信论》，《大正藏》第 32 卷，第 582 页下。
② 《镡津文集》卷 2《辅教篇》中，《大正藏》第 52 卷，第 657 页上。

修静对"善"是极为推崇的，他还专门修一座道观，取名为"崇善观"。北天师道是由北魏寇谦之改革五斗米道而形成的，新天师道所传《云中音诵新科之戒》中，宣讲《新科》等大道清虚之道，提倡专以礼度为首，而加以服食闭练，新天师道的做法中就有，宣示"新科之戒"，提倡礼法，按儒学伦理道德规范，增订道教戒律和斋仪；它吸收佛教"轮回生死"之教义，宣讲善恶报应之说。实际上，从东晋以来，一些道教书就开始吸取佛教的六道轮回和因果报应思想，方立天指出："这都表明道教学者将佛教的业报轮回思想和道教的承负说相融合，借以加强劝善惩恶的社会功能与效果。这种思想倾向一时成为道教学者撰写经书的风尚。"①

道教中全真派更是认为三教平等，三教一致。这些观点在其代表人物王重阳以及其后学的言论或著作上随处可见。王重阳就曾经说："儒门释户道相通，三教从来一祖风。""释道从来是一家，两般形貌理无差。"② 在三教平等理论基础之上，全真教大胆地吸收了佛教的六道轮回说，揭示轮回之苦。《重阳全真集》就说："我今嗟彼世间人，来路前生作甚因。但恐性乖来路失，归时转转入灰尘。""世上轮回等等人，各分神性各分因。百年大限从胎死，五蕴都归尘下尘。"③ 我们还发现，在丘处机与成吉思汗的有关对话记录中，三教善恶报应思想的混融已经非常明显：

> 一日，上（指成吉思汗，笔者注）问曰："师每言劝朕止杀，何也？"师（指丘处机，笔者注）曰："天道好生而恶杀。止杀保民，乃合天心。顺天者，天必眷佑，降福我家。况民无常怀，惟德是怀，民无常归，惟仁是归。若为子孙计者，无如布德推恩，依仁由义，自然六合之大业可成，亿兆之洪基可保。"上悦。④

此外，刘处玄的《天道罪福论》用通俗的语言，列出了必受赏罚的善恶行

---

① 方立天：《中国佛教哲学要义》上卷，中国人民大学出版社 2002 年版，第 577—578 页。
② 王重阳著，白如祥辑校：《重阳全真集》卷1，《王重阳集》，齐鲁书社 2005 年版，第 9、4 页。
③ 王重阳著，白如祥辑校：《重阳全真集》卷2，《王重阳集》，第 35、36 页。
④ 李道谦、赵卫东辑校：《全真第五代宗师长春演道主教真人内传》，见《丘处机集·附录》，齐鲁书社 2005 年版，第 444 页。

为一百种，比如：

> 无损人罪，赐益寿福；无杀害罪，赐修生福；无嫉妒罪，赐夷善福；无攀缘罪，赐全神福；无恶逆罪，赐孝子福；无善道，则赐轮回罪；无公平，则赐生灭罪；无忘贪，则赐不足罪；无常情，则赐寿夭罪……无善福，则赐恶报罪；无三孝，则赐十恶罪；无明见，则赐幽冥罪；无真禧，则赐身堕罪；无真常，则赐荣枯罪；无厌世，则赐万浊罪；无炼形，则赐贩骨罪；无悟真，则赐迷伪罪；无爱善，则赐堕恶罪……无害物，则免镬汤罪；无恋情，则免死苦罪；无幻形，则免去来罪；无生乐，则免死哀罪；意普敬，则免不平罪；无新愆，则消旧业罪；顺天条，则免过去罪；积阳道行，无阴路罪；修阳道功，救永沉罪；达无为道，无万有罪。①

以上这些都表明，道教在善恶观上糅合了儒教和佛教的内容，使赏善罚恶、善恶报应的内涵变得更加丰富，同时也使道教不再着意于抽象意义的阐释，而是针对普通的中下层百姓进行宣讲，这也是道教世俗化的一个表现。这种世俗化是在对三教善恶观念的糅合和发展的基础之上进行的，同时这种世俗化可以直接引导民众的文化生活，起到维护社会稳定的作用。

儒、道、佛对"善"的追求是一致的，都主张弃恶从善。但是三者在追求善的目的上又有不同。儒教追求善，是为了实现圣人的"完美人格"；而道教追求善的终极目标是为了"长生不死"、"羽化升仙"；佛教追求善，则是为了到达西方极乐世界，普度众生。三教为了达到目的，各自采取了不同的方法，并且在各自发展的道路上相互影响、相互交融。

同时我们也应该看到，三教的善恶观都是脱离人们的社会历史变化活动来考察善恶的，认为善恶是全人类永恒不变的观念，这样的善恶观是有历史局限性的。马克思主义认为善恶是有历史性和阶级性的，善恶观点随着历史的发展变化而不断发展变化，互相对立的阶级对善恶的评断往往是相反的。

---

① 刘处玄著，白如祥辑校：《仙乐集》卷1，见《谭处端·刘处玄·王处一·郝大通·孙不二集》，齐鲁书社2005年版，第84—85页。

就人类社会的整个历史发展进程来看，只有与社会发展规律相一致并推动着社会发展的普遍利益才是真正的善。

二、佛教对道教和儒教"忠孝"观念的吸收

孝悌是儒家非常重视的一个范畴。孝是会意字，甲骨文和金文从老、从子，是孩子搀扶老人形，表示孝敬老人。篆文大旨与金文同，隶变后楷书写作孝。它指的是以孔子为代表的儒家学派提出的处理子女与父母之间关系的道德行为规范。儒家认为子女必须无条件的顺从、尊敬、服侍父母，《论语·为政》载："孟懿子问孝。子曰：'无违'。"[1] 樊迟不解，孔子又解释说："生，事之以礼；死，葬之以礼，祭之以礼。"[2]《礼记·祭义》："君子之所为孝者，先意承志，谕父母于道。"[3]《孟子·万章上》："孝子之至，莫大乎尊亲。"[4] 孟子还说："大孝终身慕父母"；[5] "悦亲有道：反身不诚，不悦于亲矣。"[6] 由此我们可以看出，绝对顺从，不违背父母的旨意是"孝"的核心内容，主要是借以维护封建的宗族血统关系。儒家十分重视"孝"，还把"孝"提升到天地大义的高度上来，《孝经》曰："夫孝，天之也，地之义也，民之行也。"[7]《论语》以"孝弟"为"仁之本"。

"孝"的作用，更在于维护既存的封建宗法秩序："其为人也孝弟，而好犯上者，鲜矣！不好犯上，而好作乱者，未之有也。"[8] "慎终追远，民德归厚矣。"[9] 随着封建制度的确立，"孝"被提到根本大法的地位。或谓"务本莫贵于孝"，"夫孝，三皇五帝之本务，而万事之纪也"[10]。董仲舒更把子尽"孝"道推向极端，提出"父为子纲"并把其作为封建道德的一条基本

---

① 《论语·为政》，朱熹：《四书章句集注》，第 55 页。
② 《论语·为政》，朱熹：《四书章句集注》，第 55 页。
③ 《礼记·祭义》，《十三经注疏》下册，第 1598 页。
④ 《孟子·万章上》，朱熹：《四书章句集注》，第 307 页。
⑤ 《孟子·万章上》，朱熹：《四书章句集注》，第 303 页。
⑥ 《孟子·离娄上》，朱熹：《四书章句集注》，第 282 页。
⑦ 《孝经》，《十三经注疏》，第 2549 页。
⑧ 《论语·学而》，朱熹：《四书章句集注》，第 47—48 页。
⑨ 《论语·学而》，朱熹：《四书章句集注》，第 50 页。
⑩ 《吕氏春秋·孝行览第二》，王利器注：《吕氏春秋注疏》，巴蜀书社 2002 年版，第 1359、1362 页。

原则。宋以后，儒教的一些学者进一步宣扬"天下无不是的父母"，"父要子亡，子不得不亡"，"孝"被推向极端，成为"愚孝"。宋儒还将"孝"和"忠"紧密联系起来，认为"于亲孝，故忠可移于君；事兄弟，故顺可移于长"①，是说事亲以孝必然事君以忠，"孝"也受到一些思想家的批评。由此，历代封建统治者都大力提倡孝道，主张以"孝"治天下。唐玄宗还亲自为《孝经》作注，是流传至今的唯一一本御注儒家经典。

在儒家看来，孝还有居丧之意，这反映了一定时期社会中的风俗习惯，也与道德评价中的传统习俗有关系，表现为父母去世之后，作为子女守孝戴孝，着孝服等祭奠仪式。还表现为通过一些活动来寄托哀思。在父亲死后，还要守"孝"，所谓"三年无改于父之道，可谓孝矣。"②

道教对"孝"也有自己的理解。汉代道教《太平经》把孝理解为供养父母，"使父母老有所依"。而"老更弃捐，饮食大恶，希得肥美，衣履空穿，无有补者"谓之"不孝"③，则从反面说明了孝的观念。东晋葛洪的金丹修炼思想以及其他一些道教经书也对修炼者提出了伦理道德方面的要求，其中有很多都是要求修炼者要恪守"忠孝"的规定。这些道教的信徒们或者把行孝尽忠作为一种宗教戒律，或者把它作为一种修持的前提或成仙的方法之一。比如葛洪的金丹道教，认为修行者根据其不同的阶次，要有不同程度的"立善"行为，其"立善"行为中就包括有"忠孝"的内容。

陆静修对江南天师道组织进行整顿和改造，并积极收集整理道经，制定道教斋醮科仪，推动了南朝旧道教的改革和士族新道教的形成。这种新道教就是南天师道。在这个过程当中，为了完善斋醮科仪，他对道教理论进行了一系列的改革，吸收儒家传统的忠孝礼义等伦理道德，把他们作为道徒必须遵守的教规，强调忠孝为先。这样，既保证了道士严格遵守教戒，一心修善立功，又更加完善了宗教仪范。

南宋时期的净明道对"忠孝"十分重视，它强调"忠孝"是修仙之本，以"忠孝为本"、"心性净明"作为其全部教义的要枢。净明道不同于其他

---

① 黎靖德编：《朱子语类》卷20，第2册，第460页。
② 《论语·学而》，朱熹：《四书章句集注》，第51页。
③ 王明：《太平经合校》，第598页。

教派的地方就在于，他对于"忠孝"更为重视，它把实际践履"忠孝"的伦理行为作为其宗教修持的重要门径。他认为，修道要内外兼修，外行"忠孝"以"制行"，内修"澄心"以"净明"。从这个意义上讲，净明道的"忠孝"思想在其教义体系中的地位要远远高于其他教派和其他宗教。以践履"忠孝"作为修道、证道的重要手段，也是南宋净明道教义思想的一个重要特色。

佛教主张出家修行，而传统儒家有"不孝有三，无后为大"①的观念。所以佛教传入中国以后，与中国传统的"孝"文化发生了强烈的冲突。为了适应中国的"孝文化"，佛教对自己的理论进行了一些调整。这样，在中国佛教理论里，由于受到儒教、道教"孝"的影响，佛教开始重视"孝"。唐代宗密在《佛说盂兰盆经疏》中开头就说："始于混沌，塞乎天地，通人神，贯贵贱，儒释皆宗之，其唯孝道矣。"②密宗认为孝道是既超越时空又流遍于时空，不受人神、阶级、派别限制的，是宇宙的普遍真理和伦理规范。

北宋契嵩明显受到儒家孝文化的影响，在谈到"孝"时，他引《孝经》文说："夫孝，天之经也，地之义也，民之行也。"③认为孝行是天经地义，是人们应有的德行。又说："夫道也者，神用之本也；师也者，教诰之本也；父母也者，形生之本也；是三本者，天下之大本也。"④道为形上之本，师为教导之本，父母为生养之本，此三者乃天下最重要之根本。此三者绝不可忘，尤其因为人子者受父母之养育之恩，所以必须以"孝"报答。契嵩还从自己的经历出发，指出："生我，父母也，育我，父母也，吾母有成吾之道也。"他认为，为了报答父母的大恩，孝顺父母是天下的道理。南宋虚堂和尚说："天地之大，以孝为本。"⑤这些实际上就是依据《孝经》观点和

---

① "不孝有三，无后为大"出自《孟子·离娄上》。原文是："不孝有三，无后为大，舜不告而娶，为无后也，君子以为犹告也"。《十三经注疏》中在"无后为大"下面有注云："于礼有不孝者三，事谓阿意曲从，陷亲不义，一不孝也；家贫亲老，不为禄仕，二不孝也；不娶无子，绝先祖祀，三不孝也。三者之中无后为大。"

② 《佛说盂兰盆经疏》卷上，《大正藏》第39卷，第505页。

③ 《孝论·原孝章第三》，《镡津文集》卷3《辅教篇下》，《大正藏》第52卷，第660页。

④ 《孝论·孝本章第二》，《镡津文集》卷3《辅教篇下》，《大正藏》第52卷，第660页。

⑤ 《虚堂和尚语录》卷9，《大正藏》第47卷，第1058页。

中国天人合一的传统思想来阐扬佛教的孝。但是，契嵩毕竟是站在佛教的角度上来宣扬"孝"的，他的"孝"的观念深深地打上了佛教的印记。他认为孝应当按照佛教教义修行，以解脱父母生死轮回的宗教境界来报答父母，这才算得上真正的孝。他说："天下之为孝者，吾圣人可谓纯孝者也。经曰：不如以三尊之教，度其一世二亲。"① "养不足以报父母，而圣人以德报之。德不足以达父母，而圣人以道达之。"② 这里所谓的道是指了解了佛教真谛，解脱了生死轮回的道，也就是佛教的至高境界。而德是指佛教所说的慈悲精神广被众生的至高之德，这是在修行悟道而后才具备的德。从这样的角度看，佛教徒虽剃发出家，但不能说是不孝，因为他们自觉觉他，自度度人，这本身就是"大孝"。况且他们的修行，使父母受到了世人的尊崇，为祖先带来了荣耀。契嵩得出的结论是佛教徒虽然出家，但是仍然可以尽孝，这些很明显是在做一种折中式的调和和论证，目的是为了佛教在中国能有更好的发展。可是其根本的立场没有改变，他认为孝的目的仍然是为了成佛悟道、完满自觉，早日升登西方极乐世界。

对于儒学思想当中的"三年之丧"，契嵩进行了改造。按照中国传统的丧制和礼仪，父母死后，子女必须穿孝服，而且要守制三年。而在佛教的理论当中，人死去并不意味着结束，因而不主张穿孝服。契嵩对此加以折中，主张僧尼的父母去世，不宜穿丧服，只要穿袈裟就可以了，粗布做的袈裟就是出家人的丧服。至于是否要悲痛流泪，只需各随其性。契嵩认为外在的形式并不重要，重要的是守心丧，在心中表示哀思。"然丧制哭泣，虽我教略之，盖欲其泯爱恶而趋清净也。苟爱恶未忘，游心于物，临丧而弗哀，亦人之安忍也？……吾徒临丧，可不哀乎？"③ 佛家不倡导临丧哭泣，是要人不起离别之恨，泯灭爱憎之情，使心灵趋于清静。他们认为如果人们不能看淡人生，为物所迁，就不能够得到解脱。

此外，佛教还把孝作为佛法的主旨，明代智旭作《孝闻说》，谓"世出世法，皆以孝顺为宗"④，又在《题至孝回春传》中说："儒以孝为百行之

---

① 《孝论·德报章第九》，《镡津文集》卷3《辅教篇下》，《大正藏》第52卷，第661页下。
② 《孝论·德报章第九》，《镡津文集》卷3《辅教篇下》，《大正藏》第52卷，第661页下。
③ 《孝论·终孝章第十二》，《镡津文集》卷3《辅教篇下》，《大正藏》第52卷，第662页。
④ 智旭：《灵峰宗论》卷4（之二），青莲出版社1994年版。

本，佛以孝为至道之宗。"① 在这里就直接提出了孝是佛教的根本宗旨。智旭的观点可以说是修改印度佛教的旨趣以会通儒家伦理思想。

中国佛教对孝的重视还不仅止于此，它还提出"戒以孝为宗"的理论。宗密说："戒虽万行，以孝为宗。"② 意思是佛教的戒律虽然众多，但是都以孝为根本宗旨，所有的戒律都以"孝"为纲。契嵩也说："夫五戒有孝之蕴"③、"孝名为戒。盖以孝为戒之端也……夫孝也者大戒之所先也。"④ 他认为，五戒当中有孝的蕴意，大戒应以孝为先，这就是"戒以孝为宗"。本来，戒律是为了有利于佛教徒修行才制定出来的，后来虽然随着佛教的世俗化具有了一定的伦理意义，但是在印度佛教那里戒律和孝并没有如此紧密的联系，中国佛教学者则把戒律统一于孝，这实际上就是佛教传入中国以后为了与中国重孝观念相协调而对佛教戒规的内涵和精神所做的根本性调适。在提倡三教融合方面，宋释孤山智圆直接主张佛教伦理向儒学的靠拢，他说："士有履仁义、尽忠孝者之谓积善也。""夫儒、释者，言异而理贯也，莫不化民，俾迁善远恶也。儒者饰身之教，故谓之外典也；释者修心之教，故谓之内典也。"⑤ 我们可以看出，在智圆这里，忠孝已成为至善的标准，表明佛教与儒家已趋统一，"外典"、"内典"的差异，仅在于修身和治心的方式不同。

三、儒、佛、道三教"有无"观念的融合互通

有和无也是中国宗教思想当中一对非常重要的范畴。它关涉中国古代关于宇宙本原和实体的问题。二者作为一个单一的概念，最早以甲骨文和金文出现。在中国古代典籍当中也经常提到"有"和"无"，如《易经》中有言"利有攸往"、"利无咎"、"无攸利"等。《论语》当中也有："以能问于不能，已多问于寡；有若无，实若虚，犯而不校。昔者吾友尝从事于斯

---

① 智旭：《灵峰宗论》卷7（之一）。
② 《佛说盂兰盆经疏》卷上，《大正藏》第39卷，第505页。
③ 《孝论·戒孝章第七》，《镡津文集·辅教篇下》，《大正藏》第52卷，第661页。
④ 《孝论·明孝章第一》，《镡津文集·辅教篇下》，《大正藏》第52卷，第660页。
⑤ 智圆：《闲居编》卷18、卷19，《卍续藏经》第101册，台湾新文丰出版公司1994年版，第107、110页。

矣。"① 当然，在这里有和无指的只是一个具体的概念，还不是一对范畴。

有无作为一对哲学范畴，最早出现在《老子》当中，在春秋时期，老子对"有无"这对范畴进行了自己的解释。《老子》云："天下万物生于有，有生于无。"② 老子在这里提出了有无相生的观点。这里的"有"指的是有形、有名等含义，"无"指的是无形、无名的含义。在《老子》一书中，"无"和"道"相近。老子接着说："道生一，一生二，二生三，三生万物。"③ 从有无关系来看，道生一就是无生有。"一"就是由"无"或者说是"道"产生的混沌的统一体，这个统一体在产生"二"（即阴阳），阴阳参合产生万物。万物的产生始于"道"或"无"。天下万物产生于"无"，最后又归于"无物"。老子说："致虚极，守静笃，万物并作，吾以观复，夫物芸芸，各复归其根，归根曰静，静曰复命。"④ 老子用有无相生的思想揭示了宇宙万物产生的过程，这种宇宙生成模式的思想深刻地影响了后来的思想家。老子还论述了作为实体的"有"和作为虚空的"无"之间的关系，他举例说："三十辐共一毂，当其无，有车之用。埏埴以为器，当其无，有器之用。凿户牖以为室，当其无，有室之用。故有之以为利，无之以为用。"⑤ 这里的有指的是作为实体的辐、埏埴、户牖，而无指的是他们中间的虚空。古代车轮由三十根木条辐辏与轴心所构成，所谓"辐辏"，即由一个中心点向外分散出去。三十根木条在轴心聚集，轴心必须是空的，才能让三十根木条穿过，再接连车轮两边的横轴，如此车子的用处才能表现。糅合陶土做成器皿，有了陶土的中空，才有器皿的作用。开凿门窗建造房屋，有了室内空虚之处，才有房屋的作用。这是古义，意思就是盖房屋的时候，如果里面是实的，就不能住人，而且还要挖一个洞作为窗户。在这里，老子指出了任何一个具体的事物都是实体和虚空的统一体，也就是说是"有"和"无"的统一体。

老子以后，庄子在有无问题上陷入了相对主义。庄子和老子一样，认为

① 《论语·泰伯》，朱熹：《四书章句集注》，第104页。
② 《道德经》第四十章，《诸子集成》第3册，第25页。
③ 《道德经》第四十二章，《诸子集成》第3册，第26页。
④ 《道德经》第十六章，《诸子集成》第3册，第9页。
⑤ 《道德经》第十一章，《诸子集成》第3册，第6页。

世界的本原就是"道"。他说："夫道，有情有信，无为无形；可传而不可受，可得而不可见；自本自根，未有天地，自古以固存；神鬼神帝，生天生地；在太极之先而不为高，在六极之下而不为深，先天地生而不为久，长于上古而不为老。"① 但是庄子在有无问题上，陷入了相对主义的泥潭，认为二者是"齐一"的。到了魏晋时期，"有无之辩"成为玄学的核心问题。这场辩论经过了三个阶段，首先是曹魏正始年间以王弼为代表的"贵无论"，其次是西晋元康年间以裴頠为代表的"崇有论"，后来郭象在综合了"贵无论"和"崇有论"积极思想的基础之上，提出了"独化于玄冥之境"的理论。我们可以把这三个过程看成是一个正、反、合的过程。这个过程是魏晋时期人们对于有无问题的思考过程，体现了魏晋的时代精神，也是玄学理论自身发展的一个过程。

经过了一个正、反、合的过程以后，我们可以看出，郭象的理论在玄学思维模式内已经达到了最高峰。继郭象之后，张湛虽然提出了新型的"贵无论"，但是在理论上已经失去了创造性，其玄学思想也充满了矛盾。这样，要想在有无问题上有所突破和发展，就必须引入新的理论。而东晋南北朝时期，由于社会的极度动荡和统治阶级统治的需要，加上寺院经济的空前发展，佛教在中国开始广泛传播开来。于是，思想界开始"援佛入玄"，借助佛教更高层次的思辨水平来挽救玄学的命运。但是，学术发展的潮流已经发生转变，玄学终究因为其后期理论的贫乏和矛盾，被后来更高层次的佛学所代替。

事实上，魏晋以后玄学家和佛教学者的交流就开始逐步增多，并且出现玄佛合流的趋势。玄学盛行，清流名士高唱"正始之音"，外来的般若学说迅速和玄学思潮交汇在一起，依附玄学，传播般若思想，正如当时的名僧道安在《鼻奈耶序》中所言："自经流秦土，有自来矣……认斯邦人老庄教行，与方等经兼忘相似，故因风易行也。"所以当佛教传入中国时，就是以道家的黄老思想为依托的。后来则又接承玄学的余绪，以般若性空义发展了玄学之本无说。因此，以性空为宗的大乘空宗很容易引起受老庄思想熏陶的崇尚虚无的中国士人的同感，很快就得以广泛传播。般若学因玄风而逐步兴

① 《庄子·大宗师》，《诸子集成》第3册，第111—112页。

盛，玄风依般若而更富思辨色彩，二者相融而激荡，构成了魏晋时期思想界的主流。同时又由于玄学有贵无、崇有、独化各派别的分歧，般若学受此影响，依附不同的派别，因而产生了既不完全等同于印度的大乘般若学说，又与玄学有异的中国式的般若思潮，即"六家七宗"等学派的分化。① 这六大派别相互吸收和质难，从不同的角度去阐述般若"空观"，使般若思想迸发出绚丽、琅璨的火花。但是他们的基本观点是"一切皆空"，也就是认为主观世界和客观世界都是虚空的。这样有和无这对范畴的讨论到了佛教这里就演变成了"空"和"有"的讨论，进入了一个新的理论发展阶段。空有这对范畴是佛教的一个重要范畴，对于"空"的理解，一般是指现实世界和一切事物都是由因缘构成的，这些有色界只是一个虚幻的假象，不是独立的实体。对于"有"的解释，一般认为是现实世界和一切事物都有自性，是一种现实存在的实体。

六家七宗对于空有的理解在很大程度上受到魏晋玄学思想的影响，尤其是本无宗和本无异宗。本无宗的代表人物道安是中国佛学史上的一个重要学者，他俗姓卫，常山扶柳人（今河北正定县南），生于公元 312 年（西晋怀帝永嘉六年），卒于公元 385 年（东晋孝武帝太元十年）。他一生致力于《般若》学的研究，著有《性空论》，是罗什以前传播"般若性空"的大师。他以"本无"解空，他说：

> 第一本无立宗曰："如来兴世，以本无佛教。故《方等》深经，皆备明五阴本无。本无之论，由来尚矣。何者？夫冥造之前，廓然而已。至于元气陶化，则群像禀形。形虽资化，权化之本，则出于自然。自然自尔，岂有造之者哉？由此而言，无在元化之先，空为众形之始。故称本无。非谓虚豁之中，能生万有也。夫人之所滞，滞在未有。苟宅心本无，则斯累豁矣。夫崇本可以息末，盖此之谓也。"②

---

① 所谓的"六家七宗"指的是：（一）本无宗，代表人物是东晋佛学大师道安；（二）本无异宗，代表人物是竺法汰；（三）即色宗，代表人物是支道林；（四）心无宗，代表人物是支敏度；（五）识含宗，代表人物是于法开；（六）幻化宗，代表人物是道壹；（七）缘会宗，代表人物是道邃。

② 《卍续藏经》，《名僧传抄·昙济传》，第 134 册，第 18 页。

在这里，他认为"无"是在在元气演化万物之先就存在的，"空"是世间万物的始原，所以称之为本无。但是这并不是说，在虚无之中能产生万物。一般凡人，都是对具体事物进行执著而不放。如果在思想上领悟了"本无"的道理，那就不会再执著事物，就会消除、解脱一切精神上的烦恼。他还认为，"本无"就是"空"，他还把"心"与"色"都看成是空。这在很大程度上都是受到玄学家"以无为本"思想的影响。所谓的"本无"，指的是整个世界的"本体"都是虚幻空寂的，不是实体存在。

　　除了本无宗之外，本无异宗也受到老庄有无哲学范畴的影响，本无异宗的代表人物是竺法琛。他生于公元285年（西晋武帝太康六年），卒于公元374年（东晋孝武帝宁康二年）。大约与道安同时而稍前。他俗姓王，琅琊人，是东晋权臣王敦之弟。竺法琛的"本无异宗"的般若思想，在吉藏的《中观论疏》中有简洁的论述，吉藏引竺法琛的话，概括了本无异宗的旨趣：

　　　　本无者未有色法，先有于无故从无出有。即无在有先，有在无后，故称本无。①

这段话的大意是说，所谓的"本无"，是指世界没有出现众多现象（有色界）之前，先有一个"无"（即空）的存在，后由"无"派生出纷繁复杂的万事万物（有）。所以说，无在有出现之前，有在无之后，这就是"本无"。

　　日本学者安澄在《中论疏记》中也较为详细地介绍了本无异宗的思想：

　　　　《二谛搜玄论》十三宗中本无异宗，其制论云：夫无者何也？壑然无形，而万物由之而生者也；有虽可生，而无能生万物，故佛答梵志四大从空生也。《山门玄义》第五卷，二谛章下云，复有竺法深即云：诸法本无，壑然无形，为第一义谛；所生万物，名为世谛。故佛答梵志四

---

① 释吉藏：《中观论疏》卷2，《大正藏》第42卷，第29页。按，本段引文标点略有更动。

大从空而生。①

这段话很好地阐述了本无异宗对"空"和"有"的认识。在本无异宗看来，"无"是精神实体，是没有自性的；"有"是指世间万物以及一切现象。"有"之所以是性空，是因为它们并不是自身存在，而是由无所派生出来，即地、水、火、风"四大"由无（空）产生。这样，空生"四大"，然后"四大"再产生宇宙万物。由此看来，本无异宗的"本无"乃是佛教的第一义谛，是绝对真理，由无产生的万物，是世俗人们认可的真理。本无异宗这种"无生万有"、"空生四大"的观点，很大程度上是受到了老子和庄子"有生于无"的思想影响。本无宗虽然讲过"无在元化之先，空为众形之始"的话，但那是从"无"或"空"作为万物存在的依据这一意义上而言的，是为了反对"虚豁之中能生万有"的观点，否认"万有"的真实性，只承认精神本体（无、空）的真实性。所以相比起本无宗来，本无异宗的"空"观要彻底一些。

从以上的论述我们可以看出来，六家七宗在有无问题上和道教以及玄学的融合激荡是非常明显的。到了南北朝时期，以鸠摩罗什、僧肇为代表的佛教哲学家摆脱了魏晋玄学"有无"思想的影响，开辟了中国佛教独立发展的新道路。鸠摩罗什系统地研究和宣传了龙树大乘空宗思想，他依据"三论"②的空观，宣扬"一切皆空"的思想。但他并非只讲空，不讲有，他用"中道"解释实相，认为如果从真谛上来看就是"空"，但是如果从俗谛上看就是"有"。鸠摩罗什主"毕竟空"，说："故有无非中，于实为边也。言有而不有，言无而不无。"③ 对于空有的关系，他说："本言空欲以遣有，非有去而存空。若有去存空，非空之谓也。"④ 后来鸠摩罗什的弟子僧肇撰写了《不真空论》，这是系统地论证"有无"问题的专著。所谓的"不真空"就是说"不真"即是"空"，以"不真"来解释"性空"。他认为天下万物非有非无，即有即无，应该把"空"和"有"统一起来，才能够把握"性

---

① ［日］安澄：《中论疏记》卷3末，《大正藏》第65卷，第93页。
② 所谓的三论指的是《中论》、《百论》、《十二门论》，通称"三论"。
③ 释僧肇：《注维摩诘经·弟子品第三》，《大正藏》第38卷，第347页上。
④ 释僧肇：《注维摩诘经·弟子品第三》，《大正藏》第38卷，第354页中。

空"的含义。

隋唐时期，佛教思想发展到了一个新的高峰。在这个时期，出现了很多不同的佛教派别，但是他们在否定物质世界的真实性上都提出了相同的观点。无论是天台宗的"圆融三谛"，还是三论宗的"诸法性空"，都是在宣扬佛教"空"的思想。值得我们注意的是，在隋唐时期，道教对佛教"空"和"有"的思想借鉴吸纳不少。隋唐时期的道教思想家对魏晋玄学的"崇有"论和"贵无"论都进行了否定，在他们看来"崇有"明显地滞碍于有，而贵无虽然是对"有"的否定，但是又会落入"无"的偏执之中，所以"无"同样也要被否定。于是隋唐时期的道教重玄学利用"非有非无"否定了王弼的"至无"，但是隋唐时期的玄学家认为仅仅进行这样的否定还不够彻底，因为这种"非有非无"的中道，仍然是一种执著，这种执著也应该被否定掉，于是就有了"玄之又玄"的重玄。如唐代著名的道教思想家成玄英曾经对玄解释道："玄者，深远之义，亦是不滞之名。有无二心，微妙两观，源于一道，同出异名。亦名一道，谓之深远。深远之玄，理归无滞，既不滞有，亦不滞无，二俱不滞，故谓又玄。"[1] 他还把道规定为："妙本非有，应迹非无，非有非无，而无而有，有无不定。故言恍惚。"[2] 这种"非有非无"的双遣法正是来源于佛教的"中观学"。中观学是由大乘佛教思想家龙树所创，其中心论题是"空"，龙树赋予"空"以中道的含义，所谓的中道就是介于有和非有的断定之间。龙树承认因果关系又拒绝因或果本身会有自性。他提出著名的"八不"命题，即不生不灭、不常不断、不一不异、不来不去，并以此表述作为他以中道和空论为基础的缘起学说。需要说明的是，重玄学的"道体"说并不是简单地照搬佛家的中观论，而是对其进行了改造。不论是"非有非无"还是"非古非今"，甚至是"非非有非无"，"非非古非今"等，并不是像佛教中观学的双遣双非那样要导出空无自性，而是要建立作为万物最高本体的道的真实存在。可以这样说，在隋唐重玄学中，佛教的中观之道显然已经失去了般若空观的原意，它不过是作为最高本

---

① 成玄英：《道德经开题序诀义疏》卷1，台湾艺文印书馆1965年版，第5页。
② 成玄英：《老子注》，见严灵峰编：《无求备斋老子集成初编》，台湾艺文印书馆1965年版，第28页。

体之道的修饰语而被使用着，而这种旨在指向"道"之无可规定性的双遣双非反而更证明了"道体"的实存。这是重玄学和佛教的区别所在。

　　总而言之，隋唐时期佛教的"有无"范畴明显受到了玄学有无范畴的影响，但是二者之间又有不同，玄学的"有"指的是个体以及存在者的存在，"无"指的是超越相对的绝对。而佛教所谓的"有"指的是真实性，而"无"指的是虚幻性。这是二者本质的区别。唐以后，柳宗元用自己的元气论批判了佛教的"一切皆空"的观点，指出了它的虚妄性。在柳宗元看来，佛教所谓的"空无"，并不是虚幻，也不是什么都没有，而是实有的"元气"。刘禹锡也和柳宗元一样，批判了佛教的"空无"，指出了客观物质世界的实有，肯定了其真实性。宋明时期，除了佛教的空有观以及道教的有无观以外，还出现了一种儒释道合流的哲学形式——理学。朱熹对佛教的虚幻进行了批判，在他看来理是实有、实理，而不是虚幻的。他说"儒释言性异处，只是释言空，儒言实；释言无，儒言有。吾儒心虽虚而理则实。若释氏则一向归空寂去了"①。除了朱熹之外，北宋的哲学家张载在继承了柳宗元和刘禹锡的气论的基础之上，提出了"太虚即气"的命题。他认为："知太虚即气，则无'无'。"② 在张载开来，世界上根本没有所谓的"无"，气聚有形而成万物，万物为有，其散则为太虚，亦是有，世界上根本没有所谓的"无"。这样张载"太虚即气则无'无'"的命题就赋予"太虚"以物质实体的属性，避免了把"虚"当做绝对空无或仅仅看成是空间形式的理论错误和缺陷。

　　张载之后明代的王廷相继承和发扬了张载的观点，提出了气为"实体"的观念和"道体不可言无，生有有无"的命题。王廷相的"道体不可言无"的观点，批判了道家和道教重玄学的有无观念。他说："老氏之所谓虚，其旨本虚无也。非愚以元气为道之本体者，此不可以同论也。"③ 除了对道教的批判，他还批判了佛教的空有观，他认为道体实有，而不是佛教所说的"虚幻"。他说：

---

①　黎靖德：《朱子语类》卷 126，第 8 册，第 3015 页。
②　张载：《正蒙·太和篇》，《张载集》，第 8 页。
③　王廷相：《答何柏斋造化论》，《王廷相集》，中华书局 1989 年版，第 964 页。

天内外皆气，地中亦气，物虚实皆气，通极上下造化之实体也。是故虚受乎气，非能生气也。理载于气，非能始气也。世儒谓"理能生气"，即老氏道生天地矣。谓理可离气而论，是形性不相待而立，即佛氏以山河大地为病，而别有所谓真性矣，可乎？不可乎？由是，"本然之性超乎形气之外"，"太极为理而生动静阴阳"，谬幽诬怪之论作矣。①

在这里他批判的是理学家的理能生气的观点，他认为，说理可以离开气，就好像是佛教的真性在山河大地之外一样，都是"谬幽诬怪之论"。这样，在有无问题上王廷相就旗帜鲜明地坚持了自己"实有"的立场，批判了道教和佛教的观点。

王廷相之后，清初的王夫之总结了中国古代的"有无"范畴，他从气本论出发，明确地提出了"凡虚空皆气也"的命题，他说："凡虚空皆气也。聚则显，显则人谓之有；散则隐，隐则人谓之无。"② 又说："人之所见为太虚者，气也，非虚也。虚涵气，气充虚，无有所谓无者。"③ 他明确指出："天地之终，不可得而测也。以理求之，天地始者今日也，天地终者今日也。其始也，人不见其始；其终也，人不见其终。其不见也，遂以为邃古之前，有一物初生之始；将来之日，有万物皆尽之终，亦愚矣哉！"④ 在王夫之看来，如果不了解宇宙无始无终、无古无今、无涯无涘的无限性，就会给道家的"无"中生"有"，佛教的"彼岸"世界，以及理学家的"理生万物"等种种谬说留下空间，这无疑是十分愚昧的。这样就肯定了客观物质世界的真实性，批判了道教和佛教的有无观。

以上我们从善恶、忠孝、有无等范畴考察了中国宗教发展史上传统宗教范畴和外宗教范畴的借鉴吸纳。事实上，除了这些范畴以外还有很多其他的范畴经过了不同宗教之间的相互借鉴而发展。如儒教的中庸和佛教的中正。

---

① 王廷相：《慎言·道体篇》，《王廷相集》，第 753 页。
② 王夫之：《张子正蒙注》卷 1，《船山全书》第 12 册，岳麓书社 1996 年版，第 23 页。
③ 王夫之：《张子正蒙注》卷 1，《船山全书》第 12 册，第 30 页。
④ 王夫之：《周易外传》卷 4，《船山全书》第 1 册，第 979 页。

儒家讲中庸，佛教讲中道。释迦牟尼创造佛教时所宣说的教法"八正道"①，就是佛教的中道原则。八正道既排斥纵向的偏向，也排斥苦行的偏向，后来大乘中观学派进一步以远离一切分别执著而达到无所碍境界为中道。这和儒学的"中庸"范畴较为相似。再比如，儒、佛、道对心性问题的理解以及对修养心性的功夫论的理解都是相互影响，相互交融的，我们在其他章节当中有所论述。由于篇幅所限，在这里我们不再对这些范畴一一考察。但是有一点是可以肯定的，中国传统宗教具有极强的兼容性，所谓"海纳百川，有容乃大"，也正是这样的兼容性，使得中国传统宗教和文化在不同的时期总能以不同的形态大放异彩。由此我们有理由认为，传统思想范畴和外来思想范畴的借鉴吸纳必然会继续下去，它本身也是中国宗教思想发展的一个规律。

第二节　超越存在：酒神精神与理性思维的相互激荡

酒神精神源自于西方社会的一个神话，象征着非理性精神。我们这里主要地是从非理性的意义上理解酒神精神。一个人总是感性和理性的结合体，只有感性或者只有理性的人是不存在的。正是从这个意义上讲，伊利亚德说："一个纯粹理性的人是一个抽象化的人，在现实的生活中决不会存在。同时，每个人又都是由他的有意识的活动和非理性的体验而构成的。他的无意识的内容和结构也表现出了与神话的思想和形象有着惊人的相似之处。"②宗教也是如此，宗教的发展也表现出理性和非理性相互激荡的规律。

一、概念的界说

1. 酒神精神（又称狄俄尼索斯精神）

在希腊神话中酒神象征狂烈的自然力量、人类的野性本能、过度的纵乐

---

　　① 八正道是指八种求取涅槃的正确途径，八者是：（1）"正见"，离开邪非的正确知见；（2）"正思维"，离开世俗主观分别的思索；（3）"正语"，纯正净善的语言；（4）"正业"，正当的行为；（5）"正命"，正当的经济生活；（6）"正精进"，正确的努力；（7）"正念"，正确的意念；（8）"正定"，正确的禅定。

　　② ［罗马尼亚］米尔恰·伊利亚德（Mircea Eliade），《神圣与世俗》，王建光译，华夏出版社2002年版，第123页。

和悲伤。尼采认为酒神是希腊人的艺术神之一。酒神如醉，沉酣人生，狂歌
醉舞，在酩酊大醉中感到生命的欢悦，忘记生命的悲惨和痛苦。舞蹈和音乐
就是这样产生的。酒神的艺术是表达狂热的。它与超现实的梦幻的日神精神
是尖锐对立的，由于希腊意志的形而上学的奇迹，二者结合而产生了雅典悲
剧。他又说，酒神精神是悲剧经验的真正根源。酒神长期是希腊悲剧的唯一
主角，酒神受苦是唯一主题，从酒神的笑产生了奥林帕斯山诸神，从它的眼
泪中产生了人。

　　"酒神精神"是由德国哲学家谢林提出的概念。尼采在《悲剧的诞生》
一书中，将其内涵加以发挥，并运用到文学艺术中。具体的指希腊悲剧
（泛指一切文艺作品）中具有酒神气质的要素和人格本质与艺术表现中的
"狂喜"、"狂乱"、"非理性"的状态。我们可以这样认为，酒神精神是一
种如痴如狂的非理性精神。尼采认为酒神精神是人在醉与梦的状态中表现出
来的自我否定的死的本能冲动。酒神精神在文艺创作中以表现自我的情感与
欲望、描写人生的痛苦和世界的荒谬为特征，形式上则不受传统的束缚，强
调创新。

　　我们在本书当中主要借取"酒神精神"当中非理性的、超越性的含义。
我们认为中国宗教在信仰层面具有极强的"非理性"，甚至接近于西方的
"酒神精神"，这也是我们在研究中国宗教过程当中应该注意到的。

　　2. 理性思维

　　理性是源于希腊文 Nous 的一个哲学范畴。本义是指人或事物的心灵，
是一种精细的、能动的、物质性的东西，是事物运动的推动力量。后来，理
性专用于指人的认识能力。在西方伦理学说史上，理性也是一个重要的道德
范畴。理性是与感情、意志、信仰和想象相对的一种深思熟虑的思考能力，
理性的行为是与本能的行为和仅因一时刺激而没经过思索的无意识、无目的
的行为相区别的行为。伦理学上，一般认为道德的行为是合乎理性的行为。
对于理性，我们认为它至少有以下几个方面的含义：与神的知识相对、和人
的认识能力以及人的认识相关，从这个意义上讲，理性和神是对立的；合乎
道德伦理规范的、合乎人性的理性，我们称之为道德理性；与非理性相对，
指的是人的逻辑认知能力，也就是用逻辑的方式来把握对象世界的能力；还
有就是西方哲学家康德、黑格尔以及费尔巴哈的理性。康德认为理性是把知

识得到的规则加以综合统一的能力。黑格尔则把理性作为与知性相对立的辩证认识能力。在费尔巴哈的哲学中，理性指人的本性、本质。我们主要在第一和第二个意义上谈理性。理性思维是一种思维方式，一般指的是概念、判断、推理等思维形式或思维活动。

在中国宗教思想发展过程当中，也有对理性的认识和界定。在佛教看来，理性主要有以下几个方面的含义：（1）"理"与"性"的并称。指"无为"、"涅槃"。僧肇《涅槃无名论》："不出不在而玄道独存，斯则穷理尽性究竟之道。"此"穷理尽性"指修为达到涅槃的境地。（2）"理"与"性"的合称。"理"指道理，佛理；"性"谓诸法之本质空性。《维摩诘经·弟子品》竺道生注云："既观理得性，便应缚尽泥洹。"此"理"如"十二因缘"等，"性"如"不住"等。（3）"理佛性"之略称。《摩诃止观》卷5上云："实性即理性；极实无过，即佛性异名。"又《法华玄义》卷5下云："众生理性，与佛不殊，是故不异；而众生隐，如来显，是故不一。"天台宗又称此"理性"为"真性"。同上书说："以真性轨为乘体：不伪名真，不改名性，即正因常住，诸佛所师。"①

中国古代儒教也有自己对"理性"的界定。儒教学者认为，理性指的是人性中体现"天理"的部分。北宋程颢、程颐认为，人性有二：一为天命之性，一为气禀之性。天命之性是天理的体现，亦称"理性"，纯善；气禀之性，亦称"才"，由于禀气的清浊不同，有善有恶。他说："性即是理，理则自尧、舜至于涂人，一也。才禀于气，气有清浊。禀其清者为贤，禀其浊者为愚。"② 还说："穷理尽性至命，只是一事。纔穷理便尽性，纔尽性便至命。"③ "理也、性也、命也，三者未尝有异。"④ 程颐还说过："性即理也，所谓理，性是也"⑤，"至如言理性，亦只是为死生，其情本怖死爱生，是利也。"⑥ 其中的"理性"也可以视为一个概念。

---

① 任继愈主编：《佛教大辞典》，江苏古籍出版社2002年版，第1063页。
② 程颢、程颐：《二程集》第1册，第204页。
③ 程颢、程颐：《二程集》第1册，第193页
④ 程颢、程颐：《二程集》第1册，第274页。
⑤ 程颢、程颐：《二程集》第1册，第292页。
⑥ 程颢、程颐：《二程集》第1册，第149页。

诚然，中国传统宗教中的"理性"和前面我们谈到的西方语境下的理性还是有很大差别的，但是我们认为中国传统宗教的理性思维特征是十分明显的，主要表现在儒、佛、道三教的理论中。

二、酒神精神与理性思维相互激荡的原因解析

酒神精神和理性思维是中国宗教意识形态的两个方面，它们有着共同的历史地理环境，有共同的社会经济基础，这些都为二者的相互激荡提供了可能性。同时二者又是一个矛盾的统一体，是一个矛盾的两个方面，必然要相互影响、相互依存。

酒神精神和理性思维具有共同的历史地理环境，从而也就存在着彼此相互激荡的可能性。这里的地理环境是指"生物，特别是人类赖以生存和发展的地球表层"，"地理环境可分为自然环境（或自然地理环境）、经济环境（或经济地理环境）和社会文化环境……上述三种环境各以某种特定的实体为中心，由具有一定地域关系的各种事物的条件和状态所构成。这三种地理环境之间在地域上和结构上又是互相重叠、相互联系的，从而构成统一的整体地理环境。"[1] 随着人类社会的不断发展，人类对自然界的影响越来越大，我们已经很难将这三种不同的地理环境严格区分开来。地理环境和宗教之间有着密切的关系，有些学者称其为"宗教地理学"，意味着不同的地理环境下会产生不同的宗教。美国地理学家辛普尔在谈到伊斯兰教产生的原因时，就认为在西亚单调的沙漠环境里，自然而然地使人们产生了一神教。也有学者戏称伊斯兰教是沙漠气候下的宗教。这些说法虽然难免有失偏颇，但也说明了伊斯兰教产生于阿拉伯半岛是有一定的地理原因的。在中国，五斗米道创始于四川鹤鸣山，茅山道发祥于江苏句容茅山，新天师道起源于河南嵩山，楼观道活动在陕西终南山。中国佛教的三论宗创立在江苏栖霞山，华严宗创立在山西五台山，天台宗创立在浙江天台山，律宗创立在陕西终南山，等等。这些都说明宗教的产生与发展和一定的地理环境是紧密联系在一起的。我们这里所说的共同的历史地理环境，主要包括共同的疆域；共同的民族、人口；共同的地形地貌；共同的气候等。中国的宗教正是在中国特殊的

---

① 陈传康：《中国大百科全书·地理学卷》，中国大百科全书出版社 1990 年版，第 64 页。

地理环境下发生和发展的。酒神精神和理性思维作为中国宗教意识行为的两个方面，是紧紧扎根于中国特殊的历史地理环境之中的，从而也就具有共同的社会经济基础。中国古代社会经济的主体是农耕自然经济，这种经济基础具有持续性、多元性等特点，这些也在很大程度上影响了中国宗教的思维方式，也为酒神精神和理性思维的相互激荡提供了可能性。

如前所述，我们在这里谈的酒神精神，主要是借用其"非理性"的内涵。理性和非理性可以说是一个事物的两个方面，二者既相互对立，又相互依存、相互影响。从这个意义上讲，二者在中国宗教发展的历史上必然会相互作用、相互影响。在中国宗教发展的特定阶段，可能理性占上风，在另外一个阶段，可能感性占上风。

三、酒神精神与理性思维相互激荡的表现

儒、佛、道三教在各自的发展过程当中都形成了自己的"理性思维"。他们都有自己的理论体系，有自己独特的范畴、命题、经典著作，有自己的终极关怀，以及通往彼岸世界的修行方法。儒家自孔子以来，就有理性的传统。不过在他那里主要是对历史以及道德的理性思考。对于历史，孔子有自己的理性判断，《论语》记载，子张问："十世可知也?"子曰："殷因于夏礼，所损益可知也；周因于殷礼，所损益可知也；其或继周者，虽百世可知也。"① 历史朝代的更替究竟有没有规律可循，孔子的回答是肯定的，其规律就是所谓的"损益"和"因袭"，后代对前代进行有所"损益"的"因袭"，这是其一。其二，我们也可以从这里看出，孔子对于"常"和"变"有自己的独特的见解的。所谓的"因袭"就是"常"，而"损益"就是指"变"。孔子认为，在历史的发展过程当中，"常"和"变"形成了一个矛盾，历史正是在二者相互作用的过程当中不断发展的，人们认识到这个规律，就可以对未来的历史有所把握。对于道德，孔子也有自己的理性省思，他把"仁"作为自己伦理道德的核心，建构了一套完整的仁学体系。他还总结了周以前的鬼神信仰文化，对其进行了理性的审视，发挥了鬼神祭祀活动中的道德教化作用。孟子对于历史的发展也有自己的理解，他认为历史的

---

① 《论语·为政》，朱熹：《四书章句集注》，第59页。

发展、朝代的更替，主要是由天命决定的。《孟子·万章上》曰："尧以天下与舜，有诸?"孟子曰："否。天子不能以天下与人。""然则舜有天下也，孰与之?"曰："天与之。""天与之者，谆谆然命之乎?"曰："否。天不言，以行与事示之而已矣。"曰："以行与事示之者如之何?"曰："天子能荐人于天，不能使天与之天下；诸侯能荐人与天子，不能使天子与之诸侯；大夫能荐人与诸侯，不能使诸侯与之大夫。昔者尧荐舜于天而天受之，暴之于民而民受之，故曰，天不言，以行与事示之而已矣。"① 从这段话当中，我们可以看出，孟子认为历史朝代的变革、古代王位的继承都是由"天命"决定的。儒教发展到宋明时期，以"理学"的形式表现出来。周敦颐的《太极图说》，朱熹的"理"学，张载的"气"，陆九渊、王阳明的"心"学都对儒教发展过程当中很多问题进行了理性的思考，虽然他们所讲的理性和西方哲学或者宗教所谈到的理性有巨大的差距，但是他们的这种理性也是值得我们肯定的。

　　梁漱溟认为西洋文化的特征，是宗教的、信仰的；中国文化的特征，是伦理的、理性的。实际上，佛教是一种亦宗教亦哲学的宗教。佛法作为一种宗教的修行方法，必然要求人们去信仰，当其作为一种信仰之时，必然表现出激情和非理性的一面。而当它以哲学的形式出现时，则会表现出理性的一面。所以说佛教是激情的信仰和理性的思考的完美结合。按照佛法的理论，信仰是重于感情的，但是信仰的对象是可以通过理智思考来通达的。而理性的思考在佛教看来并不是空洞的知识和说教，而是经过证悟的理论，有着真实的内容，并且这些内容是可以实践的，是值得人们仰慕和追随的。

　　需要注意的是，我们在这里所使用的理性和西方意义上的理性有很大的区别，我们所讨论的理性是在中国文化背景下的理性。二者的区别在于中国佛教的理性是建立在"无我"的基础之上的，尤其是佛教所谓的"一切皆空"，认为整个有色的世界都是虚幻的、不真实的，那么作为思考着的主体——人，同样也是虚幻的。而西方的理性则不同，它是建立在"有我"的基础之上，或者说是"自我"的基础之上的，这种理性把整个世界分为主体世界和客体世界，把主观和客观对立起来。楼宇烈教授已对佛教"无

---

① 《孟子·万章上》，朱熹：《四书章句集注》，第307页。

我"意识与西方"自我"意识的根本差别，佛教"无我"意识自佛教原初形态、部派形态、大乘形态的一路演变，及"无我"意识与"缘起性空"的紧密关联、"无我"意识的现代意义作了充分的论述。① 我们在此不再赘述。

　　佛教首先是一种宗教，那么它就必然要求其教徒和教众信仰其理论和经典。正信的宗教就要有正确的信仰、正确的信誓、正轨的信解、正直的信行、真正的信赖。这是世界上所有宗教必然要求的，佛教当然也是这样要求的。可以这样说，"信"是进入佛教的门槛，也常常被认为是最为重要的一种方法。《华严经》卷 14 说："信为道元功德母，长养一切诸善法，断除疑网出爱流，开示涅槃无上道。"《大智度论》卷 1 也说："佛法大海，唯信能入。"《大智度论》当中有一个非常经典的比喻，说人接触佛教就如同人进宝山，山中蕴藏着许多宝藏，而信仰如同双手，只有用双手才可以挖掘宝藏，在佛教的智慧宝山中，也只有信仰佛教，才会有所收获。因此，要想获得佛教的利益，一定要具备信仰。佛教信仰不仅要有烧香之类仪轨形式，而且强调身心如一、表里如一，是从心底里真正地把佛教作为一种追求。这种"信"是一种精神和情感的意识活动。在现实生活当中，很多人会感到空虚，觉得无法主宰自己，没有一个明确的目标，这在很大程度上都可以归因于没有一个信仰。佛教首先要求人们"信"，就是要解决这个问题。那么"信"的对象是什么？不是别的，正是佛教的"佛陀"以及与之相关的典籍和理论。佛教强调释迦牟尼佛是真实的存在，而且释迦牟尼佛是功德圆满的觉者，具足智德、断德、恩德三德，他的道德是圆满清净的，我们只要信仰他、跟随他，就可以使自己的道德高尚，人格完美。既然要信仰，而信仰又必然是充满激情的，所以我们说佛教是充满激情的，是有非理性的因素在里面的。

　　佛教的信仰虽然强调信仰的激情，但是也非常重视信仰的理性。它讲究信仰和理性思维的结合，也就是说，要用理性的思维去求证佛法，理解博大精深的佛教。佛教的信仰是一种理性的信仰，要以理智为基础，从理智出发

---

　　① 参见楼宇烈：《"无我"与"自我"——佛教"无我"论的现代意义》，《世界宗教研究》2000年第 2 期。

学习、理解、践行佛法，理解越深，就越有利于对佛法的信仰和证悟。佛教的理性思维表现在很多方面，我们在这里以佛教的认识论为例进行说明。佛教的认识目的是认识终极实在、事物的真实本性。凡夫的认识是在感性的基础上进行理性分析，或者说在现量的基础上进行比量认识。但凡夫感性认识到的或现量认识到的都是假相。那么凡夫是如何认识的，为何认识不到真相？凡夫的认识机制就是根、境、识和合生触。触就是凡夫的感性认识，感性认识是从五根（眼耳鼻舌身）得来，所认识就是五境（色声香味触），意识的分别作用（理性）就是对五境的分别。众生一切所认识不出这五境。

但是，五境显然并非外在事物的真实本性。如墙壁不一定有我们所见的颜色，它有什么颜色取决于我们的眼根。火也不一定有热的性质，钢铁也不一定有坚硬的性质。这些性质是因为我们有身根。鬼界众生可能觉得火是凉的，墙是可穿过的。所以，火的真实性质既不是热也不是凉，色的真实性质既不是坚硬也不是软。

那么我们的根从何而来？是从过去生的熏习而来。生生世世我们贪着这样的境，熏习阿赖耶识，这一世机缘成熟就显现这样的根。不同众生有不同的根，就有不同的认识。这完全是过去生的业造成的，因而众生由根所生的认识摆脱不了相对性。不论用什么根所认识的境都不是事物的真实本性，只是众生业的显现。

从熏习而来的认识亦表明，凡夫的认识是出于习惯，人的本质就是无数"习气"的总和。种子作为在意识之中由熏习而发的功能就是一种习惯性的势力，它因此也被称为"习气"，即烦恼现行熏习所成余气，是过去行为延续的力量。人的思维和生命活动都是受无数习惯支配的活动。当然，这一习惯不仅是这一世的活动所熏习的，也是无数生以前所留下的记忆。一切杂染法，包括烦恼、贪爱、嗔恚、我相、法相种种颠倒都是无始以来记忆即名相的显发，而非真实的显现。众生只认识记忆并认为这些记忆就是真实，因而记忆便成为认识真实和解脱的障碍。因而，世俗世界就是一个习惯所主导的世界，是一个未被反思的世界。大家的共同习惯所认定的就是真理，在佛教看来这共同的认识不过是共业所现。

因而解脱或者说认识事物真实性质，就是要摆脱从根而来的认识，摆脱业的束缚。同时，这也是对习惯的认识机制的一个反思过程。不用根如何认识？佛教认为，认识作用是众生本来所具有的，只有众生放弃从过去生熏习而来的从根的认识，众生本来具有的认识功能才能显现。这样所认识的性质并非以往所认识过的任何一种性质，因而是不可描述的，也就是空性，即事物的真实、本来的性质。空性的意思就是没有凡夫所认识的性质。这样的认识是一种直观的认识，佛教称为现量。这好像眼睛直接看到所有事物，而不是一步一步的分析所得来的认识。真实的性质是直接显现，因而不是理性认识。分析的、比较的、理性的认识被佛教称为比量。在圣者的认识中感性与理性的区分是不合适的。不需要理性认识也能认识事物真实原因、结果，因为它们都是直接呈现的。

从佛教的认识论中，我们可以看出它是感性认识和理性思维交织在一起的。其分析的过程是理性的，但是在认识方法上，又主张"事物的直接显现"；它不主张用理性去认识事物，而主张用激情的信仰去认识和证悟。这种激情的信仰和理性的思维贯穿佛教发展的整个历史。

道教的信仰主要表现在神仙信仰上，道教信仰的神仙，既有最高尊神元始天尊、灵宝天尊、道德天尊，又有玉皇大帝、真武大帝、雷声普化天尊等神明，还有张天师、三茅真君、五祖七真等仙真。道教在讲求信仰的同时，也讲求理性，主张在理性的基础上信仰。道教对自己信仰的对象，以及对自己的终极关怀和达到终极关怀的方法都有一整套的理论。在道教神仙学说中，首要解决的无疑是人与神仙之关系问题，人如何才能长生不老，如何才能羽化升仙，这是道教徒关心的根本问题。虽然不同派别的道教树立起了不同的神仙形象，但是有一点是相同的，即这些神仙都是超越世间世俗的生灵。如何在世俗的人和神圣的神之间架起一座沟通的桥梁，就成了众多道教学派所必须回答的问题。那么，要论证修道成仙的可能性，首先就必须分析人自身的因素，我们发现不论是道教的内丹、外丹还是符箓、法术，首先都要考虑人的因素，要从世俗人的躯体和超世俗的神灵之间找到一种相通的因素，然后以这种相通的因素作为论证的基础。所以我们可以看出，在道教的发展过程当中，众多道教学派都会在理论上确立一个基础，也就是人是禀道而生的。人们修道成仙的过程就是一个复性的过程，这条回复的道路，虽然众多，但目的只有一个，殊途而同归。在这样的理性基础之上，才有激情的信仰，否则，这种信仰只能是盲目的迷信。

宋明时期的理学家们所讲的格物，格到"豁然自有贯通处"，道教讲的羽化升仙，佛家禅宗讲的"顿悟"，都有很多感性的直觉在里面，我们也把这些纳入我们这里的酒神精神之中。中国宗教的酒神精神主要表现在中国传统宗教的影响上。我们以佛、道二教为例来分析。

佛教自传入我国后，对我国的文化也产生了重要而又深刻的影响。道教是中国的本土宗教，对中国的文化艺术影响深远。二者的影响主要表现在以下几个方面：

第一，佛、道二教与中国古典文艺的小说、诗歌、戏剧、民间故事等都有密切的关系。佛道二教思想大大丰富了中国文学作品的内涵以及取材范围。从六朝到宋明，许多文学作品都受到道教的影响。如六朝出现了许多志怪小说，其中就有不少作品是专门为道教而作的，如《汉武帝内传》、《海内十洲记》、《洞冥记》。还有一些作品是与道教思想直接相关的，如《搜神记》、《后搜神记》等。中国古代的四大名著《西游记》、《三国演义》、《水浒传》、《红楼梦》，其思想内容和表现形式与佛道二教也有密切的关系。如小说《西游记》就是一个典型代表，其中贯穿了佛法无边、因果报应和轮回转世的思想，同时也有羽化升仙、成仙成道的思想。

佛、道二教对诗歌的影响也很明显。佛教传入中国后，随着印度佛经的大量翻译，人们发现了汉字的四声。所谓四声，就是汉字平、上、去、入四种不同的声调。四声的发现，是声律理论产生的基础，汉字四声的发现和声律理论的诞生，直接影响中国诗歌的创作。一些诗人开始追求诗歌的声律，讲究诗歌的格律美，追求诗歌形式的创新。魏晋南北朝的几百年中，中国的古体诗慢慢被淘汰，出现了新的格律诗。格律诗在表现社会生活方面、在创作手法上都比古体诗灵活得多、方便得多，更容易传播和认识。道教对古代诗歌的影响也很大，中国古代也有很多表现神仙、道情的作品，如汉代之后出现了许多仙游诗。唐朝的李白，更是"五岳寻仙不辞远，一生好入名山游"，自号谪仙人，写了好多和道教相关的诗歌，而且他信道虔诚，颇具仙风道骨。李白之后的很多诗人，如李贺、李商隐等人的诗作，也都不同程度地受到道教思想的影响，他们在文学艺术领域取得如此大的成就和他们的宗教信仰的激情是分不开的。

第二，佛教和道教中的酒神精神对中国的文人墨客产生了重要的影响。

如作为两晋山水诗集大成者的谢灵运，本身就是一个对佛教义理颇有造诣的佛教徒。唐代的大诗人王维的《过吞积寺》："不知香积寺，数里入云峰。古木无人径，深山何处钟。泉声咽危石，日色冷青松。薄暮空潭曲，安禅制毒龙。"香积寺本来是一座寺院，王维来到此地，想到了佛教的一个故事：在西方的一个水潭中，曾潜藏毒龙，是佛门高僧制服了它。佛法无边，能克制毒龙。同样，佛法也可以克制人间的欲念。他的《秋夜独坐》，也表达了他有心向佛的思想，其言："独坐悲双鬓，空堂欲二更。雨中山果落，灯下草虫鸣。白发终难变，黄金不可成。欲知除老病，唯有学无生。""人生几许伤心事，不向空门何处消"，基本上概括王维这首诗的思想。王维中年信佛，他的诗渗透了禅宗思想。秋夜独坐，这里的"坐"就是坐禅。秋天里下着细雨，四周十分寂静，有个老人独自守着油灯，静静地坐在那里，感叹人生。人老了，头发白了，又没有长生不老丹，生命不能永驻，时光不可挽留，自然规律，生老病死，日出日落，不可违背。要想从这种悲惨世界中解脱，只有学"无生"，只有佛教才能够改变人生苦难的境遇。像王维这样的，还有宋代的苏东坡、黄庭坚等词坛大家，他们都在与禅僧大德的交游酬唱中留下了许多名作佳品。

第三，特别值得一提的就是，中国古代的诗、书、画都特别讲求"境界"，而诗人的"境界"和佛教的"禅机"有很多相似之处。书、画之道与佛理禅趣也有很多遥相契合。唐代著名的书法家怀素就是一位僧人，他的草书称为"狂草"，用笔圆劲有力，使转如环，奔放流畅，一气呵成，和张旭齐名。后世有"张颠素狂"或"颠张醉素"之称。怀素也能做诗，与李白、杜甫、苏涣等诗人都有交往。他好饮酒，每当饮酒兴起，不分墙壁、衣物、器皿，任意挥写，时人谓之"醉僧"。在他的身上我们隐约可以看到西方所谓的"酒神精神"。正是因为文化之"境界"和佛教之"禅机"的相通，唐宋之后的诗、书、画的发展变化，常常和佛教的发展变化息息相关。

第三节　伦理调节：神圣化与世俗化的起伏流迁

如前面章节所述，在古代汉语中，"宗"乃示祖庙、神庙，"教"则具有"神道设教"之意。这两个字虽然没有连在一起使用，但均与神道崇拜有关。佛教传入中国后，在汉化佛教的教理中，宗教两字开始连用成为一词。从这个意义上讲，"宗教"二字就必然地和"神圣"、"神道"联系在一起。弗雷泽也说过："宗教，指的是对被认为能够指导和控制自然与人生进程的超人力量的迎合与抚慰。"① 这也把宗教和神圣的、神秘的以及超人的力量联系在了一起。当然，宗教的含义绝不仅止于此。宗教同时也有世俗一面，它在很大程度上影响人们的生活。中国宗教发展表现出神圣化和世俗化互相影响、相互交织的规律。

一、概念的界定与厘清

当谈到宗教时，人们很容易联想到"神圣"，把"神圣"和宗教紧密联系起来，但什么是神圣？它的内涵和外延如何界定？它和宗教究竟是什么关系？和神圣相对立的"世俗"又是什么？"世俗"和宗教是什么关系？要理解中国宗教发展过程当中的"神圣化"和"世俗化"，首先就要解决这些基本的问题。

我们认为神圣一般有以下几个意思：（1）指天圣，神灵；（2）极为崇高、庄严；（3）帝王的尊称。我们在本书当中主要取前两个意思。神圣并不只是一个抽象的概念，它在大多数时候，是通过一些具体的事物来反映其属性的。也就是说，神圣性主要是通过神圣的物体来反映的，这个物体可以是一棵树、一个人像、一个场所，等等。我们注意到，几乎所有的宗教都有自己的宗教场所，道教有自己的"道观"、佛教有自己的"庙宇"，就连儒教在进行祭祀活动时也有一定场所。这些场所构成了反映神圣性的物质因素。正如同米勒尔·埃里亚代（Micea Eliade）所言："不论是最原始的宗教，还是最发达的宗教（the most highly developed religion），它们的历史都是由许许多多的显圣物所构成的，都是通过神圣实在的自我表证构成的。从最初级的显圣物——一些最平凡不过的物体，例如一块石头或一棵树的对神圣的表证——到一些高级的显圣物（对于一个基督徒来说，这种最高级的

---

① ［英］詹·乔·弗雷泽（James George Frazer）：《金枝》上，徐新育、汪培基、张泽石译，中国民间文艺出版社1987年版，第77页。

显圣物即是以耶稣·基督体现的道成肉身[①]），没有任何例外"。[②] 中国宗教的神圣性还体现在对天的敬畏上。中国古代宗教对神圣性的体验包含在以下的话语之中："敬天之怒，无敢戏豫，敬天之渝，无敢驰驱。昊天曰明，及尔出王，昊天曰旦，及尔游衍。"[③]"敬之敬之，天维显思。命不易哉，无曰高高在上。陟降厥士，日监在兹。"[④]

什么是世俗呢？《辞海》中对"世俗"一词的解释是这样的：（1）指当时社会的风俗习惯等。《史记·循吏列传》："孙叔敖者……三月为楚相，施教导民，上下和合，世俗盛美。"（2）犹尘世。《庄子·天地》："夫明白入素，无为复朴，体性抱神，以游世俗之间者，汝将固惊邪？"亦指俗人、普通人。《商君书·更法》："子之所言，世俗之言也。"（3）非宗教的。我们在本书的研究过程当中取第三种意思，把世俗作为宗教中的"神圣"一词的对立面来研究和考察，即是从宗教意义上来讨论世俗。它泛指现实世界的人事、善恶、是非、生死的境界，与超现实的宗教世界相区分。宗教把世界分为此岸世界和彼岸世界，此岸世界即是我们生活的现实世界也就是世俗的人间；彼岸世界指的是天国，是一个神圣的世界。通常我们所说的世俗是和此岸世界相关的。按照《中国伦理学百科全书》中所言，世俗指的是"与宗教中超自然、超社会的世界相对称。具体指人们精神和肉体、感性和理性相互统一的现实生活。"[⑤]

神圣和世俗是所有宗教中十分重要的范畴，对于二者的关系，E. 涂尔干说："世界被分成两个领域，一个是包含所有神圣性的领域，另外一个是包含所有世俗性的领域，这是宗教思想的突出特征……宗教现象的真正特征是它总是持一种整个宇宙的二分论态度，将包含万有的宇宙分为可知的和不可知的两大类别，而它们两者严格地排斥对方。神圣的东西是那些不可逾越的和遥远分离的区域；世俗的东西是那些被我们使用的区域，它必须与神圣

---

① 道成肉身（Incarnation），基督教的基本教义之一。认为基督与上帝同具一个本体，在创世之前即与圣父同在。因圣灵感孕贞女玛丽亚，而成肉身，完成上帝的使命。——译者注。

② ［罗马尼亚］米尔恰·伊利亚德：《神圣与世俗·序言》，王建光译，华夏出版社2002年版，第2—3页。

③ 《诗经·大雅·生民之什》，《十三经注疏》上册，第550页。

④ 《诗经·周颂·敬之》，《十三经注疏》上册，第598页。

⑤ 罗国杰：《中国伦理学百科全书·伦理学原理卷》，吉林人民出版社1993年版，第354页。

性保持一种距离。宗教信仰是表达神圣事物的本质以及它所维系的神圣事物之间的或者神圣事物与世俗事物之间关系的表现。"① 按照 E. 涂尔干的观点，世俗和神圣是两个截然不同的领域，是绝对二分的，世俗的领域与神圣的领域保持着一种距离，神圣的领域也是世俗领域遥不可及的。他甚至还说："神圣性是一种异常的卓越者，世俗性不应该也不可能不受惩罚地接触它。"② 持这种观点的还有伊利亚德，他说："我们所关注的并不是宗教要素的理性和非理性的关系，而是对神圣的一种整体上的把握。对什么是神圣的第一个可能的界定就是神圣是世俗的反面。"③ 这种观点对于我们理解神圣和世俗的区别有很大的帮助，但也不完全正确。我们认为神圣和世俗的关系是辩证的，一方面二者有着本质的不同，分属于不同的领域；另外一方面，二者又相互影响、相互依存，如果没有神圣，就无所谓世俗，同样，如果没有世俗，也没有神圣的存在。二者在一定条件下还可以相互转化，"一个世俗的物体、世俗的体验、世俗的现象，凭借某种个人或群体，或者社会成员对待这个物体、体验、或现象的特殊关系，而变成了一个圣物、一个神圣体验、一种神圣的现象，通过这种关系某种现象被归结为具有宗教意义的神圣性，并使之成为表征性的。神圣性天然地存在于信仰和仪式之中，因为信仰给予仪式以意义，而仪式又是在信仰中所体现出来的东西的符号表征。"④ 二者辩证统一的关系是我们在研究神圣化和世俗化这一问题时候需要注意和把握的。

二、宗教信仰世俗化，世俗道德宗教化

神圣化和世俗化的起伏流迁在中国宗教上的表现就是宗教信仰的世俗

---

① ［法］涂尔干著：《宗教生活的基本形式》，J. W. 斯维恩译，伦敦，第37、41页。参见［意大利］马利亚苏塞·达瓦马尼（Mariasusai Dhavamony）：《宗教现象学》，高秉江译，人民出版社2006年版，第77—78页。

② ［法］涂尔干著：《宗教生活的基本形式》，J. W. 斯维恩译，伦敦，第40页。参见［意大利］马利亚苏塞·达瓦马尼（Mariasusai Dhavamony）《宗教现象学》，第78页。

③ ［罗马尼亚］米尔恰·伊利亚德：《神圣与世俗·序言》，王建光译，华夏出版社2002年版，第2页。

④ ［意大利］马利亚苏塞·达瓦马尼（Mariasusai Dhavamony）：《宗教现象学》，高秉江译，第80页。

化，以及世俗道德的宗教化、神圣化和世俗化相互交融。

在宗教学研究领域当中，宗教的世俗化含义是指社会生活的各个方面从神圣走向了世俗，从以神圣的宗教原则来决定社会生活走向以世俗原则来决定。美国宗教社会学家彼得·贝格尔在分析基督教世俗化时就认为，世俗化是一种使得部分社会和文化摆脱宗教制度和宗教象征的控制的一种过程。我们认为宗教的世俗化至少包含以下几个方面：（1）宗教的衰落以及宗教影响力的减弱；（2）宗教出现多元的并存或分裂；（3）宗教从其他社会制度中分化分离出来；（4）宗教跟周围社会文化的张力降低等；（5）宗教对于王权的屈服。中国宗教信仰的世俗化原因很多，概括起来主要有以下几点：

第一，经济决定着整个社会的基础与结构，同时也决定着社会的意识形态。中国宗教作为中国社会的特殊意识形态，也必然会受到经济的影响。儒教和道教在历史发展的过程当中在很大程度上受到经济的影响，其兴盛和衰败也和当时的社会经济紧密相关。佛教传入中国以后，由于受到中国农耕社会的影响，也由印度托钵乞食转化为自主的寺院经济。于是有了大兴寺庙、大造佛像，有了"十分天下之财而佛有七八"之说。这样，佛教和整个社会的关系就失去了平衡，世俗化倾向就逐渐明显。

第二，宗教思想和普通民众的现实生活结合起来，影响了中国宗教世俗化的进程。由于在农耕社会当中，处于社会底层的劳动人民因其地位低下，往往会有很多的痛苦。这个时候，道教所宣扬的长生不老、羽化升仙的思想，佛教的因果报应、成圣成佛的理论在很大程度上满足了人们生活的需要。他们在理解和运用这些思想的时候加入了一些社会上的风土民俗，使得原来的宗教思想变得世俗化。

第三，各种宗教之间的相互影响也是导致宗教世俗化的一个原因。我们都知道，当佛教传入中国以后，不得不根据中国当时的现状作出改变。正如前文所述，为了佛教自身的发展，佛教在"忠孝"、"有无"等众多范畴上进行了改变。这些改变使其和原来佛教的理论有所不同，但同时也使得它在一定程度上走向了世俗化。比如说，佛教是讲求出家的，而中国的伦理道德把"孝"置于至高无上的地位，所谓"百善孝为先"、"求忠臣于孝子之门"、"不孝有三，无后为大"。儒教和道教反佛，主要是抓住"不忠不孝"问题展开的。佛教为了要在中国流传，赢得信徒，就必须进行改造。于是佛教就用孝的观点重新阐释佛经，甚至编撰重孝的经籍文献、撰写论孝的文章，并于每年七月十五日举行盂兰盆供，超度祖先亡灵等，大力调和出家修行与孝亲的矛盾，充实、丰富中国世俗道德。

　　第四，政权对宗教发展的影响，也会导致宗教世俗化。当具有神圣性的宗教面对集权的封建王朝统治者时，宗教自身就会处于萎缩状态，而且宗教自身命运的发展和统治者的变化是紧密联系在一起的。在中国宗教发展的过程当中，宗教经常会被当做一种统治工具来宣扬，而且始终被统治阶级所控制。作为两千多年统治思想的儒教自不必说，单就道教和佛教的发展来说，僧官制、度牒制等宗教政策就使佛教有效处于王权的控制之下。在中国的社会当中，王权和宗教是一元的，这就不可避免地会出现宗教匍匐在王权的脚下、神圣的宗教屈服于世俗王权的局面。

　　道教在发展的过程当中也有世俗化的倾向。道教长生不老的神仙境界在发展的过程当中被世俗道德影响甚深。因为普通人都渴望长生不老，所以道教就在这一点上对人们提出要求。这实际上是和其他宗教有共同特点的，比如，佛教的"极乐世界"、基督教的"天堂"等，都是以理想来达到目的的。道教在这方面对其信徒们宣传，要想长生不老，就要很好地遵守社会伦理。每个人都要积德行善，多做好事，遵守各种社会规范。在各种经典中，道教强调，人首先要不做坏事，帮助他人，还要保持对国家的忠诚，对父母的孝敬，规避人性中自私的一面。同时，道教还提出警告说，人如果做了坏事，就会减少寿命，过早地死去。道教的这一系列理论，是正宗的中国式的伦理观，从效果看，它对中国社会产生了一定程度的影响。

　　对道教世俗的生态伦理我们在前文已经讨论过，这里我们主要以道教善恶伦理的世俗化为例。道教提倡为善行仁，或者说为善去恶。它指出，多做善事也是实现得道成仙所必不可少的。葛洪的《抱朴子·内篇》强调："然览诸道戒，无不云欲求长生者，必欲积善立功，慈心于物，恕己及人，仁逮昆虫，乐人之吉，愍人之苦，赒人之急，救人之穷，手不伤生，口不劝祸，见人之得如己之得，见人之失如己之失，不自贵，不自誉，不嫉妒胜己，不佞谄阴贼，如此乃为有德，受福于天，所作必成，求仙可冀也。"① 于此同

---

① 王明：《抱朴子内篇校释》，第125—126页。

时，道教还讲善恶报应，发挥《周易》所谓的"故积善之家必有余庆，积不善之家必有余殃"。《太上感应篇》说："吉人语善、视善、行善，一日有三善，三年天必降之福。凶人语恶、视恶、行恶，一日有三恶，三年天必降之祸。"①

道教还把人们行善事的多少和成仙的"品位"相对应，以此来刺激人们做更多的善事。因为只有做了更多的善事，才能够长生不死、羽化升仙；也只有做了更多的善事，才能够做更高"品位"的神仙。著名道教学者杜光庭所著《墉城集仙录》说：

> 人有一善，则心定神安；有十善，则气力强壮；有百善，则宝瑞降之；有千善则后代神真；有二千善，则为圣真仙将吏；有三千善，则为圣真仙曹掾；有四千善，则为天下师圣真仙主统；有五千善，则为圣真仙魁师；有六千善，则为圣真仙卿大夫；有七千善，则为圣真仙公王；有八千善，则为圣真仙皇帝；有九千善，则为元始五帝君；有一万善，则为太上玉皇帝。②

相反的，如果人做了恶事，则会遭到报应，做的恶事越多，报应就越厉害。如"凡人有一千恶者，后代妖逆；二千恶者，身为奴仆；三千恶者，六疾孤穷；四千恶者，疫病流徙；五千恶者，为五狱鬼；六千恶者，为二十八狱囚；七千恶者，为诸方地狱徒；八千恶者，堕寒冰狱；九千恶者，入边底狱；一万恶者，堕薜荔狱。……堕薜荔狱者，永无原期。"③ 这样人们为了实现自己长生不老，成仙成道的目的，就必须做到"为善去恶"、"扬善抑恶"。

从发生、发展来看，道教在思想上也经历了一个与世俗社会逐步调适的过程。这种调适可以追溯到早期道教那里。汉末五斗米道的前三代领袖是张陵祖孙三人，后人合称为"三张"。张陵为第一代天师，又称祖天师，张衡

---

① 《道藏》第 27 册，第 141 页。
② 《道藏》第 18 册，第 166 页。
③ 《道藏》第 18 册，第 166 页。

为嗣师，张鲁为系师。张鲁据汉中，以五斗米道教民，建立政权，被汉帝封为镇民中郎将，领汉宁太守，割据一方。他是东汉时一代有影响的道教领袖，称"师君"。他集天师、君主于一身，从陕西到四川，建立起具有宗教、政治与军事统治权的宗教组织，形成了政教合一的体制，雄踞巴蜀近30年。几乎在这同时，由张角兄弟创立的太平道在华北兴起，公元184年，张角发动黄巾起义。他们头带黄巾，呼叫"苍天（东汉王朝）已死，黄天（新政权）当立，岁在甲子，天下大吉"的口号，宣传革命的正义性、必然性，旬月之间天下震动，动摇了东汉王朝的统治。虽然起义不久以后，便遭到残酷镇压，太平道也受到了沉重的打击，众多宗教领袖和教徒遭到压迫和杀戮，但是太平道的理论和影响并没有消失。他们把这些理论进行调试以后，汇入了道教的总洪流中，成为合体。由此我们可以看出，原始道教具有反对统治阶级的传统，流传广泛，无法禁绝，很难使统治阶级放心，这样道教就必然得不到封建王朝的支持也很难发展，因此葛洪、寇谦之、陆修静、陶弘景就开始对原始道教进行改造。这种改造是为了道教本身的发展而作出的，但是从对王权的态度上来看，则是一种世俗化的进程。

南宋初年形成的净明道便有鲜明的忠孝思想。净明道，又称净明忠孝道，相传东晋时江西南昌西山道士许逊修道有灵验，举家拔宅飞升。隋唐时当地出现神化许逊的信仰。宋徽宗政和二年（1112年），加封许逊为神功妙济真君，许逊信仰在南昌西山一带颇为盛行。元初，西山隐士刘玉（1257—1308年）自称数遇许逊等仙真，降授净明道要，遂开创净明道派，以南昌西山为活动中心，一时从学者甚众。刘玉所创新净明道奉许逊为教祖，以沿袭和发挥许逊道法为旨归。净明道教义以融合儒释道思想为特点。该教自称净明忠孝道，"盖其说以本心净明为要，而制行必以忠孝为贵而已"。所谓净明，即正心诚意，教人清心寡欲，使本心不为物欲所动，不染物、不触物，清静虚明而达于无上清虚之境，此之谓净明。其说盖有取于佛家常言心性本净本明之义。倡言净明，旨在使修道者心念和行为皆符合封建伦理规范，自觉遵守忠、孝、廉、慎、宽裕、容忍之道，做忠臣、孝子、良民。净明道极力强调忠孝大道，维护封建纲常，因而得到元明两代不少重臣儒士的服膺称赞。

佛教传入中国以后，和中国本土文化发生了强烈的冲突，主要的冲突可以概括为以下几个方面：佛教主张出家为僧，要剃发修行，但中国传统的伦理观念认为"身体发肤，受之父母，不敢毁伤"，反对剃发；佛教主张出家为僧，断灭一切红尘烦恼，而中国传统的孝道伦理则讲求尊尊、亲亲，极力保护血缘亲情关系；佛教主张出家为僧，不能娶妻生子，没有后嗣，但是儒家认为"不孝有三，无后为大"；佛教主张的"沙门不敬王者"和儒家所讲的忠孝原则相违背。因为这些种种的冲突，佛教要想在中国发展壮大，就必须对这些冲突加以处理，必须对自己的理论加以修整。

　　在孝道观上，佛教对来自儒家的抨击，一开始总是采取辩解、调和和妥协的态度，但是这种态度并不能够解决佛教在中国本土长足发展的问题。如何去融合佛教的神圣原则和中国传统的世俗道德观念，成了一个必须面对和需要处理的问题。为此，中国佛教学者极力译出甚至编造出佛教中有关讲父母之恩及孝道的经典，或者用中国传统思想解释佛教教义，力求调和两者的矛盾。宋代高僧契嵩在这方面做了很多工作。他专门论述了佛教的孝道观、伦理思想以说明佛教的孝道观与儒家孝道观并无矛盾，而且佛教的孝道思想比儒家的孝道思想层次更高。契嵩并不是要为传统佛教正名，而牵强附会地挖掘出传统佛教中有关孝道思想的资源，他根据佛教的基本理论直接推导出重视孝道思想本是佛教应有之义的结论，和其他禅宗僧人一道寻找佛教在中国这块土壤上进一步发展的方向，开始了佛教世俗化、人间化的历程。

　　佛教的世俗化还表现在佛教的实用性上。佛教理论一般认为，生命是要经过六道轮回的。所谓的六道，指的是地狱道、饿鬼道、畜生道、阿修罗道、人间道、天上道。这六道是一切有情众生轮回之道途，各道众生乘因业而趣之，这是一切众生轮回流转、繁衍不息的哲理。作善因则往生人间天上，作恶因则堕饿鬼、地狱。这种让人弃恶行善的理论在封建社会中对于促进社会的和谐发展起到了一定的积极作用。随着佛教世俗化发展进程的逐步加深，一些佛门大德为了宣扬佛法，迎合人们爱生、贵生的心里需求，有针对性地创作出了一系列适合民间信仰特点的斋愿文。比如敦煌出土的佛教写本《难月文》是这样写的：

　　　　夫玉毫腾相，超十地以孤游；金色流辉，跨万灵而独出。权机妙用，拔朽宅之迷徒；感应遐通，导昏城之或（惑）侣。归依者，苦原必尽；回向者，乐果斯深。大哉法王，名言所不测矣。厥今坐前施主捧炉虔跪、舍施启愿所申意者，奉为人人患难之所建也。惟患者乃清贞淑顺，妇礼善闲，智德孤明，母仪咸备。遂因往劫，福凑今生；感居女质之躯，难离负胎之患。今者旬将已满，朔似环周，虑恐有伤毁之唆（酸），实惧值妖灾之苦。故即虔心恳切，望三宝以护持，割舍珍财，仰慈门而启颡。伏闻三宝，是济厄拔苦之能人；大士弘悲，不（无）愿不从而惠化。以兹捨施功德、念诵焚香，总用庄严，患者即体；惟愿日临月满，果生奇异之神童；母子平安，定无忧嗟之苦厄。观音灌顶，受不死（之）神方；药上扪摩，垂惠长生之味。母无痛恼，得昼夜之恒安；产子仙童，似被莲而化现。又持胜善，伏用庄严持护施主、合门长幼等：惟愿身如松岳，命等苍冥；灵折（哲）之智朗然，悟解之心日进。父则常居禄位，母则盛德恒存，兄弟忠孝过人，姐妹永终（贞）洁。然后四生离苦，三有获（安），（同发菩提），（成正觉道）。①

这是一篇希望孕妇在生产时能得到佛法庇护的斋愿文。在孕妇即将分娩之际，家人唯恐孕妇在生产时遇到不测，故割舍资财以供奉三宝，捧炉虔跪，乞求保佑。从这篇小文当中我们可以看出，这些佛事活动都与繁衍生息相关，具有广泛的实用意义。由此可以看出，佛教在走向世俗化的过程中是非常深入民心的。佛教的世俗化并非止于它对"生"的关注，还表现在人们从出生到死亡的各个阶段。②

谈到中国宗教的世俗化，我们不得不提到民间宗教。中国民众信仰宗教在很大程度上是为了"实用"，这也是和西方宗教尤其是基督教最大的不同。这在一定程度上和中国宗教本身有关，中国的儒教、道教、佛教在很大程度上算是一种"在世"的宗教。所谓"在世"的宗教指的是，他们所追求的彼岸世界是一种消除了对现实生活中的种种不满后的一种充满了完美的世界，是一种更加完美化的现实生活。道教追求的长生不死和佛教的轮回转

---

① 黄征、吴伟：《敦煌愿文集》，岳麓书社 1995 年版，第 698 页。
② 参见杨富学，王书庆：《从生老病死看唐宋时期敦煌佛教的世俗化》，《敦煌学辑刊》2007 年第 4 期。

世都是这样一种形态。陈独秀曾经精辟地指出，相对于西方宗教，中国民众"吃教的多，信教的少"①，说的就是中国民众总是希望通过信仰宗教得到一些东西。儒教则更为明显，它所确立的伦理道德规范和教条、教义，本身就是为了追求现实世界的更完美，这一点很好地体现在儒者积极入世的精神上。而西方宗教尤其基督教则不然，它是一种"超越"的宗教，这种"超越性"主要的是指它超越了形而下的东西，超越了现实社会中的此岸世界，并且由此具有了"形上学"的意义。正是由于中国宗教和西方宗教的这些特征上的差别导致了中国宗教更追求实用性，所以在中国的民间宗教生活中，"没有核心权威，没有专门的僧侣，没有言简意赅的信条，没有至高无上的仪礼，也没有要求所有人尊奉的原则"②，只要对我有用的"神"，我就信仰，否则，我大可不去理会。所以我们可以看出，中国民众在信仰宗教的问题上大多是为了世俗的目的，为了在世俗世界里有更好的生活，这样宗教在中国就变得世俗化了。

中国民间宗教世俗化还表现在多神崇拜上。中国民众对神的崇拜，源自于对"神"的敬畏，同时也希望从神那里得到一些对人们有用的东西。大多数人求神是为了升官发财，衲子延宗，风调雨顺，趋吉避凶，消灾祛病。他们为了达到这些目的，甚至为不同的目标寻找不同的"神"，比如：龙王庙里的龙王是保佑让天气干旱时下雨的神，而且龙王还分海龙王、江龙王、河龙王、井龙王、雨龙王等；财神庙里的财神爷则是保佑人们在生产生活当中求财成功。这样，中国民众对神的崇拜就达到了更为精致的地步了，同时也更世俗化了。费孝通在比较中美两国宗教方式后，很有感慨，"我们对鬼神也很实际，供奉他们为的是风调雨顺，为的是免灾逃祸。我们的祭祀很有点像请客、疏通、贿赂。我们祈祷是许愿、哀乞。鬼神在我们是权力，不是理想；是财源，不是公道"③。

中国民间宗教的世俗化的另外一个表现就是，中国民众对宗教的教义在很大程度上不能严格遵守。一般情况下，如果一个人信仰了一种宗教，那他

---

① 《陈独秀文章选编》上，生活·读书·新知三联书店 1984 年版，第 483 页。

② ［美］克里斯蒂安·乔基姆（Cristian Joachim）：《中国的宗教精神》，王平等译，中国华侨出版公司 1991 年版，第 37 页。

③ 费孝通：《美国与美国人》，生活·读书·新知三联书店 1985 年版，第 110 页。

就要严格地按照这个宗教所规定的教义去做，诚如耶稣的十二大门徒之一圣·雅各布所说："信仰若没有行动就是死的。"① 弗雷泽对这句话的解释是："换句话说，如果某人的立身处事不是出于对神的某种程度的敬畏或爱戴，那他就不是一个宗教信徒。另一方面，若只有行动却排除了一切宗教信仰，那也不是宗教。"② 这段话很好地说明了宗教信仰和行动之间的关系。信仰了一种宗教，就必须进行实践，至少不能再信仰其他的教义，皈依其他的宗教。但是，中国民众则不然，"虽然一口咬定中国人不注意宗教教义是完全不符合实际的，但中国人的确很少认为，信仰某种特定的宗教教义——拒斥所有其他的宗教教义——是一桩生死攸关的大事。"③

中国民间宗教的世俗化还表现在教堂（寺观）的世俗化。在儒者看来，具有宗教意义上的教堂，就是摆在家里的祭坛，"中国人不必有教堂，而亦必须有一训练人心使其与大群接触相通之场所，此场所便为家庭。中国人乃在家庭里培养其良心，如父慈子孝兄友弟恭等是也。故中国人的家庭，实即中国人的教堂"④。事实上，中国民众家庭不光是信奉儒教的教堂，也是信奉佛教的教堂，很多中国民众家里摆放有观音像就是一个证明。道教也是如此，中国道教中的"灶神"至今仍然是中国民众在家里祭拜的对象，"灶君升天的那日，街上还卖着一种糖，有柑子那么大小，在我们那里也有这东西，然而扁得像一个厚厚的小烙饼。那就是所谓'胶牙饧'了。本意是在请灶君吃了，黏住他的牙，使他不能调嘴学舌，对玉帝说坏话。我们中国人意中的神鬼，似乎比活人要老实些，所以对鬼神要用这样的强硬手段，而于活人却只好请吃饭"⑤。

随着中国宗教世俗化的不断深入，宗教的神圣性便相应地被淡化，在宗教因世俗化而减弱其神圣性之后，世俗社会必然要寻找、建构神圣性以填补宗教神圣性丧失而带来的空缺——这便是世俗道德的神圣化进路。宗教要努

---

① 《圣经新约全书·雅各布书》，第二章第十七节。
② ［英］詹·乔·弗雷泽（James George Frazer）《金枝》上，徐新育、汪培基、张泽石译，第77页。
③ ［美］克里斯蒂安·乔基姆（Cristian Joachim）：《中国的宗教精神》，王平等译，第185页。
④ 钱穆：《孔子与心教》，《思想与时代》（1943年）第21期。
⑤ 《鲁迅全集》第3卷，人民文学出版社1973年版，第230页。

力保持其固有的神圣信仰及戒律清规，使其宗教性质得以传承，这就要求它与世俗的权利、政治、经济、制度等区别开来，保持其自身的宗教神圣与出世精神，以求达到理想的精神修行境界。

道教的信仰具有两重性，它一方面极力宣扬超越世俗、与道合契的神仙境界，另外一方面，又不要求人们放弃世俗的生活，主张人们在现实生活中逐步修人道，然后再修仙道，先成为一个完善的人，才有可能修成仙道。道教所说的修人道，是要在人的内在精神世界中确立少私寡欲、恭廉无争的观念，通过提倡道德修养而促进人们自觉地追求神圣而高尚的境界。从《太平经》强调的"积德不止道致仙"①，到东晋葛洪所宣扬的"欲求仙者，要当以忠孝和顺仁信为本。若德行不修，而但务方术，皆不得长生也"②，道教将"积德"、"为善"、"忠孝"、"仁信"等道德原则神圣化，既包含了对世俗社会道德准则的认定，也体现了希望通过弘扬道教信仰来提升人类道德精神境界的愿望。我们可以这样说，道家的神圣化构成了道教提升世俗生活的精神情怀，道教的世俗化也构成了道教存在的社会基础以及在社会中能够得到广大群众信仰的条件。

佛教的一些理论同样把世俗道德神圣化，认为只有实践了世俗道德，才有可能成佛圆满。中国传统伦理思想主张人们相互关爱。佛教把这种世俗道德发展到极致，认为人们应该有博爱的胸怀。要博爱首先就要有一个慈悲的心。慈悲，梵文为 Maitri-kuruna。"慈"为爱护众生，给予众生欢乐；"悲"为怜悯众生，使众生脱离苦难。谓佛、菩萨以爱护心给予众生以安乐，以怜悯心拔除众生之痛苦。《大智度论》卷27云："大慈与一切众生乐，大悲拔一切众生苦；大慈以喜乐因缘与众生，大悲以离苦因缘与众生……复次小慈但心念与众生乐，实无乐事。小悲名观众生种种身苦心苦，怜愍而已，不能令脱。大慈者令众生得乐，亦与乐事。大悲怜愍众生苦，亦能令脱苦。"③大乘佛教以此作为异于小乘的重要依据。《发菩提心论》称："菩提生心，慈悲为首。"据《大智度论》说有三种慈悲：（1）"众生缘慈悲"，此为小

① 王明：《太平经合校》，第403页。
② 王明：《抱朴子内篇校释》，第53页。
③ 《大智度论》卷27，《大正藏》第25卷，第256页。

慈悲，为未断烦恼的凡夫之慈悲；（2）"法缘慈悲"，此为中慈悲，为断除了烦恼的声闻、缘觉及初地以上菩萨的慈悲；（3）"无缘慈悲"，此为大慈悲，为等觉位菩萨和佛的慈悲。此三者统称为"三缘慈悲"，简称"三慈"。佛教认为慈悲是佛道的根本，是佛法的重要原则。中国佛教极度推崇慈悲精神，唐代的释道世在《法苑珠林》中说："菩萨兴行、救济为先；诸佛出世、大悲为本。"① 中国佛教奉菩萨为理想人格的化身，以普度一切众生为最高理想，正如《大乘起信论》所说："众生如是，甚为可愍。作此思惟，即应勇猛立大誓愿：愿令我心离分别故，遍于十方修行一切诸善功德，尽其未来，以无量重方便救拔一切苦恼众生，令得涅槃第一义乐。"② 中国佛教视慈悲为最主要的伦理原则，民间广为流传的观世音菩萨就是"慈悲"的代表。就观世音信仰的广度和深度来说，它甚至超过对佛教创始者释迦牟尼佛以及其他佛和菩萨的信仰。这的确反映了中国人民苦难的深重，反映了中国人民对慈悲精神的向往与渴望。

佛教的平等慈悲也就是一种博大之爱，"他（菩萨）对所有的存在者都显示出无限的友爱与同情。他决意，我要成为它们的拯救者。我要使它们从其所有的苦难中解脱出来。"③ 这种博爱不只限于人类，且涵盖一切有生之物，在这个意义上讲，佛教具有保护生态环境的功能。这种博爱以普度众生同得解脱为最高目标。这是一种伟大的爱、崇高的爱。这是令人敬仰，感人至深的博大思想。佛教认为只有有了博爱的心，然后用这个心去关爱别人，才有可能圆满自觉，成就佛法。

儒教在把世俗道德神圣化方面是十分成功的。在儒教看来，天的神圣性是不可侵犯的，而儒教所讲的"三纲"、"五常"正是天理，是永恒的、绝对的、至高无上的原则。这样，儒教就提出了一个不同于基督教、佛教以及道教的神圣化进路。在这条路上，儒教直接把封建伦理道德神圣化。董仲舒在这个过程当中发挥了重要作用，他对先秦儒家伦理思想进行了理论概括和

① 道世：《法苑珠林》卷64《慈悲篇·述意部》，《大正藏》第53卷，第774页中。
② 《大乘起信论》，《大正藏》第32卷，第582页下。
③ E. 昆茨（Conze）：《历代佛教经典》（Buddhist Texts through the Ages），伦敦1954年版，第124页。参看［意大利］马利亚苏塞·达瓦马尼（Mariasusai Dhavamony）：《宗教现象学》，高秉江译，第87—88页。

神学改造，形成了一套以"三纲""五常"为核心，以天人感应和阴阳五行说为理论基础的系统化、理论化的伦理思想体系。他认为根据阳尊阴卑的原则，应当尊君卑臣，尊父卑子，尊夫卑妻。他还进一步论证道："天为君而覆露之，地为臣而持载之；阳为夫而生之，阴为妇而助之；春为父而生之，夏为子而养之；秋为死而棺之，冬为痛而丧之。王道之三纲，可求于天。"①这里的"王道之三纲"是合乎"天道"，不容更改的。董仲舒还用阴阳理论来进行分析论证。"阴者阳之合，妻者夫之合，子者父之合，臣者君之合。物莫无合，而合各有阴阳。阳兼于阴，阴兼于阳，夫兼于妻，妻兼于夫，父兼于子，子兼于父，君兼于臣，臣兼于君。君臣、父子、夫妇之义，皆取诸阴阳之道。君为阳，臣为阴；父为阳，子为阴；夫为阳，妻为阴。阴道无所独行。其始也不得专起，其终也不得分功，有所兼之义。是故臣兼功于君，子兼功于父，妻兼功于夫，阴兼功于阳，地兼功于天。"②从天人感应的神学目的论出发，董仲舒把人性看成是人"受命于天"的资质，并且指出人性包括"性"与"情"两个方面。他认为，性表现于外则为仁，可以产生善；"情"表现于外则为贪，可以产生恶。因此，必须以"性"控制"情"，"损其欲以辍其情以应天"。人性虽然体现了天，可以产生善的品质，但这只是就其可能性而言，只有接受"圣人"的道德教育，然后才可以为善。所以必须以道德教化的"堤防"，阻止"奸邪并出"。

董仲舒的神学目的论，给封建的国家政权罩上了权威的光圈。但是这种理论也是有缺陷的，那就是当至上神的权威受到人们的怀疑时，三纲五常的权威地位也会随之而动摇。到了宋明时期，理学家们认为这种以人格神的神学形式来宣扬儒教的伦理，有很大的危险。所以他们对这个理论做了修改和重新阐发，他们把"三纲五常"直接神圣化为"天理"。于是"天理"就成了决定一切、支配一切的"神"。谁违背它，谁就是"伤天害理"，大逆不道。理学家们用这个神圣的原则来指导人们的世俗生活，强调人们必须完全屈服于现实的社会关系，并以此感到满足，而且还要求人们"存天理，灭人欲"。儒教认为人生的意义和价值就在于遵守、维护和实现"天理"。

---

① 董仲舒：《春秋繁露·基义》，苏舆：《春秋繁露义证》，第351页。
② 董仲舒：《春秋繁露·基义》，苏舆：《春秋繁露义证》，第350—351页。

尽忠、尽孝、尽节、尽义，就是个人生存的目的、意义和最高价值。"不孝有三，无后为大"、"饿死事小，失节事大"、"不成功，便成仁"等都反映了这种思想。在家尽孝，在国尽忠，忠孝都是单方面的绝对服从，只有义务，没有权利，违反者就是逆子叛臣。儒教只承认等级人伦关系，认为人只有在尊卑等级关系中才能最大地发挥人的价值，这样就否定了个体存在的价值和意义。把人的个性当做"人欲"而由"天理"加以彻底消灭。在这一点上儒教和佛教以及道教不同，佛教讲求"平等慈悲"，人人悉有佛性，道教也讲"其同慈爱"，儒教则十分强调人们之间的等级关系，讲求君君、臣臣、父父、子子等一整套等级伦理观念，而这种伦理观念又被神圣化为一个统一的人格神——"天"，或者是"天理"。如果说佛教的彼岸世界是平等、完满、自在的西方极乐世界，道教的彼岸世界是自由自在、逍遥快活的神仙世界的话，那么儒教的最终追求就是按照封建伦理道德建立起来的天人合一的精神境界。这种天人合一的精神境界中必然存在着神圣化了的世俗道德，也唯有如此，这种精神境界才更容易被人们所接受，也才更容易实现。

儒教这种神圣化的进路和其他宗教有所不同，它把现实的社会伦理关系直接神圣化，这样神圣化了的世俗道德和世俗本身并没有冲突，反而几乎完全一致，神圣的"神"和世俗的"道德"在本质上是一样的，这种适应性使得儒教成了维护社会稳定和封建统治秩序的最好的工具。

第 七 章

联袂与互动

　　中国宗教是在特定的社会文化背景下存在的。因此，要认识中国宗教思想的内涵、功能和作用等问题，就必须考虑中国宗教与其他意识形态的相互关系。从文化生态的立场看，中国宗教与政治、哲学、文学、艺术以及传统自然科学的诸多部门都有直接或间接的关联。研究中国宗教与诸多意识形态的关系，这是全面把握中国宗教的本质特征、评估其价值的重要环节。

　　从范围来看，作为中国宗教存在的文化背景的意识形态是多种多样的。本章拟从传统儒教经学、医学、天文学、民间信仰等方面入手来考察。

第一节　佛教、道教与儒教经学的思想互动

　　"儒教经学"是中国思想文化的重要组成部分，它既包括儒教经典训诂，也包括经传义理的阐释发挥。正如前面的章节已经指出的那样，先秦的道家尚未转变为道教，而儒家也尚未成为儒教。故而，严格来说，先秦以孔孟为代表的一派学者所奉行的经典尚不能当做儒教经典，因此也就无所谓"儒教经学"。但是，从西汉董仲舒开始，儒教初步建立，所有先秦的儒家文献都被纳入儒士的学习和研究范围，因此我们讲的"儒教经学"实际上也就包括了先秦即已留下的儒家文献典籍的诠释与应用。

　　就时限而论，儒教经学的研究内容或者说研究对象——儒教经典，是经过一个比较长的历史时期逐渐形成的。最早能称为"经"的儒经只有"六

经"，即《诗》、《书》、《礼》、《乐》、《易》、《春秋》，其中《乐经》早已亡佚，学者未能见其书，所以"六经"实际上只有"五经"。到了汉代，汉人先是立五经博士，后又增《论语》为六经，增《孝经》为七经。唐以后又分三《礼》、三《传》，合《易》、《书》、《诗》①，成为九经。到了宋代，又增《孟子》、《尔雅》而为十三经②。

作为华夏古典文化一种具有代表性的承载样式，儒教经学不仅在传统学术中居于重要地位，而且在整个中国古代社会生活中也一直起着主流作用。在长期的历史发展过程中，儒教凭借自身的政治地位以及由此造就的学术强势，不可避免地要对佛教、道教发生影响，而佛教、道教作为国人生活中具有广泛社会基础的精神形态，也同样对儒教经学发生反作用，彼此交织互动，构成了中国历史上浩浩荡荡的思想文化长河。

一、儒教经学在佛、道教中的思想渗透

儒教经学对佛、道教的思想渗透，难于用简单言辞说清。要在比较简短的篇幅中囊括该领域的所有问题，这几乎也是不可能的。故而，本节拟就伦理道德和哲学方面予以考析。

1. 从伦理道德看儒教经学在佛、道教中的思想渗透

儒教以《论语》、《孝经》、《礼记》等典籍为主要载体，构建了以忠孝为基础、以仁义礼智信为主体的一套完备的纲常伦理和社会行为规范，我们可以将之概称为"儒教经学伦理"。这种经学伦理不仅适应了古代社会的基本需要，而且有利于维系农耕时代的社会关系，故而受到历代王朝的推崇和尊尚。在这样的氛围中，无论是道教还是佛教，不可避免地要受到影响。

作为一种土生土长的宗教，道教是在汉代特定的政治文化背景下产生的。在这个历史时期，儒家经学已经在政治文化上获得了极高的地位，因而，道教在初创之时就主动将忠孝等传统经学伦理思想融入其体系，为其修仙实践服务，这是有案可稽的。如现存最早的道书之一《太平经》就有

---

① 三礼，即《周礼》、《仪礼》及《礼记》；三传，即《春秋左氏传》、《春秋公羊传》及《春秋穀梁传》。

② 十三经，即《诗》、《书》、《周礼》、《仪礼》、《小戴礼记》、《易》、《春秋左氏传》、《春秋公羊传》、《春秋穀梁传》、《论语》、《孝经》、《孟子》、《尔雅》。

"故人生之时，为子当孝，为臣当忠，为弟子当顺；孝忠顺不离其身，然后死魂魄神精不见对也"① 的说法，该书把"子孝臣忠"看做天经地义，反映了儒教经学伦理的潜移默化作用。晋末南北朝出现的天师道教戒经典《正一法文天师教诫科经》也说："道以冲和为德，以不和相克。是以天地合和，万物萌生，华英熟成；国家合和，天下太平，万姓安宁；室家合和，父慈子孝，天垂福庆……奉道不可不勤，事师不可不敬，事亲不可不孝，事君不可不忠……仁义不可不行，施惠不可不作。"② 这种把"天地之道"与忠孝仁义挂钩的论述方式，体现了此时道教不仅以大道为体，而且注重化用儒教的经学伦理观念。

　　传统儒教经学关于"孝"的思想，除了强调对父母恭敬顺从之外，还有一个很重要的内容就是主张爱护自己的身体。如《孝经》、《礼记》等书，把对身体的保护作为孝的开始，或者说是孝敬父母的一个最基本要求。这种因孝爱身的思想恰好与道教的重生思想暗合，故而能为道教中人所取资。如葛洪在《抱朴子内篇》中说："盖闻身体不伤，谓之终孝，况得仙道，长生久视，天地相毕，过于受全归完，不亦远乎？果能登虚蹑景，云辇霓盖……先鬼有知，将蒙我荣……"③ 葛洪将"得道成仙"视为儒教"受全归完"孝道的一种升华，他从儒教"孝"的角度，解释道教成仙的合理性，认为如果真的成仙，死去的祖先有灵的话，也将以此为荣。翻然凌霄之外，不仅不违孝道，而且比起一般的孝来讲更胜一筹。这种将"孝"和成仙关系勾连的做法，在道教中相当普遍。后来甚至形成了一批专门论述"孝道"和成仙关系的经书，如《净明忠孝书》就是这方面的代表作。该书卷2曰："太上设忠孝大道之门……要不在参禅问道，入山炼形，贵在乎忠孝立本，方寸净明，四美俱备，神渐通灵，不用修炼，自然道成。"④ 作者认为净明之道，本于忠孝，因为忠孝是太上所设的大道之门，是修道成仙的根本途径，其重要性甚至于超越道教一贯倡导的入山炼形等其他成仙方法。

　　无独有偶。佛教在传入中国之后也开始随乡入俗，调整自身教义，以适

---

① 王明：《太平经合校》，第408页。
② 《道藏》第18册，第232页。
③ 王明：《抱朴子内篇校释》，第52页。
④ 《道藏》第24册，第634页。

应中土社会的需求。从历史上看，佛教最初的教义并非与中国儒教经学伦理完全合拍，甚至有相互矛盾的地方，譬如不拜父母、君王的观念便与儒教的"忠孝"传统相冲突。为了能够融入华人社会，传入中国之后的佛教不得不采取灵活的传播方式，注意调和出家和孝亲的矛盾。如北宋时的契嵩专门作《孝论》，提出："夫孝，诸教皆尊之，而佛教殊尊也……夫孝，天之经也，地之义也，民之行也。"① 他将"孝"提升到了天经地义的高度，认为"孝"是各教都需遵从的规范，而佛教在诸教之中又是最尊奉孝道的。

在承认孝道的基础上，佛教接纳儒教经学所倡导的人间伦理秩序。陈垣在《清初僧诤记》中说："当宋室全盛及南渡，君相皆崇尚三宝，其时尊宿，多奉敕开堂，故有祝颂之祠，帝王之道，祖师之法，交相隆重……"② 这里的"祝颂之祠"，即禅师开堂讲法之前，先拈香为君王祝福。于此可见，佛教不仅接受儒教伦常中的"孝"精神，而且接受了由"孝"延伸的"忠"观念，并且在丛林制度中加以落实。所有这些都表示，佛教在进入中国后，为了自身的生存发展，改变了原有的部分教义，接受了儒教经学中的主要道德观念和中国社会伦理秩序。

值得注意的是，佛教、道教在接受儒教经学伦理时，也作出某些思想调整和补充。如针对实际操作中缺乏有效措施的问题，佛、道两家相继从各自角度为经学伦理建构了宗教心理的保障机制。在道教方面，如《文昌孝经·孝感章》说："不孝之子，百行莫赎，至孝之家，万劫可消。不孝之子，天地不容，雷霆怒殛，魔煞祸侵；孝子之门，鬼神护之，福禄畀之。"③ 作者指出，如果不孝敬父母，则会有可怕的灾祸，反之则会得福受禄。在佛教方面，则通过"因果报应"说来论证和保障守孝，如契嵩的《孝论》，就是将孝道上升到了"天经地义"的高度，从本体论上论证了"忠孝"的合理性与必要性。从表面上看，佛、道教这种做法似乎背离了儒教经学思想传统，但在实质上却是以神学的权威强化了儒教以忠孝为本的伦理精神。除此之外，佛、道二教还通过劝善书的大量发行，推行经过神学佐证后的"忠

---

① 契嵩：《镡津文集》卷3，《大正藏》第52卷，第660页。
② 陈垣：《清初僧诤记》，中华书局1962年版，第90页。
③ 《藏外道书》第4册，第306页。

孝"观，在普通民众中影响很大。这种做法实际上不仅对封建国家有利，而且与儒教经学也不矛盾，故而统治者和儒生既默认也鼓励。由于通俗易懂等特点，佛、道二教的善书，对儒教经学伦理在民众中的传承起到了极大的推动作用。

2. 从哲理发挥看儒教经学对佛、道教的思想渗透

儒教经学对佛、道教的思想渗透不仅表现在伦理道德层面，而且反映于哲学领域。关于这方面，我们可以从佛、道教对儒教典籍的征引和注疏中得到进一步佐证。

在佛教方面，《佛祖历代通载》、《法藏碎金录》、《弘明集》、《广弘明集》等文献大量引述了《论语》、《孟子》、《孝经》，采撷其言辞来阐释佛教的合理性，以使人们认识佛教与儒教经学思想并不相违背。这种文献的直接引用必然进入哲理的比附之路，从而使二者的互动进入一个更高层次。如宋高僧契嵩在《镡津文集》中对《中庸》等儒教经典发表见解说："中庸，道也。道也者，出万物也，入万物也。故以道为中也。"① 他取儒教经学之"中庸"比附佛教的"中道"思想。这种情况在明代高僧德清的著述中也可以找到例证，他常常以儒教经学典籍和佛教思想互相发明。如他在其文集中说："《语》曰：'君子不重则不威，学则不固。'又曰：'中无主不立，外无正不行。'此言虽小，可以喻大矣。是以世出世学，圣贤之道，未有不自正心诚意，修身，而至于致知格物，明心见性者。故孔氏为仁，以三省、四勿为先；吾佛制心，必以三业、七支为本，历观上下古今人物，成大器、弘大业，光照宇宙，表表为人师范者，未有不由此以至彼，由粗以及精，由近以致远也。"② 德清将儒教经学修养方法与禅宗的修持了悟理论彼此结合，相互诠释，把儒教德性修养的"三省四勿"、"正心诚意"和佛教的"三业七支"相比附，认为二者皆是求道的途径，由此达彼，殊途同归，其极致皆能达到光表宇宙、与道同流的境界。为了更好地化用儒教经学思想，不少高僧还直接对儒教经学典籍进行佛理性注疏，引佛入儒，纳儒充佛。如上文谈到的名僧德清，他就曾作《大学直指》、《中庸直指》和《大学纲目决疑》

---

① 契嵩：《镡津文集》卷4，《大正藏》第52卷，第666页。
② 释德清：《憨山老人梦游集》上册，北京图书馆出版社2005年版，第197页。

等书，用佛教禅宗理念解释儒教经学典籍。而这些以佛理阐释的儒教典籍的传播，对经学和宗教的交融无疑又起到了进一步的促进作用。

道教方面也是如此。例如李筌在对《阴符经》"人知其神之神，不知不神之所以神"进行阐释时这样说："人皆有圣，人不贵圣人之愚。既睹其圣，又察其愚，复睹其圣。故《书》曰：专用聪明，则事不成；专用晦昧，则事皆悖。一明一晦，众之所载。伊尹酒保，太公屠牛，管仲作革，百里奚卖粥，当衰乱之时，人皆谓之不神。及乎逢成汤，遭文王，遇齐桓，值秦穆，道济生灵，功格宇宙，人皆谓之至神。"① 这里借《书》言"道"，认为只有修炼到如圣人那样，既能察明，亦能察愚，既能处治，亦能处乱，才能做到功格宇宙，无往而不自得，达到这种出神入化的修炼状态，就是人们以为的"至神"境界。显而易见，李筌以儒教经学中的圣人修养方法类比《阴符经》对天地之机的觉察和体悟，从而使儒教的圣人心性说与道教的"至神"说在哲学层面上会通起来。

《尚书》成为道教中人"言道"的依据，《周易》也不例外，这从宋元时期勃兴的"心易派"的许多著述中就可以发现不少资料。自北宋陈抟、张伯端以来，道教比较注重研讨心性之学，贯彻到《周易》研究中，便出现了所谓的"心易"。宋末元初道教学者李道纯是其代表人物之一。在《道德会元》序言中，李道纯明确将自己所探究的易学称之为"心易"。他说："窃谓伏羲画易，剖露先天；老子著书，全彰道德。此二者，其诸经之祖乎？今之学者，未造其理，何哉？盖由不得其传耳。予素不通书，因广参遍访，获遇至人，点开心易，得造义经（似当作《易经》）之妙……"② 将老子著书和伏羲画《易》相提并论，同时承认《周易》和《道德经》为诸经之祖，超越于群经之上，把道教心性之学与《周易》粘连。而其所谓的"获遇至人，点开心易"之说，不仅具有道教神仙思想的意味，同时又颇有佛家开悟之意，可以说是借"易"学之名论佛道"心性"之实。与李道纯大约同一时期的邓锜也在这方面学有心得。他继承汉代河上公的学术传统，将儒教易学引入《道德经》的解说之中。在《道德真经三解》中，邓锜一

---

① 李筌：《阴符经解》，《文渊阁四库全书》第1055册，第6页。
② 李道纯撰，蔡志颐辑：《道德会元》，《道藏》第12册，第642页。

开篇即应用了《周易》的"咸卦"、"恒卦"、"泰卦"、"否卦"、"巽卦"的相互关系来解释《道德经》关于"可道"与"常道"的区分,接着应用《周易》的"乾卦"、"坤卦"、"坎卦"、"离卦"以解释《道德经》的美丑善恶意义,[①] 等等。纵观该书,几乎通篇都贯穿着《易经》的哲理思想。

从上面的论述可知,中国的佛、道二教对儒教经学思想的借用和阐释是相当普遍的。由于理念不同,道教和佛教虽然都是将儒教经学通过适当改造,用以比附自己的教义,从而为自己的教团服务,但这种借用和阐释在客观上又促进了佛、道二教教义的丰富和发展,也推动了儒教经学的进步。

二、佛、道教对儒教经学的反作用

当我们论说儒教经学被佛、道教所吸纳和化用时,这实际上已包含着佛、道教对儒教经学的反作用问题,因为佛、道教对经学"忠孝"观念的本体论诉求以及借鉴儒教经学而形成的经典注疏,还有与之相关联的学术派别的形成等等,都体现了佛、道教对儒教经学的巨大影响和理论回流,而这种理论回流在历史上又相当集中地体现在传承儒教道统的宋明理学这种文化现象上。

1. "四书"地位的凸显彰示了佛、道教对儒教经学的反作用

"理学"起于北宋,至南宋及元明而大兴。该学术流派以继承儒教道统为己任,其肇端可追溯到唐朝韩愈、李翱那里,因其学说有别于唐代以前的儒教,所以被后人称为"新儒家"。理学家特别关注《大学》和《中庸》两部书籍,将之与《论语》、《孟子》一起组成"四书",使之在宋以后成为重要的经学必读书,从而转移了此前以五经为首的儒教经学典籍重心;同时,理学家又把学术重心放在心性问题的讨论上,这也是此前的儒教经学相对比较忽略的。突出"四书"和强调心性,这两个新的理论趋向其实又紧密相关。一方面,话题论域的转变导致经学典籍重心的转移;另一方面,典籍重心的转移又加强和稳定了话域的转变。理学的这两大特点,分析起来,又都是在佛道二教的刺激下发生的。

佛教自流入中原后,不断和中国本土文化相结合,由依附道教,借道经

---

① 《道藏》第 12 册,第 187 页。

格义佛典，到逐渐为国人接受、欣赏。特别是在上层的流播中，佛教以其精妙的义理而备受青睐，三国两晋南北朝时期就出过不少高层信徒，至唐宋，佛教更加入世。佛教徒频与士大夫交游，士大夫也开始佛教徒化。观《宋史》可知，两宋之际的士大夫谈禅说道者比比皆是。如北宋翰林大学士晁迥"善吐纳养生之术，通释老书，以经传傅致，为一家之说"①。他所著的《法藏碎金录》10 卷，正是这样一部以儒教经传"傅致"的释、老之书，故而《四库全书》将之列入释家类。与他同朝为官、同为翰林大学士的杨亿，也是一位"留心释典禅观之学"的儒者。② 佛教之盛真可谓前所未有，而且与此前非常不同的就是一些儒士对佛教的诚笃信仰，这一点尤其让那些以继道统为己任的理学家所痛心。

与此同时，本土的道教在宋代也有大发展，其地位虽不能和佛教相提并论，但其势亦不可小觑。王安石曾在《礼乐论》中颇有感触地说："呜呼！礼乐之意不传久矣！天下之言养生修性者，归于浮屠、老子而已。浮屠、老子之说行，而天下为礼乐者独以顺流俗而已。"③ 文中的"浮屠"指的就是佛教，而"老子"则代表道教。在王安石看来，儒教的礼乐之教最终变成了顺佛、道的俗流之说了。尽管这种评价不一定中肯，但却反映了当时佛、道二教的确对儒教礼乐经学产生了巨大的反作用。

佛、道二教在思想文化领域中地盘的不断扩大，使儒教在经学传承方面大感威胁。也正是在这种氛围之下，从韩愈、李翱，到宋初三先生、王安石、二程，直到朱熹，奋起反击，意欲重振儒教之学，故而提出"道统"说及其传承体系，并以"为往圣继绝学"之姿态出现在历史舞台，他们致力于建立儒教的"内圣外王"之道。唐代韩愈等人主要是从宗教形式上批判佛、道二教，要求强制僧道还俗，可以说这种批驳相对来说是比较浅层次的；与前辈不同，宋代的理学家对佛、道的批评，绝大部分是在理论建树上，他们试图通过完善传统经学的内涵，破除佛、道之"谬误"，从而重新树立儒教"内圣"之学，再显儒教"外王"之道。因为能够强烈吸引受经

---

① 脱脱等：《宋史》第 29 册，中华书局 1977 年版，第 10086 页。
② 参见脱脱等：《宋史》第 29 册，第 10083 页。
③ 王安石：《王文公文集》上册，上海人民出版社 1974 年版，第 335—336 页。

学系统教育长大的士大夫的，正是佛教精致的心性学和道教的养生论。用现在的话来讲，这或者可以理解为佛、道二教对人生的终极关怀思想深深地吸引了那些穿儒服的士大夫。因此，理学家在内忧外患的刺激之下，开始不断介入心性学这一话语领域，并积极在儒教经学典籍中寻求其变革根据和思想路径。这就导致了传统儒教经学发展到宋明理学阶段时，其话语论域出现巨大转变，而随着儒教话语论域的转变，其经学重心也发生了巨大的转移，即由之前以"五经"为主转移到了此后以"四书"为核心。

在经学话语论域出现重大转变后，"四书"之所以能从众多儒教典籍中显现出来，受到前所未有的关注，是因为"四书"为理学提供了一个比较完整的儒教"心性"学框架。特别是《孟子》和《中庸》中的内容与心性关系最为密切。

《孟子》一书率先对以"五经"为重心的传统经学"性善"说进行本体论诠释，这种诠释成为整个宋代理学心性理论的基石；至于《中庸》所包含的"心性"学资源，在经过理学家理解之后，与《尚书》中的"四句教"相勾连，成为对这一道统传授心法精髓阐释的完美代表。其文中所讲的"天命之谓性，率性之谓道，修道之谓教"，既包含了理学心性学的基本命题，也体现了传统经学关于经世致用的外王意旨，同时对"人性善"这一理学基本命题进行了本体论证明。按照理学家的理解，因为人性得之于天，所以自足完满；只不过由于后天滋养不同，才有了贤愚之别，故而人们按照传统儒教经学提供的途径，通过自我修养，皆可以达到完善自我的目的。而传统儒教经学的这种心性自我回归并不需要像佛、道二教那样出离俗世；恰恰相反，正是在承担自己尘俗的责任和义务的过程中，人们完成了自我的回归和完满，从而显得比佛、道二教的心性论更胜一筹。这种对人性善的本体论证明，为理学心性论提供了坚强的理论后盾。同时这两部书又是儒教经学中较早的著作，《中庸》之作者子思为孔子之孙，而孟子为子思之徒，对他们的著作进行发挥探讨，无论从理论构建还是从学术威严上讲都具有与佛、道抗衡的实力，以及令人信服的敬畏感，所以，宋代理学从一开始就非常关注这两本书。

《大学》除了为理学家们提供大量的心性学原始资料外，也为思想发挥留下了广阔的文化空间。该书所包含的正心、诚意、修身、治国、平天下以及格物、致知、止于至善等思想，为理学家推广学术思想、修德进业提供了方便法门。而《论语》是儒教传统经学的开山祖师孔子之言行记录，集中凸显传统经学的伦理纲常。虽然该书没有直接系统的心性学探讨，但作为儒教经学传承中最早发展阶段的一大标志，具有不可动摇的权威地位。在理学抗衡佛、道二教的道统维系中起着承尧、舜、禹圣道的重要意义。正因为此，理学家均重视研读这四本儒教典籍，至理学之集大成者朱熹时，终于将"四书"编辑成册，使之一并流行于世，完成了"四书"这样一个典籍的重新组合和重心转移。儒教经学典籍重心的这一重大转移，在很大程度上反映的是理学和佛、道争夺心性学领域的一种客观必需，也正是在这种意义上说，宋明理学凸显"四书"，尤其是对《孟子》和《中庸》的特别关注体现了中国佛、道二教对儒教经学的反作用。

2. 理学先锋的经历及其思想面貌反映了佛道二教对儒教经学的反作用

佛、道二教对儒教经学的反作用除了集中体现于理学主要论域、关注话题以及经学典籍的重心转移方面，还表现在建构理学体系的主要代表人物的经历方面。无论是唐时的先驱韩愈、李翱，还是后来的周、张、二程、朱、陆、王等人，观其求学经历，大多曾出入佛、道多年，其思想都不同程度地受到佛、道的影响，处处可见佛、道二教的痕迹。

早在唐朝，开理学端倪的李翱就开始出入佛、道了。《文献通考》载石林叶氏云："今唯《传灯录》载其赠药山僧一篇，云：'炼得身形似鹤形，千株松下两函经。我来欲问西来意，云在青天水在瓶。'"① 此诗前两句颇有道教养身成仙的意味，后两句又分明是禅宗常用的话头，诗又是写给僧人的，可见李翱对佛、道二教均有研究，与教界中人时有来往。李翱的代表作《复性书》，依据《大学》、《周易》、《中庸》等经学典籍，论述了性情及修养成圣之方法等主要问题，高举辟佛之大旗，以恢复儒教道统为己任。然而，其行文中流露的思想旨趣及其表述方式，又难脱借佛入儒之嫌。其《复性书》中的"去情废欲"不过是佛教"离相"说的儒教式表达，而其所说的"弗思弗虑"，很难说与佛教的"无念"毫无瓜葛。其中包含了大量佛教印迹的"复性说"又恰是后来为宋明理学吸收继承最多的一部分。

① 马端临：《文献通考》下册，中华书局1986年版，第1855页。

周敦颐一向被认为是理学的开山鼻祖。《宋史》称："千有余载，至宋中叶，周敦颐出于舂陵，乃得圣贤不传之学。"① 将周敦颐看做是汉以来上继孟子之第一人，以为他的最大贡献是弘扬了儒教的圣贤道统。对此，《宋元学案》有进一步的追溯，该书说："孔孟之后，汉儒止有传经之学，性道微言之绝久矣。元公崛起，二程嗣之，又复横渠诸大儒辈出，圣学大昌。故安定、徂徕卓乎有儒者之矩范，然仅可谓有开之必先。若论阐发心性义理之精微，端数元公之破暗也。"② 文中的"元公"即指周敦颐，作者全面肯定了周敦颐在理学中的开山破暗之功，足见其在理学中的地位甚高。然而，周敦颐亦是出入佛道多年，这种经历或多或少地在其论著《太极图说》和《通书》中留下印记。关于周敦颐的代表作《太极图说》和《通书》二书，《宋史》谓："推明阴阳五行之理，命于天而性于人者，瞭若指掌。"③ 《宋元学案》谓："《通书》，周子传道之书也……《性理》首《太极图说》，兹首《通书》者，以《太极图说》后儒有尊之者，亦有议之者，不若《通书》之纯粹无疵也。"④ 由此可见，此二书讨论的正是理学十分关注的对儒教伦理的本体论诉求问题，是理学最早的有关宇宙生成论及论证性理关系的著作，无怪乎后人要将周敦颐排在理学开山第一人的位置。不过，其二书自来却又颇多非议，所议之焦点正是因其不够纯粹无疵，吸收了佛、道二家思想。不仅《太极图说》不够纯粹，《通书》也对佛、道思想借鉴不少。

首先就是《太极图说》中太极图的来历，宋时即传说此图得自道教的陈抟。《宋元学案》辑陆九渊言称："朱子发谓濂溪得太极图于穆伯长，伯长之传出于陈希夷。"⑤ 同书黄百家又附其叔父之《太极图辩》一文云："周子《太极图》，创自河上公，乃方士修炼之术也，实与老、庄之长生久视，又属旁门……周子更为《太极图说》，穷其本而反于老、庄，可谓拾瓦砾而得精蕴……周子之'无极而太极'，则空中之造化，而欲合老、庄于儒

① 脱脱等：《宋史》第 36 册，第 12710 页。
② 黄宗羲原著，全祖望补修：《宋元学案》第 1 册，第 482 页。
③ 脱脱等：《宋史》第 36 册，第 12710 页。
④ 黄宗羲原著，全祖望补修：《宋元学案》第 1 册，第 482 页。
⑤ 黄宗羲原著，全祖望补修：《宋元学案》第 1 册，第 501 页。

也。"① 认为太极图本出于方士修炼之术，虽然其图本身是瓦砾一样的外道，但周濂溪得到后，对其进行了仔细研读，却吸取了其中的精蕴，合老庄而入儒。

此后对周敦颐《太极图说》之图的出处历代都有争议，或云其自创，或云得于道教徒，或云得之于佛教圆相图。将之与道教修炼之图以及佛教圆相图比较，确实可以发现有不少相似之处，即使不能确定该图出自道教或佛教，但它一定与两方皆有关系，这却可以肯定。从此意义而论，《太极图说》的存在本身就是儒、佛、道三者交融的一个产物，而周氏在其《太极图说》和《通书》中也确实有大量来自儒教之外的思想。如《太极图说》中提出的"主静"思想即是一证。文谓："圣人定之以中正仁义，而主静，立人极焉。"② 此言"静"为人极，认为人主静方能原始返终，与天地合德，与日月合明，与四时合序，与鬼神合吉凶，知生知死，终成圣人。"静"原是道家的主要思想之一，周氏借鉴道家的"静"观念，并非仅仅是一个概念的简单因袭，他所讲的"原始返终"主静观与老子"复命"、"归根"精神，在最终达到"天人合一"的途径和境界的描述上，又岂是仅仅一个相像可说尽的！再看《太极图说》一书对宇宙生成过程的描述和老子对道生万物的描述，看起来也让人恍兮惚兮，不免有似曾相识之感。

周敦颐之后，理学主要代表人物有张载、二程、朱熹及陆九渊和王阳明等。他们虽均以排佛老、继道统为己任，但和理学的开山鼻祖一样，都曾熟览佛道典籍，其学说也都是在广泛吸收了佛道思想的基础之上而有所建树的。

如张载，《宋史》就曾对他的佛道研习经历有所追溯。该书称，张载"读其书，犹以为未足，又访诸释、老，累年究极其说，知无所得，反而求之《六经》"③。可见他曾多年潜心于佛、道之说。尽管张载最终回到了儒教六经的立场上，但佛、道之说在他建构学说的时候无疑又产生了潜移默化的影响。人们知道，张载突破性地发展了儒教之气论，但若稽考其思想来源却与道教不无关系。关于这一点，只要稍微追溯五代南唐著名道士谭峭所作

---

① 黄宗羲原著，全祖望补修：《宋元学案》第 1 册，第 514—515 页。
② 黄宗羲原著，全祖望补修：《宋元学案》第 1 册，第 498 页。
③ 脱脱等：《宋史》第 36 册，第 12723 页。

《化书》就可以显示其端倪。该书以"太虚"作为道化的基本形态，认为太虚之中无所不有，虚、神、气、形"命之则四，根之则一"，都是道化过程中的时空表征，归根结底都本于"太虚"。张载在《正蒙·太和篇》中也用较大篇幅讨论"太虚"，认为"太虚"无形可言，系"气"之本体，而万物只是"气"的不同表现形式而已，这同样也是将"太虚"看做类似于道的一种本体存在。同时，谭峭在《化书》中非常强调"化"这个概念，而张载在其《正蒙·神化篇》中，也大谈"化"之妙用。我们虽不能十分肯定说张载就是借用了谭峭的《化书》思想，但以其"访诸释、老，累年究极其说"的求学经历，很难说他不曾看到过《化书》，也很难排除其"气化"、"太虚"等观念没有受到《化书》的启示。此外，该文中还有不少地方直接引用道家著作来进行论述，如他在《正蒙·太和篇》云："气块然太虚，升降飞扬，未尝止息，《易》所谓'氤氲'，庄生所谓'生物以息相吹'、'野马'者欤！"[1]《正蒙·神化篇》则称："'变则化'，由粗入精也；'化而裁之谓之变'，以著显微也。谷神不死，故能微显而不揜。"[2] 这是直接拿《庄子》、《老子》的学说来解释其气化理论，丰富理学思想。

其他理学大家，如朱熹、陆九渊、王阳明等和佛道的关系也一样非常密切。朱熹作为宋明理学之集大成者，虽然也时常批评佛、道，但他眼界宽阔，兴趣广泛，对各种学说持相对宽容态度，对当时几乎所有的知识领域都有所涉猎。《宋元学案》云：朱子之"为学也，主敬以立其本，穷理以致其知，反躬以践其实。而博极群书，自经史著述而外，凡夫诸子、佛老、天文、地理之学，无不涉猎而讲究也。"[3] 这十分精辟地论述了朱熹求学的广博，他对诸子之学，尤其是佛、老思想，往往欲穷之而后快。

朱熹在青少年时曾拜临济宗禅师道谦为师，还曾问学于庐山道士虚谷子刘烈。据陈荣捷先生考证："朱子与道士来往，《文集》所载，凡十数人。生平交游必不止此数。"[4] 除了和道士来往外，朱熹还考订佛、道之书，曾署名空同道士邹䜣作《参同契考异》和《阴符经考异》，探讨道教的内丹修

---

[1] 张载：《张载集》，第8页。
[2] 张载：《张载集》，第16页。
[3] 黄宗羲原著，全祖望补修：《宋元学案》第2册，第1505页。
[4] 陈荣捷：《朱子学新探》，学生书局1988年版，第605页。

炼之说。由其门人根据他几十年讲课而集成的《朱子语类》中有专门的篇章论及佛、道两教，而其对理学的核心概念"理一分殊"的解释借用佛教"月印万川"之意更是人所共知，可以说佛、道两教在朱熹理学体系形成中均有深刻影响。

王阳明作为宋明理学另一位重要代表人物，他在以经学典籍思想为基础构建自己的理论体系时，自觉吸收佛、道思想成分亦相当明显。他说："二氏之用，皆我之用：即吾尽性至命中完养此身谓之仙；即吾尽性至命中不染世累谓之佛。但后世儒者不见圣学之全，故与二氏成二见耳……圣人与天地民物同体，儒、佛、老、庄皆吾之用，是之谓大道。"① 王氏认为儒、佛、道皆可以为己所用，不过是达到圣学的不同路途而已，究其根本则一。

王阳明常常借用佛、道概念来解释自己的学说。如在解释"立志"时，他说："只念念要存天理，即是立志。能不忘乎此，久则自然心中凝聚，犹道家所谓结圣胎也。"② 他把儒教经学中讲的"立志"、"存天理"和道教修炼中的"结圣胎"相提并论，体现了他对儒教之外思想资源的兼收并蓄态度。他还曾说："'不思善不思恶时认本来面目'，此佛氏为未识本来面目者设此方便。'本来面目'即吾圣门所谓'良知'……'随物而格'，是'致知'之功，即佛氏之'常惺惺'，亦是常存他本来面目耳。体段功夫，大略相似。但佛氏有个自私自利之心，所以便有不同耳。"③ 比较佛教与儒门圣功，认为佛教之"本来面目"就是经学中的"良知"，经学中的"致知"之功，就是佛教中的"常惺惺"，在功夫层面上，二者大体相似，只因佛教自私为己，在终极目标上则与儒教大有不同。将经学和佛教互相比附，参照对比，析佛辟佛的同时，借佛用佛。

通过这些分析可知，一方面是佛、道二教注意采撷儒教经学思想内容，另一方面是儒教经学的理论代表也向佛、道二教吸纳养分。然而，在具体历史中，儒教经学和佛道二教之间的这种互动并非可以简单地分为宗教和经学两段，仿佛两条同行的河流，在行进的过程中，互相渗透。本文前面的描述

---

① 王守仁撰，吴光等编校：《王阳明全集》卷35，下册，第1289页。
② 王守仁撰，吴光等编校：《王阳明全集》卷1，上册，第11页。
③ 王守仁撰，吴光等编校：《王阳明全集》卷2，上册，第67页。

纯粹是为了解释问题的方便，是一种经过分析和条理后的概要性论述。而实际上，儒教经学和佛、道二教的互动更像无数的湖泊、江河，在生命的流动发展中，不断成云致雨，各种水流混而为一，又分而成众，在这种分分合合的过程中，保持各自的活力而不至于腐败死亡，儒教经学和佛道二教的互动具有多向性、多层次的特点。某个问题或者某个概念，开始可能是佛教提出的，又被儒教经学代表拿来发展，然后影响到了道教，最后又回到佛教。或者反之。比如"心学"的概念，最初是道教提出的，在道教的许多经典中都有关于"心学"的描述，如在《上清紫精君皇初紫灵道君洞房上经》中这样说道："夫仙者心学，心诚则成仙。道者内求，内密则道来矣。夫真者修寂，洞静则合真。神者须感，积感则灵通也。常能守此，则去仙日近矣。若夫心竞神务，体和不专，动静丧精，耳目广明者，徒积稔索道，道愈辽也。"① 把道教修仙和诚心、修心联系在一起，提出修仙首要心诚，心诚则仙成，此为"心学"。后来道教"心学"理论被禅宗采撷以构建禅宗的心性学，而后又影响道经，如《洞玄灵宝道要经》认为："夫求道者，应以无得心求。亦不前心求，亦不后心求，应以不起不灭心求，应以秘密心求，应以广大心求，应以质直心求，应以忍辱精进心求，应以寂静柔弱心求，应以慈悲至孝心求。"② 此处所讲的道教修仙之心学途径，显然已受到佛教影响，开始强调"不起不灭心，秘密心，广大心"等等，无论是行文方式还是文字内涵都具有了佛教心学的意味。接着，"心学"又为宋明理学所发展。尤其在明代，王阳明大倡"心学"一派，"心学"于是大振，反过来又极大地影响了道教的内丹学。这种现象在宗教与经学思想的互动中不是偶然的，而是普遍的。所以在了解中国佛道二教和儒教经学的互动时，我们必须要同时充分考虑到这种互动的多向性和复杂性。

三、儒教经学与佛、道教思想互动的原因及意义

佛、道教和儒教经学的交融互动是在特定文化背景下进行的。因此，这种交融互动从思想自身的特点来讲，可以说是必然的。具体而言，又大致有

---

① 《上清紫精君皇初紫灵道君洞房上经》，《道藏》第 6 册，第 547 页。

② 《道藏》第 6 册，第 305—306 页。

这样几个主要的原因。

1. 中国传统文化极强的包容性和儒教经典自身的宗教意涵为佛、道教与儒教经学的思想互动提供了良好的氛围及内在融通的可能性

在中国历史上，无论哪家思想都包含着宽容大度、谦虚内敛的内容。《周易·系辞下》云："天下同归而殊途，一致而百虑。"这句话成为后来倡"三教合一"思想融合者最常用的经典支持之一，其中所包含的"天下百家，其理则一"的思想也是后来儒教经学和佛、道二教互动融合时最常用的理论根据。《论语·子路》曰："君子和而不同，小人同而不和。"也体现了求同存异、宽容并包的态度。《庄子·徐无鬼》说："故海不辞东流，大之至也。圣人并包天地，泽及天下，而不知其谁氏。"说的也是君子要谦虚善下，并包天地，不为物先。以谦虚、宽容为基础而形成的中国传统文化，其思想的包容性一直是其主要指向，而不具有强烈的排他性，它表现出的是一种大国文化的自信和宽容，具有极强的同化力，而这种文化的自信和宽容为不同学派、不同思想之间的交融提供了良好的氛围。

同时，儒教经学原典本身也包含着大量的宗教性内容。无论是《礼》、《诗》、《书》还是《易》、《春秋》，几乎所有的经学典籍都包含大量关于宗教祭祀的内容。如《礼记》中有《郊特牲》篇主要记述古代天子郊祭及祭祀社稷、五岳等神灵的大型活动，追溯其源头，详述其仪式，并说明其意义；《丧服》篇主要讲不同等级的人们在祭祀祖先时的不同礼仪；《礼器》篇主要针对天子诸侯祭祀器物设置而作，等等，可以说《礼记》中的每一篇几乎都和祭祀有关。《易》的情况与此也颇为类似，如该书的《困》卦曰："九二，困于酒食，朱绂方来，利用享祀；……九五，劓刖，困于朱绂；乃徐有说，利用祭祀。"[1] 这里所讲的"绂"，为古代祭祀服装的饰带，是古代贵人穿着进行祭祀所用，卦中所云暗含祭祀场景。《既济》卦曰："九五，东邻杀牛，不如西邻之禴祭，实受其福。"[2] "东邻杀牛"，指非常丰厚的盛祭，"禴祭"指一种非常简单的薄祭，这里用祭祀活动来说明《易》所包含的敬慎修德之道理。诸如此类的记载还有很多，如《观》卦、《随》

---

① 黄寿祺、张善文：《周易译注》，上海古籍出版社2004年版，第363、365页。
② 黄寿祺、张善文：《周易译注》，第484页。

卦、《大过》卦等等都包含这方面的丰富内容。我们可以毫不夸张地说，《周易》的每一卦都或多或少地带有宗教祭祀的意味。可见儒教经学自身就具有浓厚的宗教性，这种浓厚的宗教性为儒、佛、道互动提供了思想契合点，显示了互动的内在可能性。

2. 传统的教育体制为儒教经学与佛、道教的思想互动提供了学术平台

我国在很早的夏商周时代就已有了教育机关，称为"庠"、"序"、"瞽宗"、"辟雍"等，教育的内容也是多种多样，有礼仪、音乐、舞蹈等等，但当时的学校只收贵族子弟，平民和奴隶没有受教育的权利。到了春秋时期，王室式微，官学衰落，开始出现私人讲学授徒的现象，其中最著名的要数孔子，他当时在鲁国聚徒讲习"六艺"，相传弟子三千。到了战国时期，聚徒讲学更成为一时之风尚。后秦始皇统一天下，实行"禁私学，以吏为师"的政策，虽然禁了私学，但官学却不在禁止之列，故而得以继续。

汉朝建立后，至汉武帝建元元年（前140年），儒教大师董仲舒在廷试中上了著名的《天人三策》，向武帝建议设立"太学"，他说："太学者，贤士之所关也，教化之本原也。……臣愿陛下兴太学，置明师，以养天下之士……"[1] 汉武帝建元五年（前136年），置《诗》、《书》、《易》、《礼》、《春秋》五经博士，罢其他各家博士。[2] 元朔五年（前124年），丞相公孙弘向汉武帝建议，奏请为博士置弟子员（太学生），提出设立太学，在长安城（今陕西西安市）南给博士弟子员筑校舍，这是中国正式创立太学的开始。起初学生很少，只有几十人而已，至汉成帝时取消员额限制，扩建校舍，博士弟子猛增至3000人。汉平帝时，王莽辅政，元始四年（公元4年），"莽奏起明堂、辟雍、灵台，为学者筑舍万区"[3]，太学规模得到进一步扩大。东汉时，光武帝刘秀非常重视教育，多次到太学亲讲，太学得到进一步的发展，至东汉末汉桓帝时，太学人数猛增至3万人。

---

① 班固：《汉书》第8册，第2512页。

② "博士"一词，始见于战国，是对学者的泛称，而不是官名，秦始皇一统天下，仍立博士，为奉常的属官，掌《诗》、《书》和百家言，为朝廷的文化官吏。博士也不限于儒家。汉承秦制，依旧设置博士，博士仍不限于经学。文学、刑名之学等均可立博士。汉武帝置五经博士，罢其他各家博士后，儒家经学垄断了博士职。

③ 班固：《汉书·王莽传》第12册，第4069页。

　　除了在京都兴办太学外，汉代还于汉景帝末年建官办地方学校。汉武帝在兴办太学的同时，下令郡国皆立学校。汉平帝元始三年（公元3年），王莽上书，请求设立官学，制定中央和地方的学习系统。至此，各郡国也普遍立学校。除了官办的太学和地方学校外，汉代的私人教学也相当普遍，十分发达。班固在《两都赋》说"四海之内，学校如林，庠序盈门"。这句话虽难免有文学作品的夸张成分在内，但在某种程度上反映了汉时教育体系的完备和兴盛。

　　汉代从兴办学校之始，教育的主要内容就为儒教所垄断，无论是官办的太学和地方学校，还是民间林林总总的私学，均以读儒经为主要内容。汉代的这种教育模式和教育内容在后代被继承和发展，无论魏晋、隋唐还是宋、元、明、清，无论是官学还是私学，学校的名称无论怎么变化，教育的主要内容一直没有发生太大的改变，总的来说都是以儒教经学为主。而继隋唐科举制度完善以后，历代又以儒教经学为科举内容，以此取士，在功名利禄的驱使下，使儒教经学思想得到了进一步的普及与加强，这种教育状况决定了中国历史上只要是读书认字的人，首先都要接受儒教经学思想熏陶，所以就在客观上造成一种事实，即几乎每一个有所成就的道教学者或佛教大师都是先受了儒教经学思想的浸润，同时他们本身又成长于儒教思想占统治地位的社会，然后由儒入道、入佛。这样一来，从具体的个人来讲，其思想不可避免地呈现出混和的状态。而作为一种大的社会现象，则为儒教经学和佛道二教的交融提供了广阔的文化背景，造就了佛道二教和儒教经学互动的必然性。

　　3. 来自政治层面的皇权支持为儒教经学与佛、道教的思想互动提供了重要的社会动力

　　对于统治者而言，"齐家治国平天下"不能离开儒教经学，长生久视离不了道教，清谈玄远不能没有佛教。同时，佛道二教都有独特的劝善教化功能，对政治统治大有好处，因此各朝统治者为了政权稳定，从政治利益的角度出发，提倡儒、佛、道三教合一，积极推动佛、道二教和儒教经学的大融合。这种有意识的三教并用早在魏晋南北朝佛道二教方兴之时就开始了。

　　南朝的梁武帝，以崇信佛教而著称于世，他曾三次舍身寺庙，再由大臣花费巨额财产为其赎身，并自讲《般若波罗蜜多心经》，著《摩诃般若波罗

蜜多经注解》、《三慧经义记》等佛教典籍，可以看出梁武帝对佛教是十分重视和喜爱的。在《述三教诗》中，他自云："少时学周孔，弱冠穷六经。孝义连方册，仁恕满丹青。践言贵去伐，为善在好生。中复观道书，有名与无名……晚年开释卷，犹月映众星。"① 可见他自身是出入三教，由儒到道再到佛。据《南史》记载，梁武帝执政期间，一方面广修寺院，一方面下诏设五经博士，建立以教授儒教经学为主的学校。同时在注解佛教经典的同时，也不断参与儒教经学典籍的注疏工作。他曾作《春秋答问》、《尚书大义》、《中庸讲疏》、《孔子正言》及《孝经讲疏》等共 200 余卷，并制作《涅槃》、《大品》、《净名》、《三慧》等诸经义记数百卷。② 不论是在直接的政治策略上，还是通过其自身的榜样作用方面，梁武帝都作出了最早的三教合流的努力，由于其特殊的政治身份，梁武帝的行为在佛道二教和儒教经学的互动发展中的影响不可小窥。

隋、唐及以后各代统治者都基本采取以儒为主、佛道为辅、三教并用的政治方针。隋朝是中国历史上一个短命王朝，但在其短暂的历史中，贯穿的依然是以儒为主、三教并用的方针。文、炀二帝都崇尚儒学，非常重视儒教经典的研习。开皇三年（583 年），隋文帝接受秘书监牛弘的建议，遣使搜求天下遗存的儒教典籍，同时也积极扶持道教和佛教。《隋书》中有一则诏书云："佛法深妙，道教虚融，咸降大慈，济度群品，凡在含识，皆蒙覆护。所以雕铸灵相，图写真形，率土瞻仰，用申诚敬……敢有毁坏偷盗佛及天尊像，岳镇海渎神行者，以不道论。沙门坏佛像，道士坏天尊者，以恶逆论。"③ 这说明，手中掌握大权的皇帝乃是佛道同尊，对三教的发展传播予以政治支持。

唐代统治者最初为了高显其姓氏，提高皇家权威，和道教教主老子攀亲，追认老子为其祖先，并将道教排在儒教和佛教之前。李渊于武德八年（625 年）颁布《先老后释诏》："老教孔教，此土先宗，释教后兴，宜崇客礼，令老先、次孔、末后释宗。"④ 同时在唐朝的各个时期，统治者都曾做

---

① 释道宣：《广弘明集》卷 30，《大正藏》第 52 卷，第 352 页。
② 参见李延寿：《南史》第 1 册，中华书局 1975 年版，第 223 页。
③ 魏征等：《隋书》第 1 册，中华书局 1973 年版，第 45—46 页。
④ 《续高僧传》卷 25，《高僧传合集》，上海古籍出版社 1991 年版，第 312 页。

过一些有意提高道教地位、格外恩宠道士的行为。如高宗李治时尊封老子为"太上玄元皇帝"，并亲自到亳州拜谒老君庙。他还将《道德经》奉为上经，令贡举人等学习："自今已后，《道德经》并为上经，贡举人皆须兼通。其余经及《论语》，任依常式。"① 不过后来李治因为皇后武则天的关系，下诏让佛、道平起平坐。后来武则天于登基二年四月又下诏："令释教在道法之上，僧尼处道士女冠之前。"② 显然，这提高了佛教的地位。然而，这些举措多为当时政治权势争斗中的手段。事实上，唐朝思想界占正统地位的还是儒教，如唐太宗就说："朕今所好者，惟在尧、舜之道，周、孔之教，以为如鸟有翼，如鱼依水，失之必死，不可暂无耳!"③ 唐朝统一考订"五经"，颁布《五经义疏》，这样的博大之举，在经学史上可以说是空前的。所以说，当时的情况其实还是儒、佛、道并用，并没有因为提高一家而灭除或者根本性地打击其他两家。

其后中国历史上对待儒、佛、道三家的政策基本确定。虽然在某些阶段三家此起彼伏，地位略有变化，但是以儒教经学为正统、同时佛道并用的模式基本上没有大的变化。

总之，佛、道二教与儒教经学，在互动中彼此相互学习、借鉴，从而发展完善了自身。道教最终从原始宗教中脱胎而出，形成了具有精深理论水平、复杂神仙体系和完备宗教科仪的民族宗教形式；佛教完成了中国化的过程，为中华民族所接受同化，最终和中国文化融为一体，成为中国佛教。而儒教经学也在这种互动中不断发展创新，延绵了历久弥新的学术生命。在这种互动和交融的历史过程之中，中华民族文化形成和完善了包容大度、求同存异、和而不同的文化特质。这种兼容并包、强调多元文化和谐发展的思想特质在今天则更显重要。历史就是一面明镜，它告诉我们，无论是某一种学术思想的发展，还是一个民族、一个国家文化的发展，都要有宽阔的胸怀，要不断地吸收外来知识，不能固守一隅，或者囿于门户之见。诚如朱熹所云："半亩方塘一鉴开，天光云影共徘徊。问渠哪得清如许? 为有源头活水

---

① 刘昫等撰：《旧唐书》第 3 册，中华书局 1975 年版，第 918 页。
② 刘昫等：《旧唐书》第 1 册，第 121 页。
③ 吴兢编著：《贞观政要》卷 6，上海古籍出版社 1978 年版，第 195 页。

来。"有了源头活水，才会有充满生机的清清渠水；有了宽广的胸怀，自信包容的作风，敢于不断吸收各种不同的先进文化，才会有兴旺发达的民族文化。

第二节　古代医学、天文学对中国
宗教思想发展的辐射

中国宗教自来就有研究医学和天文学的传统，无论是道教、佛教、儒教还是伊斯兰教等，它们都包含有相当丰富的医学和天文学理论。宗教与医学、天文学的这种伴生性，为二者的辐射影响提供了先天条件。在长期的历史发展中，中国宗教思想和古代医学、天文学之间的辐射和影响一直源源不断，不仅推进了医学和天文学的发展，丰富了我国古代科技文明，同时也丰富和发展了中国宗教思想。

一、古代医学、天文学对中国宗教思想发展辐射的表现

古代医学、天文学对中国宗教思想发展的辐射主要表现在宗教典籍与医学、天文学典籍以及二者人员身份的相合性。在中国宗教典籍中保存了大量的天文学、医学知识和著作，同时众多的教界高德又兼具医生和天文科学家的身份。

1. 中国宗教典籍中包含了大量的医学、天文学文献

中国宗教典籍中有大量的医学、天文学文献，限于篇幅关系，我们仅以中国宗教中影响最为广泛的道教和佛教为例来讨论该问题。

在《道藏》收录的道书中，包含了相当之多的医学、天文学内容。如道教早期的经典《太平经》中就有大量中药方剂、针灸、医理等方面的记载，该书在《草木方诀》、《生物方诀》中，依照对人身体有益程度，将草木生物分为不同等级，并强调治病用药是救人死命之术，要特别小心谨慎，不可草率行事。同时谈到采生物入药乃不得已而用之，不可因之轻易杀伤而用，体现了道教注重天人和谐的观念。而在《灸刺诀》中，则用道教阴阳说结合天文律历阐明灸刺的原理，认为灸刺所调安的三百六十脉应一年三百六十日，每日应一脉持事，脉象随四时五行而动，如果不能应四时而动，则

是有了疾病，这时就需要对其进行治疗，以使人身之脉象运动合乎四时之行。①

另一部道教经书《黄帝内经》，更是非常典型地突出了道教与古代医学、天文学的密切关系。该书的主要部分形成于战国至东汉时期，是我国现存医学文献中最早的一部典籍。原书18卷，其中9卷名《素问》，另外9卷无书名，汉晋时被称为《九卷》或《针经》，唐以后被称为《灵枢》。《素问》、《灵枢》各为81篇，共162篇。《素问》主要论述了自然界变化的规律、人与自然的关系等；《灵枢》的核心内容为脏腑经络学说。作为中医学的基础著作，该书构建了中医的重要医学理论基础，即以阴阳五行来阐释人体组织结构、生理功能和病理变化，反映了我国传统的天人合一思想。书中还有大量关于具体疾病的治疗问题，如热病、伤寒、风病、痛病等的治疗方法，等等。《黄帝内经》作为中国医学的一部重要典籍，还包含着丰富的天文学知识。比如在《天元纪大论》中这样说道："太虚寥廓，肇基化元。万物资始，五运终天。布气真灵，总统坤元。九星悬朗，七曜周旋，曰阴曰阳，曰柔曰刚，幽显既位，寒暑弛张。生生化化，品物咸章……"② 这段话描述了宇宙的空廓广大、星辰运动和四季寒暑的关系，并由此而生发万物的一个过程。可以说在人类历史上最早提出了星球运动，并观测到这种运动是以"周旋"的方式进行的，而同样的学说在现代天文学中的提出也不过是几百年前的事。和中国所有的传统文化一样，《黄帝内经》做这样的观测还是为了人事，宇宙中星球的运动导致地球上寒暑变化，并对生物的发生产生重要影响。

然而，这样一部集医学与天文学为一体的著作，除了后世的医家将其作为基础经典研读外，在道教典籍中也获得了同样重要的地位，《黄帝内经》不仅作为道教重要经典之一而被录入《道藏》，而且被道教徒不断进行研究、注疏。目前最完善的《黄帝内经》注本正是道教徒——唐代王冰、宋代林亿校正的《黄帝内经素问补注释文》。王冰和林亿都是道教中人，在阐

---

① 参见王明：《太平经合校》，第173、174、179页。此处"生物"专指飞禽走兽等，也就是我们现在学科分类中的"动物"类。

② 王冰注，林亿等校注：《黄帝内经素问》卷19，《文渊阁四库全书》第733册，第206页。

释《内经》时他们很自然地将内经之医学理念与道教修身长生思想相结合。如《内经》中《灵枢》部分的命名，就是王冰所为，而"灵枢"一名之道教意味，更是不言而喻。《黄帝内经》一书在医、天文及道教界均为重要典籍的事实可以说非常典型地凸显了中国宗教和医学及天文学在典籍方面的重合性。

除了这些书籍之外，著明的内丹学著作《周易参同契》，情况也与此类似。作为早期的气功类典籍，该书还同时对月亮的运行有非常精密的观察和描述，同样体现了医、道、天文的一体化。而《黄庭经》以道教身神说为义理基础，包含了大量中医脏腑说的内容，不仅是道教修性成仙的重要修持法门，同时还是重要的中医脏腑说典籍。《神农本草经》和《图经衍义本草》也都是十分重要的本草学著作。其他还有像《葛洪翁肘后备急方》、《备急千金要方》都既是道教典籍，也是中医学中的方剂类典籍，等等。道教经书中这种体现医、道、天文合一的书籍可以说非常之多。

我们再来看佛教方面。佛教大约在汉代传入中国，其在印度时就已经深受印度医学和天文学影响了，这些可以从佛教初入中国时翻译的佛经中窥其一斑。比如《隋书·经籍志》中所载佛经天文学方面的典籍有：《婆罗门天文经》21 卷、《婆罗门竭伽仙人天文说》30 卷、《婆罗门天文》1 卷、《摩登伽经说星图》1 卷、《波罗门阴阳算历》1 卷等等；医学方面的有：《龙树菩萨药方》4 卷、《西域诸仙所说药方》23 卷、《西域波罗仙人方》3 卷、《西域名医所集要方》4 卷、《婆罗门诸仙药方》20 卷、《婆罗门药方》5 卷、《耆婆所述仙人命论方》2 卷等等。这些书应该是早期由进入中国的佛教徒携带并翻译为汉文的，虽然其中大部分都已遗失了，但《隋书·经籍志》所保存的这些书目，还是为我们提供了一个佛教与医学、天文学深厚渊源的直观材料。

其后我国僧人翻译、编写、造作了越来越多的佛教典籍，这些典籍汇集成书，便是佛教典籍之"藏"。《大藏经》有多种文字版本，原来叫"一切经"，隋朝以后才开始叫《大藏经》。现在比较权威同时也是比较常见的有《中华大藏经》、《大正新修大藏经》、《卍新纂续藏经》等。目前，国内外学术界比较常用的藏经是《大正新修大藏经》，简称《大正藏》。《大正藏》在医学和天文学方面秉承佛教一贯的传统，包含了大量这方面的内容。

在医学方面，据统计，《大正藏》中出现的与医药有关的术语有将近五千条，包括生理解剖、脏腑经络、疾病名称以及药剂药方等等，内容之丰富丝毫不亚于专门的医学典籍。专门性的医学典籍就有《千手千眼观世音菩萨治病合药经》、《陀罗尼杂集》、《迦叶仙人说医女人经》、《佛说咒齿经》、《佛说医喻经》、《正法华经》等等多部。这些论及医学的佛教典籍既有对疾病发生原因的探求，也有对疾病具体医疗过程的叙述，包括手术、方剂等，还有对药物特性及生长环境等等进行的讨论，内容相当丰富。如《佛说医喻经》就从理论上分析良医知病识药的四个特征："一者识知某病应用某药。二者知病所起随起用药。三者已生诸病治令病出。四者断除病源令后不生。"① 如果能做到这四点，不仅是良医，而且可以称得上是医王了。而《正法华经·药草品》则论及药物特性与生长环境的关系以及针灸等等。《佛说胞胎经》则主要讲述胚胎的生长发育过程及妇女生产期间所易患的各种疾病，指出孕育期间要特别注意天气变化及饮食调节。从《大正藏》的这些记述来看，特别是有关针灸等中医特有技术的记录，佛教医学在进入中国以后很快便与中国传统医学有了融合。

在天文学方面，《大正藏》同样收录了大量相关经书。关于宇宙形成理论的主要有《佛说长阿含经》卷22、《起世经》、《增一阿含经》卷50、《楞严经》、《大智度论》等。主要论述星宿体系的有《大方等大集经》卷20、41、42、56，《宝星陀罗尼经》卷4，《佛母大孔雀明王经》，《佛说大孔雀咒王经》卷下等等。其他还有论及日月、五星、七曜及九执的多部经书。② 在本身内容就非常丰富的佛教典籍中，这类经书非常之多。我们下面以《经律异相》为例来看佛教典籍中有关天文学知识的记述，以对之有一个大概印象和了解。

《经律异相》这部经书分为天部、地部、应始终佛部等39部，有50卷之多。有关天文现象的内容主要集中在该书的《天部》，这一部分集中阐述了佛教的宇宙观。对三界诸天进行描述，即欲界一，色界二，无色界三，按

---

① 《佛说医喻经》，《大正藏》第4卷，第802页。

② 参见钮卫星：《西望梵天——汉译佛经中的天文学源流》，上海交通大学出版社2004年版，第10—15页。

众生的修为将之分别在三界诸天中予以安顿，形成一个立体的由低到高的宇宙结构图式。然后又描述了三界成坏、人类劫难等等。其中有对自然灾害、人类缘起等的描述，也有对日、月、雷、电、云、风、雨等自然现象的解释。书中说道："天寿五百岁，子孙相袭以竟一劫。日城绕须弥山。东方日出，南方望，西方夜半，北方日入。如是右旋更为昼夜，复有长短。日行稍南南方渐长，经六十里，一百八十日北方稍短。复行稍北北方稍长。一百八十日南方稍短。"① 在这段话中，我们隐隐可以感觉到地球是圆的这样一个意思，当东半球日出时，西半球正是夜半时分。同时古人已看到太阳的运行轨道并不是一个正圆，地球上白昼和黑夜的分界会随着太阳的运行而发生长短不同的改变。这一部分还有对日食、月食形成原因的探讨，阿修伦天王以手指覆日月，使得天下晦冥，或覆日以昼为夜。认为日食、月食的形成是由于阿修伦天王手指覆盖了天上的日月造成的。这些描述显然是一种很离奇的神话式说法，但其中反映的却是中国佛教对天文自然的浓厚兴趣和深刻思考。

2. 大量的宗教人员同时又是医学和天文学者

在相当长的历史时期内，医者、天文学者和宗教人员的身份十分混杂，存在着一人身兼多重角色的状况，著名的宗教人员往往同时又是闻名遐迩的神医或者天文学者。这种人员身份上的重合性，在一定程度上也反映了医学、天文学对中国宗教思想的辐射。

我们可以从史书中对各个时代的医学、天文学及宗教人物的记载情况来对这一现象进行了解。

道教方面我们以几个著名的道教人物华佗、孙思邈、葛洪和陶弘景为例来看这种道、医、天文学家身份的重合性。华佗对中国人来说，是一个家喻户晓的神医，对于他的神医身份我们就不做更多的说明了。但很多人可能并不知道，他同时也是一个道教中人。《后汉书·华佗传》云："华佗字元化，沛国谯人也，一名旉。游学徐土，兼通数经。晓养性之术，年且百岁而犹有壮容，时人以为仙。"② 显然，华佗很了解神仙养生之术，曾经在徐地游学，

① 《经律异相》，《大正藏》第53卷，第6页。
② 范晔撰，李贤等注：《后汉书》，第10册，第2736页。

并且通晓多种经书，特别是修身养性的方法，即使已经一百多岁了，还有着青壮年一样的外貌，当时的人都把他看做是一个仙人。而养性修仙正是道教的本行，可见华佗和道教有密不可分的关系，或者说他就是一个道术高明的神仙学者。

再来看孙思邈。孙氏有医书《千金药方》，他的神医身份和华佗几可齐名。《旧唐书》曰：“孙思邈，京兆华原人也。七岁就学，日诵千余言。弱冠，善谈庄、老及百家之说，兼好释典……周宣帝时，思邈以王室多故，乃隐居太白山。隋文帝辅政，征为国子博士，称疾不起。尝谓所亲曰：‘过五十年，当有圣人出，吾方助之以济人。’及太宗即位，召诣京师，嗟其容色甚少，谓曰：‘故知有道者诚可尊重，羡门、广成，岂虚言哉！’”① 从这段记述可知，孙氏不仅天资聪颖，知识渊博，从小就善谈庄老及百家之说，以养生之道著称。同时，他更能预知未来，行踪神秘，可谓是知道之士也。同书还载他的著述有：注《老子》、《庄子》，著《福禄论》3 卷、《摄生真录》及《枕中素书》等，更见其与道教之关系密切。《太平广记》则干脆直接将孙氏写入神仙传记之中。《道藏》中收有《孙真人千金方》、《孙真人摄养论》等书，亦将其看做道教中人。如进一步观其对医理的解读，则更见其医道相合的身份特点。在《摄养枕中方》中他说道：“夫身为神气之窟宅，神气若存，身康力健；神气若散，身乃谢焉。若欲存身，先安神气，即气为神母，神为气子，神气若俱，长生不死。”② 把身看做神气的载体，把神气作为身体存活的依据，神气存，则身体健康，反之则身体衰病，所以要养身存身，就要先养气安气，努力保持身神并存，则能长生不死。可见其对身体健康的解读是与道教的神仙观紧密联系的。

葛洪和陶弘景的情况和华佗、孙思邈类似，不过在医道之外，史料更有不少二人在天文学方面活动的记载。

《晋书·葛洪传》曰：“葛洪，字稚川，丹杨句容人也……尤好神仙导养之法。从祖玄，吴时学道得仙，号曰葛仙公，以其炼丹秘术授弟子郑隐。

---

① 刘昫等撰：《旧唐书》第 16 册，第 5094—5095 页。
② 张君房编，李永晟点校：《云笈七籖》卷 33，第 748 页。

洪就隐学，悉得其法焉……"① 该传记简略记述了葛洪从师葛仙公之徒郑隐学道的过程。同篇还说他著有《金匮药方》100 卷、《肘后要急方》4 卷等书，肯定了葛洪的医、道身份。《晋书》同时还有葛洪参与天文活动的记载："丹阳葛洪释之曰：'《浑天仪注》云：天如鸡子，地如鸡中黄，孤居于天内，天大而地小。天表里有水，天地各乘气而立，载水而行。周天三百六十五度四分度之一，又中分之，则半覆地上，半绕地下，故二十八宿半见半隐，天转如车毂之运也。'"② 这是在讨论关于天地星宿运行时，葛洪所说的一段话。他主要的思想取自张衡，认为天像一个鸡蛋，而地就像鸡蛋中的蛋黄一样居于天之内。天包裹着地，所以天大地小，天地乘气而确立各自的位置，依水而运行。整个天可以分为三百六十五度四分度之一，一半在地上，一半在地下，由于天地都是圆的，所以二十八星宿只能看到一半，另一半隐于地下，整个天体的运行就像车毂辘一样，按圆周转动。我们且不论这段话讲的是否科学有理，从这一记载我们可以肯定的是葛洪对天文学有很深的兴趣，并曾给予天文学极大的关注和深入的研究。

陶弘景是葛洪的一个崇拜者，根据史书的记载他是由于看到了葛洪的《神仙传》一书而迷恋上得道求仙之术的，并最终隐居方外，研医理，察天文，成为了一个著名的医生和道士。《南史》说他："性好著述，尚奇异，顾惜光景，老而弥笃。尤明阴阳五行、风角星算、山川地理、方圆产物、医术本草、著《帝代年历》，以算推知汉熹平三年丁丑冬至，加时在日中，而天实以乙亥冬至，加时在夜半，凡差三十八刻，是汉历后天二日十二刻也……又尝造浑天象，高三尺许，地居中央，天转而地不动，以机动之，悉与天相会。云：'修道所须，非止史官是用。'"③ 从这段史料来看，我们熟知的医生身份实在只是陶弘景学问之一小端，如按他在天文律历方面的造诣，将之称为一个古代天文学家亦毫不过分。

道教内部类似的情况还有很多，这里就不一一列举。与此相似的是，在佛教内部也存在着大同小异的情形，许多佛教界人士同时也从事医学和天文学活动。《高僧传》对早期来华僧人在医学和天文学造诣多有记述，如说安

---

① 房玄龄：《晋书》卷 72，第 6 册，中华书局 1974 年版，第 1911 页。
② 房玄龄：《晋书》卷 11，第 2 册，第 281 页。
③ 李延寿：《南史》第 6 册，第 1898 页。

清："刻意好学，外国典籍及七曜五行医方异术，乃至鸟兽之声，无不综达。"康僧会："笃至好学。明解三藏，博览六经，天文图纬，多所综涉，辩于枢机，颇属文翰。"鸠摩罗什"阴阳星算，莫不必尽，妙达吉凶，言若符契。"①

以后随着佛教的发展、流传及其中国化的完成，则形成了一大批中国本土的僧人医生和僧人天文学者。在医学方面如西晋的于法开，《高僧传》说他"祖述耆婆，妙通医法"②。曾以食疗配合针刺救治难产，并著《议论备豫方》1卷（已佚）。东晋的支法存著有《申苏方》5卷（已佚）。在《肘后方》、《外台秘要》等书中都辑录有支法存的存方。支法存尤善治脚气病，孙思邈在《备急千金药方》（简称《千金方》）中云："考诸经方，往往有脚弱之论，而古人少有此疾，自永嘉南渡，衣缨士人多有遭者。岭表江东有支法存、仰道人等，并留意经方，偏善斯术，晋朝仕望多获全济，莫不由此二公。"③讲的正是晋末永嘉南渡后，士人多为脚弱病所苦，幸有支法存、仰道人擅治此疾，才多得幸免的事。在《千金方》中，孙思邈对支法存的方子也多有引用。另外此处提及的仰道人亦是一位佛教中人，为岭南另一善治脚病的僧人。其他著名的佛教医家还有像唐朝少林寺僧人蔺道人，他著有《仙授理伤续断秘方》，又名《理伤续断方》，为我国现存最早的骨伤科专著；宋代的法坚，元代的普映等等，不一而足。

僧人在天文学方面的成就，则尤以唐代的一行大师最为出色。关于一行大师，《旧唐书》云：

> 僧一行，姓张氏，先名遂，魏州昌乐人……一行少聪敏，博览经史，尤精历象、阴阳、五行之学……武三思慕其学行，就请与结交，一行逃匿以避之。寻出家为僧，隐于嵩山……一行尤明著述，撰《大衍论》三卷，《摄调伏藏》十卷，《天一太一经》及《太一局遁甲经》、《释氏系录》各一卷。时《麟德历经》推步渐疏，勅一行考前代诸家历

---

①　慧皎撰，汤用彤校注：《高僧传》卷1、卷2，中华书局1992年版，第4、15、47页。
②　慧皎撰，汤用彤校注：《高僧传》卷4，第167页。
③　孙思邈：《备急千金要方》卷22，《道藏》第26册，第164页中。

法，改撰新历，又令率府长史梁令瓒等与工人创造黄道游仪，以考七曜行度，互相证明。于是一行推《周易》大衍之数，立衍以应之，故撰《开元大衍历经》。至十五年卒，年四十五，赐谥曰大慧禅师……初，一行从祖东台舍人太素，撰《后魏书》一百卷，其《天文志》未成，一行续而成之……①

　　这段记载囊括了一行禅师一生的主要经历和成就，除了在佛教上的造诣外，他在天文学方面的才能和贡献显得尤为突出。他同梁令瓒等共同创造黄道游仪，用以重新测定150多颗恒星的位置，并发起在全国12个地点进行天文观测。又根据南宫说等人的测量，推算出相当于子午线度的长度为129.22公里，是世界上第一个最精确的子午线纬线长度。同时他更撰述有多部天文书籍，如《天一太一经》、《大衍历经》等。他所制定的大衍历法是当时最先进的历法，在中国历史上，一致沿用到明末。正是由于他在天文学上的杰出贡献，人们将"小行星1972"命名为"一行小行星"。

二、古代医学、天文学对中国宗教思想辐射的原因

1. 历史同源性是我国古代医学、天文学对中国宗教思想辐射的根本原因

　　我国古代的医学、天文学和中国宗教都和"巫"文化有关。关于"巫"，许慎《说文解字》是这样解释的："巫，祝也。女能事无形，以舞降神者也。象人两袖舞形，与工同意。古者巫咸初作巫。"关于"工"，《说文解字》曰："工，巧饰也，象人有规矩，与巫同意。"把这两个解释放在一起，也许我们可以得出这样的结论，即"巫"是这样一类人，他们可以通过一定的舞蹈形式来与神沟通，同时他们似乎还操控一些器具，以维持人类群体的某种秩序。从字义来看，巫能通神，很显然和宗教信仰有关。从字形来看，他们操控着的器具很可能与医学或者天文有关，这个"工"字形的器具或者是医疗用，或者是观测天象用，并以此与神相通，了解天意，祈求神佑，保证自己族群人的健康和繁荣。

---

① 参见刘昫等撰：《旧唐书》卷191，第16册，第5111—5113页。

在《国语·楚语》中对巫有这样一段描述，或许能使我们更清楚地看到巫和医及天文的关系，书中这样说道：

> 古者民神不杂。民之精爽不携贰者，而又能齐肃衷正，其智能上下比义，其圣能光远宣朗，其明能光照之，其聪能听彻之，如是则明神降之，在男曰觋，在女曰巫。是使制神之处位次主，而为之牲器时服，而后使先圣之后之有光烈，而能知山川之号、高祖之主、宗庙之事、昭穆之世、齐敬之勤、礼节之宜、威仪之则、容貌之崇、忠信之质、禋洁之服，而敬恭明神者，以为之祝。使名姓之后，能知四时之生、牺牲之物、玉帛之类、采服之仪、彝器之量、次主之度、屏摄之位、坛场之所、上下之神、氏姓之出，而心率旧典者为之宗。于是乎有天地神民类物之官，是谓五官，各司其序，不相乱也。民是以能有忠信，神是以能有明德，民神异业，敬而不渎，故神降之嘉生，民以物享，祸灾不至，求用不匮。①

用现在的话来说就是：从前民和神是不相混杂的，人民中有些人聪明睿智、能够精神集中、专一不二，同时品性恭正，才智超群，因此他们能够与神相通，这样的人，男的叫觋，女的叫巫。由于能与神通，这些人进而制定神明的等级次第、尊卑先后、祭祀的位置，并规定祭祀用的牲畜、祭器和服饰，然后让先圣的后代中聪明并懂得祭司知识的人担任太祝。让那些有名家族的后代中懂得四季生长、祭祀以及姓氏出处等等的人担任宗伯。在此基础上建立掌管天、地、民、神、物的官员，这就是五官，各自主管它的职事，不相杂乱。百姓因此能讲忠信，神灵因此能有明德，民和神的事不相混同，谷物生长，没有祸乱灾害，财用充足。

在这段具体的描述中，恰恰可以印证前面我们从字形字义上的分析：其一，古代的巫出类拔萃，具有非常人的能力，最重要的就是通神，通神是通过形式隆重的祭祀活动进行的。其二，巫因有通神的超常能力，能感知神意，他们以此掌管祭祀以及国家官员的选拔，进而操控着整个古代社会的正

---

① 左丘明：《国语》，第559—562页。

常运转。从这个意义看，巫可能就是古代社会群体的最高或实际领导者。其三，最后一点也是最重要的一点，即巫掌控着古代社会的文化，包括祭祀制度、族群历史、生活常识等。正是从这些原始文化中发展出了后来的医学、天文学和宗教。如"能知四时之生"，这对于人类来说是非常重要的生活知识，而要"能知四时"，就要对天象进行观测，这其实就是最早的天文学。但古代对天象的观测除了知四时外，另外一个重要目的是祈福消灾，保佑自己族群平安，这样天文又与医疗联系在了一起。因此，"巫"所操的"工"，应该说就是一种原始的天文观测及医疗器具。他们在通神这样一种神秘的原始宗教氛围中，开始了人类早期的天文学和医学实践。

下面我们再来进一步分别讨论巫与医、天文及宗教的关系。

首先来看巫医同源性。从字源上看，"医"字原写做"毉、醫"，从"巫"，从"酉"。"酉"为酒。从字体结构上看，其意似为初民以酒疗病，而"酒"之初作，又恰为著名的巫师巫彭所为，也就是说巫彭应是古代最早的医生之一。而《医说》在追溯医的起源时也是这样认为的："《帝王世纪》曰：'黄帝使岐伯主典医籍，以疗众疾。'《说文》曰：'巫彭初作医。'《吕氏春秋》亦曰：'巫彭作医'。"①

《山海经·海内西经》云："开明东，有巫彭、巫抵、巫阳、巫履、巫凡、巫相，夹窫窳之尸，皆操不死之药以拒之。"这里所讲的"巫彭、巫抵、巫阳、巫履、巫凡、巫相"等，都是古代传说中有名的巫师，同时，他们又皆行医术。郭璞注云："皆神医也。"②《周礼》篇："男巫掌望祀、望衍、授号，旁招以茅。冬堂赠，无方无算。春招弭，以除疾病……"③ 此处引杜子春解释"堂赠"谓"逐疫也"，即无论是治邪气，还是除疾病，都是巫师分内职责。从这些记载中我们可以很清晰地看到，在我国古代，最初的医生就是巫师，巫师也就是医生，"巫"、"医"本为同类，只是随着历史的发展，人类对自然认识水平的提高，"巫"和"医"才逐渐分离，成为了两种职业。

---

① 张杲：《医说》卷2，《文渊阁四库全书》第742册，第38页。
② 郭璞注：《山海经》卷11，《文渊阁四库全书》第1042册，第65页。
③ 郑玄注、贾公彦疏：《周礼注疏》卷26，《文渊阁四库全书》第90册，第482页。

　　我们接下来看天文学与巫。"天文"一词，较早见于《周易》："观乎天文，以察时变。"其意本指"天象"。《易·系辞上》曰："天垂象，见吉凶。"可见最初先民观天象主要是为了由天象所兆预知人事吉凶，是一种类似今人所说的"占星术"。在我国古代文献中将这类人归到"天官"之列，由此命名更见其与神秘巫文化之关系。"天官"实际上是一些占星者，也就是巫师，因为占卜本来就是巫师所为。在这种带有神秘色彩的占星过程中，巫师势必要对天上的星辰运转进行观测，推算日、月及各大行星之运动规律与位置，而现在意义的天文学萌芽即在其中。

　　从文献记载来看也是如此，《史记·天官书》记录了一份最早的古代占星者，或者说是巫师，或者说是最早的天文学家："昔之传天数者：高辛之前，重、黎；于唐、虞，羲、和；有夏，昆吾；殷商，巫咸；周室，史佚、苌弘；于宋，子韦；郑则裨灶；在齐，甘公；楚，唐昧；赵，尹皋；魏，石申。"①

　　《汉书·律历志》根据古代传说叙述中国历算发明的历史时，也有类似的说法："历数之起上矣。传述颛顼命南正重司天，火正黎司地，其后三苗乱德，二官咸废，而闰余乖次，孟陬殄灭，摄提失方。尧复育重、黎之后，使纂其业，故《书》曰：'乃命羲、和，钦若昊天，历象日月星辰，敬授民时'。"②

　　在这两段较早的天文学历史文献中，都谈到了"重、黎"两个古老的掌管天文历法的家族，而这两个家族正是我国古代史书中赫赫有名的巫师家族。巫师家族世代掌管天官之职，一方面观天象预测吉凶，另一方面则制定律历，敬授民时，指导农业生产和人民的日常生活。这段历史可能有虚构的成分，但仍然清晰地反映了一点，就是天文律历的制定掌管，是古代巫的职责之一，这种职责中包含有神秘巫术的成分，但也蕴涵着现代天文学的科学性。

　　在《史记·日者列传》中也有一段记载，从中可以看出古代巫、医、天文学之间的密切关系："宋忠为中大夫，贾谊为博士，同日俱出洗沐，相从论议，诵易先王圣人之道术，究遍人情，相视而叹。贾谊曰：'吾闻古之圣人，不居朝廷，必在卜医之中。今吾已见三公九卿朝士大夫，皆可知矣。

　　① 司马迁：《史记·天官书》第 4 册，第 1343 页。
　　② 班固：《汉书》第 4 册，第 973 页。

试之卜数中以观采。'二人即同舆而之市，游于卜肆中。天新雨，道少人，司马季主闲坐，弟子三四人侍，方辩天地之道，日月之运，阴阳吉凶之本。二大夫再拜谒。司马季主视其状貌，如类有知者，即礼之，使弟子延之坐。坐定，司马季主复理前语，分别天地之终始，日月星辰之纪，差次仁义之际，列吉凶之符，语数千言，莫不顺理。"①

　　文中描写了宋忠和贾谊两位汉朝名士相约游卜肆，拜访卜者司马季主的前后过程。一开始，贾谊便说了圣人不在朝廷即在卜医之中的话，将卜与医相连而称。及二人到了卜肆，看到日者司马季主正与其弟子在辩天地之道、日月之运、阴阳吉凶之本。坐定后，司马季主与他们继续讨论了天地终始、日月星辰运行、吉凶之征兆等等问题。"日者"即为占卜之人，本为巫属，然其论则不离天地运行、日月星辰。可见三者之关系。

　　巫师的职责除了上面谈到的医病和察天文之外，最重要的是祭祀。中国古代的祭祀几乎是无所不包，我国文化在传统上具有多神、泛神倾向。在繁杂的祭祀过程中，一方面希图得到神之恩惠，一方面则在于序人之伦齿。这种对神、人的祭祀，可以说就是一种原始宗教，我国后来的道教就是由之发端而来。比如道教符箓派的祈禳、禁咒就直接起源于古代巫术。《周易·观·象》曰："观天之神道而四时不贰，圣人以神道设教而天下服矣。"这里所讲的"神道"和道教之"道"、儒教之"道"都有文化继承关系，"圣人神道设教"所采用的形式，最初就是各种各样的祭祀活动，而掌管者正是巫。

　　总之，中国古代医学、天文学和宗教一脉同源，都出自古代的巫师集团。在古老的"巫文化"里，医、天文和宗教找到了他们共同的源头，正是这种共源性，在以后的历史发展中，把医学、天文学和宗教思想紧紧地缩结在了一起，从本质上决定了医学、天文学对中国宗教辐射的可能性和必然性。

　　2. 文化内涵的一致性为医学、天文学对中国宗教思想产生辐射提供了思想通道

　　在传统中国文化中，阴阳、五行及天人合一思想具有基础性的地位，其

---

　　①　司马迁：《史记·日者列传》，第 10 册，第 3215—3216 页。

影响遍及所有中国文化类别，包括医学、天文学和中国宗教。这种文化内涵及理论基础的共通性，为二者的互动提供了思想通道。

最早体现阴阳观念的可能是《周易》这本书。《周易》分经和传两部分，经之部分形成较早，相传为伏羲、周公、文王次第画卦、重卦、系辞而成；传则为孔子所为。考其经部分并未有阴阳字出现，但观《易》之为书，其所画卦象却处处体现着阴阳的意味，至孔子作传，则明白指出一阴一阳的概念，并认为古圣人是在观察自然阴阳变化之基础上作《易》的。反过来理解，也就是说，自然万物无不是阴阳变化的结果，阴阳变化的不测之处则为"神"、为"道"。《周易》最早是巫者所用的卜筮之书，为定吉凶而行，《易》之为书在人们的社会生活中影响很大，这一情况从今天来看，仍可见一斑。因此，其书中所包含的阴阳观念广为流传并成为国人最基本的文化概念之一就不足为奇了。阴阳二字看似简单，却实质性地构建了中国人思维的整个模式，从古至今，中国人对任何事物的看法，无不受到阴阳观念的影响。中国的医学、天文学及宗教思想亦不例外，都是由此为基础而构建的。

关于阴阳、五行及天人合一观念在古代中国医学中的基础性地位，我们还以最古老的医书《黄帝内经》为例来阐释这一问题。前面我们谈到，《黄帝内经》目前最完备的一个注本是唐朝道士号为启玄子的王冰所撰，在他所注的序中，对《黄帝内经》这样描述："然而其文简，其意博，其理奥，其趣深。天地之象，分阴阳之候，列变化之由，表死生之兆。彰……不谋而遐迩自同，勿约而幽明斯契，稽其言，有征验之事不忒，诚可谓至道之宗，奉生之始矣。"①

王冰在这段话中盛赞了《内经》的经意旨趣，将其奉为"至道之宗，奉生之始"，这当然与其个人的道教信仰有关。同时他高度概括了该书的内容：把天地的变化分为阴和阳两种，并探寻这种变化的缘起，以说明天地阴阳与人体生死之间的关系。王冰对《内经》的研究应该是具有一定权威性的，他对《内经》的这几句描述也是客观和符合实际的，《内经》的医学理念正是建立在阴阳五行和天人合一的大背景之下。

在书的开篇《上古天真论篇第一》中，岐伯回答黄帝提出的为什么上

---

① 王冰注，林亿等校注：《重广补注黄帝内经素问原序》，《文渊阁四库全书》第733册，第6页。

古之人能百岁之后尚且劳作不衰老的问题时说到："上古之人其知道者，法于阴阳，和于术数……不妄作劳，故能形与神俱而尽终其天年，度百岁乃去。"① 在结尾处，黄帝论及上古之真人时说："余闻上古有真人者，提契天地，把握阴阳，呼吸精气，独立守神，肌肉若一，故能寿敝天地，无有终时，此其道生；中古之时有至人者，淳德全道，和于阴阳，调于四时，去世离俗，绩精全神，游行天地之间，视听八达之外，此盖益其寿命而强者也，亦归于真人；其次有圣人者……其次有贤人者，法则天地，象似日月，辩列星辰，逆从阴阳，分别四时，将从上古合同于道，亦可使益寿而有极时。"② 在《四气调神大论篇第二》中进一步明确说道："夫四时阴阳者，万物之根本也……阴阳四时者，万物之终始也，死生之本也，逆之则灾害生，从之则苛疾不起，是谓得道。"③ 这几段关于人如何能长寿甚至长生成仙的谈论中，都将人的生命健康和模仿天地阴阳之变、日月星辰之运相结合，其背后深藏的正是"天人合一"的思想，而这种思想贯穿了《黄帝内经》始终。

《黄帝内经》作为中国古代医学的一部奠基性著作，一方面反映了上古时期我国医学的面貌，同时，作为中国医学最基本的典籍之一，也是历代试图学医者的必读书籍。因此，此书中的基本理念，一方面让我们了解到在上古时期，先人就把人体的生息与天地阴阳变化相结合，形成了独特的天、地、人合一的医学理论，同时作为奠基性医学论著，其对我国后世医学理论的决定性影响也不可忽视。这种源头上的理论追溯，让我们再一次清晰地看到古代医学、天文学和宗教的关系。

在这段对医学基础理论的追寻中，我们同样看到了中国宗教基本的理论根基。中国宗教特别是道教的得道、长寿、成仙思想，不仅在典籍中和医学出现重合性，在思想上亦是如此，在前面所举的例子中，也都同样适合于中国宗教。把修行与天地阴阳相联系，其理论出发点与医学完全一致。

而中国天文学便是在这种宗教和医学双重氛围中萌生的，它在最初并非为了纯粹客观的自然探索，它的目的就是为了人事。因此，不仅在从职人员

---

① 王冰注，林亿等校注：《黄帝内经素问》卷 1，《文渊阁四库全书》第 733 册，第 9 页。
② 王冰注，林亿等校注：《黄帝内经素问》卷 1，《文渊阁四库全书》第 733 册，第 11 页。
③ 王冰注，林亿等校注：《黄帝内经素问》卷 1，《文渊阁四库全书》第 733 册，第 14—15 页。

和典籍上表现为混杂性，在基本理论上也是相通共有，都共享着阴阳五行、天人合一这样的基本理论。如此一来，中国医学、天文学和中国宗教思想就不仅表现为外在的一种历史同源，同时它们得以构建的基本理论基础更具有深层次的一致性，这就为它们之间的辐射提供了一个话语平台和思想通道，最终使三者之间的交融成为现实。

3. 中国宗教自身的发展需求是医学、天文学得以对其辐射的内在原因

从前文我们知道了中国医学、天文学和宗教在产生上具有先天同源性，在理论上具有文化内涵一致性，这些可以说决定了二者在后天必然要紧密联系，相互渗透。但若从中国宗教方面来看的话，其自身发展的客观需求才是医学、天文学对其辐射的根本原因，或者说中国宗教其实是一直主动在吸收医学、天文学的东西，只是从外在看起来是医学、天文学对其辐射而已。

宗教对医学和天文学的主动吸收和研究首先是进行教义宣传，获得信众支持，求得自身生存发展的需要。在古代，医疗卫生和科技条件都很差。战乱荒年之外，疾病和大规模的瘟疫往往成为人生不可预测的大灾难，给世人带来心灵和肉体的双重苦难。在这种情况下，宗教在传播自身教义的过程中要获取更多的信众支持，高超的医技，能知往察来、占卜吉凶的神通，就成为一种较为理想的方式。历史上有很多宗教人物以神奇医技救人，以知往察来的神通告诫众人以免灾难的故事，这些故事在宣扬某些宗教人物奇妙高明的同时，也一并神话了该种宗教，并借此获得更多的信众。因此，无论是道教、佛教还是后来传入的伊斯兰教等，在创教之初都有以医弘道、以占卜的神通传道的传统。如道教初创时张角就采用这种方式吸引百姓入道。《后汉书》云："初，巨鹿张角自称'大贤良师'，奉事黄老道，畜养弟子，跪拜首过，符水咒说以疗病，病者颇愈，百姓信向之。"[①] 而佛教在初入中国时，来华的僧人也多以医术或某种神通示人，特别是占星术，以取信于民。像前文谈到的初期来华僧人安清、康僧会、鸠摩罗什等，都在掌握佛法之外，更能懂医术，识天文，他们所识的天文更多的应该说是占星术。以后，随着宗教的传播，这种以医传道、弘道的传统被继续保存并加以发展。如道教关于《太平经》的传授故事就是如此，《太平经复文序》云："干君初得恶疾，殆

---

① 范晔撰，李贤等注：《后汉书》第 8 册，第 2299 页。

将不救，诣帛和求医。帛君告曰，吾传汝《太平本文》……普传于天下，授有德之君，致太平，不但疾愈，兼而度世。干吉授教，究极精义，敷演成教……"① 此处所讲未必完全合乎历史事实，但是其所反映的因病求道、以病授教、传教治病的宗教传播方式却应该是有据的。而这种宗教自身传播的客观需要无疑在很大程度上刺激了教界人士对医学知识和天文历法进行研究学习。

其次，中国宗教对医学、天文学进行研习的原因是宗教修行的需要，这种需要使得宗教界人士为了达到修行目的而不得不主动钻研医学和天文学，从根本上决定了中国宗教对医学、天文学辐射的积极合作态度。

以道教来说，该教以长生求仙为宗教修行目的，其成仙模式经过了几个不同的历史阶段，在秦汉时期主要以寻找天然长生不老药为通向仙境的阶梯。但经过无数次失败的寻求之后，道教徒开始对此产生怀疑。魏晋南北朝后，开始形成新的外炼成仙模式，即以服食人工炼制的金丹大药为主，希图借助金丹永不败朽的物理特性，将之赋予人身以达到羽化登仙的目的。在这一成仙模式的诱导下，道教徒进行了大量的矿物质烧炼实验，而在进行药物烧炼过程中则不仅需要掌握火候以及各种原材料的特性，更要注意烧炼与天地时辰的相合，以得天地之灵气，助药物之效力。因此，道教徒在研究矿物、药草特性的同时，精研天文，以期与天地相合，获得炼丹的最终成功。然而，随着服食丹药而至人死命事件的频繁出现，道教修仙又于隋唐以后逐渐转为内修为主，这样又产生了道教内丹术。内丹修炼讲究呼吸吐纳，同时对日常养生尤其注意，这样就又促进了道教气功和道教日常养生文化的发展。从对道教追求修炼成仙途径大概发展过程的这个描述，我们可以清楚地看到道教徒对医学和天文学的探究实际上直接受制于宗教修行，甚至可以说几乎完全是在宗教修行需要的指导下进行的。

从佛教来看，佛教比之道教从一开始就更注重对人心的观视，佛教徒更多的时间都在坐禅内修。坐禅内观中，为了净化思虑，获得内心的平静，佛教徒常采用数息或者观想的方法，这样则发展出了佛教的气功，而长时间的坐禅往往造成人的肢体僵硬和血脉不通，因此，在佛教禅修中逐渐形成了一

---

① 王明：《太平经合校》，第 744 页。

套健身方法。同时禅修会消耗大量心神，使人精力衰弱，针对这种情况，集中禅修期间，寺院有专门的配食师对禅修者进行饮食搭配，以保证人体健康，这无疑促进了佛教养生及营养学的发展。如果我们再看看闻名中外的少林寺所独领风骚的医学特技，则更能说明这个问题。少林寺以武学传统特别见长于其他寺院，在医学上，就特以伤科方面的贡献为多。少林医学以传统中医经络气血传输为理论基础，以经络、穴道、脏腑、部位为辨伤依据；在施治上，则投以独具风格的少林寺秘传内外损伤方、点穴疗法和正骨、理筋、夹缚、气功、功能锻炼等治疗和康复医术，从而形成了一个完整的少林伤科体系，著名的《达磨易筋经》和《达磨洗髓经》都出自少林寺。

　　在天文学方面，佛教略不同于道教，它没有返璞归真，逆修以与天地合，希图求仙长生的宗教理想，也不会在这种宗理想的指导下进行孜孜不倦的天文学追求。甚至在早期佛教的教义中有禁止教徒进行天文考究的经文。然观佛经中对天文的广泛关注和记述，其对天文的兴趣丝毫不亚于道教，究其原因，其实仍然是佛教自身构建宗教体系及教徒修行的客观要求。佛经中大量的天文记述其终极目的并非如现代天文学一样是为了探究宇宙规律，这一点和道教类似，但和道教观天文为了得窥天道、以助修炼成仙的目的大相径庭的是，佛教经典中大量的天文论述主要是为了阐释其生死轮回、四大皆空教义的真实有效。如《佛说大般泥洹经》云："复次善男子，如罗睺阿修罗捉日月时，其诸众生，谓彼蚀月；彼舍月已，谓为吐月。彼障月光，世间不现，便作蚀想……然其彼月，若隐若显，实无增损。如来应供等正觉，亦复如是……是故如来法身真，实无有损坏。"[①] 此处讲月食是由于罗睺阿修罗游戏日月所形成，其意却以此为喻以说明如来法身如同日月食一样，不过是世人因为种种原因未见其全，而日月并无增损，如来法身也并无损坏。除了帮助阐释教义之外，佛教徒对天文历法的学习也有帮助修行的目的。佛教在印度曾有一段时间明令禁止弟子学习医术和天文历法，但是结果却造成很多佛教徒因为不明天文历法，修行时出现了连日子都搞不清楚的情况。另外佛教还有过午不食等等的戒律，这些都需要准确地弄清楚时辰。后来为了解决这个问题，就指定佛教徒中的上座等首领可以学习天文历算，以

---

① 《佛说大般泥洹经》，《大正藏》第 12 卷，第 890 页。

便分辨日期时辰，更好地遵守教义戒律以帮助修行。佛教进入中国是与婆罗门教结合之后，此时的佛教已经是兼容并蓄了，而婆罗门教在印度即以占星术和医术见长，因此，佛教是携带着医术和占星术的知识以及研究传统一起进入中原的。

正是基于以上这些原因，中国宗教基本上都有济世救人、行善除恶的教义，从经文典籍方面对教内外人士从事医学、天文学活动予以肯定和鼓励。如上文引述的《太平经》就谈到"兼而度世"的问题，度世致太平可以说是道教的最高或者说终极教义要求，下医治病，上医治国。佛教更是讲要普度众生，解一切苦厄。同时佛教也有类似于道教"下医治病，上医治国"的教义。如前文谈到的《佛说医喻经》，就不仅谈到医现实病痛的良医要求，更以此为引子，谈"无上法药"对众生断除生法，离苦得乐的重要性。① 因此修行医术，治疗病患，解人间疾苦，无论是道教还是佛教，都是教义中度化众生的一个基本的底线要求。同时，佛、道教还在经书中进行治病救人或者传播经书则能得受福报的教化宣传。如《药师如来念诵仪轨》经曰："是法印咒能灭一切苦恼，若有人等，多诸罪障，及诸妇女，愿欲转祸，依教作药师像一躯，写《药师经》一卷……又转《药师经》四十九卷，所有罪障皆得解脱，寿命延长不遇横苦，即得安稳，鬼神之病，并即除愈。"② 把除病降魔与传播《药师经》文联系起来。而道教中的全真教派则更是直接将通晓医理作为对教内信徒的一个要求而写入教规。如《重阳立教十五论》云："药者，乃山川之秀气，草木之精华……肯精学者，活人之性命；若盲医者，损人之形体。学道之人，不可不通。若不通者，无以助道。"③ 这类宗教教义对医药等的重视和要求，在客观上都诱导教内外人士直接或间接参与到医学实践或医书及天文学书籍传播活动中，从而促进宗教、医学、天文学的发展。综上所述，可以说正是实际需要最终决定了医学、天文学对中国宗教的辐射。

---

① 参见《佛说医喻经》，《大正藏》第4卷，第802页。
② 《药师如来念诵仪轨》，《大正藏》第19卷，第29—30页。
③ 《道藏》第32册，第153页。

三、结语

医学、天文学对中国宗教的辐射，既推动了中国宗教的发展，也丰富和发展了我国的医学和天文学。正是由于医学和天文学对宗教的这种辐射，形成了道教医学、佛教医学等中医重要分支，这些教门中人对医学的探索研究，从各个方面丰富了传统医学，如我们本文所讲到的经络学、药方学、气功、传统养生学等等，同时还推进了我国自然科学的发展，如道教对化学的推进。教界中人所进行的医疗天文活动使大量宝贵的医学、天文学知识得以保存并流传后世。比如道教对大量中医药方剂的保存，佛教经典对大量印度原始天文学资料的保存，等等，① 这些都为今天的医学和天文学研究提供了宝贵的资料。同时，在医学实践中，还解救了众多人民的疾苦，极大地提高了我国人民的身体健康水平。在天文探索方面，因为天文研究在我国长期的封建历史上具有沟通天人、传达天命的政治意义，一直以来，天文研究都是为皇家垄断，民间在宋及宋代之前只允许修习历法，不准私窥天文，否则是要被治以重罪的，明以后则连历法也不准再私自修习了，这种政治禁令对于天文学的发展可以说是非常不利的，而宗教界因为修行的客观需要所进行的天文探索无疑在很大程度上帮助了天文学的发展。

正是由于不同文化、同种文化中不同派别和学科间的交融互补，才使得中华文化绚烂多彩，历千年而尤荣，医学、天文学与中国宗教的这种融通，同样在繁荣了自身的同时，也为整个华夏文明的繁荣昌盛作了自己的贡献。

第三节　民间信仰与占卜命相术对
中国宗教思想发展的作用

提起中国的神灵信仰，若仅仅谈及道教、佛教、民间宗教以及后来传入的基督教、伊斯兰教等系统宗教，是远远不够的。因为在中国，还活跃着一种很特殊的信仰方式，这就是广泛存在于民间、有别于宗教却又与宗教有着千丝万缕关系的民间信仰。

---

① 因为这些佛经的母本在印度早已失传了，现在的汉译本则成为最早的版本。

所谓民间信仰，指的是在特定社会经济文化背景下产生的以鬼神信仰和崇拜为核心的民间文化现象。它不属于宗教，因为它不具备宗教的主体要素，然而，它在中国民众中的影响却不逊色于正统宗教。

民间信仰与宗教的关系主要体现在：一方面，民间信仰为宗教提供原材料，并扩大宗教在民间的传播；另一方面，各种宗教反过来又补充、丰富着民间信仰。民间信仰虽不具备宗教那样的在神灵信仰、仪式、教义、组织等方面的完整性，但却极大地影响了中国宗教在这些方面的形成和发展，使中国宗教思想在不断发展、不断丰富的过程中呈现出多神性、功利性、世俗性等特点。

一、民间信仰促使中国宗教思想呈现出多神化特征

在中国，神灵崇拜的历史相当久远。自然崇拜、图腾崇拜、鬼魂崇拜、祖先崇拜等很早便进入了古人的视野。《礼记·祭法》云："山林川谷丘陵，能出云，为风雨，见怪物，皆曰神。"这是古人多神信仰的生动刻画。古人不仅崇拜自然物，如日、月、风、雨、雷、电、树木、鸟兽等，还随着其自我意识的完善及生活阅历的丰富，逐渐地从单纯的自然物崇拜过渡到对具有人格化和社会职能等属性的神灵的崇拜。人格神的出现，使道教追求得道成仙的愿望成为可能。

对中国土生土长的道教而言，得道成仙是其最根本的教义及宗旨。离了神仙信仰，道教便成了无源之水、无根之木。道教的神仙，首先来源于中国传统的民间信仰。道教在中国传统文化的沃土中，形成了一个十分庞杂、但又秩序井然的神仙系统。道教的神仙可分为天上尊神、地下阎王及人间神仙等几部分。道教对"天"的认识有"九天说"及"三十六天说"等模式。基于"九天说"，道教有"九天上帝"、"九天真王"或"九天九王"等神，《三洞道士居山修炼科》还对"九天"之王的不同功能作出了区分：东方木王主温生万物，南方火王主热养万物，西方金王主凉成万物，北方水王主寒杀万物，中央土王主风，西北高天主清，东南元天主气，西南凉天主阴，东北皇天主政。①"三十六天说"产生后，道教的天神系统就更加庞大了。道

---

① 参见《三洞道士居山修炼科》，《道藏》第32册，第586页。

教认为"三十六天"之内各有一位主神。而各主神旁边又各有臣僚。此外，天空中的日月星辰等物体也被道教用来配置各种神灵，如日中有"日宫太丹炎光郁明太阳帝君"，月中有"月宫黄华素曜元精圣后太阴元君"，各个星辰上也各有神灵。而道教的地下诸神，与"九地"、"三十六音"相配套的，也相当壮观。至于道教的人间神仙，就更不用说了。不仅五方六国、十洲三岛、十大洞天、三十六小洞天、七十二福地，各有"仙官"，人间也不断有新神产生。如孔子、颜回便被陶弘景纳入《真灵位业图》，关羽也被道教封为"三界伏魔大帝神威远震天尊"等。① 可见，道教的神灵系统是相当烦冗且十分开放的。

道教不断扩大的神灵体系，渊源于中国古代民间的多神信仰。细观道教的神灵谱系，有不少神仙直接来源于古代的神。如道教所崇拜的各种星神便来源于《礼记·曲礼》记载的对四方二十八宿星神的崇拜。中国古代所崇奉的东王公、西王母等也被道教进一步神化为道教的神仙领袖等。除此以外，中国古代民间的造神技巧也被道教所继承。中国古时候，便有把伏羲、神农、黄帝等奉为神灵的经历，道教产生以后，这种现象就更为普遍了。不仅是功臣名将、道德高尚的人，甚至一些死于非命的孤魂野鬼也被当成神灵，享受人间的崇奉。可以说，民间不断地为道教提供养料，是道教源源不断的资料来源。

佛教也是如此。佛教虽是外来宗教，但进入中国以后，很快便开始了其中国化进程。正如道教一样，佛教也从中国传统民间信仰中吸收养料，走与中国传统信仰相适应的道路。印度大小乘佛教均传入中国，但在中国，比较受欢迎的是大乘佛教，原因是大乘佛教认为有无数佛，这符合了中国传统的信仰模式，容易为中国民众所接受。佛教进入中国以后，其神佛队伍不断扩大。佛陀、菩萨、罗汉都是神仙，自不待说，人也可以成佛。佛教在中国民间信仰的基础上，产生了形形色色的佛教俗神。如在民间广有香火、备受欢迎的关羽，不仅大受道教青睐，佛教也对其伸出橄榄枝。佛教把他列为护法伽蓝神之一。董侹在《重修玉泉关庙记》云，关羽曾在荆南玉泉寺显灵，

---

① 参见卿希泰、詹石窗主编：《道教文化新典》，上海文艺出版社 1999 年版，第 79—85 页。

被自天台赶来的智者大师所济度，遂成为佛教神祇。[①] 把民间流行的神祇转化为佛教神灵，这自然加强了外来的佛教在民众当中的亲和力。而佛教自有的观音菩萨，传入中国以后，也作出了适应中国民众宗教信仰心理的改变。不仅观音性别发生了变化，由男变女，还增加了形形色色具有中国特色的化身，如水月观音、鱼篮观音、白衣观音、送子观音和观音老母等。不同的观音化身还具有不同的传说故事，有些故事也是完全中国化的。此外，观音的道场也从南印度洋转移到了中国浙江的普陀山。中国人以自己的传统信仰实践为基础，改造着外来的佛教。中国的民间信仰，加剧了佛教的世俗化和民间化。

而活跃于社会中的民间宗教，更是离不开广泛流行于民众当中的民间信仰。民间宗教与民间信仰的关系极为密切，以至于不少人往往把二者混为一谈。事实上，民间信仰不同于民间宗教。民间宗教具备了宗教的要素，与民间信仰相比更有组织性和系统性。民间宗教与佛、道也有一定的关系，有不少民间宗教自称是佛教或道教的一个分支教派，也有佛教、道教教派失势后流入民间而成为民间宗教的。由于与民间信仰具有共同的活动空间及受众队伍，民间宗教根本无法脱离民间信仰的影响，民间信仰在民众精神生活中长期流传所形成的深厚的积淀无疑为民间宗教的产生、发展提供了肥沃的土壤。如为许多民间宗教所共同信仰的"无生老母"，其身上便有中国古代神话传说中西王母的影子。由于受传统民间信仰的浸染，再加上佛、道两教的影响，民间宗教所信奉的神灵不仅数量众多，而且来源复杂。如一贯道便同时信奉着不同宗教的神：无生老母、弥勒、关帝、吕祖、观音、孔子、老子、释迦佛、耶稣、穆罕默德、李铁拐、何仙姑等，不但包括儒佛道，还混有伊斯兰教、基督教的神。中国传统的多神化特征同样体现在民间宗教之中。

基督教虽为一神教，但它传入中国以后，其所信仰的上帝往往只是被看做是众多神灵中的一个，不少信徒为突出基督教的地位，常常说上帝是"最大的神"，这显然没有把握"一神"的真正含义，明显是受传统宗教思

---

① 参见严耀中：《佛教形态的演变与中国社会》，《上海师范大学学报》（哲学社会科学版）2001年第2期。

维的影响。不少中国基督教信徒在信仰上帝的同时，对道教、佛教、民间的神祇也并不排斥。这种宗教宽容性便源于中国长期的多神信仰。而中国的民间信仰，更是基督教在中国民间传播的一个温床，萧志恬在《当代宗教问题的思考》中曾说："广大群众中普遍存在的鬼神观念是基督教发展的沃土。"① 这在基督教传入中国之初及目前中国基督教徒仍是"农村多，文盲多"的现状下，显然是具有一定道理的。

中国历来主张多神信仰，这与中国与生俱来的信仰习惯是分不开的。从原始的"万物有灵"观，到各种各样的民间信仰，都影响着后来产生的中国宗教的多神化倾向。宗教产生后，在宗教与民间信仰的相互影响下，这种倾向被强化了，并最终成为中国宗教思想发展的一个重要特征。

二、民间信仰使中国宗教思想蒙上功利性及世俗性色彩

民间信仰的功利性特征是有目共睹的。只要有需求，什么神都可以创造出来。民国《龙岩县志》云："南人好鬼，振古如兹。石或称公，树或能灵。泥塑皂隶，更呼爷爷。疾病掉臂医门，乞灵木偶。"② 可见，在民众心里，只要是有功于民众或能够造福于民众的东西，不管它是何种生物，都可以成为神。不仅南人如此，处处皆然。这便是中国的神灵队伍为什么会如此五花八门、庞杂烦冗的原因了。而这些民众自己所创造的神灵，其受欢迎的程度也是不同的。在民间，最受欢迎的神灵往往不是那些处于谱系顶层的神仙，而是与民众生活、生产息息相关的，或者是那些据说十分"灵验"的神。尽管如此，这些神受欢迎的程度也不是一成不变的。民众对自己所信仰的神灵所表现出来的态度是相当功利的。当民众认为某一神灵"灵验"时，会不惜花费重金为其塑金身、请戏班。反之，当发现它似乎不再灵验时，民众也会毫不犹豫地抛弃它，甚至想方设法折磨它、凌辱它。在不少地方，发生大旱时，在祈雨无效的情况下，人们往往会怪罪于神灵，会把神像置于炎炎烈日之下，使它尝尝烈日下暴晒的痛苦。甚至有些地方还会"毒河"，即毒死河中之鱼，以此来惩罚龙王，逼其降雨。这应该是中国神灵信仰中比较

---

① 萧志恬：《当代宗教问题的思考》，上海市社会科学学会1994年，第164页。
② 参见民国《龙岩县志》卷21《礼俗志》。

富有特色的地方吧。

佛、道两教兴起后，基本上也受到民间信仰的这种功利原则的影响。对一些知识分子而言，他们或许会去探讨宗教的教义，会去琢磨宗教的思维方式，然而，对普通大众而言，他们往往更关心宗教到底能给自己带来什么好处。因此，为了争取信众，也为了自己的长期生存和壮大，佛、道两教往往也只能选择投其所好。不仅把民间流行的神祇编入自己的神灵谱系，还竭力把本派神灵的功能无限扩大化，并努力宣扬其"灵验"性。在佛、道两教中，比较受欢迎的神灵往往是全能型的。如关羽，既是忠勇仁义的典型，又是武圣人、三界伏魔大帝、商界的财神，还能保佑文人学者应举高中。而福建流行的瘟神，其开始只能取缔疫鬼、消除瘟疫，到后来竟成了海神、医神、保境安民之神，到最后甚至成了"万能之神"，这种职能的转变不能不令人诧异。然而，如果从吸引各行各业的信众这一目的出发来考虑，这种现象其实是不难理解的。在佛教中也一样，佛教最受欢迎的神祇应该是观音，因为观音有慈悲之心，能观尽天下一切不平之音，而且化身极多，能穿越于不同时空拔苦救难、扶危解困、普度众生。佛、道两教的功利色彩是由中国民众长期以来形成的信仰心理所造成的。

基督教，作为近年来在中国发展比较迅速的宗教，也被蒙上了这种功利性色彩。基督教信徒在中国有"老人多、妇女多、文盲多"的特点。其中不少人往往是因为有了病痛，或者生活不如意，或者出于学习了解异域文化的目的而皈依上帝的，他们的信仰中也浸染着功利性。对于广大底层的信徒而言，基督教不仅是他们艰难贫困生活中的唯一依托，是他们祈求平安、祈求衣食、消灾祛病的唯一方式，更是改善其自身处境的唯一希望。[①] 他们像以往拜菩萨那样去敬拜上帝，其中的功利性自是不言而喻。

宗教的功利性，也引发了宗教的世俗化。宗教的世俗化，主要体现在其接引方式的简便化及宗教仪式的利益化。道士、和尚，为了名利或为了弘教，往来于权贵之间的大有人在；在接引方式上，不少教派也纷纷简化自身的程序，以适应民众的要求。例如佛教的净土宗，便提倡"念佛即可往

---

① 参见高师宁《当代中国民间信仰对基督教的影响》，《浙江学刊》2005 年第 2 期。参阅邓肇明《承受与持守：中国大地的福音火炬》，基督教中国宗教文化研究社 1998 年版。

生"，只要声声念佛，便可以得救，往生西方极乐世界。如此简单的程序，便能获得如此巨大的回报，当然心动者也就多了。禅宗出现后，也提倡行立坐卧均是修行，反对坐禅及执著于经典。这些世俗化的修行方法，明显受到中国传统民间信仰习惯的影响。

中国宗教的世俗性更多地表现在其为民众消灾祈福的仪式上。道教、佛教经常会举行各种各样的斋醮仪式和道场法会。其所祈禳的事项包括生日、治病、消灾、祈雨、应举、求子、安宅、延生、修道求仙、济度亡灵等，都是与民众切身利益息息相关的事情。正因为如此，这些仪式大大加深了民众对宗教的依赖，扩大了宗教的影响，也增加了寺庙的经济来源。这些仪式的长期存在，正是宗教与民俗相结合后所产生的必然结果。

宗教仪式的产生并非一朝一夕。这些仪式虽经历代高僧名道屡次修订而成，然其最根本的来源还是在民间。早在道教、佛教产生之前，中国民间便流传着形形色色的原始巫术。禁忌、卜筮、巫术等已经很盛行了，祈雨、驱邪、求子等活动，也经常出现。古人正是凭借着巫术，来实现人与神之间的沟通，以求得神灵的庇佑。在长期的信仰实践中，古人逐渐积累了许多祭祀和娱神仪式，这些仪式积淀下来，为后来道教、佛教科仪的产生提供了良好的素材。道教产生后，这些原始民间巫术便很自然地融入道教仪式之中。唐大潮在《道教科仪与中国古老宗教仪式》一文中便提到，道教的科仪与古代日月星辰、风云雷雪等的祭祀仪式，与土地山河、农业神、鬼魂祭祀等的祭祀仪式有关。道教的仪式是古人神灵信仰仪式的继续与完善。同样，这些仪式也流入了佛教，佛教徒中进行占卜、抽签、祈雨、禳灾、佑福的现象也相当普遍。僧侣为人作法、诵经、超度亡灵、收惊、打鬼、捉妖等也屡见不鲜。可以说，无论从形式上还是内容上，佛教都已明显地走向了民间化、世俗化。传统民间巫术透过佛教、道教对民众产生着很大的影响。

基督教在中国的世俗性也相当明显。法国著名的汉学家谢和耐在《中国与基督教》一文中便指出，明末清初中国下层民众往往把"中国的传统和行为，移植到基督教的圣性和神圣事物方面去"。下层民众入教后，仍然保持着中国的传统信仰心态。他们自己订下的许多规矩也是以民间信仰为准则的。例如，规定某一天为禁食日，在那一天不能杀鸡，妇女不能梳头；有的地方规定妇女月经期间不准读经，不能进教堂，不能领圣餐；不准用黄颜色的东西，认为黄色不吉祥；不能在非信徒家中吃饭，认为那是不洁之物等等。① 在这里，我们可以看到中国传统禁忌及民间信仰的影子。

三、民间信仰曾影响了中国宗教的组织建设

分散性，是民间信仰的特征之一。民间信仰本身缺乏严密而系统的组织，然而，这并不影响其对宗教组织建设所作的贡献。其对中国宗教组织上的影响，主要体现在对教徒来源以及教团组织方面。

举道教为例，其教徒的形成及组织的建立，便与民间信仰有很深的渊源。早在春秋战国时期，便出现了方士。方士，正是道教的先驱，其脱胎于古代的巫祝，是古代人神关系的沟通者。他们作为道士的前身，为道教的形成提供了骨干队伍。而民间流行的巫鬼道，也为五斗米道的产生准备了条件。秦汉时期，巫鬼道盛行于民间，巫觋以巫术在民间进行治病、祈福等活动，发展巫鬼道徒。胡孚琛、吕锡琛的《道学通论》载："巫鬼道本是古代原始宗教的遗存，它和民间俗神信仰、家族祭祀、禳灾却祸、请神疗病、送葬求雨等民俗活动密切结合，在社会上根深蒂固。"② 这股势力在巴蜀地区尤为强大。张陵进巴蜀传道时，便与巴蜀地区流行的巫鬼道发生冲突。据道书载，张陵以道法降服八部鬼帅、六大魔王，迫使巫觋归顺天师道，使天师道在巴蜀扎下了根。张陵、张衡死后，张修掌握教权，将天师道的教法与巫鬼道相结合，简化为五斗米道。五斗米道以巫鬼道为基础，道官称"鬼吏"，道徒称"鬼卒"，亦被称为米巫、米贼。"实际上，早期道教就是在改造民间巫鬼道的基础上发展起来的。"③ 由此可见早期民间信仰对道教的影响。

佛教初传入中国时，也是依附于中国传统的神仙信仰及黄老崇拜的。《四十二章经》云："阿罗汉者，能飞行变化，旷劫寿命，住动天地。"可见，在汉代人头脑中，佛教之神与中国古代的神仙并无两样。对中国传统信仰的依附，使得外来的佛教在中国民众中具有了亲和力，有利于佛教信徒队

① 参见梁家麟：《改革开放以来的中国农村教会》，香港建道神学院1999年版，第226、418页。

② 胡孚琛、吕锡琛：《道学通论》，社会科学文献出版社1999年版，第274页。

③ 胡孚琛、吕锡琛：《道学通论》，第275页。

伍的扩大，大大加快了佛教早期在中国的传播。

而对于形形色色的民间宗教而言，民间信仰对其组织建设所作的贡献更是不容忽视。正是共同的信仰，才使得各行各业、各个地方的人能够走到一起，为共同的目标而奋斗。成员间相似的生活经历或不幸遭遇，往往是民间宗教组织成立和壮大的根源，然而，共同的信仰却提供了旗帜。有了共同的旗帜，凝聚力便在一定程度上增强了。由于民间宗教的成员大部分文化素质不是很高，其共同的信仰也往往取材于民间，与民间信仰有关。民间宗教所信奉的神祇，很多便是由民间信仰、道教、佛教中的神灵杂糅而成。如许多民间宗教所共同信奉的最高女神无生老母，便是中国古代传说中的西王母与佛教的观世音变相组合而成。民间宗教还继承了民间信仰的造神技术，造出了许许多多有中国特色的神，包括把其教主上升为神灵等。庞杂的神灵信仰结合一些神秘的仪式，是这些民间宗教吸引信众、扩大规模的有利因素。

四、民间信仰充实了中国宗教的教义思想

事实上，神灵信仰、宗教仪式、组织原则，从广义上也可以说是宗教教义所涉及的内容。关于这些内容与民间信仰的关系，前面已有详细的论述。由于宗教教义所涉及的方面十分广，因此，民间信仰对宗教教义思想的影响，远不是上面这几个方面的论述所能穷尽的。民间信仰对教义的影响，还可以从传统禁忌与宗教戒律的关系、传统伦理与宗教伦理的关系等方面来进行探讨。这些内容在前面几章已有涉及，因此这里便不再赘述了。总而言之，民间信仰在宣传宗教教义的同时，也在解析着这些教义，使其变得更加简单易懂，更加为民众所喜闻乐见，增加了其在民间传播的亲和力。

民间信仰影响了中国宗教思想，同样，宗教也反过来回馈了民间信仰。借着宗教，民间信仰提高了它的影响力和知名度，加快了它的传播速度。同样，宗教在教义思想上的成就也远在民间信仰之上，这些教义被民间信仰吸收后，大大地丰富了民间信仰本身的内容，有利于民间信仰的发展与完善。如佛教的轮回转世、因果报应，儒教的伦理道德，基督教的天堂地狱说等，便为民间信仰提供了很好的材料。因此，对民间信仰与宗教，与其说谁影响了谁，毋宁说两者在长期的共存中，相互借鉴，相互融合，甚至在相互矛盾中达到相互补充。两者在更大的程度上是共生共荣、不可分割的。

前面已谈到占卜，由于占卜在中国信仰史上、宗教史上都具有十分重要的地位，它不仅影响了中国民间信仰、宗教的发展，其本身也是中国民间信仰、宗教的重要组成部分，因此有必要对其进行单独论述。

提起占卜，人们往往会想起"命相术"。在中国，"占卜"与"命相术"往往被人们相提并论，那么，何为占卜？何为命相术？占卜二字，早在商代甲骨文中便产生了，开始时"占"和"卜"是分开的。"卜"是将龟甲或兽骨钻孔，以火烤之，依其周围呈现的裂纹形状，来推断所问之事的吉凶。"占"则是指根据蓍草数目变化，得出卦象，推测吉凶，称为筮，或占筮。史料表明，我国已发现的年代最早的卜骨是在仰韶文化晚期的河南淅川下王岗遗址出土的，其次是龙山文化山东龙山城小崖遗址，在邯郸涧沟遗址中，也发现了大量的卜骨。可见，占卜在中国的历史相当久远。占卜，既包括对已出现但意义不明的自然、社会或生理现象作出解释，如梦占、星占、气象等，又包括在自然界并未出现什么征兆的情况下所进行的预测。而命相术则是根据人的面相、体态来判断吉凶、贵贱、贫富、寿夭等。春秋末期时，范蠡便以命相术察觉出"越王为人，长颈鸟喙，可与共患难，不可与共乐"，并最终选择离去，保全了性命。可见，命相术事实上也是占卜的一个变种。

占卜命相术在中国宗教中运用十分广泛。在道教，有不少道士便善于观星望气，通过对星象的观察来获取"天启"。如《旧唐书·李淳风传》记载：初，太宗之世有《秘记》云："唐三世之后，则女主武王代有天下。"太宗尝密召淳风以访其事，淳风曰："臣据象推算，其兆已成。然其人已生，在陛下宫内。从今不逾三十年，当有天下，诛杀唐氏子孙殆尽。"帝曰："疑似者尽杀之，如何？"淳风曰："天之所命，必无禳避之理。王者不死，多恐枉及无辜。且据上象，今已成，复在宫内，已是陛下眷属。更三十年，又当衰老，老则仁慈，虽受终易姓，其于陛下子孙，或不甚损。今若杀之，即当复生，少壮严毒，杀之立仇。若如此，即杀戮陛下子孙，必无遗类。"太宗善其言而止。这里便是道教徒运用占星术来预测王朝命运，并提出相应对策的一个典型事例。

在中国历史上，善于占卜的道士又何止李淳风，不少道士都有占星的经验，并在此基础上写出了许多占星术著作，如《通占大象历星经》、《秤星灵台秘要经》等等。此外，道教中也有不少命相学的典籍传世，如《麻衣相法》等便出于道教徒之手。事实上，道教的占卜术可谓五花八门，除了上述几种，还有遁甲、太乙、六壬和灵棋占等。[①] 遁甲，又称"奇门"，是吸收了《易》的三才之学、虚数之法等而形成的法术。道教对遁甲之学的发展主要表现在将其符箓化，运用遁甲原理来造符，扩大了这种法术的使用。太乙术也是道教一大占卜之法，"太乙"为天帝的别名，同时也是北极星、北极神的别名。古人想借"太乙"来解惑避难，于是发明了太乙术以占卜。可见，占卜命相术在道教中获得了很充分的运用。

佛教亦然。在中国历史上，精通占卜命相术的佛教徒也不在少数。如晋代高僧道安，便精通阴阳算数。《宋高僧传》卷 5《唐中岳嵩阳寺一行传》也载：一行大师"有阴阳谶纬之书，一皆详究"，"占其灾福，若指于掌"。这里提到了谶纬，谶纬也是占卜的一个变种。"谶"是神的预言，是一种占验之书，《说文》："谶，验也。有征验之书，河洛所出书曰谶。""纬"本是对"经"而言。苏舆说："纬之为书，比傅于经，辗转牵合，以成其谊。"[②] 谶纬是神学迷信、阴阳五行说相结合的产物。佛教在继承中国古代谶纬、占卜术的同时，又作出了新的发展，把其业力因果说系统地注入占卜中，用谶纬来劝善戒恶，宣扬佛教的因果报应说。如三国时期，吴主孙皓问名僧康僧会何为善恶报应，康僧会说："夫明主以孝慈训世，则赤乌翔而老人星见；仁德育物，则醴泉涌而嘉禾出。善既有瑞，恶亦如之。故为恶于隐，鬼得而诛之；为恶于显，人得而诛之。"[③] 便是此类。

占卜命相术对中国宗教发展具有重要意义。首先，不少道士、僧人，正是凭借着占卜等法术获得当权者的垂青，在为当权者服务的同时，也为自身的教派获得了有利的发展空间。历史上有不少道士、僧人，活跃于宫廷，利用其占卜术，为当权者出谋划策，甚至左右当权者的一些决策。古人笃信"天命"，因此，能窥探天命、预知未来的"奇人"，自然能引起那些代天立命、自封为"天子"的当权者的兴趣。这些"奇人"不仅能告诉当权者将

①　参见卿希泰、詹石窗主编：《道教文化新典》，第 626 页。
②　王先谦撰集：《释名疏证补》卷 6《释典艺第二十》。
③　释僧佑：《出三藏记集》卷 13《康僧会传第四》，中华书局 1995 年版，第 514 页。

要发生什么，而且还能传授趋福避祸的妙计，因此，其受当权者的重用便不足为怪了。不仅其自身富贵加身，连其所信奉所代表的教派也能由此大受扶持、大为兴盛。如在宋太祖赵匡胤陈桥兵变以前，擅长占星术的王处讷和苗训便为之制造舆论，称："庚申岁初，太阳躔亢，在亢，于德刚，其兽乃龙，恐与太阳并驾。若果然，则圣人利见之期也。"[①] 对王处讷和苗训等熟悉日月星辰变化的人来说，预知某些天文现象应该不是难事，然而他们却把自然现象与人事、特别是与当时的时局变化联系起来，其政治目的是显而易见的。他们用方术为赵匡胤制造舆论，赵匡胤也运用他的权力，为他们谋取利益。陈桥兵变后，苗训获得了高升，由原来的殿前散员、右第一直散指挥使擢为翰林天文、银青光禄大夫、检校工部尚书。终太祖一朝，对道教都颇为信任，他经常临驾北岳庙、太清观等道教宫观，还在京城造建隆观，在华山建西岳庙，并多次召见著名道士等。道教在宋初的尊荣，历经太宗、真宗等朝后，在徽宗时达到了发展的又一个高潮。

佛教徒中也有依靠占卜、谶纬来预测政治局势并利用图谶参与权力之争的。如《新唐书》载：唐太宗贞观十七年八月曾发现一块有文字的石头，写着"太平天子李世民，千年太子李治"、"七佛八菩萨及上果佛田"等字样。这便是当权者利用佛谶标榜其皇位"受命于天"的一个举措。同样的，武则天也利用了佛谶。有僧人称其为弥勒转世，实际上是为武则天改朝换代制造舆论。当然，武则天当政后，也投桃报李，大力扶持佛教，使佛教得以与李唐的国教——道教相抗衡。这些都是宗教与政治相结合彼此相得益彰的例子。

在上层，佛道徒运用教义、法术谋求空间，在民间，佛道两教也同样运用了占卜来争取信众。不管佛寺还是道观，一般都设有灵签来招徕民众。

灵签大概产生于唐代，宋代的一些灵签就有了注解，明清时期又增加了典故、释义等。据林国平《闽台民间信仰源流》，灵签大致可以归结为原初兆象、扩展兆象和定性兆象三个形式：原初兆象是每首签诗固有的最初形态的兆象；扩展兆象是指对灵签的原初兆象加以扩展使之更加明晰的兆象，是在原初兆象的基础上增加一些新的兆象，以帮助人们更好地理解原初兆象；

---

① 　江少虞：《宋朝事实类苑》卷45，下册，上海古籍出版社1981年版，第586页。

定性兆象是在原初兆象、扩展兆象的基础上产生的，就是对灵签的吉凶兆象进行定性，即对某一灵签所包含的兆象是吉还是凶作出明确或比较明确的判断。① 在寺庙抽签时，人们往往还要配以卜签，来确认抽到的灵签就是神灵所赐予的。事实上，抛掷杯筊法也是比较常见的求签方法。杯筊是一种常见的占卜工具，一般为木制或竹制。一副杯筊由两片组成，两个均外凸内平，外称阳，内称阴。占卜时先把两片杯筊合拢至胸前，默祷后抛掷于地，若两片杯筊一俯一仰为"圣杯"，"圣杯"表示赞许和吉利；若两片皆仰为"阳杯"、"笑杯"，表示神明不置可否；若两者皆俯则表示"阴杯"或"怒杯"，表示神明不同意或不吉利。灵签及杯筊应该是目前民间最受欢迎的占卜术之一。

　　灵签在中国民间很受欢迎，主要原因有：中国人相信天命，认为提前洞察"天机"，便能顺天行事，避免损失，并增加成功的几率，即使是碰到了挫折，通过占卜也能得到神明的指示，获得解脱困境的方法，这便是善男信女们在重大决策之前及碰到挫折时往往求助于占卜的原因了。在很多人看来，占卜是减轻风险的一种手段。而寺院宫观的灵签，比起其他复杂的占卜形式来，具有简单性、易操作性、且成本低等特点。每个寺庙几乎都有灵签，不必费心去约见"高人"，不管文化程度如何，有无宗教素养，都可以自助求签；且寺庙配有庙祝，可以免费帮助人们解释签诗。更重要的是，灵签往往都非常紧密贴近人们的日常生活，都是人们日常所关心疑虑的问题，且涉及的方面又非常之广，几乎对人们的生活和生产事项无所不包，如家宅、治病、失物、诉讼、行人、求官、求学、爱情、婚姻、求子、辟邪、求寿等，极大地满足了信众各个方面的诉求。而签诗的内容本身又比较模棱两可，笔者曾看过一些签诗，发现不少签诗都可以作出多种解释，甚至是完全相反的两种解释，这样一来，其可回旋发挥的余地就相当大，不管事态往哪个方向发展，似乎这签诗都早已洞若观火了。这样，信众对其笃信不疑当然是很正常的了。灵签对佛、道两家的作用是显而易见的，对灵签的笃信在一定程度上加深了人们对宗教的依赖，从而使佛、道两家更具吸引力，特别是一些据说神明比较"灵验"的庙宇，其求签者更是络绎不绝，灵签扩大了

---

① 参见林国平：《闽台民间信仰源流》，福建人民出版社 2003 年版，第 323—324 页。

宗教的影响力，扩大了其信众队伍。

除了佛、道两家，一些民间宗教也利用占卜谶纬来招徕信众。如不少民间宗教便常利用谶纬，以倡言劫变为内容，来吸引对动乱生活极端愤懑的人们的参与。一些民间宗教还用谶语来参与政治斗争，散布一些朝代更替的预言，甚至以宗教预言、谶纬思想鼓动人心。可以说，占卜、谶纬在中国古代是一种很强大的造势力量。正因为如此，历代统治者都对占卜谶纬严加控制，在利用其为自己制造舆论的同时，也防止其为其他政治力量所使用。占卜命相术在中国古代的影响力由此可见一斑。

占卜命相术甚至影响了后来传入中国的基督教。基督教是反对占卜的，然其传入中国以后，一些教徒却不能完全做到弃绝占卜。有些地方的传道人，甚至利用神迹、异梦、异象等民间信仰的因素来吸引民众信教。有些信徒把《圣经》当成护身符或压邪镇恶的法宝，把"哈利路亚"当成是赶鬼驱魔时的咒语，这些都是传统的信仰心理遗留的结果。

总之，民间信仰、占卜命相术，作为中国传统的文化现象，对中国宗教的产生和发展及宗教教义思想的丰富产生了极大的影响。乃至今天，在很大程度上，民间信仰和占卜命相术仍在影响着中国民众的宗教心理及宗教生活。

第　八　章

语言与符号

　　语言问题也是宗教与哲学中备受关注的问题之一。作为思考的媒介和表达的工具，语言对于宗教、神学的重要性是不言而喻的。宗教语言一般都具有较突出的象征性、符号性。兰德尔（John Herman Jr. Randall）在研究宗教语言时提出著名的"宗教象征论"，认为宗教语言是非认识性的，只是一类象征。他说："要认识到的十分重要的一点是，宗教象征同社会象征和艺术象征一样，属于这样一类象征，它们既是非表现性的，又是非认识性的。可以说，这些非认识性的象征所象征的，不是离开它们的作用也能指明的某种外部事物，而是它们自己所造成的、发挥它们的独特功能的东西。"①

第一节　中国宗教语言的符号性

　　从某种意义上说，人是一种语言生命存在。语言和文字都是符号，而符号思维则是人区别于动物的主要标志之一。语言是思维的外衣，而思维则借助语言、文字等各种符号来表达。人们通过符号可以实现信息的表达、传播，并完成信息时空获取的延伸。千百年来，世界各民族在他们的历史、文化进程中创造了多姿多彩的符号体系。每一种宗教文化也都拥有其独特的符

---

　　① ［英］约翰·希克（John Hick）：《宗教哲学》，何光沪译、高师宁校，生活·读书·新知三联书店1988年版，第168页。

号体系。

语言文字是一个符号体系的基石，文学却是符号体系及其传播的范式。语言文字就像是一滴滴水珠、一朵朵浪花，文学则像涓涓细流、长河大海。中国文化是一种诗性文化，语言文学对中国历史上的各种文化形态都有或深或浅的影响。中国宗教亦然。中国文学无论是在内容、技巧还是在风格、意境等方面都深受佛教和道教的影响。在近两千多年的悠久历史中，佛教将其丰富多彩的文学、音乐、舞蹈、美术等源源不断地传入中国，有力地促进了古代中国文学、艺术的繁荣与发展。单就文学领域而言，佛教的影响就是多方面的：其一，在佛教浩瀚的宗教典籍中，有不少典籍本身就是上乘的文学作品，如《维摩经》、《妙法莲华经》、《楞严经》等，像《百喻经》更被翻译成多种文字，为世人所传诵，《本生经》作为叙述佛陀前生的典籍，也可视为优秀的传记文学作品，佛典中大量的偈、颂、赞、俗讲、变文、语录、游记、文集等，也不乏文学佳作。其二，各种佛教典籍传入中国后，以其独特的题材、文体、风格、方法等，对中国的传统文学形式产生影响。如晋、唐小说受到《维摩经》、《百喻经》影响很大，而通俗文学平话、戏曲等则在其发展的进程中从佛教的俗讲、变文中吸收了很多营养。其三，佛教的宗教世界观诸如因果报应等思想广泛而深刻地影响了中国古代作家，这些影响的痕迹在中国古代的诗、词、戏曲和小说中俯拾即是。例如王维、白居易、苏轼等著名诗人的诗词作品就深受佛教特别是禅宗的浸染。又如小说《红楼梦》中那种弥漫在大观园内外的人生痛苦、富贵无常的气息，乃至主人公贾宝玉"撒手尘寰、弃家为僧"，惜春遁入空门，孤守青灯古佛，"白茫茫一片大地真干净"的结局，佛教的世界观在这样的文学作品中得到了高度艺术化的表现。而作为中国土生土长的道教，对中国文学的影响同样是很大的。道教崇尚自然、神仙隐逸的观念对古代作家的生活方式、审美趣味和文学风格都有极其深刻的影响。像著名诗人李白不仅在其大量的诗歌创作中流露出仰慕神仙、飘逸出尘之思，甚至在生活中也一度受箓入道、栖霞修真。元代以来流行的戏曲中更有数目可观的"神仙道化剧"，像杂剧作家马致远就因为创作了大量的神仙道化剧而被戏称为"马神仙"。明清时期小说盛行，《封神演义》等神魔小说敷衍道教故事，奇幻纷呈，广为传播。可见，佛教和道教，对中国的文学艺术的发展起过不可低估的作用。

很显然，佛教文学和道教文学都是凝聚着中国宗教语言特色的重要符号载体。鉴于佛教和道教在中国古代宗教文化史上的代表性以及佛、道与中国文学之间深厚的渊源，本节拟以佛教、道教文学为例，通过对佛、道文学语言的解读，探究其中佛、道教理、教义的哲理内涵及其语言特色，并进而约略阐述中国宗教语言的符号性。

一、佛教文学及其思想符号表征

有关"佛教文学"这一说法，其实并没有一个明确的界定。胡适的《白话文学史》将佛经的翻译纳入"翻译文学"来讨论，认为汉译佛典由梵文译成中文，本身在中国文学史上就是一种产生了巨大影响的、创新的文体。国外一些佛教学者如日本的深浦正文、前田惠学、小野玄妙等也将佛教典籍中比较具有文学意味的内容视为佛教文学。这些当然都是对"佛教文学"的比较宽泛的理解。也有的学者如加地哲定在其《中国佛教文学》一书中指出，佛典的文学成分，不是"纯粹的"佛教文学，因为那些经典中的文学，只是阐明教理的手段，并不具有自觉的文学创作的意识。所以他认为从严格的角度说，真正的佛教文学，应该是那种作者把自身对佛教的体验或理解，运用文学的形式、技巧等表达出来的作品，是作者以审美意识完成的文学创作，作品中反映的是作者的宗教情感和境界。

在参考、综合国内外学者的相关论述的基础上，本节倾向于从较宽泛的角度来讨论"佛教文学"，这里面主要包含两大部分：一是佛教经典中的文学，即佛教各种经典、律藏中那些充满文学色彩的内容。二是佛教的文学创作，即以文学手法来表达佛理，带有佛教色彩的文学创作，包括历代文人、僧尼的佛教文学创作。由此而及，所谓"中国佛教文学"大略也可以分为汉译佛典中的经典文学部分和中国文学作品中带有佛教色彩的作品（不论是诗、词、散文还是小说、戏曲等）。当然，最好的佛教文学作品，自然应当是那些兼有文学的"创造性"和"宗教的启发性"的作品。

1. 汉译佛典文学

在佛教文学研究的历史上，胡适是最早系统论述汉译佛典文学价值及对中国文学影响的中国学者。他在《白话文学史》中的《佛教的翻译文学》中指出：佛经的翻译给中国文学开了无穷新意境，创了不少新文体，添了无数新材料。在胡适看来，佛经的翻译文体恰好是一种"朴实平易的白话文体"。具体地说，由于佛经译者们往往用朴实平易的白话文体来翻译佛教典籍，从而在当时的古文世界中创造了一种新鲜的文体，以至于佛寺禅门遂成为白话诗文的重要发源地；佛教文学极富想象力，启发、推动了中国浪漫文学的发展；佛经的故事、小说、戏剧形式以及韵散结合的文体，对后代小说、弹词、平话、戏剧都有直接或间接的影响。换句话说，伴随着佛典翻译而不断输入的印度文化及其幻想文学，"给中国文学史上开了无穷新意境，创了不少新文体，添了无数新材料"①。蒋述卓《佛经传译与中古文学思潮》② 一书认为，佛经翻译与中古文学思潮二者之间是一种特殊的互动互渗的双向关系。中国高僧以及部分文人参与译经，一方面将中国文风带入翻译中去，另一方面也是更重要的一方面，即他们从佛经的翻译中吸收了佛经文学遣词造句和文学描写的风格。这种双向交流，必然导致中国文学理论与佛经翻译理论的相互融合与渗透，进而对中古以来的文学思想以及文学创作产生影响。佛学对中国文学的影响是深远的，也是多方面的，有学者分析指出佛学影响中国文学的八个途径：如佛的时空观念、生死观念和世界图式的影响；大乘佛教的认识论和哲理思辨的影响；佛经的行文结构与文学体制的影响；佛经故事和佛经寓言的影响；佛传文学和佛教叙事诗的影响；佛教人物和古印度神话人物的影响；佛教文化和美学思想的影响；佛经翻译文字的语言风格产生的影响。③

这里我们以《涅槃经》为例来分析汉译佛典文学所体现的宗教语言的符号性及其与佛教思想的关联。

《涅槃经》，全称《大般涅槃经》，是大乘佛教最重要的基本经典之一。"大般涅槃"是本经特别彰显的名相，它具含法身、般若、解脱的佛之三德，代表着大乘佛法的真实理想。《涅槃经》经文将大般涅槃比做渊深如海的大寂禅定，如同盛夏的阳光，明亮璀璨，绝对永恒，怜爱众生犹如父母，济度痴迷出离生死，不生不灭无穷无尽，是超越世俗的宁静、光明、永恒、

---

① 姜义华主编：《胡适学术文集》，中华书局 1998 年版，第 229 页。
② 参见蒋述卓：《佛经传译与中古文学思潮》，江西人民出版社 1990 年版。
③ 参见陈允吉：《唐诗中的佛教思想》，台湾商鼎出版社 1993 年版，第 303、306 页。

慈慧、解脱的境界。《涅槃经》中如来藏学说蕴涵的一切众生皆有佛性、一阐提皆得成佛、涅槃具常乐我净四德等鲜明、独特的主张以及对本心迷失的哲学思索、涅槃境界，往往通过一系列奇妙、警策的譬喻，形象而生动地表达出来。例如《涅槃经》在谈到各种烦恼覆蔽本心从而导致本心迷失因而解脱之道在于祛除遮蔽重现本心的时候，经文反复地以各种比喻进行阐述，其中一则如是说："又解脱者名曰除却，譬如满月，无诸云翳。解脱亦尔，无诸云翳。无诸云翳，即真解脱。"① 这里把本心喻为一轮满月，而各种烦恼就像是围绕或者遮覆着明月的云雾阴翳，而真解脱则仿佛那种云开雾散、明月重现的境界。烦恼对本性的遮掩就像枯朽的树皮对树木的裹束一样，"如大村外有娑罗林，中有一树，先林而生，足一百年。是时林主灌之以水，随时修治，其树陈朽，皮肤枝叶，悉皆脱落，唯真实在。如来亦尔，所有陈故，悉已除尽，唯有一切真实法在。"② 枯朽的树皮如不及时剥除，可能使整棵树枯死。所以修行者如果努力祛除心灵的沉垢，灌注灵性的甘泉，就会摧枯拉朽，彰显生命的本真。《涅槃经》中的"执砾为金"、"春池拾砾"、"认砾为珠"等系列譬喻一向广为禅林所乐道，例如经文说："譬如商主遇真宝城，取诸瓦砾而便还家。汝亦如是，值遇宝城，取虚伪物，汝诸比丘勿以下心而生知足。"③ "汝等当知先所修习无常苦想，非是真实。譬如春时有诸人等在大池浴，乘船游戏，失琉璃宝，没深水中。是时诸人悉共入水，求觅是宝，竞捉瓦石、草木、沙砾，各各自谓得琉璃珠，欢喜持出，乃知非真。是时宝珠犹在水中，以珠力故，水皆澄清。于是大众乃见宝珠，故在水下，犹如仰观虚空月形。是时众中有一智人，以方便力，安徐入水，即便得珠。汝等比丘，不应如是修习无常、苦、无我想、不净想等，以为实义。如彼诸人各以瓦石草木沙砾而为宝珠。"④ 经文以这样的形象的比喻说明那些舍本逐末、执小为大、就伪弃真的迷失之误。《涅槃经》还以痴人醉酒比喻世人贪恋情欲："譬如醉人，不自觉知，不识亲疏，母女姐妹，迷荒淫乱，言语放逸，卧粪秽中。时有良师与药令服，服已吐酒，还自忆识，心

---

① 《中华大藏经》第 14 册，中华书局 1985 年版，第 50 页。
② 《中华大藏经》第 14 册，第 439 页。
③ 《中华大藏经》第 14 册，第 19 页。
④ 《中华大藏经》第 14 册，第 21 页。

怀惭愧，深自克责。酒为不善诸恶根本，若能除断，则远众罪。"① 自性迷失就像醉汉躺卧粪秽之中而不知觉，一旦听闻佛法，则如同服饮醒酒汤药，使醉人吐却烦恼恶酒而重获神智清醒。生命无常，《涅槃经》言及这一问题的时候，运用了一个很著名的"箧蛇"比喻。经文以筐箧比喻人身，把组成人身的地、水、火、风诸元素喻为四大毒蛇："是四毒蛇虽同一处，四心各异。四大毒蛇，亦复如是，虽同一处，性各别异。"② 四蛇环伺，窥见人懈怠之时，便吐气啮咬，伤害人命。四蛇中只要有一蛇嗔恨都可致人于死地。世事无常，人活在世间就像一只盲龟漂泊沉浮于茫茫大海，故而《涅槃经》以盲龟值木孔为喻："生世为人难，值佛世亦难。犹如大海中，盲龟遇浮孔。"说明在短暂的人生中值遇佛法是多么难得。整个《涅槃经》经文洋洋洒洒，雄奇奔放，有长江大河一泻千里之势，并且妙喻迭出，潇洒自如，一气呵成，具有非常可观的文学价值。不过，《涅槃经》本身并未刻意追求语言文字的雕琢，它实际上甚至是主张摒弃语言文字的。《涅槃经》虽然妙喻连篇，但对譬喻的局限性很清醒，认为"以非喻为喻"、"遍喻非真实"，提示人们在领会譬喻意旨的同时，要见月忘指，得鱼忘筌，不可黏着于语言文字："如来有时以因缘故，引彼虚空以喻解脱，如是解脱，即是如来。真解脱者，一切人天，无能为匹，而此虚空，实非其喻，为化众生，故以虚空非喻为喻。当知解脱即是如来，如来之性，即是解脱，解脱如来，无二无别，善男子非喻者，如无比之物不可引喻，有因缘故可得引喻。如经中说面貌端正犹月盛满，白象鲜洁犹如雪山，满月不得即同于面，雪山不得即是白象。善男子，不可以喻喻真解脱，为化众生故作喻耳，以诸譬喻，知诸法性皆亦如是。"③ "凡所引喻，不必尽取，或取少分，或取多分，或复全取。" "譬如有人初不见乳，转问他言，乳为何类？彼人答言，如水、蜜、贝。水则湿相，蜜则甜相，贝则色相。虽引三喻，未即乳实。"④ 很显然，像《涅槃经》这样的佛典，尽管不时有生花妙笔，譬喻精警，但那些美妙的譬喻都只是信手拈来的象征意象，经文所追求的，不在于这些象征意象本

---

① 《中华大藏经》第 14 册，第 20 页。
② 《中华大藏经》第 14 册，第 250 页。
③ 《中华大藏经》第 14 册，第 53—54 页。
④ 《中华大藏经》第 14 册，第 322 页。

身，而是这些意象作为象征符号所指向的佛教意义。

2. 佛教文学创作

（1）佛教小说

佛教对中国小说的影响源远流长，无论是六朝志怪，还是唐宋传奇，抑或宋元以来的白话短篇、长篇章回，中国小说，不论在题材内容、思想观念，还是叙事结构、艺术技法方面，都有佛教影响的痕迹。佛教丰富了中国小说，中国小说也为佛教在中国的传播以及佛教的中国化发挥了重要的作用。小说艺术受众广泛，所以佛教小说算得上是中国佛教文学中最具大众影响的佛教文学形式。概括来说，中国佛教小说有以下比较突出的特点。

第一，利用佛经中的故事素材，改写或创作成具有中土特色的小说。这些作品的内容和取向，虽与佛经原意似曾相识，而实际上渐行渐远，明显带有中土的文化意识。如《旧杂譬喻经》中有则《梵志吐壶》故事。故事中的"壶"象征人内在隐密的情欲，而佛经的意旨就是对人情欲的否定和批判。这个故事在六朝志怪小说中被两度模仿：一则为荀氏《灵鬼志》中的《外国道人》。在这则志怪中，"壶"的意象已然移步换形，由"笼"取而代之。故事描述一个外国道人能进入只可升余的小笼子，并在笼中随口吐物、吐人，而且吐出之人还能陆续自口中吐出人来。故事中"口中吐人"的描述显然已非对情欲的否定与批判，而是在渲染外国道人的幻术高明，同时它借幻术惩戒吝啬富翁，表达的则是对为富不仁者施以道德教训的意愿。另一则仿作是吴均《续齐谐记》中的《阳羡许彦》，描述阳羡许彦路遇一位能入鹅笼中的书生，书生亦能"口中吐人"，奇幻绝伦。故事虽然以离奇的情节隐喻人的隐私情欲，却并没有否定或者批判的意向。

第二，在中国家喻户晓的佛、菩萨、阿罗汉等，在小说中往往更具人间情味，有些佛教人物甚至被改造赋予了浓郁的中国气质。例如弥勒菩萨在印度佛教中的造型是"天冠弥勒"、"交脚菩萨"、"思惟菩萨"，佛经中的"弥勒净土"是人们长寿无忧的国度。但是在中国小说里面弥勒菩萨却成了大腹便便、笑口常开的布袋和尚，他没有道场和净土，游走红尘市廛，以"开口便笑"的方式来度化芸芸众生。又如在印度佛教中为男子身的观音菩萨，经过中国民间文化的改造，变成了小说中美丽、优雅、善良的女菩萨。

第三，中国佛教小说善于通过塑造具体的人物形象，从而将抽象的佛理予以生动的表现。例如小说《西游记》第五十八回，描写真假美猴王难以辨识，不仅难倒唐僧、八戒和沙和尚，连观音的紧箍咒、托塔李天王的照妖镜、十殿阎罗的生死簿都不能分辨，无可奈何，最后是如来佛祖一眼觑出假悟空乃六耳猕猴所变。真假美猴王形象是小说《西游记》中非常成功的象征形象。六耳猕猴象征悟空内心深处另一个与他力保唐僧上西天取经相冲突的心念。由于六耳猕猴是悟空己心的变现，故和悟空模样相同，本领相当。所以如来对众菩萨说："汝等俱是一心，但看二心竞斗而来。"而照妖镜、紧箍咒的失效，似正隐喻人心的幽微，非凭秘器可以烛照，唯有直鉴其心，才能察知心之变化。"二心"是相当抽象的哲理，假美猴王的成功塑造，以及真假美猴王之间反复争斗、难分难解的情形，将不同心念的纠缠、冲突具体形象地呈现出来。

第四，利用梦幻情节，模糊真实与虚幻之间的界限和迷雾，在虚实微妙之处暗寓主旨。例如唐传奇《枕中记》中的主角卢生，在一枕黄粱美梦中经历了整个他所深深渴望着的名利人生——金榜题名、洞房花烛、高官厚禄、失意落魄、乐极哀来，当他在梦中死去，恰好在现实中醒来。把漫长的一生浓缩在一场短梦中来经历，喻示佛教人生如梦、富贵无常的人生观。又如《红楼梦》，在第五回这一大关节，让贾宝玉魂游太虚境。太虚幻境一梦，实际上就是让贾宝玉与他未来现实生活中人生经历、人情物事以及最终结局提前打个照面，形成对大观园中一切生活的暗示。从小说情节来讲，太虚幻境是假，大观园中所有人的生活和命运是真，而从生活的本质来讲，大观园中的美好生活及其愿望都是虚幻的，所有人的悲剧结局则是不可避免的。也就是在这种"虚"、"实"之间和"真"、"假"之间，渗透着《红楼梦》的色空观。

第五，超越时空界限，串联前生今世，喻示佛教因缘果报观念。魏晋以来，特别是宋元白话小说流行以来，小说作品中有很多诸如"前世今生"类型的情节，流露因缘果报的观念取向。例如《明悟禅师赶五戒》，即是取材苏东坡与佛印之间的佛缘趣事，捏合成前生因缘、今世果报的故事情节。又如《红楼梦》中，林黛玉的前生本是灵河岸边的一棵绛珠仙草，贾宝玉前世则是赤瑕宫中的神瑛侍者，因为神瑛侍者曾以甘露浇灌绛珠仙草，悉心呵护，种下因缘，来至此生，就注定了林黛玉以一辈子的泪珠儿去偿还那甘露之泽。这一"木石前盟"的因果模式不仅暗示了小说情节发展的走向，还赋予小说主要人物形象的性格特质。不仅世情小说如此，就连历史小说也受其影响。比如《三国志平话》，它本来是讲史话本，但小说一开篇就给其三国故事拟就了一个非常特殊的"前世今生"的情节架构：汉高祖刘邦冤杀功臣韩信、彭越、英布等人，及至三国时期，韩信、彭越、英布分别转世为曹操、刘备、孙权，瓜分了由刘邦转世的汉献帝的天下，有因有果，报应不爽。除此之外，像《英烈传》、《水浒传》等小说也有比较类似的情节框架。

中国佛教小说取得了很高的成就，中国古代小说在思想倾向和叙事艺术两方面都从佛教文化受益匪浅。在叙事艺术方面，佛教文化的影响拓展了小说作家的想象世界，超越时空界限，容易建构起曲折奇幻、光怪陆离的故事情节和丰富复杂的人物形象；而在思想倾向方面，由于佛教关于人世无常、因果报应等观念在社会生活中深入人心，既成为人们对待生活的一种态度，也成为人们观照生命、解释历史的一种观念，小说艺术也是人们对生活、生命、历史与社会的情感态度和解释形式，所以我们可以看到小说史上为数颇丰的作品以小说为寓言，隐喻佛教的生活、生命哲理。但小说毕竟是小说，是艺术，中国小说对历史、生命和世情的独特理解使得佛教小说并没有陷入宗教思想的抽象演绎，而是在努力达成一种抽象佛理与形象艺术的相得益彰，以生动形象、引人入胜的小说艺术表达深刻而特殊的宗教情感和态度。

（2）禅宗诗歌

禅宗是典型的中国化的佛教宗派。禅宗在其发展变迁的过程中与中国诗歌结下了不解之缘。观照六朝以来的禅宗史和诗史，我们可以发现一道诗禅辉映的文化风景线。"诗为禅客添花锦，禅是诗家切玉刀。"[①] 金元诗人元好问这句诗是对诗、禅关系最好的概括。诗就像是参禅者的后花园，诗歌语言简练、生动、形象的特点能够帮助参禅者迅速捕捉稍纵即逝的禅思的灵光，形象地表达那顿悟时刻不可言说的豁然开朗的境界；而禅的直觉思维、宁静心态和空灵境界又恰与文人诗歌的创作心境、审美理想不谋而合，禅悟的空寂之境与诗的灵感飘忽而来时的奇妙状态仿佛异曲同工。禅宗诗歌是中国古

---

① 元好问著，施国祁注，麦朝枢校：《元遗山诗集笺注》，人民文学出版社1989年版，第658页。

代诗歌和禅宗文化共同培育浇灌出来的奇葩，是诗思与禅悟的翩然共舞，是诗人与禅者心有灵犀。诗与禅的交响因禅诗创作主体的身份约略可以分为两大类：

一类是"以诗寓禅"。这一类禅诗的创作主体往往是修禅者。例如中国禅宗初祖菩提达摩《一花开五叶》诗偈云："吾本来兹土，传法救迷情。一华开五叶，结果自然成。"① 相传此偈为达摩祖师向二祖慧可传付衣法时所颂。"兹土"，指中国。"迷情"，指执迷不悟的人。"一华开五叶"，华，通花，比喻菩提达摩所传的禅法。五叶，暗示禅宗鼎盛时期先后产生的沩仰、临济、曹洞、云门、法眼五家宗派。又如五祖弘忍圆寂之前，要求弟子们各作一偈，从中了解他们对禅法的了悟深度，以便选出足以传付衣钵的继承人。当时五祖门下的上首弟子神秀率先写出："身是菩提树，心如明镜台。时时勤拂拭，勿使惹尘埃。"这一偈博得众人一致推许，都以为得衣钵者必神秀无疑。谁知，在碓房劳作的行者慧能听说以后，也口诵一偈："菩提本无树，明镜亦非台。佛性常清净，何处有尘埃！"② 慧能本不识字，悟性却极高。五祖弘忍看到慧能的这首诗，心知慧能比神秀领悟得更透彻，便于这天深夜，秘密地将衣钵授给了慧能。很显然，像达摩祖师、神秀、慧能这样的禅师，他们所作之偈，都是以诗的形式、诗的语言来暗喻禅理，表达禅思。当然，也有一些禅师有时通过引用其他诗人的名篇佳句来表达禅思。像杜甫的名句"映阶碧草自春色，隔叶黄鹂空好音"就曾经被法眼宗的禅师引入"三界惟心"颂偈之中。

另一类是"以禅入诗"。这类诗的作者当然是以诗人墨客为主。唐宋以降，越来越多的诗人因佛教特别是禅宗文化的影响而在他们的诗歌创作中表现出风采各异的佛理禅趣。如盛唐山水田园诗派的代表人物王维，他的母亲修禅三十余年，王维自幼得佛之浸染，奉佛甚虔，精研佛理，深得禅家三昧，所作诗篇，往往妙涵禅理，意境空灵悠远，语言简练而富有机趣。其脍炙人口、传唱不衰的名篇如"明月松间照，清泉石上流"、"行到水穷处，坐看云起时"、"君问穷通理，渔歌入浦深"、"人闲桂花落、夜静春山空"

---

① 普济著，苏渊雷点校：《五灯会元》，中华书局1994年版，第45页。
② 释慧能著，郭朋校释：《坛经校释》，第16页。

等等都被公认为是以禅入诗的出神入化之作。像王维这样的作家及其作品不胜枚举，孟浩然、白居易、苏轼、黄庭坚等是其中最引人注目的代表。

饶有意味的是，"以诗寓禅"和"以禅入诗"两种类型还有完全重合的可能，这是因为诗人和禅师的身份有可能叠合。其实，诗歌史上诗人而兼禅师者不乏其人。唐宋以来，一方面大量文人对禅宗文化产生兴趣甚至兴趣浓厚，另一方面许多禅僧热衷诗艺，吟咏不辍，前者如白居易、贾岛、苏轼、黄庭坚等，后者则有寒山、皎然、齐己、贯休及宋初九诗僧等，连曹洞宗开山始祖曹山本寂、法眼宗开山始祖清凉文益也都是雅好诗咏、文采斐然的。

禅对诗的影响还渗透到了诗歌理论中，在唐宋以来的诗论著作中，我们经常可以看到一些"以禅论诗"的诗学思想和观点。这样的诗论作者既有禅僧，也有诗人，往往是诗禅两妙的理论家。例如中唐诗僧皎然，既是禅林名僧，也是诗国妙手，平生不仅写下大量优秀的禅诗，还著有《诗式》一部，援禅论诗，提出了影响很大的"诗境论"。宋人喜作诗论诗话，韩驹、吴可、龚相、叶梦得等人都曾借禅学来比拟诗学，如吴可说："凡作诗如参禅，须有悟门。"[①] 龚相《学诗诗》云："学诗浑似学参禅，悟了方知岁是年。点铁成金犹是妄，高山流水自依然。"叶梦得《石林诗话》谓："禅宗论云间有三种语：其一为随波逐流句，谓随物应机，不主故常；其二为截断众流句，谓超出言外，非情识所致；其三为涵盖乾坤句，谓泯然皆契，无间可伺。其深浅以是为序。余尝戏谓学子言，老杜诗亦有此三种语，但先后不同。'波漂菰米沉云黑，露冷莲房坠粉红。'为涵盖乾坤句；以'落花游丝白日静，鸣鸠乳燕青春深'为随波逐浪句；以'百年地僻柴门迥，五月江深草阁寒'为截断众流句。若有解此，当与渠同参。"[②] "以禅喻诗"的集大成者是宋末的严羽，其《沧浪诗话》融通禅道与诗艺，借禅论诗，形成了著名的"妙悟说"。《沧浪诗话》提出："大抵禅道惟在妙悟，诗道亦在妙悟。且孟襄阳学力下韩退之远甚，而其诗独出退之之上者，一味妙悟而已，惟悟乃为当行，乃为本色。"[③] 悟是禅门要津，禅宗讲得最多的就是"悟"。

① 吴可：《藏海诗话》，丁福保辑：《历代诗话续编》上册，中华书局1983年版，第340页。
② 叶梦得：《石林诗话》，《丛书集成初编》第2551册，中华书局1991年版，第3页。
③ 严羽著，郭绍虞校释：《沧浪诗话校释》，人民文学出版社1961年版，第12页。

南宗禅里尤以"顿悟"为其宗教体验之根基大本。如慧能说："我于忍和尚处，一闻言下大悟，顿见真如本性，是故将此教法流行后代，会学道者顿悟菩提，令自本性顿悟。迷来经累劫，悟则刹那间。故知不悟，即是佛是众生；一念若悟，即众生是佛。"慧能的大弟子神会发挥其师的"顿悟"说，认为："发心有顿渐，迷悟有迟疾，若迷即累劫，悟即须臾。若遇真正善知识，以巧方便，直示真如，用金刚慧，断诸位地烦恼，豁然晓悟，自见法性本来空寂，慧利明了，通达无碍。证此之时，万缘俱绝。恒沙妄念，一时顿尽。"① 禅与诗固非一途，但殊途可以同归，它们的最高境界是一致的，都是体验的极致、语言的超越、智慧的光明。所以严羽的"妙悟说"不仅一语道破了诗禅互动之妙，还发现了诗禅相通的津梁。

众所周知，禅宗宣扬"教外别传，不立文字，直指本心，见性成佛"。这一鲜明观点与诗史上数量丰富的禅诗作品似乎是一种矛盾，而这个矛盾无论在禅学还是诗学领域都极耐人寻味。其实，禅宗说"不立文字"，与其"直指本心"的语境不可剥离，它强调的是突破语言形式的束缚，不受语言规律的导引，以直觉洞穿表象，直接进入本质的内核，达到顿然了悟的豁然境界。在这个禅悟的过程中，包括诗歌在内的语言形式都只是工具或者媒介，而不是目的，即使这些工具和媒介很好地发挥了通往目的的辅助作用，相对于目的而言，它们的意义仍然是次要的。换句话说，在"直指本心，见性成佛"的过程中，语言文字等形式可能有意义，也可能没意义，但即使有意义，那也不是终极意义。但这并不排斥禅宗诗歌以美妙的诗的形式展示禅悟之境，表达精微的禅思。真正的禅诗的妙处不在于它语言是否优美精丽，技巧是否纯熟轻盈，而在于其诗歌意象的形象象征和诗歌意境的悠远空灵。正如我们所了解的，最好的诗歌往往也是超越语言形式、大巧若拙、鬼斧神工的。禅与诗的妙悟之境都不是语言所能企及的，但也都不能不依凭语言的形式去表达和呈现。禅的宗教体验和诗的审美体验在超越语言形式这一点上似乎也心有默契。这就决定了禅宗诗歌语言的符号功能不同于一般语言文字的符号功能，以意象化的语言指向广漠的象征世界。

---

① 石峻、楼宇烈等编：《中国佛教思想资料选编》第 2 卷，第 4 册，中华书局 1983 年版，第 94 页。

（3）禅宗公案

公案，原指官府用以处理公事的文书、成例及狱讼判定的案牍，后来禅宗借用此语，以之指称"佛祖机缘"，也就是禅宗祖师在接引学人时所说的富有启迪性的话语，用以判定迷悟，是禅宗语录体散文中的重要内容，时常与禅诗相生相伴，还原到参禅者的生活中则是一种对话或者说语言交锋。公案往往是一种特殊的象征物，或者干扰参禅者正常思路的工具，使参禅者打破逻辑思维的理路，突入空无广袤的禅悟之境。禅宗公案往往看似荒诞不经，而这正是禅宗公案在思维和语言方面的独特性所致。

禅宗公案在思维方面高度重视"禅悟"。禅悟往往是随缘而悟，即参禅者在随机的情境中自然开悟，而不是靠预定的传授教育明了。例如香严击竹悟道公案：香严博通佛典，思维敏捷，先与师兄沩山灵佑一起师事百丈怀海，百丈圆寂之后，他又追随灵佑参禅。灵佑对他说，我知道你是问一答十问十答百的伶俐人，我不问你平日的学解，也不问你在经卷上记得的禅语，我只问你，父母未生前的本来面目是什么？香严茫然不知所对，翻遍经书，仍是找不到答案，便请灵佑为他解释，灵佑不答应，香严非常失望，认为沩山有所保留。沩山说如果我现在说了，你日后定会骂我。我说出来是我的，不是你自己的。香严便烧掉手头的所有经录，辞别灵佑，准备做一个粥饭僧，免受心神之劳役。他参拜南阳慧忠遗迹，在那里住了下来。从此把思量计虑抛在一边，过着无心任运的日子。有一次锄地芟草，无意之间掷出的瓦片，击中了竹子，发出清脆的声音。香严当下大悟，见到了父母未生前的本来面目，激动无比，当即回到屋内，"沐浴焚香，遥礼沩山，赞曰：'和尚大慈，恩逾父母。当时若为我说破，何有今日之事？'"并作诗表达悟境："一击忘所知，更不假修持。动容扬古路，不堕悄然机。处处无踪迹，声色外威仪。诸方达道者，咸言上上机。"在香严击竹公案中，其禅悟的核心内涵是"无心"。无心是禅宗最基本的体验，主要指离却妄念的真心。无心并非没有心识，而是远离圣凡、善恶、美丑、大小之辨，达到不执著、不滞碍的自由境界。在禅思达到"无心"境界之前，任何经典的启发、机敏的答辩或苦口婆心的解释都是没有意义的执迷，而禅悟似乎就发生于执迷破除的那一刻。

语言是交流的工具，而这一意义的实现有赖于言说者之间遵循约定俗成的诸如语法、词汇等语言规范。可是禅宗公案有一个非常鲜明的特点就是极力打破语言的常规。在现实生活中，问答对话者之间假如答非所问，便会显得荒唐，而在禅宗公案中，不仅一问一答不能直指本心，就连问答形式本身也如缘木求鱼般荒唐。禅宗从根本上反对问问题，而是提倡直观自悟。例如有人问大觉道钦："如何是祖师西来意？"道钦干脆直白："你提问不当。"僧人不明白，还接着问："那要如何提问？"道钦只好说："等我死了再告诉你。"死了还怎么能告诉呢？道钦说"提问不当"，僧人理解为这个问题问得不对，所以想知道该如何提问，其实道钦的意思是提问本身就不对，你不能提问，我也不能回答。一旦进入正常的问答，便无异于对形式的执迷。所以大颠宝通禅师说："夫学道人须识自家本心，将心相示，方可见道。多见时辈祇认扬眉瞬目，一语一默，蓦头印可，以为心要，此实未了。"① 用语言提问本身就不对，用语言回答也不对，再执著于这语言的问答，则更不对，"问—答"这种形式本身在禅师们看来就如"盲者依前盲，哑者依前哑"。禅宗注重内在的特殊性，反对外在的普遍性，文字和语言都是可以用为公众交流的普遍性的东西，具有公共普遍认同的规则，因此运用语言文字必然牺牲个体的特殊性和独一无二性，这是禅宗坚决反对的。"悟道既不是知识或认识，而是个体对人生谜、生死关的参悟，当然就不是通过普遍的律则和共同的规范所能传授"② 。这实际上也是禅宗不立文字的本因所在。

二、道教文学的思想符号表征

道教文学是指以宣传道教神仙教义、长生成仙思想或者反映道教宗教生活为内容的各种文学作品。历代文人中不乏信奉道教或者对道教生活感兴趣者，同时，道门中也有很多热衷文学的风雅道士。这两类人便成了道教文学的主要创作者。道教文学体裁多样，内容丰赡，在中国文学史上以其仙风道韵而引人注目，在传统的诗歌、散文、小说、戏曲等各文学门类中都有丰富的体现。

---

① 普济著，苏渊雷点校：《五灯会元》，第 265 页。
② 李泽厚：《中国古代思想史论》，人民出版社 1986 年版，第 204 页。

　　1. 道教诗歌及其思想内涵

　　道教诗歌是反映道教生活、阐发神仙义理、表达成仙愿望的诗歌作品，当然也包括那些借助道教神仙和仙境意象来抒发超凡脱俗、飘逸出尘情感的诗篇。其形式诸如诗、词、仙歌道曲等。道教诗的发端甚早，早在《太平经》中就有一些关于修身养性的七言歌谣，其卷38《师策文》一篇，多用七字一句，很像是后来的七言诗，如其云：“吾字十一明为止，丙午丁已为祖始。四口治事万物理，子巾用角治其右，潜龙勿用坎为纪。人得见之寿长久，居天地间活而已。治百万人仙可待，善治病者勿欺绐。乐莫乐乎长安市，使人寿若西王母，比若四时周反始，九十字策传方士。”① 这几句以西王母为长寿神仙的象征意象，劝人治病救世，认为成仙可待。魏伯阳作《周易参同契》，在形式上多用四言、五言及骚体赋，以此来阐发丹道，例如他以四言的形式说：“真人至妙，若有若无，仿佛大渊，乍沉乍浮，进而分布，各守境隅。”② 以五言的形式说：“岁月将欲讫，毁性伤寿年，形体为灰土，状若明窗尘。”③ 又以赋的形式说：“白虎倡导前兮，苍龙和于后；朱雀翱翔戏兮，飞扬色五彩。”④《周易参同契》运用诗歌形式言说炼丹是很突出的一个特点，而且对后来的炼丹者影响很大。魏晋时代，用以暗示炼丹方法的七言炼丹诗以及四言咒语诗在道门中秘行，同时游仙诗也开始在文士阶层流行开来。炼丹诗是以炼丹为内容的诗歌作品，《黄庭经》堪为其中代表，其意象的运用颇为隐晦，但其比喻与象征手法则又增加了作品的生动性。该经多以人体的五脏六腑作为各种意象联结的链条，通过对各类脏腑神明形象的描绘，以唤起修习者的内在感想，通过形象的联想达到内炼金丹的效果，但作者又怕泄露天机，故而大量使用隐语，如以“娇女”、“童子”、“重堂”、“灵台”、“莲花”等暗指身体各部位，行文具有譬喻、隐喻的特性。例如其《心部章第十》篇谓：“心部之宫莲含华，下有童子丹元家，主适寒热荣卫和，丹锦飞裳披玉罗，金铃朱带坐婆娑，调血理命身不枯，外应

----

　① 王明：《太平经合校》，第62页。

　② 萧汉明、郭东升著：《〈周易参同契〉研究》，上海文化出版社2001年版，第289页。

　③ 萧汉明、郭东升著：《〈周易参同契〉研究》，第263页。

　④ 萧汉明、郭东升著：《〈周易参同契〉研究》，第303页。

口舌吐五华，临绝呼之亦登苏，久久行之飞太霞。"① 游仙诗是一种歌咏神
仙逸游之情的诗篇，其体裁多为五言。游仙诗可分为道人游仙诗和文人游仙
诗。它们的共同点是都意在表现出冲举飞升、遨游八极的浪漫色彩和瑰奇想
象；不同点在于道人游仙诗往往是崇道思想与神游境界的结合，而文人游仙
诗则多借神仙和仙境意象，铺绘神游广阔时空之思，寄托自我的理想追求。
例如郭璞《游仙诗》："青溪千余仞，中有一道士。云生梁栋间，风出窗户
里。借问此何谁，云是鬼谷子。翘迹企颍阳，临河思洗耳。阊阖西南来，潜
波涣鳞起。灵妃顾我笑，粲然启玉齿。蹇修时不存，要之将谁使。"又如：
"杂县寓鲁门，风暖将为灾。吞舟涌海底，高浪驾蓬莱。神仙排云出，但见
金银台。陵阳挹丹溜，容成挥玉杯。姮娥扬妙音，洪崖颔其颐。升降随长
烟，飘飘戏九垓。奇龄迈五龙，千岁方婴孩。燕昭无灵气，汉武非仙才。"②
诗中以奇妙的思致、大胆的想象和高度的夸张，渲染了自己所向往的神仙世
界和得道生活，抒发高蹈遗世、超然物外的情怀。隋唐以来，诗道昌隆，道
教活跃，反映道教生活和追求成仙的诗歌也非常兴盛。伟大诗人李白自少年
时便仰慕道教，后来与上清派道士司马承祯、吴筠结成方外之游，天宝年间
失意长安，放游天下，曾在北海紫极宫登箓入道。李白传奇的人生与道教有
不解之缘，其惊天地、泣鬼神的诗歌世界也与道教相得益彰。道教的神仙思
想、不死之道、奇妙仙境与李白诗歌潇洒出尘、自由不羁的思想以及瑰奇烂
漫的想象交融相辉，是诗歌中不可多得的妙品奇珍，真可谓"此曲只应天
上有，人间难得几回闻"。例如李白《怀仙歌》："一鹤东飞过沧海，放心散
漫知何在？仙人浩歌望我来，应攀玉树长相待。尧舜之事不足惊，自余嚣嚣
直可轻。巨鳌莫载三山去，我欲蓬莱顶上行。"鹤是道教仙禽，骑鹤遨游是
神仙不死之象征，李白以此自喻，表达自己在政治上失意后的沧桑感以及渴
望摆脱现实烦劳、潇洒自如的情怀。又如《江上送女道士褚三清游南岳》
篇谓："吴江女道士，头戴莲花巾。霓衣不湿雨，特异阳台云。足下远游
履，凌波生素尘。寻仙向南岳，应见魏夫人。"③ 李白不仅将道门典故信手
拈来，为诗中送别的女道士褚三清寄予求仙得道的美好祝愿，而且以其清丽

① 参见张君房编，李永晟点校：《云笈七籤》卷11，第225—227页。
② 《古诗海》，中华书局1992年版，第271页。
③ 李白著，瞿蜕园、朱金城校注：《李白集校注》，中华书局1980年版，第1052页。

的生花妙笔将送别之人刻画得活脱脱就像是一位成道的女仙，仙风道韵，跃
然纸上。除李白之外，唐宋著名诗人中的孟浩然、岑参、李贺、李商隐、苏
轼、黄庭坚、陆游等都写有很多表达神仙思想或者表现道教生活的脍炙人口
的作品，如苏轼《唐道人言天目山上俯视雷雨每大雷电但闻云中婴儿声殊
不闻雷震也》诗谓："已外浮名更外身，区区雷电若为神。山头只作婴儿
看，无限人间失箸人。"这首诗是苏轼与唐子霞道士交游的结果，诗中描写
神仙胜景天目山高入云霄，雷雨闪电皆出其下，每逢雷鸣电闪，在山巅只会
听到云层中仿佛婴儿一般的啼唤之声，根本不像在山下市井中感受到的那种
雷霆震撼，诗中以"婴儿"作比喻，既生动形象，又别有意趣，在内丹语
境中，"婴儿"是精气神的混融自然，是丹道之至秘，可以说苏轼的这首诗
既深含生活哲理，又与内丹修炼思想暗中契合，理趣与道蕴交相辉映。又如
苏轼《读道藏》诗，描写他在任职凤翔府时，于终南山太平宫阅读《道藏》
的感触："嗟予亦何幸，偶此琳宫居。宫中复何有，戢戢千函书。盛以丹锦
囊，冒以青霞裾。王乔掌关钥，蚩尤守其庐。乘闲窃掀撷，涉猎岂暇徐。至
人悟一言，道集由中虚。心闲反自照，皎皎如芙蕖。千岁厌世去，此言乃蘧
篨。人皆忽其身，治之用土苴。何暇及天下，幽忧吾未除。"苏轼为有机会
潜心阅读《道藏》而颇感荣幸，并且对虚静修身之道深有感悟，对世人舍
本逐末不能修身养性感慨系之。苏轼一生淡泊名利、超然通脱，究其本原，
道家和道教思想的影响是不可忽视的。唐宋以降，在大量文人创作道教诗歌
的同时，许多道门中人也以诗明道，创作了很多优秀的作品。例如金元时期
著名的全真派王重阳、邱处机、孙不二等道士，都能诗善咏，往往借诗言
道，咏怀修真。如王重阳《述怀》绝句谓："自从收得水中金，便用刀圭剖
尽阴。一朵琼花开向日，晶阳返照运天心。""瑶池里面看黄芽，琼蕊金枝
绽玉花。朵朵玲珑清气上，玎铛声韵属吾家。"① 很显然，诗中所用皆是内
丹隐语，"琼花"、"晶阳"、"瑶池"、"黄芽"、"琼蕊"、"金枝"、"玉花"
等等都是自然而形象的意象，它们被运用来比喻内丹修炼的身体部位、行气
方法以及效果，虽然意义深隐，但是诗在形式上仍然具象生动，意境鲜活。
由元入明的著名道士张三丰创作了数量很丰富的道教诗词、道情作品，既体

---

① 王重阳著，白如祥辑校：《王重阳集》，第38、39 页。

现了深厚的道学根底，也不乏骚雅的诗人风姿，例如其《蹑云歌赐梦九》（云水后集）："君莫羡鸿行远鹤翥空，君莫夸豹披雾虎啸风。听我歌一曲，其气更熊熊。渥洼余吾生青龙，是名天马马之雄。西涉流沙数万里，一蹶上与青云通。云程迢迢，云气蒙蒙，云衢渺渺，云影溶溶。忽然几阵罡风吹入四蹄上，直踏十三万仞来苍穹。噫嘻乎！快不可追，高不可及，怕有仙之人兮与尔长相后（当作"从"）。"① 这首诗以歌行体的形式自由挥洒，以天马行空意象表达自由意趣和豪壮情怀，鸿行、鹤翥、豹雾、虎风、云气、罡风等道门意象跳跃性强，稍纵即逝，节奏倏乎骏捷，又如其《闲吟二首》（云水前集）之一曰："数声猿鹤响松关，坐冷孤云意欲闲。有迹已教同世外，无心何必去人间。林阴棋局空残劫，炉底雌雄见大还。流水桃花杳然在，一回头隔万重山。"② 这是把闲居生活的天籁自然与修真炼丹的妙悟感会熔于一炉，诗境清幽淡远，飘飘有凌云之气。

词史上不仅留下了大量道教词作，而且许多词牌本身就有一份道教因缘。流传至今的词牌名中与神仙故事或者道教活动有关的有四十余种，如《临江仙》、《凤凰台上忆吹箫》、《阮郎归》、《瑞鹤仙》、《鹊桥仙》、《洞仙歌》、《天仙子》、《女冠子》等望文即知其与道教的联系。唐宋著名词作家如温庭筠、柳永、晏殊、苏轼、周邦彦、辛弃疾、吴文英等都曾谱写过道教词作。例如晏殊的《长生乐》词："阆苑神仙平地见，碧海架蓬瀛。洞门相向，倚金铺微明。处处天花缭乱，飘散歌声。装真筵寿，赐与流霞满瑶觥。红鸾翠节，紫凤银笙。玉女双来近彩云。随步朝夕拜三清。为传王母金策，祝千岁长生。"③ 长生升仙本来就是道教信仰的基本追求，词中鸾飞凤舞，流光溢彩，渲染了祝寿情景的热列场面，把一场人间寿宴描绘得如仙家盛会一样富丽堂皇，表达了对寿星延年益寿的美好祝愿。这是道教信仰与祝寿民俗相融合的生动再现。再比如柳永《巫山一段云》词："六六真游洞，三三物外天。九班麟稳破非烟，何处按云轩？昨夜麻姑陪宴，又话蓬莱清浅。几回山脚弄云涛，仿佛见金鳌。""清旦朝金母，斜阳醉玉龟。天风摇曳六铢

---

①　方春阳点校：《张三丰全集》，浙江古籍出版社1990年版，第225页。
②　方春阳点校：《张三丰全集》，第211页。
③　刘扬忠编注：《晏殊词新释辑评》，中国书店2003年版，第149页。

衣，鹤背觉孤危。贪看海蟾狂戏，不道九关齐闭。相将何处寄良霄，还去访三茅。"① 前一首词借用麻姑话蓬莱沧海桑田的道教神仙典故，并结合道教神秘数字，来表达游仙感怀；后一首词描写众神仙朝拜西王母，沉醉嬉游，乐而忘返的情形，表达了对快乐悠游、自由不拘的生活的无限向往。两首词都很生动地化用了道教的神仙典故，活泼而自然，通俗可亲，让人觉得人、仙之间并没有不可逾越之阶。

道教诗词除了具有一般诗词的特点之外，更有其所要抒发表达的诸如仙道玄远、丹法至秘、仙境幽渺等特殊内容。所以，道教诗歌在隐喻意象的运用上十分自觉而普遍，通过连譬设喻，触发联想，激起对于玄远仙道的无尽向往和深沉感悟。保罗·韦斯（Paul Weiss）与冯·O. 沃格特（Von Ogden Vogt）著的《宗教与艺术》说："宗教诗歌中的隐喻也是运用各自独立而又相互比照的因素来彼此启迪和说明的，但不同点在于它努力运用的那些因素主要涉及人和带有神性色彩的存在，即便表面上只是在谈论爱、谈论狗或虎时，也是如此。在这个意义上我们可以说，一切宗教艺术都是隐喻性的。"所以，尽管"宗教诗歌表面上的主题可以是墓碑、花草、阳光、病痛、冬天、战争或其他任何事物"，但它真正要展现的乃是"一种由神性所限的短暂存在在某一特殊时刻里的特征和意义"②，具有深刻的符号象征理趣。

2. 道教散文及其思想内涵

道教散文也是道教文学的篇帙最浩繁的一类，《道藏》鸿篇巨帙，大半以散文的形式写成。道教散文的源头可以上溯到先秦道家老子、庄子、列子等的散文作品。《道德经》五千文，文句错落有致，有时自然成韵，善于运用意象，具有鲜明的象征旨趣。例如在揭示"道"的功用时，老子运用了一系列人们日常生活中非常熟悉的事物作比喻，不但新颖、生动，而且形象、蕴蓄。庄子的散文汪洋恣肆，纵横捭阖，想象奇特，气势磅礴，富有强烈的浪漫色彩，而且，庄子的散文擅于幻设寓言，机趣自然，寓意深刻，象征意味非常浓郁。庄子以其如椽之笔，创造了一个五彩斑斓的寓言世界，借此以阐发自然无为之道，表达对生命自由的向往。老庄的散文著作在道教创

① 薛瑞生校注：《乐章集校注》，中华书局1994年版，第75页。
② ［美］保罗·韦斯、［美］冯·沃格特：《宗教与艺术》，何其敏、金仲译，四川人民出版社1999年版，第47—48页。

立之后成为道教的主要经典，不仅对道教散文有非常深刻的影响，而且也对整个中国古代文学、中国古典美学影响深远。正如叶朗《中国美学史大纲》所言："老子美学是中国美学史的起点"，中国古典美学关于"澄怀味象"、"境生象外"等理论的思想发源地，就是老子美学。庄子则"在美学史上第一次触到了美和美感的实质"，"通过'象罔得到玄珠'的寓言，用老子'有'、'无'、'虚'、'实'的思想对《系辞传》'立象以尽意'的命题作了修正，强调只有有形和无形相结合的形象（'象罔'）才能表现宇宙的真理（'道'）"①。

　　道教散文或阐论教理教义、修炼方法，或记述神仙语录、道门事略，不一而足。早期道教议论散文大多采取语录体形式，如采取"天师"与"真人"等神仙人物问答的方式来表达道教对于自然、社会、人生的看法。如《太平经》总体上就属于语录体散文。为了深入浅出地阐述教理，早期道教领袖们非常注意通过类比以说明问题，既有具体类比，也用抽象类比；既可以物比人，也可以人喻世。如《太平经》"事死不得过生法"篇载："人生，象天属天也。人死，象地属地也。天，父也。地，母也。事母不得过父。生人，阳也。死人，阴也。事阴不得过阳。阳，君也。阴，臣也。事臣不得过君。"② 在这里，生死之道即是天地之道、父母之道、阴阳之道，君臣之道它们之间是可以一层一层地类比推导的。玄奥的"道"在这样的层层类比、反复设喻中隐约得到了体现。正如文中不断强调的"象天属天"、"象地属地"，各种事物及其道理在这里之所以能够互相类比，就在于它们相像，有比较接近的"象"，意义的关联首先在象中得到呈现，由此而观物取象，连类设譬，以象寓意，阐发其幽玄之意。晋代葛洪《抱朴子内篇》阐发大道玄要，他汲取《庄子》的汪洋恣肆和汉赋的铺陈排比，畅玄论仙，为了使道门中人接受并领悟道教深奥的玄理、高深的教义，著文就需要发掘运用形象的素材，要寓"玄"于"象"，"象"明则"玄"畅。《抱朴子内篇·畅玄》如是说："玄者，自然之始祖，而万殊之大宗也。眇昧乎其深也，故称微焉。绵邈乎其远也，故称妙焉。其高则冠盖乎九霄，其旷则笼罩乎八隅。

---

① 参见叶朗：《中国美学史大纲》，上海人民出版社 1985 年版，第 19、106、107 页。
② 王明：《太平经合校》，第 49 页。

光乎日月，迅乎电驰。或倏烁而景逝，或飘瀄而星流，或混漾于渊澄，或霏霏而云浮。因兆类而为有，托潜寂而为无。沦大幽而下沉，凌辰极而上游。金石不能比其刚，湛露不能等其柔。方而不矩，圆而不规。来焉莫见，往焉莫追。乾以之高，坤以之卑，云以之行，雨以之施。胞胎元一，范铸两仪，吐纳大始，鼓冶亿类，佪旋四七，匠成草昧，辔策灵机，吹嘘四气，幽括冲默，舒阐粲尉，抑浊扬清，斟酌河渭，增之不溢，挹之不匮，与之不荣，夺之不瘁。故玄之所在，其乐不穷。"① 在这里，作者先对"玄"作了一个似定义又非定义的定性概括，接下来就从各个侧面摹写其特征、性状、功用及其与宇宙世间万事万物的种种关联，将高度抽象的"玄"寓于各种有"象"的时空、事物、形态之中，并运用一系列排比、对偶，铺彩摛文，将"玄"与"象"融为一体，充分显现出"以象畅玄"的思维特色。这种受到汉赋影响而形成的论说散文，因其笔势磅礴大气，说理层层紧迫，故而特色鲜明，也颇受欢迎，甚至被称为"畅玄体"。六朝以降，受骈文文风的影响，也有一些道教散文糅合骈体文，韵散相间，如萧廷芝《读参同契作》："复临泰壮夬乾兮，六阳左旋；姤遁否观剥坤兮，六阴右转。百八十阳兮，日宫春色；百八十阴兮，月殿秋光。月不自明，由日以受其明；日之有耀，因月以发其光。"② 这一段描写意在表达作者对《周易参同契》以"十二消息卦"象征金丹火候之事的理解，作者紧扣"日月"基本意象，表现金丹火候阴阳升降的情状，极尽象征之趣。这种文章骈散结合，注意对称，富有节奏和韵律感，形式非常优美；其象征意蕴更是颇耐人寻味。

3. 道教小说及其思想内涵

道教兴起以来，仙话创作也一直很兴盛。这些仙话故事在文学形式上大都可以归为小说一门，也可以视为道教小说的渊源。早期道教小说散见于六朝志怪体杂记。包括记述神仙道人传记、地理仙境以及表现道教观念、叙述奇闻异象的杂记。这类作品中，尤以神仙传的形式最为常见。神仙传是以神仙故事、道人事迹为其基本故事内容反映道教神仙信仰的道教小说。这些作品或由文士编撰以寄托情思，或由道士汇编以彰明仙道。汉代的《列仙传》

① 王明：《抱朴子内篇校释》，第1页。
② 《道藏》第4册，第650页。

是其初祖，魏晋南北朝时较著名的有《神仙传》、《西王母传》、《汉武帝内传》、《洞仙传》等。如流行于六朝间的《汉武帝内传》小说，杂采《史记》、《汉书》等各种文献典籍中有关汉武帝求仙的资料，依凭《汉武故事》的框架，纳古老的西王母传说于其间，构成了武帝见西王母的基本框架，同时作者又杂糅其他许多神仙传说，使作品的层次显得更为丰富，故事更具情趣和风致。唐宋时期，以文言短篇为形式特征的传奇体小说大行其道，其中不乏涉及道教人物、故事之作，如王度《古镜记》，张鷟《游仙窟》，陈鸿《长恨歌传》，李公佐《南柯太守传》、《古岳渎经》，沈既济《任氏传》，李朝威《柳毅传》，还有署名著名道士杜光庭的《虬髯客传》等，在唐传奇中可谓灿然大观。鲁迅《中国小说史略》指出："小说亦如诗，至唐代而一变，虽尚不离于搜奇记逸，然叙述宛转，文辞华艳，与六朝之粗陈梗概者较，演进之迹甚明，而尤显者乃在是时则始有意为小说。"① 以李朝威《柳毅传》为例，其写儒生柳毅，应举不第，访友于泾阳的路上，偶遇龙女："见有妇人，牧羊于道畔。毅怪视之，乃殊色也。然而蛾脸不舒，巾袖无光，凝听翔立，若有所伺。毅诘之曰：'子何苦而自辱如是？'妇始楚而谢，终泣而对曰：'贱妾不幸，今日见辱问于长者。然而恨贯肌骨，亦何能愧避，幸一闻焉。妾，洞庭龙君小女也。父母配嫁泾川次子，而夫婿乐逸，为婢仆所惑，日以厌薄。既而将诉于舅姑，舅姑爱其子，不能御。迨诉频切，又得罪舅姑。舅姑毁黜以至此。'言讫，歔欷流涕，悲不自胜。"柳毅出于怜悯和义愤，为龙女代传书信，龙女的叔父钱塘龙君得知侄女受虐怒火中烧，挣脱锁链，飞驰泾川，杀死泾河小龙，救回龙女，小说写道："语未毕，而大声忽发，天拆地裂，宫殿摆簸，云烟沸涌。俄有赤龙长千余尺，电目血舌，朱鳞火鬣，项掣金锁，锁牵玉柱，千雷万霆，激绕其身，霰雪雨雹，一时皆下。乃擘青天而飞去。毅恐蹶仆地。君亲起持之曰：'无惧，固无害。'毅良久稍安，乃获自定。……俄而祥风庆云，融融怡怡，幢节玲珑，箫韶以随。红妆千万，笑语熙熙。后有一人，自然蛾眉，明珰满身，绡縠参差。迫而视之，乃前寄辞者。然若喜若悲，零泪如丝。须臾，红烟蔽其

---

① 鲁迅：《中国小说史略》，上海古籍出版社 1998 年版，第 44 页。

左，紫气舒其右，香气环旋，入于宫中。君笑谓毅曰：'泾水之囚人至矣。'"① 小说情节曲折，引人入胜，以龙女的命运作为悬念，紧扣读者心弦。作者以其优美而富有表现力的语言生动地刻画了龙女、钱塘龙君等神仙形象，凸显出神仙的性格，如其写钱塘龙君暴躁不羁、疾恶如仇的性情和法力无边、战无不胜的特点，描绘得有声有色，如在目前。《柳毅传》中的龙宫仙境既具有世人见所未见的奇珍异宝，也有跟普通人一样的儿女情长，龙女与柳毅的姻缘也成为人仙恋爱的典型而为后世许多作品借鉴或改编。

宋元以来，许多话本小说以神仙鬼怪为内容或以道教信仰为宗旨。如《西山一窟鬼》、《西湖三塔记》、《定州三怪》等，着力描述精灵鬼怪，字里行间笼罩着光怪陆离之感，这是道教神仙鬼怪思想在市井生活中的一种反映。明代兴起的拟话本小说作品如冯梦龙、凌蒙初的"三言二拍"（《醒世恒言》、《警世通言》、《喻世明言》，《初刻拍案惊奇》、《二刻拍案惊奇》），这类拟话本小说中有不少作品或者敷衍道教人物事迹，表现超凡出世思想；或者宣扬道家、道教清心寡欲、淡泊名利的思想；或者杂采神仙故事，铺叙道教的奇异法术以娱乐大众；或者讲述浪子回头、修道成仙的故事。比较有代表性的作品有《张古老种瓜娶文女》、《张道陵七试赵升》、《庄子休鼓盆成大道》、《杜子春三入长安》、《旌阳宫铁树镇妖》等篇。如《庄子休鼓盆成大道》开篇写道："'富贵五更春梦，功名一片浮云。眼前骨肉亦非真，恩爱翻成仇恨。莫把金枷套颈，休将玉锁缠身。清心寡欲脱凡尘，快乐风光本分。'这首《西江月》词，是个劝世之言。要人割断迷情，逍遥自在。……如今说这庄生鼓盆的故事，不是唆人夫妻不睦，只要人辨出贤愚，参破真假。从第一着迷处，把这念头放淡下来。渐渐六根清净，道念滋生，自有受用。昔人看田夫插秧，咏诗四句，大有见解。诗曰：'手把青秧插野田，低头便见水中天。六根清净方为稻，退步原来是向前。'话说周末时，有一高贤，姓庄名周，字子休，宋国蒙邑人也。曾仕周为漆园吏。师事一个大圣人，是道教之祖，姓李名耳，字伯阳。伯阳生而白发，人都呼为老子。庄生常昼寝，梦为蝴蝶，栩栩然于园林花草之间，其意甚适。醒来时，尚觉

① 参见朱东润主编：《历代文学作品选》中编，第1册，上海古籍出版社2002年版，第382—385页。

臂膊如两翅飞动，心甚异之。以后不时有此梦。庄生一日在老子座间讲
《易》之暇，将此梦诉之于师。却是个大圣人，晓得三生来历，向庄生指出
夙世因由：那庄生原是混沌初分时一个白蝴蝶。天一生水，二生木，木荣花
茂。那白蝴蝶采百花之精，夺日月之秀，得了气候，长生不死，翅如车轮，
后游于瑶池，偷采蟠桃花蕊，被王母娘娘位下守花的青鸾啄死。其神不散，
托生于世，做了庄周。因他根器不凡，道心坚固，师事老子，学清净无为之
教。今日被老子点破了前生，如梦初醒。自觉两腋风生，有栩栩然蝴蝶之
意。把世情荣枯得丧，看做行云流水，一丝不挂。老子知他心下大悟，把
《道德》五千字的秘诀，倾囊而授。庄生嘿嘿诵习修炼，遂能分身隐形，出
神变化。从此弃了漆园吏的前程，辞别老子，周游访道。"① 正如《警世通
言》题名所谓，《庄子休鼓盆成大道》实际上不过是创造了一个生动的寓言
故事来警谕世人于世俗迷情中有所觉悟，"是个劝世之言。要人割断迷情，
逍遥自在"。其劝世指向"渐渐六根清净，道念滋生，自有受用"。小说把
庄子这位道教尊仙予以高度的形象化、生活化，写其亦仙亦人，由人而仙，
终成大道的经历，其中融合了庄子师事老子、庄周梦蝶、庄子鼓盆而歌等道
教传说。明清时期影响最大、成就最突出的长篇章回小说或多或少都会涉及
一些道教信仰、神仙人物或道教生活的内容，其中一些作品如《封神演
义》、《西游记》、《韩湘子全传》、《吕仙飞剑记》、《绿野仙踪》等更是比较
典型的长篇道教小说。这些小说或者把历史故事和神仙故事融会在一起，如
《封神演义》，以武王伐纣为主线，杂糅各种神仙传说加以铺展，既有历史
兴衰、政治斗争的惊心动魄，又有众神相助、法术交锋的应接不暇；或者将
民间流行的神仙故事进一步加工发展，形成与时代更接近、人们耳熟能详的
神仙故事，如《韩湘子全传》、《吕仙飞剑记》等作品就是发挥宋元以来流
行民间的八仙传说，整理再创造而成。

　　4. 道教戏曲及其思想内涵

　　宋元以来，戏曲一直是社会上最受欢迎的大众娱乐形式，历代戏曲文学
作品中的道教题材作品也都是比较引人注目的。从题材类型和思想内容上
看，道教戏曲类型可分为这样几种：传神仙之道，度世间凡人；法术高明，

---

①　冯梦龙编：《警世通言》卷2，钟仁校注，陕西人民出版社1985年版，第13—14页。

点化精怪；隐居修真，淡泊名利；惩恶扬善，济弱扶困等，其中，传道度脱是道教戏曲中的重头戏。如《汉钟离度脱蓝采和》，《马丹阳三度任风子》等杂剧作品，让剧中主角历经各种灾难、横祸，遭受情感痛苦，然后参悟仙道，甚至位列仙班。元代是古代戏曲的勃兴时期，也是道教戏剧的鼎盛时期，元末钟嗣成作《录鬼簿》，著录元代杂剧作家作品约计150余家、470余本，其中道教题材的杂剧作品有《陈抟高卧》、《荐福碑》、《岳阳楼》、《黄粱梦》、《任风子》、《庄周梦》、《误入桃源》、《张生煮海》等40余种，约占总数的1/10。明初，涵虚子朱权作《太和正音谱》，以"杂剧十二科"对元杂剧进行归类，排在"杂剧十二科"第一位的就是"神仙道化"剧，紧接其后则是"隐居乐道"。涵虚子的观点至少从一个侧面反映了元代道教戏曲的巨大影响，当然也代表了他自己对道教戏曲的推崇。元代道教戏剧之所以流行，有两个层面的重要原因：一是元代全真道教的盛行及其与文人阶层的接近，二是元代科举失序、儒道衰落、吏治腐败、社会黑暗以及由此而造成的整个时代的精神家园的失落。杂剧作家们一方面以戏剧形式描述神仙的事迹，刻画仙界的美好、自由与和谐，以此反衬现实社会的黑暗不平、官场腐败，表达对蒙元统治者以及种族等级制度的不满，另一方面也通过对神仙事迹的彰扬，说明在现实生活中，人们只要淡泊名利，精诚修炼，是可以摆脱世俗生活的苦恼，超越人生的短促；得到个人的解脱，甚至得道成仙，长生久视。"元曲四大家"之一的马致远是元代神仙道化剧创作数量最多、成就最卓著、影响最大的剧作家。也许正是因为这样，他在当时就享有"万花丛中马神仙"的美誉。他吸取了全真教的神仙观念和修身思想，认为人生在世，应与世俗社会保持一定的距离，要化解生活中的痛苦，求取心理上的平衡。他谱写的《岳阳楼》、《黄粱梦》、《陈抟高卧》、《任风子》等神仙道化剧作，大都充满忧愤之气与悲凉之感，为现实黑暗、英雄失路而忧愤，为生命短暂、人生无常而悲凉，惟其如此，道教的神仙思想、美好仙境才成为最后的慰藉。以《黄粱梦》为例，这部杂剧全称《邯郸道省悟黄粱梦》，是马致远与李时中、花李郎、红字李二等人合作写成的。剧作敷演全真道祖师钟离权通过梦的形式来度化吕洞宾，并以此阐明超凡出世、皈依大道的全真旨趣。全剧以梦作为贯穿的主线，当钟离权蒸煮黄粱米饭时，他让吕洞宾在梦中享尽荣华富贵，紧接着让他在梦中体验酒色财气的牵累，然后又让他经历一番罢官迭配、颠沛流离的凄惶，最后等吕洞宾从梦中醒来，钟离权便——就梦中诸事启发他明了人生之虚幻无根。吕洞宾由此了悟大道，遁入玄门。明代的道教戏曲作品也较为可观。明初，涵虚子朱权作有《瑶天笙鹤》、《白日飞升》、《独步大罗》等道教杂剧，朱有燉作《诚斋乐府》计杂剧 30 余种，其中神仙道化之作多达十余种，如《吕洞宾花月神仙会》、《张天师明断辰钩月》、《紫阳仙三度长椿寿》等。另外，杂剧作家贾仲明也作有《升仙梦》之剧。晚明剧作家汤显祖所作《邯郸记》是一部非常重要的剧作，它既是汤显祖"临川四梦"中在艺术成就上不亚于《牡丹亭》的作品，也是道教戏曲中难得的传奇长篇。《邯郸记》演述吕洞宾度脱卢生的故事，其情节与《黄粱梦》相似而转详，把卢生于黄粱梦中所经历的荣华富贵、风波险阻、颠沛流离渲染得更为纷繁细腻。汤显祖本来就生长于一个有深厚道教信仰的家庭，他的祖父雅好仙道，对汤显祖影响很大，而当汤显祖弃绝官场、脱离宦海、归隐玉茗堂时，出尘之思意识非常强烈。汤显祖在这部作品中以其绝世才情，既讽刺、针砭了晚明官场、社会的荒诞与污浊，也透露了作者失望于现实，以隐居乐道为慰藉的心境。

清代小说家、戏剧家、戏剧理论家李渔在《闲情偶寄》中说："传奇无实，大半皆寓言耳。欲劝人为孝，则举一孝子出名，但有一行可纪，则不必尽有其事，凡属孝亲所应有者，悉取而加之，亦犹纣之不善不如是之甚也。一居下流，天下之恶皆归焉。其余表忠表节，与种种劝人为善之剧，率同于此。"① 李渔"传奇无实，大半寓言"之说对于我们认识道教小说、戏曲的艺术特色是很有启发意义的。作为叙事文学作品，道教小说、戏曲通过引人入胜的故事情节、生动的人物形象和鲜明的人物性格渲染道教神仙自由逍遥的生活、美妙的洞府仙境和度人出世的仙道关怀。道教叙事文学中虚拟的"故事"固然优美，但更重要的是"故事"中的"寓言"，是寓于故事中的慕仙修真志趣和淡泊名利情怀，是其中为失意于现实、厌弃于尘俗的人们指引的悠远的人生解脱、生命升华之"道"。

正如葛兆光在《道教与中国文化》中所说：道教"带给中国文学艺术的，乃是一种追求绚丽神奇的审美情趣，一种色彩缤纷、瑰伟怪诞的意象

---

① 李渔：《闲情偶寄》，浙江古籍出版社 1985 年版，第 14 页。

群，一种近乎沉浸于幻觉之中的热烈想象力"①。这也正是道教的语言文学作为宗教符号的意义的实现。

第二节　中国宗教艺术符号的思想象征

艺术和宗教是人类两种基本的文化形态。宗教与艺术相结合，极大地增强了宗教的感染力，从而更有效地激发信徒的宗教情感，巩固信徒的宗教信仰。不仅如此，宗教还成功地利用了艺术通俗易懂、生动感人的形式，使自己的宗教思想为不同时代、阶层、文化程度的人所理解并接受，从而促进宗教的广泛传播。宗教发展与传播的实践证明，内容丰富、形式多样的宗教艺术，对宗教文化的各个方面，都有不同程度的强化作用，因此，各种宗教大都很注重从艺术中汲取力量，从而造就了辉煌灿烂的宗教艺术。

宗教艺术是宗教思想的艺术表现，是宗教教义的外化形式。宗教艺术往往利用象征性的语言、造像等形式来表达宗教的教义，它是一种把观念形象化、符号化的过程，并促使人类透过这样的方式来体验并接受它。例如在基督教艺术中"百合花"代表着圣母的形象也象征纯洁，圣婴手中的苹果则象征圣婴担负着为人类从"原罪"中赎罪的使命；而中国佛道壁画中的"飞天"象征欢乐、吉祥，"莲花"象征圣洁等。这样的符号表现除了有效传递特殊的宗教信息外，本身也具有美的特质，并且使这种手段成为目的，让原本作为宗教世界观的表现形式而存在的艺术，也具备了属于自己的独特的美的形式。

艺术是人类情感的感性形式，艺术作为符号所表征的不是客体世界而是主体的情感或被情感化了的"内在生活"。而情感不同于客体实在的地方就在于它"在我们的感受中就像森林中的灯火那样变幻不定、互相交叉和重迭；当它们没有互相抵消和掩盖时，便又聚集成一定的形状，但这种形状又在时时分解着，或是在激烈的冲突中爆发为激情，或是在这种冲突中变得面目全非。所有这样一些交融为一体而不可分割的主观现实就组成了我们称之

---

① 葛兆光：《道教与中国文化》，上海人民出版社1995年版，第371页。

为'内在生活'的东西。"① 因此，一般意义上的语言根本无法将它忠实地再现和表达出来。这就决定了艺术符号的非特指性，它只能用含蓄的、多义的语言，形象地显现那虚无缥缈、闪烁不定的情感世界。所以，一切表现神灵及其神性的言辞和身体动作便只能是拟人化的、象征性的。或者用某种感性的形象、物质性的实物和偶像来象征那本属虚无缥缈的神灵；或者用比喻性的言辞来表现神灵的形状；或者用模拟化的身体动作来表现神灵的行为、事功以及自己对神灵的感受和体验。一切"象征性"、"符号化"的表现，都是超越自然本能的人性升华或人性的创造性活动，具体化为形象性的艺术。语言的象征性描述，发展为讴歌神灵功德的宗教文学、艺术；身体动作的象征性模拟，发展为再现神灵行为和神话故事的舞蹈艺术和宗教戏剧；神灵偶像和礼器、法器的制作，发展为雕塑绘画之类的造型艺术，明堂、礼拜堂的建筑和装饰发展为建筑艺术……

一、佛教艺术符号及其思想表征

自原始佛教至部派佛教时期，佛教艺术的发展是非常有限的。由于戒律中（沙弥十戒）有"远离观听歌舞"诸般规定，故相应的佛艺仅限于佛足、金刚座、菩提树等的雕画，以为佛陀的象征。公元前后，大乘佛教兴起，雕刻、建筑、绘画、工艺等艺术活动始随印度都市工商业与部分进步派僧侣的革新精神而兴起，打破以往小乘时代不敢模拟佛像的观念，而普遍塑造佛像以供养礼拜，佛教艺术乃借造像而大兴。至六朝、隋唐时期，佛教与中国文化已经形成广泛的交融，并在这种交融中渐渐形成了具有中国品格的佛教艺术。佛教艺术若就一般艺术分类约可分为建筑、雕刻、绘画、音乐、书法等，我们从中选取几个代表来予以观照。

1. 建筑

建筑既是一种基本的生活空间，又是一种突出的艺术形式。它是人类技术智慧和审美智慧的综合体现。黑格尔说："建筑的任务在于对外在无机自然加工，使它与心灵结成血肉姻缘，成为符合艺术的外在世界。……建筑艺术的基本类型就是象征艺术类型。建筑为神的完满实现铺平道路，在这种差

---

① ［美］苏珊·朗格：《艺术问题》，滕守尧译，中国社会科学出版社 1983 年版，第 21 页。

事中它在客观自然上辛苦加工，使客观自然摆脱有限性的纠缠和偶然机会的歪曲。建筑借此替神铺平一片场所，安排好外在环境，建立起庙宇，作为心灵凝神观照它的绝对对象的适当场所。它还替他的信士群众的集会筑起一堵围墙，可以避风雨防野兽，并且显示出会众的意志，显示的方式虽是外表的，却是符合艺术的。……在这方面建筑可以达到很高的成就，甚至于能用它的素材和形式把上述内容意蕴完满表现为艺术品。"[①] 宗教建筑尤其注重将建筑的客观功能与人的宗教心理相融合，借助建筑的形式强化宗教体验，寄予宗教精神。

佛教建筑主要是佛教寺塔。古印度规模宏大的佛教寺塔数不胜数，但现存不多。佛教建筑传入中国，一方面保留着古印度的建筑形式，另一方面又融合了中国的建筑文化，从而形成了中国佛教建筑的新风格。像敦煌、龙门、云冈的佛教石窟，都在世界上享有盛名。此外，像北京雍和宫、拉萨布达拉宫、承德外八庙等建筑群上的藏传佛教建筑则又另具特殊的民族风格。中国的佛教建筑，堪称中国佛教艺术之大观。就其建筑型态而论，有塔、石窟、僧院、玉垣、门、石柱、幢等众多类型。我们着重来看看塔。

塔，意译坟、庙、高显处，音译为"浮屠"、"佛图"，俗语中"救人一命，胜造七级浮屠"，说的就是这佛塔。塔的建造源于对佛陀舍利的崇奉，故具有佛教崇拜的风格，为佛教特有的建筑，通常都是佛教建筑群的中心，样式有自然的圆形、半球形覆钵式、方形等。最初的佛塔是由一个捣实的半球形土坯砌成，中间以一根木杆做为支撑，造型颇与天神居住的迷卢山（Mount Meru）相似。后来慢慢用绘画、雕刻品、圣物和油灯来装饰佛塔的内室，以表示对佛的尊崇，逐渐形成了在佛教文化中具有标志性的佛塔建筑艺术。中国的佛塔除有古印度式样外，也有完全中国风情的楼阁样式，佛塔同中国固有的建筑技术和形式相结合，衍化出多种类型。中国各地的木塔、砖塔、石塔、铜塔、铁塔、琉璃砖塔等成为中国建筑的珍品。佛塔一般由地宫、塔基、塔身、塔顶和塔刹组成。塔的位置，有在中轴线上塔为中心、塔与殿并重、塔在殿前等。佛塔的造型随着时间的流逝也在不断地变化，但无论材质如何不同，风格如何差异，有一点是无论如何也不变的，即佛塔的塔

---

① ［德］黑格尔：《美学》第1卷，朱光潜译，商务印书馆1979年版，第106页。

尖永远都指向苍穹，象征着对佛教的虔诚。这一点充分体现了佛塔的建筑形式和宗教内涵的完美统一。由于佛塔塔体高耸，形象突出，在佛教建筑群的总体轮廓上十分醒目，往往是人们接近佛寺时最早映入眼帘的标志。中国一些佛塔巍峨而中空，可供登临，又为佛塔建筑平添了几分风雅。佛塔这种建筑曾让无数名利场中人于登临远眺、凭虚凌空之际感悟空寂，看破红尘而皈依佛门，也曾惹得许多骚人墨客登塔感怀，发沧海桑田、兴亡无常之慨。例如著名的西安慈恩寺大雁塔。唐贞观二十一年（647 年），当时还是太子的唐高宗为感母恩而兴建此寺，故称"慈恩"，永徽三年（652 年），高僧玄奘于寺中建塔，称大雁塔，共有六层，后来又增高为七层。慈恩寺大雁塔是唐代佛教兴盛的一个最生动的说明，引得无数文人赋诗吟咏，杜甫、高适、岑参、储光羲等都留下了咏叹大雁塔的名篇，如杜甫《同诸公登慈恩寺塔》谓："高标跨苍穹，烈风无时休。自非旷士怀，登兹翻百忧。方知象教力，足可追冥搜。仰穿龙蛇窟，始出枝撑幽。……黄鹄去不息，哀鸣何所投？君看随阳雁，各有稻粱谋。"① 岑参《与高适薛据登慈恩寺浮图》慨叹："塔势如涌出，孤高耸天宫。登临出世界，磴道盘虚空。突兀压神州，峥嵘如鬼工。四角碍白日，七层摩苍穹。下窥指高鸟，俯听闻惊风。连山若波涛，奔走似朝东。青槐夹驰道，宫观何玲珑！秋色从西来，苍然满关中。五陵北原上，万古青蒙蒙。净理了可悟，胜因夙所宗。誓将挂冠去，觉道资无穷。"② 佛塔本来就是佛教建筑艺术中的翘楚，又与文人吟咏结下不解之缘，便成了佛教艺术、文学中的焦点。如大诗人李白的《春日归山寄孟浩然》诗便这样描绘梵寺佛塔："朱绂遗尘境，青山谒梵筵。金绳开觉路，宝筏度迷川。岭树攒飞栱，岩花覆谷泉。塔形标海月，楼势出江烟。香气三天下，钟声万壑连。荷秋珠已满，松密盖初圆。鸟聚疑闻法，龙参若护禅。愧非流水韵，叨入伯牙弦。"③ 没有那引人注目的佛塔建筑艺术，如何有这脍炙人口的咏塔诗篇呢？

2. 音乐

佛乐是佛教艺术的重要组成部分，也是音乐文化的奇葩。音乐是佛教传

---

① 杜甫著，仇兆鳌注：《杜诗详注》，中华书局 1979 年版，第 103 页。

② 岑参著，陈铁民、侯忠义校注：《岑参集校注》，上海古籍出版社 1981 年版，第 101 页。

③ 李白著，瞿蜕园、朱金城校注：《李白集校注》，第 870 页。

播的重要媒介和手段。佛教东传以后，其富有感染力的音乐风靡天下。在佛教宗教仪式和法事活动中，音乐一般都是不可或缺的内容，其作用是渲染宗教气氛、增强弘法效果。同时，佛乐特有的韵味很吻合人们膜拜和祈福的宗教心理。佛教音乐清新雅洁、超凡脱俗、幽远深长，颂乐者身心合一，物我两忘，闻乐者胸襟豁然、洗除心尘、净化意念，于袅袅梵音中细细体味人生真谛，领略佛法三昧。中国佛教徒素来重视佛教音乐，认为佛乐有助于"宣唱传理，开导众心"，在集众行香等场合，可起到"静摄专抑"的作用。佛教音乐通常可分为两类：一是佛事音乐，其中又可细分为朝暮课诵、祝圣佛事和普济佛事之类；二是以佛教题材为主题的或由佛事音乐改编的通俗音乐，包括赞、偈、咒、诵四类。其中，赞有称赞、祈祷、歌颂之意。赞词有韵，分多句、八句、六句、四句等形式，如《戒定真香》、《佛宝赞》、《杨枝净水》等。偈是梵文唱词，指《回向偈》之类的唱品。"回向"是功德圆满、回向众生的意思。《回向偈》有五字体和七字体之分，有八句复唱，也有四句复唱。咒即咒文，梵音转读，可意会而不可详解，分有韵咒和无韵咒。无韵咒节奏急促，木鱼单点伴击；有韵咒缓唱，通常用磬、铃、铛等乐器伴奏。唱诵是音乐性很强的韵体腔，主要用于早晚拜佛之时。佛教音乐的伴奏乐器中常见的有钟、鼓、磬、木鱼、铃、铛、铪等打击乐器，又称法器。我国的一些寺院也有用箫、笛甚至弹拨类乐器随腔伴奏的。

中国佛教音乐是在佛教"仪轨"的基础上发展起来的，而且一般通过仪轨活动体现出来。换句话说，仪轨是佛教音乐的摇篮，佛教音乐是从仪轨的附属物发展而蔚为大观的。"仪轨"一词，原指佛教密宗的念诵法，在中国则不论显教、密教，泛指唱念仪式的规范。至庐山慧远"躬为导首"，开创了以音乐为舟揖弘大佛法的方式。东晋时期确立的唱导制度，为后世的佛教音乐内容、目的、形式、场合的规范奠定了基础。南朝佛教音乐兴盛，当时建康等地梵呗流行日盛，梵呗高僧辈出，如建康白马寺的僧徒，颇有文才杂艺，尤其爱好唱诵，声音"响调优游，和雅哀亮"，"每清梵一举，辄道俗倾"。永明十年，萧子良礼请建康各寺梵呗名僧集结，对传统梵呗进行唱诵曲调的比较、勘误与校正。经过这样的整理和校订，不仅恢复、发掘了许多传统梵呗，而且培养了一批梵呗高僧。梁武帝萧衍博通文史，既谙熟律吕音乐，又是一个虔诚的佛教徒。梁武帝制作了许多佛教乐舞作品，以充实有关仪轨。据《隋唐音乐志》记载，梁武帝亲制《善哉》、《神王》、《大乐》、《大观》、《天道》、《仙道》、《过恶》、《除渡水》、《断苦轮》等十篇法乐，名为正乐，皆述佛法。隋唐间的佛教音乐达到辉煌，这种辉煌有三个柱石，一是继承了南朝传统梵呗与法乐；二是从西域传入为数不少的佛曲，主要是器乐曲目；三是隋唐新生的佛曲。除此之外，六朝的传教方式"唱导"，至唐代而演变为"俗讲"，就是以通俗的方式宣讲佛教义理和佛经故事，俗讲通常连说带唱，描摹表演，极能吸引观众。道宣《续高僧传》记载宝严和尚登座俗讲时的情形："案几顾望，未及吐言，掷物云崩，须臾坐没。""士女观听，掷钱如雨。"从这样的描述中，我们不难发现俗讲的影响力。韩愈诗中"街东街西讲佛经，撞钟呗螺闹宫庭"的语句，也从侧面生动再现了唐代佛乐的繁盛景况。

佛乐是僧尼每日的功课，也是寺院无处不在的旋律。只要听见那典雅舒缓、肃穆深沉的佛教音乐，人们便知道在这尘世中，依然有着一片片莲花净地。

二、道教艺术符号及其思想表征

道教在建筑、雕塑、绘画、音乐、书法等众多艺术门类创造了道教艺术的灿烂奇观。这里拟以道教建筑和绘画为例，去认识那些充满道教象征智慧的艺术符号。

1. 建筑

道教建筑门类纷繁，具体有诸如宫、观、殿、堂、府、庙、楼、馆、舍、轩、斋、廊、阁、阙、门、坛、台、亭、塔、榭、坊、桥等，规模参差，形制各异，功能亦各自不同。宫观建筑是道教建筑的主体和典型体现。道教宫观既是供奉、祭祀神灵的神圣殿堂，也是道士生活、修炼和进行斋醮祈禳等法事活动的场所。道教宫观遍布全国各地，最有代表性的如山东泰安岱庙天贶殿、山西太原晋祠圣母殿、山西芮城永乐宫、四川成都青羊宫、湖北武当山紫霄宫、北京白云观和东岳庙等。这些道教宫观建筑的形制和布局都有鲜明的特点。卿希泰主编的《中国道教》指出：道教宫观建筑的平面组合布局有两种形式。一种是按中轴线前后递进、左右均衡对称展开的传统建筑手法；另一种就是按五行八卦方位确定主要建筑位置，然后再围绕八卦方位放射展开具有神秘色彩的建筑手法。前一种为均衡对称式建筑，以道教正一派祖庭上清宫和全真派祖庭白云观为代表。山门以内，正面设主殿，两旁设灵官、文昌殿，沿中轴线上，设规模大小不等的玉皇殿或三清、四御殿，一般在西北角设会仙福地。有的宫观还充分利用地形地势的特点，造成前低后高、突出主殿威严的效果。膳堂和房舍等一类附属建筑则安排在轴线两侧或后部。后一种为五行八卦式建筑，可以江西省三清山丹鼎派建筑为代表。三清山的道教建筑龙虎殿、涵星池、天一水池、雷神庙、演教殿、王佑墓、詹碧云墓、飞仙台八大建筑都围绕着中间丹炉和丹井，周边则遵循八卦方位一一排列对应。而它的南北中轴线特别长，所有其他建筑都在这条中轴线的两端一一展开，构成一个严整的建筑体系。这体现了道教内丹学派关于人体小宇宙与自然大宇宙相互对应的原则，也反映了精气神修炼过程中的同步协调思想。① 宫观建筑不仅在总体的形制和布局上特色鲜明，其各种局部的装饰点缀也往往蕴涵深意。例如成都青羊宫三清殿共有大柱 36 根，其中木柱 8 根，象征八大护法天王，石柱 28 根，象征二十八宿。"道教建筑的装饰，鲜明地反映了道教追求吉祥如意、延年益寿和羽化登仙的理想。如描绘日月星云、山水岩石以寓意光明普照、坚固永生；以扇、鱼、水仙、蝙蝠和鹿作为善、（富）裕、仙、福、禄的表象；用松柏、灵芝、龟、鹤、竹、狮、麒麟和龙凤等分别象征友情、长生、君子、辟邪和祥瑞。另外还直接以福、禄、寿、喜、吉、天、丰、乐等字变化其形体，用在窗棂门扇裙板及檐头蜀柱、斜撑、雀替、梁枋等建筑构件上，……"② 正如《中国象征文化》一书指出的那样："宫观是道教的活动场所，由于道教是以飞升成仙作为终极目的，它的活动场所的空间构造自始至终都是此一目的的象征系统。"③

　　"宫"、"观"本来都只是建筑的一般性称谓。"宫"这个词的原意乃是房屋的通称，"观"则指一种楼阁式建筑。经过先秦两汉政治文化和宗教文化的不断渗透，汉代以后，"宫观"一词"已经与神仙府第画上等号，由一

① 参见卿希泰主编：《中国道教》第 4 卷，知识出版社 1994 年版，第 76—77 页。
② 卿希泰主编：《中国道教》第 4 卷，第 77—78 页。
③ 居阅时、瞿明安主编：《中国象征文化》，上海人民出版社 2001 年版，第 70 页。

类具象的建筑演变成了一种意识的负载。道教以之作为活动场所的名称，不过是借用了这一象征符号罢了。"①

道教宫观建筑的规制理念始于东汉五斗米道，当时张道陵于创道之初，设二十四治所。这个"二十四治"成了后来道教宫观建筑的基本范型。《云笈七籖》卷28引《二十四治》云："谨按《张天师二十治图》云：太上以汉安二年正月七日日中时下二十四治，上八治、中八治、下八治，应天二十四气，合二十八宿，付天师张道陵奉行布化。"② 又据《要修科仪戒律钞》卷10引《太真科》称："立天师治，地方八十一步，法九九之数，唯升阳之气。治正中央名崇虚堂，一区七架六间十二丈，开起堂屋，上当中央二间上作一层崇玄台。当台中安大香炉，高五尺，恒火贲香。开东西南三户，户边安窗。两头马道。厦南户下飞格上朝礼。……崇玄台北五丈起崇仙堂，七间十四丈七架，东为阳仙房，西为阴仙房。玄台之南，去台十二，又近南门，起五间三架门室。门室东门南部宣威祭酒舍。门屋西间典司察气祭酒舍。其余小舍，不能具书。二十四治，各各如此。"③ "二十四治"的布局结构寓意深远，"这种特殊的布局形式反映出来的是一种由凡成仙的模式：以祭酒宿舍为中心的部分代表着人（准备修仙的人）的世界，以后堂诸室为中心的部分代表着仙的境界，而以崇玄台、崇虚堂为中心的部分则代表着由人到仙的修炼过程，这个过程必须以玄虚二旨作为根本。由此看来，道教早期的净治虽然简单，却是一个相当典型的象征结构。"④

汉代以降，宫观建筑随着道教和社会的发展而不断发展、演变，其规制、风格代各有异，总的来说是规制越来越讲究、艺术越来越精美，大约元代以后，慢慢形成了比较统一的格局。一方面在选址上注意与自然环境的协调一致，体现"道法自然"、"天人合一"的观念，另一方面在布局和结构上讲究秩序俨然、层次分明，隐喻仙真神圣、修炼成仙的教义。以白云观为例，京郊白云观是道教全真龙门派祖庭，号称全真道"天下第一丛林"，始建于唐代开元年间。白云观全部建筑分东、中、西三路，由层层递进的四合

①　居阅时、瞿明安主编：《中国象征文化》，第71页。
②　张君房编，李永晟点校：《云笈七籖》卷28，第632页。
③　《道藏》第6册，第966页。
④　居阅时、瞿明安主编：《中国象征文化》，第72页。

院组成，规模宏大，布局严整，景致幽雅，殿宇宏丽，工艺精美。主要建筑集中在中路，依次为牌楼、山门、灵官殿、玉皇殿、老律堂（七真殿）、邱祖殿、四御殿、戒台与云集山房等，东路有南极殿、斗姥阁和罗公塔等；西路有吕祖殿、八仙殿、元君殿、元辰殿、十二生肖壁、二十四孝壁等。其中灵官殿内供灵官护法门神及关羽、赵公明等四神像。邱祖殿为主要殿堂，内供道教全真派始祖邱处机泥塑像，塑像下埋葬邱的遗骨，名邱祖墓。四御殿为二层建筑，上层名三清阁，观内在清朝改建时细部装饰彩画仍用道教图案装饰，如灵芝、仙鹤、八卦、八仙等。居阅时、瞿明安主编的《中国象征文化》分析，白云观的布局大体可以分为五个区域，分别代表五重空间：自山门至于灵官殿为前区，是接待四方香客信众的地方；自灵官殿至于三清阁为中区，灵官殿、玉皇殿、三清阁等供奉道教尊神的圣殿集中于此，是道教至高无上的神圣之所；三清阁往后及至后园的后区，是道士们修炼之处；中区以东的宅堂、厨房等处为道士饮食起居之地；中区之公元君殿、八仙殿、吕祖殿、文昌殿则是仙真云集之所。白云观的这种布局非常耐人寻味："首先，宫观布局的特色意在营造天界，它的核心部分实际上是天界的象征。因而它的接待俗众的区域不能置于寺中，只能置于灵官殿前，这与早期净治的布局取意一致。……一个是未成神仙的人的聚集之地，一个是已成神仙的人的聚集之地。夹于其中的老律堂、邱祖殿、功德祠属于亦神亦人的建筑，似乎在人与神之间开辟了一条通道……即使有像邱处机这样由人而仙的人的引渡，有崇功报德的功德祠以指示，由人而仙最终还是必须依靠修炼。……由此看出，白云观的整个布局也是一个由人而神的典型的象征体系。"① 当然，不仅白云观如此，大多数道教宫观的建筑布局的理念、殿宇层次的意蕴基本上都具有象征特质。《洞玄灵宝三洞奉道科戒营始》卷1《置观品》说："夫三清上境及十洲五岳诸名山，或洞天，并太空中，皆有圣人治处。或结气为楼阁堂殿，或聚云成台榭宫房，或处星辰日月之门，或居烟云霞霄之内。或自然化出，或神力造成。或累劫营修，或一时建立。其或蓬莱、方丈、圆峤、瀛洲、平圃、阆风、昆仑、玄圃，或玉楼十二，金阙三千。万号千名，不可得数。皆天尊太上化迹，圣真仙品都治，备列诸经，

---

① 居阅时、瞿明安主编：《中国象征文化》，第75页。

不复详载。必使人天归望，贤愚异域，所以法彼上天，置兹灵观。既为福地，即是仙居。布设方所，各有轨制。"道教宫观建筑"布设方所，各有轨制"，其基本的精神在于"法彼上天，置兹灵观"，要使宫观建筑以"天尊太上化迹"的形式体现道教的神仙思想和修道成仙的信仰。

2. 绘画

道教绘画是指以道教信仰、神仙人物或者道教生活为题材的绘画美术，包括道教壁画、画像、道教生活故事画以及反映慕仙修道情志的文人画。

根据文献记载，汉代宫廷就已经很盛行描绘神仙灵怪形象的壁画了。汉代王延寿《鲁灵光殿赋》称："图画天地，品类群生。杂物奇怪，山神海灵。写载其状，托之丹青。千变万化，事各缪形。随色象类，曲得其情。上纪开辟，遂古之初。五龙比翼，人皇九头。伏羲鳞身，女娲蛇躯。鸿荒朴略，厥状睢盱。焕炳可观，黄帝唐虞。轩冕以庸，衣裳有殊。"① 这里的描述虽然很夸张，但至少在一定程度上反映了当时宫殿壁画上神灵丹青的丰富与生动，其绘画艺术必定是非常可观的。文物考古工作者们发现的辽宁金县营城子汉墓壁画，被认为是已经发现的道教绘画的最初表现之一。这幅壁画的上端祥云袅袅，云气之中有一羽衣仙人，右上方一条瑞龙昂头相向，并有一个头戴三山冠、腰佩宝剑的人，前面站立一位鹤发老者，情景仿佛是在交谈，壁画下部又有三人作执笏拜跪状。这幅壁画表现的内容可能是汉代的祭祀仪式，人物装束则是比较明显的早期道教服饰形态，可以说它是早期道教神仙故事和祭祀仪式的生动写照。我们在后世道教绘画作品中经常能看到与此类似的仙人持剑、羽衣鹤发、祥云随身等形象。

道教产生后一直有意识地利用壁画这一艺术形式来传播其信仰、宣传其教义、显示其法术。在道教早期经书《太平经》中就有专门的"乘云驾龙图"、"东壁图"、"西壁图"，每幅图不仅绘工细腻、笔法灵巧、生动形象，而且在画卷上标明了绘制过程中应当注意的事项。例如"乘云驾龙图"图卷上特地注明"龙以五色装饰"、"红裳，青绿，白带，浅黄裙，朱履，仙童，黄裳，青绿，黄裙，朱履"等等。② 很显然，它所提供的这些绘画是要

---

① 费振刚等辑校：《全汉赋》，北京大学出版社1993年版，第529页。
② 参见王明：《太平经合校》，卷末附页。

作为壁画稿本的。唐代道教壁画十分兴盛，盛唐时期，活跃于长安的画坛巨匠吴道子在太清宫画《玄元皇帝（太上老君）像》，于龙兴观画《明真经变图》，还曾为洛阳老君庙画《五圣图》。现存河北曲阳县北岳庙安天王圣帝庙的《天宫图》，据传也是吴道子的手笔。唐宋以来，道教壁画日益普遍。现存元代道教壁画较多，较有代表性的如山西洪洞县水神庙明应殿壁画、山西高平县圣姑庙壁画、山西稷山县青龙寺壁画、山西芮城永乐宫壁画等，其中以永乐宫壁画最为著名。永乐宫，又称纯阳宫，是全真教的三大祖庭之一，是元代兴建的规模宏伟的道观。永乐宫除山门外，四重主殿均绘有精美的道教壁画，总面积达千余平方米，描绘大小神像二百余尊。龙虎殿是永乐宫原宫门，门内绘神荼、郁垒、城隍、土地及守护之神吏、神将，威严生动。三清殿是永乐宫主殿，又称无极殿，殿内壁的《朝元图》是永乐宫壁画的精华。三清殿壁画以三清为中心，全画以南墙两侧的青龙、白虎星君为先导，神龛后的三十二天帝为后卫，以画在东、西、北三面墙及神龛左右扇面墙上的八位主神为中心，四周环侍着金童、玉女、天丁、力士、玄元、帝君、仙侯、星宿、左辅、右弼、神吏、神将、侍臣等二百余尊神仙，组成层次分明、秩序井然的仪仗，象征着三清至尊、众神拱卫之意。《朝元图》壁画由多组群像合成，如雷公雨师、南斗六阙、北斗七星、八卦神君、十二生肖神君、二十八星宿、三十二天帝君等等。每位帝君和圣母左右均有十余名玉女陪侍。整幅《朝元图》不仅体现了道教神祇的完整体系，其近三百尊神仙群像，男女老少，胖大纤瘦，动静相参，疏密有致，在差异中取得统一，在变化中达到和谐，线条明丽流畅，色彩浓淡相宜，庄严肃穆，衣冠富丽，形态各异，以简练明快的技法，将众仙的地位和神性予以生动展现，特别是巨大的线条流畅而富于变化，真气饱满而又轻灵飘逸。纯阳殿即吕祖殿内有《钟离权度吕洞宾图》、《八仙过海图》、《道观斋供图》和《道观醮乐图》，其东、北、西三壁还以五十余幅画组成一部《纯阳帝君神游显化之图》，以连环画的形式表现高仙吕洞宾的一生事迹。重阳殿内则有全真祖师《王重阳显化图》，也为连环画形式，描述王重阳一生修行悟道、度化群真的经历。永乐宫壁画堪称一个道教壁画的大观园，充分显示了元代道画匠师超群的构图能力和精湛的绘画技艺，令人叹为观止。

除壁画以外，文人以道教故事、神仙思想为题材的道教文人画，也是非常值得关注的。一般认为，道教题材的文人画自晋代画圣顾恺之始，其后历久不衰，代有高人，妙品迭出。顾恺之崇尚老庄之道，心仪神仙之趣，曾绘有《列仙图》、《洛神赋图》、《刘仙像》、《三天女像》等，并著有《画云台山记》。《洛神赋图》以道教水神洛神为画题，其所描绘的空灵优美的神仙境界对后世影响很大。《画云台山记》有画有记，叙述他所画的天师张陵向弟子传道的《云台山图》故事画的内容和构思，画面上丹崖高峻，颜色红紫，俨然神仙之境。张天师脸型瘦削，道骨仙风，飘然有凌云之致，于丹崖上七试弟子，其中弟子王长穆然而坐，赵升神清气爽，另二弟子则面容失色，失魂丧魄，把道门中著名的张天师云台山测试众弟子道心的故事刻画得栩栩如生，惟妙惟肖。南朝宋的宗炳还将嵩山、华山等神仙灵山的描法着于《画山水序》，成为以后米芾、黄公望、石涛等人道教山水画的先驱。阎立本曾画有《元始像》、《行化太上像》等道画近二十幅。吴道子画有《天尊像》、《列圣朝天图》、《二十八宿像》等，他所作的钟馗画像更是名噪一时。唐代张素卿画有《老子过流沙图》、《五岳朝真图》、《九皇图》、《五星图》、《老人星图》、《二十四化真人像》等。宋元以降，文人崇尚道家思想，常以道教题材抒写胸臆，或以道教题材结合山水、花鸟的内容，或描绘隐逸山林的仙真人物，追求"清静无为"、"返璞归真"的境界与情趣，形成了文人画超逸、淡泊的艺术风格。元代张渥所作《太乙真人像》以白描手法描绘太乙真人手执如意，乘舟荷叶，舒展飘逸的仙风。元代颜辉有传世之作《李仙像》轴，画八仙之一的李铁拐，侧坐于怪石之上，神情玄穆，笔法精劲而洒脱，人物与山水融合，表现了画家超脱、旷逸的情怀。明代吴伟所作《北海真人》像，描绘骑龟仙人飘然泛海，啸歌天外，无拘无系。清代扬州画派金农所作张天师像，以古拙的文人笔墨趣味，表现画家超凡脱俗的情志。画家黄慎，曾以狂草笔法画铁拐李之像，笔墨如飞，天马行空，铁拐李的仙风醉态跃然纸上，呼之欲出。

　　无论是壁画、画像，还是表现道教生活或慕仙修道情志的文人画，道教绘画既有一般绘画的艺术特征，又有不同于一般绘画的道教意蕴。这就使得道教绘画在艺术构思和表现手法上自具特色。《太平经》曾以问答的形式比较详细地阐述了这种绘画的精义要理："'今天师教敕下愚弟子，胸中愦愦，若且可知，不敢负也。诚问著图者，画神衣云何哉?''皆象天法，无随俗事也。今不晓天法，其人图大小，自以意为衣。衣者，随五行色也。今使母含子，居其内，以色相次也。大重之衣五也，中重之衣四也，小重之衣三也，微重之衣象阴阳，二也。大集之衣乱彩六重也。愿闻大重何象，象五行气相合也。四重何象，象四时转相生也。三重何象，象父母子阴阳合和也。二重何象，象王相炁相及也。六重何象，象六方之彩杂也。故天下有杂色也。此之谓。'"① 按照太平经的说法，道教绘画并不是一般的丹青之作，哪怕是细微之处也要包含深刻的象征意义，它要法天象地，数目、颜色要体现阴阳、五行观念，以此表现所画神仙的气象等等。也就是说，道教绘画所追求的是以绘画的感性形式去表现抽象的神仙之道，把玄远幽渺的仙境神迹以具体的形象和情景生动地呈现出来。

第三节　中国宗教仪式的符号表征

仪式是构成信仰与宗教的基本要素之一，是宗教信仰的行为表现和外化特征。神圣的宗教仪式是信徒们用来沟通人神关系的规范化的行为模式。仪式必然是象征性的，宗教仪式是宗教信仰的符号表达。宗教仪式借助符号的象征手段，以展现信仰与宗教的神圣性、神秘性、庄严性，使得参与仪式的人们感受到神秘肃穆的宗教氛围，从而形成虔诚的宗教感情。爱因斯坦在《我的世界观》一文中说："我们所能有的最美好的经验是奥妙的经验。它是坚守在真正艺术和真正科学发源地上的基本感情。谁要是体验不到它，谁要是不再有好奇心也不再有惊讶的感觉，他就无异于行尸走肉，他的眼睛是迷糊不清的。就是这种奥妙的经验——虽然掺杂着恐怖——产生了宗教。我们认识到有某种为我们所不能洞察的东西存在，感觉到那种只能以其最原始的形式为我们感受到的最深奥的理性和最灿烂的美——正是这种认识和这种情感构成了真正的宗教感情；在这个意义上，而且也只是在这个意义上，我才是一个具有深挚的宗教感情的人。"② 如果说先哲所谓的这种"深沉的宗教情感"是宗教文化的内质的话，那么，仪式则是宗教文化的外征。正是

---

① 王明：《太平经合校》，第 460 页。
② ［美］爱因斯坦：《爱因斯坦文录》，许良英、刘明编，浙江文艺出版社 2004 年版，第 5 页。

一系列宗教仪式将那微妙的宗教情感、虔诚的宗教信仰表现出来，并通过这样的仪式使宗教形成强烈的感召力，从这个角度来说，宗教仪式是具有语言性的。同理，中国宗教仪式也以特殊的符号形式传播了思想和情感，所以也具有语言性。

中国宗教仪式通过一系列的仪式单元构成，而仪式单元又由更小的仪式元素组合起来。如果说仪式元素好像说话中的词汇那样，那么仪式单元则可以看做说话的句子，而句子可以构成段落，段落可以构成相对完整的叙述。用这样的立场来审视中国佛教与中国道教仪式，就会发现那些表面看起来颇具神秘感并且环环相扣的仪式动作所具有的传达信息的特殊功能。

一、佛教仪式的符号表征

佛教的礼拜仪式，源于早期佛教徒对释尊的崇拜，后来逐渐推及对其他的佛、菩萨与宗师的崇拜。在佛陀入灭之后，最重要的佛教仪式是将佛骨舍利放置于"舍利塔"即佛塔中。因此绕行佛塔成为信徒对释尊表达无限尊崇的一种普遍的仪式。信徒通过对佛祖生平的追念，对佛骨、舍利塔、佛像乃至佛足、金刚座等献礼来表达虔诚的崇拜之意。随着佛教发展的历史变迁，佛教仪式虽有不同程度的宗派差异，但很多仪式还是各教派通用的，而且各教派仪式混合使用的情形也屡见不鲜。尽管宗教仪式纷繁复杂，每一种仪式亦各有其独特的主题，但概括来说，佛教的各种仪式都主要是为了表达对佛的感念和超度亡灵。佛教仪式通常包含三个主要方面：朗诵、吟唱和献礼。被吟诵的诗篇通常都蕴含着佛教的主要原则和追求，它们表达了信徒们对佛的信仰和情感，也能激发诵读者心向佛门的精神动力。献礼之物主要有花、烛、香等，其中花象征着美丽及其无常；蜡烛象征着大彻大悟境界的光芒；香则象征佛领悟的真理如香气般弥漫宇宙。可以说，佛教仪式是以一系列象征符号及其组织唤起或强化参与仪式的人们对佛的信仰之意。

1. 八关斋

八关斋在佛教的仪式系列中，是起源最早也是最重要的仪式之一。早在佛教的原始阶段，这种仪式就已产生。

反映原始佛教生活的汉译《增壹阿含经》卷 15《高幢品》中详细阐述

了八关斋法及其缘由，其中有一段偈语概述八关斋的基本内容和意义："不杀亦不盗，不淫不妄语，避酒远香花，着味犯斋者，歌舞作娼妓，学舍如阿罗汉。今持八关斋，昼夜不忘失。不有生老死，无有周旋期。莫与恩爱集，亦莫怨憎会。愿灭五阴苦，诸病生死恼。涅槃无诸患，我今自归之。"意思是说奉行八关斋可以超越生死轮回，脱尽五蕴苦恼，从而永驻涅槃。关于八关斋的仪程，佛经中并无统一规定，虽然在不同国度或不同时代条件下会有所变化，但其中有两个环节却是超越时空一以贯之的，它们就是转经与忏悔。

据《法苑珠林》载，在斋日仪式中当"严饰道场，澡浴尘垢，着新洁衣，内外俱净，对说罪根，发露悔过，举体投地，如太山崩，五体殷重，归依三宝，敬诚回向"。唐代玄奘记录他西行求佛途经秣菟罗国所见当地僧俗奉行八关斋的盛况谓："每岁三长及月六斋，僧徒相竞，率其同好，赍持供具，多营奇玩，随其所宗，而致像设。阿毗达摩众供养舍利子，习定之徒供养没特伽罗子……宝盖骈罗，香烟若云。花散如雨，蔽亏日月，震荡溪谷。国王大臣，修善为务。"①

佛法东传，这种仪式也流播华夏。但在八关斋传入中土的初期，持斋者更多地旨在施食济众、劝教，并无严格的八戒之律，甚至与一些中国传统斋祀相混，给人以"虽有斋忏，事同祠祀"的感觉。及至东晋，随着律学研究和戒律实践的深入，汉地八关斋仪式日趋完备，成为一种广泛流行的"为生者祈福、为亡者解脱"的斋仪。东晋著名高僧支道林曾作《八关斋诗》三首，既以诗的语言形式简洁地说明了八关斋的斋法及其程序："建意营法斋，里仁契朋俦。相与期良晨，沐浴造闲丘。穆穆升堂贤，皎皎清心修。窈窕八关客，无楎自绸缪。寂默五习真，矕矕励心柔。法鼓进三劝，激切清训流。凄怆愿弘济，阖堂皆同舟。明明玄表圣，应此童蒙求。存诚夹室里，三界赞清休。嘉祥归宰相，蔼若庆云浮。"还非常着意地表达了他持斋过程中的情绪变化和境界升华："三悔启前朝，双忏暨中夕。鸣禽戒朗旦，备礼寝玄役。萧索庭宾离，飘飘随风适。跙蹋岐路嵋，挥手谢内析。轻轩驰中田，习习陵电击。息心投俟步，零零振金策。引领望征人，怅恨孤思积。

咄矣形非我，外物固已寂。吟咏归虚房，守真玩幽赜。虽非一往游，且以闲自释。”“靖一潜蓬庐，愔愔咏初九。广漠排林筱，流飙洒隙牖。从容遐想逸，采药登崇阜。崎岖升千寻，萧条临万亩。望山乐荣松，瞻泽哀素柳。解带长陵岐，婆娑清川右。泠风解烦怀，寒泉濯温手。寥寥神气畅，钦若盘春薮。达度冥三才，恍惚丧神偶。游观同隐丘，愧无连化肘。”[1] 东晋及南北朝时期，八关斋风行一时，各地斋会炽盛，渐渐超越单纯的宗教意义，成为基于佛教斋仪的一种民俗活动。

2. 水陆法会

佛教法事有大有小，其大者如举办佛忌、祈祷、追福等大型法会；其小者如念经、供佛、为人追荐等小型法事。在各类法事中，尤以水陆法会最为盛大。

“水陆法会”，全称“法界圣凡水陆普度大斋胜会”，略称“水陆”、“水陆道场”、“悲济会”、“水陆斋”等，俗称“打水陆”，是一种隆重而又盛大的佛仪。水陆法会以“超度”水陆一切鬼魂、普度六道众生为目的，具体内容包括诵经设斋、礼佛拜忏、追荐亡灵等，时间少则7天7夜，多则达49天。参加的僧尼人数众多，盛况非常。法会进行的过程中，法器齐鸣，诵经声朗，绕梁不绝，远近皆知，宗教气氛神秘而浓烈。水陆法会之端绪，相传是梁武帝因梦中得到神僧启示，醒后受宝志禅师指点，亲自披阅藏经三年，修撰此仪，后经周隋变乱，渐而失传。唐高宗咸亨年间，西京法海寺神英禅师梦中得异人指点，醒后从大觉寺吴僧义济处得到梁武帝所撰水陆仪文，乃常设此斋，再次播行开来。唐宋以来，历代高僧及居士不断整理、丰富并发展着关于水陆法会的仪式轨范，如宋代杨锷祖述梁武旧仪，撰成《水陆仪》3卷，流行一时。宗赜删订诸家，集成《水陆仪文》4卷，普劝僧俗，依法崇修。南宋志盘续成《水陆新仪》6卷，推广斋法。清道光年间，仪润撰成《法界圣凡水陆普度大斋胜会仪轨会本》6卷，其后咫观作《法界圣凡水陆大斋普利道场性相通论》9卷、《水陆道场法轮宝忏》10卷，成为此后水陆法会的通行仪轨。法会的内容程序依次为结界洒净、遣使发符、请上堂、供上堂、请下堂、供下堂、奉浴、施食、授戒、送圣等。法会

---

① 王闿运编：《八代诗选》，《续修四库全书》第1593册，第449页。

坛场分为内坛和外坛。法事以内坛为主,正中悬挂毗卢遮那佛、释迦牟尼佛、阿弥陀佛三像,下置供桌,罗列香花灯烛果品供物,其前安置长方台四只成四方形,台上分置铜磬、斗鼓、铙钹、手铃及仪轨等,为主法、正表、副表、斋主四人所用,四围绕以布幕,将内坛分成三间,两侧分挂上堂、下堂各十位水陆画像。外坛有六个坛场,其中大坛专门礼拜《梁皇宝忏》,法华坛专诵《妙法莲华经》,净土坛称念阿弥陀佛名号,诸如此类,各有职司。以七日法会为例,第一日三更,外坛洒净,四更内坛结界,五更遣使建幡。第二日四更,请上堂,五更奉浴。第三日四更供上堂,五更请赦,午刻斋僧。第四日三更,请下堂,四更奉浴,五更说戒。第五日四更,诵《信心铭》,五更供下堂,午刻斋僧。第六日四更,主法亲祝上下堂,午前放生。第七日五更,普供上下堂,午刻斋僧,未时迎上下堂至外坛,申时送圣,至此,水陆法会即告圆满。

3. 藏传佛教仪式的符号表征

藏传佛教的许多仪式具有鲜明的特色,我们可以从以下两种藏传佛教仪式中略见一斑。

礼佛仪,这是寺院最主要、最经常的仪式。佛殿、佛堂是礼拜必不可少的场所。寺院内部设有无数座佛堂、佛殿。这些佛殿、佛堂之内,大多饰以异彩,壁图奇画,雕梁上绘以莲花,玄关前常画有法轮,佛坛上供有三宝。礼佛之际,佛坛中心的佛像,代表佛教"三业"中的身;像左侧的书籍、经典代表法;像右侧的宝塔代表教旨。佛前供物一般有表征身心清净的清水、表征美好的鲜花和米粒、表征无所不入的佛法的香柱、表征着人的觉悟的酥油、表征着虔诚谢意的水果等。当喇嘛上供时,必行郑重仪式,念祈祷经。佛堂内秩序井然,众僧按其身份、年龄依次坐于佛堂内两排低而长的卡垫上。由"翁则"带领诵经,"格贵"维护僧律和秩序,"确尧"呈献供品,各司其职,有条不紊。宏伟的佛堂,法器协作,鼓乐齐鸣,香烛之光摇曳闪烁,诵经之声悠长婉转,热烈中透着庄重和神秘。

灌顶传法仪,这是藏传密宗传授密法的仪式。"灌顶"原是古印度国王登基时举行的一种仪式,隆重盛大,气氛庄严,将表征四大海的水贮于宝瓶中,灌注于即位者头顶,祝赞他成为一国之君。这种王权传授仪式后来也为佛教所用,佛教认为,菩萨修达第九地时,十方诸佛会为其灌顶,以手摩顶，祝其"入诸佛界"。早期佛教虽有"灌顶"之说，但没有形成一种系统的仪式。到了密宗盛行的时代，灌顶逐渐礼仪化，并且载入了密宗经典。四部密法都强调，没有入坛灌顶的人，不准听闻和受学密法，不准翻阅密宗文献，否则依"盗法"治罪。密宗认为没有经过灌顶仪式的人，即使依法修习也难以获得成功。灌顶仪式有很多种、很多层级，其中，传法灌顶一般针对修习密法已有相当基础的人进行，仪式复杂庄严，通常传以修持方法，受灌顶者此后若经上师许可，也可以为他人传法甚至灌顶。灌顶传法仪式举行时，由具有传法灌顶资格的活佛或上师手持"本巴"即一种神秘水壶，将圣水洒于受法者头顶，同时还要诵偈念咒。佛教认为，人死的时候，神识便会脱离躯体而去，但是只有从顶门出离，才能算是了脱生死，可是人的顶门在幼时就被封闭严实，顶轮处脉结缠缚，构成自主生死的障碍，要克服这一障碍，就必须以一种特殊的修炼方法，打开顶门的通道，即所谓"开顶"。密宗信仰者相信，有加持能力的上师，在举行灌顶仪式的时候，能够以他的法力为人开顶。而接受灌顶仪式者可以借此获得法力，能随时以意念勾提神识出离躯体，往生净土，不受羁绊。灌顶传法仪式意味着把神秘的法力灌注对方心里，并永远驻留其间，发挥效力。它表征着法力的授予和获取，宣告接受这种仪式者的佛法修养从此上升到了新的境界。

二、道教斋醮科仪的符号表征

"斋醮"，是道教崇拜仪式的传统称谓。"斋"是斋戒、洁净之意；"醮"是献祭、酬神之意。在早期道教中，本来斋有斋法，醮有醮仪，是两种不同的祭祀仪式，如《无上黄箓大斋立成仪》所谓："烧香行道，忏罪谢愆，则谓之斋；延真降圣，乞恩请福，则谓之醮。"[1] 但唐宋以降，斋、醮往往同坛举行，两者之间的区别不再严格，明代初期，斋、醮正式并称，"斋醮"一词，便成为道教祭祀仪式的泛称。斋醮起源于远古的宗教祭祀仪式，汉末"天师因经立教，而易祭祀为斋醮之科。法天象地，备物表诚，行道诵经，飞章达款，亦将有以举洪仪、修清祀也。"[2] 道教极其重视斋醮

---

[1] 《道藏》第 9 册，第 478 页。
[2] 《道藏要籍选刊》第 8 册，上海古籍出版社 1989 年版，第 323 页。

仪式，陆修静《洞玄灵宝斋说光烛戒罚灯祝愿仪》认为："夫感天地，致群神，通仙道，洞至真，解积世罪，灭凶咎，却怨家，修盛德，治疾病，济一切，莫过乎斋转经者也。夫斋直是求道之本，莫不由斯成矣。"①《金箓大斋启盟仪》也说："道家所先，莫近于斋。斋者甚多，大同小异，功德甚重，实能贯通乎上下，以归于最上一乘也。其威仪节度总二百四十条，秘于三元宫中，造端举要，以诏后学。由此观之，则所谓动天地、感鬼神、福邦家、济幽显，舍此道，则何以哉！"② 经过历代道人不断的丰富与发展，道教形成了体系完备、规模庞大的斋醮科仪，留下的科仪经籍也堪称浩瀚，像《正统道藏》和《万历续道藏》中的科仪经籍多达 170 余种，包括各种斋醮仪、授度仪、灯仪、坛仪等著作，相应的内容和功能覆盖了古代社会生活的各个方面，例如悼亡、追荐、延寿、解厄、解过、祈福、祈嗣、净宅、醮墓、祈雨、止雪、断瘟、灭蝗等，表达了道教信徒以及普通民众多方面的信仰需求。

道教斋醮具有完备、规范的科仪格式。斋醮活动的举行，必须"按格行科"。"夫斋法精严，诸天上圣并垂降鉴，每事须合法度，不得迟留稽废法仪。"③ 因此，掌握斋醮科仪格范也就成了道士修道的重要内容，是他们悟真通神的基础，应当潜心修习，如《全真清规》规定："有志之人，亲奉明师，朝参暮礼，听而从之，习学经典，遵守清规，日至黄昏，烧香上灯，礼谢天地，朝拜圣贤，侍奉师尊。"④ 只有兢兢业业，精诚之至，才能感格仙灵，修成大道。道教斋醮科仪繁复，兹略举数例，以为管窥。

1. 黄箓斋仪

黄箓斋是道教应用最为广泛的重大斋醮活动，科仪精严，历来为道门所重，千百年来演习不衰，有"经分三十六部，而度人莫先；斋列二十七等，而黄箓为首"的说法。包括陆修静、杜光庭在内的历代众多道门高士都曾致力于撰述黄箓科仪。这是因为道教认为黄箓斋具有广泛的祈禳济度功能，如宁全真《上清灵宝大法》认为黄箓斋："兼总生死，人天同福，上至邦

① 《道藏》第 9 册，第 824 页。
② 《道藏》第 9 册，第 72 页。
③ 《道藏要籍选刊》第 8 册，第 370 页。
④ 《道藏》第 32 册，第 156 页。

国，下及庶人，皆得修奉……为国消灾，为民祈福，拔济师友，普度幽魂，请福三元，关升九祖，皆曰黄箓，悉有科仪。"①　而《道教灵验记》更是记录了很多黄箓斋灵验之例，例如其中的《李约黄箓斋验》载："黄箓斋者，济拔存亡，消解冤结，忏谢罪犯，召命神明，无所不可。上告天地，拜表陈词，如世间表奏帝王，即降明敕，上天有命，万神奉行。天符下时，先有黄光，如日出之象，照地狱中，一切苦恼，俱得停歇，救济拔黩，功德极速。故须修黄箓斋为急矣。"②　黄箓斋的活动时间并不完全固定，短则一天、三天，多则五天、七天，最长的黄箓斋纪录达四十九天，其科仪节次自然也随时间长短而增减调整。一般需先期选择吉日建立斋坛，布置道场，完成各项预备。杜光庭《太上黄箓斋仪》卷 1《第一日清旦行道仪》记录了黄箓大斋正斋第一日的科仪节次，约略有十余项仪节，依次为："入户"，寅时开始，临坛法师以香水荡秽，准备就绪，从巽户升坛，念入户咒，祝毕，高功入内坛，上十方香，默念上香密咒；"各师存念如法"，存见太上三尊，乘空下降；"发炉"，高功关启真灵，祝，临坛法师各三礼；"出吏兵上启"，临坛法师长跪，高功存想召出洞府仙真、功曹吏兵，汇聚坛场，上启，焚香于外；"各称法位"，临坛法师各称所授法位，小声默念；"读词"，恭对太上三尊，宣读青词，三捻上香，诵祈愿之词；"礼方"，临坛法师礼二十方，随方依科忏谢二十方，执简叩头，忏悔三业；"各思九色圆象咽液命魔密咒"，高功绕至鬼门望西而立，都讲至天门望东立，众法师各行存思之法，叩齿三通，咽液三过，念密咒；"步虚旋绕"，都讲唱步虚旋绕，众法师依次左行，吟诵步虚词，绕香灯三周；"三启三礼"，众法师礼拜三宝前的镇坛经文，吟三启颂；"重称法位"，众法师各重称所授法位，高功北向大谢，同诚上启神真，众法师各长跪，启告大谢忏罪之文，代斋主首愆；"发念"，发十念或十愿，祈禳祝愿；"复炉"，向神真关奏启事，高功东向上香，祝，存想；"出户"，叩齿三通，念咒，祝毕，出地户。以上略述，还只是黄箓斋繁复科仪的冰山一角。其实，像黄箓斋这样比较复杂的斋醮科仪，一般都是由许许多多独立的科仪单元组合而成的，其中的每一个仪式元都有其自身

---

① 《道藏》第 31 册，第 201 页。

② 《道藏》第 10 册，第 855 页。

特定的意义，而当这些纷繁的仪式元按照不同的程序组成序列时，也就形成了各种主题的斋醮科仪。

2. 礼拜科仪

道门中人进入宫观，必先对神像叩头作揖，这就是礼拜。礼拜是道教斋醮中最普遍、最常见的一种仪式单元，也是入道修行的第一步。《要修科仪戒律钞》卷9称："入道启真，朝谒为本。登斋逊谢，礼拜为先。整肃一心，虔恭五体。从粗入妙，仰赖于斯。历下登高，必资于此。"① 随着道教的不断发展和斋醮科仪的日趋完备，礼拜仪式也形成了完整的体系和丰富的内容。据《要修科仪戒律钞》概括，道士礼拜之仪有四："一稽首，二作礼，三遵科，四心礼。"② 稽首礼，指的是"开两手，将头首稽留至地，故云稽首。经言五体投地者，四支并头为五体也"。"凡言稽首，皆有三意：一则激令大众，使有回向；二则示有宗仰，非为专擅；三则法有珍贵，令其宝重"。稽首有一礼、再礼和三礼之别，礼数越多，则是崇仰之意越重。作礼，即拜礼，"其拜之时，或一，或三"，"一拜则表大道无二，三拜明三宝圆成"。心礼，指的是"升玄法师自可朝暮行心礼，不必劳形于风尘。平旦正中，日入人定，夜半鸡鸣，六时常正坐，东西南北，务在闭目叩齿，如朝法回心，随方想礼，心念口言，便足感降天真矣"。意即礼拜不一定非得形之于体不可，只要"随方想礼，心念口言"，就可以感动神灵。遵科是指遵守礼拜的科条规定，例如关于礼拜方向的规定，《黄箓简文》谓："礼拜之时，东方九拜，东南方十二拜，南方三拜，西南方十二拜，西方七拜，西北方十二拜，北方五拜，东北方十二拜，下方十二拜，上方三十二拜，日宫三拜，月宫七拜，星宿九拜，五岳再礼"③。这些礼拜科条必须严格遵循，违者将受到惩罚。

3. 分灯科仪

灯是道门的重要法器，灯仪也广泛应用于斋醮活动中，名目甚多，诸如九幽灯仪、北斗灯仪、本命灯仪、血湖灯仪等。唐代杜光庭《太上黄箓斋

---

① 《道藏》第6册，第961页。
② 《道藏》第6册，第961页。
③ 《道藏要籍选刊》第8册，第433页。

仪》认为："凡修斋行道，以烧香燃灯最为急务。香者，传心达信，上感真灵；灯者，破暗烛幽，下开泉夜。"① 由此可见道教对灯仪的重视。道门灯仪的渊源最早可以追溯到远古时期的火神崇拜和火祭仪式。汉魏以来，道教通过吸纳发展，形成了自己的礼灯仪式，南北朝时期，醮坛执事中已出现专门的"侍灯"一职，唐末五代，道教就有了完整的灯仪。宋元时期，灯仪盛行于于各类道场。灯仪大体包括金箓、黄箓两大类。金箓类灯仪的程序分为入坛、启白、叛命和赞颂、讽经、宣疏、回向。黄箓类灯仪的程序依次是入坛、启白、举天尊之号和赞颂、讽经、宣疏、回向。由于灯仪是以灯火为主要法器的一种仪式，因此取火燃灯自然成为一个关键。灯仪中围绕这一关键更形成了专门的分灯科仪。分灯最初是一种独立的仪式，后来则融入规模更大的灯仪或其他斋醮仪式中，成为一个斋醮仪式元。《上清灵宝大法》谓："欲荐拔阴灵照破幽暗之灯，须得慧光之法，方能降三光之慧，以接凡火之光，方能追摄受度。如无此法，只是凡火之光不能超脱矣。"② 也就是说，只有经过这种特殊的分灯仪式，普通的日光灯火才能接"三光之慧"，被赋予上照天庭、下彻地狱、拔度亡灵的法力和功用。分灯仪式主要包括取火、分点和念颂几个程序。取火程序在正斋日午时举行，由法师面对太阳焚香，以黄纸九寸朱书慧光符一十二道，以蜡封为炬，当太阳正南之时，以阳燧聚焦于炬，口念"太阳辉神咒"，取太阳正气，点燃烛炬，并于坛正中元始天尊神位前点燃一灯。随后，高功法师出班，来至元始天尊神位前，上香三礼，默诵"明灯颂"。侍灯立于左侧，侍香立于右侧，高功执符炬，于元始天尊神位前请降宝光，以符炬于中灯光内点。侍灯三礼，受灯于师前点。侍香亦三礼，受符炬。继而遍十方点，完毕之后，纳余炬并焚于炉中。同时默诵"灭灯颂"。道教分灯仪式非常生动地体现了道教的教义思想。法师在元始天尊神位前"以符炬于灯光内点，先运一生二，二生三"，侍灯、侍香各执一符就高功手中分光，然后点遍十方，正是《道德经》的"一生二，二生三，三生万物"教义的象征。③

---

① 《道藏》第 9 册，第 367 页。
② 《道藏》第 31 册，第 210 页。
③ 卿希泰主编：《中国道教》第 3 卷，第 257—258 页。

无论是佛教法事，还是道门斋醮，从宗教的角度看，仪式都是具有高度神圣性的宗教行为，而从文化的角度看，仪式又都是具有高度象征性的文化符号。宗教的仪式符号及符号体系中蕴藏着无限丰富的思想文化信息。①

---

① 本章有关道教文学艺术以及斋醮科仪的部分论述，主要参考卿希泰主编的《中国道教》4 卷本的相关内容以及陈耀庭的《道教礼仪》，部分资料采自詹石窗著的《道教文学史》、《南宋金元道教文学研究》等。

结　　语

前面，我们分别探讨了中国宗教思想的宇宙论、人生论、道德论、心性论、功夫论，也从情感、思维、语言、符号等多层面考察中国宗教思想发展的形式，对于中国宗教思想的发展规律和历史价值有了进一步的认识。然而，就历史与现实的关联角度看，我们还可从更为广阔的文化视野来考察中国宗教思想形成发展历程，分析中国宗教思想历史发展与理论重构的深层意涵，从而彰显其对当代社会生活的借鉴作用。

一、中国宗教思想转型中的社会变革、地理环境因素

中国宗教思想转型，是个不易把握的话题，这不仅因为中国宗教成分复杂，而且还在于各宗教内部、宗教之间在思想内容上彼此关联，既存在冲突的一面，又存在相互交融的一面。要对中国宗教中的每一种形式分开进行详细论述，需要大费周章。由于篇幅的限制，本论也就主要以儒、释、道三教作为分析对象。正如许多学者指出的那样，儒、释、道既是中国宗教的主体，也是中国传统文化的主要组成部分，不仅建构了中国传统文化的基本框架，而且主导了中国传统文化的发展线索。中国宗教思想的转型，也主要是儒、释、道三教思想的转型。

把中国宗教的历史发展置于整个中国传统文化的大背景下来看，其思想转型大致可以从两个方面来分析。一是横向角度，即同一或不同历史时期，中国宗教不同思想重点的转移，如道教，从隋唐时期注重重玄思想发展到宋明时期注重心性学说；佛教由魏晋时期探讨宇宙论到隋唐突出心性功夫论。二是纵向角度，即同一或不同历史时期，中国宗教某一思想的前后变化，既

包括单一宗教的单一思想的历史发展，如佛教"佛性论"在不同历史时期的讨论点的不同，也包括中国宗教作为一整体下的"三教合一"趋势的历史演变及其阶段特征。限于篇幅，本论试从社会变革和地理环境的角度对中国宗教思想的发展作一探索。

1. 社会变革对中国宗教思想转型的影响

大多数学者从宗教学原理的角度探讨了宗教与社会变迁的关系。社会变革，其范畴明显小于社会变迁。罗竹风在《人·社会·宗教》中认为，社会变革指社会因结构矛盾而产生社会危机所导致的一部分或全面结构的革新或重组，其中包括社会价值的变革、制度规范的变革、权力结构的变革等。[①] 罗先生对社会变革内容的界定是不够全面的，我们认为社会变革应该包括这几大方面：一是社会心理、社会文化体系的变革；二是从广义来说的政治关系的变革，指一个统治集团推翻另一个统治集团建立某种新的社会秩序或某一统治集团内部的政治变革，前者如朝代的更替，后者如戊戌变法；三是经济社会结构的重大变化，如农业社会向工业社会的转变。中国宗教思想的转型，本身作为社会文化体系的重要体现，是社会变革的组成部分，有其内在的驱动力，我们这里着重探讨外在社会变革对中国宗教思想转型的重大影响作用，尝试从某些侧面揭示中国宗教思想转型的历史规律。

（1）魏晋南北朝

中国历史发展到魏晋南北朝时期，进入了一个重要过渡阶段。宗白华在《论〈世说新语〉和晋人的美》一文中说："汉末魏晋六朝是中国政治上最混乱社会上最苦痛的时代，然而却是精神史上极自由、极解放，最富于智慧、最浓于热情的一个时代。"[②] 汤用彤认为，魏晋时代是思想自由解放时代，其思想中心不在社会而在个人，不在形质而在精神，其时之人生观与哲学均呈现出崭新的面貌。[③] 中国宗教思想也在此时经历了一个大转变。儒教由汉时注重探讨宇宙生成论向本体论的转变。道教方面，早期道教经过多次改革逐步向神仙道教转变，此时的道教不仅在民间下层拥有众多信徒，而且

---

① 参见罗竹风：《人·社会·宗教》，社会科学院出版社1995年版，第194页。
② 参见宗白华：《艺境》，北京大学出版社1987年版，第126页。
③ 参见汤用彤：《魏晋玄学论稿》，上海古籍出版社2001年版，第38页。

在社会上层也具有重要影响。这归功于葛洪、寇谦之、陆修静、陶弘景等人的努力。葛洪系统总结了战国以来的神仙思想，并力图从宇宙本体论的高度来论证长生成仙的可能性和现实性，构建了一个有理论深度的神仙信仰体系。寇谦之改造北朝天师道，陆修静革新南朝天师道，陶弘景为道教建立了更加完整的神仙谱系，发展了道教的修炼理论。神仙道教以追求长生久视、羽化登仙为目的，重视内外形神俱炼，逐渐向社会上层发展，提升了道教的社会地位，这与早期道教追求"三通合一"与"一分为三"思想具有密切关系。佛教初传入中国时，由依附道士、方术发展到依附玄学，由人生观、宇宙观讨论为主发展到以般若性空学说、涅槃学说的宇宙本体论为大宗，再进一步展开佛性论的深入探讨，体现了与时代更迁相对应的变通轨迹。从脉络上看，佛教在魏晋时期侧重般若性空学说，而在南北朝时期则侧重于涅槃佛性论、宇宙本体论的探讨，这也是有迹可循的。①

三教思想的这种转型，是有其深刻的政治变革因素的。魏晋南北朝三百多年间，除了西晋的短暂统一，长期处于战乱和分裂状态。政权更替异常频繁，统治阶级内部争权夺利。刘裕废晋帝建立刘宋王朝，存亡 59 年（420—479 年），历八帝；萧道成夺取政权建立了齐国，经 23 年（479—502 年），历七帝；随后的梁朝经过 55 年（502—557 年）也被覆灭，历四帝；陈霸先于公元 557 年建立陈朝，589 年被隋灭亡，统治范围仅限于江陵以东，长江以南的狭小地带，其王朝为南朝统治范围最小的一个政权，共 32 年，历五帝。在这个历史时期，不仅政权不稳定，而且战乱频频发生，历史上著名的赤壁之战、淝水之战，从一定程度上反映了政权更替过程中的混乱局面。

与西汉相对稳定的政治格局相比，魏晋南北朝政权更替和战争更加频繁，这在现实上不仅造成了社会混乱、民不聊生，也严重地冲击着汉代建立的儒教社会秩序与制度。政治上的刺激，迫使一些儒生重新思考社会理论建构问题。鲍敬言的《无君论》是玄学思潮中对政治思潮反抗的代表，他把统治者和被统治者描绘成獭和鱼、鹰和鸟的关系："夫獭多则鱼扰，鹰众则

---

① 　实际上，中国某种宗教在同一时期，其思想并不只有一个。我们作这样的划分和描述，是基于其最突出的思想点来说的，如魏晋南北朝时的中国佛教，在不同朝代下存在诸如般若学说、涅槃学说、佛性心性论等多种学说。但从整体上看，这一时期的佛教理论重点仍在于般若学说、涅槃学说，侧重宇宙本体论。

鸟乱，有司设则百姓困，奉上厚则下民贫。"① 他揭露统治者"雍崇宝货，饰玩台榭，食则方丈，衣则龙章，内聚旷女，外多鳏男。采难得之宝，贵奇怪之物，造无益之器，恣不已之欲"②，而劳苦民众则"乏衣食，自给已剧，况加赋敛，重以苦役"③，所以他主张回到"身无在公之役，家无输调之费，安土乐业，顺天分地，内足衣食之用，外无势利之争"④ 的上古无君之世，倡导建立无君社会。可以说，魏晋南北朝的政治状况，是儒教从两汉经学转向玄学的温床。而这时政权统治者的扶持，又是玄学兴起的政治推动力。倡导"贵无论"的王弼出身官僚世家，其曾外祖父是东汉末号称"八俊"之一、身为荆州牧的刘表，而他本人也曾补台郎之职。阮籍虽遭"礼法之士疾之若仇"，但"帝每保护之"⑤。阮籍是竹林七贤士之一，在兴起的名教与自然论争中，倡导自然，反对名教束缚自我，受到传统儒生的仇视，却受到司马昭的重视和保护。这些说明玄学的兴起与政治变革有着极大关系。

玄学在这样的时代背景中悄然而起，也就不足为奇了。玄学，特指魏晋时期居于统治地位的哲学思潮，融会儒、道，以《易》《老》《庄》"三玄"为思辨依据，以有无、动静为讨论中心，探讨"天人之际"的自然哲学，同时涉及名教与自然的关系。"玄学"思潮确切地说，并不完全是儒教的思想，其中不乏与两汉儒教思想相抵触的地方，与儒教思想存在一定的距离。从整个儒教史来看，儒生是以玄学的姿态反思儒教的纲常名教；从某种意义上说，魏晋玄学是儒教与道家思想相互交融而发展起来的一种理论形态。

神仙道教的形成也有多方面因素。太平道被镇压后逐渐衰落。五斗米道被曹操采取利用、限制和镇压的两手政策加以分化。曹操许张鲁宠以万户，五子皆封侯的待遇，并与张鲁互通婚姻，笼络教主，使大量天师道骨干和汉中人民北迁。张鲁逝世后，天师道组织混乱，教戒松弛，祭酒主者腐化堕落，教徒不尊师，这是后来寇谦之、陆修静进行改革的重要原因。统治者刚取得政权，为巩固统治，常利用道教神化自己的统治地位，对神仙道教大加扶持，

---

① 杨明照：《抱朴子外篇校笺》下册，中华书局1997年版，第539页。
② 杨明照：《抱朴子外篇校笺》下册，第539页。
③ 杨明照：《抱朴子外篇校笺》下册，第540页。
④ 杨明照：《抱朴子外篇校笺》下册，第544—545页。
⑤ 房玄龄等：《晋书》卷49，第5册，第1361页。

寇谦之对天师道的改革得到道教崇拜者北魏太武帝的支持，得以顺利进行。陶弘景炼制神丹，"苦无药物。帝（梁武帝）给黄金、朱砂、曾青、雄黄等"①。魏晋以来，封建统治者内部的政治斗争以及大量高级士族加入道教，为神仙道教的推行和贵族化路线的实现，提供了有利的契机和政治条件。

佛教传入中国后，般若性空学说获得较大发展，也与统治阶级的信仰和利用有着莫大关系。许多统治者对佛教有着极大崇拜热情，对佛教大加支持。魏明帝曾大起浮屠，东吴孙权拜译经名僧支谦为博士。南北朝的统治者深感政局的不稳定，更是利用和崇拜佛教。梁武帝把佛教几乎提到了国教的地位，还以九五至尊的身份四次舍身入同泰寺为奴，崇佛活动可谓登峰造极。不仅如此，佛教兴起的般若和涅槃佛性论还受到统治者的大力推崇和倡导。竺道生的"一阐提人皆得成佛"及其顿悟说得到宋文帝、宋孝武帝的直接支持和倡导。

除政治变革因素外，此时的社会心理、风气的变化也为中国宗教思想的转型提供了文化土壤。魏晋时期，门阀士族大盛，他们拥有政治经济上的特权，面对战乱动荡的社会，他们当中逐渐涌现一批名士，这些名士徘徊在政权与非政权之间，体验理想与现实的冲突带来的痛苦，渴望冲破纲常名教的束缚，追求自由宽松的生活，又有在战乱中明哲保身的愿望。六朝名士形成了其独特的生活方式：服药、饮酒、清谈，② 这是魏晋区别于两汉重大的社会心理和社会生活的变革。

清谈是六朝名士的风度，也是六朝名士的时尚。为追求这种风度、时尚，品评人物、辨析玄理的清谈要求有一定的依据和较深的哲学理论，这为魏晋玄学的兴起提供了较好的机会。有的名士遂潜心"三玄"，这既可以削减动乱社会所带来的内心不平静，又能培养能言善辩的清谈才干。"玄学"正是以"三玄"为依据，以品评、清谈的形式展开。名教与自然的争论是玄学思潮中的一个重要问题。在名教与自然的问题上，何晏倡导"名教出于自然"，阮籍"越名教而任自然"，正迎合了六朝名士的放纵心理，因而，众名士遂相放纵，玄学成为魏晋儒教的思潮，也就成了可能中的事了。《晋

① 李延寿：《南史》卷66，第6册，中华书局1975年版，第1899页。
② 参见许辉、邱敏、胡阿祥：《六朝文化》，江苏古籍出版社2001年版，第41页。

书》卷三十五提到裴頠"深患时俗放荡，不尊儒术，……风教陵迟，乃著崇有之论，以释其蔽"①。裴頠倡导崇有论是魏晋玄学的重要内容，是玄学发展的第二个阶段，可见魏晋玄学的兴起本身就是立足于社会变革，受社会变革的影响而演化和发展。

六朝惨痛的社会现实，使这时的名士对生活有着强烈的欲求和留念，感叹生之不易，死之可期，因而他们竭力挖掘自身生命价值，并渴望像神仙那样长生不死，充满了对生命的执著与思索，"以生为贵"的思想极为普遍。他们对道教的神仙信仰充满了期待，为了长生不老延年益寿，他们常常服药，甚至炼丹，晋代服药的人遍及社会许多阶层，从皇帝到士大夫，都乐于服药以求长生。服由赤石英、白石英、紫石英、钟乳石、硫磺5种矿石配制而成的"五石散"是当时流行的所谓"长生药"。《晋书·王羲之传》中提到王羲之出生于天师道世家，雅好服食养性，"与道士许迈共修服食，采药石不远千里"②。这种社会风气，为神仙道教的兴盛提供了适宜的环境，对神仙道教的发展起了或大或小的作用。

这种社会心理和风气及刮起的"玄风"对佛教思想的发展也产生了重大影响。当时佛教兴起的般若性空学说有六家七宗，起初都是不同程度地依附于玄学而兴起的。如东晋名士孙纬作《道贤论》以佛教七道人比作竹林七贤，如道安的本无宗思想，"一切诸法，本性空寂，故云本无"③。诸法本空，由无而生，原初状态是"无"（"本无"）才空的，不是因缘无我而空，这类似玄学"贵无论"的观点。与道安同出佛图澄门下的竺法雅把"涅槃"译为"无为"，"禅定"译为"守一"。然而般若性空学说毕竟需要慧根较深的人才能把握，却把社会动乱下流离失所的智识较低的人拒于佛之外。尤其是南北朝时期，战乱不定，白骨盈野，民不聊生，许多人渴望加入佛门中来寻求终极关怀。如何最大范围吸收这些民众，是佛教高僧们思考和争论的问题。涅槃学说，首先要解决的即人人是否都有佛性的问题，这也是南北朝佛教讨论的中心问题。涅槃学说的兴起，既是佛教理论自身发展的结果，也

---

① 房玄龄等：《晋书》卷35，第4册，第1044页。
② 房玄龄等：《晋书》卷80，第7册，第2101页。
③ 释吉藏：《中观论疏》卷2，《大正藏》第42册，第29页上。

是现实社会精神需求推动的结果。

（2）隋唐时期

隋唐时期，中国宗教思想较之魏晋六朝又起了巨大变化。儒教在两汉初步形成，经过魏晋玄学的激荡和打磨，在隋唐时期得到了较大发展。儒教的祭神礼仪思想作为国家礼乐之典的主导，其作用更加明显；儒教的学说——儒学成为教育的主要内容，儒教思想教化的功能加强，思想探讨的侧重点由两汉的宇宙生成论、魏晋玄学的宇宙本体论，发展到隋唐天人力命之辨及心性学说，代表人物及其学说有韩愈的道统论及其性三品说和李翱的复性说等。道教思想由魏晋神仙道教的神仙信仰、服食养生发展到隋唐时期的重玄之道和外丹术的兴盛。重玄之道吸收了儒佛的有关思想，用"双遣二非"的思维方式论证道体论和道性论，代表人物有成玄英、李荣、王玄览等。隋唐佛教出现鼎盛局面，非常活跃。心性论是此时佛教的热点问题，各宗派积极探讨成佛的可能和根据所在，禅宗是最具中国化的佛教宗派，"教外别传，不立文字"，"直指人心，见性成佛"，把佛从外在大千世界中拉到人的内心，成佛就在于拨开妄态浮云，自悟清净本性。

从政治环境来看，隋唐结束了魏晋以来长期的分裂割据状况，实现了期待已久的统一局面。唐朝前期，出现了我国古代社会少有的繁荣盛况。为维护统一局面和自己的统治地位，隋唐统治者对儒、释、道三教采取了较为开明、宽松的政策，鼓励三教并用，给三教思想的长足发展提供了良好的政治环境。隋和唐朝前期，儒教气氛非常浓厚。儒教的理论依据和思想根基——儒教得到发展。隋文帝、隋炀帝都曾重视儒教。唐太宗吸取前朝覆灭的经验教训，重视儒教学说。他深深感到"九品制"下门阀士族专权的危害，继承和发展了隋朝的科举制度，明确了科举考试以儒教经学内容为主的方向。唐太宗还使颜师古校定五经，令孔颖达编撰《五经正义》，从而实现儒教经典文本和注说的统一，结束汉魏以来儒教纷纭驳杂的局面；此外，唐太宗践祚之初，悉兴文教，"乃诏中书令房玄龄、秘书监魏徵等礼官学士，修改旧礼，定著吉礼六十一篇，宾礼四篇，军礼二十篇，嘉礼四十二篇，凶礼六篇，国恤五篇，总一百三十八篇，分为一百卷"[①]，以儒典为主要内容构建

---

① 刘昫等：《旧唐书》卷21《礼仪一》，第3册，第816—817页。

政教一体的国家礼乐典制。

道教重玄思想和外丹术的盛行与隋唐的政治变革也有着密切关系。大批知名道士利用隋唐统治者的政治变革，为道教的发展积极谋求政治舞台。《隋书》卷78《列传四十三》载：道士张宾、焦子顺，雁门人董子华，此三人，当高祖龙潜时，并私谓高祖曰："公当为天子，善自爱。"① 及"践祚"之际，以张宾为华州刺史，焦子顺为开府，董子华为上仪同。隋末农民起义，茅山道士王远知、歧晖等人预感李渊父子将夺取政权，向李氏"预告受命之符"。当皇室争戈时，王远知等道徒又支持李世民，因而唐太宗登基后，对王远知愈加器重，对道教和道士更加尊崇。李氏取得政权，为提高自身门第，以"老子后裔"自称，神化李姓皇族，令道教为先，次孔，末后释。李氏王朝还规定全国上下研习《道德经》，并列入科举考试内容。唐玄宗最崇道教，在全国广设道观，优待道徒，迎司马承祯等道士亲受道教法箓，以道士为师，还亲自为《道德经》作注，全国上下崇道之风兴盛。

中国佛教在隋唐创立宗派，各种佛教学说纷纷崛起，也有着深刻的政治变革环境。隋文帝从小在尼姑庵长大，深受佛教的熏陶影响，登基后大力复兴佛教，原来在周武宗时期遭受打击的佛教由此获得良好的发展时机。到了唐代，帝王绝大多数是信佛、崇佛的。唐太宗亲自召见西行求法归来的玄奘，并为其组织大规模的译场。武则天夺取唐朝政权，名曰佛的"授记"，弥勒下生，当做阎浮提主，她对佛教特别推崇，一改唐代皇帝所定的"老先、次孔，末后释"为"令释教在道法之上，僧尼处道士女冠之前"②。武则天当政期间，修建宗庙，振兴佛事，大造佛像，把崇佛活动推向高潮。在武则天的直接支持下，佛教建立了华严宗，其理论得到普及，红极一时。

中国宗教思想在隋唐的活跃现象，也与隋唐社会的经济状况分不开。封建王朝经过唐初皇帝的励精图治，在战乱中受到破坏的经济得以迅速恢复和发展，出现了百姓安乐、社会稳定的"贞观之治"景象。唐玄宗时期，国力更是强盛，经济发达，社会开放，唐朝成为中国古代历史上最为繁荣的时期。经济的繁荣首先为中国宗教思想的演进奠定了物质基础。因为宗教的发

---

① 魏徵、令狐德：《隋书》卷78，第6册，第1774页。
② 刘昫等：《旧唐书》卷6《则天皇后本纪》，第1册，第121页。

展，是通过人的思想运动和行为活动来推进的，而人得有必要的物质条件才能从事宗教活动，摆在首位的是生活资料的解决，尤其对于开门创宗的宗教人士来说，他们倡导某一宗教思想，往往要定居于某寺庙，为了深入思考宗教教理和解读宗教经典，需投入大量的精力和时间。为此，必备的物质生活资料显得尤为重要。不仅如此，为光大本宗，广泛收授门徒，宣扬本宗思想，也需要一定的物质保障。譬如隋唐时期提倡重玄理论的道教茅山宗就极为突出，是唐代道教的主流派，茅山宗思想的倡导与隋唐社会的经济状况不无关系。佛教更是如此，隋唐佛教八宗的兴起，倡导佛学心性论，也离不开佛教的物质基础——寺院经济。佛教的寺院经济在魏晋基础上又有新的发展，规模空前发达，到唐武宗"法难"时，"其天下所拆寺四千六百余所，还俗僧尼二十六万五百人，收充两税户，拆招提、兰若四万余所，收膏腴上田数千万顷，收奴婢为两税户十五万人"①。强大的寺院经济为佛教各宗的发展奠定了坚实的物质基础。其次，隋唐经济的繁荣还增长和提升了人们的精神需求，为宗教的思想发展带来更多的契机。唐初道教外丹术盛行，与社会各阶层人士对外丹的需求有关。经济的繁荣使得人们可以在比较安全的生活状态下向外寻求丹药，以圆长生之梦。不论是帝王将相，还是文士书生，都对道教的外丹怀有特别的憧憬。像诗人李白、白居易等也试服外丹，追求长生成仙。因而，唐代被称为道教外丹的"黄金时代"。佛教传入中国几百年，在民众心中存在着广泛影响，生活的安定使得人们不仅思考佛性问题，而且还思考如何成佛及成佛的根据，这种社会心理同样对中国佛教在隋唐佛教的心性论具有强烈的感召力。

（3）五代宋元明清时期

这一段时间跨度极大。从中国宗教思想的整体变迁来看，大概两宋时期为儒教成熟阶段，元明清时期是儒教的相对僵化时期。这段时期，宋明理学作为儒教的思想核心得到确立，其探讨焦点是心性本体论。道教经过隋唐的重玄之道和外丹术，步入追求性命双修的内丹道的兴盛发展时期。从陈抟、张伯端的内丹学说到全真道、真大道、太一道的兴起，这个期间，道教性命双修理论极为活跃，到了元代后则走向驳杂。佛教在入宋以后，出现了对内

① 刘昫等：《旧唐书》卷18《武宗本纪》，第2册，第606页。

融通禅、净和对外兼采儒教的趋势。佛教各宗中禅宗一枝独秀，其他各宗渐趋衰落，有的消失，有的依附禅宗。禅宗后又分为五宗七家诸派，诸派"大同小异，皆发扬慧能神会的神学，只是在诱导学人，开佛知见等顿悟方法上有所不同，各有独特风趣，即所谓家风或禅风不同"①。禅宗创造了"机锋"、"棒喝"、"评唱"、"击节"等各种获禅之法，兴起许多文字禅、看话禅、默照禅等，修养功夫论成为讨论重点。

我们首先来考察儒教思想的发展与这个时期社会变革的关系。北宋统治者结束战乱，实现大一统，总结唐朝、五代灭亡的教训，面对北方少数民族的威胁，宋太祖强化中央集权，将之提到前所未有的高度。随着政治上的统一，思想领域也要求统一，以加强对人民的思想控制。统治者曾召集百官讨论采取何种思想形态，最后定论：儒为先，道佛次之，确定了儒教的国教地位。北宋统治者还改革发展了隋唐的科举制度，注重经书义理，与儒教意识形态完全结合起来。这就意味着，对儒教经典的把握，很大程度上决定着能否进入权力阶层，而不是魏晋门阀士族特权所能专有。这极大地刺激和培养了一大批儒生，有利于儒教思想的普及和发展。北宋前期，国家统一思想，经济繁荣，生产和经济的发展为统治者稳步推行其儒教政策，提供了物质保障。儒教的发展和复兴正是在这种有利社会变革中发展起来。这时期被朱熹奉为理学开山鼻祖的周敦颐推出了其无极而太极的思想，这为南宋儒教思想的核心——理学奠定了基础。南宋的阶级矛盾和民族矛盾日益严重。在外先后与金元南北对峙，在内则政治腐败，农民起义不断。统治者为了苟延残喘，必然要求一种思想武器维护统治，对儒教而言，面对佛、道的挑战，如何在政府中取得主导地位，与维护封建统治结合起来，成了两宋儒生思考的主要问题。朱熹融儒、释、道思想为一体的"理学"的诞生，正是这一问题思考的结果。他建构以"理"为本体的哲学体系，倡导用儒教伦理纲常规范人们的思想行为，"存天理，灭人欲"，理学达到我国古代哲学的最高峰。朱熹死后，理学作为官方御用哲学，在巩固封建统治秩序中起了强大的精神支撑作用，儒教最终完成了成熟的阶段。

唐末政局的混乱和五代十国频繁的政权更替，还有残酷的战争，均给道

---

① 高令印：《中国禅学通史》，宗教文化出版社 2004 年版，第 322 页。

教带来巨大的冲击。赵匡胤黄袍加身，结束大半个世纪的战乱。全国统一后，宋代统治者出于政治需要对道教实行利用和控制政策。宋太祖召见道士苏澄隐。宋太宗为取得皇位，曾利用道士张守真降神，为太宗继位提供神圣依据。作为报酬，太宗为他筑坛修宫，甚重视之。太宗还多次派遣使者寻访道士陈抟，厚礼以待。宋真宗掀起第一次崇道高潮。在全国大兴宫观，并制定许多道教节日，禁屠、设醮。真宗崇道是有其深刻的政治因素的。当时与契丹的屈辱条约"澶渊之盟"使宋真宗脸面丢失，为挽回面子，巩固政权，真宗利用道士制造天书、符瑞、天神下临等神迹以转移社会注意力。徽宗掀起第二个崇道高潮，比真宗有过之而无不及。他抑佛崇道，下诏"佛改号大觉金仙，余为仙人、大士。僧为德士，易服饰，称姓氏。寺为宫，院为观。改女冠为女道，尼为女德"①。还下诏书，由资深官员负责编修《道藏》和通史，提倡学习道经，亲注《道德经》。可见，北宋统治者出于政治变革的需要对道教的扶持，这给道教思想的转型提供了政治土壤。

全真教是北宋末金初兴起的新兴道教，注重性命双修，是此时道教思想转型的典型代表。全真教创派人王重阳出关东行传教时，正逢金廷刚兴起，对道教实行宽松政策，企图利用道教来软化统治区汉民的反金情绪。皇统八年（1148年），金熙宗曾召见太一教主萧抱珍；大定（1161—1189年）初，金世宗召见真大道教祖刘德仁。② 这些表明了金廷对道教的重视态度。王重阳及其弟子利用此时机广为传教，经过20多年努力初具规模。"南际淮，北至朔漠，西向秦，东向海，山林城市，庐舍相望，什百为偶，甲乙授受，牢不可破"③。全真教的兴起引起金章帝的忧虑，但由于内忧外患，他想利用道教缓和社会矛盾，一再召征王玉阳等全真高道，促进了全真教的迅速发展。

北宋中后期，内丹派兴起，正逢民族冲突、战乱纷繁，土地遭到严重破坏，社会动乱不安。偏安一隅的南宋，政治腐败，豪强兼并，唐朝均田制被废除，土地买卖成为普遍现象。农民无地可耕，又遭连年战祸，苦难不断，

---

① 脱脱等：《宋史》卷22《徽宗本纪》，第2册，第403页。
② 参见卿希泰主编《中国道教史》第3卷，第33—34页。
③ 元好问：《遗山集》卷35《紫微观记》，《文渊阁四库全书》第1191册，第410页。

社会矛盾尖锐。北方，金廷外遭蒙古侵凌，内乱频频，统治区的人们更是处于水深火热之中，"贞祐南迁"后，更显凄凉。"无限苍生临白刃，几多茅屋变青灰。""十年兵火万民愁，千万中无一二留。"① 经济的崩溃，使得苦不堪言的人们祈求安全，渴望长生的宗教需求日益迫切。而外丹术采药炼丹非常人所及，其有目共睹的危害及令人连连失望的效果也使其逐渐衰弱。注重性命双修的内丹道术因其操作的简便性和实用性，弥补了外丹术的缺陷，受到人们的欢迎。全真道的第三代骨干大多是这一时期出现的，如李志常、王志坦等。可见，外丹道向内丹道的成功过渡，跟社会变革也是紧密联系着的。

佛教在唐末后经过几次打击，再也没出现隋唐思想活跃、宗派纷起的鼎盛局面。佛教"外援既失，内部就衰，虽有宋初之奖励，元代之尊崇，然精神非旧，佛教仅存躯壳而已"②。唐末至明清，佛教在义理上并没大的突破，从隋唐的八宗并存走向禅净合一、佛儒会通的道路，如何悟禅成佛的修养功夫论成为此时的核心论题。从外部因素来看，这种转变首先归功于一系列的政治变革。安史之乱后，唐朝由极盛转衰，中央王权政治日趋衰弱。佛教在隋唐空前发展，寺院经济规模宏大，严重威胁唐王朝的统治。至唐武宗，出于政治统治的需要，于会昌五年（845 年）发动了灭佛事件，称为"会昌法难"。"拆寺四千六百余所，还俗僧尼二十六万五百人，收充两税户，拆招提、兰若四万余所，收膏腴上田数千万顷，收奴婢为两税户十五万人"③。寺庙经济大半被毁，佛教赖以生存的基础崩溃。更为重要的是，许多佛典如《法华经》、《华严经》的章疏在打压中遗失严重，直接导致法华宗、华严宗的衰弱，佛教遭受致命性打击。五代政权更迭频繁，经济破坏，国库亏空，后周世宗时，"中国乏钱，乃诏悉毁天下铜佛像以铸钱"④。周世宗毅然对佛教进行淘汰、整顿，限定寺院的寺额，规定出家必须通过严格的读经试验，禁止私度，没收铜像铸钱充实国库。"所存寺院凡二千六百九十

①　《长春真人西游记》卷上，《道藏》第 34 册，第 483 页。
②　汤用彤：《隋唐佛教史稿》，中华书局 1988 年版，第 294 页。
③　刘昫等：《旧唐书》卷 18《武宗本纪》，第 2 册，第 606 页。
④　欧阳修：《新五代史》卷 12《周本纪》，第 1 册，中华书局 1974 年版，第 125 页。

四所；废寺院凡三万三百三十六，僧尼系籍者六万一千二百人。"[1] 佛教再次遭受沉重打击。

北宋前期的几代皇帝，基本上奉行利用和控制佛教的政策，佛教在宋初有所恢复，至徽宗时，内部政局混乱，外受金朝的威胁，经济不支，寺院经济的发展与国家财政发生尖锐矛盾，徽宗采取抑佛政策，还强令佛教与道教合流，改寺院为道观，佛教又受到重创。金王朝统治区，滥发空名度牒以筹军费，还严禁僧尼与朝贵往来。元朝时期，喇嘛佛教虽被元朝皇帝崇奉，实行帝师制，但元朝沿袭前朝做法，公开出售度牒、师号等，使得佛教寺院经济畸形发展，佛教教团腐化、滥杂，佛教人员整体素质下降，在佛教义理上必有创新。可以说，晚唐以降，佛教与政治的关系不离不弃，但也未出现隋唐前期的亲密关系，与儒教、道教相比，在政治上佛教显得失势。几次政治危机，使得佛教多重于求生存，而怠于义理的探究，两宋后屈从儒教，加上在政治危机和社会动乱中经籍遗失，日趋衰落。

五代宋元明清，佛教义理上的发展，数其悟禅成佛的修养功夫论稍具亮点。原因大致有二：一方面，唐末五代是我国历史上继南北朝后的又一个动乱时代。沉重的阶级压迫，加上频繁的政权更迭和战争，使人民苦难深重，急切需要一种既简单又有效的宗教。对佛教而言，在散失隋唐强大社会基础的情况下，佛教僧士们会努力寻找一种简化的成佛方法，以满足广大人民的宗教需求，吸收更多群众入教。晚唐以来出现的棒喝、机锋等顿悟方法便应运而生，并呈现成佛功夫论的多样化。另一方面，两宋社会相对稳定，尤其是北宋前半期，经济繁荣，门阀士族阶层已退出历史舞台，各种文人士大夫活动活跃，僧人与士大夫们频繁交往，如欧阳修、司马光、苏轼等文人参禅或出入佛老。这些文人士大夫的诗文风格影响着佛教禅风的变化，由不立文字到文字禅的转变，拈古、评唱、击节等诸多解禅注疏体裁涌现。某种程度上，这反映了隋唐以来儒佛不仅在内容上，而且在形式上的合一趋势。

（4）近现代时期

1840 年鸦片战争开始了中国近代化的进程。近现代的中国宗教较之以往，无论是其宗教组织还是义理思想，有着天壤之别。儒、释、道三教中，

---

[1]　薛居正等：《旧五代史》卷 115《周书·世宗纪》，第 5 册，第 1531 页。

儒教在宋明朝达到巅峰后日趋衰落，尽管在 19 世纪康有为、梁启超等人的努力下似乎有一定的复兴，然而终挡不住时代的巨轮，随着儒教的外在依托——封建王朝被民国一炮轰亡，儒教作为一种宗教形式在中国受到重伤。

道教的性命之学曾在宋元明兴盛一时，但明清以来也未逃衰落的命运，特别在近现代历经几个时代的颠簸，道教遭受诸多打击。民国时期，道教活动定位在保护庙产，为生存空间奔波。新中国成立后，道教生存环境改善。1957 年 4 月成立了中国道教协会，其宗旨是：联系与团结全国道教徒，继承和发扬本教优良传统；在人民政府领导下，爱护祖国，积极支持国家社会主义建设和参加保卫世界和平运动；协助政府贯彻宗教信仰自由政策。[1] 1987 年 6 月，中国道协第四届常务理事会在北京召开二次会议时，大家认为："道教要适应当前形势，一是要健全宫观管理制度；二是对过去的一些陈规陋习要进行改革。"[2] 2005 年 6 月，中国道协在京召开第七次全国代表会议，张继禹代表理事会做的《工作报告》中特别提到："几年来，经过广大道教界人士共同努力，道教事业总的形势是好的。但必须清醒地认识到，道教还面临严峻的挑战……在组织建设方面，一些宫观疏于管理，财务制度、人事制度不健全，个别道士纪律涣散、违法乱纪……道教教育和培养人才工作方面还亟待加强，应该引起我们足够的重视。有的省级道教组织不健全，未能充分发挥应有的桥梁纽带作用。在落实政策方面，尚有一些老大难问题没有解决。以上问题有待今后工作中加以改进。"[3] 可见，现代道教更多的是维护道教赖以生存的庙产，争取道教在社会中的生存空间以及对道教组织、仪范制度的整顿和道教人士的培养上。而道教义理，似乎迄今为止并未有什么显著的转型。也许现阶段正是道教思想转型的一个过渡阶段，从这个过渡阶段中或许可窥其端倪：道教"济世度人"思想日益重要，对传统道教的合理思想加以整合，寻求与社会的适应、服务社会的人生观点，也许是道教思想转型的一个突破口。

---

① 详见中国道教协会第一次全国代表大会制定的《中国道教协会章程》，1957 年。
② 《热烈庆祝中国道协成立三十周年胜利召开道协四届二次常务理事会》，《中国道教》1987 年第 4 期，第 15 页。
③ 张继禹：《爱国、爱教、弘道利人，开创道教事业的新局面——中国道教协会第六届理事会工作报告》，《中国道教》2005 年第 4 期，第 16 页。

佛教在近现代也历尽沧桑，然而其思想转型较之道教，更为明显。20世纪20年代以来，佛教界提出"人生佛教"、"人间佛教"，代表人物有太虚法师、印顺法师、赵朴初先生、星云法师等。尽管他们的理念不尽一致，但主要思想还是共同的。倡导"人·菩萨·佛"——从人而发心学菩萨行，由学菩萨行而成佛，修行五戒、十善、四摄、六度，自觉觉他，以人为本，服务人生，建设人间净土。人生论是其思想重点。"人生佛教"、"人间佛教"经过近百年的酝酿与践行，基本上已成为当今佛教的主流指向。

道教、佛教思想在近现代的变革，有其必然性。一方面，宗教自身的世俗化、利益化，戒规松弛，经教失讲等等，这些状况迫使其改变思想以求生存发展；另一方面，各种社会变革迫使宗教做出调适。

首先，新的政教关系和"庙产兴学"风潮的影响和刺激尤其值得注意。19世纪后半叶以来，宗教在社会政治生活中的地位大为削弱。跟以往历代帝王崇信宗教，并且利用宗教实行政治变革的情况不同，近代的政治变革，高呼民主，高举科学旗帜，从孙中山、蒋介石到中国共产党的政治运动，都实行政教分离，没有出现利用宗教进行政治变革的局面。宗教失去了政治"靠山"，断了政治上的依附，只有寻找自力更生之道，这自然是一大困境和压力。

近代兴起的"庙产兴学"，使宗教赖以生存的"老本"几乎毁于一旦，宗教面临生死存亡问题。1898年，后期洋务运动领袖张之洞著《劝学篇》上奏朝廷，宣传庙产兴学，主张"学堂可以佛道寺观改之。今天下寺观，何止数万？都会百余区，大县数十，小县十余，皆有田产，其物业皆有布施而来，若改作学堂，则屋宇、田产悉具，此亦权宜而简易之策也。……学堂用其七，僧道仍食其三"[①]。八国联军侵华后，慈禧太后迫于社会压力，实行新法，明令各省、州、府设置学堂。又因乏于建学堂之资金，1906年清政府令各村查明本地不在祀典的庙宇乡社，可租赁为学堂之用。此后，各地占庙宇寺产风潮澎湃涌起。民国二年，袁世凯颁布"管理寺庙条令"，将寺庙田产置于地方官吏管理，准许出于公益事业的发展需要而占用。1928年南京政府内政部长薛笃弼提出没收寺产、改寺院为学校，中央大学教授邰爽

---

① 张之洞：《劝学篇·外篇第三》，上海古籍书店2002年版，第40页。

秋等积极响应，掀起民国庙产兴学的第一次风潮。1930年邰爽秋等再次发表《庙产兴学促进会宣言》，1935年国民党第三届第四次全体会议重新通过了改所有寺庙为学校的决议，掀起民国第二次庙产兴学风潮。前后几十年的庙产兴学风潮给传统佛、道势力以致命性打击，危及佛、道生存，也促使了佛、道思想转型以求生路。

其次，经济关系的变革及其带来的生活方式、社会心理的变化，也促使了佛、道教思想的转变。近代以前，我国的经济结构基本上是以农业为主，手工业为辅。1900年以后，随着西方科学技术的传入，我国的经济结构、人们的生活方式都发生了巨大的变化。在此背景下，传统佛、道教由于一直以来与封建生产关系、传统生活方式密切相联系，往往被人们看做落后的东西；同时，佛、道教所宣扬的忍受苦难、与世无争等教义，与近代社会平等、民主等精神略有相左。因此，佛、道教若不能成功改革，与近现代社会人们的精神需求接轨，即使能传续不绝，恐怕也难免被现代人冷落。①

这一时期，太虚法师应时代要求倡导"人间佛教"，强调佛教要随顺世间。在《佛教徒应参与中国和世界的新文化建设》中，他说："由是应知我们处于现在的时代，要使佛学昌明在现代的中国和全世界，就得先要观察往古各种主要的时机，是如何适之而从佛法的原则上去推行发展。再观察到现在中国的思想界如何？最有力的思潮是什么？世界各国的思潮又是如何？将来的中国和世界所需要的是什么？应如何摄受或折服去宣扬佛法？如何能够使佛法作为中国或世界思想主要有力的指导和因素？或者以佛教来纠正他们思想上的错误，或增进发扬其合宜的地方。"② 太虚法师这段论述表明当时佛教对于如何适应社会发展是具有紧迫感的。

再次，近代科学知识的传播对传统宗教思想也是一个巨大的挑战。18世纪末19世纪初，一批批知识分子为救国图存，积极学习西方科学文化知识，西方政治学、地理学、进化论、数学等自然科学和人文社会科学被陆续引入中国。据统计，自咸丰三年（1853年）到宣统三年（1911年），共有

---

① 参见陈兵、邓子美：《二十世纪中国佛教》，民族出版社2000年版，第9页。
② 太虚：《佛教徒应参与中国和世界的新文化建设》，《海潮音》第24卷第9期，1943年在汉藏教理院讲。

468 部西方自然科学著作被翻译成中文出版，其中总论及杂著类 44 部，天文气象类 12 部，数学类 164 部，理化类 98 部，博物类 92 部，地理类 58 部。[①] 与此同时，各类报刊也积极推动科学知识在国内的广泛传播。这一时期，提倡科学精神，反对迷信、愚昧，成为思想界的共识。文化的巨大变革，刺激了佛、道教等宗教人士不得不反思如何调和宗教与科学的关系，使宗教适应科学文化逐步普及的社会。许多宗教界人士都对此问题提出了自己的见解，比如，当时的道教领袖陈撄宁提出仙学实证论，认为仙学是一门实验性质的学术，讲求真凭实据。他说"仙之本身，产生于学术之实验"[②]，这种从实验的角度解释仙学的论述无疑具有调和宗教与科学的强烈意味。佛教理论家太虚法师也写了《佛法与科学》、《唯物科学与唯识宗学》等一系列文章，论证佛法与科学最为相契，并不矛盾，等等。这些事例反映了道教与佛教应对近代科学的发展与在中国传播的积极态度。

2. 地理环境与中国宗教思想转型

中国宗教思想转型，并非由地理环境因素决定。不过，从气象万千的地理环境入手来探寻中国宗教思想文化的发生、发展乃至形态转变，也不失为一个可行的角度。长期以来，学者们大多从宗教历史学、宗教社会学、宗教心理学、宗教行为学的立场来研究中国宗教思想文化，而从地理环境角度予以考察者甚少。因此，我们有必要在这方面开展一些工作，相信这将有助于更全面而深入地了解中国宗教文化内涵。

地理环境虽然不是通过很直接的方式影响中国宗教思想转型，但从宗教观念、宗教人物、宗教组织、宗教器物等因素却可以隐隐约约地窥见宗教思想转型背后的地理环境因素。

（1）地理环境影响着中国宗教的神灵信仰，从而促进中国宗教思想的转型。

吕大吉先生在其《宗教学通论新编》中说，在宗教的四大要素中，"处于基础层或核心层的是宗教观念（主要是神道观念）。只有在有了宗教神道

① 参见杜石然、范楚玉等编著：《中国科学技术史稿》下册，科学出版社 1982 年版，第 250 页。
② 杜石然、范楚玉等编著：《中国科学技术史稿》下册，第 250 页。

观念的逻辑前提下，才有可能产生观念主体对它的心理感受或体验"①。吕大吉先生所指的"神道观念"内容较为复杂，其中最重要的当是神灵信仰。顾名思义，所谓"神灵信仰"也就是相信各种各样的鬼神灵异的存在并且对此类精神现象产生崇拜心理和崇拜行为。

中国宗教，尤其是儒道二教的建立和发展，都不同程度地受到过地理环境的影响。关于这个问题，我们可以神仙道教的构建和发展为例来加以说明。

由于政治统治者的镇压、利用两手政策的实施和大批士大夫的参与，倡导君臣民"三合相通"思想的汉末早期道教逐步走向分化，神仙道教应运而生。神仙道教的形成，大体上始于葛洪对以往神仙思想系统的总结，经过南北朝的寇谦之、陆修静等对天师道的改革，到陶弘景建立道教神仙谱系而达到成熟。神仙道教本身以神仙信仰为核心，通过服食养生，追求长生久视，羽化登仙。尽管神仙信仰的形成有多种因素，但其中也不乏地理环境因素的影响。

道教经典中记载了众多关于地理环境的内容，其中的十洲三岛、洞天福地都是非常出名的。它们处在风景秀丽、环境清幽的名山海景之中，而且盛传着大量的神仙之说，有着浓厚的神仙氛围。据载，十大洞天、三十六小洞天是上天派群仙治理的洞府，而七十二福地是地仙真人治理和修炼之地。②其中的故事颇引人入胜，如据传四川鹤鸣山上有只鹤，当鹤鸣的时候就有仙人出来，天师道创始人张陵就在此修道成仙，得道后上了十大洞天中名列第五的青城山收徒传道。此类洞天福地无疑成为学道之人无限向往的地方。而更重要的是，洞天福地遍布天下，除极个别是虚构的外，大都有可考证的具体地点。当身临其境时，秀美奇景便强化了修道成仙的氛围。

这些极富神仙色彩的洞天福地对魏晋南北朝神仙道教的形成有没有发生过作用呢？这个问题可以从相关经典的记述入手来予以考察。在《云笈七籖》卷28所载《二十四治》中就有关于洞天福地的描述。上清派的经典道书《真诰》也提到大小洞天及福地之说，唐代司马承祯著《天地宫府图》，

① 吕大吉：《宗教学通论新编》，第77页。
② 参见张君房编，李永晟点校：《云笈七籖》卷27，第609—618页。

明确提出洞天福地之名。唐代时期神仙之说大行于世。从诸多文献的描述可以发现，洞天福地之说至少在魏晋时期就已普遍化了，而神仙道教的成熟却在南北朝，因而以神仙信仰为核心的神仙道教的形成受到极富神仙色彩的洞天福地的影响也就是自然而然的事了。另外，我们从道教经书关于洞天福地的叙述中可以感受到，洞天福地等地理环境因素不仅促进了道教神仙信仰的形成，而且对于魏晋南北朝道教思想的转型而言也起着不可忽略的促进作用。因为在神仙道教信仰者看来，修炼成仙是需要特殊环境的，这种特殊环境虽然不可多得，但还是存在的。在一些名山志书以及神仙道人传记中，我们常常可以看到道人们寻找美妙修道场所并且被充满幽趣的名山大川所吸引的描写，例如《茅山志》、《南岳总胜集》、《金华赤松山志》等都颇有引人入胜之处。此外，像《十洲记》尽管是小说家言，但其中的仙境铺叙对于神仙道教的建立来说无疑是具有魅力的。试看书中的一段描述：

> 汉武帝既闻王母说八方巨海之中有祖洲、瀛洲、玄洲、炎洲、长洲、元洲、流洲、生洲、凤麟洲、聚窟洲。有此十洲，乃人迹所稀绝处。又始知东方朔非世常人，是以延之曲室而亲问十洲所在，所有之物名，故书记之。方朔云："臣，学仙者耳，非得道之人。以国家之盛美，将招名儒墨于文教之内，抑绝俗之道于虚诡之远，臣故韬隐逸而赴工庭，藏养生而侍朱阙矣。亦由尊上好道且复欲抑绝其威仪也。曾随师主履行，比至朱陵、扶桑、蜃海、冥夜之丘，纯阳之陵，始青之下，月宫之间，内游七丘，中旋十洲，践赤县而遨五岳，行陂泽而息名山。臣自少及今，周流六天，广涉天光，极于是矣。未若凌虚之子，飞真之官，上下九天，洞视百方。北极勾陈而并华盖，南翔太丹而栖大夏，东之通阳之霞，西薄寒穴之野，日月所不逮，星汉所不与。其上无复物，其下无复底。臣所识乃及于是，愧不足以酬广访矣。"①

这段话可以说极尽铺排之能事。作者以旅行家的口吻描绘所到之处的神奇，更以对比的手法衬托神仙胜境的美妙，一方面表现了先民寻仙访道的愿

---

① 东方朔：《十洲记》，上海古籍出版社 1990 年版，第 1 页。

望，另一方面则体现了修道者对于特殊地理环境的追求。洞天福地之类特殊地理环境之所以能够刺激神仙道教的形成和发展，是因为这种地理环境不仅充满了神秘感，而且以其幽趣刺激着修道者产生种种升仙的遐想，强化了修道成仙的愿望。洞天福地与神仙道教的关系虽然只是一个小例子，但它从一个侧面映现了宗教思想形成、变迁与地理环境的不可分割之关联。

（2）南北地域文化的差异影响着中国宗教思想的转型。

中国传统文化内容广博，我们在分析南北地域文化的差异时，必须先找一个参照点。因为各种文化的南北差异并不具有完全的同步性。如佛教，李映辉先生在其所著的《唐代佛教地理研究》中对唐前期和后期的高僧籍贯分布、寺院地理分布、学术时空差异等方面的考察比较，得出以安史之乱为分界点，佛教文化前期重心在北，后期转移至南；而儒教思想则有所不同，儒教思想与国家政权密切结合，随着国家统治中心和经济重心的迁移而变化。可以说，南宋以前，统治中心大多居于北方，南方的经济重心尚未成熟，因而北方是儒教思想的活动中心。南宋开始，统治中心偏安一隅，苏杭的兴盛使得南方经济重心最终形成，儒教思想活动重心也随着南迁。宋明理学的兴起便是很好的例证。理学发端于北方的北宋，而集大成于南方的南宋。南宋后，南方儒教文化空前发展和活跃。由于南方经济重心已形成，南宋儒教氛围并不随着南宋的灭亡以及统治中心又迁到北方而消失。南宋是南北儒教文化差异转变的关键点。鉴于此，又考虑到儒教在中国传统社会中的主导地位，我们这里以儒教思想作为参照点来分析南北地域文化差异，并以此来探讨此等差异对中国宗教思想转型的影响。

南北地域文化差异是明显的，时间越早，这种差异就越大。首先表现在民间信仰方面，南方民间信仰的多样性明显超过北方，比北方活跃。以宋代神祠为例，南方多于北方。《宋会要辑稿·礼》中关于诸祠庙门部分列举了不包括开封府的其他各地的部分神祠，比较著名的且列入祀典的有 1300 余所，确切可考者 1147 所，北方地区 274 所，南方地区 873 所，南方是北方的 3 倍多。[①] 这里南方、北方的划分，是依据北宋行政区来定的。大抵以淮河以北为北方，淮河以南为南方。信奉神灵的种类也五花八门，大至天地、

---

① 参见徐松：《宋会要辑稿》，中华书局 1957 年版。

宗庙、社稷、山水，下至各行各业神灵，不可胜数。其次，这种差异还表现在学术风气、风格。北方多重注疏，治学踏实、拘谨，偏于保守；南方重义理，思维较开放、活泼。《隋书》卷75《儒林》中说"大抵南人约简，得其英华；北方深芜，穷其枝叶"。再次，儒教思想氛围于南北也有明显的差异。中原地区是儒教思想兴盛地，儒教思想因汉唐统治者的推行得到普及，因而儒教学术浓厚。北宋的关学和洛学的兴起都是在北方，而南方的儒教思想较之北方，显得淡薄。在两宋以前，南方未出现儒教活动中心城市。[①]

上述文化差异是与南北地理环境和地理位置的不同相关联的。南方多山，奇峰怪石，云雾浮绕，野兽出没不定，气候变化无常；北方多旷野，地势较平，加之南宋以前，北方多为历代王朝的统治中心，而南方偏离统治中心，山高皇帝远，交通不方便，南北交流少，文明开化程度跟不上北方。越早越未开发的时代，人们认识和改造自然的能力越低下。面对神秘而威猛的自然现象，人们深感自身无能为力，又缺乏协助力量，在精神上无法予以合理解释，导致恐惧，从而产生了多种神灵崇拜的民间信仰。随着无法解释的现象越来越多，崇拜的神灵也就越来越多。原始宗教的这种意识一直影响着以后的宗教信仰，并且逐渐产生了另一种特征：功利性。人们对神灵的崇拜和信仰有着利益的驱动，认为信奉的神灵越多，自己获得的保佑就越多，因而见神就拜。民间信仰的这种多样性和功利性，也就使得某种宗教的渗入更为容易。

南方地理位置由于偏离政治统治中心，此地儒教文化在南宋前相对淡薄，不过这种情形在魏晋时就已开始出现转变。魏晋以来，大批士族迁入南方，带动了南方儒家思想的发展，这本是南方儒教思想赶上北方的一个契机，但由于遇上战乱，这种机遇随着隋唐统治中心定于北方而减弱。一直到南宋，随着南方经济重心和政治重心的形成，儒教文化才得以在南方崛起。

基于上述对南北地域文化差异及其原因的考察，我们再来分析这种差异对中国宗教思想转型的影响。

首先先看儒教思想。自西汉开始，以董仲舒为代表的儒教宣扬天人感应、君权神授；到唐中后期，儒教则注重心性学的探讨。两宋时期，理学勃

---

① 部分内容参考了程民生《宋代地域文化》第五、六章，河南大学出版社1997年版。

兴，并且逐步成为御用哲学，这标志着儒教思想上的一次大变革。理学以
"理"为本体，强调从心性的角度去把握永恒的"理"。理学的集大成者朱
熹，其一生大半时间活动在南方。在其生时，其思想主要在南方传播。朱熹
死后的一段时期，理学主要是由朱熹的弟子们先在南方传扬的。最初，这只
是作为汉唐儒教经学的正统思想的叛逆面——"伪学"而艰难存在的，后
来逐渐成为官方的思想统治工具。对素有民间信仰传统的南方民众来说，以
朱熹为代表的理学因为让义理切于民用而容易被接受。南方的这种地域文
化，促进了理学的传播和实施。理学最终取得胜利同样有着南方地域文化的
一部分功劳。

其次，再看佛教思想。禅宗思想（南宗）是最具中国化的佛教思想，
"不立文字，直指人心，见性成佛"，这对于魏晋南北朝的佛教理论来说，
无疑是一个巨大的发展和转变，而它在唐末和宋代的一枝独秀地位，又使之
在佛教思想中更具有代表性。禅宗的兴起及其思想得以传播和最终确立强势
地位，与南北地域文化的差异也是紧密联系的。六祖慧能得到五祖弘忍的衣
钵后，为避免神秀派的谋害和争夺袈裟，潜逃至岭南，隐居山林中 15 年，
公元 676 年出山到广州法性寺，正值两僧争论风动幡动时，慧能说："幡无
如余种动，所言动者，人者心自动耳。"①众僧骇然。而后慧能在韶州曹溪
宝林寺（今广东曲江南华寺）剃发受戒，开坛讲法，于是禅宗大兴，到唐
末五代，禅宗分为五家七宗。北宋时期，南禅宗开始在北方传播，并逐渐取
得了全国的主流佛教地位。慧能为何能在南方立足并使南宗发扬光大？这与
南北地域文化差异不无关系，南方思想开放，慧能所宣扬的明心见性、不立
文字、不重苦炼修行的方式恰好适应了南方的学术风气。二者的一致性使得
南禅宗在南方有了能够生存的可能，而南方民间信仰的普遍性也使民众容易
接受禅宗。此外，唐代时期，南方的儒教思想较之北方淡薄，尤其在岭南这
种远离统治中心的地方，封建正统思想就更是鞭长莫及，故而有利于禅宗思
想的传播。与此相反，北方儒教思想浓厚，尤其是在唐朝后期正值儒门思想
在北方复兴时期，韩愈和李翱等儒生又大力排佛、反佛，佛教受到儒教的抵
制就越强。以神秀为代表的禅宗北宗在北方的衰弱、消失，也可能与此

---

① 释慧能：《坛经校释》，中华书局 1983 年版，第 25 页。

有关。

（3）地位特殊的处所为中国宗教思想传播提供适宜空间，促进其思想发展。

宗教的发展离不开活动场所、专门器物的支持。中国宗教思想的兴起、传播并最终实现成功转型也是如此。大多宗教的发展情况是：以某个大都市或某风景秀丽的名山为中心点，然后把思想推销出去，并逐渐取得相当地位。这些大都市和名山，往往是译经的场所或某种新型理论的发源地。就大都市来说，交通发达，人口众多，物资也较充分，既为修行人提供了生活保障，又为修行人之间的往来交流、思想传播提供了便利条件。山清水秀，本身受到修行者的青睐，而作为名山，当然也会吸引许多仰慕者。

道教认为，林木幽深、风景秀丽之所即是群仙聚居之处，利于隐居修炼——而与周围环境浑然一体的道观建筑则体现了返璞归真、师法自然的思想。由此之故，洞天福地不少成为道教宗派的发祥地。天师道的创始人张陵早先修道于四川鹤鸣山，造作符书若干，道教传说鹤鸣九天必有仙人下界。得道后张天师就上了青城山，并在那里收徒传道。天师道置二十四治，三十六靖庐，各处的道士据说达到 2400 人。其传教区域以巴蜀为主，远至洛阳，凡入道者均应缴纳五斗米，所以也称五斗米道。张陵之孙张鲁曾割据汉中，自号师君，以神道教化百姓，还设立义舍，为流民提供米肉。后来张鲁归附曹操——天师道亦随其内迁传入中原。第四代天师张盛从青城山迁往号称第三十二福地的龙虎山——全山有山峰九十九座，秀岩二十四处——从此龙虎山就成了天师道的传教中心。嗣汉天师府为天师居处，现存建筑多为乾隆至同治时期的遗物，其中万法宗坛是历代天师祀神祭祖的地方。元代江南道教各派皆归龙虎山管辖，到了明代，天师府更成了朝廷管理全国道教事务的核心。与龙虎山齐名的茅山原名地肺山或句曲山，因汉时三茅真君①在此修行得道改名茅山——号称第一福地、第八洞天、第三十二小洞天。上清派第九代宗师陶弘景曾隐居茅山修道，遂创茅山宗——茅山宗后来人才辈出，成为隋唐时期影响最大的道教派别。

---

① 这里的"三茅真君"指的是茅盈、茅固、茅衷三兄弟——茅氏兄弟被封为九天司命三茅应化真君：茅盈为司命真君，茅固为定箓真君，茅衷为保生真君。

再以隋唐佛教为例。隋唐佛教宗派纷起，思想活跃。李映辉先生在其论著《唐代佛教地理研究》中根据《续高僧传》、《宋高僧传》、《大唐西域求法高僧传》对唐前期高僧驻锡（活动）、高僧游徙空间分布做了统计。从高僧驻锡人次来看，在唐前期十道中，包括淮南道的扬州和江南东道的润、常、苏、湖、杭、越、台等州在内的邗沟——江南运河沿线分布带，是高僧驻锡人次五个密集分布地道之一。长安在各道分布状况中位居首位，东部洛阳也是高僧云集之处。从唐朝前期高僧游徙的空间分布来看，关内道，以京师长安和终南山为重点，是全国最大高僧聚集地，外国来华高僧居洛阳、长安者居多，而河南、山南、河东、淮南及江南道高僧出入也较频繁。① 可见，这些高僧出没的地方颇为集中，基本上都处于华北平原、四川盆地及其边缘地区、汾渭平原、江南地区四大人口稠密区。在全国来看，这些地方的人口不仅众多，而且交通便利。譬如长安为京师地带，交通发达；其他佛教兴盛地带如邗沟的江南运河沿线分带中，扬州是运河与长江交汇的一个重要交通枢纽；润、常、苏、杭都是江南运河经过的地方。湖、台、婺也都有便利的交通与之联系。

从魏晋般若学说向隋唐心性学说转型的隋唐佛教八宗中，立宗较早的天台宗，实际创始人智顗于陈太建七年（575 年）居于天台山创立，并以天台山命名其宗，其国清寺为我国佛教四大丛林之一。道宣创律宗于长安边上的终南山。华严宗杜顺、智俨等高僧都住在终南山，其实际创始人法藏居于长安弘法，被武则天赐为"贤首"。三论宗吉藏在唐初也被请入长安，弘扬三论宗。玄奘西行求法归国后与其弟子在长安译经，弟子窥基也在长安发挥唯识宗精义，唯识宗在长安盛极一时。净土宗真正创始人道绰和善导在长安弘扬净土思想。密宗在长安兴起，在开元三大士——善无畏、金刚智和不空的努力下，也曾盛极一时。禅宗慧能在韶州发起，虽地处偏远，但韶州也是贯通北方与岭南的重要路线。可见，隋唐佛教八大宗的兴起点基本上都是处于人口众多、交通发达而且是高僧出入频繁的地点或地段，这无疑对于佛教思想的传播、佛教思想的活跃和成功转型起着重大作用。

总而言之，地理环境对中国宗教思想的发展和转型具有不可忽视的作

---

① 参见李映辉《唐代佛教地理研究》，湖南大学出版社 2004 年版，第 53—84 页。

用。上面阐述的只是一部分情况，这个领域还有许多方面值得进一步考察，如地理环境与中国宗教思想在历史上不同时期的相互关系如何，对区域经济社会又有何影响，其对当代中国宗教的发展又有什么现代价值和启示等等问题，都有待深入探讨和研究。本节从上述几个方面考察地理环境对中国宗教思想转型的影响，仅为抛砖引玉而已。

二、中国宗教思想发展与身国共治

身国共治，从宗教范围来看，其探讨的重心应该立足于宗教修养，对中国宗教人士来说就是如何把修身与治国统一即如何"共治"的问题。从表面上看起来，这似乎是说"修身"加上"治国"，即中国宗教人士既要修炼自身，还要积极参与政治活动。此种理解不是完全错误，不过从内在实质来看，身国共治远远不是二者的简单相加，而是修身与治国的有机统一。"治"除了治国，还有一个重要的方面就是治身。

身国共治常常表现为两种话语方式：以身喻国和以国喻身。以身喻国，就是把国家比做身体，根据修身的原则、方法来治理国家；以国喻身，就是反过来，把身体比做国家，依据国家的管理法度来修炼身心。[①] 由此可见，身国共治是宗教修持在思想内容乃至治理形式、结构上有一个可"共"的一致性，并且这种"共"还体现了一种交叉、借鉴行为。换一种说法，治身如治国，治国如治身。

这里有一个"喻"字或"如"字，说明二者还是有很大不同的。除了以身喻国、以国喻身这两种治理形式，实际上还有第三种形式：即身即国，即修身与治国二者合通。不仅在终极目标上一致，而且在行为上也融通为一，修身与治国不是两个事物，而是一个事物的两个方面。但不管何种形式，对于中国宗教思想来说，身国共治涉及中国宗教文化与政治的关系，二者的磨合是多方面的，本节主要从中国宗教思想的角度来考察二者的关系。这种关系，大体上蕴含着这两个方面的内容，一是身国共治思想对中国宗教思想发展的影响，即引起中国宗教思想发展的各因素中是否有身国共治的考虑。"身国共治"是因，发展是果。二是中国宗教思想发展过程包含的身国

---

① 参见詹石窗：《身国共治——政治与中华传统文化》，厦门大学出版社2003年版，第12—13页。

共治的思想内容，发展是因，身国共治是果。在庞杂的中国宗教思想中，儒教和道教的身国共治思想是最具有代表性的。儒教以国家政权为依托，故而与政治的密切关系是他教无与伦比的。由于关心社会政治，儒教把道德实践和经世致用哲学统一起来。儒教一方面主张以仁义礼智信来修身养性，另一方面又运用三纲五常来治理国家，二者构成了思想文化的融通性。至于道教的"身国共治"理论则多是继承老子的"无为"、"寡欲"等思想而来。鉴于此，本节主要从儒教、道教的发展中看其身国共治思想。

1. 道教思想发展与身国共治

就整体而论，道教思想大致经历了这么几个具有代表性的发展形态：早期道教思想、魏晋南北朝神仙道教思想、隋唐道教的重玄思想、宋元明内丹道性命双修思想。以下拟就这些方面考察道教在身国共治问题上的主张。

（1）从早期道教看身国共治思想

道教秉承道家基本精神，而道家学派不论是老子还是其后的历代传人都留下了"身国共治"的诸多论述。所以，道教从创立开始就与"身国共治"理论结下不解之缘。

作为汉末道教的主要经典，《太平经》基于"太平"的理想追求，对个人的道德修养以及社会关系问题多有阐发。在论及君臣民关系时，该书指出："故君而无民臣，无以名为君；有臣民而无君，亦不成臣民；臣民无君，亦乱，不能自治理，亦不能成善臣民也；此三相须而立，相得乃成，故君臣民当应天法，三合相通，并力同心，共为一家也。比若夫妇子共为一家也，不可以相无，是天要道也。此犹若人有头足腹，乃成一身，无可去者也。"① 以身之头足腹喻君臣民，三合相通，并力同心，建立太平世道，这表明《太平经》已经有了将身体与国家构成相互关联的思路。

到了《老子想尔注》，身国共治思想更加明确。该书称，"欲求仙寿天福，要在信道"，②"治国之君务修道德，忠臣辅佐务在行道，道普德溢，太平至矣。吏民怀慕，则易治矣。悉如信道，皆仙寿矣"③。"道用时，臣忠子

---

① 王明：《太平经合校》，第150页。
② 饶宗颐：《老子想尔注校证》，上海古籍出版社1991年版，第31页。
③ 饶宗颐：《老子想尔注校证》，第38页。

孝，国则易治"①。按照《老子想尔注》的看法，修身、治国都要"法道"而行，这体现了修身与治国在终极意义上的一致性。以身喻国、以国喻身的共治思想，是服务于其政治理想的。

（2）从魏晋南北朝道教看身国共治思想

魏晋时期，随着道教组织的壮大和社会地位的提高，道教关于身国共治的理论探讨也更加活跃，其中比较有代表性的是葛洪。他出入儒、道，推崇黄老，认为："黄帝能治世致太平，而又升仙，则未可谓之后于尧舜也。老子既兼综礼教，而又久视，则未可谓之为减周孔也。"② 他心中的理想人格乃是像黄老一样"内以治身，外以为国"。在《抱朴子内篇·释滞》中，我们更可看到葛洪对理想人格的直白："内宝养生之道，外则和光于世，治身而身长修，治国而国太平。"③ 此乃以道为内，以儒为外，以道修身，以儒治世。对于修身与治国的关系，葛洪说："故一人之身，一国之象也。胸腹之位，犹官室也。四肢之列，犹郊境也。骨节之分，犹百官也。神犹君也，血犹臣也，气犹民也。故知治身，则能治国也。"④ 为达到身国共治的目标，葛洪认为要做好两个方面的工作：一要修道成仙；二要承担治国安邦的社会责任。长生成仙，需要把握"玄道"，因为这是长生成仙的终极依据。玄道的把握，又必须"思神守一，却恶卫身，常如人君之治国，戎将之待敌，乃可为得长生之功也"⑤。按照葛洪的看法，以道修身是主要途径，但又离不开现实社会的纲常名教，所以"欲求仙者，要当以忠孝和顺仁信为本。若德行不修，而但务方术，皆不得长生也"⑥。在这里，葛洪所强调的是以道修身，至于忠孝和顺仁信之类伦理条规虽然被称做"本"，那是因成仙需要而从伦理道德修养方面入手说的，如果说修道成仙是终极目标，那么忠孝和顺则是成仙的必要条件。葛洪这种看法既反映了魏晋时期道教注重伦理道德在修仙过程中的作用，也表现了身国共治理论具有了更加丰富的内涵。

① 饶宗颐：《老子想尔注校证》，第23页。
② 王明：《抱朴子内篇校释》，第188页。
③ 王明：《抱朴子内篇校释》，第148页。
④ 王明：《抱朴子内篇校释》，第326页。
⑤ 王明：《抱朴子内篇校释》，第326页。
⑥ 王明：《抱朴子内篇校释》，第53页。

（3）从隋唐道教看身国共治思想

在经过魏晋南北朝玄学熏陶后，道门中人更加积极探讨身心修养法门与治国之道，其中最具代表性的人物有司马承祯。《旧唐书》记载，唐睿宗曾召司马承祯入宫，询问阴阳术数之事。承祯对曰："道经之旨：'为道日损，损之又损，以至于无为。'且心目所知见者，每损之尚未能已，岂复攻乎异端，而增智虑哉！"帝曰："理身无为，则清高矣。理国无为，如何？"对曰："国犹身也。《老子》曰：'游心于澹，合气于漠，顺物自然而无私焉，而天下理。'《易》曰：'圣人者，与天地合其德。'是知天不言而信，不为而成。无为之旨，理国之道也。"① 司马承祯认为治国与修身之理为一，都遵循"无为"原则，通过"损之又损"——遣之又遣的过程，去除己见和执著心，达到顺物自然、与道合一，身国共治的境界。可见，他是用重玄思想来解释身国共治问题，体现了隋唐道教身国共治思想的"重玄"特色。

唐末五代的杜光庭也对道教身国共治思想发展作出重要贡献。在《道德真经广圣义》中，他说："理国执无为之道，民复朴而还淳，理身执无为之行，则神全而气王，气王者延年，神全者升玄，理国修身之要也。"② 按照杜光庭的思路，理国、理身都离不开"无为"。在终极意义上，理国与理身是统一的。就修行过程来说，他认为："理身之道先理其心，心之理也，必在乎道，得道则心理，失道则心乱，心理则谦让，心乱则交争。"③ 这就是说，修行首先是依照大道准则来调整内心，使心静而不乱，从而达到理身的目标。进而他又说："圣人之理，以身观身，身正则天下皆正，身理则天下皆理。"④ 可知，理身、理国在过程上是可以合二为一的。理身即是理国，理国即是理身。

（4）从宋、元、明、清道教看身国共治思想

晚唐以来，随着道教影响的进一步扩大，越来越多的人注重生命养护，性命双修的内丹思想逐步兴盛起来。这一时期，不仅道士们积极探讨养生之术，而且崇道的帝王将相、文人雅士也对养生问题颇为关注。从他们的养生

① 刘昫等：《旧唐书》卷142《隐逸·司马承祯传》，第16册，第5127—5128页。
② 杜光庭：《道德真经广圣义》卷14，《道藏》第14册，第380页。
③ 杜光庭：《道德真经广圣义》卷19，《道藏》第14册，第404页。
④ 杜光庭：《道德真经广圣义》卷35，《道藏》第14册，第491页。

言谈以及相关论述中，我们也可以看出身国共治的思想立场。

据《宋史》等书记载，北宋初，宋太祖闻道士苏澄隐年逾八十而身益壮，即召见之，咨询养生之术。苏澄隐回答："臣之养生，不过精思炼气耳，帝王养生则异于是。老子曰：'我无为而民自化，我无欲而民自正。'无为无欲，凝神太和，昔黄帝、唐尧享国永年，得此道也。"① 太祖闻之大悦，厚赐之。苏澄隐回答宋太祖的话，表面看起来似乎并没有论及"身国共治"问题，但其深层次里却蕴涵着"身国共治"的精神。一方面，苏澄隐表明自己是通过精思炼气的方式来养生的；另一方面，苏澄隐提出了帝王养生应该遵循老子的"无为"原则，老子论"无为"的时候是把主政者与"民"联系起来的。让"民"能够"自化"、"自正"，这实际上就是治国的实际效果。苏澄隐引述老子的话，旨在表明：对于帝王来说，"无为"既是养生的指南，也是治国的最高原则，可见其字里行间确有"身国共治"的精神旨趣在其中。

与苏澄隐同处一个时代的道教内丹学巨擘陈抟及其弟子张无梦曾经被皇帝召见，在他们的谈话或者讲学中也多涉"身国共治"问题。出于天下安定的考虑，宋太宗两次召见陈抟，求济世安民之术。陈抟回答说："今圣上龙颜秀异，有天人之表，博达古今，深究治乱，真有道仁圣之主也。正君臣协心同德、兴化致治之秋，勤行修炼，无出于此。"② 陈抟答词虽然好像在寒暄，但若仔细分析，就可以看出其"身国共治"的意味，因为其正面谈论的话题是"济世安民"，这无疑属于治国范畴，而在论及如何"兴化致治"的时候，陈抟巧妙地使用了"修炼"一词，这个词汇本来是道教用于治身的内丹养生术语，陈抟将之延伸到了"济世安民"的话题中，这就把治身与治国对应起来了。按照陈抟的言说，既然"兴化致治"的国家大事也要"勤行修炼"，那么国家也就像身体的调养一样了。如此的言说看起来好像很轻巧，但用意却是深刻的。

陈抟之后，其弟子张无梦由于声名远播，被宋真宗召入宫中讲《还元篇》。张无梦在解释《还元篇》义理时说："国犹身也，心无为则气和，和

---

① 脱脱等：《宋史》卷461《方伎·苏澄隐传》，第39册，第13511页。
② 脱脱等：《宋史》卷457《隐逸·陈抟传》，第38册，第13421页。

则万神结矣；心有为则气乱，乱则英华散矣。此还元之大旨也。"张无梦以身喻国，认为治国与修身在原则上是一致的。所谓"还元"正是把治身与治国统一起来，按照"无为"的精神来调心，以至于气和神结。张无梦这种思想被其弟子陈景元所继承和发挥。陈氏在《道德真经藏室纂微篇》中说："言修身治国能行上六事，即如道之生物不塞其原，任其自成而已。"①又说："夫有道之君，垂拱无为，故功业成而不有；澹默清静，故事务遂而忘知。民皆淳朴无所妄为，谓我自然而然也，亲誉畏侮之心于何有哉？"②陈景元直接把"修身"与"治国"相提并论，并且以"垂拱无为"来表征"有道之君"，寄托着以"无为"为纲、以"清静"为法门的修身治国精义。

在北宋时期，言简意赅的《黄帝阴符经》颇受重视，道门中人纷纷予以注解。道士们注解该书大多也贯穿着"身国共治"的思想旨趣，其中最具影响力的是赛昌辰的《黄帝阴符经解》。他在解说中指出："若认识自然炉鼎，修之身，其德乃真。是人能体天法道，使国无奸臣，身无伪行。"③赛昌辰的注解把老子《道德经》的修身思想与内丹术结合起来，他把人体比做金丹修炼的自然炉鼎，以为修炼成仙，关键在于修炼人的心性，也就是"制心"。不过，他没有停留在"制心"的阶段，而是由"制心"进一步论及治国问题，他指出："万化者，万国也。主上明，万国安；人心和，万缘息。盖养生之道与治世之机彼此一也。"④所谓"彼此一也"是指治身、治国的道理没有分别。在这里，赛昌辰用个"一"字，架起了治身与治国之间的桥梁。在他看来，身即是国，国亦为身。对于身来讲，"心"就是主人；对于国来讲，君主就是心。因此，修身治国，应该遵循同一原则，这种以内丹性命之学解读《黄帝阴符经》的方式，更加凸显了身国共治的精神，反映了北宋道教理论发展的基本导向。

南宋以来至明清时期，朝代更替，道教组织也发生巨大变化，但"身国共治"的思想依然以顽强的生命力彰显在各种道人们的著述里。不论是全真道、金丹派南宗，还是正一道、净明道几乎无一例外，都倡导身国共

---

① 陈景元：《道德真经藏室纂微篇》卷2，《道藏》第13册，第665页。
② 陈景元：《道德真经藏室纂微篇》卷3，《道藏》第13册，第673页。
③ 赛昌辰：《黄帝阴符经解》，《道藏》第2册，第761—762页。
④ 赛昌辰：《黄帝阴符经解》，《道藏》第2册，第762页。

治。尤其值得注意的是，许多道人特别针对官员的品德修养来达到身心与社会同理的效果。例如谭处端《水云集》卷1《游怀川》中写道："为官清政同修道，忠孝仁慈胜出家，行尽这般功德路，定将归去步云霞。"① 再如刘处玄在《仙乐集》卷3《述怀》中说："为官清正，真无罪病。上有四恩，积行普敬。忠孝治民，静心养性。意不外游，自然神定。掩恶扬善，非言莫听。去除憎爱，常行平等。弗恋世华，闲步松径。绿水青山，洞天仙景。本来面目，炼磨如镜。明今照古，守道自省。功德周圆，大罗朝圣。"② 刘处玄在《上敬奉三教道众并述怀》中也说："治政清通，为官忠孝，节欲身安，他年蓬岛。"③ 谭处端与刘处玄的诗词作品虽然多为抒怀之作，但屡屡言及"为官"和"行政"问题，显然是有所指的。本来，"为官"、"行政"，属于社会公务，归入治国范围。但在谭处端与刘处玄的诗词中，"为官"、"行政"却与修道相通。为官行政，只要依照正道而行，就是修道。当功德圆满的时候，为官行政者也可以成仙，步入蓬莱仙境，甚至直登云天，到达道教的大罗胜境。如何为官行政？谭处端、刘处玄开出了具体的方案，包括"清正"、"忠孝"、"静心"、"善敬"等等，其基本精神就是通过为官者个人的品行修养，逐渐达到调心养性的效果；在这个过程中，"治民"的目标也实现了。"民治"而行政清通，社会就安定了。不难看出，作者把以往道教的身国共治思想具体化了，成为一种更加具有操作性的修道养生与社会治理技术了。

综上所述，随着社会历史的变迁，道教的身国共治思想不断丰富。在不同时期，道门中人往往结合时代具体情况，探讨身国共治问题。就总体而言，道教的身国共治主张乃是以老子《道德经》的"道德"论、"无为"说为纲领的。资料显示，历代道教理论家大多关注社会政治问题，并且从个人修道成仙的立场提出治国思路，体现了道教身国共治思想与神仙学说的相互会通。

---

① 谭处端等著，白如祥辑校：《谭处端·刘处玄·王处一·郝大通·孙不二集》，齐鲁书社2005年版，第17页。

② 谭处端等著，白如祥辑校：《谭处端·刘处玄·王处一·郝大通·孙不二集》，第111页。

③ 谭处端等著，白如祥辑校：《谭处端·刘处玄·王处一·郝大通·孙不二集》，第126页。

2. 儒教思想发展与身国共治

儒教身国共治思想与道教一样十分丰富，学者关于这方面的研究，已有众多成果，但从历史演变角度进行探讨者，尚有待深入。

儒教的发展大体上经历了先秦儒教的萌芽时期（或前儒教时期）、秦汉儒教的形成时期、魏晋隋唐的发展时期、两宋成熟时期、元明清的流变时期。[①] 在历史发展过程中，儒教的身国共治思想不断得到发展和丰富，不同时期具有不同的特点。但从整体上来看，儒教主要通过仁义礼智信来修身养性，运用三纲五常来治理国家，遵循"内圣外王"之道，实践"即身即国"理论，修身与治国在原则上具有一致性。

（1）仁义礼智信：身正而天下归

儒教是以儒家的存在为前提的，儒教的身国共治思想与早期儒家的人生、社会政治观念具有密切关系。

孔子以孝悌为本，"修己以敬"，"修己以安人"，"修己以安百姓"[②]。孟子继承和发展了孔子身国共治思想，以"仁义礼智"四端为基石，尤推行仁政，认为仁政在心是为政的基本准则，他说："天子不仁，不保四海；诸侯不仁，不保社稷；卿大夫不仁，不保宗庙；士庶人不仁，不保四体。"[③]反求诸己，修身以治国，从而"身正而天下归之"[④]。荀子倡导礼制，把治身与治国统之以礼，"礼者，所以正身也"[⑤]。用礼来约束人的欲望，隆礼重法，人才能自善，君臣、父子、兄弟、夫妇莫不如此，"与天地同理，与万世同久，夫是之谓大本"[⑥]。随后的《礼记·大学》更是明确地总结和提出身国共治的思想和纲要。"诚意、正心、修身"至"齐家、治国、平天下"。而又以修身为本，"修身而后家齐，家齐而后国治，国治而后天下平"。自天子以至庶人，壹是皆以修身为本，追求内圣外王。先秦儒家不仅在理论上

①　关于中国儒教的形成发展历程，参阅詹石窗、盖建民主编的《中国宗教通论》，高等教育出版社2006年版，第70—76页。

②　《论语·宪问》，朱熹：《四书章句集注》，第159页。

③　《孟子·离娄上》，朱熹：《四书章句集注》，第277页。

④　《孟子·离娄上》，朱熹：《四书章句集注》，第278页。

⑤　《荀子·修身》，《诸子集成》第2册，第20页。

⑥　《荀子·王制》，《诸子集成》第2册，第104页。

提出也要求在实践中履行这些身国共治思想。然而他们的内圣外王基本上是遵行着由内圣到外王或由外王到内圣的路径进行，没有达到内圣与外王的即一不二的境界。更为重要的是，尽管先秦儒家常常把这种身国共治思想的根据归源于天，但他们并没有对这种修身治国的所以然的根据作出本体论的进一步说明。天的意义是多方面的，虽然也有神授的意味，但在先秦儒家思想中，更多的却是表示自然规律。从宗教角度来看，作为儒教的神灵系统还没确定。

（2）天人之际：君子之人伦受命于天

汉初统治者采取与民休养生息和黄老之术治国并用的策略，使社会经济恢复和发展起来。然而，由于种种原因，在不久之后出现了中央君权和政府干预能力的弱化。政治统一的中央政权和政治格局面临地方势力的挑战。藩王的谋取反叛加速了统治者利用思想领域的大一统来治理整顿国家，加强封建中央君权，以符合政治上大一统的要求。广大儒生为提高自身地位，也为治身治国积极出谋划策。董仲舒罢黜百家，独尊儒术，将先秦儒家思想神学化、完备化，继承和发挥了先秦儒家身国共治思想并实现了儒家思想与国家政治的结合，使得儒教初步形成，奠定了儒教在中国宗教史上及我国封建社会中的地位。

董仲舒是怎样构建成他的身国共治思想呢？他说："身以心为本。"[1] 养心必须遵守三纲五常，即君为臣纲、父为子纲、夫为妻纲三纲和仁、义、礼、智、信五常。在董仲舒眼中，三纲五常既是修身之本，又是社会伦理。他认为三纲五常依天道阴阳而设定，可求之于天，"孝"、"节"、"忠"、"义"，无一不具有天的依据。"天道之大者在阴阳"，"阴者阳之合，妻者夫之合，子者父之合，臣者君之合。物莫无合，而合各有阴阳。阳兼于阴，阴兼于阳，夫兼于妻，妻兼于夫，父兼于子，子兼于父，君兼于臣，臣兼于君。君臣、父子、夫妇之义，皆取诸阴阳之道。君为阳，臣为阴；父为阳，子为阴；夫为阳，妻为阴。"[2] 这是以天道阴阳为纲要，将君臣、父子、夫妻关系固定化。那么"天"在哲学家体系中处于何种地位呢？"天者，百神

---

[1]　董仲舒：《春秋繁露·通国身》，苏舆：《春秋繁露义证》，第 182 页。
[2]　董仲舒：《春秋繁露·基义》，苏舆：《春秋繁露义证》，第 350 页。

之君也，王者之所最尊也。"① 万物五行阴阳皆归于天，天是诸神的主宰，是支配人们的绝对权威。照此看来，人的一切包括身体结构、情感、意志莫不与天相副。"仁之美者在于天。天，仁也"②，因此，人要"取仁于天而仁也"。不仅仁如此，其他伦理纲常也一样。"夫孝，天之经，地之义"③。"故下事上，如地事天也，可谓大忠矣"。董仲舒就这样从"天"这个范畴出发，赋予三纲五常的合法性，为三纲五常的修身以及社会伦理的确立找到一个终极依据。于是，人必须在神圣的"天"的规定下，履行三纲五常的宗教实践。为加强君主集权，适应国家大一统局面，董仲舒主张强化皇权，宣扬君权神授。他说："古之造文者，三画而连其中，谓之王。三画者，天地与人也，而连其中者，通其道也。取天地与人之中以为贯而参通之，非王者孰能当是。"④ 君子受命于天，天子行教化是执行天的命令，用天人合一理论给皇帝度上一层圣光。这种情况要求，天下复命于天子，一国则复命于君。因此，"号为诸侯者，宜谨视所侯奉之天子也。号为大夫者，宜厚其忠信，敦其礼义，使善大于匹夫之义，足以化也"⑤。

董仲舒明确规定了天的身份和地位，以天作为终极依据，从宇宙生成、宇宙本体论的角度出发，把修身、社会伦理纲常与君主专制的大一统结合在一起，构建了儒教内圣外王之道，天不变道亦不变，试图给予儒教的地位以永久性规定。

（3）承袭道统：内圣外王之心性初开

魏晋隋朝及唐朝前期，儒教思想着眼于宇宙生成、宇宙本体论，理论上并没有重大突破。唐朝中期后，社会动乱，内政欠修，藩镇割据，佛老蕃滋。在这种情况下，儒教身国共治问题又被提上议事日程，一些深怀忧患意识的有志儒生思欲变革，以韩愈、李翱为代表的儒生把儒教身国共治思想推向前进。

韩愈在其《原道》中开宗明义说明了他的道统论："博爱谓之仁，行而

① 董仲舒：《春秋繁露·郊义》，苏舆：《春秋繁露义证》，第402页。
② 董仲舒：《春秋繁露·王道通三》，苏舆：《春秋繁露义证》，第329页。
③ 董仲舒：《春秋繁露·五行对》，苏舆：《春秋繁露义证》，第315页。
④ 董仲舒：《春秋繁露·王道通三》，苏舆：《春秋繁露义证》，第328—329页。
⑤ 董仲舒：《春秋繁露·深察名号》，苏舆：《春秋繁露义证》，第285—286页。

宜之之谓义，由是而之焉之谓道，足乎己无待乎外之谓德。"① 善爱万物就是仁，按照仁的原则去做就是义，合仁与义就是道，内心具备仁和义就是德。道由义开出，义由仁开出。道之根本在于仁，在于博爱。要把握道，必须在内心有仁的修养，有仁的根基。他从道统说批评道教往往弃仁与义之道，更批评佛教的身心性命，认为："古之所谓正心而诚意者，将以有为也。今也欲治其心，而外天下国家，灭其无常；子焉而不父其父，臣焉而不君其君，民焉而不事其事。"② 在他看来，佛教之身心性命，追求所谓清静寂灭，实扰乱破坏社会伦理，毁圣人之教，弃君臣关系。韩愈指出，真正的身心性命在于合仁与义，行君臣父子之道。他从《大学》、《中庸》中为自己的治身治国思想寻找理论基础和历史依据。"传曰：'古之欲明明德于天下者，先治其国；欲治其国者，先齐其家；欲齐其家者，先修其身；欲修其身者，先正其心；欲正其心者，先诚其意。'然则，古之所谓正心而诚意者，将以有为也。"③ 他以为古人讲的正心诚意是要有所作为的，就是齐家、治国等。韩愈认为这种仁义道德，不仅是为己、为人之所学的内容，也是治国之本。"其为道易明，而其为教易行也。是故以之为己，则顺而祥；以之为人，则爱而公；以之为心，则和而平；以之为天下国家，无所处而不当。"④ 韩愈在这里试图从仁与义中抽象出道，把道上升到终极范畴，并把道作为治身治国的基本内容和衡量治身治国行为的基本标准。他不满足西汉董仲舒仅从外在为封建等级找合理的根据，而试图找一种由"内圣"开出"外王"之路。然而韩愈虽抽象了道，但此"道"为"虚位"，他最终未说明道的地位，更没有建立以道为本体的哲学体系。这也使得他的由内圣直接开出外王的理论未能深入和彻底。

韩愈的好友、弟子李翱提出复性说，试图进一步把身国共治思想的根据拉回内心，让人从内心成为合乎礼仪的君子，由内圣直接开出外王。李翱明确论述了性善的至上性："人之所以为圣人者，性也"⑤。"性者，天之命也，

① 韩愈：《原道》，《韩昌黎文集校注》，上海古籍出版社 1986 年版，第 13 页。
② 韩愈：《原道》，《韩昌黎文集校注》，第 17 页。
③ 韩愈：《原道》，《韩昌黎文集校注》，第 17 页。
④ 韩愈：《原道》，《韩昌黎文集校注》，第 18 页。
⑤ 李翱：《李文公集》，《文渊阁四库全书》第 1078 册，台湾商务印书馆 1986 年版，第 106 页。

圣人得之而不惑者也。"① 在李翱心目中，圣人之所以为人之先觉者，就在于明性。他进而指出，圣人有性，百姓亦有性，"百姓者，岂其无性者邪？百姓之性与圣人之性弗差也。"② 然而，百姓之性被喜、怒、哀、惧、爱、恶、欲七情所惑，"情者，性之动也，百姓溺之而不能知其本者也。"③ 性是善的，情是恶的，因此，李翱主张通过"弗虑弗思"④，达到动静皆离，修身、去情、复性，成为圣人。人性皆善，圣人作为先觉者，要教化百姓，"制礼以节之，作乐以和之。安于和乐，乐之本也。动而中礼，礼之本也……视听言行，循礼而动"⑤。以此帮助百姓去除恶的情欲，而"归性命之道"⑥。李翱的基本思路是从内心去情复性，然后推而广之，令全社会都归于善之性，以此治身治国。可见，他比韩愈在寻找身国共治的内在根据上走得更深一步。李翱初步涉及性体情用的关系，然而，在内圣直接开出外王的问题上，他未能给善性何以产生恶情作出哲学解释，未能系统建构其性体情用的哲学系统，使其身国共治思想大打折扣。

韩愈、李翱树道统，谈心说性，重建儒教内圣之学，为宋明理学的兴起和发展开启了思想先河。从汉魏儒教由外在寻找依据到宋明理学的内心自觉体系，韩愈李翱的思想是个承上启下的重要中间阶段，其在中国儒教史上的地位是可想而知的。

（4）理寓于性：内心自觉回归天地之性

沿着韩愈、李翱的思路，宋明理学家们进一步扩展了"身国共治"的理论视野。他们力图把本源论的"所以然之理"与认识论"所当然之理"结合起来，以理气为范畴，诠释内心自觉回归天地之性问题，从而落实"内圣外王"的理论基础和实践路向。

关学代表张载以"太虚即气"为基本命题，阐发君子修身、成圣、治世的理论依据。他采纳以往哲学理论中的"性"、"理"、"气"、"道"等诸

---

① 李翱：《李文公集》，《文渊阁四库全书》第 1078 册，第 106 页。
② 李翱：《李文公集》，《文渊阁四库全书》第 1078 册，第 106 页。
③ 李翱：《李文公集》，《文渊阁四库全书》第 1078 册，第 106 页。
④ 李翱：《李文公集》，《文渊阁四库全书》第 1078 册，第 108 页。
⑤ 李翱：《李文公集》，《文渊阁四库全书》第 1078 册，第 107 页。
⑥ 李翱：《李文公集》，《文渊阁四库全书》第 1078 册，第 107 页。

范畴，论述变化气质的修养功夫。在他看来，性随气生，理随性起。"性"既天地万物所以然的根本属性，也是社会道德的根源所在。基于传统的先天与后天理论，张载把人性区分为天地之性与气质之性。天地之性作为先天的绝对存在，是纯粹至善的；气质之性作为后天的相对存在，乃是生活环境与习俗影响造成的，所以有善与不善之别。按照张载的说法，在身躯成形之后，由于种种原因，人的天地之性会被气质之性所蒙蔽，从而导致恶的念头和恶的行为。君子修身的任务就是要去掉后天的蒙蔽。他说："形而后有气质之性，善反之则天地之性存焉。"① 张载所讲的"反"具有反省、回返的意义。也就是通过自我内心的自觉反省，回归于天地之性。修身的任务在于知礼成性、变化气质，使天地之性明白起来，达到"性与天道合一"② 的诚明状态和圣人境界，实现"民吾同胞，物吾与也"③，以天地为父母，以人民为兄弟。由此，封建纲常自然通行，社会治理自然无碍。

　程朱理学以抽象的"理"为出发点，"理"是自然的本质，是万物生存和运动的根源。理是世界万物的本体。程颢说："理则天下只是一个理，故推至四海而准……"④ 朱熹认为："未有天地之先，毕竟也只是理。"⑤ 性来源于理，程颐提倡性即理，程颢也说："道即性也。若道外寻性，性外寻道，便不是。"⑥ 性之本体为理，理落在人身上就是性。性是什么？二程说："仁、义、礼、智、信五者，性也。"⑦ 理本善，因此，这种仁义礼智信也是本善的。二程把伦理道德直接安上"理"，这就赋予伦理道德的终极性，是人生而具有的，并认为伦理道德本来是善。这无疑化成了完善自我、实现自我的自然的内在要求。人应遵循、追求仁义礼智信也就成为应然和必然的事了。然而现实人性与"性本善"的说法是不同的，这就是有善有恶。程朱如何解释呢？他们提出"天命之性"和"气质之性"⑧。"性即理也。当然

---

① 张载：《张载集》，第23页。
② 张载：《张载集》，第20页。
③ 张载：《张载集》，第62页。
④ 程颢、程颐：《二程集》，第38页。
⑤ 黎靖德编：《朱子语类》第1册，第1页。
⑥ 程颢、程颐：《二程集》，第1页。
⑦ 程颢、程颐：《二程集》，第14页。
⑧ 黎靖德编：《朱子语类》第1册，第67页。

之理，无有不善者"①。而气质之性，杂理与气言，因而有善、有恶。这种气质之性中恶的来源，就在于人欲，不正当的过分的要求。"人之不为善，欲诱之也。"② 为追求善，去掉恶，朱熹将善、恶与天理、人欲联系起来了，提倡"存天理，灭人欲"。

天理即是仁、义、礼、智社会伦理道德。"人伦者，天理也。"③ "为君尽君道，为臣尽臣道，过此则无理。"④ 朱熹也说："父子、兄弟、夫妇，皆是天理自然。"⑤ 存天理，灭人欲，就是要以封建伦理道德作为修身和治国的根本宗旨，由道德修养的圣贤功夫转化为道德规范社会的政治境界。

从程朱理学关于身国共治的逻辑思维来看，他们把儒教体系中的等级秩序和伦理观念提升到宇宙本体的地位，称为天理或理，将天理推及人事，直接赋予"性"以"理"的地位，化为修身的内在要求和自觉，来论证封建伦理纲常、等级秩序的合理性、绝对性。他们的逻辑思路跟张载是一样的。只不过张载倡导的是气本论，而程朱讲的是理本论。尽管他们都从心性哲学体系的角度来论证何以身国共治，然而他们建立的身国共治赖以存在的终极依据仍然是与"心"不离不即的，有着某种层次的区别，存在一个内圣开出外王的过程。

（5）心本体论：修身治国于吾心良知为一体

王阳明生活时代正值明朝由盛转衰时期，宦官专政，朝臣争权夺利，社会暴动不绝，传统伦理道德，纲常礼仪的控制力大为减弱。

王阳明在这种时代背景下，对儒教如何身国共治进行思考，提出心本论，试着把道德权威内在化，以自律反对他律。他认为："身之主宰便是心；心之所发便是意；意之本体便是知；意之所在便是物。"⑥ 因而心即理，心外无理，心外无物。天理不在人心外，而在于人心之中，他批评朱熹析心与理为二物，这就把朱熹作为最高范畴的"理"直接置于人的内心中。在

---

① 黎靖德编：《朱子语类》第 1 册，第 67 页。
② 程颢、程颐：《二程集》，第 319 页。
③ 程颢、程颐：《二程集》，第 394 页。
④ 程颢、程颐：《二程集》，第 77 页。
⑤ 黎靖德编：《朱子语类》卷 13，第 233 页。
⑥ 王守仁撰，吴光等编校：《王阳明全集》上册，第 6 页。

王阳明的思想体系中，心理即一，心便成了终极概念，是万事万物之所以然的依据。"天地鬼神万物离却我的灵明，便没有天地鬼神万物了"①。因此，社会伦理道德规范皆在于一"心"，事亲、事君、仁民爱物，治国之术也只存乎一心。至于修身，也在于正心，"体当自家心体"②。在这里，修身与治国在"心"上完全统一，内圣与外王并没有一个明显的过程。虽然这个过程在程朱理学中存在，但在王阳明的"心"中却被简化了，内圣即是外王，身国共治的依据就在内心之中。他的心即理，心外无理，本质上承认人人都具有成为圣贤的潜质，因而满街都是圣人。这就为在全社会实现内圣即外王的身国共治思想提供了心学的合理解释。

那么如何成为圣贤呢？王阳明提出良知说。心的内涵具体表现就是为人生而具有的良知良能。肯定良知人皆有之，并认为天地万物皆是我良知之发用，"吾心之良知，即所谓天理也"③，是"天理之昭明灵觉处"④。因而追求天理，成就圣贤，就在于致良知。致良知不是向外求，而是反求诸己，认为心自然会知，因而要正心，进而"致吾心良知之天理于事事物物，则事事物物皆得其理矣。"⑤

在王阳明那里，封建社会之伦理纲常作为治国之本，已化为每个人发自内心的要求，是人心固有的天然本性，是宇宙万物之本体，从而达到了伦理与自然、修身与治国、内圣与外王、主体与客体的一致，也达到了儒教身国共治思想的最高形态。

综上所述，在中国本土宗教中，道教与儒教都有"身国共治"的丰富论述。虽然在不同时期中国宗教关于"身国共治"的论说具有一些不同的特点和具体内容，但都着眼于人作为个体如何完善以及这种完善与社会国家的密切关系。毋庸置疑，历史上的中国宗教关于"身国共治"的论述存在许多不合时宜的内容，但其中也包含着大量的富有启迪意义的见解。总结这部分思想文化遗产，对于当今社会的人格教育、社会稳定来说都是具有重要参考价值的。

---

① 王守仁撰，吴光等编校：《王阳明全集》上册，第124页。
② 王守仁撰，吴光等编校：《王阳明全集》上册，第34页。
③ 王守仁撰，吴光等编校：《王阳明全集》上册，第45页。
④ 王守仁撰，吴光等编校：《王阳明全集》上册，第72页。
⑤ 王守仁撰，吴光等编校：《王阳明全集》上册，第45页。

主要参考文献

一、大型古籍丛书

[1]《景印文渊阁四库全书》，台湾商务印书馆 1986 年版。

[2]《四部丛刊》，上海书店 1989 年版。

[3]《丛书集成初编》，中华书局 1985 年版。

[4]《四库全书存目丛书》，齐鲁书社 1995 年版。

[5]《诸子集成》，中华书局 1954 年版。

[6]《十三经注疏》，中华书局 1980 年影印阮刻本。

[7]《传世藏书》，海南国际新闻出版中心 1996 年版。

[8]《中华大藏经》，中华书局 1985 年版。

[9]《大正新修大藏经》，台湾财团法人佛陀教育基金会出版部 1990 年影印版。

[10]《卍续藏经》，台湾新文丰出版公司 1994 年版。

[11]《道藏要籍选刊》，上海古籍出版社 1989 年版。

[12]《道藏》，文物出版社、天津古籍出版社、上海书店 1988 年版。

二、史书

[1]（春秋）左丘明：《国语》，上海古籍出版社 1978 年版。

[2]（汉）司马迁：《史记》，中华书局 1959 年版。

[3]（汉）班固《汉书》，中华书局 1962 年版。

[4]（南朝）范晔：《后汉书》，中华书局 1965 年版。

[5]（唐）房玄龄：《晋书》，中华书局 1974 年版。

［6］（唐）魏徵等：《隋书》，中华书局 1973 年版。

［7］（唐）姚思廉：《梁书》，中华书局 1973 年版。

［8］（唐）李延寿：《南史》，中华书局 1975 年版。

［9］（唐）李林甫等《唐六典》，中华书局 1992 年版。

［10］（唐）杜佑：《通典》，中华书局 1988 年版。

［11］（五代）刘昫等撰：《旧唐书》，中华书局 1975 年版。

［12］（宋）欧阳修：《新五代史》，中华书局 1974 年版。

［13］（元）脱脱等撰：《宋史》，中华书局 1977 年版。

三、古代儒家类著述

［1］（战国）韩非著，王先慎集解：《韩非子集解》，《诸子集成》第 5 册，世界书局民国二十四年（1935 年）版。

［2］（汉）孔安国：《古义孝经》，见张元济辑：《四部丛刊三编》景明弘治本。

［3］（汉）王充：《论衡》，上海古籍出版社 1974 年版。

［4］（汉）班固：《白虎通义》，《文渊阁四库全书》第 850 册。

［5］（汉）王符：《潜夫论笺校正》，上海书店 1986 年版。

［6］（汉）郑玄注，贾公彦疏：《周礼注疏》，《文渊阁四库全书》第 90 册。

［7］（汉）荀悦：《申鉴》，《四部丛刊》景明嘉靖本。

［8］（东晋）阮籍著，李志钧、柴玉英等点校：《阮籍集》，上海古籍出版社 1978 年版。

［9］（东晋）郭璞注：《山海经》，《文渊阁四库全书》第 1042 册。

［10］（唐）陆德明：《经典释文》，中华书局 1983 年版。

［11］（唐）李鼎祚：《周易集解》，《文渊阁四库全书》第 7 册。

［12］（唐）吴兢编著：《贞观政要》，上海古籍出版社 1978 年版。

［13］（唐）杜甫著，仇兆鳌注：《杜诗详注》，中华书局 1979 年版。

［14］（唐）岑参著，陈铁民、侯忠义校注：《岑参集校注》，上海古籍出版社 1981 年版。

［15］（唐）柳宗元：《柳河东全集》，燕山出版社 1996 年版。

[16]（唐）韩愈：《原道》，《韩昌黎文集校注》，上海古籍出版社 1986 年版。

[17]（唐）李翱：《李文公集》，《四部丛刊初编》集部第 119 册，上海书店 1989 年版。

[18]（宋）周敦颐：《周元公集》，《文渊阁四库全书》。

[19]（宋）张载：《张横渠集》，《丛书集成初编》第 1 册，中华书局 1985 年版。

[20]（宋）张载：《张载集》，中华书局 1978 年版。

[21]（宋）程颢、程颐：《二程集》，中华书局 1981 年版。

[22]（宋）程颢、程颐：《二程遗书》，上海古籍出版社 2000 年版。

[23]（宋）苏轼：《苏东坡全集》，中国书店 1986 年版。

[24]（宋）王安石：《王文公文集》，上海人民出版社 1974 年版。

[25]（宋）叶梦得：《石林诗话》，《丛书集成初编》第 2551 册，中华书局 1991 年版。

[26]（宋）朱熹：《朱熹集》，四川教育出版社 1996 年版。

[27]（宋）朱熹：《朱文公文集》，《朱子全书》，上海古籍出版社 2005 年版。

[28]（宋）朱熹：《周易本义》，天津古籍书店 1986 年影印版。

[29]（宋）朱熹著，苏勇点校：《周易本义》，北京大学出版社 1992 年版。

[30]（宋）朱熹：《周易参同契考异》，天津古籍出版社 1988 年版。

[31]（宋）朱熹《四书章句集注》，中华书局 1983 年版。

[32]（宋）陆九渊：《陆九渊集》，中华书局 1980 年版。

[33]（宋）严羽著，郭绍虞校释：《沧浪诗话校释》，人民文学出版社 1961 年版。

[34]（宋）张杲：《医说》，《文渊阁四库全书》第 742 册。

[35]（宋）黎靖德编：《朱子语类》，中华书局 1986 年版。

[36]（元）李道纯：《道德会元》，《道藏》第 12 册。

[37]（元）元好问：《遗山集》，《文渊阁四库全书》第 1191 册。

[38]（元）元好问著，施国祁注、麦朝枢校：《元遗山诗集笺注》，人

民文学出版社 1989 年版。

［39］（明）王阳明撰，吴光等编校：《王阳明全集》，上海古籍出版社
1992 年版。

［40］（明）王阳明：《传习录》，江苏古籍出版社 2001 年版。

［41］（明）王廷相：《王廷相集》，中华书局 1989 年版。

［42］（明）李贽：《李贽文集》，社会科学文献出版社 2000 年版。

［43］（明）袁宏道、钱伯城笺校：《袁宏道集笺校》，上海古籍出版社
1979 年版。

［44］（明）冯梦龙编，钟仁校注：《警世通言》，陕西人民出版社 1985
年版。

［45］（明）刘宗周：《刘宗周全集》，浙江古籍出版社 2007 年版。

［46］（明）张溥：《汉魏六朝一百三家集》，《文渊阁四库全书》版。

［47］（清）李渔：《闲情偶寄》，浙江古籍出版社 1985 年版。

［48］（清）黄宗羲、全祖望：《宋元学案》，中华书局 1986 年版。

［49］（清）黄宗羲：《明儒学案》，中华书局 1985 年版。

［50］（清）王夫之：《船山全书》，岳麓书社 1996 年版。

［51］（清）王夫之：《尚书引义》，中华书局 1976 年版。

［52］（清）戴震：《孟子字义疏证》，中华书局 1961 年版。

［53］（清）孙希旦：《礼记集解》，中华书局 1989 年版。

［54］（清）严可均：《全上古三代秦汉三国六朝文》，中华书局 1958
年版。

［55］（清）张之洞：《劝学篇》，上海古籍书店 2002 年版。

［56］（清）王先谦著：《荀子集解》，《诸子集成》第 2 册，世界书局
民国二十四年（1935 年）版。

［57］（清）苏舆撰，钟哲点校：《春秋繁露义证》，中华书局 1992 年版。

四、古代佛教类著述

［1］《佛说医喻经》，《大正藏》第 4 卷。

［2］《经律异相》，《大正藏》第 53 卷。

［3］（东晋）僧肇：《肇论》，《大正藏》第 45 卷。

［4］（东晋）僧肇：《维摩经注》，《大正藏》第 38 卷。

［5］（齐梁）释僧祐：《出三藏记集》，中华书局 1995 年版。

［6］（南朝）释慧皎撰，汤用彤校注：《高僧传》，中华书局 1992 年版。

［7］（南朝）释慧皎：《高僧传合集》，上海古籍出版社 1991 年版。

［8］（隋）释吉藏：《中观论疏》，《大正藏》第 42 卷。

［9］（唐）释玄奘：《大唐西域记》，上海人民出版社 1995 年版。

［10］（唐）释慧能著，郭鹏校释：《坛经校释》，中华书局 1983 年版。

［11］（唐）道世著：《法苑珠林》，《大正藏》。

［12］（唐）释湛然：《止观辅行传弘决》，《大正藏》第 46 卷。

［13］（唐）普济著，苏渊雷点校：《五灯会元》，中华书局 1994 年版。

［14］（五代）延寿辑：《宗镜录》，《大正藏》第 46 卷。

［15］（五代）静、筠二禅师编撰：《祖堂集》，岳麓书社 1996 年版。

［16］（宋）智圆：《闲居编》，《卍续藏经》第 101 册，台湾新文丰出版公司 1994 年版。

［17］（宋）赜藏主持编辑：《古尊宿语录》，上海古籍出版社 1991 年影印明万历四十五年径山藏本。

［18］（宋）释契嵩：《非韩》，《镡津文集》，《四部丛刊三编》景明弘治本。

［19］（元）普度：《庐山莲宗宝鉴》，《大正藏》第 47 卷。

［20］（明）智旭：《灵峰宗论》卷四之二，青莲出版社 1994 年版。

［21］（明）释真可：《长松茹退》，《紫柏老人集》，明天启七年释三炬刻本。

［22］（明）释德清：《憨山老人梦游集》，北京图书馆出版社 2005 年版。

五、古代道家、道教与医家著述

［1］（晋）郭象注、［唐］成玄英疏：《南华真经注疏》，中华书局 1998 年版。

［2］（唐）孙思邈：《备急千金要方》，《道藏》第 26 册。

［3］（唐）孙思邈：《千金方》，华夏出版社 1993 年版。

［4］（唐）成玄英：《道德经开题序诀义疏》，台湾艺文印书馆 1965

年版。

［5］（唐）成玄英：《道德经义疏》，《蒙文通文集》第 6 卷《道书辑校十种》，巴蜀书社 2001 年版。

［6］（唐）李筌：《阴符经解》，《文渊阁四库全书》第 1055 册。

［7］（唐）李白著，瞿蜕园、朱金城校注：《李白集校注》，中华书局 1980 年版。

［8］（唐）王冰注，林亿等校注：《黄帝内经》，《文渊阁四库全书》第 733 册。

［9］（宋）张伯端撰：《玉清金笥青华秘文金宝内炼丹诀》，《道藏》第 4 册。

［10］（宋）张君房编，李永晟点校：《云笈七籤》，中华书局 2003 年版。

［11］（宋）王重阳著，白如祥辑校：《王重阳集》，齐鲁书社 2005 年版。

［12］（元）谭处端等著，白如祥辑校：《谭处端·刘处玄·王处一·郝大通·孙不二集》，齐鲁书社 2005 年版。

［13］（明）张介宾：《类经》，人民卫生出版社 1965 年版。

六、近现代著述

［1］丁福保辑：《历代诗话续编》，中华书局 1983 年版。

［2］丁福保编：《道藏精华录》，浙江古籍出版社 1989 年影印本。

［3］徐元诰撰，王树民、沈长云点校：《国语集解》，中华书局 2002 年版。

［4］陈垣：《清初僧诤记》，中华书局 1962 年版。

［5］石声汉：《四民月令校注》，中华书局 1965 年版。

［6］汤用彤：《魏晋玄学论稿》，上海古籍出版社 2001 年版。

［7］汤用彤：《隋唐佛教史稿》，中华书局 1988 年版。

［8］傅勤家：《中国道教史》，上海书店 1990 年版。

［9］太虚：《怎样来建设人间佛教》，载《海潮音》第 15 卷第 1 期。

［10］马其昶：《韩昌黎文集校注》，上海古籍出版社 1987 年版。

［11］陈独秀：《陈独秀文章选编》，上海三联书店 1984 年版。

［12］鲁迅：《中国小说史略》，上海古籍出版社 1998 年版。

［13］鲁迅：《鲁迅全集》，人民文学出版社1973年版。

［14］冯友兰：《中国哲学史》，华东师范大学出版社2000年版。

［15］冯友兰：《中国哲学史新编》，人民出版社1998年版。

［16］费孝通：《美国与美国人》，上海三联书店1985年版。

［17］杨明照撰：《抱朴子外篇校笺》，中华书局1997年版。

［18］石峻、楼宇烈等编：《中国佛教思想资料选编》，中华书局1983年版。

［19］宗白华：《艺境》，北京大学出版社1987年版。

［20］罗国杰：《中国伦理学百科全书·伦理学原理卷》，吉林人民出版社1993年版。

［21］黄寿祺、张善文：《周易译注》，上海古籍出版社2004年版。

［22］徐复观：《中国人性论史·先秦篇》，上海三联书店2001年版。

［23］牟宗三：《心体与性体》，上海古籍出版社1999年版。

［24］王利器注：《吕氏春秋注疏》，巴蜀书社2002年版。

［25］饶宗颐：《老子想尔注校证》，上海古籍出版社1991年版。

［26］朱贻庭：《中国传统伦理思想史》，华东师范大学出版社2003年版。

［27］杜石然：《中国科学技术史稿》，科学出版社1982年版。

［28］张岱年：《中国哲学大纲》，中国社会科学出版社1982年版。

［29］张岱年：《中国伦理思想研究》，江苏教育出版社2005年版。

［30］朱东润主编：《历代文学作品选》，上海古籍出版社2002年版。

［31］王明：《太平经合校》，中华书局1997年版。

［32］王明：《无能子校释》，中华书局1981年版。

［33］王明：《抱朴子内篇校释》，中华书局1985年版。

［34］任继愈主编：《儒教问题争论集》，宗教文化出版社2000年版。

［35］任继愈：《中国哲学发展史·先秦篇》，人民出版社1983年版。

［36］任继愈主编：《佛教大辞典》，江苏古籍出版社2002年版。

［37］李泽厚：《中国古代思想史论》，人民出版社1986年版。

［38］余敦康：《中国宗教与中国文化》，中国社会科学出版社2005年版。

［39］方立天：《中国佛教哲学要义》，中国人民大学出版社 2002 年版。

［40］方立天：《华严金师子章校释》，中华书局 1983 年版。

［41］尚志钧等整理：《中医八大经典全注》，华夏出版社 1994 年版。

［42］吕大吉：《宗教学通论新编》，中国社会科学出版社 1998 年版。

［43］吕大吉：《宗教学纲要》，高等教育出版社 2003 年版。

［44］屈守元等：《韩愈全集校注》，四川大学出版社 1996 年版。

［45］卿希泰主编：《中国道教史》，四川人民出版社 1996 年版。

［46］卿希泰、詹石窗主编：《道教文化新典》，上海文艺出版社 1999 年版。

［47］卿希泰主编：《中国道教》第 3 卷，知识出版社 1994 年版。

［48］王沐：《悟真篇浅解》，中华书局 1990 年版。

［49］庞朴：《沉思集》，上海人民出版社 1922 年版。

［50］庞朴：《马王堆帛书解开了思孟五行说之谜》，《文物》1977 年第 10 期。

［51］陈荣捷：《朱子学新探》，学生书局 1988 年版。

［52］杨曾文编校：《神会和尚禅话录》，中华书局 1996 年版。

［53］戴康生：《宗教社会学》，社会科学文献出版社 2000 年版。

［54］黄楠森、杨寿堪主编：《新编哲学大辞典》，山西教育出版社 1993 年版。

［55］陈麟书、陈霞：《宗教学原理》，宗教文化出版社 2003 年版。

［56］张立文：《心》，中国人民大学出版社 1993 年版。

［57］叶朗：《中国美学史大纲》，上海人民出版社 1985 年版。

［58］楼宇烈：《王弼集校释》，中华书局 1980 年版。

［59］蒙培元：《心灵超越与境界》，人民出版社 1998 年版。

［60］蒙培元：《中国哲学主体思维》，人民出版社 1993 年版。

［61］蒙培元：《"道"的境界》，《中国社会科学》1996 年第 1 期。

［62］赖永海：《中国佛性论》，中国青年出版社 1998 年版。

［63］马西沙、韩秉方：《中国民间宗教史》，上海人民出版社 1992 年版。

［64］牟钟鉴、张践：《中国宗教通史》，社会科学文献出版社 2003

年版。

[65] 王镇远等编：《古诗海》，中华书局 1992 年版。

[66] 陈传康：《中国大百科全书·地理学卷》，中国大百科全书出版社 1990 年版。

[67] 胡孚琛、吕锡琛：《道学通论》，社会科学文献出版社 1999 年版。

[68] 高令印：《中国禅学通史》，宗教文化出版社 2004 年版。

[69] 葛兆光：《道教与中国文化》，上海人民出版社 1995 年版。

[70] 陈来：《古代宗教与伦理：儒家思想的根源》，上海三联书店 1996 年版。

[71] 詹石窗：《道教术数与文艺》，台湾文津出版社 1998 年版。

[72] 詹石窗：《新编中国哲学史》，中国书店 2002 年版。

[73] 詹石窗：《易学与道教思想关系研究》，厦门大学出版社 2001 年版。

[74] 詹石窗：《易学与道教符号揭秘》，中国书店 2001 年版。

[75] 詹石窗：《身国共治——政治与中华传统文化》，厦门大学出版社 2003 年版。

[76] 詹石窗：《道教文化十五讲》，北京大学出版社 2003 年版。

[77] 詹石窗：《道教和谐观与人类整体生存》，《中国宗教》2006 年第 7 期。

[78] 詹石窗、盖建民主编：《中国宗教通论》，中国高等教育出版社 2006 年版。

[79] 盖建民：《道教医学》，宗教文化出版社 2002 年版。

[80] 李零：《郭店楚简校读记》，北京大学出版社 2002 年版。

[81] 张继禹：《爱国、爱教、弘道利人，开创道教事业的新局面——中国道教协会第六届理事会工作报告》，《中国道教》2005 年第 4 期。

[82] 王博：《美国达慕思大学郭店〈老子〉国际学术讨论会纪要》，载陈鼓应主编《道家文化研究》17 辑（"郭店楚简"专号），上海三联书店 1999 年版。

[83] 邓球柏：《帛书周易校释》，湖南人民出版社 2002 年版。

[84] 中国社会科学院历史研究所：《甲骨文合集》261 版，中华书局

1982 年版。

［85］孙尚扬：《宗教社会学》，北京大学出版社 2001 年版。

［86］吴洲：《中国宗教学概论》，中华大道出版社 2001 年版。

［87］李道平：《周易集解纂疏》，中华书局 1994 年版。

［88］陈立撰，吴则虞点校：《白虎通疏证》，中华书局 1994 年版。

［89］王卡点校：《老子道德经河上公章句》，中华书局 1993 年版。

［90］何怀宏：《生态伦理学：精神资源与哲学基础》，河北大学出版社 2002 年版。

［91］王正平：《深层生态学：一种新的环境价值理念》，《上海师范大学学报》（社科版）2000 年第 4 期。

［92］陶敏、陶红雨：《高禹锡全集编年校注》，岳麓书社 2003 年版。

［93］赵卫东辑校：《丘处机集》，齐鲁书社 2005 年版。

［94］白如祥辑校：《谭处端·刘处玄·王处一·郝大通·孙不二集》，齐鲁书社 2005 年版。

［95］方同义：《中国智慧的精神——从天人之际到道术之间》，人民出版社 2003 年版。

［96］胡伟希：《中国哲学概论》，北京大学出版社 2005 年版。

［97］宋志明、向世陵、姜日天：《中国古代哲学研究》，中国人民大学出版社 1998 年版。

［98］李景林：《教养的本源：哲学突破时期的儒家心性论》，辽宁人民出版社 1998 年版。

［99］张伟奇：《亚圣精蕴：孟子哲学真谛》，人民出版社 1997 年版。

［100］崔宜明：《生存与智慧——庄子哲学的现代阐释》，上海人民出版社 1996 年版。

［101］陈志尚：《人学原理》，北京出版社 2005 年版。

［102］李崇智：《〈人物志〉校笺》，巴蜀书社 2001 年版。

［103］钮卫星：《西望梵天——汉译佛经中的天文学源流》，上海交通大学出版社 2004 年版。

［104］卢国龙：《道教哲学》，华夏出版社 1997 年版。

［105］孙亦平：《杜光庭评传》，南京大学出版社 2005 年版。

［106］高振农：《大乘起信论校释》，中华书局 1992 年版。

［107］唐大潮等：《劝善书注译》，中国社会科学出版社 2004 年版。

［108］方宝川编：《太谷学派遗书》，江苏广陵古籍刻印社 1997 年版。

［109］单纯：《论儒家的宗教情怀》，《宗教学研究》2003 年第 4 期。

［110］单纯：《宗教哲学》，中国社会科学出版社 2003 年版。

［111］张志刚：《宗教哲学研究》，中国人民大学出版社 2003 年版。

［112］王玉德：《中华神秘文化》，湖南出版社 1993 年版。

［113］陈秋平、尚荣译注：《坛经》，中华书局 2007 年版。

［114］陈秋平、尚荣译注：《金刚经》，中华书局 2007 年版。

［115］吕理政：《天、人、社会：试论中国传统的宇宙认知模型》，台湾“中央研究院”民族学研究所 1990 年版。

［116］刘长林：《中国系统思维》，中国社会科学出版社 1990 年版。

［117］林俊雄：《独具特色的民间信仰——三一教》，《中国宗教》2007 年第 2 期。

［118］严灵峰编：《无求备斋老子集成初编》，台湾艺文印书馆 1965 年版。

［119］黄征、吴伟：《敦煌愿文集》，岳麓书社 1995 年版。

［120］杨富学、王书庆：《从生老病死看唐宋时期敦煌佛教的世俗化》，《敦煌学辑刊》2007 年第 4 期。

［121］严耀中：《佛教形态的演变与中国社会》，《上海师范大学学报》（哲学社会科学版）2001 年 3 月第 30 卷第 2 期。

［122］萧志恬：《当代宗教问题的思考》，上海市社会科学学会 1994 年版。

［123］高师宁：《当代中国民间信仰对基督教的影响》，《浙江学刊》2005 年第 2 期。

［124］邓肇明：《承受与持守：中国大地的福音火炬》，香港基督教中国宗教文化研究社 1998 年版。

［125］梁家麟：《改革开放以来的中国农村教会》，香港建道神学院 1999 年版。

［126］江少虞：《宋朝事实类苑》，上海古籍出版社 1981 年版。

［127］林国平:《闽台民间信仰源流》,福建人民出版社 2003 年版。

［128］姜义华主编:《胡适学术文集》,中华书局 1998 年版。

［129］蒋述卓:《佛经传译与中古文学思潮》,江西人民出版社 1990 年版。

［130］陈允吉:《唐诗中的佛教思想》,台湾商鼎出版社 1993 年版。

［131］方春阳点校:《张三丰全集》,浙江古籍出版社 1990 年版。

［132］刘扬忠编注:《晏殊词新释辑评》,中国书店 2003 年版。

［133］薛瑞生校注:《乐章集校注》,中华书局 1994 年版。

［134］居阅时、瞿明安主编:《中国象征文化》,上海人民出版社 2001 年版。

［135］费振刚等辑校:《全汉赋》,北京大学出版社 1993 年版。

［136］罗竹凤:《人·社会·宗教》,社会科学院出版社 1995 年版。

［137］许辉、邱敏、胡阿祥:《六朝文化》,江苏古籍出版社 2001 年版。

［138］陈兵、邓子美:《二十世纪中国佛教》,民族出版社 2000 年版。

［139］徐松:《宋会要辑稿》,中华书局 1957 年版。

［140］程民生:《宋代地域文化》,河南大学出版社 1997 年版。

［141］李映辉:《唐代佛教地理研究》,湖南大学出版社 2004 年版。

七、外国著述

［1］［美］威廉·詹姆士（William James）:《宗教经验之种种》,唐钺译,商务印书馆 2002 年版。

［2］［古希腊］亚里士多德:《范畴篇、解释篇》,商务印书馆 1959 年版。

［3］［德］黑格尔（Georg Wilhelm Friedrich Hegel）:《美学》,朱光潜译,商务印书馆 1979 年版。

［4］［美］苏珊·朗格（Susanne. K. Langer）:《艺术问题》,滕守尧译,中国社会科学出版社 1983 年版。

［5］［美］利思（H. Lieth）:《物候学与季节性模式的建立》,颜邦倜等译,科学出版社 1984 年版。

［6］［德］卡西尔（Cassirer Ernst）：《人论》，甘阳译，上海译文出版社1985年版。

［7］［英］弗雷泽（J. G. Frazer）：《金枝：巫术与宗教之研究》，徐新育、汪培基、张泽石译，中国民间文艺出版社1987年版。

［8］［英］约翰·希克（John Hick）：《宗教哲学》，何光沪译，上海三联书店1988年版。

［9］［英］麦克斯·缪勒（Friedrich Max Muller）：《宗教学导论》，陈观胜、李培茱译，上海人民出版社1989年版。

［10］［英］麦克斯·缪勒（Friedrich Max Muller）：《宗教的起源与发展》，金泽译，上海人民出版社1989年版。

［11］［日］小野泽精一等编：《气的思想》，李庆译，上海人民出版社1990年版。

［12］［美］贝格尔（Berger, P. L.）：《神圣的帷幕》，高师宁译，何光沪校，上海人民出版社1991年版。

［13］［美］克里斯蒂安·乔基姆（Cristian Joachim）：《中国的宗教精神》，王平等译，中国华侨出版社1991年版。

［14］［法］布罗代尔（Braudel）：《15至18世纪的物质文明、经济和资本主义》，施康强、顾良译，上海三联书店1992年版。

［15］［古希腊］亚里士多德（Aristotle）：《形而上学》，苗力田主编：《亚里士多德全集》第7卷，中国人民大学出版社1993年版。

［16］［美］威廉·巴雷特（William Barrett）：《非理性的人——存在主义哲学研究》，段德智译，商务印书馆1995年版。

［17］［美］保罗·韦斯（Paul Weiss），［美］冯·O. 沃格特（Von Ogden Vogt）：《宗教与艺术》，何其敏、金仲译，四川人民出版社1999年版。

［18］［美］M. E. 斯皮罗（Melford E. Spiro）：《文化与人性》，徐俊等译，社会科学文献出版社1999年版。

［19］［美］唐纳德·斯沃德（D. Worster）：《自然的经济体系——生态思想史》，侯文蕙译，商务印书馆1999年版。

［20］［美］阿尔多·李奥帕德（Aldo Leopold）：《沙郡年记：李奥帕德

的自然沉思》，吴美真译，上海三联书店 1999 年版。

［21］［英］霍尔姆斯·罗尔斯顿（H. Rolston）：《环境伦理学》，杨通进译，中国社会科学出版社 2000 年版。

［22］［英］迈克·费瑟斯通（M. Firestone）：《消费文化与后现代主义》，刘精明译，译林出版社 2000 年版。

［23］［英］约翰·希克（John Hick）：《第五维度——灵性领域的探索》，王志成、思竹译，四川人民出版社 2000 年版。

［24］［英］简·霍普（Jane Hope）：《心灵世界的语言》，封一函等译，中国青年出版社 2001 年版。

［25］［罗］迈克·伊丽德（Micea Eliade）：《神圣与世俗·序言》，王建光译，华夏出版社 2002 年版。

［26］［俄］顾彼得（Pote Gullart）：《神秘之光——百年中国道观亲历记》，和晓丹译，云南人民出版社 2002 年版。

［27］［美］爱因斯坦（Albert Einstein）：《爱因斯坦文录》，许良英、刘明编，浙江文艺出版社 2004 年版。

［28］［意］马利亚苏塞·达瓦马尼（Mariasusai Dhavamony）：《宗教现象学》，高秉江译，人民出版社 2006 年版。

［29］［美］徐一鸿：《爱因斯坦的宇宙》，张礼译，清华大学出版社 2004 年版。

［30］［奥］弗洛伊德（Freud Sigmund）：《精神分析导论讲演新篇》，程小平、王希勇译，国际文化出版公司 2007 年版。

后　记

　　2002 年，我主持了国家教育部统编教材《中国宗教通论》，经过三年的努力而完成初稿，该教材由高等教育出版社于 2006 年出版。在组织撰写《中国宗教通论》这部统编教材的过程中，涉及有关中国宗教思想的许多内容，感到需要把中国宗教思想作为专门课题来研究。基于此等考虑，我于 2004 年申请了国家社科基金课题——"中国宗教思想的历史发展研究"，并且获准立项。项目批准号为：04BZJ001。

　　按照最初的设计，本课题申请的是"重点项目"，所以在篇幅上是"上、中、下"三卷，每卷涵盖三编，每编包括三章。但后来批准立项时，本项目则属于一般项目，经费相对减少。因此，无法按照原先的计划全面铺开。根据客观许可的条件，我对提纲做了新的调整，压缩了规模。此外，在形式上也有所变通，即将原来的"卷"变成"编"，而"编"则成"章"；顺理而推，"章"即为"节"。需要说明的是，这种变化只是名称而已，基本内容并无变化。

　　鉴于凝练的需要，最终成果出版时定名为《中国宗教思想通论》。在逻辑上，这个名称是包含着"历史发展"内容的，因为"通论"既要阐述宗教思想的基本内涵，又得追踪其产生变化情况。实际上，本书的章节即是这样安排的。从标题上看，本书的章节都是从范畴概念入手考虑的，但在具体阐述过程中则必然根据历史的进程来安排材料，体现其内在的逻辑结构。因此，"历史发展"也就被包含在宗教思想范畴与概念的分析之中。

　　根据国家规划办下达的任务通知书，本课题应该是在 2007 年结项；由于涉及范围广泛，需要查考的资料甚多，加上学科建设的繁重任务，不时需要应对各种杂务。因此，本课题于 2007 年申请延期至 2009 年 12 月结项。结项完成之后，又根据专家的建议，作了许多修改。除了文字润饰之外，全书增加了一个"结语"凡三万多字，概括地论述中国宗教思想转型中的社会变革、地理环境因素、中国宗教思想发展与身国共治的关系问题，以使全书更加完整。

　　本书由詹石窗拟定写作大纲，并组织撰稿。具体分工是：绪论第一、三部分：詹石窗、杨燕、李育富、于国庆；绪论第二部分：杨燕、詹石窗。上编第一章：吴洲；第二章：傅小凡；第三章：于国庆、詹石窗；第四章：江峰、詹石窗；下编第五章：林俊雄、詹石窗；第六章：冯静武；第七章第一、二节：杨燕、詹石窗；第七章第三节：王燕琴、詹石窗；第八章：刘晓艳；结语：李育富、詹石窗。主要参考文献由杨燕负责整理。全书由詹石窗负责统稿，李育富协助詹石窗做了初稿的文字处理工作，最后由詹石窗整合、修改、润饰和定稿。

　　应该说明的是，中国宗教思想包含的内容是非常广泛的，我们侧重于分析儒、释、道三教以及民间宗教，至于基督教、伊斯兰教，本书不予以讨论，这是因为本书设定的范围是"中国本土产生或者虽然来自海外但已经完成了中国本土化进程"。佛教属于已经完成了这种进程的宗教，所以分析其思想时也就将之纳入其视野之中。

　　中国宗教思想研究的领域是广阔的，未来还有许多研究空间有待开发。由于水平所限，本书可能存在种种问题，甚至错误，殷切期盼得到专家学者和广大读者的批评指正。

詹石窗

谨识于四川大学老子研究院

2010 年 12 月 16 日

责任编辑:李之美 夏 青 段海宝
装帧设计:肖 辉
版式设计:肖 辉 周方亚

图书在版编目(CIP)数据

中国宗教思想通论/詹石窗 主撰. —北京:人民出版社,2011.3
(国家哲学社会科学成果文库)
ISBN 978 - 7 - 01 - 009685 - 8

Ⅰ.①中… Ⅱ.①詹… Ⅲ.①宗教史:思想史-研究-中国 Ⅳ.①B929.2

中国版本图书馆 CIP 数据核字(2011)第 025274 号

中国宗教思想通论

ZHONGGUO ZONGJIAO SIXIANG TONGLUN

詹石窗 主撰

人 民 出 版 社 出版发行
(100706 北京朝阳门内大街 166 号)

北京中科印刷有限公司印刷 新华书店经销

2011 年 3 月第 1 版 2011 年 3 月北京第 1 次印刷
开本:710 毫米×1000 毫米 1/16 印张:38.75
字数:630 千字

ISBN 978 - 7 - 01 - 009685 - 8 定价:99.00 元

邮购地址 100706 北京朝阳门内大街 166 号
人民东方图书销售中心 电话 (010)65250042 65289539